Polen · Der Süden
Mit Warschau und Posen

Dieter Schulze

Inhalt

Wissenswertes über Polens Süden

Wissenswertes für die Reise

Unterwegs in Polens Süden

Kapitel 1   Breslau und die Sudeten

Inhalt

Kapitel 2 — Oppelner Land und Oberschlesien

Kapitel 3 — Krakau und die Karpaten

Inhalt

Themen

Inhalt

Alle Karten auf einen Blick

Abends erstrahlen die hoch aufragenden
Türme der Breslauer Kathedrale

Polens alte Hauptstadt Krakau wartet nicht nur mit einer einzigartigen historischen Kulisse auf, sondern präsentiert sich als moderne und lebendige Kulturmetropole

Wissenswertes
über Polens Süden

Unbekannter Nachbar: So fremd und doch so nah

Seit Polen der EU beigetreten ist, wächst die Neugier, das Land kennen zu lernen. Es liegt vor der Haustür, ist preisgünstig und wartet mit einer Fülle von Überraschungen auf. Zu entdecken sind tausendjährige Städte wie Krakau und Breslau, aber auch Naturparadiese wie das Riesengebirge, die Hohe Tatra und die Waldkarpaten.

Spricht man von Polen, so denkt man an Marienbilder und den verstorbenen Papst, schöne Frauen, Wodka und Chopin. Und vielleicht auch an Helden und Märtyrer, Autodiebe und ›polnische Wirtschaft‹. Eine bunte Mischung wird da gemixt und je nach Bedarf kommt Verächtliches dazu. Denn wer den Schaden hat, braucht für den Spott nicht zu sorgen. Die Polen haben in ihrer 1000jährigen Geschichte so einiges durchmachen müssen. Mehrfach wurde ihr Land geteilt und der Herrschaft fremder Mächte unterstellt; freilich ist es ihnen immer wieder gelungen, den Kopf aus der Schlinge zu ziehen und sich gegen äußere Widerstände zu behaupten. »Noch ist Polen nicht verloren« – bis heute wird die Nationalhymne mit Inbrunst gesungen: im Parlament und auf der Straße, aus feierlichem Anlass und beim sportlichen Triumph.

Wendezeiten

Als sich unsere Nachbarn um 1980 daranmachten, als erste in Europa das Bollwerk des ›real existierenden Sozialismus‹ auszuhöhlen, eroberten sie im Sturm die Sympathien vieler Menschen. Wie zur Zeit des Völkerfrühlings begeisterte man sich für den Freiheitsrausch der Polen, ihr mutiges Aufbegehren und ihren subversiven Witz. Zehn Jahre später war die Wende vollbracht und eine neue Normalität kehrte ein, was freilich auch hieß, dass die Beziehungen nüchterner wurden und man sich eher geschäftlich für

das Nachbarland interessierte. Polen wurde eingebunden in den Kreis der westlichen Demokratien, durfte nach Erfüllung aller Hausaufgaben der Nato und der EU beitreten.

Wer das Polen von gestern kennt, macht heute große Augen. Nach Jahren der Erstarrung weht ein neuer Wind durch das Land, es gewinnt mit jedem Jahr an Dynamik. Viel Geld ist in die Modernisierung der Städte geflossen, fast überall wurde das historische Ensemble von Marktplatz, Rathaus und alten Bürgerhäusern restauriert. Der Schriftsteller Kurt Drawert war beeindruckt: »Vormals im grauen Verfall begrabene Schönheiten der Architektur sind wieder sichtbar geworden, die Marktplätze haben den Charme italienischer Piazzen, und die Menschen wirken belebt, freundlich und offen. Es ist, als wären die Menschen wie auch die Städte aus einem Dornröschenschlaf wach geküsst, und die Erwecker waren hauptsächlich Banker und Investoren, Geschäftsleute der verschiedensten Branchen und hier und da auch die Mafia.«

Dem Besucher hat das Land viel zu bieten. Das königliche Krakau, eine der schönsten Städte Mitteleuropas, besitzt eine Fülle kunsthistorischer Schätze: vom Marienaltar des Nürnberger Bildhauers Veit Stoß bis zum Arkadenhof der Jagiellonen-Universität. Habsburgischer Charme vereint sich mit italienischer Renaissance, Gemütlichkeit mit Eleganz. In dieser Stadt der Kirchen, Kneipen und Cafés ist Lebensgenuss um einiges wichtiger als das schnelle Geld. Ganz anders in der Hauptstadt Warschau, wo das Big Business boomt und die Immobilienpreise Rekordmarken erreichen. Zwar hat man auch hier eine Vorzeigealtstadt, nach dem Zweiten Weltkrieg perfekt rekonstruiert, doch wirkt sie mit ihrer noch frischen Patina wie die Kulisse zu einem Historienfilm.

Wem Warschau zu kühl und hektisch erscheint, begibt sich nach Breslau: Kopfsteinpflaster, Jugendstillampen, bunt leuchtende Fassaden – eine Stadt wie geschmückt für ein Fest, wo sich üppiger Barock mit der Eleganz des Klassizismus paart.

Beeindruckende Landschaften

Von Breslau ist es nur ein Katzensprung ins Riesengebirge, Teil eines über 500 km langen Höhenzugs, der sich ostwärts bis zur EU-Grenze erstreckt. Die Hohe Tatra ist das ›kleinste Hochgebirge der Welt‹, wie die Bieszczaden, die schon zu den Waldkarpaten gehören, ein Eldorado für Naturliebhaber und Wanderer. Der Südosten ist der ursprünglichste Teil Polens; man wandert durch archaische Dörfer, in denen die Zeit stehen geblieben zu sein scheint. Holzkirchen mit zwiebelförmigen Kuppeln erinnern an die Kultur der Lemken und Bojken, nachts beobachtet man Bären und Wölfe im Nationalpark.

Einen ganz besonderen Zauber üben auch die grenznahen Gebiete Ostpolens aus, wo Pferdefuhrwerke über staubige Landstraßen rumpeln. Das Korn wird hier noch mit der Sense geschnitten, zur Dämmerung werden auf den Feldern Feuer entzündet. Im Niemandsland entstand Zamość, eine Renaissancestadt wie aus dem Bilderbuch, die Verwirklichung einer architektonischen Utopie. Von hier mag man weiterreisen nach Lublin mit seiner ›jüdischen‹ Altstadt und nach Kazimierz Dolny, einem Künstlerdorf am Ufer der Weichsel. Da möchte man bleiben und sein Quartier aufschlagen, sich zurückfallen lassen ins ›Goldene Zeitalter‹…

Das ›kleinste Hochgebirge der Welt‹ – die Hohe Tatra

Steckbrief Polen

Daten und Fakten

Name: Republik Polen (Rzeczpospolita Polska)

Fläche: 312 685 km^2

Hauptstadt: Warszawa (Warschau) 1,7 Mio. Einw.
Andere große Städte: Łódź (Lodsch) 890 000, Kraków (Krakau) 750 000, Wrocław (Breslau) 650 000 und Poznań (Posen) 590 000 Einw.

Sprache: Das Polnische ist eine westslawische Sprache.

Einwohner: 38,7 Mio. Einwohner, davon ca. 3 % nationale Minderheiten; zu diesen gehören Deutsche, Ukrainer, Weißrussen, Litauer, Slowaken, Roma und Sinti, Russen sowie Tschechen.
Bevölkerungswachstum: 0,03 %
Lebenserwartung: 74,7 Jahre
Währung: Bis zur Einführung des Euro, der vielfach bereits als Zahlungsmittel akzeptiert wird, ist der Złoty die Landeswährung.

Zeitzone: Polen gehört wie Deutschland zur Mitteleuropäischen Zeitzone.

Landesvorwahl: 00 48

Flagge: Die waagerecht weiß-rot geteilte Flagge nimmt die Farben des Staatswappens auf. Polens größter Raubvogel, ein Steinadler auf rotem Grund, ist darauf abgebildet: ein Symbol für Stärke und Autonomie.

Nationalhymne: ›Noch ist Polen nicht verloren‹ (offizielle Hymne seit 1926, auch als Dąbrowski-Marsch bekannt).

Geografie

Polen hat mit der Ostsee im Norden sowie dem Gebirgszug der Sudeten und Karpaten im Süden eine klar definierte geografische Grenze. Im Westen verläuft diese annähernd längs der Oder und der Lausitzer Neiße, im Osten längs von Bug und San. Die Landschaften verlaufen in parallelen Streifen: An die 524 km lange Ostseeküste mit Sandstränden, Dünen und Klippen schließt sich ein breiter Hügelgürtel an. Eingelagert sind die pommersche und die masurische Seenplatte, die durch die Weichsel voneinander getrennt sind. Die Mitte des Landes nehmen das Großpolnische und das Masowische Tiefland ein, südlich davon erstrecken sich Mittelgebirge, die sich an der Landesgrenze zum Hochgebirge aufwerfen.

Klima

Südpolen liegt im Übergangsbereich vom ozeanisch bestimmten Klima Westmitteleuropas zum Kontinentalklima Osteuropas. Die Tageshöchsttemperatur liegt in Warschau zwischen durchschnittlich 0 °C im Januar und 24 °C im Juli. Noch etwas stärker sind die

Temperaturgegensätze im östlichen Grenzland. Die Jahresniederschläge schwanken zwischen 500 mm im Flachland, 700 mm in den Mittelgebirgen und bis zu 1500 mm in den Karpaten. Im Sommer kommt es an den Flüssen Oder und Weichsel häufig zu Hochwasser.

Geschichte

Zwar reichen erste Spuren menschlicher Besiedlung zwischen Oder und Bug 180 000 Jahre zurück, doch erst die Kelten und Skythen errichteten ab ca. 1300 v. Chr. größere, befestigte Siedlungen. Germanen und Goten drängten sie zurück, während der Völkerwanderung besiedelten slawische Stämme aus dem Dnjepr-Gebiet die Gegend. Einem ihrer Nachfahren gelang im Jahr 1000 die Gründung des christlichen Staates ›Polen‹ (*pole* = Feld). Nach einem machtvollen Auftakt zerfiel dieser in konkurrierende Fürstentümer, erst 1320 wurde er als Königreich neu begründet.

Unter den Dynastien der Piasten und Jagiellonen erlebte der Staat seine ›goldene Zeit‹ mit Krakau als Hauptstadt. In der Zeit der Wahlmonarchie, der sog. ›Adelsrepublik‹ (1572–1795), wurde er derart geschwächt, dass es für die Nachbarn ein Leichtes war, sich ihn einzuverleiben. Erst 1918, nach 123-jähriger Fremdherrschaft, entstand wieder ein souveräner Staat Polen, der allerdings nur für kurze Zeit Bestand hatte: 1939–1945 wurde es von Deutschland besetzt, 1945–1990 stand es unter dem Einfluss der Sowjetunion. Nach deren Selbstauflösung integrierte sich Polen in die westlichen Bündnissysteme (Nato, EU).

Staat und Politik

Seit 1990 ist Polen eine parlamentarische Demokratie mit einem für fünf Jahre gewähl- ten, mit starken Befugnissen ausgestatteten Präsidenten. Amtsträger ist seit Dezember 2005 Lech Kaczyński von der Partei ›Recht und Gerechtigkeit‹ (PiS). Das Parlament wird für vier Jahre gewählt, bei den Wahlen im Herbst 2005 triumphierten konservative und nationalistische Parteien.

Verwaltung

Polen ist seit 1999 in 16 Woiwodschaften unterteilt, die in etwa den deutschen Bundesländern entsprechen.

Wirtschaft und Tourismus

Bis 1945 war Polen ein Agrarland, nach dem Zweiten Weltkrieg wurde auf Industrialisierung gesetzt. Wichtige Rohstoffe wie Stein- und Braunkohle, Blei, Kupfer und Zink lagern im Süden des Landes, vor allem in Oberschlesien. Der Anteil der Industrie am Bruttosozialprodukt liegt heute bei knapp 20 %, der der Landwirtschaft ist auf 2,7 % gesunken. Stark angestiegen ist die dagegen Bedeutung des Dienstleistungssektors (58 %), hier vor allem der des Tourismus: Er wird sowohl in den Städten als auch auf dem Land kontinuierlich ausgebaut; viel investiert wird im Agro-, Kur- und Wellness-Bereich. Die restlichen 19 % des Bruttosozialprodukts entfallen auf Baugewerbe, Forstwirtschaft und Fischerei. Die Arbeitslosenquote liegt bei 18 %.

Bevölkerung und Religion

Bei der letzten Volkszählung bekannten sich 89,8 % der polnischen Bevölkerung zum römisch-katholischen Glauben; dazu kommen Griechisch-Katholische (Unierte) und Griechisch-Orthodoxe, Evangelische (Augsburger Konfession), Altkatholiken, Zeugen Jehovas, Moslems und Juden.

Natur und Umwelt

Viel Geld wird in Umweltschutz investiert: saurer Regen, Luft- und Wasserverschmutzung gehören der Vergangenheit an. In 14 Nationalparks werden die schönsten Landschaften in Polens Süden geschützt. Die Palette reicht von Tafelbergen und windgepeitschten Hochalmen bis zur alpinen Hohen Tatra und einem Wildwasser-Canyon.

Polen liegt im östlichen Mitteleuropa und umfasst eine Fläche von 312 685 km². Das Land, etwas kleiner als Deutschland, aber größer als Großbritannien und Italien, hat eine kompakte, fast runde Form und reicht von der Oder/Neiße bis zum Bug, von der Ostseeküste bis zu den Sudeten und Karpaten. In Nord-Süd-Richtung beträgt die maximale Ausdehnung 649 km, in West-Ost-Richtung 689 km. Außer an Deutschland (im Westen) grenzt es an die Tschechische und die Slowakische Republik (im Süden), an die Ukraine und Weißrussland (im Osten) sowie an Litauen und Russland (im Nordosten).

Topografie

Polen wird in westöstlich verlaufende Landschaftsräume unterteilt. Die Städte Posen und Warschau, die die Grenze zwischen Nord- und Südpolen markieren, liegen in einer von Urstromtälern durchzogenen Niederung, die nahezu 50% der polnischen Landesfläche einnimmt. Einst war sie dicht bewaldet, doch bereits im Mittelalter wurden die Bäume gefällt, weil sich der fruchtbare Lehm- und Lößboden bestens für Ackerbau eignete. Vielfach werden die Kartoffeläcker und Kornkammern des sanft gewellten großpolnisch-masowischen Flachlands mit Polen gleichgesetzt. Doch die Topografie ist weitaus vielfältiger: Das Tiefland steigt nach Süden zu gemächlich an, die geografische Gestalt wurde auch hier von der letzten Eiszeit geprägt.

Eine weite Hügelkette erstreckt sich vom Annaberg in Oberschlesien über Tschenstochau und die Heiligkreuzberge zum Lubliner Land, nach Süden zu schließen sich die Sudeten (Riesengebirge und Glatzer Bergland) und die Karpaten (Hohe Tatra und Beskiden) an. Sudeten und Karpaten sind durch das Odertal voneinander getrennt. Polens Berglandschaft hat größtenteils Mittelgebirgscharakter, alpin ist nur die Hohe Tatra, die am Rysy 2499 m erreicht.

Landschaftsparks, Flora und Fauna

23 % der Landesfläche Polens stehen unter Naturschutz. Landschaftsparks (parki krajobrazowe) bewahren malerische Täler, Wälder und Flussläufe. Die spektakulärsten, tier- und pflanzenreichsten Landschaften werden als Nationalparks (parki narodowe) geschützt. Von Berlin nur drei Autostunden entfernt ist der Nationalpark Riesengebirge, mit der 1602 m hohen Schneekoppe der höchste Teil der Sudeten. Von weitem wirkt die Kammlinie wie mit dem Lineal gezogen, alles Schroffe und Zackige haben Wasser und Wind im Laufe der Zeit abgetragen. Eiszeitliche Vergletscherung schuf Täler, Seen und eine grandiose Gesteinswüste, nur widerständige Felsen blieben als Monolithen bestehen.

Ein zweiter wichtiger Nationalpark befindet sich im Glatzer Bergland und umfasst das **Heuscheuergebirge**, im Polnischen auch

›Tischgebirge‹ genannt: Mehrere Hundert Meter ragen die riesigen Quadersandsteine senkrecht auf und sind oben flach wie ein Brett. Ins poröse Gestein haben die Kräfte der Erosion enge und tiefe Spalten geschnitten, ein durch Wanderwege erschlossenes Felslabyrinth.

Die Mährische Pforte im Dreiländereck (Polen/Tschechien/Slowakei) markiert den Übergang zum Karpatenbogen, der sich weitere 300 km bis zu Polens Ostgrenze und darüber hinaus erstreckt. Die Karpaten, das nach den Alpen größte Bergmassiv Europas, bestehen aus mehreren, sehr unterschiedlichen Gebirgsketten. Besonders eindrucksvoll ist die **Hohe Tatra**. An ihrer Westseite, wo malerische Täler die Landschaft durchziehen, hat sie fast anmutigen Charakter. Dagegen türmen sich im Zentrum und an ihrer Ostseite schroffe Felswände zu einer Festung aus Moränenwällen und zerklüfteten Graten. In Spalten und Tälern verstecken sich mehr als 100 Seen, deren oftmals türkisfarbene Oberfläche sich reizvoll abhebt vom grauen Granit und dem Weiß des ewigen Eises. Mit 35 ha ist das ›Meeresauge‹ (Morskie Oko) der größte aller Seen, über ihm liegt der nur über steile Wege erreichbare ›Schwarze Teich‹ (Czarny Staw).

Von der Tatra spannt sich der schmale, aber dramatisch zerklüftete Gebirgskamm der **Pieninen** ostwärts. Am besten kann man ihn auf der ca. zweistündigen Dunajec-Floßfahrt quer durch den Nationalpark kennen lernen. Die etwa 15 km lange Strecke führt durch eine canyonartige Schlucht, vorbei an steilen, mehrere Hundert Meter hohen Felswänden.

Im äußersten Südosten Polens liegt der Nationalpark der **Bieszczaden**, oft auch ›Waldkarpaten‹ genannt: eine urwüchsige, kaum besiedelte Landschaft mit dicht bewaldeten, steilen Berghängen, die von der Unesco zum Biosphärenreservat erklärt wur-

Im gebirgigen Süden hat der Wolf seine Heimat

Natur und Umwelt

Richtig Reisen-Tipp: Biberbeobachtung in den Karpaten

Biber sind geniale Naturingenieure, die mit ihren Nagezähnen Bäume zum Einsturz bringen, um aus den Stämmen und Ästen Flussdämme und -burgen zu bauen. Wer die unermüdlichen Nagetiere bei ihrer nächtlichen Arbeit beobachten oder ihren Einfluss auf das Ökosystem erforschen will, kann über die Stiftung WWF (World Wildlife Foundation) ein- bis mehrwöchige Reisen in Polens Südosten buchen (www.ecovolunteer. de).

Die Anreise bis Krakau erfolgt in eigener Regie. Dort wird man abgeholt und – je nach Buchung – in den Nationalpark Bieszczady (Waldkarpaten) oder Magura gebracht. In den Bieszczady übernachtet man im Hotel der Nationalparkverwaltung in Tarnawa Niżna im Einzel- bzw. Doppelzimmer mit Bad. Bescheidener ist die Unterkunft im Gästehaus des Magura-Nationalparks in den Niederen Beskiden (Beskid Niski), wo man sich Zimmer und Bad mit mehreren Personen teilt. Der Preis von ca. 500 € pro Woche (die Folgewochen werden etwas günstiger angeboten) beinhaltet den Transfer ab und nach Krakau, Unterkunft und Verpflegung sowie Informationen zum Thema. Die Reisen werden zwischen den Monaten April und November angeboten.

de. Aufgrund des vorherrschenden rau-kontinentalen Klimas liegt hier die Baumgrenze schon bei 1100 m. Oberhalb dieser Marke erstrecken sich steppenartige, windgepeitschte Hochalmen, die an die schottischen Highlands erinnern.

In der polnischen Bergwelt leben Reh und Hirsch, in den natürlichen Buchenwäldern der Bieszczaden auch Wisent, Luchs, Bär und Wolf. Rückgezüchtet werden die robusten Huzulen und Tarpanpferde, damit sie bald wieder auf freier Wildbahn leben können. Dem Mufflon begegnet man im Riesengebirge, der Gämse und dem Murmeltier in der Tatra.

Umweltschutz

Die Einrichtung vieler Nationalparks kann freilich nicht darüber hinwegtäuschen, dass es in Sachen Umweltschutz lange Zeit in diesem Land nicht zum Besten bestellt war. Bis zur Jahrtausendwende hatte Polen eine der höchsten Kohlendioxid-Ausstoßraten Europas, so dass es in erheblichem Maß zur globalen Erwärmung beitrug. Schuld daran war vor allem die technologisch veraltete Energieerzeugung aus Stein- und Braunkohle. Extrem hoch waren auch die insbesondere in Oberschlesien ausgestoßenen Mengen an Schwefeldioxid. Der Industrieabfall, der über die 1000 km lange Weichsel in die Ostsee transportiert wurde, akkumulierte sich in einem flachen, tidenarmen Meer, das zunehmend verschmutzte und aus eigener Kraft nicht zur Regeneration fähig war.

Wandel im Umweltbewusstsein

Immerhin hat Polen im Vorfeld zum EU-Beitritt drastische Umweltschutzmaßnahmen eingeleitet: Unrentable Industriebetriebe und marode Kraftwerke wurden stillgelegt (und damit Hunderttausende Arbeiter ›freigesetzt‹), 350 Kläranlagen neu gebaut bzw. alte modernisiert. Schadstoffemissionen wurden durch die schrittweise Umstellung der Heizsysteme von Kohle auf Gas sowie den Einbau von Filtern reduziert. Zudem soll ein ehrgeiziges Aufforstungsprogramm den Bestand des Waldes von derzeit ein Viertel auf ein Drittel der Landesfläche erhöhen. Statt der zur Zeit vorherrschenden Fichten und Kiefern, die 70 % aller Bäume ausmachen, will man widerstandsfähige Eichen und Linden, Buchen und Birken pflanzen, die in diesem Raum schon vor der großen mittelalterlichen Rodung beheimatet waren. Parallel dazu ist die Gründung neuer Landschafts- und Nationalparks geplant. Umweltschützer vom WWF (World Wildlife Foundation) und Polish Green Network beobachten mit Sorge den von der Europäischen Union geförderten Ausbau des Autobahnnetzes. Ohne Rücksicht auf die Natur werden Straßen durch urwüchsige Waldgebiete geschlagen.

Die Rückkehr von Wisent, Bär und Wolf

Thema

Bis ins 20. Jahrhundert hinein wurden die ›großen Wilden‹, wo immer sie auftauchten, verfolgt und getötet: Sie galten als Bedrohung für den Menschen und waren eine begehrte Jagdtrophäe. Erst in jüngster Zeit wurde der Schutz der Tiere auf die Tagesordung gesetzt.

Der **Wisent** ist mit einem Gewicht von 1000 kg Europas größtes Säugetier. Schon im 17. Jh. war sein Bestand derart geschrumpft, dass der polnische König den Abschuss des Tieres unter Strafe stellte. Doch es wurde weiter gejagt. 1919 wurde das letzte in Polen lebende Exemplar dieser Gattung erlegt, und nach dem Tod eines Artgenossen acht Jahre später im Kaukasus musste man in Zoologische Gärten ausweichen, um hier und da noch einen Wisent zu erspähen. Um die Art vor dem Aussterben zu bewahren, starteten polnische Biologen 1929 ein ehrgeiziges Zuchtprogramm, das während des Zweiten Weltkrieges zwar unterbrochen, danach aber fortgesetzt wurde. 1963 konnten erstmalig wieder Tiere in die freie Wildbahn entlassen werden. Heute leben ca. 700 Wisente in den polnischen Wäldern, vorwiegend im Białowieża-Nationalpark und in den Waldkarpaten (Bieszczady). In der Schnapsindustrie hat man das Tier derweil als Werbeträger entdeckt: Es schmückt das Etikett des Wodka & Zubrówka, auf dessen Grund ein Grashalm schwimmt, der von dem Tier besonders geschätzt wird.

Der pelzige **Bär**, das beliebte Kuscheltier, ist im Karpatenbogen heimisch, der über die Ukraine bis nach Rumänien reicht. Schätzungsweise 7800 Exemplare leben dort, davon aber nur etwa 60 in den Bieszady im Südosten Polens. Bedenkt man, dass jeder ausgewachsene Bär eine Fläche von 40 bis 100 km^2 zum Leben benötigt, so darf diese Region Südostpolens fast als ›überbevölkert‹

gelten. Zwar ernährt sich der Bär zu 75 % vegetarisch, doch schließt das nicht aus, dass er zuweilen Schafe und Hühner reißt, Bienenstöcke plündert und häuslichen Abfall nach Essbarem durchsucht. Die Toleranz der Bergbewohner gegenüber Meister Petz ist hingegen groß, was freilich nicht erstaunt, wenn man weiß, dass sie bei nachweisbaren Verlusten des eigenen Hab und Guts vom Staat entschädigt werden. »So lange kein Mensch zu Schaden kommt«, lautet nämlich die Devise, »soll der Bär in den Karpaten leben.«

Der Schafe und Kühe reißende **Wolf** war für die sesshaft gewordenen Menschen, die sich von Viehzucht ernährten, schon früh eine Quelle der Gefahr. Mit Beginn der Feudalherrschaft trat ein weiterer Grund hinzu, ihn zu verfolgen. Er beeinträchtigte die Jagdlust der adeligen Bevölkerung, indem er das Wild dezimierte und die großen Hirschrudel in alle Himmelsrichtungen zerstreute. Märchen und Mythen halfen außerdem mit, das Bild ›des Reißenden‹ zu festigen: Vom ›Rotkäppchen‹ bis zum ›Wolf und den sieben Geißlein‹ hat das Tier stets das Prinzip des Bösen vertreten. Oft ist es mit dem Teufel im Bund, als Werwolf bedroht es die Menschen. Heute profitiert der Wolf vom staatlich verordneten Naturschutz: Die in den 1960er Jahren in Polen gestartete ›Wolfsaktion‹ führte dazu, dass er in den gebirgigen Süden wanderte und sich sein Bestand stabilisierte. Bereits mehrfach hat er mittlerweile die Grenze zu Deutschland überschritten.

Vom EU-Beitritt erhofften sich die Polen einen Sprung nach vorn: statt Schwarzarbeit in der Emigration Verdienstmöglichkeiten im eigenen Land, höheres Einkommen und soziale Sicherheit. Doch für sehr viele ging diese Rechnung nicht auf. Sie klammern sich heute an die katholische Kirche und das ›heilige Vaterland‹.

Polonias Rückkehr nach Europa

Eine populäre Karikatur von 1990 zeigt ›Polonia‹, eine Frau mit offener Bluse und wehendem Haar, wie sie einen Fuß über die Grenze nach Deutschland setzt. In der einen Hand hält sie wacker eine Fahne der Solidarność, in der anderen eine Priesterpuppe. Aber sie wird nicht mit offenen Armen empfangen – man will der Freiheitskämpferin den Zutritt nach Europa verwehren.

Rasch wurde den Polen nach der Wende klargemacht, dass sie bei der Überwindung des Kommunismus zwar Großartiges geleistet hätten, sich aber keineswegs auf ihren Lorbeeren ausruhen dürften, zumal das Land mit 42 Mrd. US-Dollar verschuldet sei. Um die Zahlungsfähigkeit zu erhalten, erließen Weltbank und IWF (Internationaler Währungsfonds) der polnischen Regierung einen großen Teil dieser Schulden, knüpften dieses ›Geschenk‹ aber an Bedingungen. Polen sollte sich in ihrem Sinne ›reformwillig‹ zeigen, d. h. keine Zeit mit Debatten über einen ›dritten Weg‹ zwischen Plan- und Marktwirtschaft vergeuden, sondern sich gemäß den Weisungen des an der amerikanischen Harvard University ausgebildeten Finanzministers Leszek Balcerowicz eine Schocktherapie verordnen. »Die polnische Wirtschaft«, erklärte dieser,

»ist krank; notwendig ist eine Operation – tiefe chirurgische Schnitte.«

Getreu der neoliberalen Doktrin zog sich der Staat, der im Sozialismus fast alle gesellschaftlichen Bereiche organisiert und finanziert hatte, aus der sozialen Verantwortung zurück. Er strich Leistungen und Subventionen, privatisierte die Staatsunternehmen und förderte die Gründung von Banken. Aufgrund des Mangels an inländischem Kapital mussten freilich Anreize geschaffen werden, die es Ausländern lukrativ erscheinen ließen, in Polen zu investieren. Dazu zählten Vorzugszinsen, Sonderabschreibungen und zeitlich begrenzte Steuerfreiheit auf den erwirtschafteten Gewinn. Die Preise wurden dem freien Markt überlassen, was für die Dauer mehrerer Jahre die Inflation heftig nach oben trieb. Zudem öffnete der Staat den bis dahin vom Westen abgeschotteten Binnenmarkt, wodurch die einheimischen Unternehmer aufgrund der Konkurrenz mit ausländischen, qualitativ höherwertigen Waren zur Modernisierung gezwungen waren.

In den ersten Jahren der ›Transformation‹, wie die Zeit zwischen 1990 und 2004 genannt wird, erlitten 80 % der Bevölkerung drastische Einbußen ihres Lebensstandards – das Einkommen begann sich, wie es in offiziösen Mitteilungen heißt, zu »differenzieren«. Die Arbeitslosenzahl kletterte auf 20 % und die Reallöhne sanken um durchschnittlich ein Drittel. Doch da sich der Erfolg einer Wirtschaft, in der sich jeder selbst der nächste ist, nicht an der Kaufkraft seiner Bürger bemisst,

Durch die Landschaft der Waldkarpaten schlängelt sich der San

Wirtschaft und aktuelle Politik

durfte Polen schon wenige Jahre nach der Wende als ›Erfolgsmodell‹ gehandelt werden. ›Polnische Wirtschaft‹, früher ein Synonym für Mangel und Chaos, stand nun für Fortschritt und Effizienz. Vertreter internationaler Finanzinstitutionen attestierten dem Land »die erfolgreichste Reform der Neuzeit« und das »dynamischste Wachstum in Europa«. Das Bruttosozialprodukt stieg um jährlich 4–6 %, die Inflation ging zurück und der Złoty war relativ stabil. Kam einmal die Arbeit des Zöglings ins Stocken, war man rasch dabei, den EU-Beitrittstermin 2004 infrage zu stellen. Gerügt wurde das Fortbestehen einer ›archaischen‹ Landwirtschaft, die nur schleppend vorangetriebene Bergbaureform und eine mangelhafte Infrastruktur. Das ›Nachsitzen‹ blieb Polen gleichwohl erspart: gemeinsam mit neun weiteren osteuropäischen Staaten hielt es am 1. Mai 2004 Einzug in die EU.

Schauplatz Politik

Im Frühjahr 1989 wurde bei den Verhandlungen am ›Runden Tisch‹ zwischen Regierung und Opposition das Machtmonopol der Kommunisten beseitigt, einige Monate später die Rückkehr zur parlamentarischen Demokratie beschlossen. Die große Mehrzahl der Polen bejubelte den Systemwechsel, 50 Jahre nach Ende der ›Zweiten‹ wurde die ›Dritte Republik‹ eingeläutet: Der Wappenadler erhielt seine Krone, Kirche und Adel ihre einstigen Besitztümer zurück. Schon 1990 gingen alle wichtigen Ministerien an Nichtkommunisten über, auch wurden einschneidende Maßnahmen zur Einführung der Marktwirtschaft ergriffen. Arbeitsminister Jacek Kuroń schrieb rückblickend: »Unsere Stärke bestand darin, dass uns gerade jene unterstützten, die die ersten Verlierer der Marktwirtschaft waren«. Wenn diese dann doch in der Folge nicht zufrieden waren und ihr Wahlkreuz bei der jeweiligen Opposition machten (allein in den ersten vier Jahren der Nachwendezeit wechselten einander fünf Regierungen ab), so änderte das doch nur wenig an dem eingeschlagenen marktwirtschaftlichen Kurs –

längst waren die Weichen für die weitere Entwicklung gestellt, das Richtlinienmonopol hatte sich von der Politik auf die Wirtschaft verlagert.

Wandel zur Demokratie

Laut der 1997 verabschiedeten Verfassung ist Polen ein parlamentarischer Rechtsstaat auf der Grundlage sozialer Marktwirtschaft. Der Präsident wird direkt vom Volk für fünf Jahre gewählt, darf Minister einsetzen und kann die Beschlüsse des Sejm durch sein Vetorecht blockieren. Er hat damit deutlich mehr Macht als etwa sein deutscher Amtskollege. Der Sejm, die ›untere‹ gesetzgebende Kammer des Parlaments, wird alle vier Jahre gewählt; die Mitglieder des Senats, der ›oberen‹, rein beratenden Kammer, sind nach einem bestimmten Schlüssel einberufene Vertreter von Berufsständen und Provinzen. Außerdem wurde in der Verfassung die rechtliche Gleichstellung aller Religionsgemeinschaften verfügt.

Polens Demokratie funktioniert ›normal‹, allerdings gelten die Wahlergebnisse in diesem Land als schwer vorhersehbar. Sicher ist nur, dass es bei jeder Wahl zum neuerlichen Austausch der politischen Eliten kommt, doch welche der Oppositionsparteien von der Unzufriedenheit der Bürger profitieren wird, bleibt bis zum Wahltag ein Rätsel, das auch Demoskopen nicht zu lösen vermögen. Die politische Rechte (Post-Solidarność) hat sich in Polen seit 1990 immer wieder aufgesplittert, umbenannt und neu vereinigt; doch auch bei den Linken kommt es zu Abspaltungen und überraschenden Zusammenschlüssen. Siege der Postkommunisten werden in Polen schon lange nicht mehr als ›Werk des Teufels‹ begriffen. Die Linke ist in den Herrschaftsapparat integriert – Weltbank und Internationaler Währungsfond bescheinigten ihr im Vorfeld des EU-Beitritts ›gewachsenen Realitätssinn‹, trauten ihr gar die Modernisierung Polens eher zu als dem konservativen, aus der alten Solidarność hervorgegangenen Block.

Bei den Parlamentswahlen 2005, an denen sich nur weniger als 40 % der stimmberechtigten Bürger beteiligten, sank der Stimmenanteil der Postkommunisten dramatisch. Damit bekamen sie die Quittung für ihre positive Europapolitik, aber auch für Korruptionsskandale, in die Vertreter der Partei verstrickt waren. Es triumphierten zwei Parteien aus dem Lager der politischen Rechten, allen voran die autoritär-populistische PiS (Recht und Gerechtigkeit), die es im Wahlkampf verstand, alte Feindbilder zu schüren und unterschwellige Ängste gegenüber Russen, Deutschen und so genannten ›Raubtierkapitalisten‹ zu mobilisieren. Nach ihrem Sieg setzt sie auf einen starken Staat und sucht sich als Retter des bedrohten Vaterlands zu profilieren. Von den ›Euroenthusiasten‹, allen voran den Postkommunisten, sei das Land in einem schlechten Vertrag an die EU verschachert worden. Nun gelte es, die Interessen gegenüber den europäischen Nachbarn ›hart‹ zur Geltung zu bringen. Innenpolitisch predigt die PiS nationale Solidarität, Ruhe und Ordnung. Dem westlichen, durch die Integration beförderten ›Sittenverfall‹ wird der Kampf angesagt. Für die kommenden Jahre wird der Aufbau eines autoritären Präsidialsystems angestrebt, auch will man eine Antikorruptionsbehörde schaffen und den Polizei- und Justizapparat von postkommunistischen Kadern säubern. Dabei hofft die Partei auf die Unterstützung der radikalen Samoobrona (Selbstverteidigung) und der ultrareligiösen LPR (Liga der Polnischen Familien).

Führer der PiS sind die beiden Zwillingsbrüder Jarosław und Lech Kaczyński. Jarosław gilt als der Vordenker, das Amt des Präsidenten bekleidet Lech. Dieser hatte schon als Warschauer Oberbürgermeister klar gemacht, was für ihn ›saubere Politik‹ heißt. Er verbot die sommerliche Gay Parade und genehmigte eine Woche später einen Aufmarsch rechter Saubermänner, den ›Marsch der Normalität‹.

Die nach der PiS zweitstärkste politische Kraft war 2005 die konservativ-liberale ›Bürgerplattform‹ (PO). Ihr Vorsitzender Jan Rokita hatte sich bei der Debatte um die EU-Verfassung mit der Parole »Nizza oder der Tod« dem angeblich zu geringen Einfluss Polens innerhalb der Europäischen Union entgegengestellt. Er ist kein Mann des Ausgleichs, sondern liebt den Konflikt. Seine Partei lobt das ›freie Spiel der Marktkräfte‹, will die Privatisierung weiter forcieren und den Mittelstand durch Steuererleichterungen fördern.

Wie in alten Zeiten: Bauern in den Pieninen

Zukunftsperspektiven

42 Mrd. US-Dollar Auslandsschulden waren es zur Zeit der Wende, heute sind es mehr als doppelt so viel. Wem dient denn nun die EU-Erweiterung, fragen viele Polen und wollen nicht stolz darauf sein, dass ›ihr‹ Standort für westliche Konzerne so lukrativ ist. Auf polnischem Boden, vor ihren Augen, wird Reichtum erwirtschaftet, doch nur ein Teil davon bleibt im Land – freier Kapitalverkehr und Rückführung der Gewinne sind schließlich erlaubt. So hat sich das Land verwundbar gemacht: Es liefert billige Produktionsstätten für hoch entwickelte westliche Unternehmen, die auf dem Weltmarkt um ihre Anteile kämpfen und dabei auf den Faktor Mensch keine Rücksicht mehr nehmen. Der soziale Wettlauf nach unten lässt sich an vielen Fronten beobachten. Polen als zentraler osteuropäischer Standort beteiligt sich an diesem Spiel, beschert Deutschland vor dessen Tür eine Niedriglohnkonkurrenz und sucht seine Mitbewerber aus der Slowakei und Ungarn sowie aus den baltischen Staaten mit noch besseren Angeboten an die westlichen Konzerne

zu übertreffen. Der Kostenvorteil wird zum Prinzip jedes wirtschaftlichen Handelns: Man wirbt mit niedrigen Unternehmenssteuern, guten und billigen Arbeitskräften, appelliert zugleich an die patriotische ›Einsicht‹ der Arbeiter, auf Lohnforderungen zu verzichten, damit Polen als Wirtschaftsstandort begehrt bleibe. Die Konzerne haben Freude an diesem Schauspiel freier Konkurrenz, bietet es ihnen doch die Chance, die Schraube auch in den Kernländern der EU mächtig anzuziehen. Nun endlich können auch in Deutschland die Arbeitszeiten wieder verlängert werden, es kommt zu ›vermehrten Selbstbehalten‹ im Gesundheitswesen, der Generationenvertrag wird ausgehöhlt und die Mitbestimmung der Gewerkschaften eingeschränkt.

Viele Polen wollen sich nicht mit der ihnen anempfohlenen ›nationenübergreifenden Identität‹ anfreunden; sie misstrauen dem Leitbild eines europolitischen Neoliberalismus, der nur einer Minderheit nützt. Doch zu einer radikalen Kritik an den Verhältnissen können sie sich in der Regel nicht durchringen, weil ihre Erfahrung mit dem bürokratischen Sozialis-

Das moderne, 1998 fertig gestellte Opelwerk im oberschlesischen Gleiwitz ist ein Beispiel für die Investitionen westlicher Konzerne in Polen

Bundeskanzlerin Angela Merkel bei Lech Kaczyński im Dezember 2005

mus das utopische Denken blockiert. Sie huldigen lieber einem kleinräumigen, euroskeptischen Nationalismus, der manchmal auch mit autoritären, fremdenfeindlichen Momenten angereichert ist. Dabei kann, wo die politischen ›Eliten‹ den Nationalismus als Waffe einsetzen, um im innereuropäischen Verteilungskampf mehr ›für Polen‹ herauszuholen, ein dumpf-patriotisches Gemisch entstehen, dem rational schwer beizukommen ist. Man denke etwa an die Ausführungen des polnischen Präsidenten Lech Kaczyński, der vor der letzten Wahl mit deutschkritischen Parolen auf Stimmenfang ging. Seit 1989, meinte er, haben sich die Polen »vor lauter Versöhnung mit den Deutschen zu nützlichen Idioten machen lassen«. Den Einfluss der Sowjetunion habe man doch nicht abgeschüttelt, um nun von einem neuen »großen Bruder« bevormundet zu werden.

Soziale Unterschiede

Derweil diagnostiziert die Friedrich-Ebert-Stiftung in Warschau eine »Verschärfung der sozialen Unterschiede«. Weite Teile der Bevölkerung, heißt es, könnten »dem Modernisierungskurs nicht folgen«. Das Land ist zweigeteilt: Auf der einen Seite stehen die Nutznießer des EU-Beitritts, Polens Exporteure und jene, die das Glück hatten, bei ihnen, aber auch bei Banken, Versicherungen und anderen städtischen Dienstleistungsbetrieben eine Anstellung zu finden. Auf der anderen Seite, vor allem im Süden und Osten Polens, finden sich verarmte Landbewohner, nicht mehr konkurrenzfähige Kleinbauern, Invaliditätsrentner, Frühpensionäre und Arbeitslose. Gerade unter ihnen erfreuen sich die Parolen rechter und populistischer Parteien großen Zuspruchs.

In Polen wartet man gespannt darauf, wie die Regierung die zukünftig ins Land fließenden Gelder nutzen wird. Wen wird der ›Nationale Entwicklungsplan‹ begünstigen, was wird reformiert und modernisiert, saniert und eliminiert? In den Jahren 2007–2015 ist Polen wichtigster Netto-Empfänger der EU-Fördergelder – das ›größte Investitionsprogramm in der Geschichte Polens‹ rollt an. Viele hoffen, dass es anschließend nicht mehr nötig sein wird, das Heimatland zu verlassen, um anderswo Arbeit zu finden …

Geschichte

Mehrmals ist Polen als Staat von der Landkarte verschwunden, doch immer wieder auferstanden wie Phoenix aus der Asche: gestrauchelt, gestürzt und dann abermals im Konzert der Nationen dabei. Was gab den Polen diese Kraft zum Durchhalten, was ließ sie stets aufs Neue festhalten an der Idee eines eigenen Staates?

Von der Staatsgründung zum ›Goldenen Zeitalter‹

Die Wiege des polnischen Staates war das sumpfige Gebiet zwischen Warthe und Weichsel. Ab dem 6. Jh. wurde es von den Polanen besiedelt, einem slawischen Stamm (*pole* = Felder), der sich laut Legende den Pomeranen, seinen Nachbarn im Norden, aber auch den Slezanen im Süden und den Masowen im Osten als überlegen erwies, ab dem 9. Jh. Kontakte mit der islamischen und christlichen Welt unterhielt und eine Führungsrolle beim Zusammenschluss der Slawen übernahm.

Der Polane Piast gilt als Stammesvater der gleichnamigen Dynastie, die ab dem späten 10. Jh. das mittelalterliche Polen regierte. Erster historisch belegter Piastenfürst ist Mieszko I. (reg. um 960–992), dessen Aufstieg paradoxerweise mit einer Niederlage begann. Seit er von Truppen des Markgrafen Gero 963 bei einer Schlacht an der unteren Oder besiegt wurde, war er dem Kaiser Otto I. tributpflichtig. Doch erwies er sich als treuer Vasall, heiratete eine deutsche Prinzessin und ließ sich mitsamt seinem Gefolge nach römisch-katholischem Ritus taufen (966). Damit erwarb er Anspruch auf päpstlichen Schutz und durfte seinerseits missionierend tätig werden. Binnen weniger Jahrzehnte gelang es ihm und seinem Sohn und Nachfolger, dem gleichfalls mit einer Deutschen verheirateten Bolesław I. (992–1025), das Herrschaftsgebiet ostwärts bis zur Weichsel auszudehnen.

Als sich Bolesław kurz vor seinem Tod zum König krönte, verstand ihm ein Staat, dem mit der Gründung des Erzbistums Gnesen im Jahre 1000 die religiöse Unabhängigkeit gegenüber der deutschen Kirche zugestanden war.

Die Kirche ist der Lebensbaum des Staates: Diese Botschaft hat sich den Polen bis zum heutigen Tag als ›Glaubenssatz‹ einge-

prägt. Geschickt hat es die Kirche im Laufe der Geschichte verstanden, sich als wahre Hüterin nationaler Werte zu präsentieren. Schon im 12. Jh., als das Piastenreich in Teilfürstentümer zerfiel, waren es Bischöfe, die das partikulare Machtstreben der Landesherren anprangerten und sogar den Tod riskierten, um sie aufs Gemeinwohl zu verpflichten. Der älteste Piastensohn regierte in Krakau, seine Brüder waren nicht gewillt, sich seiner Oberhoheit zu unterstellen. Pommern fiel 1181 ans Deutsche Reich, und auch Schlesien begann, sich gen Westen auszurichten.

Erst ab dem frühen 14. Jh. wurden die Teilfürsten zurückgedrängt und Polen abermals in einem Königreich vereinigt. Pommern gehörte allerdings nicht mehr dazu, und auch die Loslösung Schlesiens musste König Kazimierz III. im Vertrag von Trentschin (1335) anerkennen. Was Polen im Westen verloren gegangen war, holte es sich im Osten. Unter der Regentschaft Kazimierz' dehnte sich das Reich bis in die heutige Ukraine aus. Eine

Gefahr erwuchs ihm freilich an der Nordflanke, wo der Deutsche Orden Position bezog. Er begnügte sich nicht mit der Missionierung der Heiden, sondern entfaltete eigene Macht: Sein straff organisierter ›Gottesstaat‹ konkurrierte mit dem christlichen Polen und bedrohte das ›heidnische‹ Litauen. Um sich gegen die ›deutsche Gefahr‹ zu schützen, wurde ein Bündnis geschmiedet. Die polnische Thronerbin Jadwiga, damals 14, nach anderen Quellen gar erst 11 Jahre alt, wurde mit dem litauischen Großfürsten Jagiełło verheiratet. Dieser nahm den christlichen Glauben an und durfte sich fortan König Władysław II. nennen. 1410 gelang es ihm, seine innenpolitische Position durch den Sieg über den Deutschen Orden bei Grunwald (Tannenberg) zu festigen.

Jagiellonen-Dynastie

Władysław II. begründete die Jagiellonen-Dynastie (1386–1572), die über den flächenmäßig größten Staat Europas herrschte. Er

›Die Schlacht bei Grunwald‹ (1410), Gemälde von Jan Matejko aus dem Jahr 1878

reiche von der Ostsee bis zu den Karpaten und – nach weiteren Territorialgewinnen im Osten – von der Warthe bis zum russischen Smolensk und schließlich gar über das ukrainische Kiew hinaus. Mit der Ostverlagerung verband sich eine Schwächung der katholischen Kirche: Die Bevölkerung des heutigen Weißrussland und der Ukraine war orthodox, d. h. nicht dem Papst, sondern dem Metropoliten von Byzanz unterstellt. Der Anteil der katholischen Gläubigen in Gesamtpolen sank damit auf etwa 40 %.

Unter den Jagiellonenkönigen Zygmunt I. (reg. 1506–48) und Zygmunt II. (reg. 1548–72) erlebte das Land sein ›Goldenes Zeitalter‹, eine Blütezeit für Handwerk und Handel, Kunst und Kultur. Vor allem in Krakau, der Hauptstadt, entstanden prachtvolle Renaissancebauten. Italienische Architekten verwandelten die Wawelburg in ein repräsentatives Schloss, Bürgerpaläste und Tuchhallen wurden mit eleganten Attiken geschmückt. Patrizier und viele Adelsvertreter zeigten sich offen für das Gedankengut des Humanismus und der Reformation, Polen erwarb den Ruf, das toleranteste Land Europas zu sein. An der Universität debattierte man Thesen von Hus, Morus und Erasmus, die Entdeckungen von Kopernikus erschütterten das christliche Weltbild. Auch immer mehr Juden, in West- und Südeuropa vehement verfolgt, wählten Polen als Zufluchtsort. Hier genossen sie königlichen Schutz, was freilich Anfeindungen seitens der Bevölkerung und der katholischen Kirche nicht ausschloss.

Das ›Goldene Zeitalter‹ währte mehrere Jahrzehnte und blieb doch nur ein Zwischenspiel: Das Adelsparlament erstarkte und suchte den Einfluss der Städte zu mindern, gleichzeitig die Allianz des Königs mit dem Bürgertum zu schwächen. Zu den letzten erfolgreichen Amtshandlungen des Königs gehörte die Unterzeichnung des Vertrages von Lublin 1569, worin sich Polen und Litauen zur ›Republik der beiden Nationen‹ vereinten. Mit dem Tod Zygmunts II. endete die Jagiellonen-Dynastie – der Adel war es fortan, der darüber befand, wer sich polnischer König nennen durfte.

Niedergang und Teilung

In der frühen Neuzeit gab es in Polen restaurative Entwicklungen, wie man sie in dieser Krassheit in Westeuropa nicht kannte. Gaben dort liberale, individualistische Werte einen wichtigen Anstoß zur Ausbildung einer kapitalistischen Entwicklung, so wurden diese in Polen unter der Herrschaft des Adels und des wieder erstarkenden Klerus erstickt. Es gelang dem Adel, sein Weltbild, d. h. seine Vorstellungen von Moral und Vernunft, der gesamten Gesellschaft überzustülpen. Patriotischer Mut wurde wichtiger als Zivilcourage, Teilhabe an kollektiver Souveränität wesentlicher als individuelle Freiheit. Auch für das Arbeitsethos hatte das Konsequenzen: In Polen arbeitete man, um seiner vaterländischen Pflicht zu genügen, nicht um sich durch Arbeit zu verwirklichen und die Probleme des Alltags pragmatisch zu lösen.

Die Weichen für den Niedergang Polens wurden bereits unter der Jagiellonenherrschaft gestellt. Die Adligen, mächtige ›Herrscher vor Ort‹, machten dem König klar, dass er, um seinen Willen durchzusetzen, auf ihre tatkräftige Unterstützung angewiesen war. Sie wollten sich nicht damit begnügen, Transmissionsriemen königlicher Beschlüsse zu sein, sondern forderten eine direkte Beteiligung an der Macht. Schon früh hatten sie die Einrichtung eines Reichstages (Sejm) durchgesetzt und dem König die gesetzgebende Gewalt für alle den Adel betreffenden Fragen abgetrotzt. Zur Schwächung der Zentralmacht trug auch das Liberum Veto bei, jener ›Grundsatz der Einstimmigkeit‹, mit dem jeder königliche Beschluss zu Fall gebracht werden konnte, sofern sich auch nur ein einziger Adeliger gegen ihn aussprach.

Adelsrepublik

Mit dem Aussterben der Jagiellonen-Dynastie 1572 setzte der Adel die Erbmonarchie außer Kraft. Jetzt wurde nur derjenige König, der vom Adel dazu ausersehen war. Gleichzeitig wurde an allen Fronten der Kampf gegen den Liberalismus verstärkt. Der städtische Außenhandel wurde eingeschränkt, die

Gewinne aus dem lukrativen Leinen-, Holz- und Getreideexport flossen fortan in die Kasse des Adels. Zugleich wurden die Bauern der königlichen Rechtssprechung enthoben und der adligen unterstellt. Der Adel stufte sie zu Leibeigenen herab und konnte über ihr Leben und ihren Besitz nach eigenem Gutdünken verfügen.

Ab dem frühen 17. Jh. ging man auch dazu über, den Klerus in seinen gegenreformatorischen Aktivitäten zu ermutigen. Die ins Land geholten Jesuiten gründeten mit päpstlicher Unterstützung in vielen Städten des Landes Klerikerschulen und machten sich an die Verfolgung so genannter ›Ketzer‹.

Das Prinzip der Wahlmonarchie degradierte den König zu einer Marionette herrschender Adelsfraktionen. Es gehörte zum politischen Alltag, dass Günstlinge auswärtiger Herrschaftshäuser durch Bestechung führender Adelsgruppen zu polnischen Königen avancierten. In schneller Folge kamen Franzosen, Ungarn und drei Schweden auf den Thron, später auch mehrere Sachsen. Polen machte sich zum Spielball fremder Mächte, lange bevor es von der Landkarte ver-

›Die Lage des Königreichs Polen im Jahr 1773‹: der Kupferstich zeigt Katharina II., Stanisław II. August, Joseph II. und Friedrich II. über der Landkarte Polens

Geschichte

Angriff Kościuszkos, aus dem Panorama von Racławice (Wojciech Kossak, 1894)

schwand. Dabei wurde es in Krisen und bald auch Kriege verstrickt.

An der Ostflanke bot die ›Religionsfrage‹ ausreichend Konfliktstoff. Die vom Papst 1595 vorgegebene Union zwischen römisch-katholischer und griechisch-orthodoxer Kirche wurde zwar 1596 in Brest gegen die Stimmen der orthodoxen Bischöfe von Przemyśl und Lwów (Lemberg) durchgesetzt, erwies sich aber als unrealisierbar. Zum einen waren da die katholischen Magnaten, die ihre ›unierten‹ Kollegen nicht akzeptierten, zum anderen die orthodoxen Bauern, die nicht willens waren, dem bewährten ›alten Glauben‹ abzuschwören und sich dem Papst in Rom zu unterwerfen. Der religiöse Disput mündete in einen sozialen Konflikt, der sich 1648 in dem von Bohdan Chmielnicki geführten Bauern- und Kosakenaufstand entlud; er war gerichtet gegen die katholischen Großgrundbesitzer und ihre zumeist jüdischen Gutsverwalter. 19 Jahre später entschied sich der orthodoxe Teil der Ukraine östlich des Dnjepr für die Abspaltung von Polen bei gleichzeitigem Anschluss an Moskau, das ›dritte Rom‹.

Auseinandersetzungen, Aufteilung und Zerfall

Einige Jahre zuvor (1655–60) waren weite Teile Polens von schwedischen Truppen überrannt worden; dabei wurden viele Städte verwüstet und vier Mio. Menschen, also fast die Hälfte der damaligen Einwohner Polens, getötet. Unter den wenigen Orten, die den Schweden widerstanden, befand sich das Paulinerkloster von Tschenstochau. Die heroische Abwehr wurde dem Wirken der Schwarzen Madonna zugeschrieben, worauf sie von den Regierenden in den Rang einer ›polnischen Königin‹ erhoben wurde. Bis heute gilt sie im katholischen Polen als Symbol für Freiheit und Eigenstaatlichkeit.

An der Südgrenze verstärkten sich derweil die Auseinandersetzungen mit der Türkei. Ein erster Krieg hatte 1621 mit einem Waffenstillstand geendet, 60 Jahre später rückten die Türken entlang des Schwarzen Meeres abermals in nördlicher Richtung vor. König Jan III. Sobieski stellte sich ihnen bei Wien entgegen und errang 1683 für Polen den letzten militärischen Erfolg vor dem staatlichen Zerfall.

In den vergangenen Jahren waren Historiker Deutschlands und Polens bemüht, der Regierungszeit der Sachsen (1697–1763) Positives abzugewinnen – doch an der Tatsache, dass der Niedergang Polens in dieser Zeit unvermindert voranschritt, ändert das nichts. August II. der Starke ließ sich sogleich in den ›Nordischen Krieg‹ zwischen Schweden und Russland hineinziehen, Warschau und Krakau wurden für kurze Zeit von schwedischen Truppen besetzt. Der Vertrag von Thorn 1709 legte das Fundament für die Abhängigkeit Polens von Russlands. 1716 wurde die ›Goldene Freiheit‹ des Adels garantiert, ein Jahr später – der Sachsenkönig war zuvor zum Katholizismus übergetreten – die Gleichberechtigung der Konfessionen endgültig zugunsten der Katholiken beseitigt; Protestanten, Orthodoxen und Juden war es untersagt, staatliche Würden und Ehrenämter zu bekleiden.

Mit dem Liebhaber der Zarin Katharina II. durfte 1764 mit Stanisław August Poniatowski erstmals wieder ein Pole König werden. Es gelang Russland vier Jahre später, im polnischen Parlament ein ›Toleranztraktat‹ durchzusetzen, demzufolge Anhänger des protestantischen und orthodoxen Glaubens wieder den Katholiken gleichgestellt werden sollten. Dagegen rebellierte ein großer Teil des polnischen Adels, der sich als Verteidiger des katholischen Glaubens und damit auch der ›Freiheit‹ begriff. Der noch im gleichen Jahr ausbrechende Bürgerkrieg zwischen rivalisierenden Adelsfraktionen, den Verfechtern des Status Quo und den Vorkämpfern für Reformen, bot den Nachbarn Gelegenheit zur direkten Intervention. Nachdem Zarin Katharina I. ihre Truppen 1771 in Polen einmarschieren ließ, zögerten auch Österreich und Preußen keine Minute, sich ihren Anteil am Kuchen zu sichern. In der ersten Teilung 1772 büßte Polen rund ein Drittel seines Territoriums ein.

Die Furcht vor weiteren Verlusten schweißte den Adel zusammen. Im Eilverfahren wurden überfällige Reformen verabschiedet; 1791 erhielt Polen die erste geschriebene Verfassung Europas, inspiriert von den Ideen der Französischen Revolution. Das nun freilich ging der absolutistisch regierenden Zarin und dem preußischen König zu weit. Sie nahmen das Reformwerk der ›ersten Republik‹ zum Anlass, zwei Jahre später erneut in Polen zu intervenieren: Russische Truppen besetzten den Osten des Landes, während sich Preußen die Gebiete rings um Posen, Danzig und Thorn einverleibte. Ein von General Tadeusz Kościuszko angeführter Aufstand ›für die Festigung der allgemeinen Freiheit‹ scheiterte, worauf Polen im Jahre 1795 ein drittes Mal, nun wieder unter Beteiligung Österreichs, geteilt wurde und als Staat aufhörte zu existieren.

Fremdherrschaft und Kampf um Eigenstaatlichkeit

1795–1918: Polen existierte für die Dauer von 123 Jahren nur als Idee, als Erinnerung an eine bessere Zeit und als illusionärer Zukunftsentwurf. Sprache, Religion und Kultur hielten das Volk zusammen, ließen es aufbegehren und in einer Kette von Aufständen scheitern. Anfangs setzten die Polen ihre Hoffnung auf Frankreich; viele kämpften im Heer Napoleons, als dieser in Preußen einmarschierte, sich mit dem ›Herzogtum Warschau‹ ein Protektorat schuf und weiter gen Moskau zog. Die Schwarze Madonna war nicht mit dabei – das vereinigte Heer wurde geschlagen und die alten Teilungsmächte setzten sich wieder ins ›Recht‹. Nur zwei Zugeständnisse wurden an den Unabhängigkeitswillen der Polen gemacht: Krakau wurde unter Aufsicht der Teilungsmächte ›Freie Stadt‹, und der von Russland annektierte Teil, weit gehend identisch mit dem unter Napoleon bestehenden ›Herzogtum Warschau‹, genoss als so genanntes ›Kongresspolen‹ weit gehende Autonomie.

Unter den Russen, wo der Freiheitsspielraum in jener Zeit am größten war, fand die erste Revolte statt. Im November 1830 erhoben sich Teile des Kleinadels, darunter viele Offiziere und Studenten, gegen die Fremdherrschaft, im preußisch besetzten Landesteil

Die Mythen der Unschuld

Die saubere Trennungslinie von Tätern und Opfern ist in der Geschichte nicht möglich. Auch die Polen waren nicht immer nur Opfer – im Zusammenleben mit Juden, Ukrainern, Weißrussen und Litauern gab es viele dunkle Episoden, über die man erst langsam zu sprechen lernt.

»In der Geschichte Europas gibt es wohl kein Land, das so wenig gegenüber der Welt schuldig wäre. Dicht an uns grenzen zwei Völker mit der allerdüstersten Geschichte: Deutschland und Russland. Polen bildete in der Mitte ein Gebiet von Gesetz und Leben. Zwischen der schizophrenen Kraft Deutschlands und der irrsinnigen Leere Russlands versuchte eine Nation zu leben, die lange Zeit hindurch die höchsten Prinzipien der Menschheit – das Christentum, den Humanismus, die Demokratie, die Freiheit der menschlichen Person und des Glaubens – ernst nahm, nach acht Jahrhunderten für ihre Phantasmagorien mit der Gefangenschaft und für die Freiheit mit dem Tode bezahlte. Wir hatten weder die praktische Vernunft der Engländer noch die Leidenschaftlichkeit der Franzosen bei der Errichtung von absolutistischen oder republikanischen sozial-staatlichen Konstruktionen. Doch wir ließen die anderen Nationen neben oder mitten unter uns leben. Das reicht schon aus, sich weder erniedrigt noch schuldig zu fühlen.«

Liest man diese Zeilen des Schriftstellers **Kazimierz Brandys** (1916–2000), so ist man zunächst einmal sprachlos. Was da geschrieben steht über die Deutschen und Russen, wirkt zu abstrus, als dass man es ernst nehmen möchte. Brandys hat diese Zeilen 1980 geschrieben: ein angesehener Schriftsteller, der in seinen Erzählungen ›Verteidigung von Granada‹ und ›Die Mutter der Könige‹ auf brillante Art mit dem Stalinismus abgerechnet hat.

Die Mythen des 19. Jahrhunderts

Bis heute sind es Mythen des 19. Jh., verquickt mit alten Adelstugenden, die das Weltbild vieler Polen bestimmen. In der Zeit der Staatenlosigkeit hatte man es gelernt, Niederlagen in Siege zu verwandeln und den Opfern fehlgeschlagener Aufstände einen höheren, fast religiösen Sinn zu verleihen. Der in der Pariser Emgration geborene Mythos feierte Polen als den ›Messias der Völker‹ und ›Christus der Nationen‹.

Juliusz Słowacki, ein herausragender Dichter der polnischen Romantik, sah in Polen den Vorreiter einer moralischen Erneuerung der ganzen Welt; alle Nationen, meinte er, müssten auf dem Weg ins ›Neue Jerusalem‹ die Erfahrungswelt des polnischen Volkes durchlaufen. Leiden läutert und befreit, jede Niederlage ebnet den Weg zu einer neuen, Erlösung verheißenden Schlacht. So entstand in Polen ein Kult der Märtyrer und Heroen – die Bedeutung der Menschen wurde an ihrer Opferbereitschaft, nicht am Erfolg ihrer Taten gemessen. Bis heute feiert man **Tadeusz Kościuszko**, der sich 1794 in die Schlacht warf, um die Teilung zu verhindern; man glorifiziert die todesmutigen Ulanen, die sich auf dem Rücken ihrer Pferde deutschen Panzern entgegenstellten und die Kämpfer des Warschauer Aufstands, die ihren Einsatz mit dem Leben und der völligen Zerstörung der Hauptstadt bezahlten – dies doch nur, um sich nicht die Stadt von den heranrückenden Russen befreien lassen zu müssen.

Thema

Polen und seine östlichen Nachbarn

Leidensfähigkeit und Todesmut sind der Test für das ›wahre Polentum‹ – das nationale Selbstbewusstsein unserer Nachbarn wirkt befremdlich. Noch einmal Brandys: »Wir kennen die eigene Geschichte, was aber nicht bedeutet, dass wir ihre Schönheit zu erblicken verstehen. Und sie ist schön.« Ist die Geschichte Polens wirklich ›schön‹ und ›madonnenhaft rein‹?

Die östlichen Nachbarn sind sich da nicht so sicher. Die Ukrainer etwa beharren darauf, dass im Verhältnis der beiden Nachbarländer noch immer ›schwierige geschichtliche Hypotheken‹ abzutragen seien. Noch frisch in Erinnerung ist die Zeit nach dem Ersten Weltkrieg, als das gerade souverän gewordene Polen bis Kiew vorrückte und die Westukraine annektierte. Und was nach dem Zweiten Weltkrieg unter dem Stichwort ›**Aktion Weichsel**‹ geschah, lässt sich mit dem Völkerrecht gleichfalls nur schwer vereinbaren. Nahezu alle ukrainischsprachigen Bojken und Lemken wurden am 29. April 1947 in einer Nacht- und Nebelaktion zwangsumgesiedelt und polonisiert – man verdächtigte sie der Sympathien für die Rebellen, die für ein ukrainisches Reich von Krakau bis Kiew kämpften. Aber auch Litauer sind nicht immer gut auf Polen zu sprechen; sie haben nicht vergessen, dass sich der Nachbarstaat 1920 ihre Hauptstadt Vilnius einverleibte und die Grenze weit in den Nordosten vorschob. Im Süden waren es Tschechen, die Opfer des polnischen Expansiondrangs wurden; als Deutschland 1938 das Sudetenland besetzte, nutzte Polen die Schwäche des Nachbarn, um sich auf diese Weise das teilweise von Landsleuten bewohnte Teschener Land zu sichern.

Das polnisch-jüdische Verhältnis

Ein besonders delikates Kapitel ist das polnisch-jüdische Verhältnis. Polen war das Land, in das viele Juden ab dem 14. Jh. vor Verfolgung aus West- und Südwesteuropa flüchteten. Sie erhielten von König Kazimierz III. Privilegien und durften eigene Gotteshäuser und Friedhöfe unterhalten. Dass Polen gleichwohl kein ›Paradies‹ für sie war, macht ein Blick auf die Hauptstadt Krakau deutlich. Die Juden verließen sie 1495 und siedelten sich in der Nachbarstadt Kazimierz an – aber sie taten es nicht freiwillig, wie es heutige Broschüren vor Ort suggerieren, sondern auf Anordnung des Königs, der sie nur so vor Übergriffen der Bürger glaubte schützen zu können.

Wenn heute Juden nicht gut auf Polen zu sprechen sind, so auch aufgrund der Erfahrungen, die sie im 20. Jh. machten. Nach 1918 befanden sich die Juden in einer klassischen **Doublebind-Situation**. Einerseits wurde ihnen Assimilation verwehrt – wollten sie sich jedoch weiter zum Judentum bekennen, wurden sie des Separatismus beschuldigt. Nach deutschem Vorbild riefen 1933 die Nationaldemokraten zum Wirtschaftsboykott gegen Juden auf, der Primas von Polen verhöhnte sie als »Vorhut der Gottlosigkeit, des Bolschewismus und der Subversion…«.

Juden, die den Holocaust überlebten, wurde nach 1945 der Zutritt in ihre Häuser vielerorts verweigert – etwa 1500 Juden fielen den Pogromen jener Jahre zum Opfer. Heute bekennen sich gerade noch 5000 Polen zum Judentum, eine Zahl, die nicht erstaunt, wenn man bedenkt, dass Wahlkämpfe mit antisemitischen Parolen geführt werden und bekennende Antisemiten keine soziale Ächtung zu fürchten haben.

Geschichte

wurde ihr Kampf unterstützt. Nach der Niederschlagung des Aufstands wurde der Kleinadel, seit dem Mittelalter die Führungsschicht des Landes, rigoros entmachtet: Er büßte Tausende von Gütern ein und verlor alle Privilegien. Unzählige Adelige verließen aus Angst vor Prozessen das Land und emigrierten nach Paris, wo fortan auch die Dichter Adam Mickiewicz und Juliusz Słowacki sowie der Komponist Frédéric (poln. Fryderyk) Chopin als Botschafter Polens wirkten.

Beim Aufstand im österreichischen Galizien (1846) ging Krakau seines ›freien Status‹ verlustig, die Erhebung im preußischen Posen (1848) scheiterte gleichfalls. 15 Jahre später war wieder der russisch besetzte Teil an der Reihe. Als Zar Alexander II. die Niederlassungsfreiheit für Juden und Landzuteilungen für Bauern in Aussicht stellte, war es vor allem der Großadel, der für die ›polnische Sache‹ trommelte und zum Sturmangriff blies. Doch auch diese Revolte misslang – durch die Befreiung der Bauern vereitelte der Zar ihre Einbindung in den ›nationalen‹ Widerstand. Russisch wurde darauf Amtssprache, Kongresspolen an das zaristische Reich angeschlossen und die orthodoxe auf Kosten der katholischen Kirche gestärkt.

Entsprechendes geschah im preußisch besetzten Teil, wo sich Otto von Bismarck, ab 1871 Reichskanzler, als Scharfmacher profilierte. Deutsch wurde alleinige Unterrichtssprache, die katholische Kirche als Trägerin der nationalen Idee unterdrückt. Polen im Grenzland wurden vertrieben, andere mittels des ›Kulturkampfes‹ zu echten Deutschen herangezogen. Ab 1886 begann der deutsche Staat, polnischen Grundbesitz aufzukaufen und die ›Germanisierung des Bodens‹ zu beschleunigen.

Einzig im österreichisch besetzten Teil konnten die Bewohner aufatmen. Die durch die Niederlage im Deutschen Krieg 1866 geschwächte Doppelmonarchie machte den Polen Zugeständnisse in Fragen der Autonomie, wodurch es ihr gelang, einen potentiellen Konfliktherd an der Nordostflanke des Reichs zu neutralisieren. Galizien durfte sich autonom verwalten mit eigenem Regional-parlament, Polnisch als Amtssprache und freien Universitäten.

Die Betonung des Nationalen verhinderte in Polen die Entstehung einer starken vom Marxismus beeinflussten Bewegung. Zwar fanden die Ideen der aus Zamość stammenden Rosa Luxemburg viele Anhänger in der Industriestadt Łódź und ebenfalls unter den Arbeitern und Intellektuellen Warschaus, doch ihrem ›Inter-Nationalismus‹ stellte sich ein ›National-Sozialismus‹ entgegen, der in Józef Piłsudski seinen populistischen Führer fand.

Anfang und Ende der ›Zweiten Republik‹

Seine große Stunde schlug nach dem Ersten Weltkrieg, als das Prinzip der nationalen Selbstbestimmung Grundlage der staatlichen Neuordnung in Europa wurde und Polen, begünstigt durch die Niederlage zweier Teilungsmächte im Krieg und die innenpolitische Krise in Russland, seinen ersehnten eigenen Staat erhielt. Bis zu seinem Tod 1935 hat Piłsudski die politischen Geschicke der ›Zweiten Republik‹ bestimmt – als gewählter Präsident, als putschender Diktator oder als graue Eminenz im Hintergrund.

Polen erwarb 1919 Teile der Provinz Westpreußen und Großpolen, 1921 das oberschlesische Industrierevier. Es führte Krieg gegen die Ukrainer, die gleichfalls einen eigenen Staat wollten, danach gegen Russland, weil es mit der im Versailler Vertrag als Grenze fixierten Curzon-Linie nicht zufrieden war. Dem auf militärische Stärke setzenden Piłsudski gelang es, den Grenzverlauf zugunsten des polnischen Staates zu verschieben.

Das neue Polen war kein homogener Nationalstaat, sondern ein Vielvölkergebilde mit starken ethnischen Minderheiten, deren Rechte ab 1930, in den Jahren der ›moralischen Diktatur‹, zunehmend ausgehöhlt wurden. Man unterstellte Ukrainern, Litauern, Weißrussen und Deutschen mangelnde Loyalität, den Juden auch Sympathien für den Kommunismus. Aus Angst vor ›Überfremdung‹ beschloss die polnische Regierung, die Zulassung von Juden zur Universität zu beschränken; das an jüdischen Gymnasien

Zwangsarbeiter im Warschauer Ghetto zu Beginn des Jahres 1941

abgelegte Abitur wurde prinzipiell nicht mehr als Hochschulreife anerkannt. 1936 zogen 20 000 Studenten, ein Drittel aller damaligen polnischen Studenten, nach Tschenstochau, dem katholischsten aller Nationalheiligtümer, um unter dem Beifall des Kardinals zu geloben, Polen werde ›judenfrei‹, früher oder später…

Das Experiment der Zweiten Republik mündete in eine Katastrophe. Die deutsche Regierung drängte auf Revision der Grenzen, wünschte eine veränderte Verfassung für Danzig sowie den Bau einer extraterritorialen Autobahn und einer Eisenbahnlinie nach Ostpreußen. Da Polen zu dieser Konzession nicht bereit war, gab Hitler am 3. April 1939 den Befehl zur Vorbereitung eines Krieges und löste einige Wochen später das Nicht-

angriffsabkommen von 1934 auf. Der am 23. August 1939 zwischen Molotow und Ribbentrop unterzeichnete deutsch-sowjetische Pakt enthielt ein geheimes Zusatzprotokoll, das die Aufteilung Polens vorsah.

Im September 1939, nach nur zwei Jahrzehnten Unabhängigkeit, verschwand Polen erneut von der Landkarte – der Bug wurde Grenzlinie zwischen dem deutschen und dem sowjetischen Einflussbereich. Das Wartheland, Danzig-Westpreußen und das Gebiet um Kattowitz wurden direkt ans Reich angeschlossen, der ›polnische Rest‹ – mit Krakau als Hauptstadt – als koloniales ›Generalgouvernement‹ verwaltet; es diente als Reservoir von Arbeitskräften und militärisches Aufmarschgebiet für den Angriff auf die Sowjetunion.

Geschichte

Der deutschen Okkupation und der vorhergehenden deutsch-sowjetischen Besetzung (bis Juni 1941) fielen knapp 6 Mio. Polen zum Opfer, darunter 3 Mio. Juden, die in eigens zu diesem Zweck errichteten Konzentrations- und Vernichtungslagern systematisch umgebracht wurden. Während des Krieges bildete sich im Untergrund die nationalistische Heimatarmee (Armia Krajowa), die am 1. August 1944 den ›Warschauer Aufstand‹ organisierte – nicht zu verwechseln mit dem ›Aufstand im Warschauer Ghetto‹, den die eingeschlossenen Juden im April 1943 begannen, um – wie es Marek Edelmann, einer der überlebenden Anführer, formulierte – »sich nicht abschlachten zu lassen, wenn die Reihe an uns kam.«

Nach 1945: von der Volks- zur Dritten Republik

Aus den Zerstörungen des Zweiten Weltkriegs ging Polen als Sozialistische Volksrepublik hervor: de iure souverän, de facto aber gebunden an die Weisungen der Sowjetunion. Auf den Konferenzen von Jalta und Potsdam wurden die neuen Staatsgrenzen festgelegt: die Oder-Neiße-Linie markierte die Westgrenze, die Curzon-Linie wurde Ostgrenze. Damit verschob sich das polnische Staatsgebiet um mehrere Hundert Kilometer in Richtung Westen. Schlesien, das südliche Ostpreußen, Pommern und Danzig gehörten nun zu Polen, die meisten hier lebenden Deutschen wurden vertrieben; die Gebiete Weißrusslands und der Ukraine fielen an die Sowjetunion.

»Kommunistische Herrschaft passt zu Polen wie der Sattel auf eine Kuh« – entgegen der skeptischen Diagnose Stalins wurde in dem Land die Planwirtschaft eingeführt. Dabei übernahm die Polnische Vereinigte Arbeiterpartei die führende Rolle in Staat und Gesellschaft, verstaatlichte Banken und wichtige Industrien. Nach sowjetischem Vorbild wurden vor allem Bergbau und Schwerindustrie gefördert; 1949 erfolgte die Aufnahme Polens in den Rat für gegenseitige Wirtschaftshilfe, sechs Jahre später wurde das Land in das östliche Militärbündnis integriert.

Wirtschaftliche Engpässe führten in den Jahren 1956, 1968 und 1970 zu Unruhe und Massenprotest. Doch erst in der zweiten Hälfte der 1970er Jahre bildete sich eine Bewegung heraus, die mehr wollte als die Besserung der eigenen Lebenssituation und den Austausch von Personen an der Spitze der Partei. Nun wurden weitergehende politische Forderungen gestellt, die im Antrag auf Zulassung freier Gewerkschaften gipfelten. Kristallisationspunkt der sich formierenden Opposition wurde die Kirche, um die sich ein breites Aktionsbündnis von Arbeitern und Intellektuellen sammelte. 1980 kam es zu Streiks auf der Danziger Werft, die sich rasch auf das ganze Land ausdehnten. Überraschend lenkte die Staatsmacht ein und erlaubte die Gründung der unabhängigen Gewerkschaft Solidarność, die innerhalb weniger Wochen zehn Mio. Mitglieder zählte. Damit aber verlor die Arbeiterpartei das Organisationsmonopol und musste eingestehen, dass sie von denen, die sie zu vertreten vorgab, nicht anerkannt wurde. Das Rad der Geschichte rollte und konnte auch durch die Verhängung des Kriegsrechts (Dez. 1981–Juli 1983) nicht angehalten werden. Die veränderten politischen Kräfteverhältnisse in Russland taten ein übriges, um den Auflösungsprozess des politischen Systems in Polen zu beschleunigen.

Der Zusammenbruch des Sozialismus vollzog sich 1989/90, mit Tadeusz Mazowiecki wurde erstmals in der Nachkriegsgeschichte ein Nichtkommunist Chef einer osteuropäischen Regierung. Polen befreite sich aus der Vormundschaft der Sowjetunion und wurde in Anlehnung an die westliche Staatengemeinschaft eine Demokratie, die sich an marktwirtschaftlichen Kriterien ausrichtete. Im Jahr 1991 kam es zur Auflösung des Warschauer Pakts, fortan suchte Polen seine Zukunft in den Bündnisstrukturen der Nato und der Europäischen Union.

Tadeusz Mazowiecki und Lech Wałesa auf einer Kundgebung in Danzig am 20. August 1989

Zeittafel

5.–10. Jh.	In der Zeit der Völkerwanderung besiedeln slawische, aus dem Osten eingewanderte Stämme das Gebiet des heutigen Polen.
966	Piastenfürst Mieszko I. lässt sich und sein Volk taufen. Damit wird er in die christliche Staatengemeinschaft aufgenommen und darf missionierend tätig werden.
1000	Der deutsche Kaiser Otto III. gesteht dem polnischen Vasallen eine eigenstaatliche Entwicklung zu, 1025 wird Bolesław I. gekrönt.
1138	Nach dem Einfall der Böhmen im Südwesten des Landes verlegt König Kazimierz I. die Hauptstadt von Gnesen nach Krakau.
1138–1320	Thronstreitigkeiten führen zum Zerfall des Königreichs in Teilfürstentümer. Deutsche Siedler werden angeworben, das Land östlich der Oder zu erschließen. Nach dem Einfall der Tataren 1241 müssen viele Städte, darunter Breslau und Krakau, neu aufgebaut werden.
Ab 1320	Władysław I. gelingt es, die polnischen Teilfürstentümer zu einen, Krakau ist wieder Landeshauptstadt. Schlesien fällt an die böhmische Krone, doch gelingt es Kazimierz III., dem Reich neue Gebiete im Osten anzugliedern.
1386–1572	Unter Jagiellonen-Dynastie wird Polen mit Litauen vereint, es entsteht der flächenmäßig größte Staat Europas. Das Imperium erstreckt sich bis nahe Riga im Baltikum und Odessa am Schwarzen Meer, schließt die heutige Ukraine und Weißrussland ein. Die neue Kraft spiegelt sich in Wissenschaft, Bildung, Kunst und Architektur.
1572–1795	Mit dem Erlöschen der Jagiellonen-Dynastie wird die Wahlmonarchie eingeführt, der Adel wird auf Kosten der Krone gestärkt. Die Zentralmacht zerfällt, Polen verstrickt sich in Kriege und büßt seinen Rang als osteuropäische Großmacht ein.
1772, 1793, 1795	Polen wird unter Preußen, Österreich und Russland aufgeteilt.
1795–1918	Aufstandsversuche werden 1830/31, 1846–1848 und 1863 von den Besatzungsmächten niedergeschlagen. Nach der Schwächung Österreichs durch die Niederlage gegen Preußen 1866 erfreut sich Galizien, der von Habsburg besetzte Teil Polens, einer begrenzten Liberalität und wird zum Zentrum der polnischen Nationalbewegung.

Nach Wiedererlangung der Souveränität erhält Polen gemäß dem Friedensvertrag von Versailles Teile Ost- und Westpreußens und damit Zugang zum Baltischen Meer. Im Westen gewinnt Polen Territorium um Posen und in Oberschlesien. Der Dreifrontenkrieg gegen die Ukraine, Sowjetrussland und Litauen bringt Gebietszuwachs jenseits des Bug.

1918–1921

Der Vielvölkerstaat wird autoritär, zeitweise auch diktatorisch regiert.

1921–1939

In dem von Deutschland verschuldeten Zweiten Weltkrieg werden sechs Mio. Polen getötet, in Konzentrationslagern wird ein großer Teil der europäischen Juden ermordet. Städte und Industriebetriebe liegen in Schutt und Asche.

1939–1945

Die Siegermächte beschließen Polens Westverschiebung: Neue Grenze im Westen wird die Oder-Neiße-Linie, im Osten die so genannte Curzon-Linie. Die deutsche Bevölkerung wird vertrieben; an ihre Stelle treten Polen aus den ehemaligen polnischen Ostgebieten.

1945

Polen wird in den osteuropäischen Herrschaftsblock eingefügt, die Opposition sammelt sich unter dem Banner des Katholizismus. 1956, 1970 und 1980 werden regierungsfeindliche Unruhen niedergeschlagen.

1947–1989

Mit Karol Wojtyła als Papst Johannes Paul II. wird erstmals ein Pole zum Oberhaupt der katholischen Kirche gewählt.

1978

Nach der Revolte von 1980 entsteht auf der Danziger Werft die Gewerkschaft Solidarność, die sich mit Unterstützung des Papstes den Sturz des politischen Systems zum Ziel setzt.

1980

Polen wird marktwirtschaftliche Demokratie: Durch Umverteilung von Besitz entstehen Einkommensunterschiede, anstelle staatlicher Finanzierung von Ausbildung, Gesundheits- und Rentensystem tritt die private Vorsorge.

1989–2004

Auch außenpolitisch findet ein radikaler Wechsel statt: 1999 tritt Polen der Nato und 2004 der EU bei.

1999, 2004

Konservative und euroskeptische Parteien bestimmen die politische Landschaft in Polen.

Ab 2005

Tradition und Alltag

Ob der obligatorische Freitagsfisch, die Sonntagsmesse oder die vielen Heiligenfeste: Ältere Polen orientieren sich strikt an den Vorgaben der katholischen Kirche. Die Jüngeren sehen das lockerer: Die Religion ist ihr Leitfaden, doch fahren sie auch gern zur ›Haltestelle Woodstock‹, hören den Musiksender MTV und lieben Techno, Fast Date und SMS.

Der mächtige Schatten der Kirche

Das gibt es wohl nur in Polen: Radio Maryja zählt Millionen von Zuhörern, die erzkatholische Liga der Polnischen Familien empfiehlt sich als Koalitionspartner und der verstorbene polnische Papst wird verehrt, als säße er noch heute im Vatikan. In vielen Wohnzimmern hängt ein Kruzifix, gleich daneben die Schale mit dem gesegneten Weihwasser. ›Polak to katolik‹ (ein Pole ist immer ein Katholik): So lautet die bis heute gültige Formel. Mehr als 90 % aller Bewohner bezeichnen sich als gläubig, was in diesem Land kein Lippenbekenntnis ist. Sie gehen zur Beichte und zur Messe, pilgern mindestens einmal im Leben zur Schwarzen Madonna und spenden bei der Sonntagskollekte ihren letzten Groschen. 15 000 Kirchen und Klöster gibt es in Polen; tätig sind dort 30 000 Priester und ebenso viele Mönche und Nonnen.

Gleichwohl wollen sich Polens Bischöfe nicht allein auf deren Überzeugungskraft verlassen. Nach dem Fall des Sozialismus ließen sie alles, was ihnen hoch und heilig war, in weltliche Gesetze kleiden. Seit jener Zeit ist die Abtreibung verboten, Ärzte, die sich dafür aussprechen, werden kriminalisiert. Die Familie, basierend auf der Ehe zwischen Mann und Frau, gilt als Fundament des Staates. Damit sie allen Widerständen zum Trotz möglichst lange hält, wurde das Scheidungsverfahren erschwert. So wundert es nicht, dass von 1000 Ehen nur 45 geschieden werden –

in Deutschland ist die Zahl viermal so hoch. Homosexualität gilt in Polen als sittenwidrig: »Keine Ideologie«, so heißt es hierzu im bischöflichen Grundsatzpapier, »kann dem menschlichen Geist die Gewissheit nehmen, dass es die Ehe nur zwischen zwei Personen unterschiedlichen Geschlechts gibt.« In Polen ist es unvorstellbar, dass – wie etwa im gleichfalls katholischen Spanien – die gleichgeschlechtliche Lebensgemeinschaft als Ehe anerkannt wird. Damit es gar nicht zu derlei ›Fehlentscheidungen‹ kommt, will die Kirche schon im zarten Kindesalter die mentalen Weichen korrekt stellen. Sie mischt in Erziehungsfragen kräftig mit, hat das Land flächendeckend mit katholischen Privatschulen überzogen und durchgesetzt, dass Religion in staatlichen Schulen versetzungsrelevantes Pflichtfach ist. Gelehrt wird ausschließlich die katholische Variante des Christentums; undenkbar wäre es, dass Protestantismus, Orthodoxie, Judentum oder gar der Islam Eingang in den Lehrplan finden. Die staatlich bezahlten Seelsorger sind in sämtlichen Institutionen aktiv: Bei der Polizei und in der Armee, im Krankenhaus und im Gefängnis geht nichts ohne priesterlichen Segen.

Gescheitert ist die Kirche am Vorhaben, Polen in der Verfassung als ›von Gottes Gnaden‹ zu definieren. Auch in den Entwurf der EU-Verfassung hat sie den Bezug auf christliche Werte nicht einschleusen können. Derweil hat sie als stärksten Gegner den ›freien Markt‹ ausgemacht. Sie hält ihren Schäflein vor, dass ›Konsumwahn‹ und ›Materialismus‹

mit dem Glauben an Gott unvereinbar sind, stößt dabei allerdings auf taube Ohren. Nach der Sonntagsmesse pilgern die Kirchgänger in die Einkaufszentren, die vom späten Vormittag bis zum späten Abend geöffnet sind.

Pragmatischer Umgang mit der Kirche

Auch das Wochenendvergnügen möchte sich die Mehrheit der Polen nicht nehmen lassen. Der Katechismus verbietet ihnen am Freitag Feste zu feiern, da dies der Tag ist, »an dem unser Herr ans Kreuz geschlagen wurde«. Doch Bars und Clubs boomen mehr denn je, die Party währt das gesamte Wochenende. Es scheint, als hätten die Polen ein pragmatisches, manche mögen sagen bigottes Verhältnis zur Kirche: Was der Priester sagt, ist eine Sache, doch was man letztlich tut, eine andere. Vor allem jüngere Leute wollen sich im Alltag nicht vorschreiben lassen, was sie als gut und böse zu definieren haben. Was der persönlichen Lust Schranken auferlegt, ist ihnen suspekt. Weder im Aussehen noch in der Lebenseinstellung unterscheiden sie sich groß von ihren westlichen Altersgenossen. Sie tragen, was die Mode bzw. ihre subkulturelle Variante vorgibt, hören Viva und MTV Polska, kopieren die jeweiligen Charts auf ihren MP3-Player. Sie sind keine Idealisten, sondern handfeste Pragmatiker. Ein gut bezahlter Job, ein Auto, eine eigene Wohnung, Reisen in ferne Länder – das ist der Lebenstraum der meisten.

Leicht wird es der Kirche nicht fallen, ihre schon halb verlorenen, ›materiell korrumpier-

Auf dem historischen Hauptmarkt Krakaus finden regelmäßig Konzerte statt

Tradition und Alltag

ten‹ Seelen zurück zu gewinnen. Doch sie ist zuversichtlich, möchte ihren Missionsauftrag am liebsten auf das gesamte heidnisch-hedonistische Westeuropa ausweiten. Bischof Pieronek, Rektor der päpstlichen Akademie, sieht in Polens EU-Integration »eine wunderbare Chance, schwer zu meisternde Herausforderung und große apostolische Aufgabe.«

Arbeits- und Überlebensmoral

Italiener des Ostens werden sie gern genannt. ›Improvisieren und kombinieren – wenn nichts mehr geht, auch emigrieren‹: Nach dieser Devise leben die Polen noch heute. Da sie in der Geschichte arg gebeutelt und herumgeschubst wurden, haben sie gelernt, auf die eigene Kraft zu bauen. Was ihnen unter der Fremdherrschaft widerfuhr, setzte sich in der eigenen ›Demokratie‹ mit dem Verrat der Solidarność fort: Schöne Versprechen hat man ihnen gemacht, um sie dann doch wieder nur schamlos zu brechen. Die Schriftstellerin Olga Tokarczuk spricht ihren Landsleuten aus dem Herzen, wenn sie schreibt: »Die stabile Krise ist der natürliche gesellschaftspolitische Zustand, den die Polen seit Generationen gewöhnt sind und mit dem sie ausgezeichnet zurecht kommen.« Der Staat wird nicht sonderlich ernst genommen, was sich nicht nur in der chronisch niedrigen, stets weiter sinkenden Wahlbeteiligung ausdrückt: »Sollen die oben doch machen, wozu sie Lust haben!« So lautet der von Ohnmacht diktierte Standardsatz am Stammtisch. Den Volksvertretern haftet etwas Anrüchiges an. Wer in die Politik geht, lautet die weit verbreitete Meinung, ist ein Karrierist und Opportunist, einer, der den Staat als Selbstbedienungsladen zur eigenen Bereicherung begreift. So werden die das Politikgeschäft begleitenden Skandale von den meisten Polen mit einem Achselzucken kommentiert – man hatte doch nichts Anderes erwartet. Zweifelhafte Tröstung versprechen Sätze wie ›Wszystko jedno‹ (alles egal!) oder ›Jakoś to będzie‹ (Irgendwie wird's schon werden).

Grotesker Humor spiegelt sich in der Formel ›Noch nie war es so, dass es nicht irgendwie geworden wäre!‹

Dass auch in der EU vor allem die Fähigkeit des geschickten Durchwurstelns zählt, lassen sich die Polen neuerdings vom Modell Deutschland bestätigen. Spätestens seit der Einführung der 1-Euro-Jobs hat der Mythos vom Wirtschaftswunderland ausgedient und mit ihm die Phalanx preußischer Tugenden aus Fleiß, Pünktlichkeit und eiserner Arbeitsdisziplin. Da pfeift man doch lieber auf Prinzipien, schon im Sozialismus hat man sich über Normerfüllung lustig gemacht. Man ist fleißig, bestimmt aber gern selber das Tempo, in dem gearbeitet wird. Der von der Frankfurter Industrie- und Handelskammer herausgegebene ›Unternehmer-Knigge‹ liegt gar nicht so falsch, wenn er deutsches Führungspersonal ermutigt, die Fähigkeiten des Polen geschickt aufzugreifen, da dieser ein hervorragender ›Krisenmanager‹ sei. Wie der Spanier neige er dazu, vieles auf den nächsten Tag zu verschieben – doch man könne ganz beruhigt sein: Der Pole schafft sein Pensum, wenn auch vielleicht knapp und auf den ›letzten Drücker‹ – Hauptsache, man treibt ihn nicht an und übt keinen Druck auf ihn aus.

Minderheiten neu entdeckt

1939 war Polen noch ein multinationaler Staat: Ein Drittel der Bevölkerung war weder katholisch noch ethnisch-polnisch. Zu den größten Minderheiten zählten mit etwa 10 % die Juden, daneben gab es Weißrussen und Ukrainer, Deutsche und Litauer, Roma und Sinti sowie Kaschuben, Goralen, Schlonsaken und Tataren. Sechs Jahre später, am Ende des Zweiten Weltkriegs, bot sich ein anderes Bild: Die meisten Juden waren von den Deutschen ermordet, die Deutschen vertrieben, Ukrainer, Russen und Litauer in ihre eigenen, an die Sowjetunion angeschlossenen Volksrepubliken ausgesiedelt worden. Die verbliebenen Minderheiten durften ihr kulturelles Erbe in Form von Folklore pflegen, tauchten aber in der offiziellen Statistik nicht

Kulturevents in Polens Süden

Januar/Februar: Den Höhepunkt der Skisaison markieren der **Europa- und Weltpokal im Skispringen** in Zakopane.

März: Der 50 km lange Piastenlauf in Jakuszyce (nahe Szklarska Poręba) ist das größte **Langlaufrennen** Europas.

April: Bei den **Passionsspielen** in Kalwaria Zebrzydowska werden von Palmsonntag bis Karfreitag Szenen aus dem Neuen Testament aufgeführt. In Warschau findet das einwöchige **Ludwig-van-Beethoven-Festival** statt.

Mai: An vielen Orten des Landes ist Musik angesagt: Ein **Festival Alter Musik** findet im Schloss von Łańcut, **Gaude Mater**, eine Konzertreihe mit religiöser Musik, in Częstochowa statt. Zum **Jazz an der Oder** fährt man nach Breslau. Am Ende des Monats startet in Złotoryja der **Wettbewerb der Goldwäscher**, in Krakau das **Internationale Kurzfilmfestival**.

Juni: Schlagermusik dominiert beim **Festival des polnischen Liedes** in Opole. Bei der Prozession zu **Fronleichnam** werden in Łowicz die traditionellen Trachten getragen. Zu den **Jüdischen Gedenktagen** und einem großen **Fest der Zigeuner** fährt man nach Tarnów, zum **Theaterfestival ›Malta‹** nach Posen. In Krakau ist immer etwas los, in diesem Monat z. B. der **Lajkonik-Umzug**, die **Johannisnachtfeier** am Weichselufer und das **Festival der Jüdischen Kultur**.

Juli: Einen **Theatersommer** feiert man in Zamość, **Festivals des Straßentheaters** gibt es u. a. in Krakau und Jelenia Góra (Hirschberg). Organisiert werden während dieser Zeit Konzerte und Ausstellungen. Warschau und Krakau laden ein zu **Jazz-Festivals**, Zakopane zu den Tagen der **Szymanowski-Musik**. Zum **Fest der hl. Anna** findet am 26. Juli eine große Prozession am Annaberg statt.

August: Kazimierz Dolny ist immer eine Reise wert, besonders schön aber ist es zur Zeit des **Kultursommers**, wenn Kunsthandwerker ihre Waren ausstellen und auf den Plätzen Musik erklingt. Zu Monatsbeginn startet die **Woche der Beskidenkultur** im Gebiet rings um Wisła (Weichsel), zwei Wochen später das **Internationale Festival der Bergfolklore** in Zakopane. Alle zwei Jahre (gerade Zahlen) erfreut man sich an der **Plakatbiennale** in Warschau. In Kostrzyn an der deutsch-polnischen Grenze treffen sich Hunderttausende zu Europas größtem Open-Air **Rock-Festival** (Haltestelle Woodstock). Etwa zur gleichen Zeit wie das Festival **Musik im Alten Krakau** startet in Duszniki Zdrój (Bad Reinerz) das **Chopin-Festival**. Am Monatsende erinnert man sich in Łódź beim **Dialog der vier Kulturen** an die polnischen, russischen, deutschen und jüdischen Traditionen der Stadt.

September: Wratislavia Cantans, das Festival für klassische Musik, Oratorien und Kantaten, findet in der ersten Monatshälfte in historischen Räumen Breslaus sowie in stimmungsvollen Kirchen und Schlössern der Umgebung statt. Eine Woche später beginnt der **Warschauer Herbst**: zeitgenössische Musik vom Feinsten in der Philharmonie der Hauptstadt. Der ›Hirschberger September‹ endet mit einem **Theaterfestival**, berühmte Solisten kommen zu den **Internationalen Jazztagen** nach Zamość und zum **Rawa-Blues-Festival** nach Katowice. **Dymarki**, das Fest der Schmelzöfen, feiert man in den Heiligkreuzbergen, **Bajit Chadasz**, eine intensive Begegnung mit jüdischer Kultur, pflegt man in Krakau.

Oktober: Alle drei Jahre (2006, 2009) ist Krakau Hauptstandort der **Internationalen Grafik-Triennale**. Warschau lädt ein zu einem **Monteverdi-Festival** und – seit 1958 schon – zur **Jazz-Jamboree**. Am Ende des Monats rüstet sich Krakau für den Allerheiligen-Jazz.

November: Bekannte Musikensembles und Solisten kommen zum Festival Alter Musik im Königsschloss.

Dezember: Zwei Wochen vor Weihnachten beginnt der **Wettbewerb der Weihnachtskrippen** auf dem Krakauer Marktplatz.

Tradition und Alltag

auf. Polen galt als monolithischer Nationalstaat, in dem sich die Bevölkerung ›polnisch-katholisch‹ definierte. Erst seit der Wende spricht man wieder offen von ethnischen Minderheiten, ihr Anteil wird auf 3–5 % der Bevölkerung geschätzt (s. Themen: ›Deutsche Minderheit im Aufwind‹, ›Die Goralen‹, ›Bojken und Lemken‹ ›Jüdisches Warschau‹). Älteren, national gesonnenen Polen ist das selbstbewusste Auftreten dieser ›andersgearteten‹ Landsleute nicht geheuer. Sie fürchten um die ›Reinheit‹ ihrer Kultur und glauben, der Staat werde durch die ›Fremden‹ zu sehr beeinflusst. Anders reagiert die Mehrzahl der jüngeren Polen, die die multiethnische Vergangenheit nur vom Hörensagen kennt. Sie freut sich darüber, dass der Alltag durch die Randgruppen bunter und ›exotischer‹ geworden ist. Man isst wieder jüdisch, litauisch und balkanisch, tanzt bei Festivals zu den Rhythmen von Klezmer und lauscht in orthodoxen Kirchen stimmgewaltigen Chorälen. Man ent-

deckt die Schönheit unierter Kathedralen mit ihren Zwiebelkuppeln und Ikonen, protestantische Fachwerkkirchen und tatarische Moscheen. Staunend stellt man fest, dass die eigene, polnische Kultur unterschwellig schon immer von diesen Fremdeinflüssen durchdrungen war.

Feste und Festivals

Wenn Polen feiern, steht ein farbiges Feuerwerk an: auf die bunte Prozession folgen Festschmaus, Tanz und Musik. Erster Höhepunkt des Kirchenjahrs ist Weihnachten. In den Karpaten wird das Kommen des Erlösers mit Alpenhörnern angekündigt. Auf den schneebedeckten Almen blasen Männer in 2 m lange Instrumente, auf dass der Wind die Töne bis ins letzte Bergdorf trage. In Krakau bereitet man sich derweil auf den großen Krippenwettbewerb vor. Zwei Wochen vor

Zum Fest werden die Kinder herausgeputzt

44

Weihnachten werden Krippen aus Pappmaché und Glanzpapier aufgestellt: mit Glitter und Glamour inszenierte Architekturträume, die aus ›Tausend und einer Nacht‹ stammen könnten.

Zu Beginn des Festmahls am Heiligen Abend wird eine geweihte Oblate gebrochen und unter den Anwesenden verteilt. Dann startet das große Weihnachtsmahl, bei dem der frische Karpfen nicht fehlen darf. Ein Gedeck bleibt für den ›einsamen Wanderer‹ reserviert – womit die Familie bekundet, dass sich ein Not leidender Fremder jederzeit hinzugesellen darf.

Zwischen Weihnachten und dem Dreikönigsfest finden in vielen Dörfern Umzüge statt. Kleine Gruppen ziehen mit einem großen Stern von Haus zu Haus, ihre Mitglieder sind verkleidet als Engel und Teufel, Schaf- und Ziegenbock. Andere Grüppchen führen die Geschichte von König Herodes auf: Laut Bibel ließ dieser alle männlichen Kinder töten, weil er nicht wusste, welches Neugeborene der gefürchtete Messias war. Lustvoll wird die Enthauptung und anschließende Höllenfahrt des Königs dargestellt – besonders den Kindern macht es Spaß, den Bösewicht seiner gerechten Strafe zuzuführen.

Die dann folgende Zeit bis Aschermittwoch wird mit **Fasching** überbrückt, wobei aber nur die letzten drei Tage groß gefeiert werden: mit Umzug, Maskenball und dem obligatorischen Festmahl. Konditoreien verkaufen unendlich viele Pfannkuchen, damit man noch einmal im Süßen schwelgen kann, bevor die Zeit des Fastens beginnt. Bis Ostern sieht man jeden Freitag Mönche in schwarzem Gewand, wie sie das Krakauer Franziskanerkloster verlassen und in einer stillen Prozession zur Kirche ziehen. Ihre Gesichter sind mit herabhängender Kapuze verhüllt, kein Außenstehender soll sie erkennen können. Die ›Brüder des Guten Todes‹, wie sich die Mönche nennen, haben sich seit 400 Jahren der Aufgabe verschrieben, über den Sinn menschlichen Leidens und den Tod als Erlösung nachzudenken.

Eines der wichtigsten Feste in Polen findet **Ostern** statt. Am Palmsonntag werden zum Andenken an den Einzug Jesu in Jerusalem ›Palmen‹ geweiht. Meist sind das Zweige mit Weidenkätzchen, in der Tatra auch bis zu 10 m hohe, mit Blumen und farbigen Bändern verzierte Säulen. Für Gründonnerstag ist die Bestrafung des Judas angesetzt. Dann wird ein lebensgroßer Strohmann mit 30 Glasscherben gespickt, die für die Silbermünzen stehen, der der Apostel für seinen Verrat an Jesus erhielt. Unter dem Beifall der Menge wird er vom Kirchturm gestürzt, anschließend unter Schlägen durch die Straßen der Stadt geschleift.

Schon seit 1608 werden in Kalwaria Zebrzydowska die Passionsspiele aufgeführt. Das Spektakel reicht vom Einzug in Jerusalem über den Judas-Verrat und das Letzte Abendmahl bis zum Prozess am Karfreitag, wenn Jesus ans Kreuz genagelt wird. Tausende von Menschen verfolgen das Schauspiel, das sich sehr eng an die biblische Vorlage hält. Der Zuschauer soll das Gefühl haben, unmittelbarer Zeuge der Leiden Christi zu sein.

Der Ostermontag ist der Tag des Heiligen Lejek, auch Śmigus-Dyngus-Tag genannt. In einer Familie mit Sinn für Tradition werden die Häupter mit Wasser benetzt – ein symbolisches Abstreifen der Sünden. Dagegen triumphiert auf den Straßen der Jux: Wenn Kinder Passanten bespritzen, haben sie an diesem Tag keinerlei Strafe zu fürchten. In den Beskiden wird der Tag anders begangen. Laut stöhnend ziehen maskierte ›Osterbettler‹ durch die Straßen – nur wer einen Obolus entrichtet, kommt an ihnen vorbei. Erinnert wird damit an die Opfer der Tatarenüberfälle des 13. Jh., die ihre Wunden mit Stroh bedeckten und ihr Dasein als Bettler fristeten.

Zu **Fronleichnam** finden die wohl farbenprächtigsten Umzüge statt. An diesem Tag trägt man die Figuren der Schutzheiligen durchs Dorf und bedeckt die Straßen mit Blumenblüten. Das letzte Fest schließlich bleibt Maria vorbehalten. In Kalwaria Zebrzydowska wird am 13. August ihre ›Entschlafung‹ inszeniert. Das darauf folgende fröhliche Mysterium dauert bis zu **Mariä Himmelfahrt** volle zwei Tage.

Kunst und Kultur

Polen ist reich an Kunstdenkmälern aus tausend Jahren, Strömungen aus West und Ost verbanden sich hier zu einer ungewöhnlichen Symbiose. Weltberühmt sind die Plakate aus sozialistischer Zeit, Filme aus ›Holly-Łódź‹ und die großen naiven Maler. Heute ist die Kunst kommerzialisiert, viele junge Talente wandern ab in die Werbung.

Architektur

Polens Könige, Adelige und Patrizier hatten eines gemein: Wenn es darum ging, Paläste und Kirchen zu errichten, stellten sie bevorzugt Künstler aus anderen Ländern ein. Darum stammen die schönsten erhaltenen Baudenkmäler von Italienern und Deutschen, Franzosen und Niederländern, aber nur ganz selten von Polen. Diese traten paradoxerweise erst in Erscheinung, als ein polnischer Staat nicht mehr existierte. Mit ihren Werken trugen sie entscheidend dazu bei, dass sich ein nationales polnisches Bewusstsein ausbilden konnte.

Die neuen zivilisatorischen Techniken kamen um das Jahr 1000 mit dem Christentum nach Polen – Stein löste Erde und Lehm als Baumaterial ab. Die ersten Kirchen wurden in den Formen der **Romanik** errichtet, waren allerdings kleiner und schmuckloser als ihre westlichen Pendants. Zu den wenigen, die bis heute erhalten sind, gehören die Andreaskapelle auf dem Krakauer Marktplatz und die Kirchen von Opatów und Tum.

Als deutsche Zisterziensermönche 1178 ihr erstes Kloster in Wąchock errichteten, benutzten sie bereits Spitzbogen und Kreuzrippengewölbe – Stilelemente der **Gotik**, wie sie in der Folge für den Bau der Klöster in Trebnitz, Heinrichau und Leubus typisch wurden. In Gnesen und Posen, Krakau und Breslau entstanden gotische Backsteinkathedralen, die an die Stelle älterer Sakralbauten traten und in denen sich das Selbstbewusstsein des wiedervereinten Königreichs Ausdruck verschaffte. Von den Burgen jener Zeit, die Kazimierz III. an der Grenze zu Schlesien errichten ließ, blieben nur romantische Ruinen erhalten. Sie werden ›Adlerhorste‹ genannt, erheben sich mächtig aus dem weiß-grauen, verwitterten Kalk der Krakau-Tschenstochauer Jura. In der Königsstadt selbst entstanden neue geistliche und weltliche Gebäude, so etwa das Collegium Maius und der Rathausturm, allesamt Backsteinbauten.

Aus der Zeit des ersten Jagiellonenkönigs Władysław II. (1386–1434), dessen Reich sich fast bis ans Schwarze Meer ausdehnte, stammen die ersten Beispiele orthodox-byzantinischer Kunst. Die Holzkirchen mit zwiebelförmigen Kuppeln sind ebenso von ihr inspiriert wie die ikonenartigen Fresken in der Lubliner Burg, geschaffen von Meister Andrzej im Jahr 1418.

Die Gotik in Schlesien, das ab 1335 nicht mehr zu Polen zählte, schlug eine Sonderentwicklung ein. Üppig verziertes Blendwerk milderte die Strenge des Backsteins, in der Bildhauerei wurde die starre Gestik durch eine bewegtere Darstellung ersetzt.

Den Übergang vom späten Mittelalter zur Neuzeit markierte Veit Stoß, ein Meister aus Nürnberg (1447–1533). Er schuf das wohl schönste Kunstwerk Krakaus, den mehrflügeligen Hauptaltar der Marienkirche. Die lebensgroßen, realistischen Figuren sind indi-

Burg Ogrodzieniec am ›Adlerhorst‹

46

Kunst und Kultur

viduell gestaltet und in ihrer Mimik und Gestik so ausdrucksstark, dass man glauben mag, sie seien lebendig.

Mit Bona Sforza, der Gattin Zygmunts I., wurde eine Italienerin Königin des Landes. Aus Mailand brachte sie den Geist der **Renaissance**, unter dem Polen erblühte. Symbol der neuen Zeit wurde die königliche Residenz auf dem Krakauer Wawelberg, die vom Florentiner Architekten Bartolomeo Berecci in ein Schloss mit eleganten Arkadengängen verwandelt wurde. Die Adeligen eiferten dem König nach und finanzierten repräsentative Residenzen, so in Nowy Wiśnicz und Baranów Sandomierski. Im Gefolge Be-

reccis kamen Francesco Fiorentino, Santi Gucci, Gian Maria Padovano und viele andere italienische Künstler nach Polen. Außer Kirchen und Palästen schufen sie herausragende Grabstätten, in denen sich die Herrscher ein Denkmal für alle Ewigkeit setzten. Die Innenräume der Schlösser wurden mit *arrasy* dekoriert: kunstvoll geknüpften Wandteppichen aus dem französischen Arras mit Motiven aus Bibel, Mythologie und Tierwelt.

Mit den ins Land geholten Jesuiten kam der **Barock**. Den Mönchen und ihren Auftraggebern ging es darum, geistliches Terrain, das an die protestantischen ›Ketzer‹ verloren gegangen war, zurück zu gewinnen. Im Rah-

Die Jaszczurówka-Kapelle verkörpert den klassischen Zakopane-Stil

men eines offensiven Bauprogramms wurden prachtvolle Kirchen errichtet, um die Stärke des Klerus zu demonstrieren. Auf die Krakauer Peter-und-Paul-Kirche (1597) folgten viele weitere Gotteshäuser – die schlesischen Klöster in Grüssau und Heinrichau, Wahlstatt und Leubus gelten als Krönung europäischer Barockkunst.

Ab Mitte des 18. Jh. war man des opulenten Barock überdrüssig und suchte sein Heil im Rückgriff auf die Formen der Antike. Politisch von Zerfall bedroht, erlebte Polen unter seinem letzten König Stanisław August Poniatowski einen kulturellen Aufbruch. Bauten im Stil des **Neoklassizismus** wie das Warschauer ›Palais auf der Insel‹ kündeten vom Versuch, Sinnlichkeit und Vernunft in Einklang zu bringen.

Im geteilten Polen des 19. Jh. kehrte Beliebigkeit ein. Von den künstlichen Ruinen Arkadiens über Neogotik und Neobarock bis zum Stilmix des Eklektizismus war alles vertreten. Nur wenige Architekten ragten heraus, unter ihnen der Leiter der Staatsbaubehörde für Preußen, Karl Friedrich Schinkel, der etliche Schlösser in Schlesien und Großpolen gestaltete. Am Ende des 19. Jh. setzte sich in Krakau und Warschau, vor allem aber in Łódź, der **Jugendstil** durch, etwa zur gleichen Zeit auch der erste originär polnische, in Form und Material an die Gebirgsumgebung angepasste **Zakopane-Stil**.

Nach dem Zweiten Weltkrieg stellte sich angesichts des verwüsteten Landes die Frage, ob eine sozialistische ›Neue Welt‹ entstehen oder das Alte wieder aufgebaut werden sollte. Man entschied sich für einen Kompromiss, um den entwurzelten Polen ein Gefühl von historischer Kontinuität zu vermitteln. So wurden die schönsten Altstädte, etwa in Warschau, Breslau und Lublin, originalgetreu rekonstruiert, wobei die Polen ihren Ruf als ›beste Restauratoren der Welt‹ unterstrichen.

Ein herausragendes Beispiel für **Sozialistischen Realismus** ist der Warschauer Kulturpalast, mit 234 m Polens höchster und zugleich umstrittenster Bau: für die einen ein ›Monster im Zuckerbäckerstil‹, für die anderen ein ›grandioser Wolkenkratzer‹. Seine Opulenz kontrastiert mit dem Funktionalismus der im Umkreis vieler Städte entstandenen Plattenbausiedlungen: Hochburgen der Tristesse, phantasielos und grau.

Bildende Kunst

Mehr als die Architekten haben sich die Maler in den Dienst der Nation gestellt. Mit virtuos gemalten, realistischen Gemälden feierten sie glorreiche Momente der polnischen Geschichte und hielten auf diese Weise die Idee eines eigenen Staates wach. Da gab es Maler vom Schlag eines **Piotr Michałowski** (1800–1855), dessen dynamische Darstellung von Kriegen und Aufständen einem Géricault oder Delacroix durchaus ebenbürtig ist. Kościuszkos Sieg über russische Truppen inspirierte **Wojciech Kossak** (1857–1942) zu einem gigantischen, 114 m langen Rundgemälde, das heute in Breslau ausgestellt ist. Doch der Ruf eines ›polnischen Nationalmalers‹ gebührt uneingeschränkt **Jan Matejko** (1838–1893). In seinen monumentalen Historiengemälden setzt er die Siege Polens über seine Nachbarn farbenprächtig in Szene: Der Bogen spannt sich von der ›Schlacht bei Grunwald‹, in der polnisch-litauische Truppen den Deutschen Orden besiegten, über die ›Preußische Huldigung‹, die den deutschen Ordensmeister kniend vor Zygmunt I. zeigt, bis hin zur ›Lubliner Union‹, dargestellt als Unterwerfung des litauischen Adels unter den polnischen Monarchen.

Von derlei Aufbaupathos wandten sich die Vertreter des ›Jungen Polen‹ (Młoda Polska) angewidert ab. Sie forschten nach den Gründen für Polens Niedergang und suchten Anschluss an die europäische Moderne. Wichtigster Vertreter der neuen Strömung war **Stanisław Wyspiański** (1869–1907), der nicht nur als Maler, sondern auch als Romancier brillante symbolistische Werke schuf. Freilich gelang es erst **Stanisław Ignacy Witkiewicz** (1885–1939), sich wirksam von nationalem Ballast zu befreien. Er war ein multimediales Universaltalent und wird gepriesen als ›Vater der polnischen Avantgarde‹. Er

Kunst und Kultur

schrieb Dramen, Romane, war Kunsttheoretiker, Philosoph, Maler und Fotograf. Viele kennen ihn nur unter seinem Pseudonym Witkacy, das ihn unterscheidbar machte von seinem Vater, dem einflussreichen Architekten.

Schillernd präsentiert sich die Bildende Kunst, die ab dem politischen Tauwetter 1956 nur selten von der Zensur behelligt wurde. Der Bogen spannt sich von surrealistischen Gemälden **Zdzisław Beksińskis** und **Władysław Hasiors** über satirische Kirchenkritik à la Duda-Gracz bis zu den düsteren Installationen von **Józef Szajna** und **Tadeusz Kantor**. Auch einen großen Naiven hat Polen hervorgebracht: Dem taubstummen **Nikifor** ist in Krynica ein eigenes Museum gewidmet.

Weltberühmt wurde die **polnische Plakatkunst**, die sich schon in den 1950er Jahren von ihrer Rolle als bloßer Werbeträger emanzipierte. Sie kam bissig-sozialkritisch, subversiv und poetisch daher; 1966 erhielt sie in Wilanów (bei Warschau) das erste eigene Museum der Welt. Bis heute hat sie nichts von ihrer Ausstrahlungskraft eingebüßt. Einer, der an der ursprünglichen Poesie und Vieldeutigkeit festhält, ist Eidrigevicius, bekannt unter seinem Vornamen ›Stasys‹.

Streifzug durch die Literatur

Nur wenige polnische Schriftsteller sind auch außerhalb ihres Landes berühmt, so der Nobelpreisträger **Henryk Sienkiewicz**, dessen verfilmtes Literaturepos ›Quo Vadis‹ jedes Jahr zu Ostern ins Fernsehen kommt, und **Stanisław Lem**, dessen Science-Fiction-Romane in viele Sprachen übersetzt wurden. Bekannt sind auch die Romane ›Lord Jim‹ und ›Im Herzen der Finsternis‹, doch kaum einer weiß, dass der Autor **Joseph Conrad** (1857–1924) in Polen aufgewachsen ist und in Wahrheit Józef Konrad Korzeniowksi hieß. Den schwer auszusprechenden Nachnamen hat der Autor unterschlagen und seine Vornamen internationalisiert, als habe er alle polnische Eigenart hinter sich lassen wollen. Er gehört zu jenen vielen Emigranten, die nach den gescheiterten Aufständen von 1830 und 1863 das besetzte Land für immer verließen. 20 Jahre lang befuhr er die Weltmeere, und was er dabei sah und erlebte, hat er in einer Kritik des Kolonialismus literarisch verarbeitet – ein Thema, in dem das ›polnische Element‹ bestenfalls in der Erfahrung fremder Gewalt zu finden ist. Seine Landsleute haben es Conrad offenbar verübelt, dass er sich nicht ihrem, sondern dem Leiden anderer Völker zuwandte und obendrein in Englisch, nicht in Polnisch schrieb. Selbst in Krakau, wo er längere Zeit lebte, wird die Erinnerung an ihn nicht gepflegt.

Eine ganz andere Behandlung wird den drei großen Romantikern der vorhergehenden Generation zuteil. **Adam Mickiewicz** (1798–1855), **Juliusz Słowacki** (1809–49) und **Zygmunt Krasiński** (1812–59), die aus dem Exil mit all ihrer Phantasie und Poesie ›für Polen‹ agitierten, avancierten noch zu Lebzeiten zu Nationaldichtern. Bis heute fehlen ihre Texte in keinem Schulbuch; Denkmäler und nach ihnen benannte Straßen findet man in jeder polnischen Stadt. Im Ausland sind ihre Werke allerdings so gut wie unbekannt. Sie gelten als schwierig, nur Polen selber, glaubt man, könnten sie aufgrund der in ihnen enthaltenen Anspielungen verstehen.

Zu den bedeutendsten Schriftstellern des 20. Jh. gehören **Witold Gombrowicz** und **Zbigniew Herbert**, **Tadeusz Różewicz** und **Sławomir Mrożek**, **Czesław Miłosz** und **Wisława Szymborska**. Für die Mehrzahl der Urlauber interessanter sind Bücher, die einen direkten Bezug zum bereisten Land haben. **Olga Tokarczuk** schreibt über ›ihr‹ Glatzer Bergland, **Andrzej Stasiuk**, der seit Jahren in Czarne, einem gottverlassenen Karpatendorf lebt, hat seine Region in ›Die Welt hinter Dukla‹ literarisch erkundet (s. Lesetipps).

Informativ sind die Romane von **Isaac Bashevis Singer** (1904–91), einem polnischen Juden, der in Jiddisch schrieb und 1935 aus dem damals antisemitisch aufgehetzten Polen emigrierte. Die Polen haben auch ihn nie als einen der ihren anerkannt, obwohl fast alle seine Werke von polnischen Orten und den Menschen, die dort lebten, inspiriert sind. Selbst der Literaturnobelpreis, mit dem er ausgezeichnet wurde, hat die in Polen vorherrschende Einstellung ihm gegenüber nicht zu ändern vermocht. Wahrscheinlich waren es bittere Worte wie die im Roman ›Soscha‹ geäußerten, die ihm den Hass seiner Landsleute einbrachten: »Die Polen wollen uns loswerden. Sie betrachten uns als Volk innerhalb eines Volkes, einen fremden und bösartigen Körper. Sie haben nicht den Mut, uns selbst umzubringen, aber sie werden keine Träne vergießen, wenn Hitler es für sie tut.« Im Ausland wurde Singer berühmt, die kraftvolle, bilderreiche Sprache und der dialogische Erzählstil führen die untergegangene Welt der Juden lebendig vor Augen. ›Eine Kindheit in Warschau‹ (›Lesetipp‹) ist einer von vielen.

Bruno Schulz (1892–1942), der ›polnische Kafka‹, ist nicht rechtzeitig emigriert – er wurde im Ghetto von Drohobycz (heute Ukraine) von einem deutschen Gestapo-Mann erschossen. Schulz verkörpert jenen Typus des mitteleuropäischen Schriftstellers, dessen Welt im Zweiten Weltkrieg untergegangen ist. In einer barock ausgeschmückten, von einem wahnwitzigen Einfall zum nächsten galoppierenden Sprache erzählt er in den ›Zimtläden‹ und dem ›Sanatorium zur Todesanzeige‹ (1937) von der östlichen jüdischen Welt, vom krisengeschüttelten Kleinbürgertum und dem Hereinbrechen der Moderne in der Provinz.

Hanna Krall (Jg. 1937) ist eine ›Davongekommene‹, für die der Holocaust den Dreh- und Angelpunkt ihres Werkes bildet. Alle ihre Werke kreisen um das jüdisch-polnische Verhältnis, wobei sie ihre Wahrnehmung stets durch die Berichte anderer Zeitzeugen ›korrigiert‹. Bekannt wurde sie durch die Gespräche mit Marek Edelmann, einem der wenigen überlebenden Aufständischen des Warschauer Ghettos. Sie beherrscht die Collagetechnik wie keine zweite Autorin, dokumentiert und macht doch eigene Literatur.

Der polnische Star-Regisseur Andrzej Wajda wurde 2000 für sein Gesamtwerk mit einem Oscar prämiert

Kunst und Kultur

Ähnliches lässt sich auch von **Ryszard Kapuscińnski** sagen, einem reisenden Schriftsteller, der konkret und ohne Pathos schreibt. Er verfasst großartige Reportagen aus Afrika, Asien und Lateinamerika, kaum eine Krisenregion gibt es, in der er nicht persönlich war. »Die Erde ist ein gewalttätiges Paradies«, klagt er und sucht den Kontakt mit denen, die in dieser Welt nicht privilegiert waren. Ein literarischer Schreibtischtäter möchte Kapuscińnski nie werden – im Gegenteil: Kommt er nach Warschau zurück, um seine jüngsten Reiseberichte aufzuzeichnen, fühlt er sich »dem Ende nah« …

Wahrheitssuche im Film

In der neuen, zu jener Zeit bestens ausgestatteten Filmhochschule von Łódź entstanden ab 1956 die Meisterwerke des polnischen Films. Mit der Machtübernahme des Parteiführers Władysław Gomułka war kulturpolitisches ›Tauwetter‹ angesagt, die Leine der Kontrolle wurde – wenigstens zeitweise – gelockert. Bereits der Film ›Kanal‹ (1957) von **Andrzej Wajda**, in dem es um den Warschauer Aufstand und den Kampf gegen die Nationalsozialisten geht, wurde von der internationalen Kritik begeistert aufgenommen. Doch nicht das Thema beeindruckte, sondern seine Bearbeitung. Der Autor zeichnete kein flammendes Widerstandswerk, keinen positiv-sauberen Helden, der – aller Zweifel enthoben – für das eintritt, was immer schon als gut und richtig vorausgesetzt ist. Seine Helden waren anders: von Trauer gezeichnet, einsam, nicht wissend, ob das, was sie tun, wirklich den Ausweg verheißt. Eine solche Sichtweise, wie sie sich auch in den Werken etwa von Andrzej Munk und Tadeusz Konwicki wiederfindet, war nicht ›politisch korrekt‹ – sie war nonkonformistisch und strebte nach Wahrheit.

Die Kunst der polnischen Filmemacher schlug eine Brücke zum westeuropäischen Existentialismus. Sie war diesem verwandt in seiner entschiedenen Sinnsuche, blieb aber politisch wachsam. Nach den Revolten von 1968 und 1970 engagierte sich das Kino gesellschaftlich, wurde zunehmend angriffslustig und klagte ein, was die sozialistische Losung versprach. Dabei bildete sich eine enge Beziehung zwischen Spiel- und Dokumentarfilm heraus. Andrzej Wajda drehte in diesen Jahren seinen Film Der ›Mann aus Marmor‹ (1976), ihm zur Seite standen Produktionen von Krzysztof Kieślowski, Agnieszka Holland und Krzysztof Zanussi.

1981 wurde der Ausnahmezustand verkündet, einige der besten Regisseure zogen es vor, fortan im Ausland zu arbeiten und kamen oft erst nach der politischen Wende zurück. Einen Regisseur gab es, dem es auch in dieser Phase gelang, Filmgeschichte zu schreiben: **Krzysztof Kieślowski** (1941–1996), in Deutschland berühmt geworden durch seinen Fernsehzyklus über die Realität der zehn Gebote in der modernen Gesellschaft. Der ›Kurze Film über das Töten‹, ein Traktat über das fünfte Gebot, ließ die Zuschauer frösteln – der Film schildert kalt und unerbittlich einen Mord sowie die Hinrichtung des Täters. Der Regisseur führt die Verrohung scheinbar normaler Menschen vor und zeigt doch zugleich die Bestialität der Justiz, deren Gesetze nicht dazu taugen, die zwischenmenschlichen Beziehungen zu regeln.

Als Kieślowski im Westen zum Kultregisseur avancierte und französische Produzenten begannen, seine Filme zu finanzieren, blieb dies nicht ohne Wirkung auf sein künstlerisches Schaffen: Die Kälte der frühen Werke, so der Kritiker Andreas Kilb, wich einem »pathetischen Zartbitter«. Der Popularität des Filmemachers hat dies keinen Abbruch getan – bei den Internationalen Festivals wurde der in Krakau und Paris inszenierte Film ›Das doppelte Leben der Veronika‹ mit Preisen überhäuft, wenig später auch die Trilogie der ›Drei Farben‹: Freiheit, Gleichheit, Brüderlichkeit… Das Publikum war fasziniert – von der geheimnisvoll vorgestellten Ethik, der den Diskurs untermalenden Musik Zbigniew Preisners und dem Anblick jener traurigen jungen Heldinnen, die einer Boutique entsprungen sein mochten und dabei die Niedergangsstimmung des Fin de siècle wiedergaben.

Nach Kieślowskis Tod ist es um den polnischen Film still geworden. Nur 2002 horchte die internationale Filmkritik noch einmal auf: ›Der Pianist‹ von **Roman Polański** erzählt die Lebensgeschichte des jüdischen Musikers Szpilman, der im Warschauer Ghetto zugrunde ging. Auch Polański hat seine Kindheit im Ghetto verbracht – nur dank einer Verkettung von Zufällen gelang ihm die Flucht.

Christliche Volkskunst

Die Volkskunst Polens fasziniert durch ihre Farbigkeit, Ausdruckskraft und Naivität. Man merkt ihr an, dass sie einer bäuerlich-archaischen Welt entstammt, die vom Wechsel der Jahreszeiten bestimmt ist, von Glauben und Gottvertrauen. Vor allem in der Podhale, dem Vorland der Tatra, sowie in Masowien rund um Warschau ist Kunsthandwerk ein vertrauter Bestandteil der Alltagskultur.

Vom natürlichen Kunstsinn der Bergbewohner zeugen bis heute die spitzgiebligen, aus Bohlen erbauten und mit Balkonen verzierten Häuser zwischen Czorsztyn und Zakopane. Die Innenräume sind mit Holzmöbeln ausgestattet, an den Wänden hängt **Glasmalerei** in kräftigen Farben, oft mit Darstellun-

gen wilder Räuber. Die **Schnitzerei** erhielt sich aus der Zeit, da die königlichen Wälder frei waren und es Holz im Überfluss gab. Die Motive entstammen zumeist der christlichen Vorstellungswelt, sind aber derart verfremdet, dass sie an Kirchenkunst kaum noch erinnern.

Vor allem zwei Motive haben es den Bergbewohnern angetan. ›Christus im Elend‹ stützt sein Haupt in die Hand, seine Gesichtszüge sind voller Melancholie. Man begegnet dieser Figur als Bildstock am Wegesrand, weshalb sie auch ›Christi letzte Rast‹ genannt wird. Sie will daran erinnern, dass wir Reisende auf einer langen Fahrt sind – das Leben wird als mühevoller Kreuzweg gedeutet. Das zweite Motiv der Bergbauern, die Pietá, ist gleichfalls ein Zeugnis der Trauer: Maria beweint den in ihrem Schoß liegenden toten Sohn. Andere geschnitzte Figuren kennt man aus der Oster- und Weihnachtsgeschichte: goldene Engel und Teufelchen, die Heiligen Drei Könige und die Zwölf Apostel.

Eine Fülle von Beispielen polnischer Volkskunst findet man in den Ethnographischen Museen von Krakau, Warschau und Łowicz, in Galerien der Cepelia-Kette und in den original nachgebauten Dörfern der jeweiligen Region; die größten Freilichtmuseen (Skansen) gibt es in Sanok, Nowy Sącz und Opole.

Bauernstube mit Hausaltar im Freilichtmuseum von Pszczyna

53

Essen und Trinken

»Die Dicken leben kürzer, aber sie essen länger«, sagt Stanisław Lec, der Meister der Pointen. Die Polen lieben das lange und genussvolle Speisen, doch wer nicht aufpasst, setzt dank der deftigen und kalorienreichen Kost rasch Fettpölsterchen an. Zu einem jeden Festschmaus gehören gemästetes Federvieh, Spanferkel und Wild.

Exotisches aus Küche und Keller

Die einstige kulturelle Vielfalt Polens spiegelt sich in der noch immer bunten Auswahl von Gerichten. Auswärtige Könige haben ihre jeweilige Landesküche mitgebracht und für kulinarische Abwechslung gesorgt. Berühmt geworden ist Bona Sforza, die Mailänder Gattin von König Zygmunt I.; sie hat nicht nur italienische Kunst, sondern auch Gemüse und Gewürzkräuter importiert. Bis zum heutigen Tag hat sich ihre geliebte Salatbeilage erhalten, die aus geraspelten Möhren, Tomaten- und Gurkenscheiben besteht.

Vorspeisen

Natürlicher Sauer ist die Grundlage vieler Suppen, den ›exotischsten‹ Speisen des Nachbarlandes. Sehr zu empfehlen sind Roggenmehlsuppe mit Ei und Wurst (*żurek*) sowie klarer Borschtsch aus Roten Rüben (*barszcz*). Im Sommer wird dieser als erfrischende Kaltschale serviert, angerührt mit saurer Sahne und Dickmilch (*chłodnik*). Darin schwimmen Radieschenscheiben, kleingeschnittene grüne Gurken und Dill, manchmal auch Streifen zarten Kalbfleisches.

Wer Suppen nicht mag, greift zu Pilzen. Der polnische Wald gilt auch heute wieder als Pilzparadies, in großer Zahl wachsen Reizker, Steinpilz und Pfifferling. Zu einem Teller marinierter Pilze werden aufgeschnittene Gewürzgurken gereicht, die mit frischem Dill und Knoblauch pikant eingelegt sind.

Wie zu Großmutters Zeiten wird auf dem Lande fein geschnittener Kohl in Holzfässern gesäuert, mit Kümmel und Wacholderbeeren abgeschmeckt. Nach mehrwöchiger Lagerzeit ist er reif für *bigos*: Sauerkraut, das mit Wurst, Zwiebeln und Pilzen gedämpft und mit Zwetschgen und Äpfeln verfeinert wird. Jeder Koch hütet sein eigenes erprobtes Rezept, doch alle sind sich einig, dass *bigos* erst nach mehrmaligem Aufwärmen sein wahres Aroma entfaltet.

Hauptspeisen

Deutsch-böhmischen Ursprungs ist das ›Schlesische Himmelreich‹, früher das beliebteste Sonntagsmahl der Region. Um es zuzubereiten, benötigt man ein halbes Pfund mageres Rauchfleisch, das mit eingeweichtem Backobst aus Äpfeln, Birnen und Pflaumen gar gekocht wird. Als Beilage sind Kloß- und Knödelvarianten zu empfehlen: rund, rechteckig, gekocht und gedämpft, süß und salzig. Sie stammen garantiert nicht aus der Fertigpackung, sondern werden in einer arbeitsintensiven Prozedur mit der Hand zubereitet. Gute Klöße erkennt man daran, dass sie weich und locker sind, aber doch fest genug, um in Scheiben geschnitten zu werden.

Slawischen Ursprungs sind die Maultaschen, die gleichfalls in vielen Varianten daherkommen. Da gibt es sowohl kleine ›Öhrchen‹ (*uszki*) als auch große ›Piroggen‹ (*pierogi*), russische mit Kartoffel-Quarkmischung sowie polnische mit Pilzen und Sauerkraut. Letzter Schrei in feinen Restaurants sind die mit Kaviar gefüllten Maultaschen. Die süßen Spielarten dürfen nicht fehlen: Piroggen mit Blau- und Heidelbeeren werden mit zerlassener Butter übergossen, anschließend mit Sahne und Zucker serviert.

Nachspeisen

Üppig und kalorienreich sind auch die Nachspeisen. Hervorragend schmecken die vielen Kuchen- und Gebäckvarianten, wobei man Mohn- und Apfelkuchen am häufigsten sieht. Der vom Feld gepflückte Mohn wird eingeweicht und mit Sultaninen und geraspelten Mandeln zu einer Masse geknetet, die zu Kuchen und Stollen weiterverarbeitet wird. Ein typisches Festtagsgebäck ist der *mazurek*, ein Mürbeteig, der mit Früchten und Nüssen dekoriert ist. Auf jüdische Tradition geht die *szarlotka* zurück, ein leckerer Apfelkuchen, der in allen Konditoreien Polens zu haben ist. Früher gab es ihn nur zum Pessach-Fest: ein Teig mit einer Apfel-, Nuss- und Rosinenmischung, deren lehmartige Farbe an die Ziegeln erinnern sollte, mit denen die Israeliten in biblischer Zeit die Städte der Ägypter erbauten. Französischen Ursprungs sind *eklerki* und *napoleonki*, die mit dem Durchzug der Grande Armée in Polen populär wurden. Man

isst sie nicht nur zur Weihnachtszeit, sondern das ganze Jahr über: *eklerki* sind mit Schlagsahne, *napoleonki* mit Puddingcreme gefüllt.

Getränke

Die Getränke sind auf die deftige Küche abgestimmt. Seit dem Mittelalter beliebt ist das Bier, das zu fast jeder warmen Mahlzeit aufgetischt wird. In Schlesien war Bierbrauerei ein wichtiger Wirtschaftszweig, Ein- und Ausfuhr unterlagen strenger Kontrolle. Das Schweidnitzer Gerstenbier, das in schlesischen Ratskellern ausgeschenkt wurde, gibt es zwar heute nicht mehr, dafür das leichte Breslauer Piast, das würzige Leżajsk und das żywiec aus den Beskiden.

Mit einheimischem Wein kann nur das schlesische Grünberg (Zielona Góra) dienen. Freilich reicht die Menge der geernteten Reben gerade einmal aus, um den lokalen Bedarf zu decken. Alkoholfrei, dafür gesund sind die vielen kohlensäurehaltigen Mineralwasser, die aus den Kurbädern des Glatzer Berglandes und weiter östlich aus Krynica und Szczawnica stammen.

Wer ein ›klares‹ Wässerchen bevorzugt, greift zu Wodka. Mehr als 20 Sorten stehen zur Wahl, vom Edeltropfen Luksusowa bis

Frisch gebraut: polnisches Pils gibt es in Hülle und Fülle

Essen und Trinken

zum hochprozentigen Siwucha, dessen Name übersetzt ›Schwarzmarkt‹ bedeutet. Auch ›koscherer Pessah‹ ist gefragt, Cymes und Jankiel, die bestens zur süßsauren polnisch-jüdischen Küche passen. Eine Krakauer Spezialität ist Starka Krakowska, ein Wodka, der mehrere Jahre im Fass lagert, eine braun-goldene Tönung und ein mildes Aroma annimmt.

Essenszeiten und -gewohnheiten

Die Polen lieben ein üppiges Frühstück mit Schinken, Käse und Ei, das bis zum Mittagessen, der wichtigsten Mahlzeit des Tages, vorhält. Je nachdem, wann die Familienmitglieder nach Hause kommen, wird es zwischen 13 und 17 Uhr eingenommen. In der Regel sind drei Gänge vorgesehen. Als Vorspeise gibt es eine Suppe, danach ein Fleischgericht (freitags Fisch) und zum Abschluss etwas Süßes. In vielen Haushalten trinkt man zum Essen Kompott, d. h. abgeschöpften Fruchtsaft, auf dessen Grund ein paar Kirschen, Pflaumen oder Erdbeeren schwimmen. Das polnische Abendessen ist weniger umfangreich, doch stets kräftig: Man isst belegte Brote, dazu etwas Mariniertes, vielleicht auch eine Portion *bigos* oder Piroggen. Gegessen wird zwischen 18 und 20 Uhr, teilweise auch später.

In fast allen polnischen Mittelklassehotels wird das Frühstück in Büfettform serviert und ist so reichlich, dass man auf ein Mittagessen gerne verzichtet. Restaurants öffnen um 11 oder 12 Uhr und bleiben in kleinen Orten bis mindestens 20 Uhr, in Großstädten ›bis zum letzten Gast‹ geöffnet. Aufgrund der niedrigen Arbeitslöhne können sich die Restaurantbesitzer viel Personal leisten und brauchen keinen Ruhetag einzuschieben.

Gastro-Szene

Ethno-Küchen aus aller Welt, Crossover, aber natürlich auch viel Polnisches, Bistros und Fast Food: Die Gastro-Meilen der Großstädte stehen denen im Westen in nichts nach. Anders sieht es auf dem flachen Land aus, wo sich viele Lokale nur mit Mühe über Wasser halten. Bei einer *karczma* oder *gospoda* handelt es sich um einen rustikalen Gasthof, bei einer *piwnica* um ein Kellerlokal. Ein Überbleibsel aus sozialistischer Zeit ist die ›Milchbar‹ (*bar mleczny*), in der man – anders als der Name vermuten lässt – herzhafte Hausmannskost bekommt. Für wenig Geld lernt man hier die wichtigsten polnischen Gerichte kennen; dabei kommt nichts aus der Mikrowelle, alles ist frisch zubereitet. Selbstbedienung ist Trumpf: Die Gerichte samt Preis sind auf einer Tafel angeschrieben und in einer Vitrine ausgestellt; man braucht nur mit dem Finger auf das Gewünschte zu zeigen. Und während man an der Kasse die Rechnung begleicht, wird das Bestellte aus der Küche geliefert (geöffnet meist Mo-Sa 8–18 Uhr). Frühstücksgedecke, Snacks und kleine Mahlzeiten gibt es auch in den Cafés, die im Polnischen *kawiarnia* heißen (geöffnet meist tgl. 10–21 Uhr).

Preisniveau

Die Kosten für ein Essen außer Haus schwanken enorm: In der Milchbar sowie in anderen Selbstbedienungslokalen (*samoobsługa*) wird man schon für wenige Euros satt. Verzichtet man auf Fisch und Fleisch und hält sich an Teiggerichte, Suppen und Salate, wird man auch in mittel- und hochpreisigen Restaurants mit einem Betrag von unter 10 € ›davonkommen‹. Für ein nach polnischem Maßstab ›richtiges‹ Essen – dreigängig und mit Fleisch – zahlt man dort um die 15–25 €. Mittagsmenüs sind so gut wie unbekannt, fast immer wird à la carte gegessen. Sofern man mit dem Service vollauf zufrieden war, gibt man ein kleines Trinkgeld, wobei sich die meisten Polen damit begnügen, die jeweilige Summe aufzurunden. Beim Bezahlen sollte man es vermeiden, *dziękuję* (danke) zu sagen – dies könnte der Kellner in dem Sinne interpretieren, dass man am Restgeld nicht interessiert ist. Um Missverständnissen vorzubeugen, sagt man *proszę* (bitte sehr!) und hält das Portemonnaie ostentativ geöffnet.

Rote Rüben, Öhrchen und Piroggen

Thema

Kochen wie die Polen: Borschtsch, die öhrchenförmigen Teigtaschen *uszki* und Piroggen sind aus der südpolnischen Gastronomie nicht wegzudenken.

Grundlage von **Borschtsch** (*barszcz*) sind dünn geschnittene rote Rüben, die mit ein paar Krumen Schwarzbrot eine Woche im Glas stehen und dadurch einen schön säuerlichen Geschmack annehmen. Anschließend werden sie zusammen mit einem kräftigen Sud aus Sellerie, Petersilie, Möhre, Porree und Zwiebel eingekocht, mit Salz und Pfefferkörnern, Nelken sowie einem Lorbeerblatt abgeschmeckt. Feinschmecker runden die Suppe mit eingeweichten Steinpilzen und einem Schuss Rotwein ab, Apfelscheiben und Zitronensaft verstärken den säuerlichen Geschmack. Anschließend wird das Gemüse abgeschöpft, denn nur die klare rote Bouillon wird für den *barszcz* genutzt.

Angereichert wird die Suppe mit kleinen, **fleischgefüllten Teigtaschen.** Ihren witzigen Namen *uszki* verdanken sie der typischen halbmondähnlichen Form, die an zarte ›Öhrchen‹ erinnert. Der Teig ist rasch fertig gestellt: Mehl, ein Ei und eine Prise Salz werden zu einer Masse verknetet und dünn ausgerollt.

Dann werden kleine Quadrate ausgestochen und mit einer Fleischfarce gefüllt. Deren Zubereitung nimmt einige Zeit in Anspruch: 500 g Rindfleisch werden gekocht, durch den Wolf gedreht, mit klein geschnittener, in Butter goldbraun geschmorter Zwiebel vermischt. Die gefüllten Teigquadrate werden diagonal zusammengefaltet, danach in siedendes Salzwasser geworfen und fünf Minuten gekocht.

Ähnlich wie ›Öhrchen‹ entstehen **Piroggen** (*pierogi*). Aus dünn ausgerolltem Teig werden mittelgroße Taler ausgestochen und unterschiedlich gefüllt. Am beliebtesten ist die ›russische‹ Version mit Kartoffeln, die gekocht und zu Püree zerstampft, mit Schichtkäse vermengt und mit geschmorter Zwiebel, Speckgrieben, Pfeffer und Salz abgeschmeckt werden. Auch die Piroggen werden in siedendes Wasser geworfen; gar sind sie, sobald sie an der Oberfläche schwimmen. Die noch heißen Teigtaschen werden mit zerlassenem Fett und saurer Sahne beträufelt, kühle Buttermilch schmeckt köstlich dazu.

Kulinarisches Lexikon

Frühstück (śniadanie)

bułka/chleb	Brötchen/Brot
dżem	Marmelade
jajko/jajecznica	Ei/Rührei
kiełbasa	Wurst
masło	Butter
ser	Käse
– biały	Schichtkäse, Quark

Getränke (napoje)

herbata	Tee
– z cytryną	– mit Zitrone
kawa	Kaffee
– z mlekiem	– mit Milch
miód pitny	Honigwein
piwo	Bier
sok	Saft
– jabłkowy	Apfelsaft
– pomarańczowy	Orangensaft
tatanka	Żubrówka-Wodka mit Apfelsaft
wino	Wein
– biały	Weißwein
– czerwony	Rotwein
woda mineralna	Mineralwasser
– gazowana	– ›mit Gas‹, d.h. mit Kohlensäure
– niegazowana	– ›ohne Gas‹ ohne Kohlensäure

Vorspeisen (przekąski)

grzyby	Pilze
– marynowane	marinierte Pilze
– w śmietanie	in Sahne gedünstete Pilze
krewetki	Krabben, Garnelen
śledź	Hering
– w oleju	in Öl
– w śmietanie	in Sahne
tatar z łososiem	Lachstatar

Suppen

barszcz czerwony	Rote-Rüben-Suppe
– z krokietkiem	Rote-Rüben-Suppe mit Fleischkrokette
– z uszkami	Rote-Rüben-Suppe mit kleinen, fleischgefüllten Teigtaschen
chłodnik	Kaltschale aus roter Beete
zupa	Suppe
– grzybowa	Pilzsuppe
– jarzynowa	Gemüsesuppe
– ogórkowa	Gurkensuppe
– pomidorowa	Tomatensuppe
– w chlebiem	im ausgehöhlten Brotlaib
żurek	säuerliche Roggenmehlsuppe
– z jajkiem	mit Ei
– z kiełbasą	mit Wurst

Hauptspeisen (dania główne)

cielęcina	Kalbsfleisch
dania	Gerichte
– bezmięsne	fleischlos
– jarskie	vegetarisch
– mięsne	mit Fleisch
– rybne	mit Fisch
dorsz	Dorsch, Kabeljau
drób	Geflügel
dziczyna	Wild
filet z kurczaka	Hühnchenfilet
gołąbki	gefüllte Kohlrouladen
golonka	Eisbein
– wędzona	geräuchert
gulasz wołowy	Rindsgulasch
indyk	Truthahn
jeleń	Hirschfleisch
kaczka pieczona z jabłkami	gebratene Ente mit Äpfeln
karp	Karpfen
– po żydowsku	jüdisch, in Gemüseaspik mit Rosinen
kiełbasa	Wurst
– z rożna	Grillwurst
kotlet schabowy	paniertes Schweineschnitzel
królik	Kaninchen
kurczak	Hühnchen

leniwe pierogi	gekochte Nudeln mit Schichtkäse
łosoś	Lachs
miĺso	Fleisch
naleśniki	Pfannekuchen
– z serem	– mit Schichtkäse
parówki	Würstchen
pierogi	gefüllte Teigtaschen
– po ruskie	auf russisch, d.h. mit Schichtkäse und Kartoffeln
– z mięsem	mit Fleisch
– z kapustą	mit Sauerkraut
– z owocami	mit Obst
pieczeń	Braten
– wieprzowa	Schweinebraten
– wołowa	Rinderbraten
placki ziemniaczane	Kartoffelpuffer
polędwica pieczona	Lende, Filet
pstrąg	Forelle
rak	Krebs, meist: Fluss krebs
ryba	Fisch
sandacz	Zander
schab pieczony	Schweinerücken, gefüllt mit Pflaumen und Kräutern
schab ze śliwkami	Schweinefleisch mit Pflaumen
sarna	Reh
szaszłyk	Fleischspieß
szczupak	Hecht
sznycel	Schnitzel
wątróbka	Leber
węgorz	Aal
zrazy zawijane	Rinderrouladen, gefüllt mit Pilzen oder Speck

Beilagen (dodatki)

borowiki	Steinpilze
ćwikła z chrzanem	gekochte Rote Beete mit Meerrettich
fasola	Bohnen
frytki	Pommes Frites
grzyby	Waldpilze
kasza gryczana	Buchweizengrütze
knedle	Knödel
kopytka	Kartoffelklößchen
kurki	Pfifferlinge
mizeria	Gurkensalat
– ze śmietaną	mit saurer Sahne
ogórek kiszony	Dillgurken
pieczarki	Champignons
pomodory	Tomaten
pyzy	ballförmige Klößchen aus Kartoffelmehl
ryż	Reis
sałatka	grüner Salat
– jarzynowa	Gemüsesalat
– z pomidorów	Tomatensalat
surówka	Rohkostsalat
– z kiszonej kapusty	Sauerkraut
– z marchewki	Möhrensalat
warzywa	Gemüse
ziemnaki	Kartoffeln

Dessert (desery)

ciastko	Kuchen
eklerki	Eclair
kremówka	Creme-Schnitte
lody	Eis
makowiec	Mohnkuchen
naleśniki	Pfannekuchen
– z dżemem	mit Marmelade
owóce	Früchte, Obst
pudyń	Pudding
sernik	Käsekuchen
bita śmietana	Schlagsahne
szarlotka	Apfelkuchen
tort	Torte
– czekoladowy	Schokoladentorte

Sonstiges

cukier	Zucker
musztarda	Senf
ocet/olej	Essig/Öl
pieprz/sól	Pfeffer/Salz
obiad	Mittagessen
kolacja	Abendessen

Der Panje-Wagen ist in den einsamen und urspünglichen Waldkarpaten im Südosten Polens noch immer ein wichtiges Transportmittel

Wissenswertes
für die Reise

Infos im Internet

www.botschaft-polen.de: Online-Service der polnischen Botschaft mit aktuellen Nachrichten und Kommentaren.

www.auswaertiges-amt.de: Die Reiseinformationen des Auswärtigen Amts enthalten Länder- und Reiseinfos zu Polen, ein Archiv mit Pressemitteilungen, Reden und Interviews, viele Links und aktuelle Sicherheitshinweise.

www.instytutksiazki.pl: Mit dieser Website ist man über den polnischen Buchmarkt bestens informiert. Neuerscheinungen werden vorgestellt, ebenso Programme für Literaturtage, Lesungen und Festivals.

www.routenplanung.de: Bei Nennung von Abfahrtsort und Ziel werden die Stationen der geplanten Tour auf die Minute genau angezeigt.

www.bahn.de: Auf der Homepage der Deutschen Bahn kann man Reiseziele in Polen eingeben: bitte aber in der polnischen Schreibweise und ohne Sonderzeichen!

www.pkp.pl: Fahrplan der Polnischen Staatsbahn PKP mit englischer Sprachversion.

www.wetteronline.de/Polen.htm: Das Wetter in Polen, heute und in den kommenden Tagen.

www.hotspot-locations.de: Sämtliche Spots mit drahtlosem Internet-Zugang.

www.oanda.com: Aktuelle Wechselkurse und Währungsrechner

www.polen-info.de/www.poleninfo.at: Übersichtlich gestaltete Website der Polnischen Fremdenverkehrsämter in Berlin bzw. Wien mit monatlich aktualisierten Infos (Polen-News), einer Beschreibung touristisch reizvoller Orte, Anschriften von Unterkünften und Tipps für sportlich interessierte Urlauber.

www.poland-tourism.pl: Das Webportal der Polnischen Organisation für Tourismus bietet Informationen für den Reisenden, auch auf Deutsch, und stellt wichtige Urlaubsziele vor.

www.cia.gov/cia/publications/factbook/ geos/pl.html: Umfangreiche Datei zu Polen (Factbook), erstellt vom amerikanischen Geheimdienst C.I.A.

www.campingpolska.com: Eine sehr gut aufbereitete Polenseite nicht nur für Campingfreunde! Mit grundlegenden Daten, Service-Adressen und vielen Links, u. a. zu den Programmen der Reiseveranstalter.

www.info-polen.com: Kleiner Reiseführer zu Polen mit ausgewählten touristischen Tipps, Anzeigen und Gelbe Seiten, Artikel zur polnischen Geschichte, zu Kunst und Kultur.

www.inyourpocket.com: Der City-Guide zu den größten Städten Polens wie Breslau, Krakau und Warschau enthält aktuelle Hinweise zu Unterkünften, Restaurants, Einkaufsmöglichkeiten und Nachtklubs.

Tipps zu weiteren Webseiten findet man u. a. in den Rubriken ›Anreise‹, ›Reisezeit‹ und ›Unterkünfte‹.

Auskunft

Das Polnische Fremdenverkehrsamt verschickt kostenlose Broschüren zum Reiseland:

Polnisches Fremdenverkehrsamt
Kurfürstendamm 71
10709 Berlin
Tel. 030-2100920, Fax 21009214
www.polen-info.de, info@polen-info.de

Polnisches Fremdenverkehrsamt
Lerchenfelderstraße 2/Palais Auersberg
1080 Wien
Tel. 01-5247191, Fax 5247191 20,
www.poleninfo.at, info@poleninfo.at

Touristische Info-Zentren gibt es in wichtigen polnischen Städten und Feriengebieten, die bei den einzelnen Orten aufgeführt werden.

Diplomatische Vertretungen

In Deutschland

Polnische Botschaft
Lassenstraße 19–21
14193 Berlin
Tel. 030-22313-0, Fax 22313-155
www.botschaft-polen.de

Polnische Konsularabteilung
Richard-Strauss-Straße 11
14193 Berlin
Tel. 030-22313-0, Fax 22313-212

Polnisches Generalkonsulat
Gründgensstraße 20
22309 Hamburg
Tel./Fax 040-611870

Lindenallee 7
50968 Köln
Tel. 0221-937300, Fax 343089

Trufanowstraße 25
04105 Leipzig
Tel. 0341-5623300, Fax 5623333

Ismaninger Straße 62-A
81675 München
Tel. 089-418608-0, Fax 471318

In Österreich

Polnische Botschaft
Hietzinger Hauptstraße 42-C
1130 Wien
Tel. 01-87015-100, Fax 87015-136
www.botschaftrp.at

In der Schweiz

Polnische Botschaft
Elfenstraße 20-A, 3006 Bern
Tel. 031-3580202
Fax 3580216
www.pol-amb.ch

In Polen

Deutsche Botschaft
ul. Dąbrowiecka 30
03-932 Warszawa
Tel. 022-5841700, Fax 5841739
www.ambasadaniemiec.pl

Deutsche Konsularabteilung
ul. Jazdów 12-B
00-467 Warszawa
Tel. 022-5841900, Fax 5841929

Deutsches Generalkonsulat
ul. Stolarska 7
31-043 Kraków
Tel. 012-4243000, Fax 4243010

Österreichische Botschaft
ul. Gagarina 34
00-748 Warszawa
Tel. 022-8410081, Fax 8410085

Österreichisches Generalkonsulat
ul. Krupnicza 42
31–123 Kraków
Tel. 022-4219766, Fax 4216764

Österreichisches Generalkonsulat
ul. Buska 9/5
53-326 Wrocław
071/361 75 60, Fax 361 75 61

Schweizer Botschaft
al. Ujazdowskie 27, 00-540 Warszawa
Tel. 022-6280481, Fax 6210548

Karten

Bei der örtlichen Touristeninformation, aber auch in größeren Buchhandlungen gibt es preiswerte Stadtpläne. Sehr detailliert sind die vor Ort erhältlichen Regional- und Nationalparkkarten, auf denen die markierten Wanderwege eingetragen sind.

Lesetipps

Erzählungen und Romane:

Hanna Krall: Da ist kein Fluss mehr. München 2001.

Bekannt geworden ist die Autorin (geb. 1937) durch die Gespräche mit Marek Edelmann, einem der wenigen überlebenden Aufständischen des Warschauer Ghettos. Krall beherrscht die Collagetechnik wie keine zweite Autorin, dokumentiert und macht doch eigene Literatur, schreibt wach, konkret und ohne Pathos. Als jüdisches Kind war sie in den Jahren der Naziherrschaft bei einer polnischen Familie versteckt worden und hatte so den Holocaust überlebt.

Andrzej Stasiuk: Die Welt hinter Dukla. Frankfurt/M. 2002.

Die verschlafene Kleinstadt am Eingang zu den Waldkarpaten erscheint in Stasiuks Prosa als ›wilder Osten‹. Die einst prachtvollen Fassaden bröckeln, die Barockkirchen verdämmern und die Synagogen sind abgebrannt – in der neuen Gesellschaft finden die Bewohner keinen Halt. Nach Meinung vieler Kritiker das gelungenste Werk des Autors.

Wisława Szymborska, Der Augenblick. Frankfurt a. M. 2005.

Die Nobelpreisträgerin von 1996 legte drei Jahre darauf einen Band mit neuen Gedichten auf, der endlich auch in einer zweisprachigen Ausgabe vorliegt. Karl Dedecius hat die Gedichte übersetzt.

Olga Tokarczuk: Taghaus, Nachthaus. München 2004.

Was Stasiuk für die Beskiden, ist Olga Torkarczuk für die Sudeten. Die Psychologin wurde in eine Gegend geboren, die bis 1945 deutsch war und anschließend keine Geschichte haben durfte. Virtuos läuft die Autorin in die Vergangenheit zurück; sie fühlt sich in die Menschen ein, beschreibt ihr Gegen- und Miteinander, die Wahrnehmungen und Träume aus dem ›schwarzen Rücken der Zeit‹.

Michael Zeller: Die Reise nach Samosch, Cadolzburg, 2. Aufl. 2004.

›Samosch‹ (poln. Zamość) wird nie erreicht und doch ist die Reise dorthin voller Spannung: Aus der Perspektive von fünf Personen zeichnet der Autor ein differenziertes Bild des deutsch-polnischen Verhältnisses der letzten 50 Jahre. Die Palette reicht von Tagebuchnotizen einer jung-naiven BdM-Frau über Beobachtungen zweier Künstler und eines schnoddrigen 68er Galeristen bis zur unbefangenen Sichtweise eines heute Zwanzigjährigen, der Polen neu für sich entdeckt. Alle genannten Personen haben irgendetwas miteinander zu tun, und am Ende löst sich die »Familiengeschichte« schließlich frohgemut auf.

Sachbücher und Reportagen:

Alfred Döblin: Reise in Polen. 3. Aufl., München 2000.

Im Herbst 1924 reiste der Schriftsteller Alfred Döblin nach Polen, um im Auftrag des S. Fischer-Verlags eine Reportage über das Land zu schreiben. Eine der zentralen Fragen, die er sich stellte, lautete: »Wer hungert im Lande und wer ist satt?« Als Anhänger der sozialistischen Partei trieb es ihn nicht zu den Mächtigen, sondern zu den Ärmeren, den Außenseitern der Gesellschaft.

Izabella Gawin/Dieter Schulze: Kulturschock Polen. Bielefeld 2005.

Bei einer Begegnung mit unseren polnischen Nachbarn reibt man sich verwundert die Augen. Warum ist das Madonnenfieber so stark und die Verehrung für den Ex-Papst ungebrochen? Wie kommt's, dass der ›American Way of Life‹ so vielen Polen als Vorbild und die EU als Schreckgespenst gilt? Wie ist es um ›Frauenpower‹ bestellt, haben Schwule im Nachbarland eine Chance? Auf diese und viele andere Fragen will der ›Kulturschock‹ eine Antwort geben. Angereichert ist das Buch mit Zeichnungen von Polens Top-Karikaturisten Andrzej Mleczko.

Südpolen als Reiseland

Krakau hat den Ruf, eine der schönsten Städte Europas zu sein. Doch daneben gibt es gerade in Südpolen viele andere spannende Orte, die darauf warten, entdeckt zu werden, im Osten etwa die Künstlerhochburg Kazimierz Dolny, die Adelsstadt Zamość und das jüdische Lublin. Die Vielfalt der polnischen Städte überrascht, oft glaubt man, unterschiedliche Länder zu bereisen. Allein der Vergleich von alter und neuer Hauptstadt irritiert: hier das schnelllebige, nach 1945 wieder aufgebaute Warschau, dort das in die Vergangenheit und den Genuss verliebte, im Krieg unzerstört gebliebene Krakau. Oder, gleichfalls nur zwei Autostunden voneinander getrennt, das multikulturelle Breslau, das erzkatholische Tschenstochau und das ›gelobte Land‹ der Industriestadt Łódź. An der Vergangenheit kommt man nicht vorbei, wenn man in Südpolen unterwegs ist: Das Land war Schauplatz von Vertreibung und Neubesiedlung, am Rande des oberschlesischen Industriereviers liegt die Todesfabrik Auschwitz.

Vorschläge für Rundreisen

In drei Wochen kann man sich ein umfassendes Bild von Polens Süden machen. Die meisten Touren beginnen in Breslau, wo man gern zwei bis drei Tage bleibt. Von der Hauptstadt Niederschlesiens bietet sich eine attraktive Runde durch das Riesengebirge und das Glatzer Bergland an. Anschließend kommt man über die Provinzhauptstadt Opole nach Tschenstochau, Polens größtem Wallfahrtsort. Auf der Route der Adlerhorste, die quer durchs Jura-Hochland führt, erreicht man die Königstadt Krakau, für die man mindestens vier Tage einplanen sollte. Von dort bieten sich mehrere Sterntouren an: südwärts in die Hohe Tatra und das Pieniny-Gebirge, ostwärts auf der E-40 durch ehemalige jüdische

Schtetl nach Przemyśl an der Grenze zur Ukraine. Die ›Große Waldkarpaten-Schleife‹ erschließt den Nationalpark Bieszczady, Polens ›wilden Osten‹. Zamość, Lublin und Kazimierz Dolny sind die schönsten Stationen auf dem Weg nach Warschau, wo man wieder ankommt in der vertrauten Westkultur. Quer durch Polens Mitte geht es über Łódź und Posen zurück.

Tipps für die Reiseorganisation

Eine gut ausgebaute touristische Infrastruktur und ein dichtes Netz öffentlicher Verkehrsmittel erleichtern das Reisen im Land. Darum braucht man für die vorgeschlagenen Touren nicht unbedingt ein Auto, mit Zug oder Bus kommt man auch gut voran. Der Zug ist ideal für die West-Ost-Achsen Breslau–Krakau–Przemyśl und Posen–Warschau–Lublin; leichter mit Bus zu erreichen sind die Gebirgsorte im Süden und die Renaissance-Stadt Zamość im Osten. Ein paar Kleinode freilich, ortho-

Klimadaten Warschau

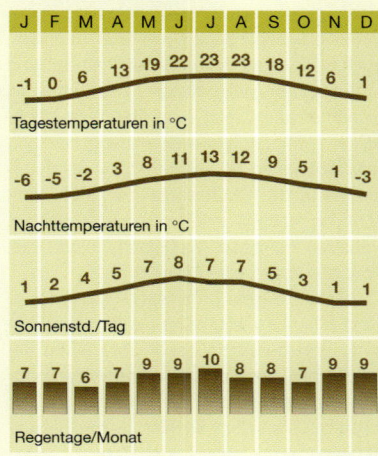

	J	F	M	A	M	J	J	A	S	O	N	D
Tagestemperaturen in °C	-1	0	6	13	19	22	23	23	18	12	6	1
Nachttemperaturen in °C	-6	-5	-2	3	8	11	13	12	9	5	1	-3
Sonnenstd./Tag	1	2	4	5	7	8	7	7	5	3	1	1
Regentage/Monat	7	7	6	7	9	9	10	8	8	7	9	9

doxe Waldkirchen und einsame Schlösser, liegen so sehr im Abseits, dass man sie nur kennen lernt, wenn man motorisiert ist.

Aufgrund der Größe des Landes empfiehlt es sich, die Unterkunft mehrfach zu wechseln und vom jeweiligen Quartier aus kleinere Touren zu unternehmen. Organisatorisch ist das kein Problem, denn in den Städten gibt es eine Vielzahl von Hotels, selbst in abgelegenen Bergdörfern findet man fast immer eine Pension oder zumindest ein Privatzimmer. Will man eine bestimmte Gegend intensiver kennen lernen, quartiert man sich in den vorgestellten Provinzhauptstädten und Ferienorten ein, wo man, will man nicht auf eigene Faust unterwegs sein, auch auf Angebote der örtlichen Reisebüros zurückgreifen kann. Diese organisieren Ausflüge in die jeweilige Umgebung mit deutsch- bzw. englischsprachigem Guide, in den Bergen Wander-, Rad- und Floßtouren.

Bei der Reservierung der Unterkunft ist zu beachten, dass die Sommerschulferien in Polen landeseinheitlich am letzten Freitag des Juni beginnen und bis zum letzten Freitag des August dauern. In dieser Zeit ist es in beliebten Urlaubsregionen (Riesengebirge/Hohe Tatra/Bieszczaden) oft schwierig, spontan eine preisgünstige Unterkunft zu finden; auch Sportagenturen und Verleihstellen sind in dieser Zeit gut gebucht. Wer immer es einrichten kann, reist in der Vor- oder Nachsaison. Viele Hotels stehen dann leer und man zahlt einen günstigeren Preis. Beim Aufenthalt in der Stadt sollte man sich nicht scheuen, nach Wochenend- oder sonstigen Rabatten zu fragen – in Polen ist es normal, über den Preis zu verhandeln.

Wer sich um die Organisation seiner Reise nicht kümmern will, wählt die bequeme Lösung und bucht pauschal über einen der zahlreichen Veranstalter. An erster Stelle stehen Busrundreisen mit Sightseeing, doch wird auch – vor allem im Blick auf das Riesengebirge und die Hohe Tatra – Rad- und Wan-

derurlaub angeboten. Kururlaub im Glatzer Bergland organisiert z.B. Medikur-Reisen; für die – als Bildungsurlaub anerkannten – Exkursionen in Polens Geschichte und Gegenwart ist Stattreisen eine sehr gute Adresse.

Was die Kleidung betrifft, braucht man sich bei einer Fahrt nach Polen nicht groß umzustellen. Klimatisch gibt es keinen großen Unterschied, generell ist man im Nachbarland gern lässig und salopp gekleidet. Nur zu besonderen Anlässen, im Nobelrestaurant, Theater und Konzertsaal wird elegante Kleidung erwartet. In der Kirche sind lange Röcke und Hosen erwünscht, die Schultern hält man besser bedeckt. In Synagogen und auf jüdischen Friedhöfen tragen Männer eine Kopfbedeckung, die vor Ort ausgehändigt wird.

Reisen mit Kindern

Für viele Deutsche ist Polen fast ein Naherholungsgebiet, Flug mit Jetlag und ewig lange Autoanfahrten entfallen. Aufgrund der guten Unterkunftssituation lassen sich Rundreisen problemlos arrangieren, freilich sollte man dem Nachwuchs nicht zu viele Ortswechsel zumuten. Museumsbesuche, die bei Kids meist nur Gähnen auslösen, kann man mit einer Visite in Aqua- und Freizeitparks versüßen: Fast alle größeren Städte haben mittlerweile entsprechende Einrichtungen mit künstlichem Wellenbad, Riesenwasserrutschen und Wasserfällen. Über gute Zoos verfügen Breslau, Warschau und Krakau, Breslau zusätzlich über ein renommiertes Puppen- und Marionettentheater.

Viel Spaß macht Kindern Urlaub auf dem Land, an Flüssen und in den Bergen. ›Ferien auf dem Bauernhof‹ sind preiswert und erlebnisreich, hier haben Kinder unmittelbaren Kontakt zu Tieren. Sie lernen, dass das Ei auf dem Frühstückstisch vom Huhn stammt, das sie gerade gefüttert haben, und der Käse von der gemolkenen Kuh. Der Heuboden, auf dem

Für Jung und Alt: Picknick auf der Schneekoppe mit überwältigender Aussicht

man vielleicht auch übernachtet, eignet sich für phantastische Versteckspiele. Auf Wunsch verschickt das Polnische Fremdenverkehrsamt eine Liste mit Bauern- bzw. Biohöfen, die Unterkunft und Verpflegung anbieten (›Info‹). Würzen lässt sich der Aufenthalt auf dem Land mit allerlei Höhepunkten: im Riesengebirge und in der Hohen Tatra mit Seilbahntrips und anschließendem Höhenbummel, Fahrten mit Kutsche oder Pferdeschlitten. In den Waldkarpaten können Kinder auf robusten, aber gutmütigen Huzulenpferden begleitete Ausritte unternehmen, im Pieniny-Gebirge lassen sie sich auf einem Floß durch das grandiose Tal des Dunajec staken. Gleichfalls beliebt ist der Abstieg in die geheimnisvolle Unterwelt des Salzbergwerks Wieliczka. Weitere unterirdische Stollen, die man besuchen kann, gibt es in Jarosław und Sandomierz. Polens schönste Tropfsteinhöhlen entdeckt man im Ojców-Nationalpark sowie am Fuß des Schneebergs im Glatzer Bergland.

Kinder werden in Polen freundlich behandelt, doch brät man für sie keine Extrawurst.

Sie nehmen ganz selbstverständlich am Leben der Erwachsenen teil, überall sind sie dabei: beim Einkaufen und Bummeln, in der Sonntagsmesse, im Theater und bei der Vernissage. Im Restaurant erhalten sie einen kindgerechten Stuhl, einige Lokale bieten auch ein preiswertes Kindermenü an. Ermäßigungen in Hotels werden unterschiedlich gehandhabt: In manchen Unterkünften schlafen Kinder im Zustellbett bis zum vollendeten dritten, in anderen bis zum 12. oder gar 16. Lebensjahr gratis; oft wird älteren Kindern ein Rabatt von 50 bzw. 20 % gewährt. Am günstigsten fährt man, indem man ein Apartment, ein Holzbungalow auf dem Campingplatz oder eine Wohnung im Bauernhof bucht; man hat dort mehr Platz und kann sich die Mahlzeiten selbst zubereiten. Rabatt für Kinder gibt es selbstverständlich auch in öffentlichen Verkehrsmitteln sowie beim Besuch von Museen und Sehenswürdigkeiten. Die Supermärkte sind – zumindest in der Stadt – so gut bestückt wie in Westeuropa, man erhält problemlos Windeln und Babynahrung.

Anreise und Verkehr

Einreise- und Zollbestimmungen

Reisedokumente

Bürger der Bundesrepublik Deutschland und Österreichs benötigen für die Einreise einen Personalausweis, für Schweizer ist ein noch mindestens sechs Monate gültiger Reisepass erforderlich. Personen unter 16 Jahren brauchen einen Kinderausweis mit Foto oder müssen im Pass der Eltern eingetragen sein.

Haustiere benötigen beim Grenzübertritt einen vom Tierarzt ausgestellten ›Heimtierausweis‹, der den alten Impfpass ersetzt und für die EU gültig ist. Er enthält alle wichtigen Angaben über das Tier, so auch die Bescheinigung einer Tollwutimpfung – sie muss mindestens ein, maximal zwölf Monate vor der Einreise erfolgt sein. Hund und Katze müssen mit einer Tätowierung oder einem unter die Haut injizierten Mikrochip identifizierbar sein.

Zollbestimmungen

Die Ein- und Ausfuhr von Waren ist vorerst nur beschränkt möglich. Reisende aus Deutschland und Österreich dürfen nur maximal 200 Zigaretten zollfrei aus Polen einführen. Sonstige Artikel und Genusswaren sind abgabenfrei, sofern ihre Menge den privaten Eigenverbrauch nicht übersteigt. Dieser ist wie folgt definiert: 400 Zigarillos, 200 Zigarren oder 1 kg Tabak, 10 l Spirituosen, 90 l Wein und 110 l Bier sowie 10 kg Kaffee. Im Reservekanister dürfen sich nicht mehr als 20 l Kraftstoff befinden. Wer mehr als 5000 € mit sich führt, hat dies bei der Ein- und Ausreise zu deklarieren. Bücher, Kunstwerke und Antiquitäten, die vor dem 9. Mai 1945 hergestellt wurden, dürfen nur exportiert werden, wenn eine Genehmigung des zuständigen Kultusministeriums vorliegt. Auskunft über die verschiedenen Zollvorschriften für Schweizer Touristen erteilt die Polnische Botschaft in der Schweiz.

Anreise

Mit dem Auto

Die meisten Polenbesucher kommen mit dem Auto. Zur Einreise benötigen sie den nationalen Führerschein und den Kfz-Schein, ebenfalls erforderlich sind Warndreieck, Verbandskasten und Nationalitätenkennzeichen. Ist man mit einem geliehenen Auto unterwegs, muss man die amtlich beglaubigte Vollmacht des Fahrzeughalters vorweisen können – ansonsten geht man in Polen davon aus, der Wagen sei gestohlen.

Viele Grenzübergänge stehen zur Wahl, die meisten von Deutschland, weitere von Tschechien und der Slowakei; fast alle sind rund um die Uhr geöffnet, Geldwechsel ist möglich. Die Grenzabfertigung verläuft seit dem EU-Beitritt reibungslos, zu Staus kommt es höchstens zu Ferienbeginn und an Wochenenden, vielleicht auch an kirchlichen Feiertagen wie Weihnachten, Ostern und Fronleichnam. Der Lkw-Verkehr konzentriert sich auf die Übergänge bei Frankfurt/Oder, Forst und Görlitz.

Ein Blick ins Internet kann bei der Planung der Reise hilfreich sein: Unter **www.routenplanung.de** wird bei Eintippen des Abfahrts- und Zielorts minutengenau angegeben, wann man wichtige Zwischenstationen passiert!

Mit dem Bus

Regelmäßige Busverbindungen nach Polen bietet die Deutsche Touring-GmbH (Eurolines). Die wichtigsten Linien führen über Breslau nach Krakau sowie nach Warschau. Kinder bis zum 4. Lebensjahr reisen ohne Anspruch auf eigenen Sitzplatz gratis, Kinder im Alter von 4 bis 10 Jahren erhalten 50 % Ermäßigung. Weitere Auskünfte erteilt: Deutsche Touring GmbH, Frankfurt/Main, Tel. 069-79 03 54, www.deutsche-touring.com.

Für Busse und Kleinbusse (ab sechs Personen) ist eine Straßenbenutzungsgebühr zu zahlen, die Vignette bekommt man an der dafür eingerichteten Grenzausgabestelle. Auf der Website des Polnischen Fremdenverkehrsamts (Stichwort ›Reisebranchen‹) wird erklärt, was beim Ausfüllen der Vignette zu beachten ist. Außerdem findet man dort die aktuelle Tabelle der Straßenbenutzungsgebühren, Angaben zur Höhe der Einreise-Umsatzsteuer pro mitreisender Person und eine Liste von Gebührenzahlstellen im Bereich der wichtigsten Grenzübergänge.

Mit der Bahn

Zwischen allen größeren Städten Deutschlands, der Schweiz, Österreichs und Polen verkehren täglich mehrere internationale Fernschnellzüge. Gute Direktverbindungen gibt es z.B. von Berlin und Wien nach Warschau, Breslau und Krakau.

Günstig wird die Bahnfahrt, wenn man die Sonderregelungen der Deutschen Bahn in Verbindung mit der BahnCard und den speziellen Familienangeboten nutzt. Ein Teil der Vergünstigungen gilt auch im Nachbarland. Nähere Informationen erhält man unter dem Stichwort ›Plan & Spar Europa‹. Aktuelle Auskünfte über Spartarife erhält man in den Reisezentren der Deutschen Bahn, in Reisebüros mit DB-Lizenz, beim telefonischen ReiseService 11861 und im Internet unter www.bahn.de.

Mit dem Fahrrad

Vor Reisebeginn erwirbt man am Bahnschalter des Abfahrtortes eine internationale Fahrradkarte, mit der man in allen dafür zugelassenen Zügen die Grenze passieren und bis zum polnischen Zielbahnhof weiterreisen kann. Für zusätzliche Fahrten innerhalb Polens kauft man am jeweiligen Bahnschalter Fahrradtickets, für die etwa 50 % des Erwachsenenfahrpreises zu zahlen sind. Die Mitnahme des Rades ist nur in den Zügen mit Gepäckwagen möglich (im Fahrplan mit Gepäck- oder auch Fahrradsymbol gekennzeichnet). Das Fahrradticket wird am Drahtesel befestigt und dieser am Gepäckwagen abgegeben. Der Schaffner durchtrennt das Ticket und bestätigt die Übernahme des Fahrrades. Nach Ankunft am Bestimmungsbahnhof holt sich der Fahrgast sein Rad aus dem Gepäckwagen.

Mit dem Flugzeug

Von Deutschland, Österreich und der Schweiz existieren regelmäßige Flugverbindungen nach Polen. Wichtigste Gesellschaft ist LOT, die mit Lufthansa kooperiert. Mit der Liberalisierung des Flugmarkts gibt es auch verstärkt Angebote von Billigfliegern, u. a. von Germanwings (www.germanwings.com), Central Wings (www.centralwings.com), Air Berlin (www.airberlin.com), EasyJet (www.easyjet.com), Wizz Air (www.wizzair.com) und Air Polonia (www.airpolonia.com). In Polens Süden werden Breslau, Kattowitz und Krakau, im Zentrum Warschau und Posen angeflogen. Die Preise der Billigflieger variieren je nach Auslastung und Vorlaufzeit der Buchung und gelten für die einfache Flugrichtung. Die Tickets können über das Internet oder gegen Aufpreis über das Call-Center gebucht werden. Für die billigsten Preisklassen von weniger als 49 € pro Flug sind in der Regel 15–20 % der Plätze reserviert.

Verkehrsmittel im Land

Autofahren

Das Autofahren in Südpolen ist nicht immer ein Vergnügen. Zwar hat sich der Zustand der Hauptverkehrsstraßen deutlich gebessert, doch vor allem auf Nebenstrecken ist Vorsicht geboten: Da gibt es holprige Bahnübergänge, Schlaglöcher und tiefe Rinnen, im Osten auch unbeleuchtete Pferdefuhrwerke und landwirtschaftliche Fahrzeuge. Das Verkehrsaufkommen hat sich in den letzten Jahren stark erhöht, gleichzeitig ist seit verstärkter Überwachung der Ostgrenze die Zahl der

Autodiebstähle deutlich zurückgegangen. Dennoch empfiehlt es sich, das Fahrzeug, besonders wenn es neu und teuer ist, auf ›bewachten und versicherten‹ Plätzen abstellen (Aufschrift *strzeżony i ubezpieczony*), zumindest in den Großstädten.

Mietautos bewährter internationaler Anbieter bekommt man an allen Flughäfen sowie in den größeren Städten. In Reisebüros und Verleihagenturen kann man das gewünschte Modell schon vor der Reise ohne Aufpreis, oft sogar günstiger buchen. Die bekanntesten Agenturen sind Avis (www.avis.pl), Europcar (www.europcar.com.pl), National Car Rental (www.nationalcar.com.pl) und Hertz (www.hertz.com.pl).

Tankstellen sind fast ebenso zahlreich wie in Deutschland, die Versorgung mit Superbenzin (95 und 98 Oktan), bleifreiem Benzin (durchgestrichenes ›Pb‹) und Dieselkraftstoff (ON) ist flächendeckend sichergestellt. Im Sommer sind die Tankstellen meist von 6 bis 22, an Sonn- und Feiertagen von 7 bis 17 Uhr geöffnet.

Verkehrsregeln: Als Tempolimits gelten innerorts am Tage 50 km/h (von 23 bis 5 Uhr 60 km/h), auf Landstraßen mit einer Fahrbahn 90 km/h, mit zwei Fahrbahnen 100 km/h, auf Schnellstraßen mit einer Fahrbahn 100 km/h, mit zwei Fahrbahnen 110 km/h und auf Autobahnen 130 km/h; PKW mit Anhänger dürfen auch auf breiten Landstraßen nicht schneller als 70 km/h, auf Autobahnen 80 km/h fahren. Es besteht Gurtpflicht auf allen Sitzen, Kinder bis zu 12 Jahren dürfen nur auf dem Rücksitz mitreisen.

Motorradfahrer müssen generell ganzjährig, Autofahrer von Oktober bis März mit Abblendlicht fahren; Parken ist bei Dunkelheit nur mit Standlicht gestattet. Das Halten ist innerhalb von 100 m vor und nach einem Bahnübergang untersagt. Im Bereich von Kreuzungen ist das Überholen verboten, Straßenbahnen haben Vorfahrt. Das Telefonieren beim Fahren ist verboten; davon ausgenommen sind Freisprechanlagen, bei deren Benutzung beide Hände am Steuer bleiben. Warndreieck und Verbandskasten sind im Auto stets mitzuführen. Die Promillegrenze beträgt 0,2, bei Überschreitung droht der Entzug des Führerscheins und das Fahrzeug kann sichergestellt werden. Polizisten dürfen das Strafgeld nicht bar kassieren, sondern müssen eine Rechnung ausstellen.

Den **Pannenhilfsdienst** erreicht man unter Tel. 981, den **Unfallrettungsdienst** unter Tel. 999. Bei Unfällen ist grundsätzlich die örtliche Polizei zu verständigen (Tel. 997). Um Schadenersatzansprüche durchzusetzen, sollte man im Besitz einer Rechtsschutz-, Kasko- oder Schutzbriefversicherung sein. Die **Notrufstation des ADAC** in Polen hat die Telefonnummer 022-622 20 60.

Bahnreisen

Mittel- und Südpolen verfügen über ein dichtes Streckennetz, schnell ist die West-Ost-Verbindung via Breslau nach Krakau, noch schneller die via Posen nach Warschau. In Nord-Süd-Richtung verkehren Intercity-Züge zwischen Posen nach Breslau sowie zwischen Warschau und Kattowitz bzw. Krakau.

Wer ins Gebirge oder den einsamen Osten fahren will, ist in der Regel auf Bummelzüge angewiesen. Für die Erkundung der Waldkarpaten bietet sich folgende Strecke an: Auf der Hauptachse fährt man von Krakau bis Przemyśl und von dort weiter mit Bus; alternativ gibt es ab Krakau eine südlichere, langsame, aber landschaftlich attraktive Strecke via Nowy Sącz, Krosno und Sanok nach Ustrzyki Dolne. Von jedem der genannten Orte geht es anschließend mit Bus weiter ins Gebirge.

Die Fahrkarte (*bilet*) bekommt man am Bahnhof (*dworzec PKP*), meist auch in den Filialen des Reisebüros Orbis. Auf dem Fahrplan sind die Abfahrtstafeln (*odjazdy*) gelb, die Ankunftstafeln (*przyjazdy*) weiß eingetragen. Will man am Wochenende oder in der Hauptferienzeit reisen, sollte man sich um eine Platzreservierung *(miejscówka)* bemühen; in allen Zügen, die auf dem Fahrplan mit einem ›R‹ gekennzeichnet sind, ist diese obligatorisch (Informationen unter www.pkp.pl, der Homepage der polnischen Staatsbahn).

Busreisen

Der Staatliche Autobusverkehr (PKS) bezieht auch die kleinen, abgelegenen Ortschaften in sein Streckennetz ein. Wer sein Ziel ohne viele Zwischenstopps erreichen will, wählt eine der auf dem Fahrplan rot eingetragenen Verbindungen. Fahrkarten kauft man im Busbahnhof *(dworzec PKS)*, oft auch direkt beim Fahrer. Wer große Strecken im Bus zurücklegen will, sollte prüfen, ob sie auch vom Privatunternehmen Polski Express angeboten werden. Sie sind etwas teurer als PKS, dafür aber auch schneller und bequemer.

Öffentlicher Nahverkehr

In den großen Städten wie Breslau und Krakau, Warschau und Posen wird bei den touristischen Informationsstellen eine Rabattkarte *(karta turysty)* angeboten. Sie dient als Fahrkarte für öffentliche Verkehrsmittel für ein bis drei Tage, ermöglicht zusätzlich den kostenlosen bzw. ermäßigten Eintritt in viele Museen und gewährt Vergünstigungen in bestimmten Geschäften und Restaurants. Vor dem Kauf sollte man freilich prüfen, ob der Zutritt zu den Hauptsehenswürdigkeiten im Preis enthalten ist. Oft kommt man zum Ergebnis, dass man mit dem Kauf einer Tages- und Wochenkarte günstiger fährt. Man bekommt sie für wenig Geld am Zeitungsstand *(kiosk ruch)* und hat mit ihr freie Fahrt in Bussen und Straßenbahnen, in Warschau auch in der Metro. Bitte beachten: Für Gepäck mit Übergröße (20 x 40 x 60 cm) muss ein Zusatzticket gelöst werden!

Taxi

Die ›Taxi-Mafia‹ hat das Gewerbe vielerorts in Verruf gebracht: Meist wird sie an Flughäfen und an den Bahnhöfen großer Städte aktiv: Erst wird vergessen, den Taxameter einzuschalten, dann verlangt man vom Kunden atemberaubende Preise. Gute Erfahrungen macht man mit den offiziellen Taxis, z. B. Radio Taxi Tel. 919. Für telefonische Bestellung wird keine zusätzliche Gebühr verlangt.

Eine traditionelle Form der Fortbewegung: per Kutsche durch Krakaus Altstadt

Unterkunft

Die Palette der Unterkünfte reicht von restaurierten Gutshöfen und Schlössern über Hotels und Pensionen bis zu Zeltplätzen und ›Ferien auf dem Bauernhof‹.

Unterkunftsmöglichkeiten

Hotels und Gästehäuser

Wie international üblich, werden die Hotels in 5 Sterne klassifiziert; mit der Zahl der Sterne steigt die Qualität und natürlich auch der Preis. Viele ältere Hotels wurden in den letzten Jahren renoviert, dazu sind neue, behagliche Unterkünfte entstanden – oft in historischen Bürgerhäusern und Palästen, die sich durch romantisches Ambiente auszeichnen. Vertrauten Westkomfort versprechen die internationalen Ketten wie Sheraton, Radisson und Holiday Inn – sie sind inzwischen in Polen präsent, haben sich in Warschau und Krakau etabliert und bemühen sich nun um den Erwerb einer Lizenz für Breslau und Posen.

Pensjonaty sind preiswerte Gästehäuser, in denen außer Frühstück zu festgelegter Stunde Mittags- und Abendmenüs serviert werden. Es gibt Zwei- bis Vierbettzimmer, die nicht immer über ein eigenes Bad, aber über Radio und Fernseher verfügen. Häufig findet man sie im Riesengebirge und Glatzer Bergland, in der Hohen Tatra und den Beskiden.

Privatzimmer

Freie Privatzimmer erkennt man am Schild mit der Aufschrift *pokoje wolne*. Vielerorts werden sie auch über Reisebüros oder eine spezielle Zimmervermittlung (*biuro zakwaterowania*) reserviert.

Backpackerhostels

Traveller können und wollen sich die hohen Hotelpreise nicht leisten, auf ihre Bedürfnisse sind die neuen Hostels in Krakau, Warschau und Breslau ausgerichtet (www.hostelworld.com). Die Betreiber der Hostels sind früher oft selbst viel gereist und wissen, was man unterwegs braucht: ein sauberes Bett, einen Raum zum Kennen lernen anderer Leute, eine Küche für Selbstversorger, Wäsche-Service und als Beigabe Internet gratis.

Bunt, freundlich und preiswert – Hostels in den Großstädten Südpolens

Herbergen und Studentenwohnheime

Zwar gibt es in Polen mehr als 200 Jugendherbergen, doch Doppelzimmer haben die wenigsten, so die ganzjährig geöffneten Häuser in Warschau, Kazimierz Dolny, Łódź, Kłodzko, Biecz, Rzeszów und Przemyśl. Viele sind nur während der Schulferien im Sommer geöffnet: Schulräume werden dann zu Massenschlafsälen umfunktioniert. Eine Gesamtübersicht aller polnischen Herbergen im Internet findet sich unter www.ptsm.org.pl (auch auf Deutsch).

Bedeutend besser schläft man in den Studentenwohnheimen, die gleichfalls im Juli und August geräumt werden und sich in preiswerte Unterkünfte mit Zimmern für 1–3 Personen, oft mit Bad, verwandeln. Inhaber des Internationalen Studentenausweises ISTC erhalten 25 % Rabatt. Schön gelegen sind die – oft im regionaltypischen Stil erbauten – Herbergen des Wandervereins PTTK.

Urlaub auf dem Bauernhof

In Polen gibt es mittlerweile über 200 ›agrotouristische‹ Bauernhöfe, insbesondere in Bergdörfern. Außer Unterkunft in einfachen, aber sauberen Zimmern wird Halb- oder Vollpension geboten, manchmal besteht auch die Möglichkeit zu reiten. Sind die Höfe ans ECEAT, das ›Europäische Zentrum für ökologische Landwirtschaft und Touristik‹, so wird ökologische Landwirtschaft betrieben.

Das Polnische Fremdenverkehrsamt verschickt kostenlos die Info-Broschüre ›Landurlaub‹, weitere Auskünfte erhält man im Internet. Für einen ersten Überblick empfehlen sich die deutschsprachige Website **www.eco traveller.pl** und die englischsprachige **www. agroturystyka.pl**, wo man sich die Häuser in der gewünschten Region auf Fotos ansehen kann. Unter **www.wakacje.agro.pl** (auch auf Deutsch) bekommt man ebenfalls Infos zu den einzelnen Häusern. Die direkte Online-Buchung ist möglich.

Camping

Campen ist in Polen nur auf den dafür vorgesehenen Zeltplätzen gestattet. In diesem Buch sind fast ausschließlich die auch vom ADAC empfohlenen Campingplätze der Kategorie I aufgeführt (vgl. auch www.camping polska.com). Sie sind für Wohnwagen geeignet und bewacht, verfügen zumeist über Imbissstuben und akzeptable sanitäre Einrichtungen. Die Campingsaison dauert in der Regel vom 15. Mai bis 30. Sept.

Hinweise zur Buchung

Obgleich jeden Monat in allen touristischen Regionen neue Hotels aus dem Boden schießen, kann es in der Ferienzeit zu Engpässen kommen, die man bei der Urlaubsplanung mit einkalkulieren sollte. Hotels der Mittelklasse sind am schnellsten belegt, frühzeitiges Reservieren ist deshalb ratsam.

In allen polnischen Luxus- und Mittelklassehotels werden die gängigen Kreditkarten (Visa, Master) akzeptiert. Die in diesem Buch angeführten Übernachtungspreise gelten, wenn nicht anders angegeben, für ein Doppelzimmer inkl. Frühstück. Bei schwacher Belegung hat man gute Chancen, das Hotelzimmer zu einem günstigeren Preis zu bekommen. Dann kommt es auch vor, dass sich Hoteliers an eine Internet-Agentur wenden und ihre freien Plätze zum Schleuderpreis anbieten. Man sollte sich also nicht wundern, wenn einige Websites (z. B. www.hotelsin poland.com, www.polhotels.com) von einem Tag auf den andern mit tollen Angeboten für ansonsten teure Hotels aufwarten. Generell freilich ist bei Online-Buchungen Vorsicht geboten: Beim letzten Vergleich zeigte sich, dass die Preise, die man vor Ort zahlen sollte, mehrheitlich günstiger als die im Web angegebenen waren. Hinweis: Die vorgestellten Gästehäuser sind nur selten über das Internet buchbar.

Wanderer, Mountainbiker und Skifahrer – sie alle kommen in Polens Süden auf ihre Kosten: je nach Wunsch in Orten, wo bei guter Aktiv-Infrastruktur alles perfekt geregelt ist, oder in östlicher ›Wildnis‹, wo man sich auf eigene Faust durchschlagen kann. Nach Polen fährt man freilich auch, um zu reiten, zu klettern und um mit dem Gleitschirm zu fliegen. Selbst Wassersport ist im Gebirge möglich: in Wildbächen wird geangelt und auf Stauseen gesegelt. Seit Polens EU-Beitritt kommen auch viele Besucher, um zu kuren.

Angeln

In den Bergflüssen der Sudeten, Sandezer Beskiden und Bieszczaden fängt man Lachsfische, Äschen, Regenbogen- und Bachforellen. Ein gutes Revier sind auch die zahlreichen Stauseen mit ihren Brassen, Karpfen und Zandern. Gegen Überweisung einer Gebühr auf das Konto des örtlichen Anglerverbands dürfen sich Touristen am Fangvergnügen beteiligen. Allgemeine Infos über das Angeln in Polen erhält man beim Polnischen Fremdenverkehrsamt. Auf der gut gemachten Internet-Seite **www.Angeln-in-Polen.de** findet man wichtige Angaben zu den vom jeweiligen Ortsverband festgesetzten Tages- und Jahressätzen, den Ausgabestellen für Lizenzen, Schonzeiten, Schonmaßen und Fangbeschränkungen. Der deutsche Angelschein ist in Polen nicht gültig, das Angeln mit lebenden Köderfischen generell verboten.

Golf

Im sozialistischen Polen galt dieser Sport als ›versnobt‹ und war 45 Jahre tabu, nun gibt es auch in diesem Land eine kleine Oberschicht, die sich darüber freut, ihren neuen Wohlstand zur Schau zu stellen. Attraktive Golfplätze entstanden u. a. bei Warschau, Krakau und Bres-

lau; die Adressen sind in den einzelnen Ortskapiteln aufgeführt. Angeboten werden drei- bis fünftägige Kurse, die Unterrichtssprache ist in der Regel Englisch. Über Golfturniere in Polen informiert **www.pzgolf.pl**.

Jagen

Die Zahl der Jäger, die jedes Jahr nach Polen reisen, um für viel Geld ihre Waffe auf Tiere zu richten, beläuft sich auf ca. 6000. Deutsche Männer, die die Mehrzahl der Jäger stellen, sind vor allem am Erlegen von Rothirschen bzw. Wölfen interessiert. Von Südeuropäern heißt es, sie bevorzugten Rebhühner und Wildenten. Zu den schönsten Jagdgebieten gehören die Bieszczaden im Südosten des Landes. Wer jagen will, braucht einen in Deutschland gültigen Jagdschein, eine Waffenbesitzkarte und eine Waffeneinfuhrgenehmigung, die im polnischen Konsulat zu beantragen ist. Spezialveranstalter organisieren Jagdurlaube in Polen, eine Anschriftenliste kann man beim Polnischen Fremdenverkehrsamt anfordern. Über Jagdveranstaltungen informiert der Polnische Jagdverband: Polski Związek Lowex, ul. Nowy Świat 35, 00-029 Warszawa, Tel. 022-8 26 20 51, Fax 8 26 33 22, www.pzllowex.com.pl.

Klettern

Kletterer lieben vor allem den Adlerhorstweg nordwestlich von Krakau, die Hohe Tatra und das Riesengebirge.

Kur und Wellness

Polnische Kurorte erkennt man in der Regel am Zusatz *zdrój*, was so viel bedeutet wie ›Bad‹. Die meisten befinden sich im gebirgigen Süden, wo die brüchige, an Gräben

Eine Bootsfahrt auf dem Dunajec führt durch die eindrucksvolle Gebirgslandschaft des Pieninen-Nationalparks

und Verwerfungen reiche Erdplatte Mineralwasser aus der Tiefe freisetzt. Sie sind so schön gelegen, dass man hier auch ohne Atem-, Herz- und Kreislaufbeschwerden seinen Urlaub verbringen möchte. Die bekanntesten Kurorte liegen im Glatzer Bergland: Polanica Zdrój (Bad Altheide), Duszniki Zdrój (Bad Reinerz), Kudowa Zdrój (Bad Kudowa) und Lądek Zdrój (Bad Landeck). Den besten Ruf in den Beskiden genießen Krynica und Muszyna, ein ungewöhnlicher ›Kurort‹ ist das bei Krakau gelegene Salzbergwerk Wieliczka mit seinem unterirdischen Sanatorium.

Von den gesetzlichen Krankenkassen werden Badekuren im EU-Land Polen bezuschusst (›Gesundheit‹). Die Preise für eine Kur sind dort deutlich niedriger als etwa in Deutschland, Fachärzte sind hervorragend ausgebildet und sprechen oft Deutsch. Fast

immer sind die Kurorte auf bestimmte Krankheitsbilder spezialisiert: So hilft bei Rheuma das 80 °C warme Wasser aus Cieplice (Bad Warmbrunn), bei Diabetes das in Krynica sprudelnde, mit 21 g Mineralien auf einen Liter ›schwerste‹ Wasser Europas. Welcher Kurort bei welcher Krankheit zu empfehlen ist, erfährt man beim zentralen polnischen Kurverband (Uzdrowiska Polskie, ul. Rolna 179/181, 02-729 Warszawa). Pauschale Kurangebote bieten inzwischen mehrere Veranstalter, allen voran Medikur-Reisen (www.medikur-reisen.de).

Seit der Wende ist viel Geld ist in die Modernisierung der Einrichtungen geflossen, die Unterkunftssituation hat sich verbessert. Der Standard der Kurhotels entspricht dem moderner Dreisternehäuser, auf Wellness & Beauty spezialisierte Hotels (www.wellnessinpolen.de) bieten Viersternekomfort.

Radfahren

Nach Auskunft des Allgemeinen Deutschen Fahrrad-Clubs zählt Polen zu den am häufigsten nachgefragten Zielen. Ideal für Radtouren sind die Beskiden und Bieszczaden im äußersten Südosten, wo es gute schmale Asphaltstraßen, aber kaum Verkehr gibt. Am Ziel einer jeden Tagestour wartet eine Herberge. Ausgewiesene Radwanderwege auf einer Länge von über 400 km finden sich auch im Riesen- und Isergebirge. Besonders Szklarska Poręba hat sich in den vergangenen Jahren zu einem Zentrum der Biker entwickelt, im August treffen sich Aktive aus Polen und den Nachbarländern zum Bike-Action-Festival. Offizielle Touren für Radler wurden auch für den Tatra-Nationalpark und das Vorland der Podhale konzipiert. Von Autos wenig befahren sind die Straßen längs der weißrussischen bzw. ukrainischen Grenze, der Adlerhorstweg in Ojców und der Kampinos-Nationalpark südwestlich der Hauptstadt. Die Warschauer Agentur Kampio (www.kampio.com.pl) hat eine einwöchige Radtour längs der Weichsel (Warschau–Krakau) im Programm, besonders schön ist der Abschnitt von Kazimierz Dolny nach Sandomierz. Leider gibt es in Polens Süden bisher nur wenige Hotels, die mit Mieträdern ausgestattet sind.

Reiten

Viele Gestüte befinden sich in alten Gehöften und Schlössern, angeboten werden Reitunterricht, Unterkunft und Verpflegung. In einer Broschüre des Polnischen Fremdenverkehrsamts sind alle wichtigen Pferdesportzentren verzeichnet. Besonders hervorzuheben ist das staatliche Gestüt in Książ, dem größten Schloss Schlesiens. Attraktive Pauschalangebote für Pferdereisen offeriert der deutsche Spezialveranstalter **Pferd und Reiter** (Tel. 040-607 66 90, www.pferdreiter.de).

Sportfliegen

Gute Bedingungen für den Flugsport bestehen in Jelenia Góra, wo ein Aeroclub Rundflüge über dem Hirschberger Kessel (Riesengebirge) anbietet.

Tierbeobachtung

Noch immer ist der ›wilde Osten‹ der Bieszczaden Urlaubern aus Westeuropa nur wenig bekannt. Man kann dort seltenen Säugetieren wie Biber, Bär und Wolf begegnen, Interessenten erkundigen sich bei der Leitung des Nationalparks in Ustrzyki Górne danach, wo und wann man an Wildbeobachtung, Spuren- und Fährtensuche teilnehmen kann. Der World Wildlife Fund organisiert Reisen in die Region, bei denen man ehrenamtlich bei der Überwachung und Versorgung der Tiere mitwirken kann (s. Richtig Reisen-Tipp S. 18).

Wandern

Die Sudeten und Karpaten werden von gut ausgeschilderten Wanderwegen durchzogen. Die Markierung ist einheitlich: Zwischen zwei waagerechten weißen Streifen befindet sich ein farbiger Balken, auf dem die jeweilige Strecke angezeigt ist. Die hervorragenden Kammwege des Riesengebirges und der Hohen Tatra sind am bekanntesten, einsamer sind die Waldkarpaten mit ihrem Herzstück, dem Nationalpark Bieszczady. Dort erschließen über 300 km markierte Wege eine wunderbar wild-herbe Landschaft. Selbst wenig erfahrene Wanderer können die bis zu 1400 m hohen Gebirgszüge erklimmen. Die am Rand des Nationalparks gelegenen Dörfer Ustrzyki Górne und Wetlina sind die geeigneten Ausgangspunkte. Von dort starten viele Wege auf die Almen und Gipfel, dazu gibt es ausreichend Unterkünfte.

Neben den polnischen Wanderwegen führen auch zwei Europäische Fernwanderwege durch Polens Süden: der E3 (vom Szklarska-Pass zum Międzyleska-Pass und von Chyżne zum Dukla-Pass) sowie der E8 (durch die Beskid Niski und die Bieszczady).

Wassersport

Wasserfreunde treibt es in den Norden des Landes, im Süden muss man sich mit Badespaß am Gebirgsfluss begnügen. Ein besonderer Höhepunkt ist die Floßfahrt durch die Dunajec-Schlucht im Nationalpark der Pieninen; der Anlegeplatz befindet sich in Kąty, Endpunkt der 17 km langen Tour ist Szczawnica. Tauchschulen sind im Süden allerdings nicht zu empfehlen, Segelboote kann man in Solina und Polańczyk am Solina-See (Bieszczady) ausleihen.

Wintersport

Gebirgsketten ziehen sich 500 km die polnische Grenze entlang. Als Winterhauptstadt Polens gilt Zakopane, wo sanfte Hänge zum Skifahren einladen und jedes Jahr im Januar der World Cup der Skispringer stattfindet. Im Riesengebirge, am Fuße der Schneekoppe, trifft man sich in den Orten Karpacz und Szklarska Poręba. Dank des spezifischen Klimas hält die Schneedecke an den Hängen der hiesigen Berge über sechs Monate lang im Jahr. Gleichfalls beliebt sind die Orte Szczyrk und Wisła in den Schlesischen Beskiden.

Vom Gubałówka geht es für Skibegeisterte schwungvoll hinunter nach Zakopane

Einkaufen

In den Städten entstanden **Einkaufspassagen** nach westlichem Muster, man findet alle bekannten Markenwaren von Armani über Mango bis Zara. Hier und da haben sich die sympathischen Lebensmittelläden aus alter Zeit erhalten, der Kiosk (kiosk ruch), in dem man fast alles für den täglichen Bedarf findet, auch Buchantiquariate und Antik-Shops.

Märkte

Spaß macht das Einkaufen auf dem Markt (*targ*), wo Bauern ihre eigenen Produkte anbieten. Die Tomaten stammen nicht aus dem Treibhaus, sondern sind sonnengereift. Äpfel und Birnen, die ohne Pestizide und Insektizide auskommen durften, sehen vielleicht nicht so knackig aus wie bei uns, doch dafür schmecken sie intensiver. Im Sommer gibt es Waldbeeren, da türmen sich Körbe mit wilden Erdbeeren, Blau-, Moos- und Preiselbeeren. Im Frühherbst kommen die vielen Pilze dazu – am besten schmecken die Steinpilze, weshalb man sie in Polen *prawdziki* (die Wahrhaftigen) nennt.

Noch vieles mehr ist auf dem Markt zu entdecken. In der Vitrine stapeln sich bekannte **Wurstsorten** wie Kabanossi, Krupniok, Krakauer und Warszawski. Wenn man Glück hat, stammt die Wurst noch vom Dorfmetzger, der sie nicht in Plastik, sondern in echten Darm wickelt. Es gibt Salzdillgurken aus dem Fass (*ogórki*), gekochte Maiskolben (*kukurydza*) und backfrische, mit Mohn und Sesam bestreute Bretzeln (*obwarzanki*). Außer frisch geschöpftem Weiß- und Schichtkäse, den die Polen gern mit fein gehacktem Schnittlauch und Radieschen würzen, gibt es in Polens Süden eine Rarität: den *oscypek*-Käse aus der Tatra, ausgezeichnet mit dem Gütesiegel ›EU-Spezialität mit Herkunftsgarantie‹. Er wird aus roher, nicht-pasteurisierter Schafsmilch gewonnen und anschließend geräuchert, wodurch er seine charakteristische Bernsteinfarbe erhält. Am besten schmeckt er hauchdünn aufgeschnitten.

Kunsthandwerk

Als Souvenir eignet sich vor allem polnisches Kunsthandwerk (*sztuka ludowa*). Dank der 1949 gegründeten Kette Cepelia, die ein dichtes Filialnetz unterhält, haben Kunsthandwerker einen weit gestreuten Absatzmarkt. Das Angebot umfasst mundgeblasenes und geschliffenes **Glas** aus dem Riesengebirge, feinste Spitze aus dem Beskidenort Koniaków und **Keramik** mit blauem Pfauenauge aus dem niederschlesischen Bolesławiec (Bunzlau). Eine wahre Fundgrube für Kunsthandwerk ist die Hohe Tatra, wo seit Generationen Schnitzkunst und Glasmalerei hoch im Kurs stehen, auch handgestrickte Schafswollpullover, Taschen und Gürtel.

Ausgehen

Polens Süden ist voller Kontraste. In weiten Teilen des Landes, vor allem im Osten, scheint die Zeit vielerorts stehen geblieben zu sein. Man sieht es den Menschen dort an, dass sie ums Überleben kämpfen, keine Kraft haben, an abendliches oder gar nächtliches ›Vergnügen‹ zu denken. Ganz anders ist die Situation in den Großstädten, wo eine Vielzahl von Kulturveranstaltungen angeboten wird. *Co jest grane* – so heißt die Beilage der Gazeta Wyborcza, in der jeden Freitag aufgelistet ist, was für die kommende Woche angesagt ist. Besonders reich ist das Programm in Warschau, Krakau und Łódź, gefolgt von Breslau, Kattowitz und Posen. Da gibt es Opern- und Konzertbühnen, viele Theater und natürlich ein riesiges Angebot an Filmen. Da in Polen auch heute noch die ausländischen Filme fast immer im Original

mit polnischen Untertiteln gezeigt werden, könnte es sich lohnen, einen Blick auf das Kinoprogramm zu werfen. Während es im Kino ebenso locker zugeht wie bei uns, herrscht in der Philharmonie und in der Oper eiserne Disziplin. Die herausgeputzten Besucher sind voller Aufmerksamkeit. Wehe, da beginnt einer mit Bombonpapier zu rascheln oder mit Fächer zu wedeln – er würde mit eiskalten Blicken gestraft und zur Ruhe ermahnt.

In den großen Städten gibt es viele Orte zum Abtanzen, Clubs und Discos, wo Parties gefeiert werden und Live-Musik erklingt. Die bei jungen Leuten beliebteste Stadt ist Łódź, wo sich die 4 km lange Piotrkowska in eine Vergnügungsmeile der besonderen Art verwandelt hat. Techno & Electronic, Performances & Shows – alles, was schräg ist, darf sich in den Fabrikräumen, wo früher schwer gearbeitet wurde, entfalten.

Auf dem Markt in Kazimierz Dolny werden die verschiedensten Waren angeboten

Konzert der bekannten und populären Cracow Klezmer Band

Warschau rühmt sich der modernsten Cocktail-Bars, Krakau der lebendigsten Jazz-Szene. In der alten Königsstadt gibt es auch die schönsten Kneipen, fast alle liegen ›unter dem Pflaster der Stadt‹ in mittelalterlichen Kellergewölben. Die Gay- und Lesbenszene hat allerdings – nicht nur in Krakau – mit Schwierigkeiten zu kämpfen, Kirche und Staat machen es den Minderheiten nicht leicht, sich in der Öffentlichkeit zu behaupten.

Laut und munter geht es in den Ferienorten im Gebirge zu, etwa auf den Flaniermeilen von Zakopane, Karpacz und Szklarska Poręba. Während der Hochsaison im Winter, aber auch in den Sommerferien treten Shanty-Groups, Pop-, Techno- und Salsa-Bands auf. Es darf geschwoft und getanzt werden, im Verein mit Imbissbuden und Spielautomaten erinnert das Treiben ein bisschen an Kirmes.

Behinderte

Es gibt in Polen bisher nur wenige Hotels mit behindertengerechten Einrichtungen, und auch das Reisen mit öffentlichen Verkehrsmitteln kann für Behinderte zum Problem werden. Die po nische Hilfsorganisation Integracja empfieh t deshalb insbesondere Rollstuhlfahrern, mit dem eigenen Auto anzureisen. Der polnische Reiseführer für Behinderte mit dem Titel *Przewodnik Dla Niepełnosprawnych* (Travelling Unlimited, Warszawa) ist in Polnisch und Englisch erschienen. Zusätzliche Infos zum Reisen von Behinderten gibt es beim Hauptsitz von Integracja in Warschau (ul. Dzielna 1, Tel. 022-831 85 82, 831 01 39, www.integracja.org).

In Deutschland bekommt man vor der Reise aktuelle nfos bei der Bundesarbeitsgemeinschaft der Klubs Behinderter und ihrer Freunde e.V. in Mainz (Tel. 061 31-22 55 14). In einer Broschüre des Vereins sind alle Reiseveranstal er aufgeführt, die Angebote für Menschen mit Behinderung im Programm haben. Gleichfalls nützlich ist der vom Veranstalter TUI herausgegebene und in Reisebüros einsehbare Katalog mit ›Zusatzinformationen für Behinderte und ihre Begleiter‹. Er enthält Hinweise auf infrage kommende

Hotels und Anlagen, dazu Details zu Türbreite, Stufenzahl, Zimmerausstattung und Verpflegungsvarianten.

Feiertage

1. Januar: Neujahr
Ostern
1. Mai: Tag der Arbeit
3. Mai: Tag der Verfassung
Fronleichnam
15. August: Mariä Himmelfahrt
1. November: Allerheiligen
11. November: Unabhängigkeitstag
25./26. Dezember: Weihnachten

Notruf

Die Notrufnummer 112 ist kostenlos und gilt auch in Polen. Darüberhinaus können folgende Notrufnummern angewählt werden (von öffentlichen Telefonzellen gratis):
Polizei: 997
Feuerwehr: 998
Ambulanz: 999
Pannenhilfe: 981
Taxi: 919
Über den Touristen-Notruf 08 00-20 03 00 (kostenfrei) können sich Urlauber während der Sommermonate (tgl. 8–24 Uhr) auf Deutsch oder Englisch an die Polizei wenden.

Öffnungszeiten

Es gibt in Polen keine gesetzlich festgelegten Ladenschlusszeiten. In den Großstädten sind viele Geschäfte auch sonntags geöffnet, einige sogar rund um die Uhr. Die angegebenen Richtwerte für Apotheken, Banken, Wechselstuben können variieren. Museen bleiben in der Regel montags geschl., Restaurants sind meist tgl. von 12 bis 23 Uhr geöffnet.

Apotheken: Mo–Fr 8–19, Sa 9–14 Uhr
Post: Mo–Fr 8–20, Sa 9–13 Uhr
Banken: Mo–Fr 8–17, Sa 8–14 Uhr
Wechselstuben: Mo–Fr 9–18, Sa 9–14 Uhr
Kirchen: tgl. 9–18 Uhr, während der Messe Besichtigung unerwünscht
Museen: Di–So 10–16 Uhr

Sicherheit

Auch wenn inzwischen bedeutend weniger Autodiebstähle gemeldet werden, sollte man vorsichtig bleiben und möglichst nur bewachte Parkplätze (*parking strzeżony*) aufsuchen. In großen Städten wie Warschau und Danzig meide man alle Situationen, in denen sich Menschen in großer Zahl drängen: etwa am Bahnhof, im Bus oder in der Straßenbahn.

Beim Verlust des Ausweises stellt die Konsularabteilung der deutschen Botschaft (s. S. 63) einen provisorischen Reisepass zur Rückkehr aus. Vorgelegt werden müssen die Verlustanzeige, bestätigt durch die örtliche Polizeibehörde, sowie zwei Passbilder. Was Fahrzeugpapiere betrifft, genügt die von der Polizei attestierte Verlustanzeige.

Personalausweis und Fahrzeugpapiere können nur im Heimatland neu ausgestellt werden. Grundsätzlich sollte jeder Reisende die Registriernummern der Personalpapiere auf einem gesonderten Blatt notieren bzw. entsprechende Fotokopien mitführen. So wird beim Verlust eine Identifizierung durch das deutsche Konsulat vereinfacht.

Toiletten

Öffentliche Toiletten sind mit Dreieck oder Kreis markiert. Der Herr darf nur beim Dreieck hinein, die Dame beim Kreis. Unabhängig davon, wie schmutzig die Toiletten sind, ist für die meisten bei der Garderobenfrau eine Gebühr zu entrichten.

Reisekasse/Reisebudget

Geld

Auch wenn man in vielen polnischen Hotels und Restaurants schon mit Euro zahlen kann, bleibt doch das offizielle Zahlungsmittel der złoty (1 Złoty = 100 Grosz); im Umlauf sind Münzen im Nennwert von 1, 2, 5, 10, 20, 50 Grosz und 1, 2, 5 Złoty, dazu Banknoten von 10, 20, 50, 100 und 200 Złoty. Bargeld tauscht man in **Banken** oder in **Wechselstuben** *(kantor),* die oft im Verein mit einem Geschäft betrieben werden. Die Kurse zwischen Wechselstuben und Banken differieren, deshalb lohnt ein Vergleich. Für einen Euro bekommt man um die 4 Złoty, für vier Schweizer Franken 10 Złoty.

Am Flughafen und im Bahnhof ist der Tausch allerdings nur im Notfall zu empfehlen – der Kurs ist hier um einige Prozentpunkte schlechter.

Electronic Cash

Geldautomaten (bankomaty) findet man an fast jeder Bank, die gängigen internationalen Kreditkarten wie EC/MC und VISA werden in großen Hotels, Restaurants, Geschäften und Autovermietfirmen akzeptiert. Die entsprechenden Embleme sind an Türen oder Schaufenstern angebracht. Geht die Karte verloren oder wird sie gestohlen, sollte man sie umgehend sperren lassen. Für Kunden der wichtigsten deutschen Kreditinstitute (Sparkassen, Landesbanken, Volks- und Raiffeisenbanken) wurde 2005 eine einheitliche Sperrnummer (s. Kasten) eingerichtet. Sie gilt für Maestro-, Handy- und Kreditkarten. Für Bürger aus Österreich und der Schweiz wird dieser Service vorerst nicht angeboten – Urlauber aus diesen Ländern sollten vor der Reise nach Polen wie bisher bei der zuständigen Bank die für ihre Kreditkarte zuständige Sperrnummer erfragen.

Preisniveau

Das Preisniveau ist in Polen uneinheitlich: Während in den großen Städten und in beliebten Ferienorten Hotels und Restaurants ›westliches Niveau‹ erreichen, sind sie auf dem Land erheblich preiswerter. Teuer ist das Mieten von Autos, günstig dagegen das Fahren mit öffentlichen Verkehrsmitteln. Wenig zahlt man nach wie vor für den Besuch von Museen. In den meisten Fällen kostet eine Eintrittskarte weniger als 2 €. Liegt der Preis höher, wird er in diesem Buch gesondert aufgeführt. Kinder erhalten in Museen eine Ermäßigung von 30–50 %. Jeweils an einem Tag der Woche ist der Eintritt für alle Besucher frei.

Sperrung von EC-und Kreditkarten
Bei Verlust oder Diebstahl von EC- und Krekarten können Sie die im Jahre 2005 eingerichtete **Zentrale Sperr-Telefonnummer** anrufen:

00 49-116 116

Sperrnummer für Kreditkarte:

Sperrnummer für Handy:

Beispiele für Nebenkosten:
1 Tasse Kaffee: 1 €
1 Glas Bier: 1,50 €
1 Glas Cola: 1 €
Schachtel Zigaretten: ab 1,20 €
Tagesgericht im Lokal: ab 3 €
1 l Superbenzin: 0,80 €
1 Taxifahrt (1 km): 1 €
1 Mietwagen pro Woche: ab 300 €

Für den Notfall

Was die medizinische Versorgung betrifft, gelten die gleichen Regelungen wie für andere Länder der EU, d. h., die gesetzliche Krankenkasse übernimmt für ärztliche Leistungen, die im **Krankheitsfall** in Polen anfallen, die Kosten. Vor der Reise lässt man sich von der Kasse die Anschriftenliste des Nationalen Gesundheitsfonds NFZ (*Narodowy Fundusz Zdrowia*) aushändigen: Die dort aufgeführten Gesundheitszentren bzw. Vertragsärzte können im Bedarfsfall aufgesucht werden. Ist die Behandlung bei einem Facharzt notwendig, kann man sich an ein Gesundheitszentrum wenden und diesen direkt dort aufsuchen; für Vertragsärzte in Praxen benötigt man eine Überweisung von einem Allgemeinmediziner.

Alle Ärzte, die außerhalb staatlicher Institutionen praktizieren, arbeiten privat. Wer sich bei ihnen behandeln lässt, zahlt die Rechnung bar und lässt sich eine detaillierte Quittung ausstellen. Da die Erstattung dieser Kosten im kassenüblichen Rahmen nicht garantiert ist, wird empfohlen, sich durch eine Auslandszusatzversicherung ohne Selbstbeteiligung gegen sämtliche Risiken abzusichern.

Es besteht kein Anspruch auf medizinische Behandlung, wenn diese bis zur Rückkehr ins Heimatland aufgeschoben werden kann. Auch sollte, wer eigens nach Polen reist, um sich dort ärztlich behandeln zu lassen, die Bedingungen der **Kostenübernahme** vorher mit seiner Krankenkasse klären. Dies gilt auch für **Kuren**: Bezuschusst werden z. Z. ›ambulante‹, d. h. Vorsorge-Badekuren, nicht aber ›stationäre‹ Rehabilitationskuren im Anschluss an einen Krankenhausaufenthalt. Bei Bedarf kann eine Kur alle vier Jahre, bei den Privaten alle zwei bis drei Jahre angetreten werden. Für eine Kur muss der Arbeitnehmer Urlaub nehmen bzw. eine unbezahlte Freistellung beim Arbeitgeber beantragen. Anreise, Unterkunft und Verpflegung organisiert man selbst. Die Krankenkasse übernimmt die ärztliche Behandlung vor Ort, einen Großteil der Kurmittelkosten und einen Zuschuss zu Kost & Logis. Privat Versicherte erhalten meist eine großzügigere Pauschale.

Medikamente

Arzneimittel bekommt man preiswert und oft ohne Rezept in der **Apotheke** (apteka). Obwohl sich die Versorgung mit Medikamenten in Polen verbessert hat, sollte man Arzneimittel, die man regelmäßig einnehmen muss, in ausreichender Menge mitnehmen. Wer nachts oder an Feiertagen Medikamente benötigt, ist auf Apotheken mit Sonderdienst angewiesen. Die entsprechende Übersicht findet man in Tageszeitungen sowie am Eingang geschlossener Apotheken.

Vorsicht Zecken

Wer im Sommer in den äußersten Osten und Südosten Polens reist, sollte sich von seinem Arzt hinsichtlich der Schutzimpfung gegen Zeckenbisse beraten lassen. Zecken können gefährliche Krankheiten auf den Menschen übertragen: die Frühsommer-Meningo-Enzephalitis (FSME) und die Lyme-Borreliose. Nur wenige Lotionen und Sprays halten die Blutsauger auf Distanz: Gut als Durchgangssperre wirkt – laut Stiftung Warentest – Zanzarin, Autan Active Lotion schafft den Doppelschutz gegen Zecken und Mücken. Generell gilt es, bei Wanderungen, die durch Gras und Strauchwerk führen, zwecks besserer Erkennung der Zecken helle Kleidung zu tragen, die möglichst viel vom Körper abdeckt. Nach der Wanderung sollte man den Körper sorgfältig nach Zecken absuchen. Im Internet findet man weitere Infos zu Zecken unter www.zecke.de.

Internetcafés

In Städten und größeren Orten gibt es zahlreiche Internetcafés. Es empfiehlt sich, bei der Touristeninfo nach dem am nächsten gelegenen Internetpoint zu fragen. Private Hostels bieten oft Gratis-Internet, erste Hotels haben WiFi (Wireless Fidelity) installiert, damit sich Gäste mit ihrem Laptop einloggen können. Auf der Homepage **www.hotspot-locations.de** erfährt man, in welcher polnischen Stadt man sich mit Laptop drahtlos im World Wide Web bewegen kann.

Post

Postämter verfügen über Kartentelefone und verkaufen Telefonkarten. Briefmarken erhält man auch in Hotels, an Zeitungskiosken und Verkaufsständen für Ansichtskarten.

Radio/Fernsehen

Im Sommer sendet der Polnische Rundfunk vormittags die wichtigsten Nachrichten in Deutsch, Englisch und Französisch. Täglich um 19.55 Uhr strahlt das erste Programm des polnischen Fernsehens landesweit den Wetterbericht aus. In Mittelklassehotels kann man fast immer ein paar deutsche Fernsehsender empfangen.

Telefonieren

Am leichtesten telefoniert es sich mit **Telefonkarten** zu 25, 50 oder 100 Zeiteinheiten, die man bei der Post, in Zeitungskiosken und an Tankstellen kaufen kann. Will man ein Auslandsgespräch führen, wählt man für Deutschland die 00 49, für Österreich die 00 43 und für die Schweiz die 00 41; bei der anschließenden Ortskennzahl ist die Anfangsnull wegzulassen. Für die Verbindungen von Deutschland nach Polen lautet die Landesvorwahl 0048 (ohne die erste Null bei der nachfolgenden Ortszahl). Innerhalb Polens muss seit 2006 auch im Nahbereich die Ortsvorwahl mitgewählt werden!

Alle von Fernsprechern angewählten drei- und vierstelligen Auskunftsnummern sind gebührenfrei. Die Telefonauskunft hat landesweit die Nummern: 912 (Ausland), 913 (Inland).

Mobiltelefone für das D- und E-Netz können fast überall benutzt werden. Freilich sollte man bedenken, dass im Ausland auch derjenige zahlen muss, der angerufen wird. Wer also keine Anrufe empfangen will, sperre besser alle ankommenden Gespräche!

Noch teurer wird die Arbeit mit **Mailbox**. Ist das Gerät so eingestellt, dass Anrufe automatisch auf die Mailbox umgeleitet werden, wird man gleich dreifach zur Kasse gebeten: für das Weiterleiten ins Ausland, das Zurückleiten ins deutsche Netz auf die Mailbox und die Kosten für die Abfrage. Besser also die Mailbox vor der Reise ganz abschalten!

Gleichfalls gut zu wissen: Das **Partnernetz**, in das sich das Handy in Polen automatisch einbucht, ist nicht immer das günstigste. Wer nur die eigenen Gespräche von Polen ins Ausland bezahlen möchte, kauft vor Ort eine **Prepaid-SIM-Karte**. Dies setzt freilich voraus, dass das eigene Handy SIM-lock-frei ist, also andere Provider zugelassen sind.

Zeitungen/Zeitschriften

Deutschsprachige Zeitungen und Zeitschriften erreichen Breslau, Krakau, Posen und Warschau meist noch am gleichen Tag. Über das Wichtige berichtet auch die monatlich erscheinende, deutschsprachige **Polen-Rundschau**. In größeren Städten liegen in Hotels, Touristenbüros, auf Flughäfen Zeitschriften in englischer und deutscher Sprache aus.

Aussprache/Betonung

Zu der Zahl ›999‹ sagen die Polen *dziewięć-setdziesięćdziesiątdzwieniec*, ›Glück‹ verwandelt sich in *szczęścia* und ›Liebe‹ in *miłość*. Bei so vielen Zungenbrechern raufen sich Besucher die Haare und sind froh, wenn sie nach einem zweiwöchigen Aufenthalt wenigstens das Wort ›Hallo‹ (*cześć*) aussprechen können.

In Hotels und Restaurants sind zwar immer mehr jüngere Leute beschäftigt, die Deutsch oder Englisch gelernt haben. Doch kann es nichts schaden, sich ein paar Brocken dieser schwierigen Sprache anzueignen. Zunächst gilt es, sich all jene Buchstaben und Laute einzuprägen, die es im Deutschen nicht gibt:

– **ę** wird ähnlich dem ›in‹ im französischen ›fin‹ ausgeprochen
– **ą** wird ähnlich dem ›on‹ im französischen ›mon‹ ausgeprochen
– **ł** wird ähnlich dem englischen ›wh‹ in where ausgeprochen
– **ś** ist gleich ›sch‹
– **ć** ist gleich ›tsch‹
– **ń** ist ähnlich dem ›gn‹ in Champagner
– **ó** entspricht dem kurzen u in Hund
– **ź, ż, rz** – sind ähnlich dem französischen ›j‹ in journal
– **z** wird wie das stimmhafte s in Sonne, gesprochen, doch im Auslaut stimmlos
– **sz** entspricht ›sch‹
– **cz** entspricht ›tsch‹

Der Hauptakzent liegt meist auf der vorletzten Silbe. Alle Vokale sind kurz und offen, in Kombination mit anderen Vokalen getrennt auszusprechen (i-e, e-u). Gleiches gilt für Konsonantenkombinationen: so wird ck nicht zu k verkürzt (Aussprache: tsk).

Allgemeines

Guten Tag	dzień dobry
Guten Abend	dobry wieczór
Gute Nacht	dobranoc
Wie geht es Ihnen?	Jak sié Pan (m) Pani (w) ma?
Wie geht's?	Jak sié masz?
Auf Wiedersehen	do widzenia
hallo/tschüss	cześć
danke	dziękuję
bitte	proszę
bitte sehr	proszę bardzo
ja	tak
nein	nie
warum?	dlaczego?
Ich weiß nicht	Nie wiem
Bitte langsam!	Proszę powoli!
Die Rechnung bitte	Poproszę o rachunek
Das ist zu teuer	To za drogo
billig	tanio
klein	mały
groß	duży
wenig	mało
viel	dużo
gut	dobry
schlecht	niedobry/zły
besetzt	zajęty
frei	wolny
geöffnet	czynne/otwarty
geschlossen	nieczynny/zamknięty

Ortsangaben

Wo ist …?	Gdzie jest …?
hier	tu/tutaj
dort	tam
links/rechts	na lewo/na prawo
geradeaus	po prostu
gegenüber	na przeciw
nahe/weit	blisko/daleko

Zeitangaben

Wann?	Kiedy?
Wie lange?	Jak długo?
Wie spät ist es?	Która jest godzina?
morgens	rano

nachmittags	po południu	9	dziewięć
abends	wieczorem	10	dziesięć
jetzt	teraz	50	pięćdziesiąt
heute	dziśaj	100	sto
gestern	wczoraj	1000	tysiąc
morgen	jutro		
Tag	dzień		
Nacht	noc		
Woche	tydzień		
Monat	miesiąc		

Unterkunft

Hotel	hotel
Herberge	schronisko
Unterkunft	noclegi
Zimmer	pokój
mit Frühstück	ze śniadaniem
Kann ich das Zimmer sehen?	Czy mogą zobaczyć pokój?

Zahlen

0	zero
1	jeden
2	dwa
3	trzy
4	cztery
5	pięć
6	sześć
7	siedem
8	osiem

Unterwegs

Abfahrt	odjazd
Ankunft	przyjazd
Flughafen	lotnisko

Die wichtigsten Sätze

Allgemeine Floskeln

Entschuldigen Sie!	*przepraszam*
Ich verstehe nicht.	*Nie rozumiem*
Ich spreche kein Polnisch	*Nie mówię po polsku*
Sprechen Sie Deutsch/Englisch?	*Pan (m)/Pani (w) mówi po niemecku/po angielsku?*

Im Lokal

Ist hier frei?	*Jest wolny tutaj?*
Guten Appetit!/Prost!	*Smacznego! Na zdrowje!*
Bitte die Speisekarte!	*Poproszę o jadłospis*
Ich möchte …	*Chciałbym (m)…/ Chciałabym (w) …*
Wieviel kostet das?	*Ile to kosztuje?*
Bezahlen, bitte!	*Poproszę o rachunek!*

Wo sind die Toiletten?	*Gdzie jest toaleta?*

Auf der Straße

Ich will nach …	*Ja chcę jechać do …?*
Wo kann man … kaufen?	*Gdzie można kupić…?*
Wo ist hier eine Apotheke?	*Gdzie jest tutaj apteka?*
Welcher Bus geht nach …?	*Który autobus jeździ do …?*

Im Hotel

Haben Sie ein freies Zimmer?	*Czy ma Pan/Pani (m/w) pokój?*
Ich habe ein Zimmer bestellt.	*Rezerwowałam pokój.*
Wieviel kostet das Zimmer pro Tag/ pro Woche?	*Ile kosztuje ten pokój na dzień/ na tydzień?*

Bushaltestelle	przystanek autobusowy
Straßenbahn	tramwaj
Bahnhof	dworzec
Gleis	peron
Fahrkarte	bilet
erste/zweite Klasse	pierwsza/druga klasa
Platzreservierung	miejscówka
für (Nicht)raucher	dla (nie)palących
Tankstelle	stacja benzynowa
Benzin (bleifrei)	benzyna (bezołowiowa)
bewachter Parkplatz	parking streżony
Post	poczta
Brief	list
Postkarte	pocztówka
Briefmarken	znaczki
Telefon	telefon
Telefonkarte	karta magneticzna

Wichtige Bezeichnungen auf Polnisch

Allee	aleja (Abk. al.)
orthodoxe Kirche/ Kirche der Unierten	cerkiew
Friedhof	cmentarz
Haus	dom
Weg	droga
Bahnhof	dworzec
Berg	góra (pl. góry)
See	jezioro (Abk. jez.)
Wechselstube	kantor
Café	kawiarnia
Kloster	klasztor
Kirche	kościół
Museum	muzeum
Palast	pałac
Gästehaus	pensjonat
Keller	piwnica
Platz	plac (Abk. pl.)
Zimmer frei	pokoje wolne

Durchfahrt verboten	przejazd wzbroniony
Rathaus	ratusz
Restaurant	restauracja
Kiosk	ruch
Ring, Marktplatz	rynek
Jugendherberge	schronisko młodzieżowe
Freilichtmuseum	skansen
Heiliger	święty (Abk. św.)
Straße	ulica (Abk. ul.)
Turm	wieża
Gasthof	zajazd
Schloss	zamek
Kurort	zdrój

Im Notfall

Ich habe Fieber	mam temperatura
Ich habe Zahnschmerzen	mam ból zęba
Krankenhaus	szpital
Rettungswagen	pogotowie ratunkowe
Pannenhilfe	pogotowie techniczne
Hilfe!	Pomocy! Ratunku!
Ich bin bestohlen worden!	Zostałem okrad (m)! ziony/okradziona (w)!
Polizei	policja
Botschaft	ambasada
– deutsche	niemiecka
– österreichische	austriacka
– schweizerische	szwajcarska

Sprachkurse

Mehrere Universitäten, z. B. die in Warschau und Krakau, bieten Sommersprachkurse in Polnisch an. Auskünfte erteilt der Deutsche Akademische Austauschdienst (DAAD) in Bonn, Tel. 02 28-88 20, www.daad.de.

Der geheimnisvolle Bergsee Morskie Oko, das ›Meeresauge‹,
ist ein beliebtes Auflugsziel der Hohen Tatra

Unterwegs in Polens Süden

Prächtige, restaurierte Giebelhäuser schmücken den Ring von Breslau

Breslau und die Sudeten

Legnica
(Liegnitz)

Wrocław
(Breslau)

Riesen-gebirge

Kłodzko
(Glatz)

Auf einen Blick:
Breslau und die Sudeten

Schlesische Metropole und mächtige Gebirgszüge

Wrocław, das frühere Breslau, ist eine der schönsten Städte des Landes und wurde einmal die ›Blume Europas‹ genannt. Sie bietet eine Fülle herausragender Sehenswürdigkeiten, aber auch eine reiche kulturelle Szene mit Theatern, Konzertbühnen, Festivals, einer Vielzahl studentischer Kneipen und Cafés.

Es ist eine Stadt, die auf engem Raum das Miteinander verschiedener Lebensstile erlaubt, der Brückenschlag zwischen Ost und West ist hier leichter möglich als anderswo. Breslau wurde in seiner mehr als tausendjährigen Geschichte böhmisch, habsburgisch und preußisch geprägt, die polnischen Neubürger brachten nach 1945 ihre Lemberger Traditionen mit.

Und auch in der Umgebung stößt man auf Schritt und Tritt auf die Spuren einer bewegten Geschichte: Vom Erbe früherer Zeit künden Jesuitenkollegien und barocke Klöster, Gutshöfe und Schlösser, fast immer umgeben von Parks und weitläufigen Gärten. Seit einigen Jahren profitiert die Region stark von der Nachbarschaft zu Deutschland. Fördergelder der EU fließen reichlich – viele Gebäude, die jahrzehntelang vor sich hin dämmerten oder verfielen, werden nun restauriert.

Im Norden Breslaus lohnt ein Besuch der Klöster von Trzebnica und Lubiąż, wo Schlesiens Christianisierung vor 800 Jahren begann. Oder man fährt nach Głogów, dessen Altstadt in einem bunt-historisierenden Stil wieder aufgebaut wird. Dabei kommt man durch eine Landschaft mit Sonnenblumenfeldern und Obstplantagen, so weit das Auge reicht.

Im Süden Breslaus tut sich eine Vielzahl von Reisewegen auf. Eine beliebte Route

führt vorbei am slawischen Kultberg Ślęża (Zobten) ins bewaldete Vorland der Sudeten. In der Altstadt von Świdnica wurde die evangelische ›Gnadenkirche‹ zum Unesco-Welterbe erklärt; nur wenige Kilometer entfernt entdeckt man den ehemaligen Moltke-Gutshof (heute eine deutsch-polnische Tagungsstätte), das Märchenschloss Fürstenstein in Książ und die Landschaft der Hochöfen von Wałbrzych (Waldenburg).

Die Sudeten, die auf einer Länge von über 300 km die Grenze zu Tschechien markieren, erheben sich stolz mit ihren mächtigen Gipfeln, ihnen vorgelagert sind gewellte, von Flüssen durchzogene Täler. Wichtigste Gebirgszüge sind im Westen das Riesengebirge und im Osten das Glatzer Bergland. Beide stehen als Nationalpark unter Naturschutz und wurden von der Unesco zum Biosphärenreservat erklärt.

Highlights

1 Breslau: Lebendige Altstadt mit einem von Barockhäusern gesäumten historischen Markt und einer Dominsel mit himmelstürmender Kathedrale (s. S. 94).

2 Riesengebirge: Rübezahls Reich präsentiert sich als urwüchsige, rau-herbe Landschaft mit Hochmooren und glazialer Flora; zu Füßen der Schneekoppe liegt das Hirschberger Tal mit restaurierten Burgen und Schlössern (s. S. 126).

Empfehlenswerte Route

Straße der hundert Kurven: Die Landstraße 387 führt vom Kurbad Kudowa Zdrój in den Wallfahrtsort Wambierzyce und erschließt das Heuscheuer Gebirge. Nach 11 km steigt man in Goethes Fußstapfen ins Felslabyrinth der ›Großen Heuscheuer‹ hinauf (s. S. 150).

Reise- und Zeitplanung

Breslaus Schönheit ist unabhängig vom Wetter, doch am attraktivsten ist die Stadt in der warmen Jahreszeit, wenn sich der Alltag draußen abspielt und die Terrassencafés öffnen. Für Breslau braucht man mindestens zwei Tage, mit Riesengebirge und Glatzer Bergland könnte man für die Region, besonders wenn man gern wandert und radelt, gut eine Woche einplanen. Wer in den Bergen Einsamkeit sucht, sollte die Schulferien meiden, ideal sind die Monate Mai–Juni sowie der September. Skifahrer und Snowboarder kommen ab Anfang Dezember auf ihre Kosten, bis ungefähr Ostern ist Wintersport möglich; zur Not werden Schneekanonen eingesetzt.

Richtig Reisen-Tipps

Wratislavia Cantans: Polens einziges Festival, das in die ›Vereinigung europäischer Musikfestspiele‹ aufgenommen wurde. Präsentiert werden die weltbesten Chöre und Orchester in Breslaus schönsten Sälen, parallel dazu gibt es Kunstausstellungen, Tanz und Theater (s. S. 102).

Die Goldwäscher von Złotoryja: Am letzten Maiwochenende werden mit einem Wettbewerb im Goldwaschen und einem historischen Umzug die ›goldenen‹ Zeiten des Städtchens heraufbeschworen (s. S. 116).

Wanderung zur Schneekoppe: Der Klassiker unter den Riesengebirgstouren führt vorbei an Teichen und Hochmooren, an blühenden Wiesen und riesigen Findlingen. Übernachten kann man in urigen Bauden (s. S. 142).

Wölfel, Schneeberg und Bärenhöhle: Im letzten Zipfel des Glatzer Landes, am Fuße des Schneegebirges, versteckt sich im Walddickicht eine herrliche Tropfsteinhöhle (s. S. 152).

Die Hauptstadt Niederschlesiens erstreckt sich beiderseits der Oder. Mit mehreren Inseln und sich aufspaltenden Flussarmen wirkt sie bewegt und abwechslungsreich. Das Oval der Altstadt ist von viel Grün eingefasst, hier liegen auch die meisten Hotels und Restaurants. Breslau ist kosmopolitisch, dank der vielen Studenten hat sie jugendlichen Schwung.

Wer noch glaubt, die etwa 650 000 Einwohner zählende Hauptstadt Niederschlesiens sei ein angegrauter, vor sich hin dämmernder Moloch, muss umlernen – Breslau ist in Bewegung geraten. Zum tausendjährigen Jubiläum der Breslauer Diözese wurde der Stadtkern liebevoll restauriert. Prächtig herausgeputzt ist das gotische Rathaus, die alten Bürgerhäuser und Barockpaläste erstrahlen in Pastelltönen. Das Leben um den Ring pulsiert wie in kaum einer anderen polnischen Stadt; in den angrenzenden Straßen bis hin zur Universität sind Cafés und Lokale entstanden, viele von ihnen bleiben bis tief in die Nacht geöffnet. Wer des bunten Treibens müde wird, spaziert über eine der mehr als 80 Brücken hinüber zur Dominsel, wo seit Jahrhunderten eine Atmosphäre klösterlicher Ruhe und Abgeschiedenheit herrscht.

Breslau präsentiert sich selbstbewusst – stolz wird das Eigene, schon Vorhandene betont. Dabei scheut man sich nicht, auch das deutsche Kulturerbe, das so lange tabu war, hervorzukehren – das ›schwarze Loch‹ im Gedächtnis der Breslauer wird ausgemustert. Frank und frei wird über die Verfälschungen diskutiert, mit denen man sich lange Zeit hatte vorgaukeln lassen, die Stadt sei schon immer polnisch gewesen, man habe sie nach dem Krieg nur ›zurückgewonnen‹. Forsch macht man sich ans Studium der Breslauer Geschichte und sucht kulturelle Spuren der früheren Zugehörigkeit zu Polen, Habsburg, Böhmen und Preußen.

Wohin man schaut, werden deutsche Widerstandskämpfer, Schriftsteller und Künstler geehrt. An die Philosophin Edith Stein (1891–1942) erinnert eine Tafel auf der Dominsel, an den Dichter und Dramaturgen Karl von Holtei (1798–1880) eine Aufschrift in der ehemaligen Büttnerstraße (ul. Rzeźnicza). Die beiden Genannten sind auch im Historischen Museum präsent. Maciej Łagiewski, sein Direktor, schuf dort eine ›Kleine Galerie der großen Breslauer‹, zu der u. a. der Physiker Max Born, der Schriftsteller Gerhart Hauptmann und der Maler Adolph von Menzel gehören. Die Statue des Dichters Friedrich Schiller ist derweil auf ihren angestammten Platz im Scheitniger Park (Park Szczytniki) zurückgekehrt. Historische Inschriften erscheinen auf Deutsch an Häusern und Skulpturen, Cafés schmücken sich mit nostalgischen Plakaten aus der Zeit des Fin de Siècle.

Vorbei sind die Zeiten, da man sich fragte: Darf ich ›Breslau‹ sagen oder stehe ich dann womöglich in Verdacht, ein Ewig-Gestriger zu sein? Heutige Breslauer schmunzeln über das Bemühen deutscher Besucher, Polnisch zu sprechen. »Benutzen Sie doch den deutschen Namen«, meinen sie, wenn der Gast gar zu große Schwierigkeiten hat, sich in der polnischen Sprache zu artikulieren. In den vom Tourismusamt herausgegebenen Schriften ist einfach von ›Breslau‹ die Rede, Karten vom Riesengebirge erscheinen hingegen zweisprachig.

Ein Blick zurück

Zu Beginn des Zweiten Weltkriegs lebten 630 000 Menschen in Breslau. Bombenangriffe blieben ihnen bis zum Herbst 1944 erspart. Am 15. Februar 1945, zu einem Zeitpunkt also, da die Stadt bereits von allen Seiten durch sowjetische Truppen eingekreist war, wurde sie zur Festung erklärt. Ganze Häuserzeilen wurden abgerissen, um den Abwehrkampf besser organisieren zu können. »Bis zum letzten Blutstropfen«, so der Gauleiter Karl Hanke, sollte Breslau verteidigt werden. Im Stadtteil Scheitnig wurde rasch noch ein Flughafen gebaut, damit sich den Parteiführern die Möglichkeit bot auszufliegen. Als die Einheiten der Roten Armee nach mehrmonatiger Belagerung am 6. Mai 1945 in die Stadt einrückten, waren 70 % der historischen Bausubstanz Breslaus zerstört.

Zwei Jahre später waren fast alle Deutschen aus Breslau vertrieben. Nun lebten hier vorwiegend Polen, die ihrerseits ihre Heimat hatten aufgeben müssen. Einer von ihnen ist Herr Jacek, heute Direktor eines großen Hotels. Er stammt aus einem Dorf im ehemaligen polnischen Osten, das nun zu Weißrussland gehört. Doch die Mehrzahl der Neu-Breslauer, erinnert er sich, kam aus Lemberg. Sämtliche Institutionen dieser jetzt ukrainischen Stadt wurden in die niederschlesische Metropole ›ausgelagert‹ – so die Universität, das Theater, die Oper, die Phil-

Mit dem Autor unterwegs

Unbedingt ansehen!
Altstadt: Vom Marktplatz führen Kopfstein gepflasterte Gassen zur Oder hinab, in deren Wasser sich der barocke Prachtbau der Universität spiegelt. Mehrere gotische Kirchen, allen voran Maria Magdalena, beeindrucken durch Weite und Eleganz (s. S. 97).
Dominsel: Eine Oase der Stille: Vom Turm der Johanniskathedrale eröffnet sich ein weiter Blick über die Stadt (s. S. 104).
Nationalmuseum: Schlesiens beste Sammlung mittelalterlicher und barocker Kunst mit ›schönen Madonnen‹ und lebenslustigen Engeln (s. S. 105).

Monumentales Rundgemälde
Panorama Racławicka: Schummriges Licht, Kanonendonner und ein realistisch gemaltes Rundbild von über 100 m Länge: Man glaubt Zeuge des Krieges zu sein, der 1794 zwischen Polen und Russen ausgefochten wurde (s. S. 105).

Jüdischer Friedhof
Man spaziert an maurischen Mini-Palästen, Tempeln und pyramidenähnlichen Gräbern vorbei (s. S. 107).

Anschauen und kaufen!
Holzschnitzereien und Glasmalerei in der zentral gelegenen Galeria Sztuki Naiwnej i Ludow (s. S. 111).

Ein besonderes Erlebnis
Mega-Event in der Jahrhunderthalle: 20 000 Menschen finden unter ihrer auf vier Pfeilern ruhenden, frei schwebenden Kuppel Platz und verfolgen Pop-Konzerte und Opern (s. S. 112).

Breslau im Boot
In Breslau verzweigt sich die **Oder** in Seitenarme, die Inseln umspülen. Von der Anlegestelle starten in den Sommermonaten mehrmals täglich Ausflugsschiffe zu Fahrten längs der **Altstadt** und der **Dominsel** (s. S. 112).

Breslau am Abend
Schweidnitzer Keller: Eine der ältesten Kneipen des europäischen Kontinents: Seit über 700 Jahren genießt man hier deftiges Essen und schlesisches Bier (s. S. 111).
Alte Schlachtbänke bei Nacht: Die Kneipenpassage Stare Jatki ist am Wochenende brechend voll (s. S. 112).

Breslau

harmonie und auch das Ossolineum, die berühmte Verlagsanstalt. Besonders spannend ist, was Herr Jacek über seine Kindheit und seine Begegnung mit deutscher Kultur zu sagen hat. »Wenn wir in der Erde buddelten, fanden wir Silberbesteck mit schnörkeligen Initialen, Manschettenknöpfe und ledergebundene Fotoalben. Es kam mir vor, als lebte ich in einer Geisterstadt. Riesige, ausgebrannte Backsteinkirchen, vom Sockel gestürzte Denkmäler, gesprengte Brücken – und immer wieder diese merkwürdigen Reste einer fremden Sprache: auf Fassaden, Straßenschildern und sogar auf den Kanalisationsdeckeln.« So wuchs man auf in einem Land, das als Heimat nicht taugen wollte – übermächtig waren die Erinnerungen an die früher hier lebenden Menschen. »Wir waren uns nicht sicher,« meint Herr Jacek, »ob nicht eines Tages die Deutschen zurückkehren und uns aus den Wohnungen vertreiben würden. Es war ein Leben auf Raten, jeder-zeit konnte uns eine neue Grenzkorrektur zum Exodus zwingen.« Koffer-Psychologie nannte man das Syndrom, sich im Provisorium einzurichten: Die Menschen lebten auf gepackten Koffern und vermochten keine Wurzeln zu schlagen.

Zwar erkannte 1950 die Deutsche Demokratische Republik Polens Westgrenze an, doch die Bundesrepublik hatte damit keine Eile. Erst 20 Jahre später vollzog sie einen ersten Schritt zur ›Normalisierung der gegenseitigen Beziehungen‹, und weitere 20 Jahre mussten vergehen, bevor sich die Regierung der Bundesrepublik bereit erklärte, die deutsch-polnische Grenze völkerrechtlich anzuerkennen. Herr Jacek betont, wie wichtig dieser diplomatische Schritt für das Bewusstsein der Breslauer war. »Erst als die Deutschen 1991 auf ihren früheren Besitz im Osten verzichteten, konnten wir uns wieder ohne Angst bewegen. Wir waren kein Provisorium mehr.«

Die Dominsel mit Kreuzkirche und Kathedrale ist der älteste Teil Breslaus

Rundgang

Ring

Alle Wege führen zum **Ring** (Rynek), dem glanzvoll restaurierten Hauptplatz der Stadt. Entworfen wurde er im Jahre 1242, ein Jahr, nachdem Breslau durch die Tataren in Schutt und Asche gelegt worden war. Rings um den 212 x 175 m großen Platz entstanden feudale Giebelhäuser, in seiner Mitte prunkt das im 15. Jh. fertig gestellte Rathaus. Allabendliche Feststimmung herrscht während der Sommermonate, wenn Cafés und Restaurants ihre Tische ins Freie stellen: Jazz- und Rockensembles spielen auf, bis um Mitternacht wird flaniert und geflirtet.

Besonders schön präsentiert sich die **Westseite**, die nach dem üppig bemalten und mit Barockportal verzierten Kurfürstenhaus (Nr. 8) benannt ist. Im Haus ›Zur Goldenen Sonne‹ (Rynek 6) hat eine Abteilung des Ossolineum, der früheren Bibliothek der

Lemberger Universität, ihren Sitz. Das Nachbarhaus, der Polnische Hof (Dwór Polski), ist heute ein Hotel und Restaurant. Man erzählt sich, König Zygmunt III. Wasa habe hier seine zukünftige Ehefrau Prinzessin Anne von Habsburg kennen gelernt. Gotische Gewölbe, dunkle Holzmöbel und schmiedeeiserne Lampen erinnern an die damalige Zeit, dazu passend die altpolnische Küche im Restaurant Królewska. Als schönstes Beispiel niederländischer Bauart gilt das siebenstöckige Greifenhaus (Rynek 2); es wurde im 16. Jh. errichtet und ist mit phantastischen Giebelfiguren geschmückt.

An der **Nordseite**, nach den hier einst angesiedelten Süßwarenhändlern ›Naschmarkt‹ genannt, befindet sich die Städtische Bibliothek; bizarre Fresken empfangen den Besucher in der Eingangshalle, im ersten Stock wurde ein Deutscher Lesesaal eingerichtet (Rynek 58). Die **Ostseite**, älteren Breslauern noch als Grüne-Röhr-Seite bekannt, blieb den jüdischen Kaufleuten und Bankiers vorbehalten. Vor ihren ehemaligen Wohn- und Kaufhäusern erhebt sich eine gotische Säule, die jahrhundertelang als städtischer Pranger diente. An sie wurde der Bildhauer Veit Stoß gefesselt, als er es wagte, ein Rendezvous mit fünf Jungfrauen gleichzeitig zu arrangieren. Doch auch härtere Strafen wurden vollstreckt: das Henkerbeil für Totschläger, das Schafott für vermeintliche Hexen.

Eine berühmte Brauerei (Rynek 22) verlieh der **Südseite** den Namen ›Zum Goldenen Becher‹. In der Touristeninformation versorgt man sich mit aktuellen Veranstaltungstipps, daneben reihen sich Restaurants aneinander, mehrere Häuser besitzen prachtvolle mittelalterliche Gewölbe.

Dominiert wird der Platz vom **Rathaus** ▮1 (Ratusz), das Wohlstand und politische Macht des Breslauer Patriziats zur Schau stellt. ›Perle der schlesischen Gotik‹ wird es genannt, fast 200 Jahre dauerte seine Vollendung (1328–1510). Ein beliebtes Fotomotiv ist die Ostfassade mit Schmuckgiebel und astronomischer Uhr. Und nicht minder schön ist die spätgotische Südseite mit ihren aufwändig gestalteten Fenstern. Über

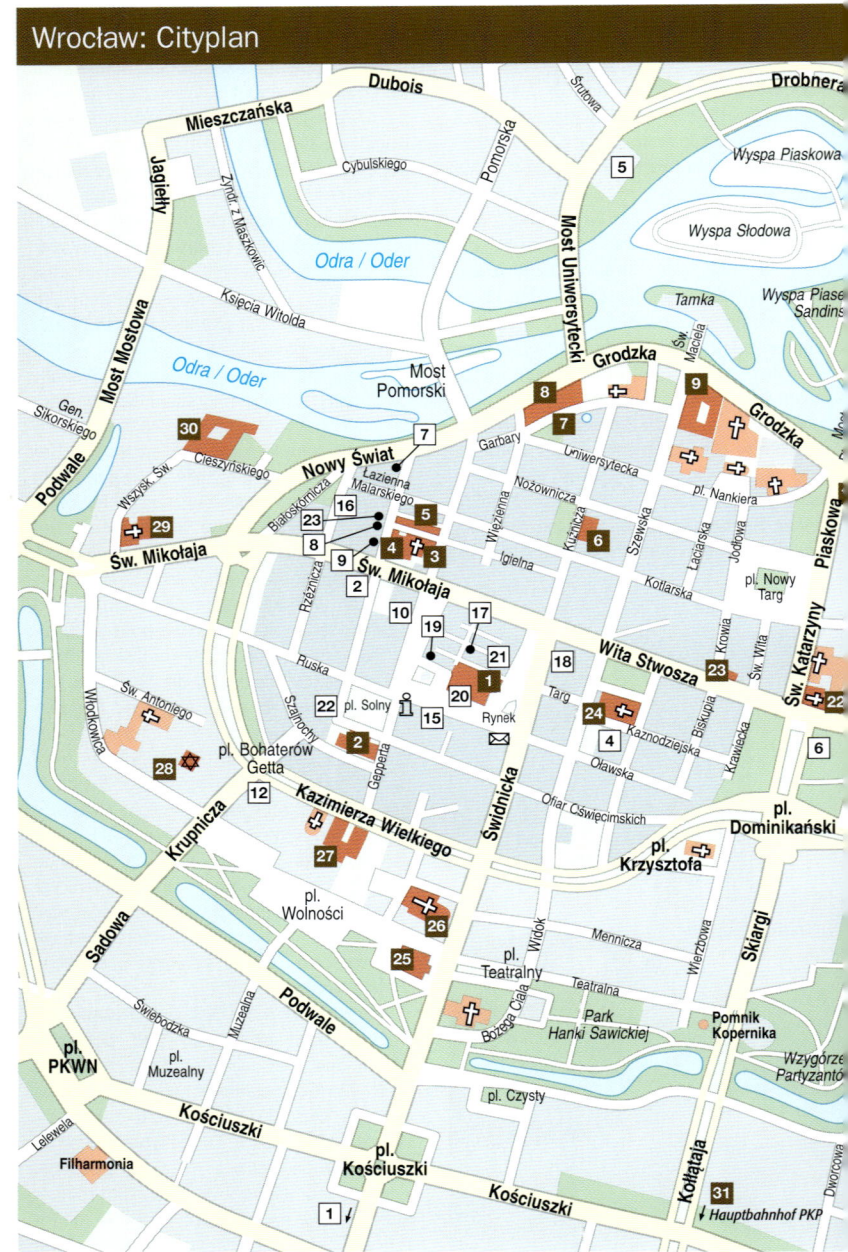

Wrocław: Cityplan

Sehenswürdigkeiten

1 Rathaus mit Museum für bürgerliche Kunst
2 Alte Börse
3 Hänsel und Gretel
4 Elisabethkirche
5 Schlachthöfe
6 Mineralienmuseum
7 Fechterbrunnen
8 Universität mit Aula Leopoldina
9 Ossolineum
10 Markthalle
11 Kirche Maria auf dem Sande
12 Universitätsbibliothek
13 Doppelkirche zum Heiligen Kreuz und zum hl. Bartholomäus
14 Kathedrale St. Johannes des Täufers
15 Ägidienkirche
16 Erzdiözesanmuseum
17 Botanischer Garten mit Naturhistorischem Museum
18 Nationalmuseum
19 Panorama von Racławice
20 Museum für Post- und Fernmeldewesen
21 Architekturmuseum
22 Adalbertkirche
23 Galerie Awangarda
24 Maria-Magdalena-Kirche
25 Staatliche Oper
26 Dorotheenkirche
27 Museum für Geschichte
28 Synagoge Zum Weißen Storch
29 Kathedrale der Polnischen Orthodoxen Kirche
30 Arsenal mit Museen für Militaria und Archäologie
31 Jüdischer Friedhof
32 Scheitniger Park
33 Jahrhunderthalle
34 Zoo

Übernachten

1 Holiday Inn
2 Sofitel Wrocław
3 – 23 s. S. 100

Breslau

mente des Breslauer Wappens enthält: Da sieht man den Adler der schlesischen Piasten und den böhmischen Löwen, den für ›Wratislavia‹ stehenden Buchstaben W, das Haupt des Evangelisten Johannes und den Kopf des Stadtpatrons Johannes des Täufers. Zahlreiche, fast lebensgroße Figuren stellen Vertreter der Breslauer Zünfte dar.

Man liest Literatur aus früherer Zeit und stellt fest: Auch das Ambiente hat sich nicht allzu sehr gegenüber den Jahren, da Breslau deutsch war, verändert. »In Mitteldeutschland«, schrieb Alfred Kerr 1920, »gibt es nichts Anmutig-Reicheres als das edle, frohe, wundersame Rathaus am Ring. Unten der Schweidnitzer Keller. Zwischendurch bei kurzem Aufenthalt ist man hinabgegangen, mehr als einmal, zu den Holzbänken, zu dem Friebe-Bier, zu den Marktleuten, zu den Sumpfhühnern, zu verkommenden Studenten.« Der Eingang zum Schweidnitzer Keller befindet sich wie zu Zeiten Kerrs unter dem prächtig verzierten Mittelerker und ist beliebt wie anno dazumal. Das Bier fließt in Strömen – nur hat es den Namen gewechselt und heißt nun *Piast*.

Das Rathaus betritt man von der Turmseite im Westen, wo auch das Denkmal des ostpolnischen Komödiendichters Aleksander Fredro (1798–1876) postiert ist. Die prächtigen Innenräume beherbergen das **Museum für bürgerliche Kunst**. Zunächst kommt man in die im frühen 17. Jh. gestaltete Bürgerhalle mit einer ›Kleinen Galerie der großen Breslauer‹, die jedes Jahr erweitert wird; sie beinhaltet bereits mehr als zehn Büsten, darunter die des Schriftstellers Gerhart Hauptmann, des Malers Adolf von Menzel, des Physikers und Nobelpreisträgers Max Born und des Sozialdemokraten Ferdinand Lassalle. Geradeaus geht es weiter in den Gerichtssaal, links in die Ratsstube und Stadtschreiberkanzlei, rechts über den Grünen Saal zur Stube des Bürgermeisters. Gemälde, Kunsthandwerk und Stilmöbel vermitteln das Flair vergangener Epochen. Über eine ausladende Marmortreppe erreicht man das Prunkstück des Hauses: Der dreischiffige Remter (Speisesaal) ist mit einem kunstvollen Kreuzrippengewölbe überspannt, in die Kragsteine wurden Gesichter, Blumen und Wappen gemeißelt. In der Halle feierten die städtischen Patrizier rauschende Feste, die weniger Begüterten mussten mit dem Erdgeschoss vorlieb nehmen (Muzeum Sztuki Mieszczańskiej, Sukiennice 14/15, www.mmw.pl, Mi–Sa 11–17, So 10–18 Uhr, Eintritt 2,50 €).

Salzmarkt

Vom Ring zweigt der Salzmarkt (pl. Solny) ab, eine Miniaturausgabe des Rynek. Seinen Namen verdankt er dem ›weißen Gold‹, das hier in großer Menge umgesetzt wurde. Heute sind es blühende, frischen Duft verströmende Blumen, die von meist älteren Frauen verkauft werden. Rings um den Platz stehen bunte Giebelhäuser, in seiner Mitte prangt ein eleganter Springbrunnen; selbst die Telefonhäuschen mit spitzem Dach fügen sich in das heitere Ambiente ein. An der Südseite des Salzmarkts erhebt sich die **Alte Börse**  (Stara Giełda) mit lachsfarbener, klassizistischer Fassade. Während sich hier die christlichen Kaufleute trafen, kamen im gegenüberliegenden, grün-gold gestrichenen Oppenheimer-Haus die jüdischen Bankiers zusammen.

Von Hänsel & Gretel zur Universität

Hänsel & Gretel (Jaś i Małgosia) werden die windschiefen, durch einen Torbogen malerisch miteinander verknüpften Häuschen an der Nordwestseite des Rings genannt. Im Hänselhaus links hat der Kupferstecher Get-Stankiewicz sein Atelier, das Gretelhaus birgt ein kleines Café. Auf dem zugehörigen kleinen Platz steht ein Denkmal für den 1906 in Breslau geborenen Dietrich Bonhoeffer. Als Pastor hielt er Predigten gegen den Nationalsozialismus, aufgrund seiner Teilnahme

am Widerstand wurde er 1944 hingerichtet. Dahinter erhebt sich die **Elisabethkirche** , ein hoch aufschießender strenger Backsteinbau aus dem 13./14. Jh. Mehrere Hundert Grabmale von der Gotik bis zum Barock verteilen sich auf die Kirchenschiffe und die Kapellen. Von der Aussichtsterrasse am 84 m hohen Turm eröffnet sich ein weiter Blick über die Altstadt (Kościół Św. Elżbiety, ul. Św. Elżbiety 1, tgl. geöffnet).

Im Schatten der Kirche liegen die ehemaligen **Schlachthöfe** (Stare Jatki), die in eine attraktive Galerie- und Kneipenpassage verwandelt wurden. Dabei erinnert ein witziges ›Denkmal zu Ehren der Schlachttiere‹ an die ehemalige Bestimmung der Gasse: Wildschwein und Ziege, Ferkel und Gans watscheln quer durch die Passage.

Über die ul. Kuźnica, die frühere ›Schmiedebrücke‹, führt der Weg in Richtung Universität. Buchläden und Antiquariate reihen sich aneinander, das Geologische Institut unterhält ein **Mineralienmuseum** mit einer Ausstellung von Meteoriten, Edel- und

Das Rathaus am Ring – ›Perle der schlesischen Gotik‹

Richtig Reisen-Tipp: Wratislavia Cantans

Mit Krakau, wo der Festspielkalender überquillt, kann Breslau nicht konkurrieren. Die Stadt an der Oder tritt bescheidener auf – doch was geboten wird, das hat Format. An oberster Stelle steht ›Wratislavia Cantans‹, Polens einziges **Festival**, das in die erlauchte Riege der ›Vereinigung europäischer Musikfestspiele‹ aufgenommen wurde. Im September kommen die besten Ensembles nach Breslau um **Klassik** und **sakrale Musik** in historischen Räumen zu präsentieren – so in der Aula Leopoldina, einem der prachtvollsten Barocksäle Europas, wo sich jeder Ton widerspiegelt in den geschwungenen Linien der Skulpturen. In der orthodoxen Kathedrale erklingen mystische Gesänge, in der strengen Maria-Magdalena-Kirche Oratorien und Kantaten, vielleicht auch das Requiem von Verdi, Mozart oder Penderecki. Insgesamt stehen mehr als 50 Konzerte auf dem Programm, einige auch in ausgewählten Orten der Region, so in den Schlössern von Kliczków und Brzeg, im Kloster Lubiąż sowie in den Kirchen von Jelenia Góra, Świdnica, Oława und Głogów. In der Regel werden zahlreiche Karten noch an der Abendkasse verkauft – doch wer auf Nummer sicher gehen will, bestellt telefonisch vor unter 00 48-71-342 72 52 oder reserviert per Mail. Informationen zum Programm, den Preisen und Veranstaltungsadressen bekommt man im Internet unter www.wratislavia.art.pl.

Barocker Festspielort: die Aula Leopoldina der Universität

Schmucksteinen (Muzeum Mineralogiczne, ul. Kuźnicza 22, Mo–Sa 10–15.30 Uhr). Im Jugendstilcafé Pod Kalamburem, das in sozialistischer Zeit ein Treffpunkt politischer Abweichler war, werden nur selten noch hitzige Debatten ausgetragen. Und auch die beiden Theater im Hinterhof haben schon bessere Tage gesehen – krampfhaft sind die Akteure bemüht ihren aufmüpfigen Gestus über die Zeiten zu retten. Statt ins Theater gehen die jüngeren Leute lieber in die Kneipe, so ins Kalogródek nebenan, wo polnische Biersorten zu konkurrenzlos günstigem Preis ausgeschenkt werden.

In der Mitte des Universitätsplatzes steht der **Fechterbrunnen** 7 (Fontanna z Rzeźbą Szermierza), der 1904 geschaffen wurde und seinen Namen einem elegant posierenden, Degen schwingenden Jüngling verdankt. Das Jugendstilcafé direkt am Platz ist im Semester von Studenten belagert, direkt gegenüber befindet sich der Eingang zur **Universität** 8 (Uniwerystet), dem größten Barockbau Breslaus. Er erstreckt sich 171 m entlang der Oder und schützt die Stadt vor den Fluten des Flusses. Unbedingt sehenswert ist die **Aula Leopoldina**, der universitäre Festsaal im ersten Stock, der dank seiner hervorragenden Akustik oft für Konzerte genutzt wird (pl. Uniwersytecki 1, pl. Uniwersytecki 1, Mo, Di, Do 10.30–15.30, Fr–So 11–17 Uhr). Er ist vom Boden bis zur Decke mit illusionistischen Fresken ausgemalt. Bewegte Formen und warme Farben zielen darauf ab, den Betrachter aus der schnöden Wirklichkeit in eine fiktive Welt von Kunst und Wissenschaft zu versetzen. Über dem Podium am Kopfende des Saals sieht man die überlebensgroße Figur des Universitätsgründers Kaiser Leopold I., der von Allegorien der Weisheit flankiert wird, während er mit seinen Füßen die Dummheit von sich stößt. Die Fensternischen zeigen Medaillons mit dem Konterfei von Professoren und Ehrenbürgern im Moment geistiger Inspiration: Sie lassen ihre Feder übers Papier fliegen oder sind von göttlicher Erleuchtung erfüllt.

Östlich der Universität schließen sich mehrere Kirchen und Klöster an. Prämonstratenserkloster und St. Vinzenz beherbergen die Philologische Fakultät, das kupferfarbene Kreuzritterkloster zum Roten Stern das renommierte **Ossolineum** 9 (Biblioteka Zakładu Narodowego im. Ossolińskich). Die Institutsbibliothek in der ul. Grodzka enthält Bücher und Grafiken, die nach dem Krieg von der Lemberger Universität nach Breslau umgesiedelt wurden. Nicht nur Zeichnungen von Albrecht Dürer, Rembrandt und William Hogarth findet man hier, sondern auch kostbare Erstausgaben polnischer Nationaldichter, historische Landkarten, Ex-Libris-Unikate und Münzen.

Sandinsel

An der backsteinernen, im Jahr 1908 erbauten **Markthalle** 10 (Hala Targowa) setzt man auf die **Sandinsel** (Wyspa Piasek) über, die im Lauf von Jahrtausenden vom Oderstrom aufgeschüttet wurde. Rechts biegt man in einen Promenadenweg ein, der uns in wenigen Minuten zum herausragenden Bauwerk der Sandinsel führt: Die gotische **Kirche Maria auf dem Sande** 11 (Kościół Najświętszej Marii Panny na Piasku) präsentiert sich als dreischiffiger Backsteinbau mit hohen, schlanken Säulen, von außen grau und streng, von innen lichtdurchflutet und luftig. Sparsam, doch effektvoll ist die Ausstattung mit mittelalterlichen Tafelbildern; berühmt ist das im Nordschiff befindliche Bildnis der Siegesmadonna, die 1946 von Mariampol am Dnjestr nach Breslau gelangte. Die erste Kirche, die an dieser Stelle stand, hatte im 12. Jh. Maria Włast gestiftet, Ehefrau des allmächtigen Fürsten Piotr Włast. Sie war es auch, die die finanziellen Mittel für das benachbarte Kloster bereitstellte. Nun leben dort schon längst keine Mönche mehr, stattdessen bergen die Räume die **Universitätsbibliothek** 12 (Biblioteka Uniwersytecka). Zu den Kostbarkeiten zählt die mittelalterliche Handschriftensammlung. Darunter findet man die vom hl. Hieronymus im 5. Jh. übersetzte Eusebius-Chronik, eine Bibel aus dem 8. Jh., sowie Erstausgaben der Werke von Marco Polo, Christoph Kolumbus und Martin Luther.

Breslau

Dominsel

Über die gusseiserne Dombrücke (Most Tumski) gelangt man hinüber zur **Dominsel** (Ostrów Tumski), wo die Stadt am Ende des 9. Jh. ihren Ursprung nahm. Nachdem der Fürst seine Burg im Jahr 1241 ans linke Oderufer verlegt hatte, wurde die Insel das Zentrum kirchlicher Macht. Hier residierten der Erzbischof und die hohe Geistlichkeit nebst einer Heerschar von Mönchen und Nonnen. Bis heute hat sich daran wenig geändert. Eine Kirche reiht sich an die nächste, in schwarzem Habit huschen Ordensschwestern übers kopfsteinerne Pflaster. Seit im 19. Jh. der alte Oderlauf zugeschüttet wurde, ist die Insel mit dem Festland verbunden, doch noch immer bildet sie eine eigene, in sich abgeschlossene Welt – Hektik und städtischer Lärm sind auf dieser verbannt.

Als ein Unikum präsentiert sich die **Doppelkirche zum Heiligen Kreuz und zum hl. Bartholomäus** **13** (Kościół Św. Krzyża i Św. Bartłomieja) aus dem 13./14. Jh. Im Altarraum der Kreuzkirche befand sich bis 1945 das 1290 aufgestellte Grabmal des Gründers Herzog Heinrich IV., das heute im Nationalmuseum aufbewahrt wird. Oben werden Gottesdienste in römisch-katholischer, unten in griechisch-katholischer Liturgie abgehalten. Die vor der Kirche stehende **Nepomuksäule** (Kolumna Nepomukena) zeigt den Heiligen in barocker Dynamik, ein Relief am Sockel erzählt von seinem tragischen Tod: Kaiserliche Schergen stießen den Priester von einer Prager Brücke, vorgeblich, weil er sich weigerte das Beichtgeständnis der Kaiserin auszuplaudern.

Am Ende der ul. Katedralna erhebt sich die **Kathedrale St. Johannes des Täufers** **14** (Katedra Św. Jana Chrzciciela) mit ihren himmelstürmenden, 96 m hoch aufschießenden Türmen. Erbaut wurde sie zwischen 1244 und 1341, zuvor hatten an dieser Stelle bereits mehrere Kirchen gestanden. Der Besucher fühlt sich beim Betreten des Gotteshauses ins Reich der Finsternis versetzt. So dunkel sind die Wände und Gewölbe, dass es gar nicht leicht ist, die reiche

Bauplastik angemessen zu bewundern. Schmuckstück des Doms sind zwei Kapellen an der Ostseite. Die barocke Elisabethkapelle besticht durch ein Kuppelfresko von Giacomo Scianzi und ein Epitaph ihres Stifters, des Breslauer Erzbischofs und hessischen Kurfürsten Friedrich. Die barocke Kurfürstenkapelle gefällt durch die dynamische Raumordnung, in der sich die Ellipsenform in Grundriss und Kuppel wiederholt. Auch hier ist das Gewölbe mit phantastischen Fresken ausgemalt, die die Auseinandersetzung zwischen Katholizismus und Protestantismus als Kampf zwischen Gut und Böse thematisieren; der Erzengel Michael stößt Luzifer in die Hölle, der wahre Glaube triumphiert über die Ketzerei. Zum Abschluss empfiehlt es sich, mit dem Lift zur Aussichtsterrasse am Kirchturm hinaufzufahren. Dem Besucher liegt die ganze Stadt zu Füßen, bei klarer Sicht reicht der Blick bis zum 30 km entfernten Berg Sobótka.

Gegenüber der Kathedrale steht die spätromanische, 1218 erbaute **Ägidienkirche** **15** (Kościół Św. Idziego), das älteste erhaltene Bauwerk von Breslau. Durch einen Bogen ist sie mit dem **Erzdiözesanmuseum** **16** verbunden, in dem man viele jener Schätze bewundern kann, die aus der Kathedrale ausgelagert wurden, z. B. eine Sandsteinfigur Johannes des Täufers von 1170, kostbare Silberaltäre, Skulpturen und Messgewänder (Muzeum Archidiecezjalnego, pl. Katedralny 16, Di–So 9–15 Uhr). Im Priesterseminar nebenan werden junge Männer als Geistliche ausgebildet.

Im Schatten der Kirchen und Klöster liegt der **Botanische Garten** (Ogród Botaniczny, tgl. 8–18 Uhr, Eintritt 2 €) mit einem Teich, malerischen Brücken und Aquarien, Palmen und Kakteen. Im angrenzenden **Naturhistorischen Museum** **17** sind die Schmetterlings- und Pflanzensammlungen sehenswert, außerdem kann man Skelette vom Blauwal bis zum Riesenhirsch sowie eine Kollektion von Korallentieren und Schnecken bestaunen (Muzeum Przyrodnicze, ul. Sienkiewicza 21, Di–Mi 10–15, Do 10–18, Fr–Sa 10–15, So 10–18 Uhr).

Vom Nationalmuseum zur Maria-Magdalena-Kirche

Über die Lessingbrücke (Most Pokoju) geht es auf die linke Oderseite zurück. Blickfang ist ein gewaltiges Bauwerk im Stil der Neorenaissance. Wo einst die preußische Provinzregierung tagte, befindet sich heute das **Nationalmuseum 18** mit einer reichen Kunstsammlung, insbesondere schlesischer Werke aus dem Mittelalter und dem Barock. Die geschnitzten Altäre der Spätgotik bestechen durch den Realismus der Figurendarstellung, die Verwendung von Blattgold und kräftigen Farben. Die ausdrucksstarke Mimik und Gebärdensprache der Heiligen enthüllt ein zerrissenes Innenleben und lässt den Betrachter an ihrem persönlichen Drama teilnehmen. Ganz anders wirken die Figuren des Barock: In ihren heiter-beschwingten Bewegungen äußern sich in erster Linie sinnliche Lust und diesseitige Lebensfreude. Mehr Innerlichkeit zeigen die Gemälde des ›schlesischen Rembrandt‹ Michael Willmann (1630–1706), dessen subtile Farbpalette und psycholgisch einfühlsame Figurendarstellung an den niederländischen Meister denken lassen. Der reiche Fundus polnischer Kunst des 20. Jh. macht mit den wichtigsten nationalen Malern und Bildhauern vertraut, darunter natürlich auch Jan Matejko und Stanisław Wyspiański (Muzeum Narodowe, pl. Powstańców Warszawy 5, Mi–Fr 10–16, Sa–So 10–18 Uhr, Eintritt 3,75 €).

An der malerischen Gondelbucht vorbei gelangt man zum **Panorama von Racławice 19**, das für polnische Schulklassen zum Pflichtprogramm eines Breslau-Aufenthalts gehört. Das monumentale Rundgemälde befindet sich in einer Rotunde, deren Bau 1984 beendet wurde. Vor der Kasse bilden sich Schlangen, jede halbe Stunde wird Einlass gewährt. Eine dunkle Rampe führt in Spiralen ins obere Stockwerk, wo man einen runden, nur gedämpft erleuchteten Kuppelraum betritt. Suggestiv wird der Besucher in die Szenen einer Schlacht einbezogen: Die Plattform ist durch einen Lehmgraben von einem ringsum verlaufenden Gemälde getrennt; verdorrte Bäume, umgestürzte Planwagen und andere für das Kriegsgeschehen typische Requisiten schaffen die Illusion von Räumlichkeit. Man sieht aufmarschierende Soldaten, axtschwingende Bauern und junge, die Gefallenen beweinende Frauen. Schnittige Kosaken durchbohren ihren Gegner mit Lanzen, dutzendweise sterben junge Männer im Kanonenfeuer. Schließlich schält sich der Sieger heraus: Gegen die ungestüme Kraft der polnischen Bauernwehr hilft keine noch so ausgeklügelte Taktik, der russische General wird abgeführt.

Das monumentale, 114 m lange Gemälde entstand 1894 in Erinnerung an die Schlacht von Racławice 100 Jahre zuvor, als die Polen unter Tadeusz Kościuszko einen letzten Sieg gegen die Russen errangen, bevor ihr Land für lange Zeit seine Souveränität verlor. Im sozialistischen Polen durfte das von Wojciech Kossak und Jan Styka geschaffene Gemälde lange Zeit nicht ausgestellt werden. Die politische Botschaft des Bildes (»Nur wenn die ganze Nation zusammenhält, wird der Gegner bezwungen«) passte nicht zu der proklamierten polnisch-sowjetischen Freundschaft (Panorama Racławicka, ul. Purkyniego 11, tgl. 9–17 Uhr, im Winter 9–16 Uhr, Eintritt 5 €).

Durchquert man die südlich angrenzende Grünanlage, kommt man zum **Museum für Post- und Fernmeldewesen 20**. Im Gebäude des früheren deutschen Postscheckamts wird alles ausgestellt, was mit der polnischen Post in ihrer langen Geschichte von 1558 bis heute zusammenhängt: Fotos, Postkarten, Telefonapparate, Radio- und Fernsehempfänger (Muzeum Poczty i Telekomunikacji, ul. Krasińskiego 1, Mo u. Mi–Sa 10–15, So 11–14.30 Uhr). Schräg gegenüber, im ehemaligen Kloster der Bernhardiner, befindet sich das **Architekturmuseum 21** mit Ausstellungen zur Breslauer Stadtentwicklung, Baukunst und Glasmalerei. Die Säle gruppieren sich rings um einen Kreuzgang, werden oft auch für Konzerte und Theateraufführungen genutzt (Muzeum Architektury, ul. Bernardyńska 5, Di–Mi 10–16, Do 12–18, Fr–Sa 10–16, So 11–17 Uhr, Eintritt 2,50 €).

Breslau

Wo heute die **Adalbertkirche** `22` (Kościół Św. Wojciecha) steht, wurde im Jahr 1112 das erste gemauerte Gotteshaus Breslaus errichtet. Nach seiner Zerstörung durch die Tataren wurde es in der zweiten Hälfte des 15. Jh. in der heutigen Gestalt neu erbaut. Als kunsthistorisches Juwel gilt hierbei die barocke Czeslaus-Kapelle mit einem marmornen Sarkophag, der die Gebeine des Heiligen birgt.

Zentraler Ausstellungsort der alle drei Jahre stattfindenden Grafiktriennale ist die **Galerie Awangarda** `23`. Sie untersteht dem Verband polnischer Künstler (BWA) und befindet sich im alten Hatzfeld-Palais. Von hier ist es nur ein Katzensprung zur beeindruckenden **Maria-Magdalena-Kirche** `24` (Kościół Św. Marii Magdaleny). Sie ist zwar erst um die Mitte des 14. Jh. entstanden, doch ihr großartiges, mit Tier- und Fabelwesen geschmücktes Portal ist schon 300 Jahre älter. Es stammt aus einer Kirche nördlich der Dominsel, die 1529 abgerissen und 17 Jahre später an der Südseite der Maria-Magdalena-Kirche neu eingebaut wurde. Im Innern lohnt ein Blick auf die von anmutigen Engeln getragene Renaissancekanzel und das Grabmal des Breslauer Syndikus Adam Caspar von Arzat.

Über die Oper zum Arsenal

Die vom Ring südwärts führende ul. Świdnicka ist eine wichtige Einkaufsstraße, doch auch das alte Breslau ist in dieser Straße präsent. Das frühere Stadttheater, das im Zweiten Weltkrieg nur wenig zerstört wurde, ist seit 1945 die **Staatliche Oper** `25` (Państwowa Opera), entstanden 1837–41 nach Plänen des Architekten Carl Ferdinand Langhans. Reich an Tradition ist auch das angrenzende Hotel Monopol. 1892 eröffnet, ist es das älteste der Stadt. Pablo Picasso hat hier gewohnt und seine Friedenstaube gemalt, Marlene Dietrich schrieb sich ins Gästebuch ein. Umstritten ist, ob auch Adolf Hitler im ›Monopol‹ schlief; nach Auskunft der Direktion ist er nur zu einem Balkon im ersten Stock hinaufgestiegen, um von dort die vorbeiziehenden Truppen zu grüßen. Es war

das Zimmer 113 – heute das teuerste des Hotels und mit antiken Möbeln eingerichtet.

Im Schatten des Hotels erhebt sich die gewaltige **Dorotheenkirche** `26` (Kościół Św. Doroty), in der 1524 die Reformation in Schlesien eingeläutet wurde. Mit einer Länge von 83 m ist sie die längste aller Kirchen in Breslau, im Innern besticht sie durch ihre Größe und Helligkeit. Erbaut wurde sie 1352, ihre heutige Ausstattung stammt aus der Zeit des Barock und des Rokoko.

Das Spätgen-Palais, in dem im 18. Jh. König Friedrich II. residierte, beherbergt das **Museum für Geschichte** `27`. Es werden u. a. Kultfiguren und Keramik aus dem Neolithikum gezeigt, Waffen aus der Bronzezeit, keltische und römische Münzen (Muzeum Historiczne, ul. Kazimierza Wielkiego 34, Mi–Sa 11–17, So 10–18 Uhr).

Der ›Platz der Ghettohelden‹ (pl. Bohaterów Getta) führt uns dorthin, wo einmal ein Zentrum jüdischen Lebens war. Die **Synagoge ›Zum weißen Storch‹** `28` (Synagoga Pod Białym Bocianem) liegt westlich vom Platz und ist erreichbar über die ul. Włodkowica, die ehemalige Wallstraße. Sie wurde 1829 nach Plänen von Carl Ferdinand Langhans errichtet, ein dreigeschossiger Bau im klassizistischen Stil. Bis 1941 haben hier Gottesdienste stattgefunden, dann noch einmal von 1945 bis 1968. Heute gibt es in Breslau eine jüdische Gemeinde mit 200 eingetragenen Mitgliedern, die auch eine Schule betreibt, die von jüdischen wie nichtjüdischen Kindern besucht wird.

Weiter nördlich, in der ul. Św. Mikołaja, befindet sich die **Kathedrale der Polnischen Orthodoxen Kirche** `29` (Katedra Polskiego Autokefalicznego Kościóła Prawosławnego). Dabei handelt es sich um die frühere Barbarakirche, ein gotisches Bauwerk aus dem 14. Jh., das ab 1874 von Protestanten genutzt wurde. Von dort ist es nicht mehr weit zum **Arsenal** `30` (Arsenał Mjeski), dem letzten Zeugnis mittelalterlicher Wehrbauten in Breslau. Es beherbergt das **Museum für Militaria** mit Waffen und Kriegsgerät, neuerdings auch das **Museum für Archäologie** mit Exponaten von regionalen

Der Japanische Garten ist ein Relikt der Weltausstellung des Jahres 1913

Ausgrabungen, Kultfiguren, Keramik und Münzen (Museum Militariów/Muzeum Archeologiczne, ul. Cieszyńskiego 9, Mi–Sa 11–17, So 10–18 Uhr).

Jüdischer Friedhof

2 km südlich der Stadt befindet sich der 1856 angelegte **Jüdische Friedhof 31**, ein durch hohe Mauern abgeschirmtes ›Museum der Grabmalkunst‹. Der Friedhof wirkt wie ein romantischer Park, es herrscht eine melancholische Stimmung. Im Schatten hoher Bäume stehen verwitterte Grabsteine mit deutschen und hebräischen Inschriften, auf dem Boden liegen zerborstene, von Gras überwucherte Marmorplatten. Maurisch anmutende Kapellen mit geometrischen Ornamenten erinnern an die sephardische Herkunft zahlreicher jüdischer Familien. Reiche Kaufmannsgeschlechter schufen sich monumentale Grüfte mit auf Säulen ruhenden Baldachinen. Immer wieder tauchen die gleichen Namen auf: Cohn und Bloch, Friedländer und Schlesinger, Stein und Mendelssohn.

Viele Breslauer Juden wurden berühmt. Der Physiker Max Born wurde mit dem Nobelpreis ausgezeichnet, ebenso der Chemi-

ker Fritz Haber; die Namen der Familienangehörigen sind auf Ruhestätten vermerkt. Und man sieht den Grabstein des Vaters der Philosophin Edith Stein, den der Sozialreformerin Frederike Kempner, Tante des Theaterkritikers Alfred Kerr, und natürlich den von Ferdinand Lassalle, Gründer des Allgemeinen Deutschen Arbeitervereins: Mit Geldern der Friedrich-Ebert-Stiftung wurde sein Grabstein restauriert. Mehr über die Breslauer Juden erfährt man in einer kleinen Ausstellung am Friedhofseingang (Cmentarz Żydowski, ul. Ślężna 37/39, Mi–Sa 11–17, So 10–18 Uhr).

Scheitniger Park

Wer ins Grüne will, fährt in den **Scheitniger Park 32** (Park Szczytnicki), 1,5 km nordöstlich der Altstadt. Schattige Alleen führen durch eine sanft gewellte Landschaft mit vielen alten Bäumen und dem restaurierten Schillerdenkmal. Besonders attraktiv ist der **Japanische Garten** (Ogród Japoński), ein Relikt der Weltausstellung von 1913 und zur Jahrtausendwende aufwändig saniert. Eine Pagoden-Brücke verbindet zwei Seen, meditative Steingärten sind von symmetrischen

Hecken eingefasst. Südwestlich vom Park befindet sich ein Meisterwerk der Moderne: Die 1913 von Max Berg entworfene **Jahrhunderthalle 33** (Hala Ludowa) mit einer gigantischen Kuppel aus Stahl wurde zur Hundertjahrfeier der Völkerschlacht von Leipzig geschaffen. Heute finden hier Messen und Mega-Opern statt, 2006 wurde Richard Wagners Nibelungen-Zyklus aufgeführt. Den repräsentativen Rahmen der Jahrhunderthalle bildet die von Hans Poelzig entworfene, 750m lange, efeuumrankte Pergola.

Nicht weit läuft man von hier zum **Zoo 34**, einem der größten des Landes mit insgesamt etwa 7000 Tieren, darunter Gorillas und Schimpansen, Löwen und Kängurus, Polar- und Braunbären (Ogród Zoologiczny, ul. Wróblewskiego 1, Tel. 071-348 30 24, im Sommer tgl. 9–18, im Winter 9–16 Uhr, Eintritt 2,50 €).

Touristeninformation: Rynek 14, 50-101 Wrocław, Tel. 071-344 31 11, Fax 344 29 62, www.wroclaw.pl. Engagiert geführt: Vermittlung von Unterkünften, Veranstaltungstipps, Buchung von Stadtführern, Fahrradverleih, kostenloser Internet-Zugang.

Rund um den Rynek gibt es Unterkünfte aller Preisklassen. Im Sommer kann man auch in Studentenwohnheimen und Hostels übernachten, die Adressen erhält man bei der Touristeninformation.

Holiday Inn 1: ul. Piłsudskiego 49/57, Tel. 071-787 00 00, Fax 787 00 01, www.wroclaw.globalhotels.pl, 164 Zimmer. Das moderne Vier-Sterne-Hotel liegt auf dem Weg zwischen Hauptbahnhof und Altstadt, nur einen Katzensprung von Oper und Philharmonie entfernt. Der Service ist zuvorkommend, alle Zimmer sind mit Kabel- und Sat-TV, Inter-

Im Schweidnitzer Keller wurde schon im Mittelalter gezecht und gespeist

net-Zugang und Klimaanlage ausgestattet. Es gibt separate Etagen für Raucher und Nichtraucher, den ganzen Tag über kann man sich Kaffee und Tee zubereiten. Das hervorragende Frühstücksbüfett mit frisch gepresstem Orangensaft und auch vielen warmen Gerichten wird im Café Biblioteka eingenommen. Mit Sauna, Massage-Salon und bewachtem Parkplatz. Das Holiday Inn ist auch eines der wenigen Hotels, die auf die Bedürfnisse der Behinderten eingestellt sind. DZ ab 124 €, 30 % billiger am Wochenende.

Sofitel Wrocław 2 : ul. Św. Mikołaja 67, Tel. 071-358 83 00, Fax 358 83 01, www.orbis.pl/sofitelwroclaw, 205 Zimmer. Komforthotel in guter Lage, eine Gehminute vom Rynek. Avantgarde-Architektur kontrastiert mit der Gotik der gegenüberliegenden Elisabethkirche: Die Gebäudeflügel gruppieren sich um ein Atrium aus Glas und Stahl. In den Räu-

men herrschen freilich warme Naturtöne vor, das Design ist klar und elegant. Erstklassige Materialien wie Marmor, Edelholz und dunkles Leder unterstreichen den exklusiven Charakter des Hauses. Mit hervorragendem Frühstücksbüfett, einem Wellness-Center mit Whirlpool, Sauna und Dampfbad sowie Tiefgarage. DZ ab 122 €.

Radisson 3 : ul. Purkyniego 10, Tel. 071-375 00 00, Fax 375 00 10, www.radissonsas.com, 162 Zimmer. Das Vier-Sterne-Hotel liegt zehn Gehminuten östl. der Altstadt zwischen Stadtpark und Oder. Außen präsentiert es sich neoklassizistisch, innen modern-minimalistisch. Weite, in Naturtönen gehaltene Räume, klare Formen und ein unaufdringlicher Service sorgen für Wohlgefühl. Die Zimmer sind elegant und komfortabel, das Frühstücksbüfett ist ausgezeichnet; im Untergeschoss befinden sich Sauna und Fitnessraum. Mit bewachter Tiefgarage. DZ ab 119 €.

Qubus 4 : ul. Św. Marii Magdaleny 2, Tel. 071-341 08 98, Fax 341 09 20, www.qubushotel.com, 83 Zimmer. Hotel der gleichnamigen Kette gegenüber der Maria-Magdalena-Kirche, 100 m östl. vom Rynek. Die Standardzimmer könnten angesichts des Preises behaglicher sein, luxuriös sind nur die Turmsuiten. Von den meisten Räumen schaut man auf die Maßwerkfenster und das romanische Portal der Kirche. Rund um die Uhr bewachter Parkplatz. Mit Hallenbad, Sauna und Fitness. DZ ab 99 €.

Park Plaza 5 : ul. Drobnera 7, Tel. 071-320 84 00, Fax 320 84 59, www.beph.pl, 178 Zimmer. Das Vier-Sterne-Hotel liegt mitten in der Stadt und doch im Grünen, in seiner gläsernen Fassade spiegeln sich Eichen und Buchen. Es empfiehlt sich, ein Zimmer zur Flussseite zu wählen, denn von dort ist der Ausblick einmalig: Über grüne Inseln schaut man von den gotischen Domtürmen bis zur barocken Prachtfassade der Universität. Alle Räume sind komfortabel, besonders schön sind die geräumigen Superior-Zimmer mit allerlei Extras wie Bademantel, Pantoffeln und Safe. Das Frühstücksbüfett genießt man mit Blick auf den Fluss, abends gibt es auf der Terrasse des Öfteren Jazz. Das Hotel verfügt über Sauna und Fitness, Casino und Tiefgarage. DZ ab 95 €.

Mercure Panorama 6 : pl. Dominikański 1, Tel. 071-323 27 00, Fax 344 36 81, www.orbis.pl, 152 Zimmer. Das Komforthotel liegt ein paar Gehminuten östl. des Rynek und passt mit seiner Glasfassade gut zur benachbarten Adalbertkirche. Wegen der Lage zwischen zwei verkehrsreichen Straßen ist es ratsam, ein möglichst hoch gelegenes Zimmer zu wählen. Bestes ›Panorama‹ bieten die Räume 618–622: Wie backsteinerne Riesen ragen aus dem Häusermeer die Kirchen der Stadt empor. Alle Zimmer mit Klimaanlage. DZ ab 95 €.

Best Western Prima 7 : ul. Kiełbaśnicza 16/19, Tel. 071-782 55 55, Fax 342 67 32, www.best-western-prima.pl, 79 Zimmer. Hotel an der Ecke zur verkehrsreichen Nowy Świat, Design im William-Morris-Stil. DZ ab 94 €.

Art 8 : ul. Kiełbaśnicza 20, Tel. 071-342 42 49, Fax 342 39 29, 77 Zimmer. Stilvolles Hotel in einem Renaissance-Palais aus dem 16. Jh., nur wenige Schritte vom Rynek. Geräumige und gepflegte Zimmer, teilweise mit Blick auf die Elisabethkirche; hoteleigene Tiefgarage. DZ ab 84 €.

Patio 9 : ul. Kiełbaśnicza 24, Tel. 071-375 04 00, Fax 343 91 49, www.hotelpatio.pl, 48 Zimmer. Restauriertes Haus im Schatten der Elisabethkirche, 100 m nordwestl. des Rings. Man betritt das Hotel durch ein lichtdurchflutetes Atrium, das über vier Stockwerke aufwärts von Galerien gesäumt ist. Alle Zimmer sind von der Straße abgekehrt und mit hellen Holzmöbeln behaglich eingerichtet. Mit Klimaanlage und Sat-TV, bewachter Parkplatz. DZ ab 75 €.

Dwór Polski 10 ul. Kiełbaśnicza 2, Tel. 071-372 34 15, Fax 372 34 19, www.dworpolski. wroclaw.pl, 25 Zimmer. Bürgerpalais am Ring mit ziemlich dunklen und mittlerweile etwas abgewohnten Zimmern. Ans Hotel sind das Restaurant Królewska und das Café Czwartkowa angeschlossen, ferner ein rustikales Gasthaus und eine Honigweinstube. DZ ab 72 €.

Tumski 11 : ul. Wyspa Słodowa 10, Tel. 071-3 22 60 88, Fax 322 61 13, www.hotel-tumski.com.pl, 56 Zimmer. Kleines Hotel am Fluss auf einer der Oderinseln, nur wenige Gehminuten von der Altstadt und der Dominsel. DZ ab 72 €.

Europeum 12 : ul. Kazimierza Wielkiego 27-A, Tel. 071-371 45 00, Fax 371 44 01, www.europeum.pl, 20 Zimmer. Das Breslauer Haus der Stiftung Kreisau befindet sich neben der evangelischen Barockkirche am Rand der Altstadt. Die funktional eingerichteten Zimmer verteilen sich auf die oberen Etagen des modernen Glasbaus. Zur lauten Straße blickt man auf die neugotische Universitätsbibliothek, ruhiger sind die Räume zur trostlosen Hofseite; die Einzelzimmer sind klein, für die Tiefgarage ist extra zu zahlen. Die Gewinne, heißt es, ›fördern den internationalen Jugendaustausch und die Verständigungsarbeit der Stiftung in Kreisau‹. DZ ab 61 €.

Jugendherberge Tumski 13 : Wyspa Słodowa 10, Tel. 071-322 60 99, Fax 322 61 13, www.hotel-tumski.com.pl, 7 Zimmer. Eine der schönsten Herbergen Polens, angeschlossen ans benachbarte, gleichnamige Hotel. Zur Wahl stehen ein Doppel-, drei Vier-, zwei Sechs- und ein Zehnbettraum. Wer keinen internationalen JH-Ausweis hat, zahlt einen Aufpreis. Das Frühstück kann im Hotel eingenommen werden. Ab 10 € p.P.

Camping AWF 14 : al. Paderewskiego 35, Tel. 071-348 46 51, Fax 348 39 28, Mai–Okt. 4 km östl. der Altstadt auf einem Wiesengelände des Parks Szczytnicki nahe dem Olympiastadion. Wer nicht im eigenen Campingwagen oder Zelt übernachtet, kann preiswerte Hütten mieten. Erreichbar ab Bahnhof mit Straßenbahn 9, 17 und 32. Ab 5 € p.P.

Cesarsko-Królewska 15 : Rynek 19, Tel. 071-341 92 04, www.restauracja ck.pl. Im ›kaiserlich-königlichen Restaurant‹ am Markt kokettiert man mit Breslaus multikultureller Vergangenheit. In den unterschiedlich eingerichteten Prager, Budapester und Wiener Sälen wird europäische Küche serviert. Hauptgerichte ab 8 €.

JaDka 16: ul. Rzeźnicza 24/25, Tel. 071-343 64 61, www.jadka.pl. Die Warschauer Top-Köchin Magda Gessler, jedem polnischen Gourmet ein Begriff, hat nun auch in Breslau ein Restaurant eröffnet. Unter backsteinernen Gewölben und an Tischen mit gestärktem Leinen genießt man bei Kerzenlicht altpolnische Küche mit Pfiff, z. B. Kalbskoteletten in Pesto auf Tomatenmus, Wild- und Fischgerichte, aber auch Teigtaschen. Hauptgerichte 6–20 €.

Gospoda Wrocławska 17: Sukiennice 7, Tel. 071-342 74 56. ›Breslauer Gasthaus‹ in den ehemaligen Tuchhallen am Ring. Ein Saal kommt altpolnisch-rustikal daher, aufgeheitert durch farbenfrohe Botero-Bilder; ein zweiter ist feiner Taverne nachempfunden. Im Ersteren gibt es deftige Fleischspezialitäten, im zweiten ausschließlich Fisch – nur schade, dass die Qualität der Speisen dem Ambiente nicht standhält. Hauptgerichte ab 5 €.

La Scala 18: Rynek 38, Tel. 071-372 53 94. Beste Adresse am Rynek: Unten gibt es Pizza in lockerer Trattoria-Atmosphäre, oben feine italienische Küche, reiche Salatauswahl. Das Ambiente ist elegant, aber nicht steif. Leszek Wójcik, der emsige Wirt, spricht gut Deutsch, man erfährt von ihm interessante Details zur Speisekarte. Hauptgerichte ab 4 €.

Spiż 19: Rynek-Ratusz 9, Tel. 071-344 72 25, www.spiz.pl. Rustikales Restaurant im Kellergewölbe des Neuen Rathauses. In Konkurrenz zum benachbarten Schweidnitzer Keller versucht man sich auch hier in der Kunst der Bierbrauerei, der naturtrübe, nicht pasteurisierte Gerstensaft wird in zwei riesigen Kupferkesseln gebraut. Dazu gibt's Schmalzbrot und Hausmacherwurst, originell ist die ›Biersuppe mit Naturhaube‹ (*zupa piwka z kapturem*). Hauptgerichte ab 4 €.

Piwnica Świdnicka 20: Rynek-Ratusz, Tel. 071-369 95 00, www.piwnicaswidnicka.com. Der Schweidnitzer Keller unter dem Alten Rathaus wurde zu Beginn des 21. Jh. nach 57-jähriger Schließung von der Brauerei Piast glanzvoll wieder eröffnet: Je nach Gusto und Geldbeutel kann man zwischen neun Sälen wählen. Die Palette reicht vom preis-werten Bauern- bis zum teureren, opulent bemalten Fürstensaal mit Kristalllüstern. Am intimsten sitzt man in der gobelingeschmückten ›Höhle‹, wo einst die zum Tode Verurteilten auf die Vollstreckung ihrer Strafe warteten. Im ›Bürgersaal‹ gibt es mehrmals wöchentlich Musical-, Jazz- und Kabarettabende. Hauptgerichte ab 3 €.

Vega 21: Sukiennice 1, Tel. 071-344 39 34, abends geschl. Beste Adresse für den kleinen Hunger zwischendurch: ein vegetarisches Schnellrestaurant mitten auf dem Ring! Hauptgerichte ab 2 €.

Lody La Scala 22: pl. Solny 10. Das Café am Salzmarkt ist von morgens bis abends gut besucht, nirgendwo in Breslau gibt es besseres Eis (etwa *lody jogurt*) und köstlichere Torten (z. B. die Nusstorte *tart orzechowy* und *ciastko La Scala*, Karamellcreme mit kandierten Früchten)! Alles ist hausgemacht, auch der Teig der warmen, calzoneähnlichen Canapées (*kanapki*). Der Kaffee aus Italien ist in allen Varianten zu empfehlen!

Café Pożegnanie z Afryką 23: ul. Kiełbasznicza 24. ›Jenseits von Afrika‹: ein beliebtes Nichtrauchercafé auf dem Weg vom Rynek zur Universität. Man sitzt auf mit Kaffeesäcken bespannten Hockern, der Kaffee wird in kleinen Porzellankännchen auf Stövchen serviert. Außer zwei Dutzend Kaffeesorten aus aller Welt gibt es heiße Schokolade und *mazurek*, einen mit kandierten Früchten gespickten Kuchen.

Markthalle: Hala Targowa, ul. Piaskowa 15. Neugotischer Bau am Ufer der Oder mit einem großen Angebot an Obst und Gemüse.

Blumenmarkt: pl. Solny. Von früh bis spät werden auf dem Salzmarkt Schnitt- und Topfblumen verkauft.

Kunsthandwerk: Galeria Sztuki Naiwnej i Ludow, Kiełbaśnicza 31. Hübsche Galerie naiver Kunst in einer kleinen Straße westl. vom Rynek; mit Holzschnitzereien, Glasmalerei und Keramik.

Bücher: Empik, Rynek 50. Große Auswahl an Büchern, Karten, Presseerzeugnissen und CDs.

Breslau

Antiquariat: Antykwariat Naukowy, ul. Kuźnicza 43/44. Vorwiegend polnische, aber auch viele deutsche Buchtitel.

 Vor allem im Sommer sind die Kneipen am Ring (Rynek) sehr beliebt, von dort spaziert man weiter zu den Schlachtbänken (ul. Stare Jatki) oder zu den ›englischen‹ Bars am Salzmarkt (pl. Solny). Viel tut sich nun auch westl. des Rings: In der ul. Rzeźnica öffnete die Cocktail-Bar Paparazzi (www.paparazzi.com.pl), Night Clubs und Bars entstanden in der Passage ul. Ruska 51.

 Kino: Viele Lichtspielhäuser an der ul. Piłsudskiego, ein moderner Multikino-Palast an der Kazimierza Wielkiego.

Mega-Events: Hala Ludowa (Jahrhunderthalle), ul. Wróblewskiego s/n. Aufführungsort für Opern-, Rock- und Popkonzerte.

Grotowski-Zentrum: Ośrodek Grotowskiego, Rynek-Ratusz 27, www.grotcenter.art.pl. Regisseur Jerzy Grotowski (Jg. 1933) hat mit seinem ›Armen Theater‹ weltweit die Avantgarde beeinflusst. Es war befreit von Bühnenbild und Requisite, kehrte die Ausdruckskraft des menschlichen Körpers hervor. Zwar ist der Regisseur 1999 gestorben, doch sein Theater lebt fort. Im Grotowski-Zentrum werden Schauspieltage veranstaltet, in denen hochkarätige Theaterleute Ausschnitte aus ihren jüngsten Produktionen vorstellen.

Zeitgenössisches Theater: Teatr Współczesny, ul. Rzeźnicza 12.

Polnisches Theater: ul. Zapolskiej 3, www.teatrpolski.wroc.pl; angeschlossen sind die Kammerbühne (Scena Kameralna, ul. Świdnicka 28) und die Bühne im Alten Freiburger Bahnhof (Scena na Świebodzkim, pl. Orlat Lwowskich 20).

Marionettentheater: Teatr Lalek, pl. Teatralny 4.

Philharmonie: Filharmonia, ul. Piłsudskiego 19, www.filharmonia.wroclaw.pl.

Niederschlesische Oper: Opera Dolnośląska, ul. Świdnicka 35, www.opera.wroclaw.pl.

Musiktheater Capitol (Teatr Muzyczny Operetka Wrocławska): ul. Piłsudskiego 72.

Jazz an der Oder (April/Mai): Zu dem Festival erwartet Breslau seit 1964 Musikliebhaber auch aus dem Ausland. Im Internet: www.jnofestival.pl.

Wroclaw nonstop (Juni/Juli): Zehn volle Tage treffen sich Künstler und Theaterleute, Jazzmusiker, Trommler und Folklore-Gruppen zu einem wilden Kulturcocktail. Im Internet: www.wroclawnonstop.pl.

Festival der Straßentheater (meist Juli): Buntes Treiben auf dem Marktplatz und in der ul. Świdnicka.

Wratislavia Cantans (Sept.): Mehrwöchiges internationales Festival mit klassischer Musik, Oratorien und Kantaten, Kunst, Tanz und Theater. Im Internet: www.wratislavia.art.pl.

Radfahren: Bei der Touristeninformation (Rynek) kann man Räder mieten.

Bootstouren: Ab 10 Uhr starten zu jeder vollen Stunde Ausflugsschiffe ab Anlegestelle Przystań Kaszuszka. Die Touren dauern 45 Min. und führen an Sand- und Dominsel vorbei. Weitere Fahrten ab Tiergarten (Przystań Zwierzyniecka).

Golf: First Wrocław Golf Club, ul. Żwirowa 37, Tel. 071-349 13 30, Mobiltel. 06 01-88 39 63, www.tomgolf.wroc.pl: 18+9-Loch-Anlage im Stadtteil Złotnica, Driving Range, Putting Green, Chipping Area.

Flüge: Der kleine Flughafen Wrocław-Strachowice liegt 13 km nordwestl. der Stadt. Bus 406 ab ul. Dworcowa (alle 20–30 Min.).

Bus/Bahn: Etwa alle 2 Std. Züge nach Jelenia Góra und Kłodzko, Kraków und Poznań sowie via Łódź nach Warszawa. Mit Bus nach Trzebnica, Sobótka und Świdnica. Beide Bahnhöfe befinden sich südl. der Altstadt, zu Fuß 20 Min. vom Rynek.

Stadtverkehr: Fast alle wichtigen Sehenswürdigkeiten liegen in der Altstadt und sind zu Fuß erreichbar. In der Regel zuverlässig sind lizenzierte Taxi-Unternehmen mit drei- oder vierstelliger Nummer, z. B. MPT 919.

Stimmungsvoll am Abend: der Universitätsplatz am Fechterbrunnen

Auf der Straße gen Westen passiert man die Fürstenstadt Legnica, ein Tagesausflug führt zu den schönsten über Niederschlesien verstreuten Zisterzienserklöstern. In Richtung Riesengebirge steht Schloss Fürstenstein, nicht weit davon entfernt befindet sich die ›Friedenskirche‹ von Świdnica. Der ehemalige Moltke-Gutshof in Krzyżowa ist heute ein Jugendtreff.

Legnica

1 Nähert man sich der Industriestadt Legnica (Liegnitz) mit 110 000 Einwohnern, möchte man sie weiträumig umfahren: Fabrikschlote ragen in den grauen Himmel, in monotonen Vorortsilos leben Tausende von Arbeitern, die in den Kupferhütten beschäftigt sind. Aber es lohnt sich, ins verkehrsberuhigte Zentrum vorzudringen: rund um den Ring erinnert vieles an die ruhmreiche Vergangenheit der Stadt.

Legnica war von 1248 bis 1645 Hauptstadt eines unabhängigen Fürstentums. Blickfang des lang gestreckten Rynek ist die backsteinerne **Peter-und-Paul-Kirche** (Kościół Św. Piotra i Pawła, 1340). Ihr Westportal ziert eine schlesische Madonna, über der ein berühmter Satz Luthers prangt. Er werde, schrieb er, seine ketzerischen Thesen nicht widerrufen:»Hier stehe ich, ich kann nicht anderz, Gott helfe mir. Amen.« Imposant ist auch das Nordportal, auf dessen Giebelfeld die Anbetung der Heiligen Drei Könige dargestellt ist.

Das barocke **Rathaus** (Ratusz), heute ein Theater, ist von den ›Heringsbuden‹ umgeben, acht verzierten Laubenhäusern, in denen im 16. Jh. Fisch aus der Katzbach (Kaczawa) verkauft wurde. Aus der gleichen Zeit stammt das ›Haus zum Wachtelkorb‹ – eine ehemalige Kaufmannsresidenz (Nr. 46), deren Fassade mit Sgraffiti aus den Äsopschen Fabeln bemalt ist.

Im **Kupfermuseum**, das im Abtspalast untergebracht ist, erfährt der Besucher alles, was mit Abbau und Verarbeitung dieses Metalls zu tun hat (Muzeum Miedzi, ul. Partyzantów 1, Mo/Di geschl.). Dahinter liegt die barocke **Johanniskirche** (Kościół Św. Jana) mit einer Mausoleumskapelle von 1675: In einem Nischenkranz rings um einen ellipsenförmigen Raum sind prunkvolle Särge aufbahrt, vier lebensgroße Alabasterfiguren zeigen die Piasten ›beim letzten Gespräch‹.

Am Nordrand der Altstadt steht die im frühen 13. Jh. errichtete Piastenresidenz. Das **Schloss**, ein großer Baukomplex mit drei Türmen, Wehrmauer und Kapelle, wurde im 16. Jh. im Stil der Renaissance modernisiert und nach mehreren Bränden im 19. Jh. von Karl Friedrich Schinkel neoklassizistisch erneuert. Heute befindet sich darin eine Abteilung der Universität, die Reste der romanischen Kapelle im Innenhof können besichtigt werden (Zamek, pl. Zamkowy, So/Mo geschl.).

Auf einer weiten Ebene bei **Legnickie Pole** (Wahlstatt), 11 km südöstlich, stellte sich am 9. April 1241 Herzog Heinrich II. mit einem 10 000 Mann starken Heer den Tataren entgegen. Heinrich fiel bei den Kämpfen und wurde enthauptet. Nur weil er am linken Fuß sechs Zehen hatte, konnte ihn Hedwig, seine Mutter, identifizieren. An der Stelle, an der sie ihn fand, wurde eine Kirche errichtet, in der sich heute das **Museum der Liegnitzer Schlacht** (Muzeum Bitwy Legnickie, Mo/

Di geschl.) befindet. Daneben entstand im 18. Jh. eine riesige Benediktinerabtei (Opactwo Benedyktynów), errichtet von Kilian Ignaz Dientzenhofer, dem Prager Meister barocker Baukunst. Die der hl. Hedwig geweihte **Klosterkirche** besticht durch einen lichtdurchfluteten Innenraum, in dem dank vieler runder Formen alles zu vibrieren scheint. Auf einem Fresko schwingen Tataren bizarre Drachenköpfe, aus denen Rauch hervorquillt; einer Chronik zufolge setzten die Kämpfer eine geheimnisvolle, ätzende Substanz ein, die den Gegner vollständig lähmte.

Touristeninformation: Rynek 29, 59-220 Legnica, Tel. 076-851 22 80, www.legnica.um.gov.pl, Sa/So geschl.

Qubus: ul. Skarbowa 2, Tel. 076-866 21 00, Fax 866 22 00, www.qubushotel.com, 220 Zimmer. Neunstöckiges Vier-Sterne-Hotel nahe dem Bahnhof mit weitläufiger Lobby und eleganten Komfortzimmern (einige behindertengerecht), Frühstücksbüfett, Sauna und Fitness. DZ ab 84 €, am Wochenende Rabatt.

Adria: Rynek 9, Legnica, Tel. 076-852 35 33. Das gemütliche, mit Liegnitzer Stadtansichten geschmückte Lokal am Ring wird für seine polnisch-ungarischen Speisen geschätzt, v.a. die leckeren, verschiedenartig gefüllten Kartoffelpuffer und Teigtaschen. Im Sommer wird auf der Außenterrasse preiswerte Pizza serviert. Hauptgerichte ab 3 €.

Mongolensturm (am 2. Aprilwochenende): Tausende von ›Rittern‹ zu Fuß und hoch zu Ross stellen sich den Angreifern entgegen. Die Schlacht endet mit einem Bier- und Bratwurstgelage, der Waffenstillstand hält bis zum nächsten Jahr.

Bus/Bahn: Nahezu stdl. fahren Busse nach Legnickie Pole, gute Zugverbindungen stehen nach Wrocław und Dresden zur Verfügung. Der Bahnhof liegt nordöstl. der Altstadt.

Bolesławiec

2 Bolesławiec (Bunzlau) seit 600 Jahren »die Stadt des guten Tons« genannt: Dieser ist in der Umgebung reichlich vorhanden und so robust, dass er sich auch für hohe

Mit dem Autor unterwegs

Anschauen und kaufen!
Bunzlauer Keramik: Das Keramikmuseum von Bolesławiec beherbergt eine bunte Keramiksammlung – archaische unglasierte Tonware, Kannen und Krüge, Geschirr aller Art mit dem typischen blauen Pfauenmuster. Im Laden der Keramikmanufaktur kann man die Ware kaufen (s. S. 116).

Unbedingt ansehen!
Zisterzienserklöster: Wer ein Faible für Sakralarchitektur hat, findet in der Umgebung von Breslau vier gewaltige Klöster, die zu den Höhepunkten europäischer Barockarchitektur zählen: in Lubiąż, Trzebnica, Henryków und Krzeszów (s. Thema S. 118).

Musikalische Fachwerkkirche
Konzert in der Friedenskirche von Świdnica: In den Logen der weltweit größten Fachwerkkirche fühlt man sich wie in einem altertümlichen Theater. Testen kann man die Akustik bei den Kammermusikfestspielen im September (s. S. 121).

Für junge Leute
Krzyżowa: Für organisiert reisende Jugendgruppen ist der ehemalige Moltke-Gutshof ideal – bei verschiedenen Workshops lernen sich West- und Osteuropäer kennen (s. S. 122).

Ein verzaubertes Schloss
Książ: Schloss Fürstenstein, so Fürst Pückler-Muskau im frühen 19. Jh., ist »wie von Geistern hingezaubert«; es schwebt auf einem Felsengipfel, »frei in die blaue Luft sich türmend« (s. S. 124).

Richtig Reisen-Tipp: Die Goldwäscher von Złotoryja

Beim **Stadtfest** Ende Mai ist in Złotoryja (Goldberg), 20 km südöstlich von Legnica, die Hölle los. ›Goldwäscher‹ ziehen in mittelalterlichem Kostüm über den Marktplatz und stellen sich dann dem von der Bevölkerung mit Spannung erwarteten Wettkampf im Goldwaschen. Ihre Aufgabe ist es, die zuvor versteckten Flitter möglichst schnell aus dem Sand zu sieben.

Mit dem Fest wird die glorreiche Vergangenheit der Stadt zelebriert. Seit im Mittelalter das Gold entdeckt wurde, riss der Strom der Schatzsucher nicht ab. Immer tiefere Stollen mussten in die Hänge gegraben werden, um Abbaukammern zu erschließen. Karren von Sand wurden an die Erdoberfläche geschleppt, wo dieses gesiebt und gewaschen wurde. Heute dient ein hohes Giebelhaus an der Wehrmauer, das im 18. Jh. ein Gefängnis war, als **Goldmuseum** (Muzeum Złota, ul. Zaułek 2, So/Mo geschl.). Darin wird die Geschichte des örtlichen Bergbaus erläutert, man sieht Gold-Nuggets aus allen Kontinenten sowie Medaillen und Pokale, die bei Wettbewerben im In- und Ausland gewonnen wurden. Informationen zum Fest bekommt man bei der Polnischen Bruderschaft der Goldbergleute (Polskie Bractwo Kopaczy Złota, ul. Żeromskiego 15-A, Złotoryja, Tel. 076-878 7044).

Brenntemperaturen eignet: Die Gefäße sind hart und feuerfest. Erst wurde ›Bunzlauer Braungeschirr‹ hergestellt, später sattelte man auf dekorative Buntglasur um. Heutiges Markenzeichen sind blaue Grundierungen mit einem vielfach variierten Muster von Pfauenaugen. Die besten Stücke werden im **Keramikmuseum** ausgestellt, einem Haus aus dem 15. Jh. zwischen Wehrmauer und Bastei (Muzeum Ceramiki, ul. Mickiewicza 13, www.muzeum.boleslawiec.net, Mo geschl.). Es befindet sich nahe dem Markt-

platz, der mit seinen mittelalterlichen Bürgerhäusern und dem Renaissance-Rathaus sehr gepflegt wirkt.

Zamek Kliczków: Kliczków 8, Osiecznic, Tel. 075-734 07 00, Fax 734 07 03, www.kliczkow.com.pl, 86 Zimmer. In Kliczków (Klitschdorf), 13 km nordwestl. von Bolesławiec, steht ein in der Renaissance umgestaltetes Schloss aus dem 13. Jh. inmitten eines 50 ha großen Parks. Komfortable Zimmer, dazu ein attraktiver Indoor-Pool, Sauna und Fitness, Tennisplätze und Fahrradverleih. Der Theatersaal wird für Konzerte genutzt. Angeschlossen ist ein kleiner Reitstall, im Fluss Kwiśa darf geangelt werden. DZ ab 100 €.

Bunzlauer Keramik: Die unverwüstliche Ware kauft man günstig im Laden der Fabrik ›Manufaktura‹, die ebenfalls kostenlose Führungen anbietet (ul. Gdańska 30).

Bus/Bahn: Regelmäßige Verbindungen via Legnica nach Wrocław und Zgorzelec.

Głogów

3 Auferstanden aus Ruinen, doch erst 50 Jahre nach dem Krieg … Zur Jahrtausendwende hat man mit der Restaurierung der alten Häuser von Głogów (Glogau) begonnen, aber nicht originalgetreu wie in Warschau, sondern in einem historisierenden, eklektizistischen Stil. Mittelalterlich anmutende Giebelhäuser säumen die Stein gepflasterten Straßen der 75000 Einwohner zählenden Stadt, an den Fassaden wurden Türmchen, Erker und Balkone angebracht. Ihre Buntheit und Verspieltheit kontrastiert mit der Tristesse der ›lebendigen Ruinen‹, jener verwüsteten Gebäude am Ring, deren Restaurierung noch einige Jahre in Anspruch nehmen wird. Die **Nikolauskirche** (Kościół Św. Mikołaja) hat weder Türen noch Fenster, in ihrem verwilderten Innern spielen

Kinder Räuber und Gendarm. Schlimm sieht das Theater aus, das nach dem 1616 in Glogau geborenen Andreas Gryphius benannt ist; die Fassade ist nur notdürftig befestigt, alle Bauplastik abgeschlagen. Wieder aufgebaut wurde das **Rathaus,** dessen 80m hoher Turm glanzvoll erstrahlt. Gleich-

falls restauriert wurde die Fronleichnamskirche (Kościół Bożego Ciała), die mit ihrem barocken Doppelturm die Südostseite des Platzes ziert.

Kein Museum und nicht einmal eine Plakette erinnert an den Schriftsteller Arnold Zweig, einen weiteren berühmten Sohn. Er

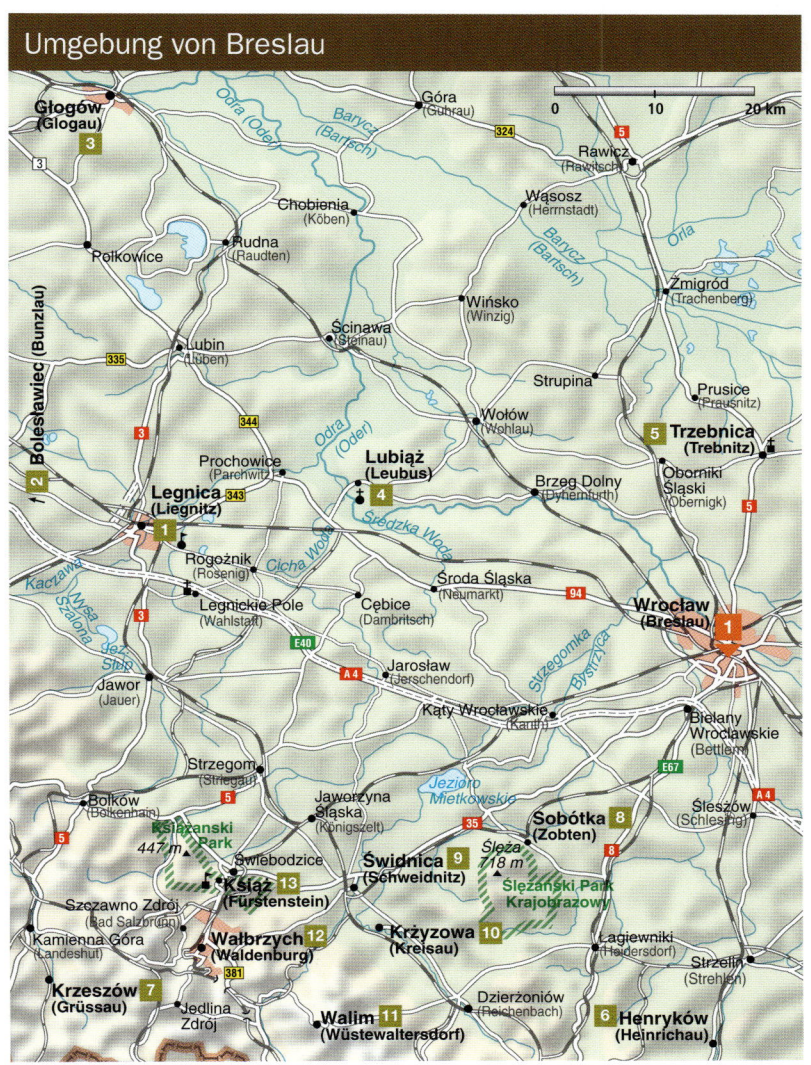

Umgebung von Breslau

West-östlicher Kulturtransfer – Klöster der Zisterzienser

Um 1175 holte der schlesische Herzog die Zisterziensermönche ins Land. Sie galten als besonders tüchtig, ihre Losung hieß *ora et labora* (bete und arbeite). Der Herzog schenkte ihnen große Ländereien, im Gegenzug machten sie sich daran, das fruchtbare, aber dünn besiedelte Land zu ›zivilisieren‹.

Die Zisterzienser rodeten die Wälder und machten das Land urbar. Dabei brachten sie nicht nur neuartiges technisches Gerät nach Schlesien, sondern auch die ›Dreifelderwirtschaft‹, die mit ihrer Abfolge von Sommer-, Wintersaat und Brache den Boden schonte und für gute Ernten sorgte. Ihren ersten Sitz gründeten sie in **Lubiąż** (Leubus) **4**, 50 km nordwestlich von Breslau. Hoch thront das Kloster über der Oder, ein Bilderbuchmotiv wie aus längst vergangener Zeit. Zwei schlanke Türme überragen die 223 m lange schlossartige Fassade – sie neigt sich dem Wasser zu, um sich in ihm zu spiegeln. Das Kloster erhielt seine heutige Gestalt im 17. Jh., als der Orden das Kloster zum mächtigsten in Europa ausbaute – noch größer war es als das spanische El Escorial. Bald beherbergte es mehr als 1000 Mönchsklausen, dazu viele Fest- und Versammlungssäle. Michael Willmann, der ›schlesische Rembrandt‹, stellte sich für mehr als 20 Jahre in den Dienst des Ordens und malte die Innenräume der Klosterkirche mit Fresken aus. Bei Restaurierungsarbeiten in der Krypta wurde unter vielen anderen auch sein mumifizierter Körper entdeckt – das trockene Mikroklima der Gruft hat die Verwesung verlangsamt. Zurzeit wird die Klosteranlage mit Mitteln der Stiftung für deutsch-polnische Zusammenarbeit restauriert, bereits fertig gestellt sind der Abts- und der Fürstensaal mit herrlichen Fresken und Stuckarbeiten verziert, die Bibliothek und das Sommerrefektorium (Mai–Sept. Di–So 9–18, sonst 10–15 Uhr).

Was Männer können, vermögen Frauen schon lange: Das mochte sich Hedwig von Andechs, Frau des schlesischen Herzogs Heinrich I. gedacht haben, als sie 1201 Zisterzienserinnen aus ihrer Bamberger Heimat ins 24 km nördlich von Breslau gelegene **Trzebnica** (Trebnitz) **5** holte. Über Hedwig heißt es in einer Chronik aus dem 13. Jh.: »Wenn sie ihrem Mann auch nach dem Gesetz unterworfen war, so wurde sie ihm doch Führerin auf der Bahn der Tugend und Frömmigkeit.« Hedwig stiftete mehrere Kirchen und Klöster und starb 1243, nachdem sie kurz zuvor ihren Sohn Heinrich II. bei der Schlacht gegen die Tataren verloren hatte. 24 Jahre später wurde sie heilig gesprochen – die Kirche dankte ihr für die tatkräftige Unterstützung bei der Missionierung des Ostens. Und noch heute, über 800 Jahre nach ihrer Seligsprechung, steht die Schutzpatronin Schlesiens hoch im Kurs: Tausende frommer Christen pilgern an ihrem Namenstag, dem 16. Oktober, zu ihrem Grab und erhoffen sich Befreiung von Sorgen und Nöten. Die Heilige ruht an prominenter Stelle unter einem von Säulen gestützten Baldachin, an ihrer Seite halten Nonnen die Totenwache. Effektvoll kontrastiert der schwarze Marmor des Schreins mit den in Weiß oder Gold gehaltenen Frauenskulpturen. Die Kirche selbst wurde gleichfalls verändert: Als zu streng und asketisch galt der gotische

Thema

Bau, Schmuck und viel Gold taten Not, um ihm den gewünschten Glanz zu verleihen. Das angeschlossene Kloster dient seit sozialistischer Zeit als hoch spezialisiertes orthopädisches Krankenhaus.

1227 stiftete Hedwigs Gatte 54 km südlich von Breslau das nach ihm benannte Kloster **Henryków** (Heinrichau) **6**: Von der Durchgangsstraße führt eine Kopfstein gepflasterte, Mauern gesäumte Gasse zum Portal, das Einlass in einen weiten Hof gewährt. Hinter einer Dreifaltigkeitssäule streben die Türme des Bischofspalasts in die Höhe, überragt von einer üppig-barocken Kirche. Zu ihren Schätzen gehören ausdrucksstarke Heiligenfiguren und illusionistische Fresken, ins Chorgestühl sind Szenen aus dem Leben Jesu geschnitzt. Den Hauptaltar schmückt ›Gottes Geburt‹, ein Gemälde von Michael Willmann.

Krzeszów (Grüssau) **7** ist nicht die größte, aber die malerischste aller Zisterzienserabteien und wurde zum Unesco-Welterbe erklärt. 1242, ein Jahr nach der Schlacht gegen die Tataren, war sie gegründet, 1426 von den tschechischen Hussiten niedergebrannt worden. Da die Mönche das ›wundertätige‹ Marienbild rechtzeitig versteckt hatten, blieb es unversehrt. Das Kloster wurde wiederaufgebaut und avancierte zu einer Kultstätte für deutsche Katholiken. Barock präsentiert sich die doppeltürmige Marienkirche, deren vom Boden bis zur Decke ausgemalter Innenraum vor Dynamik zu vibrieren scheint. Auch in Krzeszów hat Michael Willmann seine Handschrift hinterlassen: Die in der benachbarten Josephskirche ausgestellten 50 Gemälde, die vom Leben des hl. Joseph erzählen, gehören zu seinen großartigsten Werken.

Das erste Frauenkloster Schlesiens wurde in Trzebnica gegründet

Rund um Breslau

wurde 1887 geboren und hat der Stadt ein literarisches Zeugnis gesetzt. Schon als Kind staunte er über diese Stadt »mit ihren hellen Jesuitenkirchen aus dem Barock und dem gotischen Dom jenseits des Flusses, der, aus Ziegeln aufgeführt, uns durch seine Strebepfeiler und Bögen fesselte und der ein Altarbild von Lukas Cranach enthielt, von dessen Reiz wir nichts verstanden.« Zweig erlebte die Heimatstadt als ›Jugendparadies‹, aber auch als ›Festung‹. Deutschland war ins Konzert der großen Nationen eingetreten, übte sich in Aggressivität nach außen wie auch gegen wachsende Opposition nach innen. Zweig erinnert sich, dass Glogau von Soldaten nur so wimmelte – nach seiner Meinung »der natürliche Ausdruck des preußischen Staates, dessen Wachstum durch Krieg und wieder Krieg uns in der Geschichtsstunde als der natürliche Prozess geschildert wurde, mit welchem ein Staat seine Wege macht.« Der Autor entsinnt sich auch des Hungerturms, »in welchem Gefangene zu Tode gebracht wurden dadurch, dass man ihnen immer weniger Brot durch eine Öffnung im Deckengewölbe herunterließ.«

Der Hungerturm stand im Garten des barocken und inzwischen wieder aufgebauten **Piastenschlosses**. Der Weg dorthin führt über die ul. Pionerska, vorbei an den erhaltenen mittelalterlichen Befestigungsanlagen und den Fundamenten der romanischen Peterskirche. Im Schloss lohnt der Besuch des Museums für Archäologie und Geschichte (Zamek Książąt Piastowskich/Muzeum Archeologiczne i Historyczne, Zamek, Mo/Di geschl.). Eine pinkfarbene, schmiedeeiserne Brücke führt zum Dom auf der rechten Oderseite (15. Jh.).

Im Internet:
www.glogow.pl

Złoty Lew: ul. Grodzka 2, Tel./Fax 076-835 24 49, 22 Zimmer. Das Drei-Sterne-Hotel im Bürgerhaus ›Zum goldenen Löwen‹ ist am Altstadtrand gelegen. Im Restaurant wird gute polnische Küche aufgetischt. DZ ab 64 €.

Piastowska: Brama Brzostowska 1, Tel. 076-833 29 30. Schlossrestaurant mit vorwiegend polnische Küche, Spezialität des Hauses sind Lammkeule (*udziec jagnięcy*) und Kräuterforelle (*pstrąg*). Preiswertes Mittagsmenü, Hauptgerichte ab 4 €.

Bus/Bahn: Regelmäßige Verbindungen nach Wrocław und Legnica; Bahnhof 1 km nördl. der Altstadt.

Im Vorland der Sudeten

Sobótka

8 Der Weg zum ›heiligen Berg‹ (Ślęża) führt über das Städtchen **Sobótka** (Zobten), das seinen Namen cem slawischen Wort *sobota* (Samstag) verdankt. Dies ist der Tag, an dem seit 1148 Markt abgehalten wird. Von seiner Bedeutung als Handelsstadt zeugt die wuchtige, ursprünglich romanische Jakobskirche (Kościół Farny Św. Jakuba). Westlich erhebt sich die Annakirche (Kościół Św. Anny) auf romanischen Fundamenten; noch älter ist die neben dem Gotteshaus postierte, einem Pilz ähnelnde Kultplastik. Sie wurde von Angehörigen eines Stammes geschaffen, der hier vom 5. Jh. v. Chr. bis zum 11. Jh. n. Chr. angesiedelt war. Das kleine Museum der Slensanen zeigt Skelette, Werkzeug und Schmuck, die auf dem ›heiligen Berg‹ gefunden wurden (Muzeum Ślężańskie, ul. Św. Jakuba 19, Mo/Di geschl.).

Wie ein Koloss ragt der Berg aus der schlesischen Tiefebene. Vom Museum folgt man der ul. Św. Jakuba 300 m südwärts, biegt anschließend in die ul. Żymierskiego ein, um sie wenig später auf einer aufwärts führenden Straße wieder zu verlassen. Nach 1 km ist die Herberge Schronisko pod Wieżycą erreicht, wo der gelb markierte, einstündige Weg auf **Ślęża** seinen Ausgang nimmt. Auf dem 718 m hohen Gipfel kann man sich danach in einer Baude stärken; von einem Turm bietet sich bei gutem Wetter ein prachtvolles Panorama von Breslau bis zum Riesengebirge und dem Glatzer Bergland.

Świdnica

9 **Świdnica** (Schweidnitz), eine geschäftige Stadt mit 65 000 Einwohnern und gemütlichen Winkeln, wurde im Zweiten Weltkrieg nicht zerstört – der mittelalterliche Kern blieb erhalten. Von 1290 bis 1392 war sie Sitz eines mächtigen Piastenfürstentums und galt sogar zeitweilig als die nach Breslau wichtigste Stadt Schlesiens. Das berühmte Schweidnitzer Bier wurde nach Prag, Buda und Krakau exportiert, im Gegenzug kamen ungarischer Wein, russische Pelze und flämisches Tuch.

Mittelpunkt der Stadt ist der von schmucken Bürgerhäusern gesäumte Ring (Rynek). Das **Rathaus** aus dem frühen 18. Jh. beherbergt das Museum des früheren Kaufmannsstandes, in dem alte Waagen und die Nachbildung eines Kolonialwarenladens zu sehen sind (Muzeum Dawnego Kupiectwa, Mo geschl.).

Alle Sehenswürdigkeiten sind vom Ring in nur 10 Gehminuten erreichbar. Im Osten erhebt sich die spätgotische Stanislaus-und-Wenzel-Kirche (Kościół Św. Stanisława i. Św. Wacława) mit schlankem, 103 m aufragendem Turm; im Norden steht die evangelische **Friedenskirche zur hl. Dreifaltigkeit**, die ebenso wie die Kirche in Jawor (Jauer) zum Unesco-Welterbe erklärt wurde. Ihre Gestaltung spiegelt die damaligen politischen Verhältnisse: Nach dem Dreißigjährigen Krieg (1648) billigte das katholische Habsburg den protestantischen Schlesiern drei ›Friedenskirchen‹ zu, eine davon in Schweidnitz. Dieses Zugeständnis war an harte Auflagen geknüpft: Das Gotteshaus musste außerhalb der Stadtmauern stehen, und da es nur aus billigem Holz und Lehm erbaut sein durfte, war es feindlichen Angriffen ungeschützt ausgesetzt. So präsentiert sich die Kirche – wenigstens von außen – in schlicht-rustikalem Fachwerk. Innen freilich sieht sie anders aus: Im riesigen, durch zweigeschossige Emporen gegliederten Raum wurde nichts ausgelassen, um Reichtum zu dokumentieren – fast jede freie Fläche ist verziert. Die Epitaphien sind in bewegtem Barock gestaltet. der Hochaltar glänzt in strahlendem Gold. Im September finden in der Kirche Festspiele der Kammermusik statt (Kościół Pokoju pod wez. Św. Trójcy, Mo–Sa 9–13 und 15–17, So 15–17 Uhr).

i **Touristeninformation:** ul. Wewnętrza 2, 58-100 Świdnica, Tel. 074-8 52 02 90, www.swidnica.pl

Pałac Krasków: Krasków 12, Marcinowice, Tel. 074-858 51 01, Fax 858 52 52, www.hotel-palac-kraskow.com.pl, 31 Zimmer. 10 km nordöstl. von Świdnica wurde eine barocke Parkresidenz in ein Nobelhotel verwandelt. Im Schloss befinden sich vier luxuriöse Apartments und neun Zimmer – ausgestattet mit Stuckdecken und Kristalllüstern. Über ausladende Freitreppen gelangt man in die Bibliothek, den Ess- und den Kaminsaal, vorbei an alten, eingedunkelten Gemälden. Im Wirtschaftsgebäude nebenan gibt es weitere, einfacher ausgestattete Räume. DZ ab 80 €.

Park: ul. Pionierów 20, Świdnica, Tel. 074-853 77 22, Fax 853 70 98, www.parkhotel.com.pl, 23 Zimmer. Drei-Sterne-Hotel einige Gehminuten südöstl. der Altstadt. Alle Zimmer mit Sat-TV. DZ ab 60 €.

Krzyżowa

10 Den Mittelpunkt des Dorfes **Krzyżowa** (Kreisau) bildet das frühere Gut der Familie von Moltke. 1984 wurde es unter Denkmalschutz gestellt, nach der Wende mit Mitteln der Stiftung für deutsch-polnische Zusammenarbeit restauriert. Die Anlage beeindruckt durch ihre Größe: 11 ein- bis dreigeschossige Gebäude bilden ein unregelmäßiges Viereck von ca. 100 x 200 m. Der Hof wird heute als Internationale Jugendbegegnungsstätte genutzt, dazu gehören Turnhalle und Klubräume, Fotolabor und Computerraum.

Täglich geöffnet ist das **Schloss** mit mehreren Ausstellungsräumen. Im Treppenhaus befinden sich zwei Fresken aus der Zeit seines ersten Besitzers, des Feldmarschalls Helmuth von Moltke. Ein Bild stellt die Plünderung Lübecks durch napoleonische Soldaten 1807 dar, das andere den Einmarsch

Jugendtreff auf dem Gutshof der Familie Moltke   Thema

Wie kaum ein anderer Ort in Schlesien eignet sich der Gutshof für die deutsch-polnische Verständigung: Hier traf sich der Kreisauer Kreis, eine Widerstandsgruppe gegen Hitler, deren Ziel es war, eines Tages ein freies, vereintes Europa zu erschaffen. Er liegt in einer ländlich-malerischen Umgebung zwischen dem mächtigen Zobten und dem Eulengebirge.

Helmuth James von Moltke wurde 1907 auf dem Gut von Kreisau geboren. Er war ein Urgroßneffe des Feldmarschalls Helmuth von Moltke, dessen Siege in der Schlacht gegen Österreich (1866 Königgrätz) und Frankreich (1870 Sedan) die Gründung des Deutschen Reiches ermöglichten und dem preußischen König Wilhelm I. den Weg zum deutschen Kaiserthron ebneten. Seine Mutter entstammte einer aus Schottland eingewanderten Familie des Obersten Richters der Südafrikanischen Union.

Helmuth James studierte in Breslau, Berlin und Wien und kehrte als 22-Jähriger nach Kreisau zurück, um die Gutsverwaltung zu übernehmen. Kreisau war damals eine Pilgerstätte der Anhänger preußischen Heroismus und Großmachtstrebens. Nach dem Tod des Vaters 1939 erbte Helmuth James den Hof, noch im gleichen Jahr wurde er als Spezialist für internationales Recht für das Berliner Oberkommando der Wehrmacht abgestellt.

Militaristisches und nazistisches Denken waren dem jungen Moltke fremd. 1941 begann er gemeinsam mit Vertretern aus unterschiedlichen politischen Lagern Pläne für ein demokratisches Deutschland zu schmieden. Mit Peter Graf Yorck von Wartenburg, Mitglied der Ostabteilung des Wehrwirtschaftsamtes, initiierte er den **Kreisauer Kreis**, zu dessen geistigem Führer er wurde. ›Mitverschwörer‹ waren u. a. der Jesuitenpater Alfred Delp, der sozialdemokratische Politiker Julius Leber und der Pädagoge Adolf Reichwein. Drei größere Arbeitstreffen fanden im Berghaus oberhalb des Gutshofs statt. Im Januar 1944 wurde Moltke verhaftet, nach dem fehlgeschlagenen Attentat vom 20. Juli 1944 verurteilt und hingerichtet.

Die Vision von einem in Frieden vereinten Europa fand auch nach dem Krieg Anhänger. Ostdeutsche Bürgerrechtler und Mitglieder der Aktion Sühnezeichen interessierten sich für die Ideen der Widerstandsgruppe und fassten 1988 den Plan, Kreisau zu einem Ort der Begegnung zwischen Ost und West zu machen. Dafür setzte sich auch Freya von Moltke ein, die in den USA lebende Witwe des Gründers des Kreisauer Kreises. Der Krakauer Jesuitenpater Adam Żak vermittelte Kontakte zum Klub der katholischen Intelligenz in Breslau, der sich für die Idee eines internationalen Zentrums begeisterte. Frucht der Kontakte war im Jahr 1989 die Gründung der ›Stiftung für Europäische Verständigung‹.

In den folgenden Jahren wurden die verfallenen Gebäude von Grund auf saniert. Finanziert wurde die Begegnungsstätte vor allem mit Geldern der Stiftung für deutsch-polnische Zusammenarbeit, fast 15 Mio. € wurden für das Prestigeprojekt aufgebracht. Im Jahr 1998 erfolgte die offizielle Einweihung. Viele Tausend Jugendliche und Erwachsene besuchen jährlich diesen Ort.

Helmuth James von Moltke vor dem ›Volksgerichtshof‹

der deutschen Armee in Paris am 1. März 1871. Wer Glück hat, kann im Schlosssaal, der noch mit einem alten Kachelofen und Stilmöbeln aus dem Biedermeier ausgestattet ist, dem Konzert eines Jugendensembles lauschen.

Über eine Allee gelangt man zum **Berghaus** (Dom na Wzgórzu), wo sich die Familie Moltke am liebsten aufhielt: eine kleine Villa auf einer Anhöhe mit weitem Blick auf sanft geschwungene Felder und Wiesen, im Hintergrund die silberne Silhouette des Eulengebirges. Hier erinnert ein Gedenkraum an den Kreisauer Kreis. Die zugehörige Bibliothek ist auf Literatur zum Widerstand im Dritten Reich spezialisiert und steht allen Interessierten offen.

🛏 **Internationale Jugendbegegnungsstätte Kreisau** (Międzynarodowy Dom Spotkań Młodzieży)**:** Krzyżowa 7, Tel. 074-850 03 00, Fax 850 03 05, www.krzyzowa. org.pl, 71 Zimmer. Max. 4 Personen schlafen in einem Zimmer, und zwar im ›Pferdestall‹,

im ›Kuhstall‹, im ›Gärtnerhaus‹ und in der ›Remise‹. Einige dieser Zimmer sind behindertengerecht. Komfortabel schläft man im ›Gästehaus‹ mit 10 EZ und 17 DZ. Auf Wunsch wird Vollverpflegung angeboten; die ›Mensa‹ (Self Service) bietet Platz für 120 Personen. P. P. ab 16 €.

Walim

11 Eine weitere Hinterlassenschaft aus deutscher Zeit ist eine ›unterirdische Stadt‹: **Walim** (Wüstewaltersdorf). Ab 1943 hoben hier täglich 28 000 Zwangsarbeiter Stollen aus und befestigten sie mit Beton – ein Zehntel der deutschen Betonproduktion war damals für diesen Ort bestimmt. Einen Teil der unterirdischen Stadt, der vermutlich Rüstungsfabriken beherbergen sollte, kann man im Rahmen einer geführten, gut einstündigen Tour besichtigen. Man kommt durch saalartige Gänge, die bis zu 12 m hoch und 110 m lang sind. Ausstellungen zu ›Hitlers Hauptquartier in Europa‹ und der ›Rüstungsindustrie im Dritten Reich‹ versuchen Licht ins Dunkel der ›Walimer Löcher‹ zu bringen (Podziemne Miasto, Osówka, www.osowka.pl, April–Sept. tgl. 10–17, Okt.–März 10–15 Uhr; Einlass zu jeder vollen Stunde, aufgrund der kühlen Temperaturen von nur 6–8 °C warm anziehen).

Wałbrzych

12 Kein Lobeslied ist auf die mit 150 000 Einwohnern zweitgrößte Stadt Niederschlesiens zu singen: **Wałbrzych** (Waldenburg) ist ein dahinsiechendes Industriezentrum, das sich kilometerweit längs der Hauptstraße und Eisenbahnlinie erstreckt. Die Fördertürme und rauchenden Fabrikschlote stehen in schroffem Gegensatz zu der sanft gewellten Berglandschaft, die rußgeschwärzten Häuser wirken trist. Inzwischen sind die meisten Gruben stillgelegt, die Produktion von Kohle ist nicht länger rentabel.

Rund um den Rynek gibt es ein paar schöne Bürgerhäuser und Arkaden, sehenswert ist auch die von Carl Gotthard Langhans entworfene Kirche der Evangelisch-Augsburgischen Gemeinde (Kościół Ewangelicki-Augsburski). Im **Regionalmuseum** werden Mineralien ausgestellt, außerdem eine Porzellansammlung aus der Vorkriegszeit (Muzeum Okręgowe, ul. 1 Maja 9, Mo geschl.). Wer sich für Industriearchitektur interessiert, kann das **Technikmuseum**, ein stillgelegtes Kohlebergwerk aus dem 19. Jh. besuchen: mit Fördertürmen in Form von Backsteinbasteien, riesigen Sieb- und Flotationsmaschinen. In Schutzkleidung wandert man 1 km durch den unterirdischen Teil des Museums und erfährt, wie gefährlich die Arbeitsbedingungen unter Tage waren (Muzeum Przemysłu i Techniki, ul. Wysockiego 28). Bei der Touristeninformation erfährt man, wann der Kustos, Herr Jerzy Kosmaty, die nächste Führung auf Deutsch abhält.

Książ

Schloss Książ (Fürstenstein) **13**, 8 km nördlich von Wałbrzych, erhebt sich auf einem steilen Felsvorsprung, unter ihm rauscht der Hellebach durch eine dicht bewaldete Schlucht. Erbaut wurde es Ende des 13. Jh.,

um einen wichtigen Handelsweg von Böhmen nach Schlesien zu sichern. Ein Chronist nannte es deshalb ›Clavis ad Silesiam‹ (Schlüssel zu Schlesien).

In seiner Geschichte hat es mehrfach seine Besitzer gewechselt und wurde häufig umgebaut. Der mittlere Abschnitt stammt aus der Renaissance, die östlichen Schlossflügel sind barock. 1941 ließ der schlesische NSDAP-Gauleiter das Bauwerk beschlagnahmen und für Hitler als mögliches Stabshauptquartier vorbereiten. 1956 begann ein halbstaatliches polnisches Komitee mit der Restaurierung der über 400 Räume. Besucher begeistern sich am Maximilianssaal mit seinem reich verzierten Plafond und den vorbildlich restaurierten Salons.

In den alten Wirtschaftsgebäuden wurden Gästezimmer eingerichtet, der ehemalige Schlossstall beherbergt das ›Staatliche Hengstgestüt‹ mit einer aus Lärchenholz gezimmerten Reithalle. Im Sommer findet dort ein internationales Dressurturnier statt (Stado Ogierów Skarbu Państwa w Książu, ul. Jeździecka 1, Tel. 074-840 58 67, www.stadoksiaz.pl). Der 300 ha große Park lädt mit Azaleen und Rhododendren zu Spaziergängen ein.

Książ: ul. Piastów Śl. 1, Książ, Tel. 074-664 38 90, 25 Zimmer. Teils bescheidene, teils komfortable Zimmer in den Hofgebäuden von Schloss Fürstenstein. DZ ab 65 €.

Bus/Bahn: Die Hauptzugstrecke läuft von Wrocław über Sobótka, Świdnica und Wałbrzych nach Jelenia Góra. Von Świdnica kommt man mit Bus 12 mehrmals tgl. nach Krzyżowa, Bus 31 fährt alle 20 Min. nach Wałbrzych und hält nahe Schloss Książ (von der Haltestelle 15 Min. zu Fuß durch den Waldpark). Direkt zum Schloss kommt man mit Stadtbus 8 ab Bahnhof Wałbrzych Miasto.

Aus einer bewaldeten Senke erhebt sich Schlesiens größte Burg: Schloss Fürstenstein (Zamek Książ)

Mit seinen Gebirgsseen und windgepeitschten Kämmen hat das Riesengebirge zahlreiche Künstler inspiriert. Von seiner Schönheit künden die Bilder romantischer Maler wie Caspar David Friedrich und Ludwig Richter. Goethe schwärmte vom Sonnenaufgang an der Schneekoppe, Kleist schrieb seine ›Hymne an die Sonne‹ ins Gästebuch der Gipfelbaude.

Das höchste Mittelgebirge Zentraleuropas ist das Land des Berggeists Rübezahl. Wer hier Urlaub macht, träumt noch lange von skurrilen Felsformen und zerborstenem Gestein, von umgestürzten Fichten, Zwergsträuchern und Flechten, dicken Moospolstern und dem Geruch von Kräutern und Pilzen. Das Wegenetz ist vorbildlich ausgebaut, um Übernachtungsmöglichkeiten braucht man sich nicht zu sorgen. Seit der Frühzeit des Tourismus gibt es so genannte ›Bauden‹, aus Holz gezauberte, urige und preiswerte Herbergen.

Der Hauptkamm des Gebirges bildet den natürlichen Wall zwischen zwei nicht immer befreundeten Nachbarn. Gen Norden fällt

Der Rynek ist der Mittelpunkt der schönen Altstadt von Jelenia Góra

das Gebirge steil in Richtung Schlesien ab, gen Süden eher sanft zur böhmischen Seite. Karkonosze (Riesengebirge) präsentiert sich als raue Klimainsel: In den Höhenlagen ist es selbst in den Sommermonaten kühl und windig, die jährliche Durchschnittstemperatur auf dem Hauptkamm beträgt 0,1 °C. Fast 200 Tage im Jahr ist die Schneekoppe vereist, der erste Schnee fällt im September, der letzte im Mai.

Der 1959 geschaffene Nationalpark ist seit 1992 ein Unesco-Biosphärenreservat. Er schließt die Waldgebiete oberhalb von Karpacz und Szklarska Poręba ebenso ein wie den Wasserfall Szklarka und den Berg Chojnik. Nach dem Waldsterben der 1980er Jahre konnten Waldflächen beiderseits der Grenze aufgeforstet werden, die Luftverschmutzung hat sich vermindert. Am Fuße des Gebirges liegt das malerische Hirschberger Tal mit seinen restaurierten Schlössern. Als Urlaubsstandort empfiehlt sich Jelenia Góra, näher am Gebirge ist man in Karpacz und Szklarska Poręba – alle diese Orte verfügen über viele Hotels und Pensionen.

Jelenia Góra

Cityplan: S. 128
Die knapp 100 000 Einwohner zählende Stadt Jelenia Góra (Hirschberg) liegt in einem lang gestreckten, vom Bober durchflossenen Tal, etwa 20 km vom Riesengebirgskamm entfernt. Die Altstadt hat sich rund um den Ring etwas Wohlig-Provinzielles bewahrt, ist frei von Hektik und Lärm. Die Industrieanlagen liegen einige Kilometer entfernt, umweltschützende Maßnahmen sorgten dafür, dass die hohen Schadstoffwerte in Wasser und Luft auf ein erträgliches Maß zurückgeschraubt wurden.

Jelenia Góra, 1108 gegründet, profitierte schon bald von ihrer Lage an der Handelsstraße von Breslau nach Prag. Mit der Herstellung von Tuch und Webwaren begann ihre Blütezeit, im 16. Jh. war das Hirschberger Leinen in ganz Europa begehrt. Im Zwei-

Mit dem Autor unterwegs

›Das Tor zur Bergwelt‹
Jelenia Góra: Mit ihren verkehrsberuhigten Promenaden und Plätzen bewahrt die Altstadt provinziellen Charme (s. S. 127).

Auf den Spuren Hauptmanns
Jagniątków: Als Traumburg erscheint das ›Haus Wiesenstein‹, in dem Gerhart Hauptmann den größten Teil seines Lebens verbrachte (s. S. 134).

Unbedingt ansehen!
Das **Hirschberger Tal** war einst die Sommerfrische des preußischen Hochadels und galt als ›schlesisches Elysium‹. Einige Schlösser wurden in Hotels verwandelt (s. S. 136).

Aufstieg zu zwei Wasserfällen
Von **Szklarska Poręba** geht es auf markierten Wegen durch beeindruckende Gebirgszüge zum **Zackel-** und zum **Kochelfall** (s. S. 138).

Für Bike-Fans
Bike Action Festival: Anfang August treffen sich in **Szklarska Poręba** Aktive aus mehreren Ländern zu einer Party (s. S. 140).

Norwegisch und originell
Wangkirche: Die norwegische Holzkirche von **Karpacz** ist das originellste Bauwerk im Riesengebirge (s. S. 140).

Spaß für Kinder
Western City: US-Import für Besucher von **Karpacz** (s. S. 142).

Deftige Stärkung
U Ducha Gór in Karpacz: ›Beim Berggeist‹ gibt's deftige Regionalküche, Folklore und uriges Ambiente (s. S. 145).

ten Weltkrieg musste die Stadt kaum Zerstörungen hinnehmen. In den 1970er Jahren erweiterte sie sich um die früher selbststän-

Riesengebirge

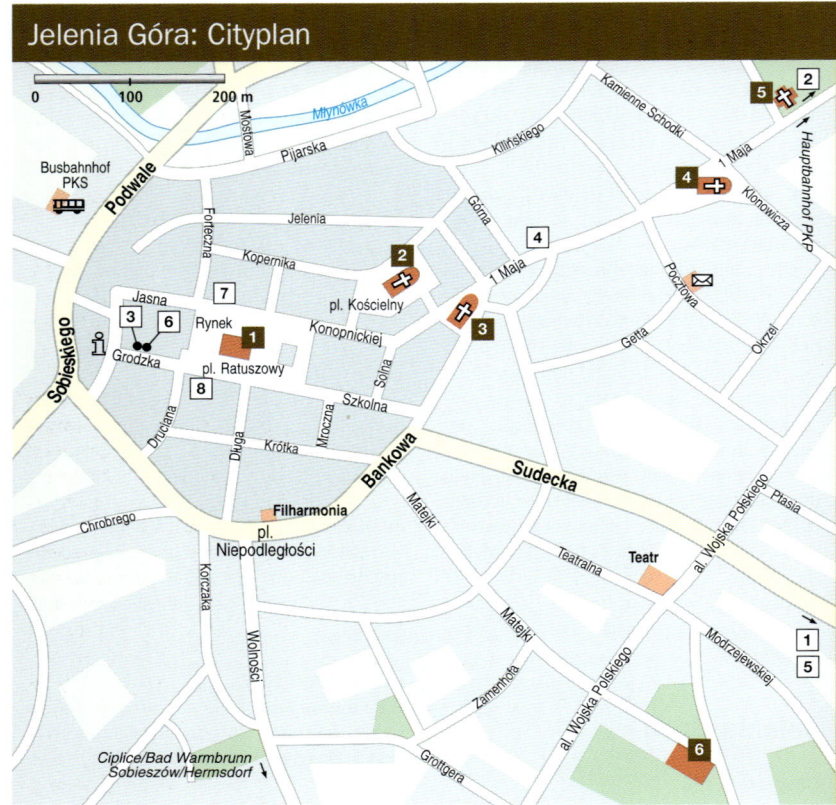

digen Orte Cieplice und Sobieszów, 1998 wurde auch Jagniątków mit seinem ›Haus Wiesenstein‹ angegliedert.

Rundgang

Schmuckstück der Stadt ist der **Ring** (pl. Ratuszowy): ein malerisches Ensemble von barocken Bürgerhäusern und Laubengängen, mit Cafés und Restaurants, Läden und Kunstgalerien. Seit seiner Restaurierung präsentiert er sich frisch und farbenfroh. In seiner Mitte erhebt sich das 1749 erbaute **Rathaus 1** (Ratusz), das erste nach der Eroberung Schlesiens durch Preußen errichtete öffentliche Gebäude. Der Springbrunnen ist mit einer Statue des Meeresgottes Neptun

geschmückt, Symbol für den im 18. Jh. erstarkten Überseehandel. Lebhaft geht es im Juli zu, wenn Straßentheater aus aller Welt zu Gast sind und das provinzielle Ambiente für die Dauer einiger Wochen verscheuchen – dann kommt Stimmung auf, und die Gassen der Altstadt verwandeln sich in eine bunt-fröhliche Bühne.

Alle Sehenswürdigkeiten liegen in unmittelbarer Nähe des Rings. Im Nordosten erhebt sich in einem stillen, schattigen Winkel die spätgotische **Erasmus- und Pankratiuskirche 2** (Kościół Parafialny Św. Erazma i Pankracego). Außen ist sie mit ausdrucksstarken mittelalterlichen Reliefs verziert, innen besticht sie durch den 22 m hohen

Sehenswürdigkeiten

1. Rathaus
2. Erasmus- und Pankratiuskirche
3. Annakirche
4. Orthodoxe Gemeindekirche
5. Kirche zum heiligen Kreuz
6. Regionalmuseum

Übernachten

1. Mercure Jelenia Góra
2. Fenix
3. Baron
4. Jelonek
5. Park & Camping Nr.130

Essen und Trinken

6. Karczma Grodzka
7. Kurna Chata
8. Pożegnanie z Afryką

barocken Hochaltar mit Figuren des Bildhauers Thomas Weißfeldt. Wo heute die **Annakirche** 3 (Kościół Św. Anny) steht, befand sich einst der Schildauer Torturm, den alle Bürger passieren mussten, die von Süden in die Stadt kamen. Noch heute spannt sich ein malerischer Bogen zwischen Bürgerhäusern und Kirche, auf ihm prangt das Stadtwappen. Vorbei am Hotel Jelonek (Kleiner Hirsch), einem hübschen Haus mit Sonnenuhr aus dem Jahr 1736, geht man die Einkaufsstraße entlang und erreicht nach wenigen Minuten die **Orthodoxe Gemeindekirche** 4 (Prawosławny Kościół Parafialny). Ein Stück weiter befindet sich das größte Gotteshaus der Stadt, die **Kirche**

zum heiligen Kreuz 5 (Kościół Garnizonowy Parafia Św. Krzyża). Es wurde in den Jahren 1709–1717 errichtet, eine von insgesamt sechs ›Gnadenkirchen‹, die die schlesischen Protestanten dem Habsburger Kaiser abtrotzten. Seit 1945 wird die Kirche von Katholiken genutzt. Über 4000 Sitzplätze verteilen sich über weit ausladende zweistöckige Emporen, die mit Szenen aus dem Alten und Neuen Testament geschmückt sind. Entlang der Friedhofsmauer, die die Kirche in weitem Halbkreis umschließt, entdeckt man eine Reihe barocker Gruftkapellen – der Hirschberger Adel fand hier seine letzte Ruhestätte.

Südöstlich der Altstadt befindet sich das **Riesengebirgsmuseum** 6 mit einer reichen Glaskunstsammlung (Muzeum Karkonoskie, ul. Jana Matejki 28, www.muzeumkarkonoskie.pbox.pl, Mo geschl.). Seit dem Mittelalter wird aus dem in dieser Region reichlich vorhandenen Quarzsand Glas geschmolzen. Preiswerten Brennstoff lieferten die Wälder, das technische Know-how brachten Fachkräfte von der venezianischen Insel Murano. Ein Gang durchs Museum enthüllt, wie sehr Glas die künstlerische Phantasie beflügelte. Gefäße sind in allen nur erdenklichen Formen ausgestellt; neben dem klobigen Humpen steht das schlanke Champagnerglas, neben dem ›Scherzgefäß‹ der filigrane Brautkelch. Nicht minder vielfältig sind die Farben; die Palette reicht von Milchigweiß über Rubinrot bis zum geheimnisvoll schillernden Schwarzblau. Oft sind die Gefäße zusätzlich mit Motiven verziert; so entfaltet sich in den Vitrinen ein Bilderbogen der Städte und Landschaften Schlesiens von der Schneekoppe bis nach Hirschberg – eingeschnitten und graviert in zerbrechliches Kristall.

Touristeninformation: ul. Grodzka 16, 58-500 Jelenia Góra, Tel. 075-76 76 9 25, Fax 7 67 69 35, www.jeleniagora.pl, So im Winter geschl.

Mercure Jelenia Góra 1: ul. Sudecka 63, Tel. 075-754 91 48, Fax 752 62 66, www.orbis.pl, 188 Zimmer. Großer

Legende vom Rübezahl

In der wilden, unberechenbaren Natur des Riesengebirges sahen die Bewohner das Walten eines geheimnisvollen Geistes: Mal erschien er ihnen als Teufel, dann wieder als Retter in der Not. Von seinen Taten künden zahlreiche Geschichten, die bis heute erzählt werden.

Rübezahl im Wandel der Zeit

Auf der ältesten, 1561 von Martin Helwig herausgegebenen Schlesienkarte taucht ›Rübenzal‹ zum ersten Mal auf: Halb Teufel, halb Hirsch steht er da inmitten buckliger Berge. Er bleckt seine Zunge, als wolle er die Menschen verhöhnen, und wedelt erregt mit dem Schweif – der Pferdefuß weist ihn als Teufel aus. Das riesige Geweih trägt er stolz wie eine Krone, in seinen Pranken hält er einen Wanderstab.

Im Laufe der Jahre hat Rübezahl sein Aussehen verändert und menschliche Züge angenommen, dabei aber stets die Gewalten der Natur verkörpert. Sprach man von ihm, so mischte sich der Rede Ehrfurcht, aber auch Bewunderung bei. Und gäbe es nicht das Fernsehen in jeder noch so abgelegenen Bar, würden Geschichten über ihn gewiss noch heute erzählt …

Rübezahl als Menschenfreund

»Erinnert ihr euch«, fragt ein Alter mit verrußtem Gesicht, »wie Rübezahl dem Hirschberger Gerichtsherren ein Schnippchen schlug?« Wissend nicken die Männer und hören doch begierig zu. »Der feine Herr, der sich seine Perücke täglich pudern ließ und es liebte, harte Strafen zu verhängen, verurteilte einen Dieb wegen einer Bagatelle zum Tod. Schnurstracks ward dieser zum Galgen geführt. Er trug die Schlinge schon um den Hals, da sauste Rübezahl aus den Lüften herab, befreite den armen Kerl und ließ an seiner Stelle einen Strohballen hängen. Doch damit nicht genug: Er lud den Dieb zu Speis und Trank in den Ratskeller ein!«

Die Geschichte hat den Männern gefallen, eine weitere soll folgen, die vom ›Schneider Siebenhaar‹. Das lässt sich der Alte nicht zweimal sagen – er setzt an mit bedächtiger Stimme: »Ein guter Gesell hatte sich in den Bergen verirrt und wusste nicht mehr ein noch aus. In seiner Not besann er sich des legendären Rübezahl. Lautstark rief er seinen Namen, worauf der Riese tatsächlich herbeigeeilt kam. ›Begleite mich durch den Orkan‹, bot dieser an, ›so will ich dich auf den rechten Weg zurückführen.‹ Was blieb dem Schneider anderes übrig, als sich dem Deiwel zu fügen? Und er sauste mit ihm über Stock und Stein, bis er schließlich auf einer Kegelbahn landete, denn das Kegeln war Rübezahls Lieblingsbeschäftigung.« (An dieser Stelle ein kleiner Hinweis: Laut Nachschlagewerk befindet sich die Bahn auf einer horizontalen Wegstrecke oberhalb der Wangkirche von Karpacz!) »Erst im Morgengrauen wanderte der Schneider zurück, müde und zerzaust, aber gut gelaunt. Und wie er da staunte, als er in seiner Stube den Rucksack zu leeren begann: Statt des hölzernen Kegels, den er zur Erinnerung an Rübezahl mitgenommen, lag nun ein wahrhaftiger Goldkegel vor ihm! Schon wenig später verkaufte der Schneider das kostbare Ding und richtete sich in Warmbrunn eine Werkstatt ein. Und wenn er nicht gestorben ist, lebt er dort noch heute als reicher Mann.«

Thema

Rübezahls teuflische Seite

Rübezahl war gutmütig, aber er konnte auch grausam sein. Kräutersammler, die es gewagt hatten, in seinen Teufelsgarten am Brunnenberg einzudringen, schleuderte er, ohne mit der Wimper zu zucken, in den Abgrund hinab. Und Schatzgräber aus dem fernen Venedig strafte er, indem er das Gold in ihrem Rucksack in wertlose Steine verwandelte. Gern trieb er auch sein grausam Spiel mit Rittern, die im winterlichen Wald ihrer Jagdlust frönten: Mit einem vor seinen

Schlitten gespannten Wildschwein sauste er über den zugefrorenen See und johlte so laut, dass sie vor Schreck erstarrten. Doch was Rübezahl überhaupt nicht mochte, war Überheblichkeit. Ein junges Adelsfräulein, das es gewagt hatte, ein Gespräch mit dem Berggeist auszuschlagen, verzauberte er in eine Quelle. Seitdem rinnen ihre kühlen Tränen zu Tal, speisen Bäche und Flüsse und münden schließlich ins Meer …

Woher Rübezahl stammt und wie er zu seinem sonderbaren Namen kam, weiß man nicht. »Das Geheimnis um Rübezahl ist alt wie die moosigen, grün spiegelnden Felsen, die von den feuchten Gebirgsschluchten hängen, alt wie die Bergquellen selber«, schrieb Carl Hauptmann (1858–1921) in einem Buch, das ausschließlich Rübezahl gewidmet ist. Der Herrscher des Waldes, darauf kann man sich einigen, hat im ›Niemandsland‹ gelebt, irgendwo zwischen Schneekoppe und Stadt. Im 17. Jh. wurde er *Virunculus montanus* (Bergmännlein) tituliert, eher Kobold als Kraftprotz. Später hieß er *Daemon montanus* (Bergdämon) oder schlicht *Spektrus* (der Geist). In Oberschlesien, wo sich deutsche und polnische Kultur mischten, wurde er *Rzepiór* genannt: Darin enthalten ist das deutsche Wort *Rübezahl* und das polnische *Upiór* (Vampir). Polen nannten ihn aber auch *Rybcal*, *Skarbnik* und *Liczyrzepa*; in ihren Sagen erscheint er als grau gewandeter Mönch, dessen Saitenspiel die Erde erschüttert, als edles Wildpferd und sogar als hässlicher, verwunschener Frosch.

Bis heute ein Bestseller – die Legenden von Rübezahl werden immer neu aufgelegt

Riesengebirge

Hotelkomplex mit Hallenbad und Sauna, von vielen Zimmern hat man Aussicht aufs Gebirge. 1 km südöstl. der Stadt an der Straße nach Karpacz. DZ ab 75 €.

Fenix 2 : ul. 1 Maja 88, Tel. 075-641 66 00, Fax 641 66 07, www.hotelefeniks.pl, 36 Zimmer. Restaurierte Nobelvilla anno 1886 gegenüber vom Bahnhof. Nach einem anstrengenden Tag entspannt man sich in der Sauna oder im Whirlpool. Mit Gratis-Garage und bewachtem Parkplatz. DZ ab 60 €.

Baron 3 : ul. Grodzka 4, Tel. 075-752 33 51, Fax 752 53 91, www.hotelbaron.pl, 16 Zimmer. Kleines Komforthotel in einem restaurierten Haus westl. des Marktplatzes. Große, gemütliche Zimmer, freundliche, deutschsprachige Leitung. DZ ab 55 €.

Jelonek 4 : ul. 1 Maja 5, Tel. 075-764 65 41, Fax 764 65 42, www.hotel-jelonek.com. pl, 12 Zimmer. Hotel an der zentralen Fußgängerstraße mit hübscher Barockfassade und Sonnenuhr (1732). Zur Wahl stehen Einzel- und Doppelzimmer sowie geräumige Apartments; Preissenkung bei Aufenthalt von mehr als drei Tagen, Kinder bis zu 7 Jahren frei. DZ ab 50 €.

Park & Camping Nr. 130 5 : ul. Sudecka 42, Tel. 075-752 69 42, Fax 752 60 21, 21 Zimmer. Herberge südöstl. der Stadt mit einfachen Zimmern. Der angeschlossene, teilweise schattige Zeltplatz ist ganzjährig geöffnet. Herbergszimmer ab 20 €.

 Karczma Grodzka 6 : ul. Grodzka 5, Tel. 075-764 63 59. Leckere schlesische und polnische Küche sowie reich belegte Pizza in rustikalem Ambiente. Auch bei jüngeren Leuten beliebt. Hauptgerichte ab 4 €.

Kurna Chata 7 : pl. Ratuszowy 23/24. Hütte im Folk-Stil mit rustikaler Küche: gefüllte Teigtaschen, deftige Eintöpfe und Schweinefleisch. Im Sommer sitzt man auf dem Laubengang mit Blick auf den Ring. Hauptgerichte ab 2 €.

Pożegnanie z Afryką 8 : pl. Ratuszowy 4, So geschl. Mini-Café unter den Arkaden, Dutzende von Kaffeesorten stehen hier zur Wahl.

 Jelenia-Góra-Theater: Teatr Jeleniogórski im. C.K. Norwida, al. Wojska Polskiego 38.

Philharmonie: Filharmonia Dolnośląska, ul. Piłsudskiego 60.

Internationales Straßentheaterfestival (Juli)**:** Clowns und Ensembles aus aller Welt spielen auf dem Ring.

Rundflüge: Aeroklub Jelenia Góra, Lotnisko/ul. Łomnicka, Tel. 075-752 60 20, Fax 752 37 01, www.aeroklub. jelenia.gora.pl. Am östl. der Stadt gelegenen Sportflughafen kann man Flüge mit Motor- und Segelflieger buchen.

Bus/Bahn: Mit dem Zug tgl. mehrere Verbindungen nach Wrocław, die Linie nach Karpacz wurde eingestellt. Mit dem Bus fährt man schneller, etwa stdl. nach Szklarska Poręba und Karpacz, im Sommer 2 x wöchentlich nach Berlin via Forst (Fahrtdauer 5 Std.). Der Bahnhof liegt 1 km östl., die Busstation 500 m westl. vom Ring.

Cieplice

1 Das eingemeindete **Cieplice** (Bad Warmbrunn) ist der älteste Kurort Schlesiens. Seinen Namen verdankt er den im 12. Jh. entdeckten warmen, schwefelhaltigen Quellen. Damals, so lernen es die Schulkinder noch heute, hatte eine Gruppe von Jägern etwas gar Seltsames beobachtet. Ein Hirsch, der eine schwere Schussverletzung erlitten hatte, wälzte sich in einer Quelle und sprang kurz darauf frisch und munter davon. Sobald der Herzog von diesem ›Wunder‹ vernahm, ließ er am besagten Quell eine Kapelle errichten, worauf Kranke aus der ganzen Region herbeiströmten, da sie sich vom Wasser eine Linderung ihrer Leiden versprachen.

Die Grafenfamilie Schaffgotsch, Eigentümerin des Hirschberger Tals, verlegte im 19. Jh. ihren Stammsitz nach Cieplice und ließ nebst einem Theater auch Trinkhalle und Kurhaus errichten. Heutige Besucher dürfen

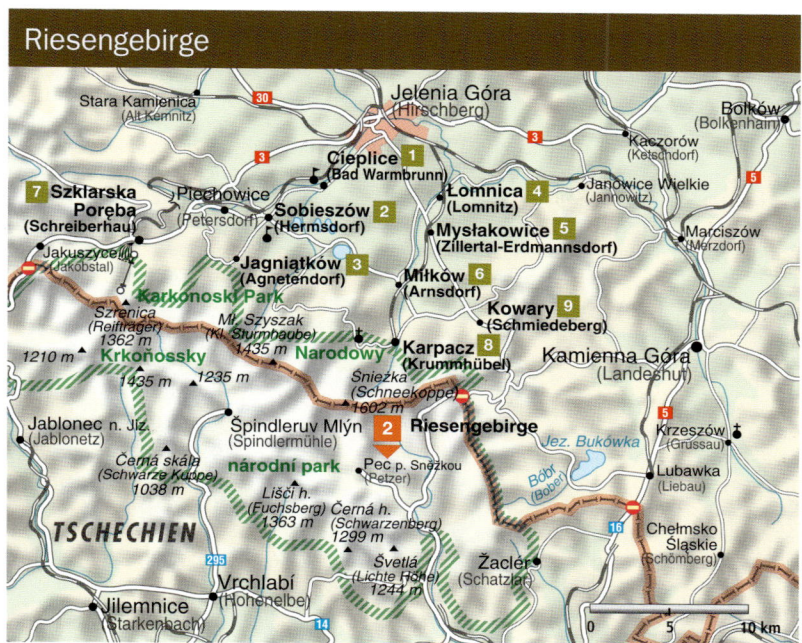

sich in die vergangene Glanzzeit zurückversetzt fühlen. An der Nordseite des Kurparks befindet sich der ehemalige Schlossplatz mit dem frisch restaurierten **Schaffgotschpalais** (Pałac Schaffgotschów), in Sichtweite die **Evangelische Kirche** (Kościół Ewangelicki) mit dem von Michael Willmann gemalten Hochaltarbild ›Mariä Himmelfahrt‹. Bei einem Spaziergang durch den **Kurpark** kommt man an klassizistischen Pavillons und am Theater vorbei, im **Norwegischen Park** (Park Norweski) kann das 1876 eingerichtete Naturkundemuseum besucht werden (Muzeum Przyrodnicze, ul. Wolności 268, www.muzeum-cieplice.com, Mo geschl.).

Sobieszów

2 Schon von fern sieht man den grauen Zacken von **Schloss Kynast** in Sobieszów (Hermsdorf), das auf einem steilen, 627 m hohen Granitfelsen thront (Zamek Chojnik,

Di–So 10–18 Uhr). Ringsum dichter Buchenwald, aus dem hin und wieder graues Gestein hervorblitzt. Die Burg wurde im 14. Jh. vom Schweidnitzer Fürsten Bolko II. gegründet und kurze Zeit später Stammsitz der Familie Schaffgotsch. Während der Hussitenkriege wurde sie von Raubrittern beherrscht, doch nach neuerlichen Befestigungen erwies sie sich als uneinnehmbares Bollwerk. Selbst den Schweden gelang es während des Dreißigjährigen Krieges nicht die Burg zu erobern. Was Krieger nicht schafften, gelang der Natur: Bei einem Sommergewitter im August 1675 wurde das Bauwerk von einem Blitz getroffen und brannte aus – nie wieder wurde es erneuert.

Der Aufstieg startet am Fuße des Burgbergs nahe dem **Nationalpark-Museum**, das über Geologie, Flora und Fauna informiert (Muzeum Przyrodnicze KPN, ul. Chałubińskiego 23, Mo geschl.). Ein schwarz markierter Pfad windet sich südwarts den Hang hinauf und führt durchs ›Räuberloch‹, eine

133

Riesengebirge

kleine, zerklüftete Felsschlucht (Gehzeit: 1 Std.). Oder man wählt den roten Weg, der sich am Nordhang entlangwindet und gleichfalls am Gipfelplateau endet (Gehzeit: 30 Min.).

Heute ist die Ruine eine Touristenattraktion – im dunklen Gemäuer ist ein Lokal untergebracht, eine Herberge bietet müden Wanderern ein Quartier. Spannend ist der Streifzug durch die romantische Ruinenlandschaft: Bergfried und Wehrmauern sind noch erhalten, ebenso Kapellenerker, Verlies und steinerner Pranger. Gern erzählt wird die Geschichte von Kunigunde, der stolzen Burgbesitzerin. Jeden Ritter, der um ihre Hand anhielt, forderte sie auf, die Burg auf der Mauer zu umreiten. Dabei stürzten alle ab – bis auf einen. Der blickte Kunigunde streng in die Augen und erklärte ihr, er wolle keine Frau, die über Leichen geht. Das verletzte die schöne Kunigunde so sehr, dass sie selbst in den Abgrund sprang…

Jagniątków

3 Auf der Südseite des Burgbergs liegt die Ortschaft **Jagniątków** (Agnetendorf), in deren oberen Teil sich das Haus Wiesenstein befindet. Der Schriftsteller Gerhart Hauptmann lebte darin von 1901 bis zu seinem Tod 1946. Danach zogen Kinder aus dem schlesischen Kohlenpott ein – 50 Jahre diente es ihnen als Landschulheim.

Nach der Jahrtausendwende wurde im früheren Domizil des Autors das **Gerhart-Hauptmann-Haus** eingerichtet (Dom Gerharta Hauptmanna, ul. Michałowicka 32, Tel. 075-755 32 86, www.dom-gerharta-hauptmanna.pl, Mai–Okt. Di–So 9–17, Nov.–April 9–16 Uhr). Man betritt es durch die ›Paradieshalle‹, in der die 1922 von Johannes von Avenarius gemalten Fresken in voller Pracht leuchten. In der Ausstellung erhält man Einblick ins Œuvre des Autors, der 1912 mit dem Literaturnobelpreis ausgezeichnet wurde. Man sieht ihn auf gemalten und modellierten Porträts – auch eines vom nationalsozialistischen Star-Bildhauer Arno Breker

ist darunter. Hinweise auf Hauptmanns Kriegsbegeisterung von 1914 waren beim letzten Besuch nicht zu entdecken, dieser Aspekt mag späteren Ausstellungen vorbehalten bleiben. Aber man wird an viele seiner Dramen erinnert: ›Die Weber‹, ›Fuhrmann Henschel‹ und ›Hanneles Himmelfahrt‹ – sie alle schöpfen aus der Atmosphäre des Riesengebirges und sind teilweise in schlesischem Dialekt geschrieben. Ein Dokumentarfilm zeigt die Überführung des toten Hauptmann nach Hiddensee (1945).

Das Haus ist heute nicht nur ein Autorenmuseum, sondern dient auch als deutsch-polnische Begegnungsstätte; hier finden Konzerte, Lesungen und Kongresse statt, es gibt ein Literaturcafé und eine Weinstube.

Szklarska Poręba

7 **Szklarska Poręba** (Schreiberhau) liegt am Fuße des Reiftägers (Szrenica) und ist der neben Karpacz beliebteste Ferienort der Bergregion. Er zählt 9000 Einwohner und liegt im Grenzgebiet von Iser- und Riesengebirge. Über mehrere Kilometer erstreckt er sich durch ein malerisches Tal und wird in Unter-, Mittel- und Oberschreiberhau unterteilt (Szklarska Poręba Dolna, Średnia, Górna).

Ein Blick zurück

Seine Geschichte reicht bis ins Mittelalter zurück. Dank großer Quarzlagerstätten im Tal des Gebirgsflüsschens Zacken (Kamienna) etablierte sich die Glasindustrie, die bald über Schlesiens Grenzen hinaus Berühmtheit erlangte. Der Name der 1842 gegründeten Josephinenhütte stand für schillerndes und mundgeblasenes, zu Kristall geschliffenes Glas. Später entwickelte sich Schreiberhau zu einer beliebten Sommerfrische von Künstlern und Wissenschaftlern. Zu den berühmtesten Dauergästen gehörten

Ein Naturschauspiel im Riesengebirge: der Kochelfall bei Szklarska Poręba

Schlesisches Elysium

Im Hintergrund das majestätische Riesengebirge, davor ein anmutiges, von einem Wildbach durchflossenes Tal: Kein Wunder, dass sich der reiche preußische Hochadel im Hirschberger Tal, gar nicht so weit von Berlin entfernt, seine Sommerpaläste schuf …

Blickfang des Dorfes **Łomnica** (Lomnitz) 4 ist ein altes Rittergut mit barockem Schloss, frühklassizistischem Witwenschlösschen und Gutshof. Carl Gustav Ernst von Küster, preußischer Gesandter am sizilianischen Hof, erwarb die Anlage 1835, bis 1945 blieb sie über mehrere Generationen im Besitz der Familie. Im Sozialismus wurde das Gut als Schule und landwirtschaftliches Zentrum genutzt. Nach der Wende änderten sich erneut die Besitzverhältnisse. Elisabeth und Ulrich von Küster, späte Nachkommen des Gesandten, gründeten eine GmbH mit einem polnischen Mehrheitsgesellschafter und kauften das Gut zurück. Sie renovierten es von Grund auf und verwandelten das Hauptschloss mithilfe des ›Vereins zur Pflege schlesischer Kunst und Kultur‹ in ein deutsch-polnisches Begegnungszentrum. Eine Dauerausstellung gibt einen lebendigen Eindruck von den 32 Schlössern im Tal (tgl. 12–18 Uhr), zu Konzerten und Lesungen werden Künstler aus beiden Ländern eingeladen. Im ›Witwenschlösschen‹ nebenan öffnet ein behagliches Hotel; fünf Apartments finden sich in den restaurierten Gartenhäusern. Man schläft mit Blick aufs Grüne, stärkt sich im Café mit hausgemachtem Mohnkuchen oder probiert im Restaurant schlesische Spezialitäten. Danach hat man vielleicht Lust auf einen Spaziergang durch den 9 ha großen Park. Dieser dehnt sich aus

Im ›Witwenschlösschen‹ lässt es sich gemütlich übernachten

bis hinab zum Ufer des Bober, der sich in vielen Windungen durch die Wiesenlandschaft zieht (Zamek Łomnica, ul. Karpnicka 3, Łomnica Dolna, Tel. 075-713 04 60, Fax 713 05 33, www.schloss-lomnitz.pl, 16 Zimmer, DZ ab 60 €).

Bei einer Bus- oder Autofahrt durchs Hirschberger Tal stößt man immer wieder auf Schlösser und Herrenhäuser. Wenige Kilometer östlich von Łomnica lohnt ein Stopp in **Wojanów** (Schildau), wo König Friedrich Wilhelm III. einen Barockpalast für seine Tochter Prinzessin Luise erwarb. Dieser stammt aus dem Jahr 1607, zum 400. Jahr seiner Entstehung soll sich das Schloss in ein feudales Wellness-Hotel verwandeln und der angrenzende, 15 ha große und von Lenné angelegte Park in alter Blütenpracht erstrahlen.

Der König selbst residierte im Schloss von **Mysłakowice** (Zillertal-Erdmannsdorf) **5**, das er Generalfeldmarschall Gneisenau abgekauft hatte. Von Hofarchitekt Schinkel ließ er es in neugotischem Stil aufpolieren und empfing hier seine Gäste – zu Besuch waren u. a. der russische Zar und der König der Niederlande. Das Schloss dient heute als Schule, doch darf man einen Blick hineinwagen: Schautafeln berichten über seine Geschichte und vom Turm schaut man auf den gleichfalls von Lenné gestalteten Park, der gegenwärtig mit finanzieller Unterstützung der EU wiederhergestellt wird. In gebührender Entfernung vom Schloss entstand ein ›Tirolerdorf‹: 1837 schenkte der König das Land protestantischen Glaubensflüchtlingen, die aus dem Tiroler Zillertal vertrieben worden waren. Noch heute säumen ihre behäbigen Höfe mit Holzbalkon und schindelgedecktem Satteldach die Landstraße. Mit Spenden aus Österreich wurde eines der Häuser in ein ›Museum der Tiroler

Kultur‹ verwandelt, in dem auch kulinarisch die Erinnerung an die Einwanderer wach gehalten wird: Im Restaurant serviert Familie Tremmel hausgemachte Wurst »wie in den Alpen«, gekochtes Eisbein mit Sauerkraut und zur Jagdsaison feines Rehfleisch (Dom Tyrolski, ul. Starowiejska 14, Tel. 075-753 55 47, tgl. 11–20 Uhr).

Anschließend fährt man ein Stück weiter südlich, wo in **Milków** (Arnsdorf) **6** die Breslauer Brauerei Spiż den ehemaligen Gutshof der Grafen von Matuschka übernahm. Die Zimmer sind einfach, im Restaurant trinkt man hauseigenes Bier, und für Ausritte stehen Pferde bereit (Pałac Spiż, ul. Wiejska 218, Tel. 075-761 03 17, Fax 761 02 10, www.palacemilkow.com, 16 Zimmer, DZ ab 35 €).

In **Staniszów** (Stonsdorf), wo früher die Prinzen Reuß den Stonsdorfer Kräuterlikör herstellen ließen, kann man sich gleichfalls einquartieren. Die Palast- und Parkanlage hat der Touristikfachmann Wacław Dzida in alter Pracht restaurieren lassen (Pałac Staniszów, Staniszów 100, Tel. 075-755 84 45, Fax 755 85 34, www.palacstaniszow.pl, 15 Zimmer, DZ ab 60 €). Ein ehemaliger Stonsdorfer auf Besuch geriet ins Schwärmen: »Der Gartensaal mit anschließender Terrasse, die Rosenbeete, der Sprungbrunnen, die Teiche und Felsen – das alles ist fast unverändert. Und es sind bestimmt dieselben großen Bäume, unter denen in den 1930er Jahren Prinzessin Reuß von der Stonsdorfer Theatergruppe Gerhart Hauptmanns ›Die versunkene Glocke‹ aufführen ließ.« Selbstverständlich wird im Schloss auch der aus Waldheidelbeeren und Gebirgskräutern hergestellte Likör ausgeschenkt. Allerdings wird er aus Norderstedt bei Hamburg importiert – dorthin war nach dem Krieg die ›Stonsdorferei‹ ausgelagert worden.

Riesengebirge

die Brüder Carl und Gerhart Hauptmann, die Schreiberhau 1890 bei einer Wanderung durchs Riesengebirge entdeckten. Carl Hauptmann verfasste in seinem ›Schreiberhäusel‹ das ›Rübezahlbuch‹ (s. S. 131) und war so verliebt in diesen Ort, dass er bis zu seinem Tod 1921 dort blieb. Gerhart, der berühmte Bruder, wohnte in dem Haus bis 1898, zog dann um ins benachbarte Agnetendorf. Die Stiftung für deutsch-polnische Zusammenarbeit ließ das Haus der beiden Brüder restaurieren und richtete darin ein **Museum** ein; ausgestellt werden Briefe und Handschriften, aber auch historische Möbel, Glasobjekte und Gemälde (Muzeum w Szklarskiej Porębie, ul. 11 Listopada 23, Mo geschl.).

Sehenswertes in Szklarska Poręba

Einen Abstecher lohnt auch das **Haus von Vlastimil Hofmann** (Dom Wlastimila Hofmana, ul. Matejki 23). Der visionäre Künstler aus Prag (1881–1970) studierte in Krakau und Paris und verbrachte die letzten 23 Jahre seines Lebens in Szklarska Poręba. Bekannt machten ihn exotische Darstellungen des polnischen Dorflebens und Bildnisse trauriger Kinder.

Die Natur des Riesengebirges wird in zwei Museen vorgestellt. Im **Riesengebirgszentrum** an der Seilbahnstation erhalten Besucher eine didaktisch tadellose, multimediale Einführung in Geologie, Flora und Fauna der Region (Karkonoskie Centrum Edukacji Ekologicznej, ul. Okrzei 28, Di–Sa 10–16 Uhr). Gleichfalls im oberen Teil der Stadt befindet sich in einer verspielten Holzvilla ein privates **Mineralienmuseum**. In altertümlichen Vitrinen sind Achate, Amethyste und Quarzkristalle ausgestellt; zur Sammlung gehören auch ein Gibeon-Meteorit und ein Riesendiamant aus Südafrika sowie das Ei eines Dinosauriers (Muzeum Mineralogiczne, ul. Kilińskiego 20, Mo geschl.).

Ausflug zum Kochelfall

Ganz in der Nähe befinden sich zwei Naturschauspiele, die sich gut mit Wanderungen verbinden lassen. Am schwarz und blau markierten Weg liegt der Kochelfall (*Wodospad Szklarki*): im unteren Teil des Ortes, 400 m vor der Mündung des Kochels in den Zacken. In einer malerischen Schlucht stürzt sich das Wasser mit ungestümer Kraft 13 m in einen Felstrichter. 2 km südwestlich der Stadt kommt man mit dem schwarzen und roten Wanderweg zum **Zackelfall** (*Wodospad Kamieńczyka*). Über mehrere Steilstufen ergießt sich das Wasser 27 m in einen Kessel und bahnt sich seinen Weg in eine dunkle, stark verwitterte Klamm. Die Luft ist von Gischt erfüllt, ohrenbetäubend das Brausen. Eine kleine, holzvertäfelte Baude bietet Erfrischungen und günstiges Quartier.

Auf den Szrenica

Wer höher hinaus will, wählt den modernen Sessellift und schwebt hinauf zum 1362 m hohen Szrenica (Reifträger). Der Kamm ist mit Sumpf- und Torfmoor bedeckt, windgepeitschte Zwergkiefern neigen sich zu Boden. Im späten Frühjahr breitet sich ein weiß-gelber Blütenteppich aus, es wachsen seltene Pflanzen wie Amstelraute und Goldfingerkraut. Natürlich gibt es auf dem Szrenica auch die Möglichkeit, zu übernachten oder seinen Hunger zu stillen – die im Alpenstil errichtete **Reifträgerbaude** (Schronisko Szrenica) bietet Kost und Logis (s. u.). Interessant ist ihre Entstehungsgeschichte. Da es den Sudetendeutschen auf tschechischer Seite 1922 verwehrt war, eine eigene Baude zu betreiben, errichteten sie diese kurzerhand auf schlesischer, damals deutscher Seite. Nach einem Brand wurde sie 1992 neu aufgebaut, fünf Jahre später entstand nahe dem Haus ein Grenzübergang nach Tschechien.

Vom Reifträger genießt man eine phantastische Aussicht auf die Bergwelt und das Hirschberger Tal. Und man könnte – oberhalb der Waldgrenze – stundenlang wandern: Auf dem rot markierten Weg erreicht man über die ›große‹ und ›kleine Schneegrube‹ in ca. 7 Stunden die **Schneekoppe** (Śnieżka). An der **Hampelbaude** ist man wahrscheinlich so erschöpft, dass man sich für eine Nacht dort einquartiert. Zurück geht es mit der auf S. 142 beschriebenen Tour nach Karpacz und von dort mit Bus nach Szklarska Poręba.

Touristeninformation: ul. Pstrowskiego 1, 58-580 Szklarska Poręba, Tel./Fax 075-717 24 94, www.szklarskaporeba. pl. Mit deutschsprachigem Service, freundlich-zuvorkommend, auch schriftliche Anfragen werden beantwortet.

Las: Piechowice, ul. Turystyczna 8, Tel. 075-717 29 55, Fax, 717 52 52, www.hotel-las.pl, 140 Zimmer. Das burgähnliche ›Waldhotel‹ mit Türmchen und Fachwerk liegt an der Straße nach Piechowice, 4 km östl. des Stadtkerns, und bietet komfortable Zimmer mit Sat-TV, Tennisplätze, Pool und Fitness. Schade nur, dass nebenan ein zehngeschossiger Hotelturm prangt! DZ ab 60 €.

Gawra: ul. Turystyczna 24, Tel. 075-717 50 88, Fax 717 24 72, www.gawra.pl, 20 Zimmer. Die attraktive Unterkunft für Naturliebhaber liegt am oberen Ortsrand, 100 m vom Sessellift. Besonders zu empfehlen ist das hintere (dritte) Haus, wo sich warmes Holz und kühle Blautöne bestens ergänzen. Alle Zimmer haben Sat-TV, eines ist mit extrabreiten Türen und unterfahrbarer Dusche behindertengerecht. Man hat Zugang zum Internet, Mountainbikes sind ausleihbar. DZ ab 50 €.

Husarz: ul. Kilińskiego 18, Tel./Fax 075-717 33 63, www.husarz.jg.pl, 10 Zimmer. Eine verspielte Villa aus dem 19. Jh. wurde von einem Schotten und seiner polnischen Frau in eine mit Antiquitäten gespickte Bed & Breakfast Pension verwandelt. Der 6 m lange Tisch im Speisesaal stammt aus der Burg von Kłodzko. Hier, im Kaminsalon und auch in der Bibliothek mit Bar fühlt sich der Gast wie zu Hause. Herrlich auch der 2 ha große Park! DZ ab 40 €.

Szrenica: Tel. 075-752 60 11, Fax 752 32 00, 17 Zimmer. Altertümliche Holzbaude auf dem Gipfel des 1375 m hohen Reiftträger (Szrenica). Funktionale Einzel- bis Sechs-

bettzimmer, in der Kantine bekommt man den ganzen Tag über warme Gerichte. DZ 20 €, Bettwäsche gegen Aufpreis.

Taras Gawra: ul. Turystyczna 24, Tel. 075-717 20 08. Eine gute Adresse, um sich vor oder nach dem Trip mit dem Sessellift zu stärken: Auf der begrünten, Kopfstein gepflasterten Terrasse wird polnische Hausmannskost serviert. Ein gutes Händchen hat der Koch für fleischgefüllten Kartoffelpuffer (*placek po węgiersku*) sowie Roggenmehlsuppe, die er im ausgehöhlten Brotlaib anrichtet (*żurek w chlebie*). Hauptgerichte ab 4 €.

Młyn Św. Łukasza: 1 Maja 16, Tel. 075-717 55 52. Die ›Lukasmühle‹, ein Fachwerkhaus im Zentrum von Szklarska Poręba am rauschenden Wildbach, war einst Treffpunkt der deutschen Künstlerkolonie. Gerichte vom Grill ab 3 €.

Mineralien und Kunsthandwerk: Muzeum Ziemi, ul. Jeleniogórska 9. Das ›Museum der Erde‹ entpuppt sich als Verkaufsgalerie mit einem großen Angebot an Bunzlauer Keramik, mundgeblasenem Glas und Mineralien aus aller Welt.

Sessellift Sudety (Kolej-Linowa Sudety)**:** ul. Urocza s/n, www.sudetylift. com, tgl. 9–16 Uhr, Einstieg alle 30 Min. Mit dem Doppelsessellift geht es in zwei Etappen auf den Reiftträger, von wo man zu ausgedehnten Kammtouren startet.

Wandern: Vor Ort bekommt man die Karte ›Riesengebirge – Isergebirge‹ (Maßstab 1:40 000), auf der alle Touren und Herbergen eingetragen sind.

Radfahren: Rings um den Ort wurden 12 attraktive Rundtouren mit einer Länge von 300 km markiert: leicht zu befahrende Forststraßen ohne großen Höhenunterschied und Off-Road-Pisten für erfahrene Mountainbiker. Die Radwegkarte erhält man kostenlos in der Touristeninformation.

Wintersport: Neun Skilifte rund um den Reiftträger wurden erneuert, die Abfahrtspisten auf 17 km Länge erweitert und die Ski-

Riesengebirge

piste Puchatek mit Flutlicht ausgestattet. Ideal für Langläufer: 100 km gespurte Loipen gibt es bei Jakuszyce (Jakobsthal) an der Grenze zu Tschechien.

Piasten-Skilanglauf (März)**:** Internationaler Wettkampf im Vorort Jakuszyce auf 50 km Länge. Infos im Internet: www.bieg-piastow.pl.

Bike-Festival (August, www.bikeaction.pl)**:** Zum traditionsreichen Treffen reisen Biker aus halb Europa an. Höhepunkt ist das Marathon-Radrennen durch den Nationalpark (wahlweise 40 oder 75km). Allabendlich gibt's Shows und Partys mit Pasta!

Bus/Bahn: Mehrmals tgl. via Jelenia Góra nach Wrocław, mit Bus auch nach Jakuszyce an der tschechischen Grenze.

Karpacz

8 Bester Ausgangspunkt zur Erkundung des Riesengebirges ist der Ort **Karpacz** (Krummbügel) im Tal der Lomnitz. Er zählt 6000 Einwohner, doch die Zahl der Touristenbetten ist doppelt so hoch. Über 6 km dehnt er sich entlang der Hauptstraße aus, die sich in Serpentinen zum 820 m hohen Pass von Karpacz Górny (Brückenberg) hinaufwindet – beidseits der Straße eine nicht abreißende Kette von Imbissstuben, Souvenirshops, Erholungsheimen und Hotels. In deutscher Sprache wird für ›Privatzimmer‹ geworben, manchmal liest man auch die polnische Variante *Pokoje do wynajęcia*.

Wangkirche

Touristische Hauptattraktion ist die Kirche Wang, ein **norwegisches Baudenkmal** aus dem 12. Jh. (Kościółek Wang, ul. Na Śnieżkę 8, Mo–Sa 9–17, So 11.30–17, im Sommer bis 18 Uhr). Sie befindet sich am höchsten Punkt der Stadt (885 m). Geflügelte Drachen, ineinander verflochtene Schlangen und stilisierte Elche erinnern an nordische Sagen; die schindelgedeckten, mit Ornamenten verzierten Satteldächer sind ein Wink aus ferner

Wikingerzeit. Es wirkt fast wie ein Wunder, dass ein so zerbrechlicher Holzbau 800 Jahre schadlos überstanden hat; doch noch mehr wundert man sich darüber, wie die Kirche aus Norwegen ins Riesengebirge hat gelangen können.

Das für den Abriss bestimmte Objekt wurde 1841 vom Maler Johann Christian Dahl, einem Freund Caspar David Friedrichs, erworben. Er wusste um die Einmaligkeit dieser mittelalterlichen Holzkirchen und wollte wenigstens dieses Exemplar, das an einem idyllischen See in Südnorwegen stand, retten. Doch seine Hoffnung, sie in Christiana, dem damaligen Oslo, aufstellen zu können, erfüllte sich nicht. In seiner Not wandte er sich an König Friedrich Wilhelm IV., der sich für den Vorschlag, sie zu kaufen, um sie nahe seiner Sommerresidenz im Hirschberger Tal aufzustellen, sogleich begeistert haben soll. Die Überführung war abenteuerlich: Der Demontage folgte eine fast einjährige Reise durch wildes Gebirge und quer über die Ostsee, von Swinemünde nach Stettin und weiter nach Berlin, von dort über Flüsse und Kanäle nach Aufhalt (Przystań) und schließlich auf schmalen Bergstraßen ins Riesengebirge hinauf. Am 28. Juli 1844 konnte in **Brückenberg** (Karpacz Górny) die neue Ortskirche eingeweiht werden. Sie ist die einzige von 30 heute noch erhaltenen Stabkirchen, die außerhalb Norwegens steht. Neben ihr wurde ein steinerner Glockenturm errichtet, damit – so wollte es der König – die Gottesbotschaft ebenfalls in den Bergen gehört werde.

Weitere Sehenswürdigkeiten

Karpacz hat außerdem zwei interessante Museen. Der ehemalige Bahnhof in der ›Unterstadt‹ (Karpacz Dolny) beherbergt ab 2007 das **Spielzeugmuseum**, in dem all jene Puppen und Marionetten ausgestellt sind, die der bekannte Breslauer Theatermann Henryk Tomaszewski im Laufe seines Lebens gesammelt hat (Muzeum Zabawek, ul. Zagajnik s/n, Mo geschl.). Am gleichen Ort wird voraussichtlich auch an Else Ury (1877–1943) erinnert. Die aus Krummhübel

Die 800 Jahre alte Wangkirche hoch oben über dem Ferienort

stammende jüdische Bestseller-Autorin, die ihre meist jungen Leser mit ›Nesthäkchen‹ in eine heile Welt entführte, wurde in Auschwitz ermordet. An ihrem Haus in der ul. Konstitucji 3 Maja 181, das heute als Pension genutzt wird, wurde die Aufschrift ›Dom Nesthäkchen‹ angebracht.

Am Weg zum Hotel Skalny befindet sich ein **Regionalmuseum**, das über Gescheh-nisse in und um Karpacz informiert (Muzeum Sportu i Turystyki, ul. Kopernika 2, Mo geschl.). Da erfährt man z. B. Wichtiges über die Wallonen, Schatzsucher aus Süd- und Westeuropa, die im 16. Jh. nach Blei- und Silbererz sowie nach Gold gruben. Etwas später kamen die Kräutersammler, zumeist Religionsflüchtlinge aus Böhmen, die als ›Laboranten‹ den weit entfernten Arzt und

Richtig Reisen-Tipp: Wanderung zur Schneekoppe

Die Tour startet in Karpacz und macht mit den schönsten Landschaften des Riesengebirges vertraut. Durch dichten Wald geht es zur 1602 m hohen Schneekoppe (Śnieżka) hinauf, dann vorbei an rauen Hochmooren und einem kristallklaren Bergsee ins Tal hinab. Unterwegs stärkt man sich in hölzernen, schindelgedeckten ›Bauden‹; am Ende der Tour empfiehlt sich ein Besuch der norwegischen Stabkirche Wang.

Dauer: 5.30 Stunden
Höhenunterschied: 900 m im Aufstieg, 770 m im Abstieg
Schwierigkeitsgrad: Die Wege sind markiert und gut ausgebaut. Auf einen langen und steilen Aufstieg, der gute Kondition erfordert, folgt ein bequemer Abstieg.
Startpunkt: Hotel Biały Jar in Karpacz Górne, ul. Konstytucji (Bushaltestelle)
Endpunkt: Kirche Wang, von hier auf Piste 150 m zur ul. Karkonoska (dort Bushaltestelle)

Varianten:
1. Wer 650 m Aufstieg sparen will, fährt mit dem Sessellift auf die **Kleine Koppe** (Kopa) und schließt sich dort der Tour an; Gesamtwanderzeit 3.15 Std.
2. Wer die Schneekoppe auslässt, kann ab Hampelbaude (Strzecha Akademicka) sogleich auf dem blau markierten Weg nach

Eine der schönsten Touren durch das schlesische Riesengebirge führt zur Schneekoppe hinauf

Apotheker ersetzten; ihre Heilmittel fanden selbst noch in Breslau und Liegnitz reißenden Absatz. Mit der Entwicklung synthetisch hergestellter Arznei Ende des 19. Jh. wurden die Naturheilmittel verdrängt und mit dem Gesetz zur ›Medizinalpfuscherei‹ verboten. Lohnend sind auch die Ausführungen zur Entwicklung der Glasbläserei und Textilindustrie sowie zum Aufschwung des Fremdenverkehrs. Dieser hatte 1895 mit der Eröffnung einer Bahnverbindung zwischen Krummhübel und Hirschberg eingesetzt. Erst wurde das Riesengebirge vom Hochadel entdeckt, dann kamen wohlhabende Bürger, Schriftsteller und Künstler und ließen sich gleichfalls von der majestätischen Bergwelt berauschen.

Ein ehemaliger Bergführer hat seinen großen Jugendtraum verwirklicht und eine Westernstadt, **Western City**, errichtet: Während die Eltern im Saloon ein Bier schlürfen, können die Kiddies auf den Straßen Wildwest spielen, Postkutschen überfallen oder auf einem mechanischen Stier reiten (Ściegny, Tel. 075-761 95 60, www.western.com.pl, tgl. 10–22 Uhr).

Karpacz zurückkehren; die Gesamtzeit verkürzt sich so auf 3 Std. (ab Biały Jar).

Vom Parkplatz am Hotel Biały Jar folgt man dem gelb markierten Weg und quert die **Olimpijska** nahe der Seilbahnstation. Der Weg führt in dichten Mischwald und wird zunehmend steiler. In 1280 m Höhe, bereits oberhalb der Baumgrenze, liegt die Hampelbaude (Strzecha Akademicka, 1.45 Std.). Der behäbige Holzbau schmiegt sich an die Bergflanken, weit reicht der Blick über Täler und Höhen.

Auf dem gelben Weg geht es in Nordwestrichtung weiter bergauf. Er mündet in den schwarz markierten ›**Schlesierweg**‹ (Śląska Droga), der sich in einer weiten Kehre aufwärts windet. Nach Passieren der Seilbahnstation an der Kleinen Koppe (Kopa, 2.15 Std.) schwenkt er auf Südkurs und führt zum 1420 m hoch gelegenen **Schlesierhaus** (Śląski Dom, 2.30 Std.).

Der rot markierte ›Zickzackweg‹ bringt uns in einer halben Stunde zur **Schneekoppe** (Śnieżka, 3 Std.), wo man bei gutem Wetter einen herrlichen Weitblick über die polnische und tschechische Seite des Riesengebirges genießt. Gen Norden fällt die Schneekoppe jäh in den Melzergrund, gen Süden in den düster-zerklüfteten Riesengrund. Auf dem Gipfelplateau steht die hölzerne Laurentiuskapelle (Kaplica Św. Wawrzyńca, 1681). Eine futuristisch anmutende Baude dient als Wetterstation, im unteren Bereich wurde eine Imbissstube eingerichtet; acht Betten stehen für Wanderer bereit.

Der Rückweg verläuft anfangs über den vom Aufstieg bekannten Weg. Diesmal aber bleiben wir am Schlesierhaus auf Westkurs und folgen der blau markierten Piste über ein Hochmoor mit schwarzen Tümpeln und kniehohem Gras. Bald schwenkt sie auf Nord und führt steil zur Hampelbaude hinab (4 Std.). Sie setzt sich an der Westfassade der Herberge fort, es folgt der schönste Abschnitt der Tour. Wir steigen hinab zum ›**Kleinen Teich**‹ (Mały Staw), eine spiegelglatte Scheibe inmitten steil aufragender Kesselwände, am Ufer die ›Kleine Teichbaude‹ (Samotnia) mit hölzernem Glockenturm und ineinander verschachtelten Satteldächern (4.15 Std.). An Enzianfeldern vorbei kommen wir zum Jagdhaus St. Leonard (Domek Myśliwski), einem gemütlichen Lokal mit Katze und Kamin (4.30 Std.), dann nach weiteren 15 Min. zu einem Rastplatz, an dem sich mehrere Wege kreuzen. Wir halten uns auf dem blauen Weg rechts und erreichen auf Kopfsteinplaster schließlich die Kirche Wang im Ortsteil Karpacz Górny (5.15 Std.)

Touristeninformation: ul. 3 Maja 25-A, 58-540 Karpacz, Tel. 075-761 86 05, Tel./Fax 761 97 16, www.karpacz.pl.
Privates Touristenbüro Karpacz, ul. Konstytucji 3 Maja 52, Tel. 075-761 95 47, Fax 075-761 85 53, www.karpacz.org. Vermittlung von Privat- und Hotelzimmern, Organisation preiswerter Ausflüge.

Selbst in der Hochsaison ist es nicht schwer, eine Unterkunft zu finden. Es gibt Komforthotels, Pensionen, Privatzimmer, Berghütten, Jugendherbergen und Zeltplätze.

Vivaldi: ul. Olimpijska 4 (Biały Jar): Tel. 075-761 99 33, Fax 761 99 35, www.vivaldi.pl, 29 Zimmer. Die ehemalige ›Villa Schlesien‹ nahe der Talstation des Sessellifts wurde von Grund auf renoviert und als Komforthotel neu eröffnet. Die Zimmer sind in mediterranen Farben gehalten und freundlich eingerichtet, außerdem gibt es ein kleines Hallenbad, Sauna und Whirlpool. Mit bewachtem Parkplatz. DZ 65-80 €.
Rezydencja: ul. Parkowa 6, Tel. 075-761 80 20, Fax 761 95 13, www.hotelrezydencja.pl, 14 Zimmer. Schönste Unterkunft von

Riesengebirge

Karpacz in einer Fin-de-Siècle-Villa auf einer Anhöhe über der Hauptstraße – mitten im Stadtzentrum, aber ruhig. Die suiteartigen Zimmer sind 21–40 m² groß und mit Stilmöbeln behaglich-elegant eingerichtet, verfügen über Sat-TV und Minibar. Ein Lob verdienen auch die Bäder mit rückengerechten Wannen und Föhn. Am schönsten sind die Räume im Obergeschoss mit großer Glasveranda und Blick auf die Berge (Nr. 13 und 14). Das Büfettfrühstück kann während der Sommermonate im Garten eingenommen werden, das Restaurant serviert feine, leichte Küche. Mit Mountainbike-Verleih, 2 Skilifts befinden sich neben dem Haus. DZ 50–72 €.

Skalny: ul. Obrońców Pokoju 5, Tel. 075-752 70 00, Fax 761 91 03, www.orbis.pl, 147 Zimmer. Intimität kommt in dem Orbishotel (1 km östl.) nicht auf, doch für Komfort ist gesorgt. Alle Zimmer bieten Blick auf Wald oder Parklandschaft, für Tagungen

**Die kleine Teichbaude am ›Kleinen Teich‹ –
eine beliebte Station auf dem Wanderweg zur Scheekoppe**

wurde ein Saal audiovisuell ausgestattet. Mit zwei Tennisplätzen, Hallenbad und Sauna. DZ 50–80 €.

Karpatka: ul. Olimpijska 6, Tel./Fax 075-761 85 63, www.karpatka.com.pl, 7 Zimmer. Die urige, aus Naturstein und viel Holz erbaute Villa duckt sich unter den Tannen. Dank Gabriela, ihrer Besitzerin, hat sie einen fast privaten Charakter – wer sich hier einquartiert, bleibt meist länger. Die Zimmer sind gemütlich, doch am liebsten hält man

sich im Ess- und Kaminraum auf, in dem abends ein Feuer flackert. Nur 400 m vom Sessellift, daher ein guter Ausgangspunkt für Wandertouren. DZ ab 50 €.

Kondradówka: ul. Nad Łomnicą 20-C, Tel. 075-761 81 73, www.konradowka.pl, 49 Zimmer. Das Haus ist besonders bei deutschen Busgruppen beliebt: Die Pension liegt unterhalb der Hauptstraße und ist im Alpinstil erbaut. Geräumige Zimmer mit Blick auf Wald oder Berge, einige auch mit Balkon oder Terrasse. DZ ab 50 €.

Corum: ul. Kościuszki 12/14, Tel. 075-761 85 33, Fax 761 85 34, www.corum.com.pl, 55 Zimmer. Von Deutschen geführtes, im Bergstil erbautes Hotel, 2 km östl. der Stadt. Alle Zimmer mit Sat-TV und Balkon. Elegante Lobby mit Kaminbar, Sauna und Fitness. Im Restaurant wird deutsch-polnische Küche serviert. DZ ab 45 €.

Strzecha Akademicka: Tel. 075-753 52 75, www.strzecha-akademicka.com.pl. Die PTTK-Herberge liegt hoch oben in den Bergen und kann mit Lift erreicht werden. DZ ab 17 €, Vielbettzimmer billiger; für Bettwäsche und Heizung wird extra gezahlt.

Camping Pod Brzozami: ul. Obrańców Pokoju 4, Tel. 075-761 91 65, Fax 761 88 67, Juni bis Sept. Einfache Anlage, nahe am Hotel Skalny beim städtischen Freibad gelegen.

🍴 Entlang der Hauptstraße sind gute Restaurants rar, hier dominiert Fastfood.

U Ducha Gór: ul. Olimpijska 6, Tel. 075-761 85 63, www.karpatka.com.pl. Das stimmungsvollste Lokal der Region befindet sich im oberen Ortsteil 400 m vom Sessellift. Es ist ganz aus Holz errichtet, jedes noch so kleine Detail ist von Hand gearbeitet: knarrende Dielen, Baumstämme als Raumteiler, offene Dachstühle, Bänke in Blütenform. ›Beim Berggeist‹ (*U Ducha Gór*) wird originale Musik aus dem Riesengebirge gespielt, am Wochenende tritt eine zwölfköpfige Goralen-Band in Aktion. Die Speisekarte ist üppig: Es gibt Bigos und feines Rinder-Carpaccio, mit Trockenpflaumen gefüllte Speck-

Riesengebirge

roulade und zarten Wildschweinbraten auf Jägerart. Ein Gläschen milden Żołądkowa-Wodkas rundet die Mahlzeit ab. Gutes Preis-Leistungs-Verhältnis! Hauptgerichte ab 5 €.

Dom Laboranta: ul. Nad Łomnicą 28-B. Im Zentrum des Ortes, parallel zur Hauptstraße, hat Elżbieta einen ›Museumsladen‹ eingerichtet, in dem sie an die Laboranten, die ehemaligen Laienapotheker des Orts, erinnert. Sie verkauft Kräuter und Tees, Naturmedikamente, Mineralsteine sowie Schmuck.

Sessellift: Kolej Linowa na Kope, ul. Turystyczna 4, Tel. 075-7 61 92 84, tgl. 9–17 Uhr. Im Einzelsessellift geht es in einer guten Viertelstunde 530 m zum Hochplateau der Kleinen Koppe (Kopa) hinauf. Bei starkem Wind wird der Betrieb eingestellt.
Wandern: Markierte Wege führen auf die 1603 m hohe Schneekoppe (s. RR-Tipp: S. 142), einen Teil der Strecke kann man im Sessellift fahren. Von der Kleinen Koppe (Mała Kopa) geht es auf dem schwarz gekennzeichneten Weg in 1 Std. zur Schneekoppe hinauf.
Radfahren: Landschaftlich reizvoll ist die Strecke via Jagniątków nach Szklarska Poręba.
Paragliding: Die ›richtige‹ Höhe bei guter Thermik sorgt dafür, dass Kowary (nordöstl. von Karpacz) Polens Top Spot für Gleitschirm- und Drachenflieger ist. Klassischer Einstieg ist der Pass Kowarska, der Startplatz befindet sich 600 m nördl. auf dem Rudnik-Gipfel (853 m). Gelandet wird auf den von oben sichtbaren Kowary-Wiesen.
Wintersport: Die mit Lift erreichbare Kleine Koppe (Mała Kopa) ist das größte Skigebiet von Karpacz. Pisten aller Schwierigkeitsgrade (auch für Snowboarder) stehen zur Wahl, notfalls können sie künstlich beschneit werden. Skischulen machen Angebote für Anfänger bis Fortgeschrittene; Ausrüstung kann ausgeliehen werden. Infos unter www.kopa.com.pl.
Rodeln: Rynna saneczkowa Kolorowa, ul. Parkowa 10, 075-761 90 98. Die 1km lange Rodelbahn liegt mitten in der Stadt (Karpacz Dolny) und ist ganzjährig in Betrieb.

Bus: Entlang der Strecke nach Jelenia Góra (Start: Oberstadt) gibt es zahlreiche Haltestellen. Der Bus fährt ca. alle 30 Min., mal über Kowary, mal über Cieplice. Gute Verbindungen auch nach Szklarska Poręba, Wrocław und Brzeg, 2 x wöchentl. nach Berlin ZOB via Forst.
Stadtverkehr: Tagsüber verkehrt eine elektrische Bimmelbahn zwischen dem oberen und dem unteren Ortsteil.

Kowary

6 km nordöstlich von Karpacz liegt **Kowary** (Schmiedeberg), dessen deutscher Name seine Geschichte kurz und bündig auf den Punkt bringt: Aus Erz und Magnetit wurden hier Kriegswaffen geschmiedet, die hiesigen Hammerwerke waren in ganz Europa bekannt. Als nach 600 Jahren die Vorräte erschöpft waren, wurde Uranerz entdeckt. Die Nationalsozialisten brauchten es für ihr Atombombenprogramm, nach ihrem Fall übernahm ein polnisch-sowjetisches Jointventure die Regie. Als auch das Uranerz ausgegangen war, rückte das Radon ins Visier. Nun ging es allerdings nicht mehr um Nutzung für die Kriegsindustrie, sondern die Medizin. Bis heute in Betrieb ist hier eines von weltweit fünf Radon-Inhalatorien, wo Allergiker und Kreislaufkranke – in eine warme Decke gewickelt – täglich eine Stunde die heilsame, schwach radioaktive Luft einatmen. Der **Stollen** ist auf einer Länge von 1,2 km im Rahmen einer Führung zugänglich (Sztolnie Kowary Centrum Jelenia Struga, Tel./Fax 075-7 18 34 00, www.jeleniastruga.pl, im Sommer tgl. 10–17, im Winter 10–16 Uhr). Neuerdings gibt es in Kowary eine weitere Attraktion: Im **Miniaturpark niederschlesischer Denkmäler** sind maßstabsgetreu in 25facher Verkleinerung Schlösser, Kirchen und ganze Stadtensembles der Region aufgebaut (ul. Zamkowa 9, Tel. 075-752 22 42, www.park-miniatur.com).

Glatzer Bergland

Wie ein Keil ragt die Region in tschechisches Land, wird im Osten vom Glatzer Schneegebirge und im Westen vom Heuscheuer Gebirge begrenzt. Gleich vier ›Gesundbrunnen‹ sprudeln im Kessel, markierte Wege führen zur ›Bärenhöhle‹ und in den ›Wölfelsgrund‹ sowie auf die Gipfel der Tafelberge, ein Biosphärenreservat der Unesco.

Die ehemalige Grafschaft Glatz steht dem Riesengebirge in landschaftlicher Schönheit kaum nach: Ein 40 km breiter Kessel wird von über 1400 m ansteigenden Bergen umschlossen. In seinem Talgrund breiten sich Getreide- und Gemüsefelder aus, die Hänge sind mit saftig grünen Almwiesen und dichtem Mischwald bedeckt. Eingesprenkelt sind kleine Städte, an denen die Zeit spurlos vorübergegangen zu sein scheint. Man sieht mittelalterliche Klöster und Wehrmauern, schlanke Kirchtürme ragen aus Baumkronen auf.

Nostalgischen Reiz strahlen die in preußischer Zeit gegründeten Kurorte aus, die immer dort entstanden, wo Mineralquellen sprudeln. Dass es gleich vier sind, verdankt sich der hier brüchigen, an Verwerfungen reichen Erdplatte, die das Wasser aus der Tiefe freisetzt. Die Bäder von Landeck und Altheide, Reinerz und Kudowa waren beliebter Treffpunkt von Hoch- und Geldadel. Heute heißen sie Lądek, Polanica, Duszniki und Kudowa Zdrój. Man wohnt in Hotels und Sanatorien, die in den letzten Jahren res-

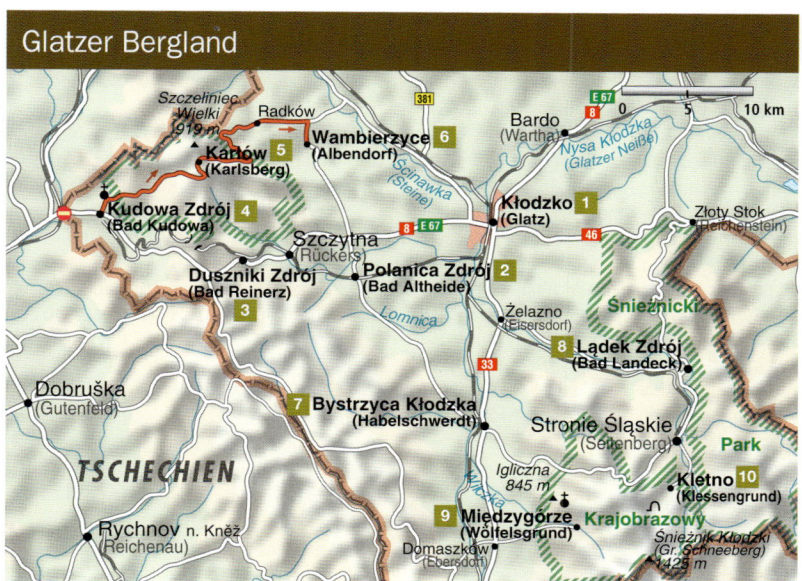

147

Glatzer Bergland

Mit dem Autor unterwegs

Originelles Papiermuseum
Papiermühle in Duszniki Zdrój: Dabei zuschauen, wie blütenweißes Papier geschöpft wird (s. S. 149).

Chopin Festival
In Duszniki Zdrój: Kurortflair des Fin de Siècle, gepaart mit virtuoser Musik (s. S. 150).

Unbedingt ansehen!
Große Heuscheuer: Der steile Aufstieg ins Felslabyrinth der Tafelberge (Góry Stołowe) wird mit weitem Ausblick belohnt (s. S. 151).
Kudowa Zdrój: Makabres Memento Mori: Eine Kapelle ist mit den Gebeinen Tausender Gefallener ›tapeziert‹ (s. S. 151).

Etwas für die Gesundheit:
Lądek Zdrój: Polens schönster Badetempel befindet sich in einem barocken Kuppelbau (s. S. 155).

tauriert wurden, flaniert auf Promenaden und stärkt sich mit Heilwässerchen. Die medizinischen Einrichtungen werden schrittweise modernisiert und seit Krankenkassen Kuren im EU-Land Polen subventionieren, kommen immer mehr ausländische, vor allem deutsche Gäste (›Kur & Wellness‹, S. 74). Wer Gesundheits- und Aktivurlaub verbinden will, wählt das im Westen des Kessels gelegene Kudowa, das ›Sprungbrett‹ in den Nationalpark Heuscheuer Gebirge (Góry Stołowe). Eine sehr gute Ort-Option ist auch Lądek im Osten des Kessels am Fuße des Schneegebirges.

Kłodzko

1 Eingangstor zum Kessel ist die Festungsstadt **Kłodzko** (Glatz), Hauptstadt des Glatzer Landes mit 32 000 Einwohnern. 981 wurde sie vom böhmischen Fürsten Slawnik als Grenzfestung gegen die Nachbarn im Norden gegründet. Im Schutze der Burg ließen sich Handwerker und Kaufleute nieder, der Nord-Süd-Handel verschaffte ihnen eine sichere Lebensgrundlage. Heute präsentiert sich Kłodzko als malerisches, terrassenförmig an den Hang gebautes Städtchen. Steile, Kopfstein gepflasterte Gassen winden sich den Berg hinauf, aus dem Dachgewirr ragen schlanke Türme empor.

Auf dem Marktplatz (Rynek) prangt das neugotische **Rathaus** mit Löwenbrunnen und Mariensäule: Ringsum Bürgerhäuser mit Reliefs, die vom ehemaligen Reichtum der Kaufleute zeugen. Eine Gasse führt südostwärts zur Gotischen Brücke (Most Goticki) hinab, die sich über den Mühlengraben spannt und mit ihren melancholischen Heiligenfiguren als Miniaturausgabe der Prager Karlsbrücke erscheint. Sie führt hinüber zur Sandinsel, die von der strahlendhellen Minoritenkirche beherrscht wird.

Bedeutender ist die **Marienkirche** südwestlich des Rynek, die der Prager Bischof Ernestus von Pardubitz 1362 stiftete. Von dem ursprünglich gotischen Bau ist kaum noch etwas sichtbar – das Netzgewölbe ist mit Blumenornamenten und Engelsfiguren reich geschmückt, die vergoldeten Seitenaltäre und Skulpturennischen schwelgen in der Pracht des Barock.

Touristenattraktionen sind das **Museum des Glatzer Landes** mit seiner umfangreichen Uhrensammlung (Muzeum Ziemi Kłodziej, ul. Łukasiewicza 4, Mo geschl.) sowie der **Unterirdische Jahrtausendweg** mit einem Gang durch die Glatzer Unterwelt (Podziemna Trasa Turystyczna, ul. Zawiszy Czarnego 3, tgl. 9–17, im Winter 10–15 Uhr, Eintritt 2 €). Gleich neben der Kirche geht es hinab, im Mittelalter dienten die Keller als Lagerräume für kostbare Waren. Gut zehn Minuten braucht man für die 600 m lange Strecke, knapp unterhalb der **Festungsburg** erblickt man wieder das Tageslicht. In ihrer heutigen Gestalt geht sie auf das Jahr 1742 zurück, König Friedrich der Große ließ sie zu Zwecken der Grenzsicherung ausbauen (Twierdza Kłodzka, ul. Grodzisko 1, tgl. 9–18, im Winter 9–16 Uhr). Von dem insgesamt 40 km langen Tunnelsystem unter der Burg ist auch hier ein Kilometer freigegeben: In gebückter Haltung bewegt man sich durch feucht-kalte, schwach erleuchtete Stollen. Wer's lichter mag, spaziert zur Aussichtsterrasse auf der hohen Bastion und genießt einen weiten Blick über die Stadt und das Glatzer Land.

Touristeninformation: pl. Chrobrego 1, 57-300 Kłodzko, Tel. 074-867 70 07, Tel./Fax 865 89 71, www.powiat.klodzko.pl.

W Ratuszu: pl. Chrobrego 3, Tel. 074-865 81 45. Im Rathaus am Glatzer Ring kann man stilvoll speisen, im Sommer öffnet zudem eine Terrasse. Es wird vorwiegend polnische Küche serviert. Hauptgerichte ab 3 €.

Bus/Bahn: Züge von und nach Wrocław und Bystrzyca Kłodzka halten im Zentrum am Bahnhof Kłodzko Miasto (hier auch Busstation). Mit Bus 5 oder Shuttle-Zug erreicht man den 2 km nördl. gelegenen Hauptbahnhof Kłodzko Główny, dort Züge von und nach Opole und Kraków.

Polanica Zdrój

2 Der vergleichsweise junge Kurort **Polanica Zdrój** (Bad Altheide), 11 km westlich von Kłodzko, erstreckt sich längs einer gewundenen, bewaldeten Schlucht. An ihrem Ausgang liegt der Park mit der klassizistischen **Kurhalle**, in der ein Mineralwasser sprudelt, das unter dem Namen ›Staropolanka‹ im ganzen Land als Gütesiegel für Gesundheit gilt. Am Kurhaus startet die Flaniermeile Zdrojowa, die parallel zu einem wild schäumenden Bach verläuft. Mehrere Brücken spannen sich über das Wasser, am Ufer stehen Fachwerk- und Sezessionsvillen.

Touristeninformation: ul. Zdrojowa 13, 57-320 Polanica Zdrój, Tel. 074-868 24 44, www.polanica.pl.

Panorama: ul. Mariańska 3, Tel. 074-868 16 23, Fax 868 29 68, www.polanica.zdroj.pl/panorama, 16 Zimmer. Kleines, aber feines Gästehaus am Südende der Flaniermeile. Freundlich eingerichtet, aufmerksamer Service. Herr Kazimierz, der Besitzer, spricht gut Deutsch. DZ ab 40 €.

Zdrojowa: ul. Parkowa 2, Tel. 074-868 02 57, Mo geschl. Gutbürgerliches Restaurant in der Kurhalle am Park, im Sommer mit Terrassencafé. Traditionelle polnische Kost, abends Unterhaltungsmusik live. Hauptgerichte ab 4 €.

Bus/Bahn: Guter Anschluss nach Kłodzko und zu den übrigen Kurorten.

Duszniki Zdrój

3 Auf dem Weg zum Heuscheuer Gebirge folgt ein weiterer Kurort im Schatten fast 1000 m hoher Berge: **Duszniki Zdrój** (Bad Reinerz). Die Trink- und Badeeinrichtungen sind vom schmucken Stadtkern 2 km entfernt. Der Marktplatz ist von **Barock- und Renaissance-Häusern** gesäumt, nahebei erhebt sich wuchtig die Kirche mit einer kuriosen Kanzel in Form eines Walrachens. Hauptattraktion von Duszniki Zdrój ist eine mehrgeschossige, barocke **Wassermühle**, in der nach alter Handwerkstradition blütenweißes Büttenpapier geschöpft wird. Eine Ausstellung dokumentiert die Geschichte des geduldigen Mediums; wer selber Hand anlegen möchte, kann an Workshops teilnehmen (Muzeum Papiernictwa, ul. Kłodzka 42, Mo geschl.).

Doch die meisten Besucher kommen in diesen Ort um zu kuren. Einer von ihnen war der junge Fryderyk Chopin, der anno 1826 für die erlauchte Adelsgesellschaft Konzerte gab. Die Stadtoberen nehmen dieses Ereignis zum Anlass, alljährlich im August ein dem Komponisten gewidmetes Klavierfestival zu veranstalten. Dass im gleichen Jahr und am selben Ort der damals ebenfalls 16-jährige Felix Mendelssohn-Bartholdy die Ouvertüre

Glatzer Bergland

zum ›Sommernachtstraum‹ schrieb, bleibt in den Broschüren der Stadt unerwähnt.

Touristeninformation: Rynek 9, 57-540 Duszniki Zdrój, Tel./Fax 074-866 94 13, www.duszniki.pl

Fryderyk: ul. Wojska Polskiego 10, Tel./Fax 074-866 04 88, www.fryderyk. com.pl, 20 Zimmer. Nobelhotel in einem restaurierten Schlösschen (der ehemaligen ›Villa Schmidt‹), 150 m vom Kurpark. Die stilvoll eingerichteten Zimmer haben Sat-TV, die Atmosphäre ist freundlich und die Küche gut. Fahrräder sind gratis ausleihbar. DZ ab 45 €.

Papier vom Feinsten: In der Papiermühle erhält man Aquarell-, Zeichen- und Druckpapier allererster Güte, auf Wunsch mit eigenem Wasserzeichen, mit Blumen oder Kräuterornamenten der Region.

Chopin-Festival (August): Werke des polnischen Komponisten, vorgetragen von Klaviervirtuosen im ›Gutshaus von Chopin‹ (Dworek im. Fryderyka Chopina). Infos: www.chopin.festival.pl.

Bus/Bahn: Mehrmals tgl. nach Kłodzko und Kudowa; Vorteil des Busses: Man startet im Ortskern!

Kudowa Zdrój

4 Westwärts führt eine kleine Bergstraße nach **Kudowa Zdrój** (Bad Kudowa), einst als ›Deutschlands erstes Herzbad‹ bekannt. Nachdem 1850 im Tal ein Sauerbrunnen entdeckt worden war, entstanden Badehäuser, Trinkhallen und Kurhotels, eingebettet in einen weitläufigen Park. Noch heute vermittelt die Architektur die Noblesse jener Jahre, als sich Hoch- und Geldadel in Kudowa ein

Museumsreif: handgeschöpftes Papier in Duszniki Zdrój

Stelldichein gaben. Schön ist vor allem der Kurpark, wo man alte und exotische Bäume bewundern kann, so eine 200 Jahre alte Purpurbuche und den japanischen Ginkgo. Über eine Palmenallee kommt man zur Kurhalle, in der man sich mit dem stark eisenhaltigen Sauersprudel stärken kann. In der Konzertmuschel lauscht man klassischer Musik – Ende August findet das Moniuszko-Festival statt, eine Huldigung an Polens ersten Nationalkomponisten.

Der Ortsteil **Czermna** (Tscherbeney), nördlich des Parks, wartet mit einem Kuriosum auf. In der Schädelkapelle sind Wände und Decken mit ca. 3000 menschlichen Knochen und Schädeln dekoriert. Wer mehr sehen will, lässt sich von einer Nonne den Zugang zur Unterwelt öffnen, wo weitere 21 000 Köpfe gestapelt sind. Einer der in der Vitrine ausgestellten Schädel ist der von Vašlav Tomášek, jenem ominösen Gemeindepriester, der 1776 auf die Idee kam, gemeinsam mit seinem Totengräber, dem gleichfalls exponierten Józef Langer, die bizarre Sammlung zu starten. Material war in der Region reichlich vorhanden: Massengräber aus den Hussiten- und den Schlesischen Kriegen, aus dem Siebenjährigen Krieg sowie von diversen Cholera-Epidemien. Priester und Totengräber exhumierten die Toten, säuberten und konservierten sie. Sie begriffen ihre Arbeit keinesfalls als Leichenfledderei, sondern als posthume Würdigung in einem ›Sanktuarium der Stille‹ (Kaplica Czaszek, ul. Kościuszki 12, Mai–Okt. Di–Sa 10–13 und 14–17, So 14–17 Uhr). Auch die Nachkommen wollten Gutes tun: Zur Jahrtausendwende enthüllten sie neben der Kapelle ein dreisprachiges Monument (polnisch, tschechisch, deutsch) »den Kriegsopfern zum Gedenken, den Lebenden zur Warnung, 1914«.

 Touristeninformation: ul. Zdrojowa 44, 57-350 Kudowa Zdrój, Tel./Fax 074-866 13 87, www.kudowa.pl, So geschl. Mit Auskunft zu Privatzimmern.

Sanssouci: ul. Buczka 3, Tel./Fax 074-866 13 50, www.sanssouci.info.pl, 23

Zimmer. Gästehaus in einer stilvoll restaurierten Villa aus dem frühen 20. Jh., mit großem Garten. Zum Ortskern läuft man 5 Min. DZ ab 35 €.

W Starym Młynie: ul. Fredry 10, Tel. 074-866 36 01, www.kudowa.pl/mlyn. Karpfen und Forelle frisch aus dem Teich, Spanferkel vom Spieß und vieles mehr: In der gemütlichen ›alten Mühle‹ macht es Spaß zu speisen! Hauptgerichte ab 6 €.

Wasserpark: Aquapark Wodny Świat, ul. Moniuszki 21, Tel. 074-866 45 02. Große und kleine Becken, Whirlpools und ein künstlicher Fluss mit Geysir.

Bus/Bahn: Ab Ortsmitte gute Busverbindungen nach Kłodzko und Wrocław, der Bahnhof liegt außerhalb im Süden der Stadt.

Heuscheuer Gebirge

Von Kudowa führt die ›Straße der 100 Kurven‹ in die Wälder des Heuscheuer Gebirges, das den Talkessel nach Nordwesten begrenzt. Seit 1993 ist es als Nationalpark geschützt. In Polen wählte man für ihn die Bezeichnung ›Tafelberge‹ (Park Narodowy Góry Stołowe), und tatsächlich erinnern die Berge mit ihren scharfkantigen Umrissen an eine tafelförmige Festung.

Bevor es zum Hauptgipfel hinaufgeht, empfiehlt sich nach 7 km ein Abstecher ins ›Felslabyrinth‹ **Błedne Skały**. Die schmale Einbahnstraße, die alle 15 Min. für jeweils eine Richtung geöffnet wird, endet nach 3,5 km an einem Parkplatz. Von dort erschließt ein markierter Weg eine ›versteinerte Stadt‹ mit mehreren Hundert bizarr geformten Sandsteinquadern.

11 km nordöstlich von Kudowa ist der Weiler **Karłów** (Karlsberg) **5** erreicht. Hier geht es über 682 Stufen in 30 Min. zur Großen Heuscheuer (Szczeliniec Wielki) hinauf. Mit 919 m ist dies die höchste Erhebung des Gebirgsmassivs, eine Hütte sorgt fürs leib-

Richtig Reisen-Tipp: Wölfel, Schneeberg und Bärenhöhle

Ausgangspunkt für schöne Ausflüge im Südosten des Glatzer Landes ist **Międzygórze** (Wölfelsgrund) **9**, ein romantischer Ferienort mit Häusern im Schweizer und Tiroler Stil. Am Westende des Ortes geht es ab zum Wodospad Wilczki, der als ›höchster Wasserfall Schlesiens‹ gerühmt wird: Von 27 m hohen Felsstufen ergießt sich der **Wölfel** (Wilczka) mitten im Wald in eine enge Klamm. Von einer Brücke schaut man ins schäumende Nass, Wege an beiden Ufern bieten unterschiedliche Ausblicke auf das Naturschauspiel.

Nordwestlich des Dorfes erhebt sich der 845 m hohe Igliczna (dt. ›Nadel‹), der von der barocken Wallfahrtskirche Maria Schnee gekrönt wird. Für den Aufstieg auf rotem, gelbem oder grünem Weg benötigt man 1 Std. Wer den gelben Weg wählt, kann auf halber Strecke einen ›Märchengarten‹ besuchen, in dem aus Holz Szenen aus polnischen Legenden nachgestellt sind (Ogród Bajek, 10–18 Uhr).

Ein weiteres Ausflugsziel, der **Schneeberg** (Śnieżnik, 1425 m), ragt südöstlich von Międzygórze auf und kann im Rahmen einer dreistündigen Tour bestiegen werden: Vorbei an der Holzkirche und den letzten Häusern des Dorfes kommt man längs des Wölfelbachs zu einer Kreuzung, wo man dem rot markierten, steil ansteigenden Weg folgt. Nach 15 Min. ist das Schlimmste überstanden, der Weg wird bequemer. Nach 2 Std. empfiehlt sich in der von Schweizern im 19. Jh. erbauten Berghütte Na Śnieżniku eine Rast bei deftiger Kost. 30 Min. später ist der kahle Gipfel des Schneebergs erreicht: höchster Punkt eines 10 km weiten Hochplateaus, das als europäische Wasserscheide wirkt. Alle Bäche, die auf tschechischer Seite entspringen, fließen zum Schwarzen Meer, auf polnischer Seite münden die Flüsse über die Oder in die Ostsee und über die Elbe in die Nordsee. Bei gutem Wetter reicht der Blick bis zur Schneekoppe im Riesengebirge.

Über einsame Waldstraßen kommt man in das 7 km entfernte **Kletno** (Klessengrund) **10**, Startpunkt einer Tour zur **Bärenhöhle** (Jaskinia Niedźwiedzia) – mitten im Großen Schneebergmassiv und eine der schönsten Tropfsteingrotten Polens. Sie wurde erst 1966 entdeckt und verdankt ihren Namen den hier gefundenen, aus der letzten Eiszeit stammenden Bärenknochen. Von den 3 km langen, bei 5 °C feucht-kalten Stollen sind 400 m zur Besichtigung freigegeben. Man passiert die Große Kaskade,

liche Wohl. Frisch gestärkt, folgt man einem markierten Pfad rund ums Plateau – vorbei an einer Gedenktafel, die an Goethes Besuch anno 1790 erinnert. Der Weg schwenkt landeinwärts und geleitet den Wanderer in eine geheimnisvoll zerklüftete Felslandschaft. Hier haben im Lauf von Jahrtausenden Wasser und Wind aus dem weichen Sandstein phantastische Formen modelliert: Tiere, Türme und Märchengestalten, von denen viele Bergkuppen ihren Namen erhielten. Erst geht's durch ›Teufels Küche‹, dann durch die ›Hölle‹ und das ›Fegefeuer‹, schließlich zum ›Himmel‹, wo man einen herrlichen Blick auf den Glatzer Talkessel genießt. Die Rundtour führt nach 1 Std. zur Hütte zurück, von wo man nach Karłów hinabsteigt.

Wambierzyce

6 Am nördlichen Rand des Nationalparks liegt **Wambierzyce** (Albendorf). Über einer monumentalen und ausladenden Freitreppe thront eine leuchtend gelbe Barockkirche mit 50 m breiter Fassade. Einer Legende zufolge hat im Jahr 1208 an eben dieser Stelle ein blinder Bauer vor einer Madonnenfigur

In der Bärenhöhle – eine der schönsten Tropfsteingrotten Polens

ein etwa 8 m hohes Tropfsteingebilde und den Palastsaal, wo sich Stalaktiten und Stalagmiten zu gewundenen Säulen verbinden. Die bizarren Formen erinnern an Menschen- und Tiergestalten, die aus einem Märchen stammen könnten. – Die Bärenhöhle ist vom bewachten Parkplatz zu Fuß in 20 Min. bzw. mit Kutsche oder Elektroauto erreichbar (Mai–Aug. 9–16.40, sonst 10–17.40 Uhr, Mo u. Do geschl.; 40-minütige Tour in Gruppen von max. 15 Pers. 5 €, Reservierung Tel. 074-814 12 50).

gebetet – zum Dank hat sie ihm das Augenlicht wiedergegeben. Die 28 cm kleine Statue verbirgt sich im üppigen Hochaltar, darüber wölbt sich eine Kuppel mit illusionistischen Malereien.

Östlich der Kirche wurden 79 Kapellen, Grotten und Torbögen errichtet, die die Kreuzwegstationen repräsentieren. Zu Mariä Himmelfahrt am 15. August werden sie von Tausenden von Pilgern belagert, die jede Station abschreiten, bevor sie sich kniend und Gebete murmelnd zur Kirche vorarbeiten. Hier befindet sich auch eine riesige, bewegliche Krippe. Christi Geburt wird anhand 800 kleiner, aus Lindenholz geschnitzter und obendrein beweglicher Figuren dargestellt.

Wambierzyce: pl. NMP 1, Tel. 074-971 91 86, Fax 871 92 49, www.hotel-wambierzyce.pl, 22 Zimmer. Ein komfortables Hotel in bester Lage neben der Basilika. Historische Bauelemente wurden sorgfältig restauriert, was neu ist, wurde auf nostalgisch getrimmt. Im Restaurant werden lokale Spezialitäten serviert, DZ ab 60 €.

Bus: Gute Anbindung an Polanica Zdrój und Kłodzko.

Bystrzyca Kłodzka

7 Die zweitgrößte Stadt der Region (14 000 Einw.) thront auf einem Hügel über der Glatzer Neisse und ist terrassenförmig angelegt. In **Bystrzyca Kłodzka** (Habelschwerdt) drängen sich Häuser dicht aneinander, aus dem Dächergewirr ragen Basteien und Türme. Der Marktplatz wartet mit einem Renaissance-Rathaus und einer schönen Mariensäule auf, die Kirche des Erzengels St. Michael (13. Jh.) ist das älteste Gotteshaus der Region. Noch mehr Besucher zieht es in die ehemalige, von Karl Schinkel entworfene evangelische Kirche, in der heute ein **Zündholzmuseum** zu einem Gang durch die Geschichte des Feuers einlädt: Die Palette reicht von Steinen, bei deren Zusammenschlag Funken entstehen, bis zu wunderbaren Feuerzeugen und Zigarrenanzündern. Komplettiert wird die Sammlung durch 500 000 (!) Streichholzschachteln mit unterschiedlichen Etiketten aus den letzten Jahrhunderten. Im Museum kann man auch das Ticket für eine kleine unterirdische Route erwerben (Muzeum Filumenistyczne, Mały Rynek 1, Mo geschl.).

ℹ **Touristeninformation:** ul. Rycerska 20, 57-500 Bystrzyca Kłodzko, Tel. 074-811 37 31.

↔ **Bus:** Gute Verbindung mit allen Kurorten der Region, Abfahrt 200 m nördl. der Pfarrkirche.
Bahn: Mehrmals tgl. fahren Züge nach Kłodzko, der Bahnhof befindet sich östl. der Altstadt.

Lądek Zdrój

Am Ostrand des Glatzer Kessels liegt in ca. 450 m Höhe **Lądek Zdrój** (Bad Landeck) **8**, einer der ältesten Kurorte Polens. Seit dem

Polens schönster Badetempel: ›Naturheilanstalt Wojciech‹ in Lądek Zdrój

14. Jh. kamen Könige, Fürsten und Bischöfe aus ganz Europa, um sich hier ›kurieren‹ zu lassen.

Die Stadt mit ihren knapp 10 000 Einwohnern ist zweigeteilt. Rund um den quadratischen, herrlich restaurierten Markt gruppieren sich gut erhaltene, mit Kaufmannswappen versehene Barock- und Renaissancebauten. Haus 4 ziert ein Merkurstab (Symbol des Handels), darüber prangt das Auge der Vorsehung und verheißt Glück. Haus 8 mit Kessel und Schleife erinnert daran, dass der Besitzer ein Bierbrauer war. Über eine steinerne Brücke spaziert man zum eigentlichen Kurort, der vor scharfen Winden durch Bergriegel geschützt ist. Schmuckstück ist das ehemalige **Marienbad**, die heutige ›Naturheilanstalt Wojciech‹: ein neobarocker Palast, unter dessen imposanter Kuppel sich ein türkisches Bad befindet. Es ist mit Marmor eingekleidet, das Firmament erstrahlt in goldenen Farben. Nach dem Bad empfiehlt sich ein Schluck des schwefligen, radiumhaltigen Wassers in der Trinkhalle im Obergeschoss. Derart gestärkt ist man fit für einen Spaziergang durch den labyrinthischen botanischen Garten.

ℹ **Im Internet:** www.ladek.pl

🛏 **Arabeska:** ul. Paderewskiego 4, Tel. 074-814 79 22, Fax 814 69 33, www. almabus.com.pl, 15 Zimmer. Drei-Sterne-Hotel in nostalgischer Gartenvilla, nahe dem Kurpark gelegen. Die Zimmer sind mit Parkett und Kiefernholzmöbeln freundlich eingerichtet, einige verfügen über einen blumengeschmückten Balkon sowie über einen Blick auf bewaldete Hügel. Außerdem stehen den Gästen eine Sauna, ein Massage-Salon und ein Mountainbike-Verleih zur Verfügung. DZ ab 40 €.

↔ **Bus:** Guter Service von und nach Kłodzko und Bystrzyca Kłodzka; zusteigen kann man in beiden Stadtteilen.
Bahn: Spärliche Verbindungen, Bahnhof 1 km westl. der Stadt.

Herrlich gelb leuchten Rapsfelder
im Oppelner Land, wie dieses bei Nysa

Kapitel 2

Oppelner Land und Oberschlesien

Częstochowa
(Tschenstochau)

Opole
(Oppeln)

Katowice
(Kattowitz)

Tiefe Wälder, goldene Felder und eine Pilgerstätte

Wer mit Auto oder Zug durch Südpolen reist, macht zwischen Breslau und Krakau nur selten Station – es sei denn, seine Vorfahren kommen aus diesem Raum oder er sucht einen polnischen Partner, mit dem er ein Geschäft gründen kann. Tatsächlich bietet das Oppelner Land nur wenige spektakuläre Highlights, dafür eine Fülle angenehmer Überraschungen, sobald man die Autobahn verlässt und auf Nebenstraßen ausweicht. Sanft gewellt ist das Land, über bucklige Hügel steigt es zu den Ausläufern der Sudeten an. Goldene Farben künden von der ›polnischen Kornkammer‹, hell leuchten die Raps- und Sonnenblumenfelder. Man kommt durch verschlafene Dörfer, alles geht seinen geordneten, unaufgeregten Gang.

Deutscher Einfluss ist in diesem Teil Polens überall spürbar. In Geschäften wird man auf Deutsch angesprochen, in den Straßen finden sich viele Autos mit deutschen Kennzeichen. Ein wachsender Anteil der Bevölkerung besitzt die doppelte Staatsangehörigkeit, viele Bewohner sind Grenzgänger und pendeln zwischen Deutschland und Polen. Bei der Verwaltungsreform von 1999 wurde Opole als Zentrum einer eigenständigen Provinz bestätigt, die Besonderheit der Region damit unterstrichen. Die hier lebenden Menschen wollen anders sein als die Niederund Oberschlesier, ihre Dörfer wirken gepflegter als die ihrer Nachbarn im Osten, aber auch im Westen.

Ganz anders ist Oberschlesien, das unter Naturfreunden keinen guten Ruf hat und dem es schwer fällt, das schlechte Image abzustreifen. Der aus Nysa (Neisse) stammende Schriftsteller Franz Jung notierte 1927: »Die weiten Täler und Höhen haben sich … in Hüttenreiche und Halden verwan-

delt. Aus dem schmutzigen gelbgrünen Wasser steigen lange Schwaden eines giftigen Qualmes auf, der sich in die Lungen der Menschen einfrisst.« Dank reicher Bodenschätze wie Kohle und Eisenerz, Blei, Silber und Zink war die Gegend um Kattowitz schon im 18. Jh. erschlossen worden; sie avancierte zum ›Ruhrpott des Ostens‹ und wurde als ›Waffenschmiede des Deutschen Reiches‹ gepriesen. Im sozialistischen Polen wurde der Raubbau noch intensiviert – ein verqualmter Wolkenschleier legte sich über die Industriestädte und schwärzte die Häuser. Bis zur Jahrtausendwende galt die Region als ›schmutzigstes Industriegebiet Europas‹, ein ›Katastrophengebiet‹, in dem Millionen von Menschen dahinvegetierten.

Heute ist in Oberschlesien nichts mehr wie früher. Die von der EU verordnete Bergbaureform führte zur Schließung vieler maroder Zechen, was in der Presse als ›ökologische Erlösung‹ gefeiert wurde. Die Kehrseite dieser Entwicklung ist nicht zu übersehen: Tausende Kumpels wurden ›freigesetzt‹ und fanden keine Anstellung. Ehrgeizige Autobahnprojekte sollen dafür sorgen, dass Katowice zum Drehkreuz im internationalen Handel avanciert, und Tourismusmanager träumen davon, aus der Nähe zu Krakau Kapital schlagen zu können. Oberschlesien, sagen sie, »hat mehr zu bieten als die Erinnerung an Bergwerke, Schmelzöfen und Schlote«. Südlich des Industriereviers liegen die Schlesischen Beskiden, über die man auf malerischen Bergstraßen in die Hohe Tatra, das ›kleinste Hochgebirge der Welt‹, weiterreisen kann. Wer den ›polnischen Ruhrpott‹ nordwärts umfahren will, hält von Opole auf Częstochowa zu – auch der berühmte Wallfahrtsort gehört zu Oberschlesien!

Highlight

3 **Częstochowa:** Der wichtigste Wallfahrtsort des katholischen Polen ist der Schwarzen Madonna geweiht. Über 4 Mio.

Pilger kommen jedes Jahr, um ihr Bildnis anzuschauen, das sich in einem mächtigen Barockkloster befindet. Rund um die Uhr werden Messen gelesen; an Marienfeiertagen herrscht in der Stadt Kirmes-Stimmung (s. S. 175).

Klima und Reisezeit

Im Oppelner Land ist der Winter relativ kurz, der Sommer reicht hingegen weit in den September hinein. Die kleineren Residenzstädte sollte man nur an sonnigen Tagen besuchen, Częstochowa ist immer ein lohnendes Ziel: Pilger lassen sich selbst von niedrigen Temperaturen nicht abschrecken. In die Schlesischen Beskiden kommt man im Sommer zum Wandern, im Winter zum Skifahren.

Reise- und Zeitplanung

Direkt an der West-Ost-Strecke liegen die Städte Brzeg, Opole, Gliwice und Katowice. Einen Abstecher wert sind die südlich von Opole gelegenen Bischofsstädte Nysa und Paczków sowie das Schloss Moszna, im Rahmen einer Rundfahrt ab Opole (dort viele Übernachtungsmöglichkeiten) kann man sie kennen lernen. Von Opole führt auch der schnellste Weg zum Wallfahrtsort Częstochowa, für den man sich einen halben Tag reservieren sollte. Von Katowice kommt man auf gut ausgebauten Nebenstraßen über Pszczyna und Bielsko-Biała nach Krakau, über Żywiec nach Zakopane.

Richtig Reisen-Tipp

Kühle Noblesse im Monopol: Das traditionsreiche Haus von 1903 wurde 100 Jahre später glanzvoll wiedereröffnet. Art Deco paart sich mit Beton und Backstein, Luxus kontrastiert mit Kunst: Melancholische Schwarz-Weiß-Fotografien zeigen Oberschlesiens Industrie (s. S. 174).

Opole, auf halber Strecke zwischen Breslau und Krakau, ist der ›Benjamin‹ unter den polnischen Provinzhauptstädten. Der Alltag geht seinen geruhsamen Gang, Polen und Angehörige der deutschen Minderheit basteln an Plänen zur Verschönerung ihrer Region. Sehenswert in der Umgebung sind alte Residenz- und Bischofsstädte sowie restaurierte Schlösser.

Opole

Cityplan: S. 162

Die Provinzhauptstadt Opole (Oppeln) liegt 94 km südöstlich von Breslau und zählt über 130 000 Einwohner. Sie erstreckt sich zu beiden Seiten der Oder und längs ihrer Seitenarme, wirkt freundlich und sympathisch. Die Industrieanlagen, vor allem Zementwerke und Maschinenbau, sind in die Randbezirke verbannt, das fruchtbare Umland wird landwirtschaftlich genutzt.

Ein Blick zurück

Dank archäologischer Funde geht man davon aus, dass der slawische Stamm der Opolanen bereits um die Mitte des 9. Jh. im Norden Oberschlesiens lebte und die zu Opole gehörende Oderinsel Pasieka zu seinem Stammsitz erkor. Als sich gut 300 Jahre später deutsche Siedler hier niederließen, vermischten sie sich mit den einheimischen Slawen und beförderten Handel und Handwerk; die Existenz einer deutschrechtlich begründeten Stadt ist erstmals für 1217 be-

Opole, das ›Schlesische Venedig‹, erstreckt sich entlang der Oder

legt. Wie alle schlesischen Städte hat Opole mehrmals seine Besitzer gewechselt. Es gehörte zu Polen und Böhmen, Habsburg, Ungarn und Preußen. Nach dem Ersten Weltkrieg wurde es Hauptstadt der neu geschaffenen Provinz Oberschlesien, verlor diesen Rang aber bei der erneuten Vereinigung Schlesiens am 21. März 1938. Nachdem es im Zweiten Weltkrieg zu 60 % zerstört worden war, fiel es an Polen, doch im Unterschied zu Niederschlesien blieb ein beträchtlicher Teil der Deutschen hier wohnen.

Vom Bahnhof bis zum Diözesanmuseum

Von dem um 1900 im Stil der Neorenaissance erbauten **Bahnhof** **1** (Dworzec) führt eine breite Fußgängerstraße direkt ins Zentrum. Am plac Wolności, dem Freiheitsplatz, prangt ein riesiges pathetisches **Denkmal** **2** (Pomnik), das eine geflügelte Amazone auf dem Rücken eines Wisents zeigt. Gewidmet ist das Mahnmal den ›Helden des Kampfes um die Freiheit des Oppelner Schlesiens‹.

Zur Linken geht es über die ehemalige ›Pfennigbrücke‹ auf die Insel Pasieka und dann rechts am Mühlgraben (Młynówka) entlang. Dank seiner Kanäle erwarb Opole schon früh den Beinamen ›Schlesisches Venedig‹: Neben pastellfarbenen Bürgerhäusern stehen mittelalterliche Speicher, im Hintergrund ragen backsteinerne Türme auf. Links erhebt sich der walzenförmige **Piastenturm** **3**, einziges Relikt der mittelalterlichen Burg, in welcher vom 13. bis 16. Jh. die schlesischen Fürsten residierten (Wieża Piastowska, tgl. außer Mo 10–17 Uhr). Vom Turm hat man eine weite Aussicht über die Stadt, in westlicher Richtung sieht man das **Freilichttheater** **4** (Amfiteatr), in dessen Bau Fragmente des ehemaligen Piastenschlosses eingefügt wurden, die während der Arbeiten (1995–97) entdeckt wurden. Das Theater bietet 5000 Zuschauern Platz, jedes Jahr im Mai oder Juni findet hier das populäre Schlagerfestival statt.

An der nächsten Brücke locken die schlanken, 73 m aufragenden Türme der **Kathedrale zum Heiligen Kreuz** **5** (Kościół Kate-

Mit dem Autor unterwegs

Unbedingt ansehen!
Altstadt von Opole: Auf dem Ring mit seinen pastellfarbenen Barockbauten hält man sich gern länger auf. Schön ist auch der Blick von der Insel Pasieka auf die am Mühlgraben gelegenen Häuser der Altstadt (s. S. 162).
Brzeg: ›Klein-Wawel‹ wird das Schloss in Anspielung auf die Krakauer Königsresidenz genannt; es birgt eine kostbare Sammlung schlesischer Kunst (s. S. 164).
Moszna: ›Traumschloss eines Zuckerbäckers‹ inmitten eines weitläufigen Parks mit einem Gestüt und der ältesten Lindenallee Europas. Am schönsten ist es hier in der zweiten Maihälfte, wenn die Azaleen zu blühen beginnen (s. S. 168).

Für Freunde der Populärkultur
Festival des polnischen Liedes: Das nationale Pendant zur Eurovision lockt im Juni Polens Schlagerstars und ihre Fans auf die Open-Air-Bühne der Mühleninsel (s. S. 161).

Beliebtes Pilgerziel
Wallfahrt zum Annaberg: Weniger bombastisch als in Częstochowa, aber doch eine Begegnung wert: Zum Namenstag der hl. Anna am 26. Juli treffen sich hier Pilger aus ganz Schlesien (s. S. 168).

dralny Św. Krzyża) auf die rechte Flussseite zurück. Der mittelalterliche Backsteinbau aus dem 15. Jh. hat viel von seiner gotischen Ausstattung eingebüßt, unzerstört blieb nur das Portal mit den Wappen der Oppelner Piasten.

In der Kapelle zur Rechten findet man noch eines der einstmals 26 gotischen Triptychen, in dem auf rotem Marmor gemeißelten Grabmal ruht Jan II. Dobry (›der Gute‹), der letzte slawische Piastenfürst (1532). Gleichfalls im rechten Seitenschiff entdeckt man ein Marienbild, das 1470 auf ein Lindenbrett gemalt wurde. Nach seinem Sieg

Opole: Cityplan

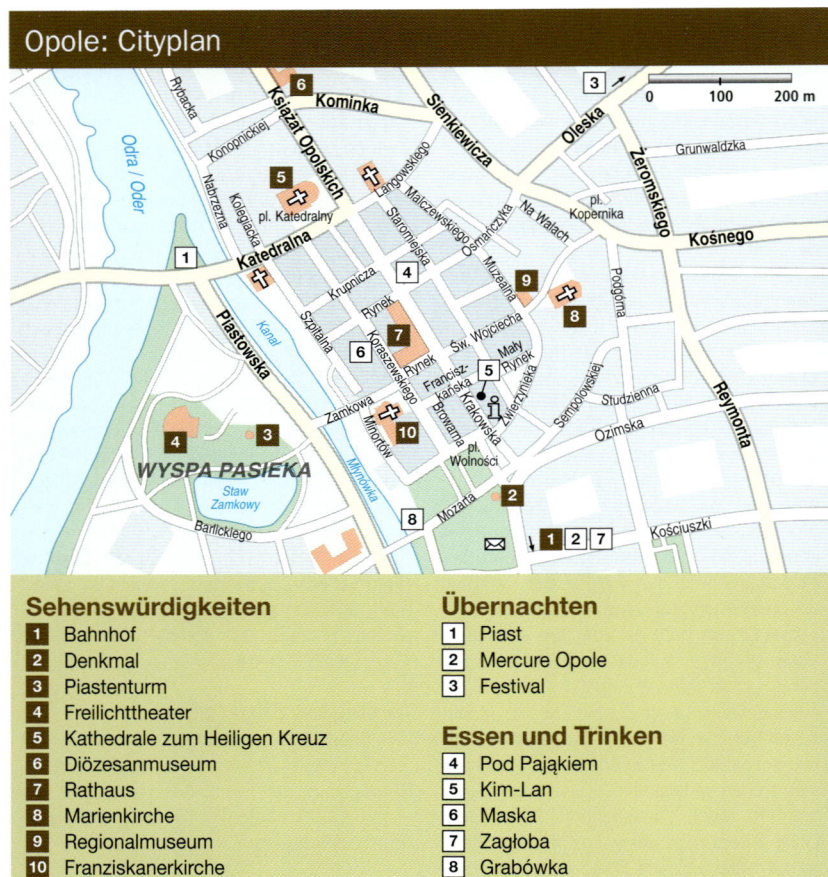

Sehenswürdigkeiten

1. Bahnhof
2. Denkmal
3. Piastenturm
4. Freilichttheater
5. Kathedrale zum Heiligen Kreuz
6. Diözesanmuseum
7. Rathaus
8. Marienkirche
9. Regionalmuseum
10. Franziskanerkirche

Übernachten

1. Piast
2. Mercure Opole
3. Festival

Essen und Trinken

4. Pod Pająkiem
5. Kim-Lan
6. Maska
7. Zagłoba
8. Grabówka

über die Türken im Jahr 1683 bei Wien stiftete König Jan III. Sobieski der Figur ein Silbergewand, Papst Johannes Paul II. setzte ihr eine Krone auf.

Im nördlich gelegenen **Diözesanmuseum** 6 kann man wertvolle Schnitzereien und Gemälde, Hand- und Druckschriften betrachten, die allesamt aus schlesischen Künstlerwerkstätten stammen. Man achte besonders auf ein Kruzifix von 1480 aus der Schule Tilman Riemenschneiders und eine 1507 geschaffene, auf den Einfluss von Veit Stoß hinweisende Pietà (Muzeum Diece-

zjalne, ul. B. Kominka 1-A, Di, Do 10–12 und 14–17, 1. So im Monat 14–17 Uhr).

Rund um den Ring

Auf der Straße der Oppelner Fürsten (ul. Książąt Opolskich) gelangt man in nur wenigen Minuten zum weitläufigen, Kopfstein gepflasterten Ring (Rynek) im Herzen der Stadt. In den Bars und Cafés treffen sich Touristen und Einheimische, in lauen Sommernächten spielen Musikgruppen auf. Vielfarbige Bürgerhäuser reihen sich aneinander, verspielte Giebel und Fensterschmuck ver-

162

sprühen barocke Leichtigkeit. Im Haus Nr. 37 lebten bis 1532 die schlesischen Herzöge, weshalb es bis heute ›Piastenhaus‹ genannt wird. Klassisch streng – und nicht ganz passend zum Ensemble der Bürgerhäuser – erscheint das wuchtige **Rathaus** 7 (Ratusz) in der Mitte des Platzes; entstanden ist es 1824, in den Jahren 1934–36 wurde es nach dem Vorbild des Florentiner Palazzo Vecchio erneuert.

Die am Markt wieder aufgebauten barocken Bürgerhäuser weisen für die Stadt typische abgerundete Erker auf. Sehenswert ist die Franziskaner-Anlage mit Kloster und Kirche aus dem 14. Jh. Die Domkirche ist die älteste Kirche von Opole. Sie brannte mehrmals aus und erhielt ihre heutige Form mit zwei markanten Türmen im Jahr 1899.

Östlich des Rings steigt man über eine monumentale Freitreppe zur **Marienkirche** 8 (Kościół Marii Panny), der früheren ›Kirche auf dem Hügel‹ hinauf. Wahrscheinlich hat an dieser Stelle das erste Gotteshaus der Stadt gestanden, eine 984 erbaute Holzkapelle. Im ehemaligen Jesuitenkolleg ist das **Regionalmuseum** 9 mit archäologischen und ethnografischen Sammlungen untergebracht. Der Bogen spannt sich von Mammutknochen aus der Steinzeit über Modelle mittelalterlicher Wehrsiedlungen bis zu Oppelner Trachten und Gemälden polnischer Maler (Muzeum Śląska Opolskiego, Mały Rynek 7/ul. Św. Wojciecha 13, Mo geschl.).

Südwestlich des Rings erhebt sich die **Franziskanerkirche** 10 (Kościół Franciszkanów), ein Backsteinbau aus dem frühen 14. Jh. Ihr Prunkstück ist die Piastenkapelle (Kaplica Piastów) im rechten Seitenschiff. In der Kirche, die durch ein gotisches Sterngewölbe beeindruckt, befinden sich die sterblichen Überreste von Mitgliedern der Oppelner Fürstenfamilie. Das hölzerne Triptychon stammt übrigens nicht, wie in einigen Publikationen behauptet, aus dem frühen 15. Jh., sondern aus dem Jahr 1958. Im Kreuzgang des Klosters, erbaut 1248, kann man gotische Wandmalereien und Figuren bewundern.

Zoologischer Garten

Schön zum Erholen ist der 83 ha große Park auf der **Oderinsel Bolko** im Süden der Stadt. Hier wurde 1934 ein Zoologischer Garten angelegt, in dem über 100 Tierarten zu beobachten sind. Bei der Jahrtausendflut 1997 wurden viele Tiere getötet, auch die beliebten Zwergnilpferde fielen den Wassermassen zum Opfer. Dank großzügiger Spenden konnten die Verluste wieder ausgeglichen werden – zu sehen sind u. a. Affen, Pinguine und Giraffen, ein kleiner Panda, Antilopen und Schneepanther (Ogród Zoologiczny, Insel Bolko, ul. Spacerowa 10, Tel. 077-454 28 58, im Winter 9–17, im Sommer 10–18 Uhr).

Sehenswertes außerhalb von Opole

In Krasiejów, 20 km östlich von Opole gelegen, entdeckten Archäologen in einer Tongrube nahe dem Turawa-See die Skelette von sieben ca. 225 Mio. Jahre alten Dinosauriern. Für den knapp 1,40 m großen ›Silesaurus Opolensis‹ wird ein **Dino-Park** geschaffen, in dem man Interessantes über den archaischen Vierbeiner erfahren kann (www.dinopark.pl).

Wer sich eher für traditionelle bäuerliche Architektur interessiert, macht einen Ausflug zum Freilichtmuseum in 6 km westl. von Opole gelegenen Ortsteil Bierkowice. Im **Museum des Oppelner Dorfes** wurde eine ›authentische‹ Ortschaft rekonstruiert. Etwa 50 alte Bauernhütten, Mühlen und Werkstätten erinnern an das Landleben im 18. und 19. Jh. Die Häuser sind um eine der für diese Region typischen Schrotholzkirchen gruppiert; auffallend sind ihre kleinen Fenster und die weit heruntergezogenen Schindeldächer. Gleich neben dem Eingang wird in einer Schänke aus dem Jahr 1858 gute Hausmannskost aufgetischt (Muzeum wsi Opolskiej, ul. Wrocławska 174, Mo geschl., ab Bahnhof Buslinie 5).

Touristeninformation MIT: ul. Krakowska 15, 45-015 Opole, Tel. 077-451 19 87, www.opole.pl, So geschl.

Oppelner Land

Piast 1 : ul. Piastowska 1, Tel. 077-454 97 10, Fax 454 97 17, www.hotel piast.com.pl, 25 Zimmer. Hotel in einem historischen Gebäude nahe dem Mühlgraben. Alle Zimmer sind komfortabel eingerichtet, doch die zur Rückseite sind ruhiger und verfügen über den schöneren Ausblick. DZ ab 82 €.

Mercure Opole 2 : ul. Krakowska 57/59, Tel. 077-451 81 00, Fax 451 81 99, www.orbis.pl, 103 Zimmer. Direkt gegenüber dem Bahnhof und nur wenige Gehminuten von der Altstadt. Das Hotel wurde von Grund auf renoviert, alle Zimmer verfügen über Sat-TV und geräumige Bäder. Mit Restaurant und bewachtem Parkplatz. DZ ab 60 €.

Festival 3 : ul. Oleska 86, Tel. 077-455 60 11, Fax 455 60 17, www.festival.com.pl, 56 Zimmer. Hotel an der Straße nach Poznań, 2 km nordöstl. des Stadtkerns, mit Ein- bis Vierbettzimmern, Schwimmbad, Sauna und Fitness. DZ ab 62 €.

Rund um den Ring gibt es eine Fülle von Cafés, kleinen Lokalen und Weinstuben. Schon ab 10 Uhr gut besucht ist das Café Pod Arkadami am Rynek 26.

Pod Pająkiem 4 : ul. Książat Opolskich 2, Tel. 077-454 31 51. In dem gemütlichen Gasthaus an der Nordostecke des Marktplatzes wird deftige polnisch-ungarische Küche serviert.

Kim-Lan 5 : ul. Krakowska 11–13, Tel. 077-454 54 55. Das Lokal mit kleiner Terrasse liegt nahe dem Ring und bietet fernöstliche Küche. Beliebt sind Peking-Ente und gegrillte Garnelen. Hauptgerichte 5–17 €.

Maska 6 : Rynek 2, Tel. 077-453 92 67. Ein Restaurant mit typisch polnischen Gerichten und ein hübscher Pub gleich nebenan: Vor knapp 50 Jahren hat der Theatermann Jerzy Grotowski in diesen Räumen geprobt! Hauptgerichte 3–8 €.

Zagłoba 7 : ul. Krakowska 39, Tel. 077-441 78 60, www.zagloba.pl. Auf antik gemachtes Kellerlokal mit Kamin- und Jägersaal. Beliebt ist *szabla wołodyjowskiego*, gebratenes Fleisch vom Rost, das vom Säbel serviert wird, dazu Bratkartoffeln mit Gurkenknob-

lauchsoße und Salat. Mittags preiswerter Lunch. Hauptgerichte ab 4 €.

Grabówka 8 : ul. Mozarta 2. Leckere Crêpes in allen Varianten auf einer grünen Terrasse an der Pfennigbrücke. Ab 2 €.

 Obst- und Gemüsemarkt: werktags hinter der Marienkirche.

Kunsthandwerk: Cepelia, ul. Rynek 5–6. Keramik aus dem Oppelner Land, mit Blumenornamenten bemalte Ostereier, Puppen in putziger Regionaltracht sowie Web- und Schnitzarbeiten.

 In der Provinzhauptstadt gibt es mehrere Kinos und Theater, eine Philharmonie und eine Reihe von Galerien.

Kino: Kinoplex, pl. Kopernika 17, Tel. 077-456 66 55.

Philharmonie: Filharmonia im. J. Elsnera, ul. Krakowska 24, Tel. 077-454 33 71.

Stadttheater: Teatr im. Kochanowskiego, pl. Teatralny 12, Tel. 077-453 90 82.

Puppentheater: Teatr im A. Smolky, ul. Kośnego 1-A, Tel. 077-454 37 96.

Freilichttheater: Amfiteatr, ul. Piastowska 14.

Festival des polnischen Liedes (Mai/Juni): Große Unterhaltungsshow im Freilichttheater.

Bahn/Bus: Mit dem Zug gute Verbindungen nach Wrocław, Częstochowa, Katowice und Kraków; nach Nysa und Kłodzko kommt man besser mit dem Bus. Bahnhof und Busstation befinden sich 1 km südl. der Altstadt.

Brzeg

Auf halber Strecke zwischen Breslau und Opole liegt Brzeg (Brieg), eine der ältesten Städte Schlesiens mit etwa 40 000 Einwohnern. Von 1311 bis 1675 residierten hier die Herzöge von Legnica und Brzeg, es entstanden herrliche Bauwerke der Gotik und Renaissance. 1675 fiel das Fürstentum an das Haus Habsburg, wenig später ließen sich die ersten Jesuiten in der Stadt nieder und setzten barocke Akzente.

Der Ruhm Brzegs verdankt sich in erster Linie dem **Piastenschloss**, einem bedeutenden Meisterwerk der Renaissance. Die Toreinfahrt ist von den fast lebensgroßen Figuren des Bauherren Georg II. und seiner Frau Barbara geschmückt, über ihnen prangen die Büsten polnischer Könige und Piastenherzöge, eine komplette Ahnengalerie. Hinter dem Tor befindet sich ein eleganter, dreigeschossiger Arkadenhof, dem das Schloss seinen Beinamen ›Schlesischer Wawel‹ verdankt. Er ist das Werk des italienischen Architekten Francesco Pario – von 1541 bis 1560 hat er daran gearbeitet. An jedem 8. Februar erinnert ein Konzert mit bekannten Solisten daran, dass an jenem Tag im Jahr 1843 Franz Liszt im Piastenschloss für die Adelsgesellschaft musizierte. Im Ost- und Südflügel des Schlosses ist das Piastenmuseum untergebracht; es stellt schlesische Kunst vom 15. bis 18. Jh. vor, darunter Grabmäler von Herrschern, kostbare Ge-

mälde und Skulpturen (Zamek Piastowski/ Muzeum Piastów Śląskich, pl. Zamkowy 1, www.zamekbrzeg.pl, Mo geschl.).

Wichtigstes Bauwerk aus gotischer Zeit ist die **Schlosskirche** (Kościół Zamkowy) links neben dem Torbau. Sie geht auf das Jahr 1369 zurück und wurde nach dem Zweiten Weltkrieg originalgetreu rekonstruiert. Schräg gegenüber erhebt sich die barocke, doppeltürmige **Heiligkreuzkirche** (Kościół Św. Krzyża). Wie es sich für ein Gotteshaus der Jesuiten gehört, wird das katholische Glaubensbekenntnis pompös in Szene gesetzt. Das gesamte Gewölbe ist mit illusionistischen Fresken bemalt, die die Herrlichkeit des Heiligen Kreuzes und des Neuen Testaments verkünden. Als weiteres Renaissance-Schmuckstück präsentiert sich das **Rathaus** im Zentrum des Rings; es besticht durch schöne Ratssäle und Kreuzgänge, vom Turm bietet sich ein weiter Blick über die Stadt und ihre Umgebung (Ratusz, Rynek s/n, sofern keine Sitzung stattfindet: Mo–Fr 9–13 Uhr, Sa–So 14–15 Uhr).

Toreinfahrt zum Piastenschloss in Brzeg: Bauherr Georg II. mit Gattin Barbara

Im Internet:
www.brzeg.pl

Ratuszowa: Rynek, Tel. 077-416 52 67. Schlesische Gerichte im traditionsreichen Ratskeller; besonders beliebt ist gebackener Zander mit Pilzen. Im Sommer kann man auf der Außenterrasse speisen. Hauptgerichte ab 4 €.

Bahn/Bus: Nach Wrocław, Opole und Kraków kommt man leicht mit dem Zug, in die Orte abseits der West-Ost-Zuglinie besser mit dem Bus. Bahnhof und Busstation liegen 1 km südl. der Altstadt.

Von Nysa nach Paczków

Nysa

2 50 km südlich von Brzeg, im leicht gewellten Vorland der Sudeten, liegt Nysa (Neisse), das mit seinem etwas halbherzig restaurierten Ortskern nur noch eine Ahnung von einstiger Größe vermittelt. Bedeutend war es im 16. und 17. Jh., als die katholischen Bischöfe aus dem protestantischen Breslau nach Nysa flüchteten und hier eine Hochburg der Gegenreformation begründeten. Das ›Schlesische Rom‹ wurde zur Kaderschmiede des geistlichen Nachwuchses, außer dem Breslauer Priesterseminar etablierte sich das Jesuitengymnasium Carolinum. Unter preußischer Herrschaft wurden die Bischöfe entmachtet, die Stadt wurde zur Grenzfestung ausgebaut.

Im Zweiten Weltkrieg wurde Nysa zu 80 % zerstört. Am Marktplatz stehen historische Giebelhäuser neben grauen Wohnblocks, Schmuckstücke der Gotik und der Renaissance kontrastieren mit architektonischer Tristesse. Im Norden erhebt sich die gotische **Jakobskirche** (Kościół Św. Jakuba), ein gewaltiger Backsteinbau mit 20 Kapellen und freistehendem Glockenturm. Westlich davon steht der Schöne Brunnen (Piękna

Studnia) mit einem schmiedeeisernen, wie ein Bienenkorb geformten Gehäuse. Geschaffen hat ihn der Zeugwärter Wilhelm Helleweg 1686 – wie man sieht, ein Meister seines Fachs: Archaische Figuren sind zu einem phantastischen Ensemble verschmolzen.

Südöstlich der Jakobskirche beginnt das ›Geistliche Viertel‹. Das alte Bischofspalais, erbaut in den Jahren 1660–1729, birgt heute ein **Stadtmuseum**, in dem den Besuchern anhand von Fotos und Modellbauten vor Augen geführt wird, was der Stadt durch die Zerstörung im Zweiten Weltkrieg verloren ging (Pałac Biskupi/Muzeum Miejskie, ul. Biskupa Jarosława/ul. Grodzka, Mo geschl.). Vorbei am Bischofshof kommt man zu der von Jesuiten errichteten **Mariä-Himmelfahrts-Kirche** und dem ehemaligen Jesuitenkolleg Carolinum, dessen berühmtester Schüler König Jan III. Sobieski war. Ein Prachtwerk des Barock ist die Peter-und-Paul-Kirche (Kościół Św. Piotra i Pawła), entstanden in den Jahren 1720–28.

Literaturfreunde pilgern zum **Gemeindefriedhof** (Cmentarz Komunalny), wo Joseph von Eichendorff (1788–1857), der in Nysa seine letzten beiden Lebensjahre verbrachte, gemeinsam mit seiner Frau Luise begraben liegt. Über seine Wahlheimat schrieb der Dichter: »Die Gegend von Neisse ist wahrhaft paradiesisch und gerade auf dem schönsten Punkte, mit dem Blick auf das hohe Gebirge, habe ich mit den meinigen meinen Sommeraufenthalt aufgeschlagen.«

Otmuchów

3 ›Paradiesisch‹ wirken heute nur noch einige Flecken westlich von Nysa. Otmuchów (Ottmachau), nur 10 km entfernt, war über 500 Jahre Eigentum der Breslauer Bischöfe und blieb im Zweiten Weltkrieg weitgehend unzerstört. Das hübsche Städtchen mit seinen etwa 6000 Einwohnern grenzt an zwei Seen und liegt am Fuße des Reichensteiner Gebirges (Góry Złote). Touristenattraktion ist die **Sonnenuhr** am 1575 erbauten Renaissance-Rathaus. Vom Marktplatz geht es hinauf zur Gemeindekirche, in der sich drei Altargemälde von Michael Willmann sowie Fresken von Karl Dankwart befinden.

Einen phantastischen Blick auf Otmuchów und die umliegende Seenlandschaft genießt man vom Wehrturm auf dem Burgberg. In den ersten Stock des Schlossflügels führen ›Pferdetreppen‹ (Kónskie schody), über die man direkt ins Schloss reiten konnte. Letzter Besitzer war der Philosoph Wilhelm von Humboldt, Bruder des Naturwissenschaftlers Alexander. Viele alte Bäume stehen im Park – und wer keinen Wert auf allzu viel Komfort legt, bekommt gewiss Lust, in den Räumen des Schlosses zu übernachten.

Zamek: ul. Zamkowa 4, Otmuchów, Tel./Fax 077-431 51 48, www.zamek. otmuchow.pl, 33 Zimmer. Das Schlosshotel wurde renoviert und ist ein guter Ausgangspunkt zur Erkundung der Region. Alle Zimmer verfügen über Bad und Sat-TV, und wenn man Glück hat, bekommt man eines mit schönen Holzbalkendecken. Polnische Gerichte werden im Restaurant Zamkowa serviert. DZ ab 42 €.

Paczków

4 Weitere 16 km in westlicher Richtung folgt Paczków (Patschkau), mit 9000 Einwohnern nur wenig größer als Otmuchów. Drei von ursprünglich 30 Türmen dominieren das Stadtbild. Fast vollständig erhalten blieb die mittelalterliche, im 14. Jh. angelegte **Stadtmauer**. Nur drei Tore gewähren Einlass: das Glatzer Tor (Brama Kłodzka) im Südwesten, das Frankensteiner Tor (Brama Ząbkowicka) im Nordwesten und das Breslauer Tor (Brama Wrocławska) im Nordosten. Im Mittelpunkt der Stadt liegt der große Ring (Rynek) mit Bürgerhäusern und Rathaus (Ratusz), eine Gasse führt zur zinnenbewehrten Pfarrkirche (Kościół Farny) hinauf.

Bahn/Bus: Von Nysa kommt man mit dem Zug nach Opole und Brzeg. Für Fahrten nach Otmuchów und Paczków ist der Bus günstiger; tgl. auch mehrere Verbindungen nach Kłodzko.

167

Von Moszna
zum Annaberg

Moszna

5 Einen Abstecher wert ist das Märchenschloss von Moszna (Moschen), 35 km südwestlich von Opole: verziert mit Erkern, Zinnen und zahlreichen Türmen – drumherum ein riesiger Landschaftspark im englischen Stil mit Teichen und jahrhundertealten Eichen. Im Frühsommer, wenn die Azaleen blühen, ist er in ein leuchtend rotes Meer getaucht. Das ursprünglich barocke Schloss wurde auf Wunsch des Industriellen Hubert von Tiele-Winckler 1896 umgestaltet. Er ließ sich dabei, wie man spöttelnd munkelte, vom ›Traum eines Zuckerbäckers‹ inspirieren. Heute dient der eklektizistische Bau als psychosomatisches **Sanatorium:** keine geschlossene Anstalt, sondern ein offenes Therapiezentrum, in dem Tagesbesucher willkommen sind. Sie können das Café im Kaminsaal besuchen und im Rokokosalon zur Mittagszeit polnische Küche probieren. Am Wochenende dürfen auch die Gemäldegalerie, das Herrenkabinett und einige weitere der insgesamt 360 Räume besichtigt werden (Park und Café tgl. geöffnet, die schönsten Innenräume vorerst nur Sa–So 10–12 und 14–17Uhr, Mai–Sept.).

Głogówek

Auf der Weiterfahrt Richtung Osten lohnt ein Stopp in **Głogówek** (Oberglogau) **6**, 40 km südlich von Opole. Die Kleinstadt am rechten Ufer des Hotzenplotz (Osobłoga) hat mit über 50 % einen hohen deutschstämmigen Bevölkerungsanteil. Sehenswert sind das **Rathaus** (Ratusz) mit seinem schönen Renaissancegiebel, die barockisierte **Pfarrkirche St. Bartholomäus** und die gotische **Franziskanerkirche**, in deren Hauptschiff sich ein vollkommen selbstständiger Baukörper, das ›Loreto-Haus‹ verbirgt. Im Norden der Altstadt steht das Renaissanceschloss der Grafen von Oppersdorff. Eine Gedenktafel erinnert daran, dass 1806 Ludwig van Beethoven Gast der Stadt war und dem Schlossbesitzer seine 4. Sinfonie in B-Dur widmete. Im Regionalmuseum ist das Klavier zu sehen, auf dem der Komponist seinerzeit spielte (Mo geschl.).

Annaberg

7 Umdröhnt vom Lärm der neuen Autobahn, erhebt sich der 410 m hohe Gipfel des **Annaberg** (Góra Świętej Anny), seit dem 15. Jh. ein beliebtes Pilgerziel. Die Holzskulptur mit der wundertätigen Heiligen wurde in einer einfachen Kapelle aufbewahrt und 1673 in die neue, barocke **Wallfahrtskirche** (Kościół Św. Anny) überführt. Dort kann sie noch heute bewundert werden. Sie steht im Hochaltar und ist in ein prachtvolles Gewand gehüllt; dargestellt als Anna Selbdritt, trägt sie auf dem rechten Arm das Jesuskind, auf dem linken Maria. Anna, die Großmutter Jesu, gilt als Schutzheilige nicht

nur sämtlicher Mütter, sondern auch der Kaufleute und Bergarbeiter. Am 26. Juli, ihrem Namenstag, lockt sie jedes Jahr Tausende auf den nach ihr benannten Berg. Bevor die Pilger den Gipfel erreichen, legen sie an jeder einzelnen der 41 über den Berg verstreuten Kreuzweg-Kapellen eine Zwischenpause ein.

Der Annaberg ist freilich auch ein politisches Symbol. Nachdem bei einem Plebiszit 60 % der Oberschlesier für den Verbleib in Deutschland gestimmt hatten, kam es hier am 21. Mai 1921 zu schweren Gefechten. Dem Deutschen Selbstschutz und Freiwilligenverband gelang es die zahlenmäßig stärkeren polnischen Verbände zu besiegen. Fortan galt den Deutschen der Berg als Zeichen ihrer Überlegenheit. 1934 schlugen sie ein Amphitheater in den Fels, vier Jahre spä-

ter weihten sie ein Ehrendenkmal ein, »Symbol für die deutsche Wiedergeburt von 1933 und die Befreiung von den Fesseln von Versailles«. Heute steht neben dem Theater ein vom polnischen Bildhauer Xawer Dunikowski (1875–1964) errichtetes Ehrenmal, welches an die gefallenen polnischen Kämpfer erinnert.

Polnische Veteranen pilgern alljährlich auf den Annaberg, der ihnen als identitätsstiftender Grundpfeiler der polnischen Nation gilt. Der Kampf um Oberschlesien, so ihre Botschaft, war nicht vergebens, »die Geschichte hat Polen Recht gegeben«. Das Museum der Aufständischen zeigt Plakate, Fotos, Dokumente und Banner aus der Zeit der Schlesischen Aufstände und des Plebiszits (Muzeum Czynu Powstańczego, Mo geschl.).

Schloss Moszna inmitten eines weitläufigen englischen Parks

Deutsche Minderheit im Aufwind

Thema

Seit 1991 darf sich die deutsche Minderheit offen artikulieren und genießt Sonderrechte: Sie hat Anspruch auf eine Ausbildung in ihrer Muttersprache und kann – unabhängig von der 5 %-Klausel – Abgeordnete ins polnische Parlament entsenden. Das nächste politische Ziel ist das Anbringen deutsch-polnischer Ortsschilder in Regionen, wo sie stark vertreten ist.

»Immer wenn ich polnische Kinder kommen sah, flüchtete ich zusammen mit meinem Bruder in die Ruinen«, erinnert sich Dorota, die 1945 acht Jahre alt war. »Erwischten sie uns, gab es Prügel, begleitet von höhnischen Heil-Hitler-Rufen«. Das Mädchen setzte alles daran, so schnell wie möglich lupenreines Polnisch zu lernen; niemand sollte sie als Deutsche identifizieren können.

Dorota gehört zu jenen Deutschen, die nach dem Zweiten Weltkrieg Polen nicht verlassen mussten. Die sozialistische Regierung hatte sie als ›**Autochthone**‹ eingestuft: Menschen polnischen Ursprungs, die im Laufe der Geschichte zwangsgermanisiert worden seien. Nun ›durften‹ sie in den polnischen Staat zurück und erhielten volle Bürgerrechte.

Assimilation hieß das Gebot der Stunde, das Deutsche wanderte in die Privatsphäre ab. In der staatlichen Statistik kam es nicht vor und auch in der Bundesrepublik waren es bald nur noch Vertriebenenverbände, die sich der ›Brüder und Schwestern im Osten‹ erinnerten. Bei ihren jährlich stattfindenden Pfingsttreffen spielten sie alte Volksweisen und bestellten junge Mädchen in Tracht und Spitzenbluse: »Schlesien bleibt unser« – eine wohl kalkulierte Choreografie vermeintlicher Unschuld.

Die Überraschung war groß, als sich beim Systemwechsel 1989/90 die deutsche Minderheit in Polen wieder zu Wort meldete und allerorten ›sozialkulturelle Gesellschaften der Deutschen‹ gründete. Seit Verabschiedung des **deutsch-polnischen Kooperationsvertrags** gibt es in schlesischen Schulen wieder Deutschunterricht und es darf auf Ämtern die deutsche Sprache benutzt werden. Binnen weniger Jahre erwarb über eine halbe Million hier lebender Menschen die deutsche Staatsbürgerschaft, was sie berechtigte, Arbeit in der Bundesrepublik aufzunehmen und gegebenenfalls deutsche Sozialhilfe zu empfangen. Bei den Kommunalwahlen gelang es ihnen, die Bürgermeister zahlreicher Gemeinden zu stellen. Doch ihren bisher größten Erfolg feierten sie bei der Verwaltungsreform 1999. Im Gegensatz zu anderen, größeren Woiwodschaften, die ihren Status einbüßten, konnte sich das Oppelner Land dagegen als eigenständige Provinz behaupten.

Polen setzte 2004 durch, dass EU-Ausländer mindestens zehn Jahre Immobilien im Land nur mit ausdrücklicher Genehmigung des Innenministeriums erwerben dürfen. Durch diese Übergangsregelung soll der befürchtete Ausverkauf polnischen Grund und Bodens durch deutsche Privatleute verhindert werden. Was Unternehmensgründungen angeht, gibt es keinerlei Beschränkungen. Investieren kann in Polen jeder, der einen Profit sieht – egal welcher Nationalität er ist. Aufgrund der geografischen Nähe zu Polen liegen deutsche Investoren vorn.

Polens ›Ruhrpott‹ wird umgebaut: Die Stadtzentren werden saniert, statt Schwerindustrie wird Hightech angesiedelt. Im Norden der Region liegt Polens größter Wallfahrtsort, im Süden erstrecken sich die bis zu 1725 m hohen Schlesischen Beskiden. Schönster Ort auf dem Weg dorthin ist Pszczyna mit dem Schloss der Fürsten von Pless und Hochberg.

Gliwice

1 Gliwice (Gleiwitz) liegt am Westrand des ›Kohlenpotts‹ und ist ein bedeutendes Industriezentrum. Schon Ende des 18. Jh. wurde hier eine königliche Eisenhütte mit dem ersten Kokshochofen Europas gebaut. Nach der Teilung Oberschlesiens 1921 wurde die Stadt zum Zentrum des Kohlebergbaus auf deutscher Seite. Ins Schlaglicht der Weltgeschichte rückte sie am 31. August 1939: SS-Männer, verkleidet als polnische Soldaten, täuschten einen Überfall auf den Sender Gleiwitz vor und gaben damit der deutschen Regierung einen Vorwand zum ›Zurückschießen‹ – der Zweite Weltkrieg begann. Nach 1945, nun unter polnischer Herrschaft, wurde weiter auf Kohle und Stahl gesetzt, zugleich entstand das nach Warschau wichtigste Ausbildungszentrum für Technik und Naturwissenschaften.

Gliwice zählt heute knapp 220 000 Einwohner und sucht Auswege aus der durch das Zechensterben verursachten Krise. Erste Hightech-Unternehmen haben sich rund um die Stadt angesiedelt, hohe Steuervergünstigungen wurden ihnen in Aussicht gestellt. Daneben tragen Opel & General Motors mit neuen Produktionsstätten zu einer Entlastung auf dem Arbeitsmarkt bei.

Sehenswertes in Gliwice

›Hauptstraße‹ von Gliwice ist die 2 km lange Zwycięstwa-Allee, die den Bahnhof mit der Altstadt verbindet. Sie wird von Gründerzeithäusern gesäumt, die mit Erkern und Türmchen geschmückt sind und schrittweise restauriert werden. Auch das neue Rathaus befindet sich hier, davor der ›Brunnen der tanzenden Faune‹: Drei diabolisch lächelnde Wesen neigen sich zueinander, als seien sie in eine Verschwörung verstrickt.

Zentrum der Altstadt ist der von Giebel- und Arkadenhäusern gesäumte **Ring** (Rynek). In seiner Mitte steht das alte, heute als

Mit dem Autor unterwegs

Unbedingt ansehen!
Katowice: Das Schlesische Museum im ehemaligen Grand Hotel macht mit polnischen Meistern der Moderne bekannt (s. S. 174).
Pszczyna: Imposantes Schloss mit Spiegelsaal inmitten eines weitläufigen Parks (s. S. 180).

Blues-Festival
Das traditionsreiche **Rawa-Blues-Festival** findet im September in der ›Fliegenden Untertasse‹ von Katowice statt (s. S. 175).

Flanieren von Café zu Bar
Ring von Gliwice: Bars und Cafés reihen sich dicht aneinander, vor allem im Sommer heißt es: ›sehen und gesehen werden‹.

Oberschlesien

Galerie genutzte Rathaus (Stary Ratusz), davor der Neptunbrunnen, der den auf einem Delfin reitenden Meeresgott mit Dreizack zeigt. Nordwestlich des Rings ragen die Türme der gotischen Allerheiligenkirche (Kościół Wszystkich Świętych) auf; südlich davon befindet sich das 1588 erbaute **Piastenschloss**, heute Sitz des Städtischen Museums. Gezeigt werden Exponate zur Archäologie und Geschichte der Region, dazu wechselnde kunsthandwerkliche Ausstellungen (Zamek Piastowski/Muzeum w Gliwicach, ul. Pod Murami 2, Mo geschl.). Eine Filiale des Museums befindet sich in der **Villa Caro**, einem attraktiven Renaissancepalais unweit des neuen Rathauses. Im Chopin-Park steht Polens größtes **Palmenhaus**: In modernen Glashäusern wachsen mehr als 7000 exotische Pflanzen, darunter Orchideen, Palmen, Zitronenbäume und Kakteen (Palmiarnia, Park Chopina, Mo geschl.).

Neuerdings kann man auch den ›Sender Gleiwitz‹ besuchen: Der originale, aus Holz erbaute Funkturm öffnet als **Museum der Radiogeschichte und der Medien**. Erinnert wird an den Angriff auf den Sender 1939 und die Geschichte des Rundfunks (Muzeum historii radia i sztuki mediów radiostacja Gliwice, ul. Tarnogórska 129, www.muzeum.gliwice.pl, So/Mo geschl.).

Im Internet:
www.um.gliwice.pl

 Royal, ul. Matejki 10: Tel. 032-400 00 00, Fax 400 03 50, www.hotelroyal.com.pl, 35 Zimmer. Hier werden viele Gäste von Opel Polska einquartiert: Das restaurierte Bürgerhaus nahe dem Ring bietet geräumige Zimmer, einige Bäder mit Whirlpool-Wanne. DZ ab 90 €.
Diament: ul. Zwycięstwa 30, Tel. 032-231 22 44, Fax 231 72 16, www.hoteldiament.pl, 56 Zimmer. Traditionsreiches Hotel an der lauten Hauptstraße, erweitert um eine Filiale in Nr. 42. DZ ab 86 €.
Qubus: ul. Dworcowa 27, Tel. 032-300 11 00, Fax 300 12 00, www.qubushotel.com, 89 Zimmer. Neues komfortables Drei-Sterne-Hotel: alle Zimmer mit Sat-TV, ausgezeichnetes Frühstücksbüfett, freundlicher Service. Nur wenige Schritte von der Altstadt. DZ ab 70 €, interessante Wochenendangebote.

Alle, die ausgehen wollen, gehen zum Marktplatz, wo sich ein Lokal ans nächste reiht. Im Sommer werden Tische und Stühle nach draußen gestellt.
Spichlerz: ul. Wiejska 16-B, Tel. 032-3 05 24 52, www.spichlerz.pl. Ambitionierte Küche aus aller Welt in einem schmuck restaurierten Speicher aus dem 17. Jh. Spezialität des Hauses sind mit Waldpilzen paniertes Rehkotelett und Bratente in Orangensoße. Geschäftsleute gehen ein und aus – kein Wunder: Die Opelwerke liegen gleich nebenan. 2 km nordwestl. vom Rynek, erreichbar über die ul. Kozielska. Hauptgerichte ab 6 €.

Bahn/Bus: Gute Verbindungen nach Kraków, Opole und Wrocław. Bahnhof und Busstation 1,5 km östl. der Altstadt.

Katowice

2 Die Hauptstadt Oberschlesiens ist ein Industriemoloch mit über 380 000 Einwohnern. Unter dem von hier stammenden, ab 1970 als Regierungschef tätigen Edward Gierek wurde Katowice (Kattowitz) zum Aushängeschild des ›neuen Polen‹. Was damals als modern galt – hier wurde es verwirklicht: Es entstanden hohe Glas- und Betonhäuser, schnurgerade Magistralen und futuristische, ufoähnliche Veranstaltungshallen. Als freilich Ende der 1970er Jahre der wirtschaftliche Niedergang Polens einsetzte, wurde kein müder Złoty mehr in die Stadt investiert. Binnen weniger Jahre wirkten die ›modernen‹ Straßen heruntergekommen und abweisend grau.

Stadtbesichtigung

Heute verpasst sich Katowice einen neuen, bunteren Anstrich. Davon kann man sich in den verkehrsberuhigten Straßen nördlich der Bahnlinie bereits überzeugen. Rund um die

Staromiejska findet man eine Fülle attraktiver Läden, Terrassencafés und Restaurants, unter grauem Schleier tritt Jugendstil hervor. Über das Stadttheater am Rynek gelangt man zum ehemaligen Grand Hotel, einem 1902 im Stil der Neorenaissance errichteten, schlossartigen Bau. Heute befindet sich darin das **Schlesische Museum** mit einer reichen Sammlung polnischer Kunst des 19. und 20. Jh. So manch einen Namen gilt es im Westen noch zu entdecken: etwa Olga Boznańska mit ihren sensiblen, impressionistisch angehauchten Porträts oder Aleksander Gierymski, der mit einer ›Frau mit Orangen‹ (1881) vertreten ist, einer der ersten realistischen Schilderungen städtischer Armut. Natürlich sind auch bekannte Künstler ausgestellt: Bilder des Historienmalers Jan Matejko fehlen ebenso wenig wie Werke des Modernisten Stanisław Wyspiański und des Expressionisten Stanisław Ignacy Witkiewicz (Muzeum Śląskie, al. W. Korfantego 3, www.muzeumslaskie.art.pl, Mo geschl.).

Folgt man der Korfantego-Allee nordwärts, kommt man – am Hotel Katowice vorbei – zum ›**Denkmal der schlesischen Aufständischen**‹ (Pomnik Powstańców Śląskich), das mit seinen drei gewaltigen Flügelgestalten an die deutsch-polnischen Kämpfe von 1919 bis 1921 erinnert. Jenseits des Rondo sieht man die Woiwodschaftshalle (Hala Wojewódzka), im Volksmund auch *spodek* (Fliegende Untertasse) genannt. Bis zu 11 000 Zuschauer finden in dem futuristischen, ufoähnlichen Bau Platz – ein idealer Ort für Ausstellungen und Messen, Sportveranstaltungen und Rockkonzerte. Vor allem beim Internationalen Rawa Blues Festival platzt die Halle aus allen Nähten – dann kommen Fans aus allen Himmelsrichtungen in die Stadt. Motto der Veranstaltung: ›Der Blues spielt im Osten‹.

Südlich der Bahnlinie befinden sich weitere Sehenswürdigkeiten. Das **Museum der Stadtgeschichte**, untergebracht in einem stattlichen Haus von 1909, veranschaulicht die Entwicklung vom mittelalterlichen Dorf zum größten Industriezentrum Polens (Muzeum Historii Katowic, ul. Szafranka 9,

Oberschlesien

Richtig Reisen-Tipp: Kühle Noblesse im Monopol

Neu erstrahlt an der Ecke Dworcowa (Dyrekcyna) das Hotel Monopol. Es wurde 1903 im eklektizistischen Stil gebaut und war eines der herausragenden Establissements jener Epoche, eine beliebte Adresse bei Künstlern, Politikern und Industriellen. Zum 100. Jahrestag seiner Gründung wurde das Hotel glanzvoll wiedereröffnet. Der Art-Deco-Stil zollt dem historischen Ambiente Tribut, moderner Komfort sorgt fürs Wohlbefinden. Wohin man schaut, sieht man edle Materialien: Leder und Fell, orientalische Seidenteppiche, Eichenparkett, handgearbeitete Möbel aus Walnussholz, dessen Maserung wie ein Mosaik anmutet. Die Bäder sind mit rohem und geschliffenem, unterschiedlich getöntem Marmor verkleidet. Standard sind Fußbodenheizung und

Jacuzzi-Wanne, Bademantel und Slipper, Gratis-Internet und Sat-TV. Am größten sind die suiteartigen Erkerzimmer, die Räume 517-522 verfügen über eine ›Glasterrasse‹. Im Untergeschoss befindet sich ein Spa-Center mit Pool, finnischer und türkischer Sauna. Im glasüberdachten Atrium, in dem auch das Büfett-Frühstück eingenommen wird, kontrastieren nackter Beton, Ziegelstein und Stahl mit Orchideen und gestärktem Leinen. Clou des Hauses sind die überall sichtbaren Schwarz-Weiß-Fotografien von **Wojciech Wilczyk**, die abgewrackte oberschlesische Industriearchitektur zeigen – Tristesse pur, die daran erinnert, wie es draußen in der Wirklichkeit aussieht! Es lohnt sich, das Hotel anzuschauen, auch wenn man nicht drin wohnt! (s. u.)

www.mhk.katowice.pl, Mo geschl.). Einer der größten Sakralbauten des Landes, die klassizistische **Christuskathedrale** (Katedra im. Chrystusa), wurde 1955 eingeweiht, ist 101 m lang und 64 m hoch. Das angeschlossene **Erzbischöfliche Museum** birgt sakrale Schätze aus vier Jahrhunderten, eine Fülle von Gemälden und Skulpturen aus schlesischen Kirchen (Muzeum Archidiecezjalne, ul. Wita Stwosza 16, Di–Do 14–18, So 14–17 Uhr).

Verlässt man den Hauptbahnhof über die Mikołowska, kommt man zum 1869 angelegten **Jüdischen Friedhof**. Im Schatten alter, weit ausladender Bäume stehen mehrere Hundert, teilweise gut erhaltene Grabsteine; zwischen ihnen wächst dichtes Gras. Die Inschriften spiegeln die Geschichte der Stadt: Waren sie bis 1921 hebräisch und deutsch abgefasst, so danach nur noch hebräisch und polnisch (Cmentarz Żydowski, ul. Kozielska 16, So–Do 8–17, Fr 8–12 Uhr).

Touristeninformation: ul. Młyńska 2, 40-016 Katowice, Tel. 032-2593808, Fax 2598369, www.um.katowice.pl.

Monopol: ul. Dworcowa 5, Tel. 032-782 82 82, Fax 782 82 83, www.hotel.com.pl, 114 Zimmer, DZ ab 140 € (s. Richtig Reisen-Tipp).

Diament, ul. Dworcowa 9, Tel. 032-253 90 41, Fax 253 90 43, www.hoteldiament.pl, 43 Zimmer. Gutes Mittelklassehotel, zu Fuß 5 Min. vom Bahnhof und gleich neben dem legendären Monopol. DZ ab 100 €.

Sportowy, ul. Ceglana 67, Tel. 032-2 51 00 93, Fax 757 40 51, www.sts.coig.pl, 28 Zimmer. Gepflegtes Sporthotel im ›Tal der drei Teiche‹ (Dolina Trzech Stawów). 2 km südöstl. vom Zentrum, mit Tennisplatz, Sporthalle und Sauna. DZ ab 45 €.

Tatiana: ul. Staromiejska 5, Tel. 032-203 74 13, www.tatiana.arg.pl. Originelles Lokal in der Fußgängerstraße, das mit hellen Holzdielen und -möbeln, Installationen aus Baumstümpfen und Weidenzweigen ein ›urslawisches‹ Ambiente schaffen will. Die Küche gibt sich pragmatisch: Außer litauischer Kaltschale, russischem Ei und polnischer Roggenmehlsuppe (żurek) gibt's beliebte italienische Klassiker. Im Sommer kann man auf der Terrasse speisen. Hauptgerichte ab 3 €.

Café Chopin: ul. Dyrekcyjna 6, Tel. 032-253 77 55, So geschl. Kleines Café in der Fußgängerzone mit gutem selbst gerösteten Kaffee, frisch gepressten Obstsäften und hausgemachtem Kuchen.

Internationales Rawa Blues Festival (meist im Sept.)**:** Das traditionsreiche Festival findet in der Konzerthalle Spodek (Fliegende Untertasse) statt. Infos im Internet: www.rawablues.com.

Schlesische Philharmonie: Filharmonia Śląska, ul. Sokolska 2, www.filharmoniaslaska.art.pl. Konzerte des Großen Radio-Sinfonieorchesters des Polnischen Rundfunks, meist Fr und Sa 20 Uhr.

Stadttheater: Teatr Śląski im. Stanisława Wyspiańskiego, Rynek 2. Das Theater wurde 1907 im modernistischen Stil erbaut.

Puppentheater Ateneum: Śląski Teatr Lalki i Aktora, ul. Św. Jana 10, www.ateneum.art.pl. 1945 gegründet und damit eines der ältesten Puppentheater Polens.

Konzert- und Kongresshalle: Spodek, al. Korfantego 35. Kommen internationale Popstars nach Polen, spielen sie hier.

BWA-Galerie (Galeria Sztuki Współczesnej BWA)**:** al. Korfantego 6, www.bwa.katowice.pl.

In *Co jest grane*, der Freitagsbeilage der Gazeta Wyborcza, finden sich die aktuellen Veranstalungstipps, auch sind alle Clubs und Discos der Stadt aufgeführt.

Bahn: Am zentral gelegenen Bahnhof starten Züge nach Kraków, Warszawa, Opole und Wrocław; leicht erreichbar sind auch Pszczyna und (mit Umsteigen) Auschwitz (Oświęcim).

Bus: Busstation an der ul. Piotra Skargi, 800 m nördl. des Bahnhofs; die Schnellbusse von Polski Express fahren gegenüber dem Schlesischen Museum ab (beste Option für Częstochowa, Łódź, Warszawa und Kraków).

Flüge: Nach Frankfurt, Düsseldorf, London und Paris, verstärkt sind Billigflieger im Einsatz. Der internationale Flughafen liegt 32 km nördl. in Pyrzowice, Infos im Internet: www.gtl.com.pl.

3 Częstochowa

Seit der Verwaltungsreform 1999 gehört die 260 000 Einwohner zählende Stadt Częstochowa (Tschenstochau) zur Woiwodschaft Śląsk (Oberschlesien). Dass auch hier bedeutende Industrien angesiedelt sind, interessiert den Besucher nicht. Ihn treibt es sogleich zum Paulinerkloster auf dem Jasna Góra, dem ›Lichten Berg‹, wo sich das wichtigste Pilgerziel Polens befindet: das Bild der Schwarzen Madonna.

Die Schwarze Madonna

Worin besteht die magische Kraft dieses 122 x 82 cm großen Bildes? Zu sehen ist ein dunkles Frauenantlitz, das von zwei Narben verunstaltet ist. Skepsis spricht aus dem Blick, kein Lächeln umspielt den Mund. Es scheint, als wolle die Frau ihr Geheimnis nicht preisgeben, abweisend schaut sie auf die Betrachter hinab.

Vermutlich ist das Bild der Madonna 1384 in einer italienischen Malerwerkstatt entstanden und kurz danach in die Hände des Piastenfürsten Władysław von Oppeln gelangt. Dieser schenkte das Bild dem Paulinerorden im **Kloster Jasna Góra**, das er selber zwei Jahre zuvor hatte errichten lassen. Die Mönche sprachen dem Bild heilige Kräfte zu und lockten Gläubige an, die sich von der Begegnung Hilfe, oft auch Rettung versprachen. Dazu gesellte sich ein reger Handel mit Ablassbriefen – gegen Zahlung einer Spende wurde den Besuchern die Befreiung von Sünden und der Eintritt ins Himmelreich versprochen.

Bei den Hussiten, den Befreiungstheologen des frühen 15. Jh., stieß der Loskauf von Sünden auf harsche Kritik. Sie verachteten die Bigotterie der Pauliner, ihr Zorn entlud sich in militanten Aktionen. Bei einem Überfall auf das Kloster 1430 wurde das Bild der Madonna beschädigt. Doch schon kurze Zeit

Oberschlesien

Pilger und Touristen auf dem Weg zur ›Schwarzen Madonna‹

später wurde es in Krakau restauriert; damit das böse Tun der Bilderstürmer nie vergessen werde, wurden zwei Schrammen im Gesicht der Maria belassen und rot eingefärbt.

Das Kloster Jasna Góra etablierte sich als das wichtigste Mariensanktuarium Polens. Selbst Könige kamen dorthin, spendeten Goldmünzen und spekulierten auf göttlichen Segen. Dank der großzügigen Gaben konnte das Kloster schrittweise erweitert und zu einer mächtigen Festung ausgebaut werden. Als 1655 schwedische Truppen Jasna Góra belagerten, erwies sich das Kloster als uneinnehmbar. Im ganzen Land machte darauf das Wort vom ›Wunder von Tschenstochau‹ die Runde: Maria, so ließ die Kirchenleitung verlauten, habe interveniert und die Geschosse auf die Angreifer zurückgelenkt.

Fortan war die Jungfrau nicht nur fürs Jenseits, sondern auch für das Diesseits zuständig, neben die geistliche trat die politische Funktion. Wann immer die Nation in Not war, bat man um den Beistand der Schwarzen Madonna. Im Bemühen, patriotische Gefühle zu mobilisieren, erhob 1717 der Klerus die magische Figur in den Rang einer ›Königin‹; 200000 Gläubige huldigten ihr bei den Krönungsfeierlichkeiten. In der Zeit der Teilungen avancierte sie gar zur Repräsentantin der ›Exilregierung‹ und wurde Ansprechpartnerin der Rebellen.

Rund 300 Jahre nach ihrer Krönung, im Jahr 1956, betraute sie Kardinal Stefan Wyszyński mit einer neuen politischen Mission: Sie sollte mithelfen, den Sozialismus zu stürzen. Der Geistliche schickte die Madonna auf eine zehnjährige Reise durchs Land, bis

zur Jahrtausendfeier des polnischen Staates machte sie in jeder Pfarrei Station. Mal mehr, mal weniger verschlüsselt verkündete sie den ›Untergang des gottlosen Reiches‹ und den baldigen ›Anbruch neuer Freiheit‹.

Als 1978 ein Pole zum Papst gewählt wurde, werteten dies die Bischöfe als »Werk der Allerheiligsten Mutter, der Jungfrau von Tschenstochau und Königin Polens.« Die durch das göttliche Walten angespornten Kleriker witterten Morgenluft und machten das Kloster zum Ziel neuer, als ›Wallfahrt‹ getarnter Demonstrationen. Auch die Kraft der streikenden Arbeiter stieg mit jedem Mariengebet. Eine Kopie der Madonna schmückte das Werkstor der Danziger Lenin-Werft, viele Arbeiter trugen Marias Konterfei am Revers. Rückendeckung erhielten sie vom polnischen Papst, der ein großes ›M‹

in seinem Wappen trug und nicht müde wurde, Maria als seine beste politische Ratgeberin zu preisen. Der Führer der Solidarność, der Elektriker Lech Wałęsa, wusste gleichfalls, wem er zu Dank verpflichtet war. Als ihm 1983 der Friedensnobelpreis zuerkannt wurde, stiftete er ihn sogleich der Gottesmutter von Tschenstochau.

Rundgang

Lebensader der Stadt ist die schnurgerade, 2 km lange ›Allee der Allerheiligen Jungfrau Maria‹ (al. Najświetszej Marii Panny), kurz NMP genannt. Sie führt direkt auf den Lichten Berg hinauf, der vom schlanken, 106 m hohen Kirchturm gekrönt wird. Am Fuße des Klosters steht eine Mariensäule, an der Berge von Blumen niedergelegt werden. Dem Menschenstrom folgend, erreicht man das Denkmal von Kardinal Wyszyński, der in gebeugter Haltung vor dem Kloster verharrt. Vier Tore, alle aus dem 17. und 18. Jh., weisen den Weg zur Madonna. Das erste und prachtvollste ist das Lubomir-Tor, es folgen das Tor der siegreichen, dann das der schmerzensreichen Mutter Gottes. Nach dem Jagiellonentor gelangt man in einen Hof mit Kirche und **Paulinerkloster** (Klasztor Jasna Góra, ul. A. Kordeckiego 2, www.sanktuarium.jasnagora.pl, Info-Stelle: 7.30–19 Uhr).

Ältester Teil der Anlage ist die in schummriges Licht getauchte **Kapelle der Muttergottes von Tschenstochau** (Kaplica Matki Boskiej Częstochowskiej, tgl. 6–12, 15–19.15, 21–21.15 Uhr). Das Bild der Schwarzen Madonna ist meist mit einem kostbaren Silbergewand bedeckt, nur zu festgelegten Uhrzeiten wird es enthüllt. An den Wänden hängen Tausende von Weihgaben: Korallen- und Bernsteinketten, Abzeichen und Medaillons, Krücken und Prothesen.

Weniger Gedränge herrscht in der südlich angrenzenden Basilika mit freskengeschmücktem Gewölbe und barocken Skulpturen. Nördlich schließt sich der Rittersaal (Sala Rycerska) an. Auf neun Wandgemälden sind entscheidende Momente der Klostergeschichte fixiert, darunter der Hussiten-

Oberschlesien

sturm von 1430 und die schwedische Belagerung von 1655. Erinnert wird auch an den Literaturnobelpreisträger Henryk Sienkiewicz, der in seinem Roman ›Die Sintflut‹ (1884–86) die Verteidigung des Klosters beschrieb.

Weitere Gemälde zur Kirchengeschichte, liturgisches Gerät und die Urkunde von Wałęsas Friedensnobelpreis findet man im 1982 gegründeten **600-Jahr-Museum** (Muzeum Sześćsetlecia, tgl. 11–16.30 Uhr). In dem mit polnischem Adler geschmückten **Zeughaus** (Arsenał, tgl. 9–17 Uhr) werden Waffen und Banner ausgestellt, türkische Kriegsbeute und Marschallstab; der Historienmaler Matejko ist mit zwei Schlachtszenen vertreten. Sehenswert ist auch die **Schatzkammer** (Skarbiec, tgl. 8–16.30 Uhr), wo kostbare, von Königen und reichen Pilgern gestiftete Gaben aufbewahrt sind: Gold- und Silberschmuck, Meißener Porzellan, Rosenkränze und Messgewänder.

Zum Abschluss empfiehlt sich der Aufstieg auf Polens höchsten **Kirchturm** – von der 106 m hohen Spitze genießt man einen phantastischen Rundblick auf die Stadt und ihre rauchenden Schlote, in der Ferne kann man die Berge des Krakau-Tschenstochauer Jura sehen (Wieża, im Sommer tgl. 8–16 Uhr).

Touristeninformation: al. NMP 65, 42-200 Częstochowa, Tel. 034-368 22 50, Tel./Fax 368 22 60, www.czestochowa.um.gov.pl, So geschl.

Mercure Patria Częstochowa: ul. Ks. Popiełuszki 2, Tel. 034-324 70 01, Fax 324 63 32, www.orbis.pl, 102 Zimmer. Siebenstöckiges Drei-Sterne-Hotel am Fuß des Klosterhügels. Restaurant mit polnischer und europäischer Küche. DZ ab 95 €.
Dom Pielgrzyma (Pilgerhaus): ul. Wyszyńskiego 1/31, Tel. 034-377 75 64, Fax 365 18 70, www.jasnagora.pl/dom.pielgrzyma, 181 Zimmer, 700 Übernachtungsplätze. In der Herberge hinter dem Kloster gibt es sogar ein paar Doppelzimmer mit eigenem Bad; ab 22 Uhr kein Zutritt.
Camping Oleńka Nr. 76, ul. Oleńki 22/30, Tel. 034-365 57 99, Fax 324 74 95, 480 Plätze, ganzjährig geöffnet. Die im Grünen

Madonnen in Hülle und Fülle als religiöse Souvenirs

Die Madonna-Tour

Thema

An hohen Marienfeiertagen erlebt man in Tschenstochau die katholische Version der ›Love Parade‹. Zehn-, oft sogar Hunderttausende begeisterter Polen strömen zum Paulinerkloster auf dem Berg Jasna Góra, um vor dem Bildnis der Schwarzen Madonna zu knien. Jung und Alt sind in der Ekstase vereint, leidenschaftlich und zu Tränen gerührt.

Das Wanderpaket ist geschnürt, die Teilnahmegebühr von umgerechnet 10 € entrichtet. Zum dritten Mal ist Urszula mit von der Partie, hat sich extra für diese Tour zwei Wochen Urlaub genommen. Vor ihr liegen einsame Straßen, staubige Feldwege und Pisten – 220 km gilt es zurückzulegen, von Warschau quer durch die mittelpolnische Tiefebene. Urszula ist auf dem Weg zur **Schwarzen Madonna**, der Mutter Gottes von Tschenstochau, der sie in diesem Jahr eine kleine Silberkette schenken will, »zum Dank für die Genesung meines Vaters.« Urszula wandert nicht allein, mit von der Partie sind viele Menschen aus ihrer Heimatstadt: Alte und Junge, Gesunde und Behinderte, Hausfrauen und Studenten – aus Warschau allein sind 25000 gestartet, aus anderen Landesteilen kommen mehr als 200000 dazu. Die längste Strecke, 620 km, müssen die Gläubigen aus Świnoujście, einem kleinen Dorf im Stettiner Haff, zurücklegen – sie brauchen dafür fast einen Monat.

Bei der Anmeldung zur Pilgerreise haben sämtliche Teilnehmer eine Art Keuschheitsgelübde abgelegt. Sie mussten versprechen, während der Wallfahrt auf Sex und Süßigkeiten, Alkohol und Drogen zu verzichten. Doch wer jetzt glaubt, die Madonna-Tour sei eine todernste, traurige Angelegenheit, macht sich von ihrem Ablauf ein falsches Bild. Denn während der langen Märsche spielt sich zwischen den Pilgern einiges ab; sie vertiefen sich in lange Gespräche, essen zusammen am Wegesrand und schlafen im Nachtlager einer Dorfpfarrei. Und genau dies ist es, was den Reiz einer Wallfahrt ausmacht: Man erlebt Gemeinschaft und Pfadfinderromantik, probt für kurze Zeit den Ausstieg aus der Normalität.

Als Urszula mit ihren neuen Freunden in Tschenstochau eintrifft, ist sie glücklich und erschöpft und körperlich erstaunlich fit. Erwartungsvoll reiht sie sich in den Menschenstrom ein, der sich den **Lichten Berg** hinaufwälzt. Aus Lautsprechern ertönen geistliche Gesänge, fliegende Händler bieten Hotdogs an, dazu Rosenkränze in allen Farben, Luftballons mit dem Antlitz des Papstes, Heiligenbilder und Plastikteufelchen. Um 10 Uhr morgens hat Urszula die **Mariensäule** passiert, und am späten Nachmittag ist es soweit: Sie steht vor der Madonna, die mild, aber irgendwie auch gleichgültig über sie hinwegschaut – von meditativer Versenkung keine Spur, zu laut ist das tausendfache Gemurmel und Geraune …

Hochbetrieb herrscht in Tschenstochau am 15. August, dem Tag Mariä Himmelfahrt, an den übrigen **Marienfesttagen** kommen ›nur‹ 50–100000 Gläubige – so am 3. Mai, dem Tag ihrer Krönung, am 26. August, dem ›Fest der Gottesmutter‹, am 8. September, ihrem Geburtstag, und am 8. Dezember, dem Tag ihrer Empfängnis. Wer Zeit hat, könnte das ganze Jahr im Land umherpilgern – es gibt in Polen über 1000 Wallfahrtsorte und Heiligtümer!

Oberschlesien

westl. des Klosters gelegene Anlage bietet auch Unterkunft in 16 Campinghäuschen, darunter zwei Doppelzimmer.

Chata: al. NMP 12-C, Tel. 034-3 24 33 44. Einer Bauernhütte nachempfundenes Lokal an der Hauptstraße. Spezialität ist Schweinefilet in Pilzsoße; Süßschnäbel bestellen mit Blaubeeren gefüllte Piroggen. Hauptgerichte ab 3 €.

Philharmonie: Filharmonia, ul. Wilsona 16, Tel. 034-342 42 30.
Mickiewicz-Theater: Teatr. im. Adama Mickiewicza, ul. Kilińskiego 15, Tel. 034-324 50 75.
Gaude Mater (Mai)**:** Festival religiöser Musik.

Bus/Bahn: Vom Bahnhof am Südende des breiten Boulevards NMP erreicht man in 20 Min. die Kultstätte. Gute Verbindungen nach Katowice/Kraków und Łódź/Warszawa.

Pszczyna

 Die knapp 50 000 Einwohner zählende Stadt Pscyzna (Pless) liegt 35 km südlich von Katowice und zählt zu den schönsten Ausflugszielen Oberschlesiens.

Neobarockes Schloss

Nahe dem von Kirchen und alten Bürgerhäusern gesäumten Marktplatz steht ein neobarockes Schloss, das Graf Heinrich X. von Hochberg-Fürstenstein 1846 erwarb und das sich heute mit dem Gütesiegel ›Europäisches Kulturerbe‹ schmücken darf. In dem Prunkbau befand sich im Ersten Weltkrieg eines der Hauptquartiere von Kaiser Wilhelm II., anschließend übernahmen ihn die Polen.

Letzter Schlossherr war Herzog Johann Heinrich XV. von Hochberg (1861–1938), Besitzer von Ländereien, die vom oberschlesischen Pless bis zum niederschlesischen Fürstenstein (s. Książ, S. 124) reichten. Mit seiner englischen Frau Daisy hielt er Hof in beiden Residenzen, ging mit Kaiser Wilhelm II. und Kronprinz Friedrich Wilhelm zur Jagd, verlustierte sich mit Winston Churchill und anderen Vertretern der britischen High Society. Nachdem Pless 1920 Polen zugeschlagen wurde, nahm die Familie von Hochberg aus Furcht vor Verlust ihrer einträglichen Ländereien die polnische Staatsbürgerschaft an. Nach dem Tod Heinrich von Hochbergs im Jahr 1938 blieb seine Familie in dem ein Jahr später wieder deutsch gewordenen Schloss, bis 1945 die Rote Armee einrückte.

Heute kann man das Schloss, da es im Krieg – bis auf Teile der Inneneinrichtung – unzerstört blieb, im Originalzustand besichtigen. Als Museum gibt es Einblick in die adlige Wohnkultur des 19. und frühen 20. Jh.; Prachtstück ist der zweistöckige, aufgrund der Lichtreflexe ungemein weit wirkende Spiegelsaal. Originalgetreu rekonstruiert wurde das Kabinett im Erdgeschoss, das Kaiser Wilhelm II. im Ersten Weltkrieg als Hauptquartier diente. Im Gedenken an den Komponisten Georg Philipp Telemann, der hier von 1704 bis 1708 Hofkapellmeister war, werden allmonatlich Konzerte mit barocker Musik veranstaltet (Muzeum Zamkowe, ul. Brama Wybrańców 1, www.zamek-pszczy na.pl, tgl. während der Mittagsstd. geöffnet).

An das Schloss grenzt ein wunderschöner, 84 ha großer **Park**. Sanft gewellte Rasenflächen sind von Wasserläufen durchzogen, über die sich zierliche Brücken spannen. Riesseneichen säumen die Alleen, einige Linden sollen über 300 Jahre alt sein.

Weitere Sehenswürdigkeiten

Wer die alte Adelskultur mit der untergegangenen dörflichen Welt vergleichen möchte, besucht das **Freilichtmuseum** in der Nähe des Bahnhofs. Die Gebäude, typische Holzhäuser und Scheunen, sind mit Geräten aus früherer Zeit ausgestattet, eine alte Wassermühle wurde in ein Gasthaus umgewandelt (Skansen, Park Dworcowy, Mo geschl.).

Im Umkreis des Ortes gibt es noch heute große Waldkomplexe, die so genannte ›Grüne Lunge‹ des Industriereviers. Man erzählt

180

Jugendstil-Hauseingang in Bielsko-Biała

sich, Kaiser Wilhelm II. sei gern in das 11 km nördlich gelegene **Kobiór-Promnice** (Kobier-Promnitz) gereist, wo die Grafen von Hochberg-Fürstenstein ein Jagdschloss unterhielten. Heute ist das 1861 erbaute Palais ein Nobelhotel, das auch im Innern originalgetreu rekonstruiert wurde.

Im Internet:
www.pszczyna.pl

U Michalika, ul. Dworcowa 11, Tel. 032-210 13 85, Fax 032-210 13 11, www.umichalika.com.pl, 16 Zimmer. Attraktives Hotel auf halber Strecke zwischen Bahnhof und Altstadt. DZ ab 30 €.

U Michalika, ul. Piastowska 20, Tel. 032-210 13 55. Das Restaurant befindet sich in einem hundertjährigen Altstadthaus mit Bierkeller, stilvollem Speiseraum im 1. Stock und Bar-Café unterm Dach. Hauptgerichte ab 5 €.

Golf: Golf Club Pszczyna, ul. Sznelowiec 30, Tel. 032-326 58 58, www. golfpszczyna.pl. Die 9-Loch-Anlage grenzt an den Park des Fürsten von Pless und ein Wisentreservat.

Bus/Bahn: Etwa stdl. fahren Züge nach Katowice, seltener nach Bielsko-Biała und Żywiec. Mit Bus kommt man 2 x tgl. über Oświęcim nach Kraków. Bahnhof und Busstation im Osten der Stadt.

Bielsko-Biała

Der Ruhm dieser Stadt (185 000 Einw.) gründet auf Textilien. Schon im 16. Jh. wurden Stoffe in **Bielsko-Biała** (Bielitz-Biala) **4** gewebt, später entstand ein Zentrum der Wollverarbeitung. Für zusätzliche Beschäftigung sorgt heute der Autokonzern FIAT, der hier seinen Kleinwagen Cinquecento herstellen lässt.

Oberschlesien

Die Stadt ist aus zwei konkurrierenden, durch den Fluss Biała getrennten Orten entstanden. Bielitz (heute Bielsko), der auf einem Hügel thronende ältere Teil, war östlichster deutscher Vorposten und blieb auch nach Eingliederung ins polnische Königreich eine deutsche Sprachinsel; später gehörte er zum Fürstentum Teschen und war einzige protestantische Stadt im Reich der Doppelmonarchie. Von der Bedeutung des Bielitzer Protestantismus künden der Evangelische Friedhof an der ul. Grunwaldzka, das Lutherdenkmal auf dem Platz nördlich des Rings und die 1788 erbaute Erlöserkirche (Kościół Zbawiciela), bis heute Gotteshaus der evangelisch-augsburgischen Gemeinde.

Stadtrundgang

Rund um den Ring (Rynek) stehen Bürgerhäuser aus dem 17.–19. Jh. Südwärts geht es zur **Kathedrale** (Katedra) und zum **Museum für Technik und Textilindustrie**. Das hölzerne **Weberhaus** zeigt eine originalgetreu eingerichtete Werkstatt aus dem 19. Jh. (Muzeum Techniki i Włókiennictwa & Dom Tkacza, ul. Sukiennicza 7 & ul. Sobieskiego 51, www.muzeum.bielsko.pl, Mo geschl.).

Wer Zeit hat, unternimmt auch einen Abstecher ins Viertel Biała auf der gegenüberliegenden Flussseite. Das im Stil der Neorenaissance errichtete **Rathaus** (Ratusz) ist Sitz der Stadtbehörden. In östlicher Richtung erhebt sich die katholische **Stadtpfarrkirche** (Kościół Farny), ein 1760–69 entstandener Barockbau. Im Innern beeindruckt er durch eine gewaltige Orgel sowie die vergoldete Kanzel mit einer volkstümlichen Darstellung des Meeres.

Touristeninformation: pl. Ratuszowy 4, 43-300 Bielsko-Biała, Tel./Fax 033-819 00 50, www.it.bielsko.pl, So geschl.

Parkhotel Vienna: Bystrzańska 48, Tel. 033-812 05 00, Fax 812 06 99, www.vienna.pl, 112 Zimmer. Vier-Sterne-Hotel der Kette ›Prestige‹ bietet komfortable Zimmer mit Sat-TV, Klimaanlage, Sauna, Fitness. DZ ab 100 €, am Wochenende Rabatt.

Chłopskie Jadło: ul. Warszawska 330, Tel. 033-821 19 74, www.chlopskiejadlo.com.pl. Im bekannten Landgasthof an der Straße nach Cieszyn nimmt man an Holztischen Platz, hört die typische Musik der Bergbewohner und erlabt sich an deftigen Speisen: Suppen, Schmalz und Weißkäse, Teigtaschen, gebratene Waldpilze und mächtig viel Fleisch. Zum Abschluss ein Wodka, der meist als doppelter daherkommt! Hauptgerichte ab 5 €.

Ausflug zum Szyndzielna: Die Seilbahn startet an der Talstation Bielsko-Olszówka (Auffahrt 10 Min., 10–17.30 Uhr tgl.). Von der oberen Station erreicht man in 30 Min. die Gipfelherberge (1028 m), unterwegs bieten sich Ausblicke auf die Stadt.

Woche der Beskidenkultur (Aug.): Tanz und Folklore.

Bus/Bahn: Gute Anbindung an Katowice und Kraków, Cieszyn und Żywiec. Bahnhof und Busstation befinden sich im Norden der Stadt.

Von Wisła nach Żywiec

Wisła (Weichsel) 38 km südwestlich von Bielsko-Biała, liegt nahe der Quelle des gleichnamigen Flusses im Zentrum der Westlichen Beskiden (Beskid Śląski). Der 13 000 Einwohner zählende Ort ist im Winter wie im Sommer das beliebteste Urlaubsziel der Region. Markierte Wanderwege führen auf die umliegenden Berge, mit Sessellift geht es von Ustroń Polanie auf den 995 m hohen Czantoria hinauf. Auf einer 8 Mio. € teuren Großschanze, benannt nach Skispringer Adam Małysz, trainieren alle, die in seine Fußstapfen treten wollen.

Für die Weiterfahrt nach Żywiec bieten sich zwei Wege mit Bergpanorama an. Die kürzere Strecke verläuft via **Szczyrk** **6**, den zweitgrößten Wintersportort Polens mit vier Sprungschanzen, 60 km langen Skipisten und etwa 40 Liften. Die längere Strecke führt über **Istebna**, ein traditionelles Bauerndorf mit historischen Holzhäusern, und **Koniaków** , wo seit Ende des 19. Jh. Spitzen hergestellt werden.

Die Stadt **Żywiec** (Saybusch) **8**, 20 km südöstlich von Bielsko-Biała, ist nicht nur für ihr gutes Bier bekannt. Wassersportler treffen sich während der Sommermonate am Stausee, Wanderer starten zu Tagesmärschen in die Saybuscher Beskiden (Beskid Żywiecki). Bevor man zu einem Ausflug in die Natur aufbricht, lohnt ein Bummel über den Ring zu der im 15. Jh. entstandenen Pfarrkirche und von dort zum Schloss der Familie Komorowski mit Stadtmuseum und Arkadenhof (Muzeum Miasta, ul. Zamkowa 1, Mo/Sa geschl.). Ans gegenüberliegende einstige Jagdpalais grenzt ein 25 ha großer Park mit breiten Alleen und Wasserkanälen.

Im Internet: www.wisla.pl
www.szczyrk.com.pl, www.zywiec.pl

In Szczyrk
Klimczok: ul. Poziomkowa 20, Tel. 033-828 14 00, Fax 828 14 10, www.klimczok.pl, 133 Zimmer. Das Vier-Sterne-Hotel der Kette ›Prestige‹ am Fuß des Klimczok mit gemütlichen Zimmern, einer ›römischen Therme‹, Tennis, Squash, Kegelbahn sowie Casino und Kongresszentrum. DZ ab 120 €.
Camping Skalite Nr. 262: ul. Kempingowa 4, Szczyrk, Tel./Fax 033-817 87 60, 1. Mai bis 30. Sept. Rasenanlage mit 40 Stellplätzen und zahlreichen Campinghäusern 2 km östl. der Stadt.

In Wisła
Pieczara (Bavaria)**:** ul. Wyzwolenia 96, Tel. 033-855 39 54, www.bavaria.pl. Das einer großen Höhle nachempfundene Lokal wird von Fackeln erleuchtet. Geboten wird deftige Regionalküche, am Wochenende lässt man sich von einer Goralen-Kapelle einheizen. Robert Korzeniowski, der Besitzer, sorgt für gute Stimmung. Hauptgerichte ab 5 €.

Wandern: Markierte Wege führen von Wisła und Szczyrk auf den Barania Góra (1220 m), von Żywiec auf den ›Hexenberg‹ Babia Góra (1725 m).

Woche der Beskidenkultur (Aug.)**:** Internationales Tanz- und Folklorefestival.

Bus: Gute Verbindungen im Lokalverkehr, aber auch nach Bielsko-Biała und Katowice.

Der Stausee von Żywiec lädt zu Wassersport ein

Ein herrlicher Blick auf Krakaus Marienkirche eröffnet sich von den Arkadencafés

Krakau und
die Karpaten

Kraków
(Krakau)

Rzeszów

Hohe Tatra

Auf einen Blick:
Krakau und die Karpaten

Bilderbuchstadt, National-parks und Hochgebirge

In Polens alter Hauptstadt bleibt man meist länger als geplant – sie ist verträumt, selbst-verliebt und dem Genuss zugetan, eine Stadt der Bohème. Hier vereinen sich italie-nische Renaissance-Architektur, habsburgi-sche Lebensart und polnische Sinnlichkeit. In der von einem Grüngürtel umspannten Altstadt reiht sich ein Festival ans nächste, es gibt Hunderte von Cafés und Kellerknei-pen, zahllose Kirchen, Museen und Kunst-galerien.

Vielfältig ist auch die Landschaft, welche die alte Königsstadt umgibt. Im Norden liegt ein verwittertes Jura-Hochland, im Süden erheben sich die Beskiden, die sich bei Za-kopane zur Hohen Tatra aufschwingen. Sie gehören bereits zum Karpatenbogen, der sich in östlicher Richtung längs der Grenze zur Slowakei erstreckt. Hier kann man zu langen Wanderungen aufbrechen, aben-teuerliche Bootsfahrten und Radtouren star-ten.

Unter den Ausflugszielen ab Krakau ste-hen gleich drei auf der Liste des Unesco-Welterbes: das Salzbergwerk Wieliczka, das Vernichtungslager Auschwitz und die katho-lische Kultstätte Kalwaria Zebrzydowska. Östlich der Königsstadt liegen Tarnów, Rze-szów, Łańcut und Przemyśl – ehemalige Stetl, in denen Juden vor dem Zweiten Welt-krieg mehr als 50 % der Bevölkerung aus-machten. An ihr Erbe erinnern Renaissance-Marktplätze, Synagogen und restaurierte Bürgerhäuser.

Highlights

4 Krakau: Eine bedeutende Kulturstadt mit lebendiger Altstadt, dem Wawel-schloss und mehr als 100 Kirchen, dazu ein jüdisches Viertel mit Synagogen und Klez-mer-Kneipen (s. S. 188).

5 Auschwitz: Das deutsche Konzen-trationslager ist heute eine Gedenk-stätte – 2 Mio. Menschen, die meisten von ihnen Juden, wurden hier ermordet (s. S. 224).

6 Salzbergwerk Wieliczka: Eine Welt à la Piranesi – Geheimnisvolles Labyrinth mit Sälen und Kapellen, aus ›weißem Gold‹ geschlagen (s. S. 227).

7 Hohe Tatra: Schroffe Gipfel und saftig-grüne Almen: Im kleinsten Hochgebirge der Welt ist das ganze Jahr Hochsaison (s. S. 239).

8 Dunajec-Schlucht: Tief hat sich der Fluss in den Gebirgszug der Pieninen gekerbt. Abenteuerlich ist die Floßfahrt entlang der slowakischen Grenze (s. S. 256).

9 Nationalpark Bieszczady: Wandern in urwüchsiger Natur: Buchenwälder und windgepeitschte Hochalmen, am Wegesrand orthodoxe Holzkirchen und rauschende Bäche (s. S. 267).

Empfehlenswerte Route

Bahnreise zur ukrainischen Grenze: Was will man mehr? Sechs interessante Städte – Kraków, Tarnów, Rzeszów, Łańcut, Jarosław, Przemyśl – liegen an der Zugstrecke gen Osten (s. S. 188–238)!

Große Bieszczaden-Schleife: Eingangstor in die einsamen Waldkarpaten sind die Städte Sanok bzw. Przemyśl. Die ›große Schleife‹ (auch für Radler zu empfehlen) beginnt in Lesko und führt über Ustrzyki Dolne, Ustrzyki Górne, Wetlina und Komańcza. Wer die Strecke abkürzen will, fährt am Ufer des Solina-Sees entlang (s. S. 266).

Reise- und Zeitplanung

Zwar ist die Altstadt von Krakau überschaubar, doch so reich an Sehenswürdigkeiten, dass man mindestens drei Tage einplanen sollte, um das Wichtigste zu sehen. Für das ehemalige jüdische Viertel Kazimierz empfiehlt es sich, einen Tag zusätzlich zu reservieren – am besten lässt man ihn mit einem abendlichen Klezmer-Konzert ausklingen.

Jeweils einen halben Tag benötigt man für das Konzentrationslager Auschwitz und den Besuch des Salzbergwerks Wieliczka. Der Ojców-Nationalpark empfiehlt sich vor allem im Sommer als Tagesausflug mit Picknick.

Die Karpaten sind eine eigene Reise wert, am besten sind die Monate Mai–Juni und Sept.–Okt. Wanderfreunde werden sich vor allem an der Hohen Tatra und den Bieszczaden begeistern, einen besonderen Zauber übt der ›goldene Herbst‹ aus.

Die Tour ostwärts über Tarnów zur ukrainischen Grenze könnte man mit einem Abstecher in die einsamen Waldkarpaten verbinden – oder auch mit einer Fahrt nach Zamość im Osten des Landes, von dort über Lublin und Kazimierz Dolny nach Warschau.

Richtig Reisen-Tipps

Konzerte mit jüdischer Musik: ›Kroke‹ und ›Klezmatics‹ sind nur zwei von mehreren Ensembles, die jeden Abend in Kazimierz' Cafés aufspielen. Beste Stimmung herrscht stets während des Jüdischen Festivals Ende Juni (s. S. 210).

Der brave Soldat Schwejk: Der literarische Antiheld ist nach Przemyśl zurückgekehrt (s. S. 235).

Wanderung zur Kalatówki-Alm: Dieser ›Spaziergang‹ ist all jenen zu empfehlen, die große Anstrengungen scheuen oder lange nicht gewandert sind. Es geht sanft die Berge hinauf (s. S. 248).

In der Burg Niedzica über dem See wohnen: Wo sich einst ungarische, polnische und habsburgische Kultur berührten, entstand eine mächtige Burg (s. S. 257).

Besuch im Nikifor-Museum: Nikifor, ein taubstummer Autodidakt, hat sein Weltbild in bunten, poetischen Bildern festgehalten (s. S. 259).

Wanderung im Dreiländereck: So weit das Auge reicht: urwüchsige Natur an der EU-Außengrenze (s. S. 274).

Krakau ist schön, lebensdurstig und reich: eine Stadt mit tausendjähriger Tradition, die im Zweiten Weltkrieg nahezu unzerstört blieb. So konnte sie sich das Antlitz jener glanzvollen Epoche bewahren, als sie über ein mächtiges Reich herrschte, das von der Ostsee bis zum Schwarzen Meer, ins Gebiet der heutigen Ukraine reichte.

Das 750 000 Einwohner zählende Krakau ist der kulturelle Mittelpunkt, die ›heimliche Hauptstadt‹ des Landes. Dank ihres architektonischen Reichtums, ihrer vielen Bauwerke aus Gotik, Renaissance und Barock war Krakau eine der ersten Städte, die von der Unesco zum Welterbe erklärt wurden. Wie ein Magnet zieht sie kreative Köpfe an, denn es lebt sich hier leichter und mußevoller als anderswo. Rund um die Tuchhallen bewegen sich Künstler von Weltrang: etwa der Filmemacher Andrzej Wajda oder die Komponisten Krzysztof Penderecki und Zbigniew Preisner. Sie alle lassen sich von der ›Stadt der sprechenden Steine‹ inspirieren, sie alle schaffen Tonfolgen und Bilder, in denen etwas widerhallt von verborgener Schönheit.

Lust an Mythen und Legenden

In der Johannisnacht versammeln sich viele junge Frauen am Fuße des Wawel – just dort, wo die Weichsel eine Kurve beschreibt. Gemäß einem alten slawischen Brauch lassen sie unter dem Schein lodernder Fackeln Blumenkränze ins Wasser gleiten. Damit erinnern sie an die heidnische Prinzessin Wanda, die lieber in die Fluten stieg als mit einem ungeliebten Mann zusammenzuleben. Die auf dem Wasser treibenden Kränze sind ein stiller Gruß an jene ferne Ahnin, deren Seele für immer an den Strom gekettet ist.

Die Weichsel ist ein Schicksalsfluss und es gibt nicht nur Dunkles von ihr zu berichten. Wanda ist in ihren Fluten gestorben, doch Krak, ihrem Vater, gelang es, mit dem Wasser der Weichsel die Stadt von einem Fluch zu befreien. So geschehen im 7. Jh., als ein Feuer speiender Drachen nahe dem Wawel sein Unwesen trieb. Er tötete nicht nur Schafe und Ziegen, sondern machte auch Jagd auf die am Ufer des Flusses entlangflanierenden Frauen. Männer, die sich ihm mit Pfeil und Bogen in den Weg stellten, wurden vom Feuerstrahl erfasst und verbrannten bei lebendigem Leib.

Ins offene Messer wollte Krak nicht laufen. Weisheit, lautete seine Devise, siegt über bestialische Kraft. Also ließ er sich ein totes Schaf bringen, weidete es aus und füllte es mit Pech und glühendem Schwefel. Als sich der Drache auf das fette Tier stürzte und es gierig verschlang, rumorte es alsbald in seinen Gedärmen und er wurde von einem höllischen Durst geplagt. Mit letzter Kraft schleppte er sich zur Weichsel und trank ohne Unterlass – so viel, dass sein Körper mit einem lauten Knall zerbarst und von den Fluten fortgespült wurde. Das Volk aber hatte Grund zu jubeln. Die Stadt wurde nach Krak benannt und ihm zu Ehren ein riesiger Hügel aufgeschüttet.

Der Tatareneinfall 1241

Gleich mehrere Geschichten ranken sich um den Tatareneinfall im Jahr 1241. Der Trompeter der Marienkirche wollte die Einwohner

Mit dem Autor unterwegs

Unbedingt ansehen!

Der **Marktplatz** mit den Tuchhallen und der Marienkirche ist so schön, dass man hier gern einen vollen Tag verbringt! Zum touristischen Minimalprogramm gehören der ›**Königsweg**‹, der zum Wawel mit **Schloss** und **Kathedrale** führt, und das **Collegium Maius**, Sitz einer der ältesten Universitäten Europas. Krakaus stimmungsvollste Gasse ist die **Kanonicza** (s. S. 194 bis S. 202).

Synagogen: Von den sieben jüdischen Gotteshäusern sind die Alte Synagoge, die Isaac- und die Tempel-Synagoge am sehenswertesten (s. S. 208).

Göttliche Aussichten

In den Sommermonaten darf man mehrmals wöchentlich auf den Glockenturm der **Marienkirche** steigen. Zu jeder vollen Stunde kann man den Turmbläser beim Hinausposaunen der Hejnal-Melodie beobachten (s. S. 197).

Astrophysik ganz nah

Foucault'sches Pendel: Ein Lehrstück in Astrophysik erlebt man in der Peter-und-Paul-Kirche (s. S. 198).

Wider den Zeitgeist

Realismus statt Disneyland: Ein Besuch im Galizischen Museum (s. S. 210).

Musikalische Attraktionen

Ein Abend mit Kroke: Ist die Gruppe nicht auf Tournee, spielt sie im Ariel (s. S. 213).

Jazz in Kellerkneipen: In den Kellerlabyrinthen unter den Häusern der Altstadt wird wild geswingt, Freestyler und Traditionalisten halten sich die Waage (s. S. 217).

Konzert im Słowacki-Theater: Schwelgen in Goldstuck, Plüsch und rotem Samt bei Klassik, Oper und Chansons (s. S. 219).

Kulinarische Tipps

Kaffeehauskultur: Von den Habsburgern übernahmen die Krakauer die Lust am Kaffeetrinken: Vom Café im Wiener Stil bis ›Jenseits von Afrika‹ gibt es in Krakau eine Fülle origineller Cafés (s. S. 216).

Markt von Kleparz: Frischware unschlagbar günstig vor den Toren der Altstadt (s. S. 218).

Nachtleben

Krakauer Klubs: Man schwingt das Tanzbein ›Unter den Eidechsen‹ und ›Unter den Widdern‹ (s. S. 217).

Nacht am Neuen Platz: Von der Chillout-Lounge bis zur düsteren ›Alchemistenhöhle‹ reiht sich eine Bar an die nächste (s. S. 218).

Bootsfahrt auf der Weichsel

Im Sommer fahren **Ausflugsschiffe** von Krakau zur Benediktinerabtei in Tyniec (s. S. 219).

Gratis-Attraktionen

Die kürzeste Nacht des Jahres: Zur Sonnwendfeier verwandeln tausende kerzengeschmückter Blumenkränze die Weichsel in ein Lichtermeer (s. S. 219).

Weihnachtlicher Wettbewerb

Wer hat die bunteste und bizarrste Weihnachtskrippe? Man übt sich in byzantinischer Pracht – die schönsten Exemplare werden am **Mickiewicz-Denkmal** ausgestellt (s. S. 219).

der Stadt vor dem heranrückenden Feind warnen, doch noch während er blies, wurde er von einem Pfeil getroffen – tot sank er zu Boden. Bis heute erklingt zu jeder vollen Stunde sein *hejnał* – nach den ersten fünf Tönen bricht sie dramatisch ab. Weniger tragisch endete der Versuch eines Krakauer Fischers, seine Stadt zu retten. Lajkonik, so sein Name, tötete im Vorort Zwierzyniec den Khan der Tataren, warf sich das orientalische

Dreistöckige Arkadengänge umgeben den Innenhof des Wawelschlosses

Gewand des Gegners über und täuschte so die feindlichen Truppen beim Einzug in die Stadt. Als sie merkten, dass sie in eine Falle stapften, verließen sie Krakau fluchtartig und zogen weiter in Richtung Westen. Jedes Jahr wird das farbenfrohe Schauspiel des Lajkonik eine Woche nach Fronleichnam wiederholt – und wer vom Stab des Reiters berührt wird, verspricht sich zukünftiges Glück.

Nostalgische Düfte

Noch heute blickt man in Krakau nostalgisch zurück auf die Zeiten unter Kaiser Franz Joseph, erinnert sich seiner in Legenden und Anekdoten. Tatsächlich lebte es sich in Galizien, dem von Habsburg beherrschten Teil Polens, ab 1866 ein wenig besser als in den von Preußen oder Russland besetzten Gebieten. Es gab hier eine relative Autonomie, man durfte in der Öffentlichkeit Polnisch sprechen und Theaterstücke lokaler Autoren aufführen. In der neu gegründeten Akademie der Wissenschaften wurden polnische Intellektuelle zu Juristen, Ärzten und Verwaltungsbeamten ausgebildet. Die Stadt erhielt ein glanzvolles architektonisches Antlitz – ganz so, wie es sich für eine galizische Hauptstadt gehörte.

Traditionsbewusst

Österreichischer Müßiggang spiegelt sich in der Kultur der Kaffeehäuser, einem Hang zu Genuss und Laissez-faire. Dass die Tradition nachwirkt, wird an Wahltagen deutlich. Während rund um Warschau eher progressiv gewählt wird, ist Krakau eine Hochburg des

Ein Blick zurück

Im Jahr 1000 wird das Bistum Krakau gegründet. Nach dem Einfall der Böhmen im Südwesten des Landes (1038) verlegt König Kazimierz I. die Hauptstadt von Gnesen nach Krakau, zwei Jahre später wird der Wawel offizielle Königsresidenz. Die Gegend um Krakau erwirbt den Namen ›Kleinpolen‹, d. h. zweites oder neues Polen. Im 12. Jh. führen Konflikte innerhalb der Piastendynastie zum Zerfall der Zentralmacht. Im Jahr 1241 wird Krakau von den Tataren in Schutt und Asche gelegt.

Im 14. Jh. gelingt König Władysław I. die Wiedervereinigung der rivalisierenden Fürstentümer, ab 1320 darf sich Krakau wieder Hauptstadt Polens nennen. König Kazimierz II. gründet 1364 hier die erste polnische Universität, mit dem ersten Lehrstuhl Europas für Mathematik und Astronomie.

Unter der Herrschaft der Jagiellonen erlebt Krakau im 15. und 16. Jh. seine Blütezeit. Die Stadt wird Metropole eines sich bis nach Litauen und in die Ukraine erstreckenden Imperiums, ihre neue Kraft spiegelt sich in Wissenschaft und Bildung, Kunst und Architektur. Die jüdische Bevölkerung wohnt ab 1495 auf Anordnung des Königs in Kazimierz, um sie vor Anschlägen christlicher Mitbürger zu schützen.

Mit der Verlegung der Hauptstadt nach Warschau (1596–1609) verliert Krakau seine politische und wirtschaftliche Vormachtstellung. Der Verfall des polnischen Staates im 18. Jh. spiegelt sich im Abstieg Krakaus zu einer unbedeutenden Provinzstadt.

1809 wird Krakau dem Großherzogtum Warschau eingegliedert, vier Jahre später für zwei Jahre von russischen Truppen besetzt. Ab 1815 genießt Krakau unter dem Schatten der Schutzmächte des Wiener Kongresses relative Autonomie, die sie aber nach dem Aufstand von 1846 verliert. Die Stadt wird von österreichischen Truppen eingenommen und habsburgischer Herrschaft unterstellt.

Nach dem Ersten Weltkrieg werden alle wichtigen Entscheidungen in der Hauptstadt Warschau gefällt; Krakau besinnt sich auf

Konservatismus – Ex-Kommunisten und Liberale haben hier keine Chance. Genüsslich kolportiert der ›Spiegel‹, dass nach der Wahl eines Sozialdemokraten zum Präsidenten Krakauer Intellektuelle in österreichische Uniformen schlüpften und an einer fiktiven galizischen Grenze ›Visa zum Aufenthalt im Gebiet der k.u.k. Monarchie‹ ausgaben.

Erinnerungen an die gute, alte Zeit spiegeln sich auch in der Gastronomie. Man isst Pischinger-Torte, Wiener Käsekuchen, Tafelspitz und *Kajzerka* (Kaisersemmel). Am Rynek wurde nach langem Dornröschenschlaf das legendäre Wentzl neu eröffnet, daneben wirbt Dezerter mit Gerichten »aus allen Regionen der k.u.k. Monarchie«. Und das Hawełka, einst viel gerühmtes ›Wiener Hofrestaurant‹, bietet Besuchern neben polnischen nun wieder österreichische Leckerbissen an.

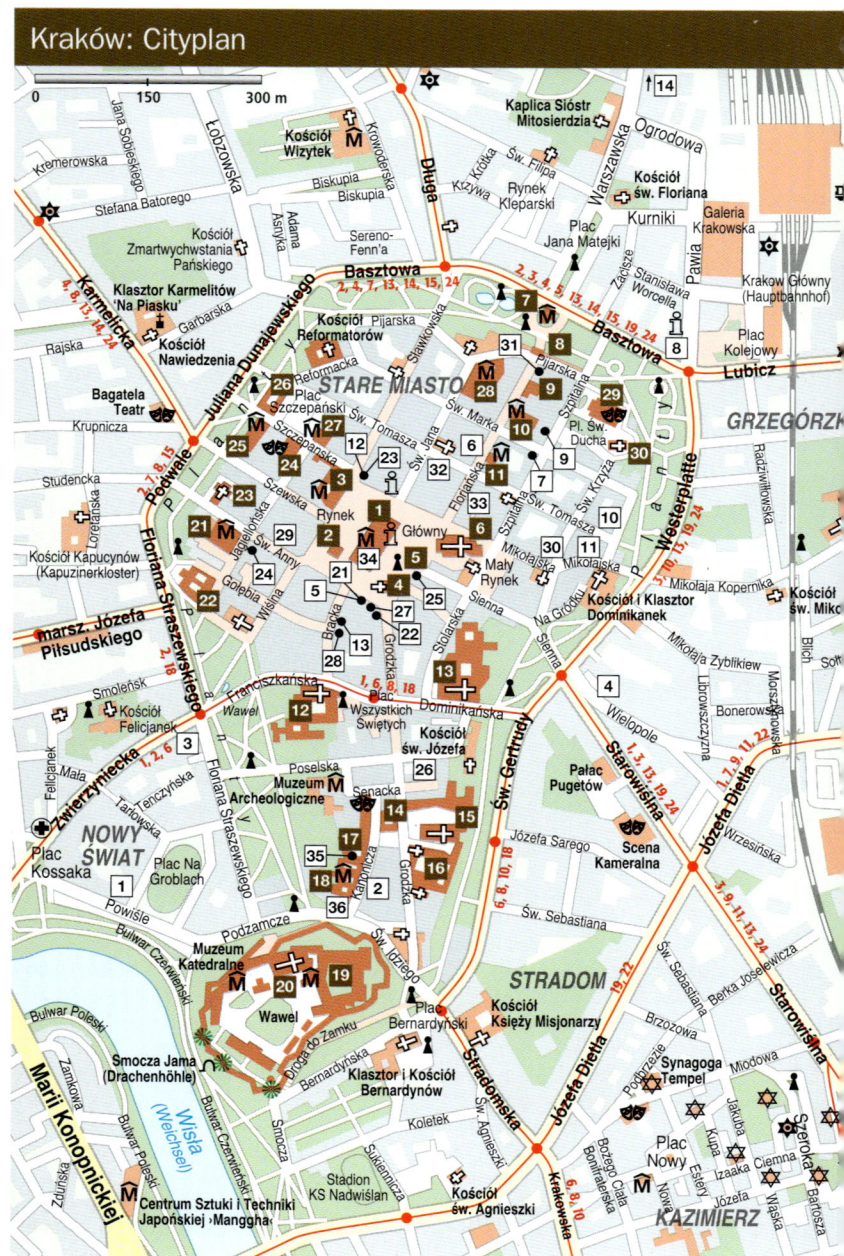

Kraków: Cityplan

Sehenswürdigkeiten

1. Tuchhallen
2. Rathausturm
3. Historisches Museum
4. Adalbertkirche
5. Adam-Mickiewicz-Denkmal
6. Marienkirche
7. Barbakane
8. Florianstor
9. Café Jama Michalika
10. Jan-Matejko-Haus
11. Pharmaziemuseum
12. Franziskanerkirche
13. Dominikanerkirche
14. Collegium Iuridicum
15. Peter-und-Paul-Kirche
16. Andreaskirche
17. Cricoteka
18. Erzbischöfliches Museum
19. Königsschloss
20. Kathedrale
21. Collegium Maius
22. Collegium Novum
23. Annakirche
24. Altes Theater
25. Galerie moderner Kunst BWA
26. Kunstpalast
27. Stanysław-Wyspiański-Museum
28. Czartoryski-Museum
29. Słowacki-Theater
30. Heiligkreuzkirche

31 – 44 s. Cityplan Krakau-Kazimierz, S. 207

Übernachten

1. Sheraton
2. Copernicus
3. Radisson
4. Holiday Inn
5. Wentzl
6. Pod Różą
7. Elektor
8. Warszawski
9. Pollera
10. Campanile
11. Wit Stwosz
12. La Fontaine B&B
13. Mama's Hostel
14. Camping Clepardia

Nr. 15 – 20 s. Cityplan S. 207

Essen und Trinken

21. Wentzl
22. Wierzynek
23. La Fontaine
24. Padva
25. Szara
26. Corleone
27. Da Pietro
28. C.K. Dezerter
29. Chimera
30. Pani Stasia
31. Jama Michalika
32. Loch Camelot
33. Pożegnanie z Afryką
34. Noworolski
35. U Literatów
36. Demmeri

Nr. 37 – 40 s. Cityplan S. 207.

Tradition. Nach der Besetzung durch deutsche Truppen (1939–45) wird Krakau Teil eines sozialistischen und nach Westen verschobenen polnischen Staats. 1978 wird Krakau von der Unesco zum Welterbe erklärt, im gleichen Jahr wird Erzbischof Karol Wojtyła zum Papst gewählt. Krakau profiliert sich im Jahr 2000 als eine der bedeutendsten Kulturstädte Europas.

Orientierung

Zuerst ein paar Worte zur Orientierung: Herzstück der verkehrsberuhigten Altstadt ist der weitläufige Hauptmarkt (Rynek Główny). Von ihm gehen schachbrettartig kleine Straßen aus, die durch einen fast 4 km langen Parkgürtel (Planty) begrenzt werden. Dieser wurde 1832 angelegt, nachdem zuvor weite Teile

Krakau

der alten Befestigungsanlagen abgetragen worden waren. Erhalten blieb die Barbakane, an der der so genannte ›Königsweg‹ startet. Er durchschneidet die Altstadt von Norden nach Süden; Regenten hielten hier ihren Einzug und schritten hinab zur Residenz auf dem Wawel. Im Südosten schließt sich **Kazimierz** (s. S. 206) an, das einstige jüdische Wohnviertel mit Synagogen und Bethäusern, Cafés und Galerien.

Um den Hauptmarkt

Alle Wege führen zum Hauptmarkt (Rynek Główny), dem pulsierenden Herzen der Stadt. Mit einer Fläche von 40 000 m² ist er einer der größten Plätze Europas, vergleichbar nur der Piazza San Marco in Venedig. Bis in die Nacht hinein herrscht ein fast südländisches Treiben. Man kommt her, um zu sehen und gesehen zu werden, zu flirten und Straßenmusikanten zu lauschen, hier hat man das Gefühl, nichts Wichtiges in der Welt zu versäumen – das Leben ist konzentriert, ein Mikrokosmos menschlicher Hoffnungen.

Tuchhallen

Die lang gestreckten **Tuchhallen** 1 (Sukiennice) teilen den Platz in zwei Hälften. Wie kein anderes Bauwerk verkörpern sie das ›Goldene Zeitalter‹ Krakaus, eine gelungene Synthese westlicher und östlicher Kultur. Italienische Renaissance spiegelt sich in der Fassade und in den Arkaden, orientalischer Einfluss im Zierrat der Attika mit ihren geschwungenen Ornamenten und goldenen Türmchen. Reizvoll sind die bizarren Skulpturen: merkwürdige Gesichter, einige höhnisch lächelnd, andere in Schmerz erstarrt oder als Monster maskiert.

Als Alfred Döblin die Tuchhallen betrat, war er fasziniert. »In dem langen Gewölbe brennen wie Laternen im Keller rote Glühlampen, eine doppelte Reihe, und zeigen die Finsternis, verscheuchen sie nicht. Die Finsternis ist das Licht, die Lampen sind rote Schatten. In diesen roten Schatten sitzen an den Wänden die Händler und haben ihre Stände mit Koffern, Körben, Spielsachen voll gepackt.« Was der Autor 1924 beschrieb, wirkt heute geordneter, doch die geheimnisvolle Atmosphäre ist geblieben.

Geschäftig geht es in den Tuchhallen immer zu

Schmiedeeiserne Laternen verströmen schummriges Licht, das in den holzgeschnitzten Krambuden widerscheint. Verkauft wird Kunsthandwerk aus ganz Polen, Bernsteinschmuck, rustikale Keramik, Trachtenaccessoires und Wollpullover aus der Tatra.

Zu beiden Seiten der Tuchhallen gibt es Cafés, in einem von ihnen, dem legendären *Noworolski*, hat Lenin gern gesessen. Im roten Saal machte er sich Gedanken über ›Staat und Revolution‹.

Neben der Touristeninformation geht es hinauf zur **Galerie der polnischen Malerei und Bildhauerkunst**, die einen Einblick in die Kunst des 19. Jh. vermittelt. Damals gab es keinen polnischen Staat und es war Aufgabe der Künstler, die Vaterlandsliebe wach zu halten. Jan Matejko ist mit einem gigantischen Historienbild vertreten. Die ›Preußische Huldigung‹ (1882) feiert den Kniefall des deutschen Hochmeisters vor dem polnischen König. Silbern und golden glitzern die Gewänder, slawischer Stolz dominiert. Doch im Vordergrund sieht man schon Stańczyk, den nachdenklichen Hofnarren, der auf düstere Tage verweist. Eine ähnliche Botschaft ist dem Gemälde ›Kościuszko bei Racławice‹ abzulesen: Der Moment des Sieges ist in Melancholie getaucht, der kommende Niedergang ist vorgezeichnet (Galeria Polskiego Malarstwa i Rzeźby XIX w., Rynek Główny 1/3, Tel. 012-422 11 66, www.muzeum.krakow.pl, Di 10–19, Mi–Do 10–16, Fr–Sa 10–19, So 10–15 Uhr, 2 €).

Adels- und Bürgerpaläste

Rings um den großen Platz reihen sich prachtvolle Adels- und Bürgerpaläste. In einem von ihnen (Nr. 25) verbirgt sich hinter einer eher unscheinbaren Fassade die **Galerie des Internationalen Kulturzentrums**. Mit einem gläsernen Lift fährt man in den zweiten Stock, wo in großzügigen Räumen europäische Klassiker vorgestellt werden. In Einzelausstellungen wurden bereits Rembrandt, Masereel und Nolde, Schiele und Modersohn-Becker gezeigt (Galeria Międzynarodowego Centrum Kultury, Di–So 10–18 Uhr).

Im Haus Nr. 36 befand sich ab dem 18. Jh. der Gasthof Pod Jeleniem (Zum Hirschen), wo 1790 ein berühmter Dichter aus Deutschland einkehrte. Wer es war, verrät die links vom Eingang postierte Palette: Johann Wolfgang von Goethe machte hier Station, bevor er weiterfuhr zu den Salzminen von Wieliczka. Genau 200 Jahre später wurde an der gegenüberliegenden Marktseite (Nr. 20) das Goethe-Institut eröffnet, in einem Palais mit neoklassizistischer Fassade und elegantem Arkadenhof. Von der Bibliothek im ersten Stock genießt man einen ungewöhnlichen Blick auf den Platz: geradeaus die Tuchhallen, links der Rathausturm und rechts das Mickiewicz-Denkmal, die Adalbert- und – hoch aufragend – die Marienkirche.

Rathausturm und Historisches Museum

Der gotische **Rathausturm** 2 ist 70 m hoch, mit Maskaronen aus dem 14. Jh. und einer Barockhaube verziert. Er ist Überrest des alten Rathauses, das der Bürgermeister 1820 abreißen ließ, weil es die grandiose Weite des Rynek beeinträchtigte. In den Kellerräumen, die früher als Schatz-, aber auch als Folterkammer dienten, befindet sich die ›Gotische Stube‹ mit schönem Café, daneben ein kleines Theater. Die Ausstellung im Turm widmet sich der Stadtgeschichte (Wieża Ratuszowa, tgl. 10.30–18 Uhr); über sie erfährt man freilich mehr im **Historischen Museum** 3 des Krzysztofory-Palais (Muzeum Historyczne Miasta Krakowa, Rynek 35, www.mhk.pl, Mi–So 10–17.30 Uhr).

Adalbertkirche

Wo die ul. Grodzka trichterförmig in den Hauptmarkt mündet, steht etwas verloren, von Bäumen gerahmt, die kleine **Adalbertkirche** 4. Sie ist das älteste noch erhaltene Gotteshaus Krakaus und entstand auf den Überresten einer hölzernen Kultstätte. Im 18. Jh. wurde die romanische Kirche erneuert und mit einer Barocklaterne geschmückt. In den unterirdischen Räumen kann man während der Sommermonate eine

Krakau

Ausstellung zur Geschichte des Marktplatzes und der Kirche besuchen (Kościół Św. Wojciecha, tgl. 9–16 Uhr).

Adam-Mickiewicz-Denkmal

Junge Krakauer treffen sich gern bei *Adaś*, wie das **Adam-Mickiewicz-Denkmal**  (Pomnik Adam Mickiewicza) zärtlich genannt wird. Der Herr in wallendem Gewand steht so hoch auf seinem Sockel, dass man ihn kaum wahrnimmt, umso präsenter sind die ihm zu Füßen postierten Allegorien von Poesie und Wissenschaft, Tapferkeit und Vaterland. Kinder machen sich ein Vergnügen daraus, auf ihren Schoß zu klettern und zwischen pathetisch erhobenen Armen herumzuturnen.

Wahrscheinlich gibt es keinen Polen, der den romantischen Nationaldichter (1798–1855) nicht kennt. Seine Literatur, schreibt Stephan Hermlin, »trägt die Züge polnischer Landschaft und polnischer Geschichte, sie erscheint mit den Trompetenschreien des sterbenden polnischen Aufstands, den Wanderwegen des Flüchtlings quer durch das sich verdunkelnde Europa, dem gewitterhaften Wechselspiel von höchster politischer Vernunft und Zukunftsschwärmerei.« Das Werk dieses Dichters, allen voran das Epos ›Pan Tadeusz‹ (1834), hat in den Zeiten der Teilung mehr zur Wahrung der polnischen Identität beigetragen als jeder politische Appell, wurde genutzt als wichtiges Mittel im Kampf um die Unabhängigkeit. – Nahe dem Denkmal sind Blumenstände postiert; vom Vergissmeinnicht bis zur blutroten Rose kann man alles kaufen, was das Herz junger Polinen öffnet.

Marienkirche

Die **Marienkirche** , das größte Gotteshaus der Stadt, im frühen 13. Jh. von reichen Krakauer Bürgern gestiftet, aber erst Ende des 15. Jh. fertig gestellt, will sich in die Symmetrie des Ringes nicht fügen – zu seiner Längsachse stellt sie sich quer. Warum die

Die Barbakane am Florianstor – ein gotischer Festungsbau aus dem 15. Jh.

beiden **Türme** mit 69 und 81 m unterschiedlich hoch sind und der höhere mit einer vergoldeten Krone abgeschlossen ist, erklären die Krakauer so: Zwei Brüder, heißt es, waren mit dem Turmbau beauftragt. Als der ältere seinen Turm fertig gestellt und golden geschmückt hatte, bekam er Angst, der jüngere könne sich als der bessere Künstler erweisen und einen noch höheren und schöneren Turm schaffen. Vom Teufel besessen, griff er zum Messer und stach den Bruder nieder. Danach wurde er von Reue gequält und stürzte sich in die Tiefe. Seit jenem dramatischen Tag hängt das tödliche Messer im Durchgang der Tuchhallen, vielen Dieben hat man damit die Hand abgeschnitten.

Wichtigstes Kunstwerk der dreischiffigen, mit Heiligenfiguren ausgemalten Kirche ist der 13 x 11 m große **Hauptaltar**. Von 1477 bis 1489 hat der Nürnberger Bildhauer Veit Stoß an ihm geschnitzt, aus Lindenholz ein meisterhaftes Panoptikum des Mittelalters geschaffen. Sind seine Flügel geschlossen, sieht man zwölf Szenen aus dem Leben Christi in farbigem Relief. Werden sie mittags geöffnet, erblickt man ein Panoptikum von 200 Figuren, einige über 2 m groß und so plastisch, dass man glaubt, die Modelle leibhaftig vor sich zu haben. Der geöffnete Schrein zeigt auf den sechs Seitentafeln links die Verkündigung, Christi Geburt und die Anbetung der Heiligen Drei Könige, rechts Auferstehung, Himmelfahrt und Pfingstwunder. Die zentrale Szene stellt Maria dar, wie sie zu Boden sinkt und entschläft – umringt von trauernden, verzweifelten Aposteln. In einem Altar des rechten Seitenschiffs findet sich ein weiteres Werk von Veit Stoß: eine in Stein gemeißelte Christusfigur (Kościół Mariacki, Mo–Sa 11.30–18, So 14–18 Uhr).

Von der Spitze der Kirche erklingt zu jeder vollen Stunde die Hejnał-Melodie. Im Sommer bietet sich Gelegenheit in Gruppen von max. 10 Personen den Trompeter in der Turmspitze zu besuchen. Stein- und Holztreppen führen zur Spitze hinauf, von wo sich ein spektakulärer Blick über den Marktplatz eröffnet (Westeingang, meist Di, Do u. Sa).

Königsweg

Barbakane und Florianstor

Die **Barbakane** **7** war das Herzstück der Befestigungsanlagen, die bis vor 200 Jahren die gesamte Altstadt umfassten: ein massiver Rundbau von 24 m Durchmesser, Ende des 15. Jh. errichtet. In seine 3 m dicken Ziegelmauern sind 130 Schießscharten eingelassen, sieben Wachtürme mit spitzen Helmen verleihen ihm ein imposantes Gepräge (Barbakan, tgl. 10.30–18 Uhr). Gleichfalls erhalten blieb das angrenzende **Florianstor** **8** (Brama Floriańska), durch das einst die polnischen Regenten und ihre Gefolgsleute Einzug in die Stadt hielten. Sie zogen über die Floriansgasse zum Hauptmarkt hinab, von dort weiter über die Burg- und Kanonikergasse zur königlichen Residenz im Wawel. *Droga Królewska* (Königsweg) ist auch heute noch die Bezeichnung für diese Strecke.

Floriansgasse

Heute ist die Floriansgasse (ul. Floriańska) keine Glanzstraße mehr – ironisch sprechen Krakauer vom ›Königsweg des Kapitalismus‹, denn der Vorstoß von McDonald's, gegen den sie 1995 noch massiv gewehrt hatten, markierte nur den Anfang einer Invasion von Fastfood- und Bekleidungsshops, wie sie dieser traditionsreichen Straße nicht gut bekommt. Zum Glück nicht ›modernisiert‹ wurde das **Café Jama Michalika** **9** (Kawiarnia Jama Michalika) im Haus Nr. 45, wo man abtaucht in die Kulturlandschaft Krakaus um 1900. Michalik war ein Meister im Anfertigen von Kuchenstücken; die oft mittellosen Studenten der Kunstakademie, die auf die tollen Süßigkeiten nicht verzichten wollten, bezahlten mit Bildern und Skulpturen. Nicht zufällig heißt das Café *Jama* (Höhle): Der Raum wird nur durch gedämpftes Licht erhellt, das durch rote und ockerfarbene bemalte Fenster dringt. Die Jugendstillampen sind so dezent eingestellt, dass man andere Gäste nur als Schemen wahrnimmt. Die Speisekarte lässt sich nur mit Mühe entziffern, Gespräche werden leise, fast flüsternd geführt …

In der Floriansgasse haben sich auch zwei Museen erhalten. Im ehemaligen Wohnhaus des Malers **Jan Matejko** 🔟 wird des Meisters mit kleinformatigen Bildern gedacht (Dom Jana Matejki, ul. Floriańska 41, Di–Mi 10–19, Do–Fr 10–16, Sa 10–19, So 10–15 Uhr); das **Pharmaziemuseum** 🔢 erinnert an die Zeit, als sich die Apotheker halb als Alchimisten, halb als Laboranten betätigten (Muzeum Farmacji, ul. Floriańska 25, Di 15–19, Mi–So 11–14 Uhr).

In der Burgstraße

Über den stillen Marienplatz (pl. Mariacki) kommt man zum Hauptmarkt, in der lebhaften Burgstraße (ul. Grodzka) setzt sich der Königsweg fort. Bürgerhäuser mit prächtigen Portalen werden heute als Hotels, Restaurants und Läden genutzt. Am Allerheiligenplatz (pl. Wszystkich Świętych) wird eine Verkehrsstraße gekreuzt. Beiderseits erblickt man gotische Gotteshäuser, rechts die Franziskaner-, links die Dominikanerkirche. Das Innere der **Franziskanerkirche** 🔢 (Kościół Franciszkanów) ist in ein geheimnisvolles Licht getaucht – mit jedem Sonnenstrahl scheint es neu zu erglühen. Berauscht notierte Döblin: »Was diese wogenden Farbgüsse bedeuten, weiß ich nicht, diese Schwarzgüsse, umwallt von Güssen und Flüssen des Blau, durchzogen von Grün, durchströmt von Gelb und Gold. Ob das Menschen sind? Manchmal glaube ich märchenhafte Augen zu sehen, lange Haare… Und rechts die brennendste aller Farben, die ich je gesehen habe, ein helles Gelb, ein satanisches Rotgelbbraun, eine Farbe brennender als Feuerrot, eben jetzt geboren aus der Vermählung des lebendigen Lichtes, der einfallenden Sonne mit den schlummernden Farbgüssen.« Die bemalten Glasfenster sind ein Werk des Jugendstilkünstlers Stanisław Wyspiański, ebenso die bunten Blumen- und Steinornamente an Decke und Wand. Über die Mater-Dolorosa-Kapelle gelangt man in den Kreuzgang des 1255 vom Franziskanerorden gegründeten, mit Porträts Krakauer Bischöfe geschmückten Klosters. Eine ganz andere Wirkung entfaltet die

Dominikanerkirche 🔢 (Kościół Dominikanów), die 1850 durch ein Feuer zerstört und im neugotischen Stil wiederaufgebaut wurde. Nur Kreuzgänge und Seitenkapellen blieben erhalten. Aus der Werkstatt von Veit Stoß stammt die Grabplatte für den italienischen Gelehrten Filippo Buonacorsi (gest. 1496): eingemauert in die Sakristei neben dem Eingang.

Veit Stoß hat in der nahen Burgstraße (ul. Grodzka) 14 Jahre gewohnt, eine Plakette am Haus Nr. 41 erinnert daran. Er hätte für immer in Krakau bleiben sollen: Bei seiner Rückkehr nach Nürnberg wurde er des Betrugs bezichtigt und zu einer mehrjährigen Gefängnisstrafe verurteilt.

Seit 1403 büffeln Jurastudenten im **Collegium Iuridicum** 🔢 – so schön ist der von Arkaden gesäumte Innenhof, dass man Touristen in den Sommerferien gern eine Eintrittsgebühr abverlangt, wenn sie ihn sehen wollen (ul. Grodzka 53). Zwölf Apostel weisen den Weg in die **Peter-und-Paul-Kirche** 🔢 (Kościół Św. Piotra i Pawła): das erste barocke Gotteshaus Krakaus, erbaut 1596–1619 nach dem Vorbild der Jesuitenkirche Il Gesú in Rom. Düster ist der Innenraum, errichtet auf dem Grundriss eines Kreuzes. Mächtige Säulen aus schwarzem Marmor stützen die Decke, über der Vierung wölbt sich eine Kuppel, an der das **Foucault'sche Pendel** befestigt ist. An einem Tag der Woche (Do 10, 11 und 12 Uhr) wird demonstriert, dass die Erde ein beweglicher Planet ist. Von der hohen Kuppel wird ein 46,5 m langes Seil herabgelassen, an dem eine 25 kg schwere Kugel hängt. Anfangs bewegt sich das in Schwingung versetzte Pendel geradlinig, doch im Laufe der Zeit ändert es seine Richtung und beschreibt eine Rosettenbahn. Geschuldet ist dies der ›Coriolis-Kraft‹, einer durch die Rotation der Erde bewirkten, von Physikern so bezeichneten ›ablenkenden‹ Kraft.

Durch die Kanonikergasse

In der Krypta des Presbyteriums ruhen die Gebeine des gefürchteten Piotr Skarga, Jesuitenpriester und Hofprediger von König

Die erste Barockkirche Krakaus: die Peter-und-Paul-Kirche

Zygmunt III. Den katholischen Gläubigen schlug er visionäre Drohungen entgegen: »Ihr alle werdet mit eurem Haus und eurem Kräftemark unter der Faust des Feindes stöhnen, denen unterworfen, die euch hassen… und ihr, die ihr über andere Völker geherrscht habt, werdet sein wie eine verwaiste Witwe und werdet euren Feinden zum Hohngelächter und verächtlichen Ärgernis werden …«

Barocke Prachtentfaltung setzt sich in der 1079 erbauten **Andreaskirche 16** (Kościół Św. Andrzeja) fort. Die schlichte romanische Fassade aus unbehauenem Stein verbirgt Stuck- und Skulpturarbeiten von Baldassare Fontana und üppige Malereien von Karl Dankwart. Erstaunlicherweise hat sie den Angriff der Tataren überstanden; an der Westseite zeugen Schießscharten von ihrem wehrhaften Charakter. In der Schatzkammer befin-

den sich mittelalterliche Krippenfiguren und ein wertvolles Madonnenbild aus dem 12. Jh.

Parallel zur Burggasse verläuft die schönste Straße Krakaus, die Kanonikergasse (ul. Kanonicza). In einem leicht geschwungenen Bogen strebt sie dem Wawelhügel zu, ist gesäumt von pastellfarbenen Palästen und mittelalterlichen Backsteinhäusern. Ihren Namen verdankt sie den Kanonikern der Krakauer Kathedrale, die im 14. Jh. in dieser Gasse residierten. Und da der hohe Klerus noch heute besonderen Gefallen an dieser Straße findet, ist dafür gesorgt, dass eine Atmosphäre fast klösterlicher Stille herrscht – keine grelle Reklame lenkt ab von architektonischer Schönheit. Öffnen sich die Barockportale, betritt man arkadengesäumte Innenhöfe und blühende Gärten – nirgendwo präsentiert sich Krakau friedlicher und ländlicher.

Krakau

Im Haus Nr. 1 grüßt die Inquisition, wie eine Inschrift auf dem Portal stolz verkündet. Wo abtrünnige Seelen auf den rechten Weg gezwungen wurden, befindet sich eine Galerie mit Café. Ein paar Schritte weiter wird eines modernen Ketzers gedacht: In der **Cricoteka** **17**, dem Tadeusz-Kantor-Dokumentationszentrum, werden Ausstellungen und Filme zu Polens berühmtestem Dramatiker der Nachkriegszeit gezeigt (ul. Kanonicza 5, Mo, Mi, Fr 10–14, Di u. Do 14–18 Uhr). Gegenüber vom Literatencafé mit seinem zauberhaften Café-Garten hat sich das spanische Kulturinstitut einen Platz gesichert (Instituto Cervantes, ul. Kanonicza 12). Fresken aus dem 14. Jh. verbergen sich in den Räumen des Hotels Copernicus, interessante Ikonen im Haus der ukrainischen Gemeinde. Wo Bischof Karol Wojtyła in den 1960er Jahren residierte, befindet sich heute ein **Erzbischöfliches Museum** **18** mit einer hochkarätigen Sammlung sakraler Kunst. Eines der kostbarsten Stücke ist die ›Schöne Madonna aus Krużlowa‹ von 1410, die fast so kindlich wirkt wie der kleine Jesus, den sie auf ihrem Arm trägt. Polnische Besucher zieht es vor allem in den Raum, den Karol Wojtyła bewohnte. Zum Inventar gehören die Kardinalsroben, Familienfotos und persönliche Gegenstände (Muzeum Archidiecezjalne, ul. Kanonicza 19–21, Di–Fr 10–16, Sa–So 10–15 Uhr).

Der Wawel

Was für die Briten der Buckingham Palace, ist für die Polen der Wawel. Imposant erhebt er sich am Ufer der Weichsel, seit Anbeginn der polnischen Geschichte ein Zentrum weltlicher und geistlicher Macht. Wie kein anderes Bauwerk bezeugt er polnische Größe, von hier regierten Monarchen über 500 Jahre das Land. Den meisten Polen gilt er als ›heilig‹ – und wer nicht wenigstens einmal im Leben zum Wawel pilgert, verliert den Anspruch, ein echter Pole zu sein.

Die meisten Besucher kommen von der Altstadt und wählen den Aufstieg über die Nordseite. Eine steile Straße führt den Berg hinauf, schon von fern grüßt Nationalheld Kościuszko hoch zu Ross und mit erhobenem Arm. 1794 hatte er ein Bauernheer mobilisiert und von Krakau aus den Widerstand gegen die drohende Teilung Polens geplant. Zwar hatte der Kampf keine Aussicht auf Erfolg, doch diese Logik zählt in Polen nicht. Wer sich den Mächtigen entgegenstellt, ist ein Held – und darum durften auch die sterblichen Überreste Kościuszkos 1819 in den Wawel überführt werden.

Am oberen Plateau, das von 6 bis 20 Uhr frei zugänglich ist, verschafft man sich einen Überblick. Im Nordosten erhebt sich das Königsschloss, im Nordwesten die Kathedrale. Im Süden befinden sich Info-Zentrum und Kasse (Einzeltickets 1,50–3,50 €), seitlich versetzt Aussichtsterrassen und Cafés.

Königsschloss

Das **Königsschloss** **19** ist das Herzstück des Wawel. Schon im 11. Jh. hatte Bolesław I. hier eine Königsresidenz bauen lassen. Kazimierz III. verwandelte sie in eine gotische Burg, die Zygmunt I. Stary zu einem repräsentativen Schloss im Stil der Renaissance umgestalten ließ. Der Innenhof ist von dreistöckigen Arkadengängen umgeben, die Fassade mit Fresken geschmückt (Zamek Królewski, Mo 9.30–12, Di–Sa 9.30–15, So 10–15 Uhr).

Ein Gang durch das Schloss ist eine Zeitreise durch Polens Geschichte. In den oberen Stockwerken befinden sich die Privatgemächer des Königs und die Repräsentationssäle, angefüllt mit italienischen Renaissance- und Manierismusmöbeln, Figuren aus der Meißener Porzellanmanufaktur und polnischen Gemälden. Besonders eindrucksvoll ist die Sammlung von 136 großen Wandteppichen (*arrasy*), die im frühen 16. Jh. von König Zygmunt II. August in Auftrag gegeben und in den Werkstätten von Arras und Brüssel geknüpft wurden. Über den Rittersaal mit einem Fries von Hans Dürer, Bruder des berühmteren Albrecht, gelangt man in den Audienzsaal (Sala Poselska), wo der König seine Gäste empfing. Sie mussten vor dem

Thron in die Knie gehen und es sich gefallen lassen, von oben gemustert zu werden: Von der Decke starren holzgeschnitzte Köpfe herab, Vertreter aller Stände der polnischen Gesellschaft. Leider blieben nur 30 der ursprünglich 194 Köpfe erhalten.

Im Erdgeschoss befindet sich die **Schatzkammer**, worin die erhaltenen Herrscherinsignien aufbewahrt sind. Dazu gehören das legendäre Krönungsschwert, Schmuck und golddurchwirkte Gewänder. Die Waffenkammer enthält Henkerbeile, Hieb- und Stichwaffen. Die verblichenen Fahnen deutscher Ordensritter wurden 1410 in der Schlacht bei Grunwald erbeutet. Trophäen von der Schlacht bei Wien 1683 zeigt die Ausstellung ›Orientalische Kunst‹. Wer sehen möchte, wie der Burghügel früher aussah, kann die Ausstellung ›Verschollener Wawel‹ mit Modellen aus verschiedenen Epochen besuchen.

Kathedrale

Die Kathedrale **20**, in der sich die Könige bis 1734 krönen und bestatten ließen, vereint alle Stile von der Gotik bis zum Jugendstil. Ein Kranz verspielter Kapellen schmiegt sich um den mächtigen, dreischiffigen Baukörper. Als ›Perle der Renaissance‹ wird die Sigismundkapelle gerühmt, ein Werk von Bartolomeo Berrecci aus den Jahren 1517–33. Über das linke Seitenschiff steigt man in die Krypta hinab, wo neben Königen ›große Persönlichkeiten‹, z. B. die Militärführer Tadeusz Kościuszko und Józef Piłsudski beigesetzt sind. In der ›Krypta der Dichter‹ ruhen Adam Mickiewicz und Juliusz Słowacki.

Über die Sakristei geht es hinauf zum **Sigismundturm** (Wieża Zygmuntowska) mit Polens größter, 11 t schwerer Glocke. Es heißt, wer sie berühre, dem werde ein Wunsch erfüllt. Ihr Klang ist 50 km weit zu hören – fast ebenso weit reicht bei gutem Wetter der Blick (Katedra, Mo–Sa 9–15, So 12.15–15 Uhr).

Wer nicht auf dem bekannten Weg in die Altstadt zurückkehren möchte, steigt an der Südseite des Wawel an einem viereckigen Turm zur ul. Bernardyńska hinab und erreicht von dort die Schiffsanlegestelle am Weichselufer. Im Sommer kann man von hier mit einer Barkasse einen Kurztrip zum Kloster der Norbertanerinnen oder mit Ausflugsschiff eine dreistündige Tour zur Benediktinerabtei in Tyniec unternehmen.

Alma Mater

Der Jagiellonenkönig Władysław II. erfüllte im Jahr 1400 das testamentarische Vermächtnis seiner Frau, Königin Jadwiga, und erhob die Hochschule, die schon 1364 mit drei Fakultäten gegründet worden war, in den Rang einer vollberechtigten **Universität**. Seine Ansprache hatte folgenden Wortlaut: »Wir, Władysław, König von Polen und Großfürst von Litauen, sehen, wie Paris durch ein gelehrtes Collegium erstrahlt und an Würde gewinnt, wie Bologna und Padua erstarken und sich schmücken, wie Prag erleuchtet und sich erhebt und wie Oxford klar und Frucht bringend wird. Wir haben nämlich deshalb die Herrschaft über das Königreich Polen angetreten und die Krone erhalten, um sie mit dem Glanz gelehrter Männer zu erleuchten, um mit ihren Wissenschaften den Schatten von Unzulänglichkeiten zu beseitigen und es anderen Ländern gleichzutun.«

Collegium Maius

Zentrum der Universität wurde das Collegium Maius **21**, ein zweistöckiges, vom König erworbenes Bürgerhaus. Bald kamen Studenten aus allen Ländern Europas, studierten Philosophie und Theologie, Medizin und Astronomie. Der freie Diskurs, durch den Humanismus gefördert, wurde gegen Ende des 16. Jh. mit der Gegenreformation erstickt. Neu belebt wurde er kurioserweise erst wieder unter österreichischer Herrschaft, als ab 1866 die Krakauer Universität die neben Lemberg einzige auf polnischem Boden zugelassene Bildungsstätte war.

Deutsche Besatzer blieben den Polen in keiner guten Erinnerung. Am 6. November 1939 startete Generalgouverneur Hans Frank, dem Polen als ›Wandalengau‹ galt,

Collegium Maius, Ikone der Bildung

die ›Sonderaktion Krakau‹: Der Lehrbetrieb an Schulen und Hochschulen wurde eingestellt, 144 Professoren und Dozenten wurden bei der Eröffnung des akademischen Jahres festgenommen und in Konzentrationslager deportiert.

Heute beherbergt das Collegium Maius ein **Universitätsmuseum**, in dem man die wechselvolle Geschichte der Alma Mater Revue passieren lassen kann. Dabei lernt man auch die herrliche Aula kennen, die für offizielle Feiern genutzt wird, und den Speisesaal, dessen Wände von Porträts zahlreicher Fürsten und Gelehrten geschmückt sind. Berühmtester Student war Nikolaus Kopernikus (ab 1491), der auf mehreren Bildern und Stichen abgebildet ist. Im Museum sind die astronomischen Instrumente aufgebaut, mit denen er – vermutlich – gearbeitet hat. Sehenswert ist auch der Globus aus dem Jahr 1510, auf dem der amerikanische Kontinent zum ersten Mal eingezeichnet ist (Muzeum Uniwersytetu Jagiellońskiego, ul. Jagiellońska 15, Führung in Gruppen Mo–Fr 10–14.20, Sa 10–13.20 Uhr).

Collegium Novum

Über 50 000 junge Menschen studieren in Krakau, davon 20 000 an der Jagiellonenuniversität. Wichtige Studiengebäude befinden sich in der ul. Gołębia. Das neugotische, 1887 entstandene **Collegium Novum** 22 ist heute Sitz des Rektorats und wirkt vergleichsweise streng. In der hiesigen Aula wird das Semester eröffnet und die Doktorwürde verliehen. Porträts von Professoren sieht man in Hülle und Fülle, hinzu kommen Gemälde, die mit der Universität etwas zu tun haben.

Annakirche

Die **Annakirche** 23 (Kościół Św. Anny), ein prachtvoller Barockbau mit Doppelturmfassade, wurde in den Jahren 1689–1703 nach einem Entwurf des Hofarchitekten Tylman van Gameren errichtet – gestiftet wurde sie von König Jan III. Sobieski. Den einschiffigen Innenraum schmücken Stuckdekorationen von Baldassare Fontana; die bunten Fresken der Kuppel vermitteln den Eindruck, die Kirche sei weit zum Himmel geöffnet.

Vom Alten Theater zur Heiligkreuzkirche

Altes Theater

Das 1799 gegründete Alte Theater **24** (Stary Teatr) zählte in der Vergangenheit zu den erfolgreichsten des Landes. Jerzy Grotowski, Tadeusz Kantor und Andrzej Wajda – sie alle haben an dem 1799 gegründeten Theater gearbeitet. Gezeigt werden zeitgenössische Stücke oder auch moderne Adaptionen klassischer Werke. Eine Ausstellung zur Geschichte des Theaters kann eine Stunde vor jeder Aufführung besichtigt werden.

Um den Szczepański-Platz

Kultur konzentriert sich um den Szczepański-Platz: modern und provokativ in der **Galerie moderner Kunst BWA 25** (Bunkier Sztuki, Di–So 11–18 Uhr), eher zurückhaltend im **Kunstpalast 26** (Pałac Sztuki, tgl. 9–18 Uhr). Im **Stanisław-Wyspiański-Museum 27** wird auf mehreren Stockwerken das ungewöhnliche Werk eines visionären Malers und Dramatikers vorgestellt. Wyspiański war wichtigster Vertreter des ›Jungen Polen‹, schuf Glasmalereien und polychrome Werke für die Wawelkathedrale und die Franziskanerkirche (Muzeum Stanisława Wyspiańskiego, Di–Mi 10–19, Do–Fr 10–16, Sa 10–19, So 10–15 Uhr).

Czartoryski-Museum

In der stillen **Johannisstraße** (ul. Św. Jana) sammeln sich Besuchertrauben vor der ›Dame mit dem Hermelin‹ von Leonardo da Vinci, dem Glanzstück einer der wichtigsten Kunstkollektionen Polens im Czartoryski-Museum **28**. Auf dem Bild ist Cecilia Gal-

lerani, eine Geliebte des Herzogs Ludovico Sforza, dargestellt. Der Maler schrieb in sein Tagebuch: »Der Hermelin lässt sich eher vom Jäger fangen, als dass er in eine schmutzige Höhle flieht, und all dies nur, weil er seine Lieblichkeit nicht beflecken will.« Wie der Hermelin wirkt die junge Frau rein und unschuldig, doch erscheint sie gefangen: Ihr Blick fixiert einen Fluchtpunkt weit außerhalb des Bildes.

Außer diesem wunderbaren Porträt birgt die Kollektion Gemälde von Rembrandt, barocke Skulpturen und ägyptische Mumien. Die Sammlung war unmittelbar nach dem Novemberaufstand 1830 vom Schloss der Adelsfamilie in Puławy nach Paris gebracht worden – 46 Jahre später gelangte sie nach Krakau (Muzeum Czartoryskich, ul. Św. Jana 19, Di 10–16, Mi 10–19, Do 10–16, Fr–Sa 10–19, So 10–15 Uhr).

Das Haus der Czartoyskis ist durch einen Hochgang mit der **Piaristenkirche** (Kościół Pijarów) verbunden. In den illusionistischen Deckenmalereien wird die Geschichte der Kirche erzählt, die Nebenkapellen gefallen mit malerischer Stuckdekoration.

Nach dem Kloster ist die Straße Pijarska benannt, die sich längs der Stadtmauer mit ihren noch verbliebenen Basteien erstreckt. Vorbei am Arsenal, das um 1550 errichtet und 1861 renoviert wurde, kommt man an Florianstor, dazwischen sieht man zahlreiche Hobbykünstler, die mit dem Verkauf ihrer Werke ein Zubrot verdienen.

Mit der Bastei der Posamentierer brechen die Stadtmauern ab, vor uns liegt das nach einem romantischen Dichter benannte **Słowacki-Theater 29** (Teatr Juliusza Słowackiego). Erbaut wurde es als Miniaturausgabe der Pariser Oper (1893). In dreistöckigen Logen und unter einer goldverzierten Kuppel erlebt man dramatische Werke, Ballett, Opern und Operetten. Im Schatten des Theaters verbirgt sich die **Heiligkreuzkirche 30** (Kościół Św. Krzyża), ein stimmungsvolles, um 1300 entstandenes Gotteshaus. Ihr Fächergewölbe ruht auf einem einzigen Pfeiler, die Wände sind mit Renaissancemalereien geschmückt.

Auf den Spuren des polnischen Papstes

Kurz nach dem Tod von Papst Johannes Paul II. (2005) wurde der Prozess seiner Seligsprechung in Gang gesetzt. Für die Polen ist der Mann mit dem Bauerngesicht längst ein Heiliger: Alle Stationen seines Wirkens sind heute Kultorte – der Papst ist tot, es lebe der Papst!

Im Sommer 2002 kam Papst Johannes Paul II. alias Karol Wojtyła noch einmal nach Krakau, wo ihm ein triumphaler Empfang bereitet wurde. Über 1,5 Mio. Menschen nahmen an der Heiligen Messe auf der Błonia-Wiese teil, die er in Erinnerung an seine Zeit als Krakauer Erzbischof zelebrierte. Der Auftritt war ein Abschiedsbesuch – hier sprach ein kranker und gebrechlicher, vom Alter gezeichneter Mann.

In **Wadowice**, einem kleinen Ort südwestlich von Krakau, wuchs er auf. Als Jugendlicher verbrachte er viel Zeit in den Bergen. Er wanderte durch die Täler der Hohen Tatra, erst zusammen mit seinem Vater, später meistens allein. Mit 18 zog er nach Krakau und nahm das Studium der Polonistik auf, musste es aber bereits ein Jahr später nach dem Einmarsch der Deutschen abbrechen. Während der Besatzungszeit widmete er sich dem Theologiestudium, verfasste religiöse Gedichte und übte sich in Schauspielkunst.

Nach Kriegsende wurde er Pfarrvikar und las in der Krypta unter der Wawelkathedrale seine erste Messe. 1958 zum Bischof ernannt, zog er in die Kanonikergasse (ul. Kanonicza 19–21), wo er heute im **Erzbischöflichen Museum** geehrt wird. Als Krakauer Metropolit (1963) verlegte er seine Residenz in den Bischofspalast und wurde vier Jahre später Kardinal. 1978 schließlich war die oberste Sprosse der Erfolgsleiter erklom-

Johannes Paul II. und Lech Wałęsa in Koszalin, 1991

men: Zum ersten Mal in der Geschichte wurde in Rom ein Pole zum Papst gewählt. Die Wahl löste in seinem Heimatland einen Sturm der Begeisterung aus. Mit dem Papst an der Spitze sah das ›Volk der Helden und Märtyrer‹ ein Licht am Ende des Tunnels – eines nicht mehr fernen Tages, dessen war man gewiss, würde Polen als freie Nation wieder geboren.

Von Anbeginn war der Papst nicht bereit, der Moderne einen ›Preisnachlass‹ zu gewähren. Er setzte nicht auf rationale theologische Argumente, sondern auf die archaische Kraft kirchlicher Dogmen, Tradition und Autorität. Wer wie der Theologe Hans Küng die These von der Unfehlbarkeit des Papstes infrage stellte, wurde umgehend seines Amtes enthoben.

Wichtigstes Anliegen war dem Papst der **Kampf gegen das ›Reich des Bösen‹** auf Erden. Darum suchte er schon früh das Gespräch mit Vertretern der politischen Protestbewegung. Neue Allianzen bildeten sich heraus: Im Westen staunte man nicht schlecht, als sich der Elektriker Lech Wałęsa, Führer der 1980 gegründeten **Gewerkschaft Solidarność,** das Antlitz der Jungfrau Maria ans Revers steckte. »Ohne die Kirche«, so sein Bekenntnis, »könnte nichts geschehen, mich selbst würde es nicht geben, und ich wäre nicht, was ich bin.«

Viele Politiker des Westens erkannten die Nützlichkeit des Papstes für das angepeilte Ziel, den kommunistischen Ostblock zu destabilisieren. Der amerikanische Außenminister Alexander Haig war voll des Lobes für die päpstlichen Informationen, da diese »in jeder Hinsicht besser und aktueller« als die seines Geheimdienstes seien. Noch am gleichen Tag, als in Polen das Kriegsrecht ausgerufen wurde (13. Dez. 1981), rief US-

Präsident Ronald Reagan den Papst an, um seinen Rat zu erbitten. Dieser plädierte für die Strategie des subversiven Kampfes. Die aktive Unterstützung der Gewerkschaft wurde bei einem Treffen sechs Monate später beschlossen. In der Solidarność sah man das geeignete Instrument, Polen aus dem kommunistischen Staatenverbund herauszuhebeln: Tausende von Telex- und Faxgeräten, Druckmaschinen und Fotokopierern wurden über kirchliche Kanäle ins Land geschleust, die Propagandasendungen von Radio Free Europe, Voice of America und Radio Liberty vervielfacht. Zugleich wurde Kardinal Józef Glemp vom Papst angewiesen, die Botschaft des passiven Widerstandes von allen Kanzeln Polens zu verkünden.

Die vatikanisch-amerikanische Zusammenarbeit setzte sich fort: 1984 sandte der Papst den Erzbischof Pio Laghi ins kalifornische Santa Barbara, um den Präsidenten der Vereinigten Staaten davon zu überzeugen, dass die gegen Polen verhängten Wirtschaftssanktionen kontraproduktiv seien: Sie ermöglichten es der polnischen Regierung, die Versorgungsschwierigkeiten des Landes dem westlichen Ausland anzulasten. Tags darauf wurde die Handelsblockade gelockert – und die polnische Regierung geriet in Legitimationszwang. Fazit der Zeitschrift ›Time‹: Durch seine tatkräftige Unterstützung hat der Papst entscheidend zum Sturz des Kommunismus in Osteuropa beigetragen.

Im Todesjahr des Papstes haben die Krakauer eine neue Tradition ins Leben gerufen: Am ersten Samstag im Monat um 9.37 Uhr, jener Minute, da Karol Wojtyła starb, ertönt vom Turm der Marienkirche die Melodie *barca*. Sie war erstmals gespielt worden, als der Krakauer Kardinal die Stadt in Richtung Vatikan verließ, um sein Papstamt anzutreten.

Krakau-Kazimierz

Cityplan: S. 207

Das einstmals jüdische Viertel ist von der Altstadt in 15 Gehminuten zu erreichen. Abgesehen von der Prager Josephstadt finden sich nirgendwo so viele jüdische Sehenswürdigkeiten auf engem Raum vereint. 50 Jahre nach dem Holocaust, als Steven Spielberg einen Film über das Krakauer Ghetto drehte, wurde es ›wieder entdeckt‹.

Ein Blick zurück

Kazimierz wurde 1335 vor den Toren Krakaus von König Kazimierz III. als eigenständige Stadt gegründet. Sie erhielt Befestigungsmauern, Kirchen und ein eigenes Rathaus. Christen und Juden lebten in Frieden miteinander, erst ab dem frühen 15. Jh. kam es, vor allem in der Nachbarstadt Krakau, verstärkt zu Konflikten. Christen missgönnten den Juden ihren wirtschaftlichen Erfolg und gaben ihnen immer öfter die Schuld an Schicksalsschlägen – mochten dies nun ausbrechende Epidemien sein oder Mordtaten und Brände. Offizielle Kirchenvertreter sorgten im Stadtrat für die Durchsetzung antijüdischer Beschlüsse; so wurde es den Juden 1485 untersagt, ihren Lebensunterhalt mit Handel zu bestreiten. Ziel der militanten Christen war es, die Juden ganz aus Krakau zu vertreiben. Als es 1494 nach einem Brand in der Altstadt zu antijüdischen Ausschreitungen kam, gab der König dem Druck der Christen nach und ordnete die Zwangsumsiedlung aller Juden in das jüdische Viertel von Kazimierz an. Dort wohnten sie rund um die ul. Szeroka und waren fortan von den ›reinen Seelen‹ der Christen durch eine Mauer getrennt.

Zwar lebten die Juden in einem ›Ghetto‹, doch durften sie ihre Religion frei ausüben, hatten ihre eigenen Synagogen, Schulen und Friedhöfe. Auch waren sie, da sie dem Schutz des Königs unterstanden, der städtischen Gerichtsbarkeit entzogen. Viele Juden, die vor den Pogromen in Westeuropa, vor allem aus Spanien, Böhmen und Deutschland flohen, nutzen dieses Privileg

und fanden in Kazimierz eine neue Heimat. Binnen weniger Jahrzehnte entwickelte sich die Stadt zu einem der wichtigsten Zentren jüdischer Kultur. Hier wirkten so bedeutende Gelehrte wie Jakob Pollak (gest. 1530), Vater der wissenschaftlichen Talmud-Methodik, und Moses Isserles (1525–72), Verfasser eines bis heutige gültigen jüdischen Gesetzeskodex.

Nach den Kriegen um die Mitte des 17. Jh. erlebte die jüdische Gemeinschaft eine Zeit des Niedergangs, der erst im frühen 19. Jh. gebremst wurde. Unter habsburgischer Herrschaft wurden die Mauern abgerissen und der Sonderstatus von Kazimierz abgeschafft. Nachdem es 1815 Juden gestattet wurde, sich in ganz Krakau niederzulassen, zogen die Wohlhabenden in die ›besseren‹ Viertel Krakaus und übernahmen Häuser in der ul. Grodzka und am Rynek. Im jüdischen Viertel von Kazimierz wohnten fortan nur die Ärmsten der Armen und die Orthodoxen, die sich ein Leben fernab der Synagogen nicht vorstellen konnten.

Vor dem Zweiten Weltkrieg lebten in Krakau 69 000 Juden, fast ein Viertel der Gesamtbevölkerung. Mit dem Einmarsch der Deutschen im September 1939 begann ihre systematische Entrechtung. Sie wurden im Stadtteil Podgórze zusammengepfercht, das mit hohen Mauern umgeben und am 20. März 1941 von der Außenwelt abgeriegelt wurde. Drei Monate später fanden die ersten Erschießungen und Deportationen statt. Nach der Auflösung des Ghettos am 14. März 1943 kamen die Überlebenden ins Arbeitslager von Płaszów, wo ein letztes Mal selektiert wurde: Kinder, Alte und Schwache kamen nach Auschwitz-Birkenau, die Arbeitsfähigen wurden in die angrenzenden Rüstungsbetriebe und die Emailfarbenfabrik von Oskar Schindler geschickt.

Jener Oskar Schindler war es auch, den Steven Spielberg 50 Jahre später zum positiven Helden seines Films über das Krakauer Ghetto machte. Mit den Touristen, die sehen wollten, wo der Film ›Schindlers Liste‹ gedreht worden war, begannen sich auch Immobilienhändler und Spekulanten für diesen Teil Krakaus zu interessieren. Häuser wurden restauriert, welche nun Hotels, ›jüdische‹ Restaurants und Cafés beherbergen. Auch Studenten und Künstler zieht es nach Kazimierz – hier, wo die Mieten trotz des Preisauftriebs noch nicht so hoch sind wie in der Altstadt, entstanden viele Szenelokale.

Rundgang

Zwei Wege führen nach Kazimierz: einer vom Wawel über die ul. Stradomska/Kra-

kowska zum christlichen, ein zweiter über die ul. Starowiślna ins jüdische Viertel.

Plac Wolnica

Am Freiheitsplatz (pl. Wolnica) hatte das christliche Kazimierz seinen Mittelpunkt und Marktplatz. Seit 1414 befindet sich hier das Rathaus, das im 16. Jh. erweitert und mit einer Arkadenattika bekrönt wurde. Heute beherbergt es ein **Ethnografisches Museum 31**, in dem Kunsthandwerk, Trachten und Weihnachtskrippen ausgestellt werden

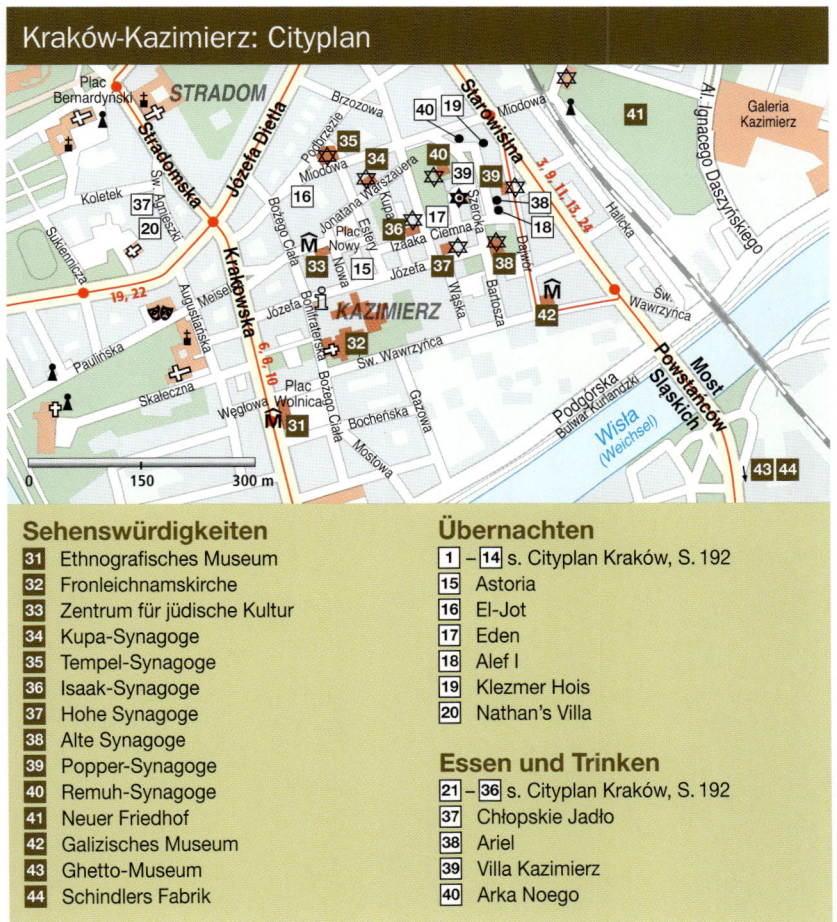

Sehenswürdigkeiten

31 Ethnografisches Museum
32 Fronleichnamskirche
33 Zentrum für jüdische Kultur
34 Kupa-Synagoge
35 Tempel-Synagoge
36 Isaak-Synagoge
37 Hohe Synagoge
38 Alte Synagoge
39 Popper-Synagoge
40 Remuh-Synagoge
41 Neuer Friedhof
42 Galizisches Museum
43 Ghetto-Museum
44 Schindlers Fabrik

Übernachten

1 – 14 s. Cityplan Kraków, S. 192
15 Astoria
16 El-Jot
17 Eden
18 Alef I
19 Klezmer Hois
20 Nathan's Villa

Essen und Trinken

21 – 36 s. Cityplan Kraków, S. 192
37 Chłopskie Jadło
38 Ariel
39 Villa Kazimierz
40 Arka Noego

Krakau

(Muzeum Etnograficzne, pl. Wolnica 1, Mo, Mi–Fr 10–17, Sa–So 10–14 Uhr). An der Nordostecke des Platzes erhebt sich die gotische, innen barockisierte **Fronleichnamskirche** 32 (Kościół Bożego Ciała). Sie war das stolze Gegenstück zur Krakauer Marienkirche und ist noch heute mit den besten Werken der Krakauer Schnitzkunst ausgestattet.

Rund um den Plac Nowy

Über die Bożego Ciała und die Józefa kommt man ins jüdische Viertel mit seinen kleinen, nach dem Alten Testament benannten Gassen. Alfred Döblin hat es 1924 besucht: »Abends sehe ich die Männer in Gruppen aus kleinen, hell erleuchteten Betstuben wandern, in die engen Gassen von Kazimierz, der Krakauer Judenstadt: auf Halbschuhen, in weißen Strümpfen, kolossale Pelzmützen bis an die Ohren, die Streimel.«

Der Neue Platz (pl. Nowy) war der weltliche Mittelpunkt der Krakauer Juden. An kleinen, wackeligen Ständen werden Obst und Gemüse verkauft, zwischen Holzkisten spielen Kinder mit Hunden. Der Rundbau in der Platzmitte, in der einst koscheres Geflügel geschlachtet wurde, ist weiterhin eine Metzgerei. In den vergangenen Jahren wurden die Gebäude ringsum aufgeputzt. Entstanden ist eine Mischung von ausgefallenen Szene-Lokalen. Man trifft sich im düsteren Alchemia und dem Pub Singer, im poppigen Les Couleurs oder dem Café des Hostels.

Die Remuh-Synagoge: im Zweiten Weltkrieg zerstört, 1963 rekonstruiert

Im ehemaligen Gebetshaus B'nei Emuna in der Südwestecke des Platzes organisiert das **Zentrum für jüdische Kultur** 33 Vorträge, Ausstellungen und Filme zu Fragen des Judentums (Centrum Kultury Żydowskiej, ul. Meiselsa 17, www.judaica.pl). Am Info-Schalter erfährt man, ob inzwischen auch die **Kupa-Synagoge** 34 (Synagoga Kupa), nördlich des Platzes, besichtigt werden kann. Sie wurde 1648 von Gemeindemitgliedern erbaut, im 19. Jh. wurde ihr Innenraum mit Ansichten von Städten aus dem Heiligen Land dekoriert. Nicht weit entfernt steht die **Tempel-Synagoge** 35, die mit ihrer umlaufenden Galerie wie ein Theater wirkt. Sie wurde 1862 von progressiven, assimilierten Juden gestiftet; zum Ärger der Orthodoxen fand der Gottesdienst nicht nur in hebräischer Sprache, sondern ebenso sowohl in Polnisch und als auch in Deutsch statt (Synagoga Tempel, ul. Miodowa 24, tgl. außer Sa 10–16 Uhr).

Rund um die Isaak-Gasse

Der Name der Isaak-Gasse verbindet sich mit Izaak Jakubowicza, einem reichen Juden, der 1644 mit Erlaubnis des Wasa-Königs Władysław IV. – aber sehr zum Verdruss der Christengemeinde – das größte bis heute existierende jüdische Gotteshaus, die barocke **Isaak-Synagoge** 36 errichten ließ. Im lichtdurchfluteten Raum erklingt Klagemusik, lebensgroße Fotos orthodoxer Juden weisen den Weg in den Nebenraum. Dort zeigen Filmdokumente das jüdische Leben in Kazimierz: vom Alltag in den 30er Jahren bis zur Zwangsumsiedlung ins Ghetto 1941. Bernard Offen, ein Überlebender des Krakauer Ghettos, stellt biografische Dokumentarfilme aus der Kriegszeit vor (Synagoga Izaaka, ul. Kupa 16/ul. Jakuba 25, So–Fr 9–19 Uhr).

Nur einen Steinwurf entfernt erhebt sich die **Hohe Synagoge** 37 (Synagoga Wysoka). 1563 wurde sie nach dem Vorbild des gleichnamigen Prager Gotteshauses errichtet. Ihr Name rührt daher, dass sich der Gebetssaal ›hoch oben‹ im ersten Stock befand.

Im Umkreis der Szeroka

Mittelpunkt des jüdischen Lebens war die ›Breite‹ Straße (ul. Szeroka), eigentlich ein lang gestreckter Platz, mit Mikwe, Friedhof und vier Synagogen. Die Vielzahl der Bethäuser ist der steingewordene Beweis für das jüdische Gebot, jeder Mensch müsse durch religiöse Einkehr zur Vervollkommnung der Welt beitragen. Noch der ärmste jüdische Handwerker fand täglich einige Minuten Zeit, eine ›Shtibl‹ zu besuchen und das mosaische Gesetz, die Thora, zu studieren.

Mächtigster Bau ist die um 1500 errichtete **Alte Synagoge** 38, von den Juden zärtlich ›Altershul‹ genannt. Sie war mehr als nur ein Gotteshaus: Hier heiratete man und nahm Abschied von den Verstorbenen, der Gemeindevorstand traf sich zu Sitzungen. Der festungsartige Charakter gibt Aufschluss über das Gefühl der Bedrohung, das die Juden empfanden. Heute befindet sich in dem Haus das **Museum der jüdischen Kultur und Geschichte**. Die hohe Halle ist von einem Rippengewölbe überspannt, in der Mitte des Raums steht eine schmiedeeiserne Bima, von der der Rabbi die Thora verlas. Gemäß jüdischer Tradition ist der Betraum weitgehend leer, keine überflüssigen Dinge lenken ab von der Zwiesprache mit Gott. Nur an der in Richtung Jerusalem weisenden Ostwand steht ein Schrein, der Aron ha'Kodesch, worin die Thora-Rollen aufbewahrt sind. Texttafeln geben Auskunft über Riten und den Gebrauch religiöser Gegenstände, zu sehen sind aber auch Gemälde und Grafiken jüdischer Künstler. Im zweiten Stock wird das Leben der Krakauer Juden während der deutschen Besatzungszeit dokumentiert (Stara Synagoga, ul. Szeroka 24, Mi–Do 9–15.30, Fr 11–18, Sa–So 9–15 Uhr; geschl. am 1. Sa und So im Monat).

In mehreren Cafés und Lokalen wird der Geist der Vorkriegszeit heraufbeschworen. Sie heißen Ariel, Alef, Arka Noego und Klezmer Hois und bieten ›jüdisches‹ Ambiente: dunkle, etwas schräge Interieurs mit gepolsterten Stühlen, siebenarmigen Kerzenleuchtern und Tischen mit Spitzendeckchen. Romantisch sitzt man unter einer Trauerweide

Krakau

im Innenhof der **Popper-Synagoge** `39` (Synagoga Poppera). 1620 von einem jüdischen Kaufmann gestiftet. An der gegenüber liegenden Seite befindet sich die im Stil der Renaissance erbaute und noch heute für den Gottesdienst am Sabbat genutzte **Remuh-Synagoge** `40`. Sie wurde 1553 vom Kaufmann Israel Isserles Auerbach gestiftet und nach seinem hier lehrenden Sohn benannt – orthodoxe Juden verehren ihn als einen der größten Propheten seit Moses. Beigesetzt ist er auf dem angrenzenden Friedhof, auf wundersame Weise hat sein Grab der Gewalt der deutschen Besatzer widerstanden. Diese haben fast alle Steintafeln aus der Erde gerissen und damit Straßen und Gehsteige gepflastert. Später wurden die Tafeln zu einer 20 m langen ›Klagemauer‹ zusammengestellt (Synagoga Remuh & Stary Cmentarz, ul. Szeroka 40, Mo–Fr 10–16 Uhr).

Der Remuh-Friedhof wurde 1799 geschlossen, ein neuer Todesacker entstand an der ul. Miodowa zehn Gehminuten in nordöstlicher Richtung. Dieser **Neue Friedhof** `41` wurde von den Nationalsozialisten verschont. Unter schattigen Bäumen liegen die alten Krakauer Rabbis und Professoren, auch Künstler wie Maurycy Gottlieb, dessen Bilder in der Alten Synagoge hängen (Nowy Cmentarz Żydowski, ul. Miodowa 55, Sa–So geschl.).

Galizisches Museum

In einer Parallelstraße der Szeroka hat sich der englische Fotojournalist Chris Schwarz einen Traum erfüllt. Eine ehemalige Möbelfabrik verwandelte er in ein Galizisches Museum `42`. Nach mehreren Reisen durch die Provinz der ehemaligen K.u.K.-Monarchie präsentiert er über 130 Fotos, um die Erinnerung an jüdisches Leben wach zu halten. Man sieht lang vergessene Friedhöfe, verfallene Synagogen und Bethäuser sowie Aufnahmen vom Jüdischen Festival in Kazimierz. Außerdem gibt es ein großartiges Buchangebot, einen Laden mit koscherer, d.h. vom Rabbi abgesegneter Kost und ein kleines Café. An mehreren Abenden der Woche erklingt Livemusik, man kann an Jiddisch-Kursen, Vorträgen und Workshops teilnehmen (Galicja Muzeum, ul. Dajwór 18, tgl. 9–20Uhr, www.galiciajewishmuseum.org).

Podgórze

Über die ul. Starowiślna (mit der Straßenbahn zwei Stationen) gelangt man über die Weichselbrücke ins Stadtviertel Podgórze, wo die Nationalsozialisten von 1941 bis 1943 Krakaus Juden in einem Ghetto zusammenpferchten. Es befand sich mit 320 Gebäuden auf einem von Weichsel, Rynek Podgórski, Krzemionki und der Eisenbahnstrecke Kraków-Podgórze abgeschlossenen Gelände und war mit Mauer und Stacheldraht von der übrigen Welt abgetrennt. Sein Zentrum war der Zgoda-Platz, heute umbenannt in ›Platz der Ghettohelden‹ (pl. Bohaterów Getta).

Ghetto-Museum

Wo die Juden auf ihren Abtransport in Konzentrations- und Vernichtungslager warteten, befand sich jahrelang ein Busbahnhof – es herrschte alltägliche Normalität, die nichts vom Grauen früherer Jahre preisgab. Nach dem Beitritt zur EU wurde der Platz mit Kopfstein gepflastert und aufpoliert, die touristische Besuchszone wird erweitert. Ein Haus an der Südseite, die **ehemalige ›Apotheke zum Adler‹**, beherbergt ein kleines Ghetto-Museum `43`. Darin wird anhand von Fotografien und Skizzen das Leben der Juden unter deutscher Besatzung veranschaulicht. Das Museum entstand auf Anregung des damaligen Apothekers Pankiewicz, dem es als einzigem Nichtjuden gestattet war, im Ghetto zu bleiben: Durch den Verkauf von Medikamenten sollte eine minimale medizinische Versorgung aufrechterhalten und so die Arbeitsfähigkeit der Internierten gesichert werden (Muzeum Pamięci Narodowej ›Apteka Pod Orłem‹, pl. Bohaterów Getta 13, Podgórze, Mo–Fr 10–16, Sa 10–14 Uhr).

Schindlers Fabrik

Vom ›**Platz der Ghettohelden**‹ gelangt man über die ul. Kącik zur ul. Lipowa, wo sich die ehemalige Emaille-Fabrik des NSDAP-Mitglieds Oskar Schindler befand (Nr. 4). Er hatte sie nach dem Einmarsch deutscher Truppen auf dem Gelände der ›Rekord‹-Fabrik gegründet und sie dank billiger jüdischer Zwangsarbeit binnen weniger Jahre in ein profitables Unternehmen verwandelt. 2006 wurde Schindlers Fabrik **44** zu einem **Kulturzentrum** ausgebaut, in dem Kunst- und Theater-Events stattfinden. Eine Multimedia-Ausstellung dokumentiert, wie es Schindler gelang, durch die Umwidmung und Auslagerung seiner Fabrik ins böhmische Brünnlitz viele Juden vor dem sicheren Tod zu bewahren. Originalgetreu rekonstruiert ist sein Arbeitszimmer; am Eingangstor zur Fabrik prangt der Talmud-Spruch: »Wer ein Leben rettet, rettet die ganze Welt«: Diese Worte hatten die geretteten Juden in einen Ring eingeritzt, den sie Schindler zum Abschied schenkten. Mit der Ausstellung wird auch an Spielbergs Film ›Schindlers Liste‹ erinnert, der auf einem Roman des australischen Schriftstellers Thomas Kennealy gründet (Fabryka Schindlera, ul. Lipowa 4, Podgórze, Mo–Fr 11–19, Sa 11–16 Uhr).

Touristenbüro Jordan: ul. Pawia 8, 31-004 Kraków, Tel. 012-422 60 91, Fax 429 17 68, www.jordan.krakow.pl, So geschl.: gegenüber vom Bahnhof, engagiert. **Touristeninformation MCIT:** Sukiennice, Tel. 012-421 77 06, Fax 421 30 36, www.mcit.pl: in den Tuchhallen auf dem Rynek. **Städtische Infostellen:** im Rathausturm auf dem Rynek, in der ul. Św. Jana 2 und am Flughafen, im Sommer auch in den Planty am Słowacki-Theater. **Kulturinformation:** ul. Św. Jana 2, Tel. 012-421 77 87, Fax 421 77 31, www.karnet.krakow2000.pl, So geschl. **Touristeninformation:** ul. Józefa 7, Kazimierz, Tel. 012-422 04 71, Sa–So geschl.

In Krakaus Zentrum (Cityplan S. 192) In der Altstadt gibt es viele kleine und komfortable Hotels, oft im direkten Umkreis des Marktplatzes. Gegenüber dem Bahnhof werden Privatzimmer preisgünstig über das Touristenbüro Jordan (s. Information) und – nebenan – über das Büro Waweltur vermittelt; Traveller sollten sich nach den neuen, oft herrlich zentral gelegenen Hostels erkundigen. Außerhalb der Altstadt befinden sich die Studentenhotels, die in den Ferienmonaten, oft auch während des Semesters, einfache Zimmer anbieten. Die Jugendherbergen verfügen meist nur über Schlafsäle, die Campingplätze liegen weit außerhalb.

Sheraton 1 **:** ul. Powiśle 7, Tel. 012-662 10 00, Fax 662 11 00, www.sheraton.com/krakow, 233 Zimmer. Fünf-Sterne-Hotel an der Weichsel am Fuß des Wawelbergs. Mit seiner Fassade aus Backstein und Glas fügt es sich gut in die Umgebung ein. Die Zimmer gruppieren sich rings um das lichtdurchflutete Atrium, in dem das vorzügliche Frühstücksbüfett serviert wird. Besten Blick bieten die zur Weichsel ausgerichteten Superior-Zimmer vom 2. Stock aufwärts. Im Untergeschoss befinden sich ein kleiner Pool, die Sauna und der Fitness-Raum sowie die Tiefgarage. DZ ab 246 €.

Copernicus 2 **:** ul. Kanonicza 16, Tel. 012-424 34 00, Fax 424 34 05, www.hotel.com.pl, 29 Zimmer. In der schönsten Straße Krakaus, am Fuße des Wawel, wurde ein gotisches Palais in ein Luxushotel verwandelt. In den Zimmern mit ihren Holzdecken und Dielen, den schweren Podestbetten und handgewebten Teppichen fühlt man sich ins Mittelalter zurückversetzt – aus jener Zeit stammen auch die original erhaltenen Fresken. Im Kellergewölbe befinden sich Sauna und Pool, vom Café im obersten Stock blickt man auf das Krakauer Dächermeer und den Wawel. DZ 215–240 €.

Radisson 3 **:** ul. Strazewskiego 19, Tel. 012-618 88 88, Fax 618 88 89, www.radissonsas.com, 196 Zimmer. Minimalistisch gestyltes Vier-Sterne-Haus neben der Philharmonie mit einem Fitnesscenter und mehreren Restaurants. Um ruhig zu schlafen, sollte man ein oberes Stockwerk wählen. DZ ab 200 €.

Krakau

Holiday Inn 4 : ul. Wielopole 4, Tel. 012-619 00 00, Fax 619 00 05, www.holiday-inn. com, 154 Zimmer. In dem Komforthotel zwischen Altstadt und Kazimierz sind Tradition und Moderne vereint: Das klassizistische Palais ist von zwei modernen Glasflügeln eingefasst. Opulent ist das Frühstücksbüfett, bei dem selbst frisch gepresster Orangensaft nicht fehlt. In der Lobby hat man schnellen Wireless-Internetzugang. Mit Sauna und Fitness sowie Parkmöglichkeiten in der Tiefgarage. DZ ab 180 €.

Wentzl 5 : Rynek Główny 19, Tel. 012-430 26 64, Fax 430 26 65, www.wentzl.pl, 12 Zimmer. Nobles, kleines Hotel in bester Lage am Markt mit Blick auf Tuchhallen und Marienkirche. Das Haus aus dem 15. Jh. knüpft in Stil und Einrichtung an verflossene Zeiten an; das vorzügliche Büfett-Frühstück wird im gleichnamigen Restaurant eingenommen. DZ ab 152 €.

Pod Różą 6 : ul. Floriańska 14, Tel. 012-424 33 00, Fax 424 33 51, www.hotel.com.pl, 57 Zimmer und Suiten. ›Zur Rose‹, Krakaus traditionsreichstes Hotel, liegt am Königsweg, nur eine Gehminute vom Rynek. Man betritt das Haus durch ein Renaissanceportal und ist sogleich von Eleganz umfangen, alte Architektur paart sich mit Modernität. Die Zimmer sind geräumig, das ausgezeichnete Frühstücksbüfett wird im glasüberdachten, lichtdurchfluteten Restaurant eingenommen. DZ 140–165 €.

Elektor 7 : ul. Szpitalna 28, Tel. 012-423 23 17, Fax 423 23 27, www.hotelelektor.com. pl, 21 Suiten, Studios und Zimmer. Stilvolles Komforthotel zwischen Rynek und Słowacki-Theater, vor allem bei Geschäftsleuten beliebt. Die Betten sind auffallend breit und bequem, in den mittelalterlichen Kellerräumen öffnet eine Weinstube. Außerdem 6 Apartments im Nachbarhaus (Aneks, ul. Św. Marka 21). Erkundigen Sie sich nach Sonderpreisen! Suiten 215–250 €, Studios im Aneks ab 120 €.

Warszawski 8 : ul. Pawia 6, Tel. 012-424 21 00, Fax 424 22 00, www.hotelwarszaw ski.pl, 31 Zimmer. Das eindeutig beste der drei Hotels im Umkreis des Bahnhofs. Weich gepolsterte Böden, Sat-TV und gratis WiFi-Internet-Zugang in allen Zimmern; schöne Marmorbäder, wahlweise in Schwarz, Weiß und Rot mit verspiegelter Decke. Das Frühstücksbüfett wird im Keller-Café eingenommen, das Ambiente ist rundum freundlich. DZ 89 €.

Pollera 9 : ul. Szpitalna 30, Tel. 012-422 10 44, Fax 422 13 89, www.pollera.com.pl, 42 Zimmer. In Habsburger Zeit eines der beliebtesten Hotels und noch heute gut besucht. Von einigen Zimmern hat man schönen Blick auf das Słowacki-Theater. Die Glasfenster im Treppenaufgang stammen vom bekannten polnischen Maler Stanisław Wyspiański. Enttäuschendes Frühstück. DZ ab 86 €.

Campanile 10 : ul. Św. Tomasza 34, Tel. 012-424 26 00, Fax 424 26 01, www.campa nile.com.pl, 106 Zimmer. Nur einen Katzensprung vom Hauptmarkt entfernt befindet sich dieses freundliche und preiswerte Hotel der bekannten französischen Kette. Von vielen Zimmern blickt man auf den Grüngürtel der Planty. DZ ab 80 €.

Wit Stwosz 11 : ul. Mikołajska 28, Tel. 012-429 60 26, Fax 429 61 39, www.witstwosz. krakow.pl, 17 Zimmer. Das schmucke, nach dem Künstler Veit Stoß benannte Hotel ist in Kirchenbesitz. Es liegt an einer ruhigen Straße zwischen Grüngürtel und Rynek, die Zimmer sind unterschiedlich gestaltet, aber durchweg freundlich. DZ ab 78 €.

La Fontaine B&B 12 : ul. Sławkowska 1, Tel. 012-422 65 64, Fax 431 09 55, www.bblafon taine.com, 15 Zimmer. Eine interessante Adresse: Bed & Breakfast im Herzen der Altstadt, angeschlossen ans gleichnamige französische Edelrestaurant. Die Dachzimmer mit abgeschrägten Wänden sind gemütlich und auf den ruhigen Innenhof ausgerichtet. Sie sind in Rottönen gehalten, verfügen über Sat-TV und Internet-Zugang. Die Gäste teilen sich einen Gemeinschaftsraum, in dem jedes Zimmer eine eigene private Sitzecke hat. So genießt man Intimität und kann die übrigen Gäste dennoch kennen lernen. Allen gemein ist eine Küche, das Büfett-Frühstück wird im Restaurant eingenommen. Rabatt ab 4 Tagen. DZ ab 60 €.

Mama's Hostel 13: ul. Bracka 4 (3. Stock): Tel./Fax 012-429 59 40, www.mamashostel.com.pl. Nahe dem großen Markt, im 3. Stock eines Bürgerhauses: saubere Zimmer mit Doppeldecker-Betten für 2–5 Personen, dazu ein Gemeinschaftsraum mit Küche und gratis Urlaubsberatung. P. P. ab 12 €.

Camping Clepardia 14: ul. Pachońskiego 28-A, Tel. 012-415 96 72, www.clepardia.pl, geöffnet Mai–Sept. Teils bewaldeter Platz 4 km nördl. der Altstadt mit guten sanitären Anlagen. Auch Holzbungalows mit Bad und Sat-TV können angemietet werden (30 € für 2 Pers.). Anfahrt über die ›79‹ von Katowice, an der ul. Opolska auf Ausschilderung ›Domki Kempingow/Bungalows‹ achten!

In Kazimierz (Cityplan S. 207)
Astoria 15: ul. Józefa 24, Tel. 012-432 50 10, Fax 432 50 20, biuro@astoriahotel.pl, 33 Zimmer. Nur ein paar Schritte vom jüdischen Kulturzentrum entferntes Mittelklassehotel. Geräumige, freundliche Zimmer, das Frühstücksbüfett ist üppig. DZ 90 €.

Richtig Reisen-Tipp: Konzerte mit jüdischer Musik

Rasch sind im **Café Ariel** die besten Plätze belegt: Man sitzt auf Samtsofas, der Schein der Kerzenleuchter fällt auf eingedunkelte Gemälde. Darauf sind bärtige Juden zu sehen, tief über einen Thora-Text gebeugt oder melancholisch in die Ferne blickend. So mag es in der guten Stube eines jüdischen Kaufmanns um 1900 ausgesehen haben, wohlig und behaglich. Vier Musiker spielen auf, den schwarzen Filzhut tief in die Stirn gezogen. Sie entlocken ihren Instrumenten erste temperamentvolle Töne, dann folgt – leicht variiert – ein Klezmer-Blues, und schon bald wird man vom Strom ihrer Musik mitgerissen, Erinnerungen werden geweckt an die Bilder von Marc Chagall und die versunkene Welt des Stetl, enge Gassen und windschiefe Häuser, stürzende Engel, brennende Leuchter.

Die Gruppe heißt Kroke (jiddisch ›Krakau‹), aber sie spielt nicht mehr jeden Abend hier. Seit Steven Spielberg sie zu einem Konzert nach Jerusalem holte, häufen sich die Einladungen zu Auftritten in westeuropäischen Ländern und den USA. Die Musiker um Tomasz Kukurka haben mehrere Alben und CDs herausgebracht, aber der Ruhm ist ihnen nicht zu Kopf gestiegen. Wann immer sie können, kehren sie nach Krakau zurück und spielen im Ariel die Melodien der aschkenasischen Juden, die über viele Jahrhunderte in Polen gelebt haben.

Ariel ist nur eines von mehreren Cafés entlang der Szeroka, die zu Konzerten einladen. Außer Kroke treten regelmäßig Irena Urbańska und das Galicyskie Trio auf. Jüdische Musik von allen Kontinenten erklingt beim **Jüdischen Kulturfestival**, das jeden Sommer in Kazimierz stattfindet. Es verfolgt das Ziel, die Erinnerung an die Welt der ostjüdischen Kultur wieder aufleben zu lassen: »nicht nur die an ihren Kampf und ihren Tod, wie in Warschau und Auschwitz, sondern auch an ihr Leben, an die Werte, die einst ihr Leben bestimmt hatten, ihre Innenwelt und ihre unwiederholbare Kultur. Und Krakau war einer jener Orte, wo dieses Leben am reichsten, am schönsten, am vielfältigsten gewesen war – und wo die meisten Spuren davon erhalten blieben«, schreibt Henryk Halkowski.

Es kommen Shlomo Bar aus Israel, der in seinen Gesang saharische Beduinenelemente und fernöstliche Musik integriert; die Gruppe Strashmaqam, die jüdische und moslemische Musik aus dem Orient vereint; oder der Moskauer Chor der Großen Synagoge, der hebräischen Gesang mit russischer Folklore verwebt. Mit dem Auftritt der Klezmatics heißt es endgültig: Abschied nehmen von der Sentimentalität. Zu den jazz- und rockartigen Rhythmen von der Lower Eastside wird das Tanzbein geschwungen, das Fest klingt aus im Freudenrausch.

Krakau

El-Jot [16]: ul. Miodowa 15, Tel./Fax 012-430 66 06, www.eljot.art.pl, 15 Zimmer. Gründerzeithaus aus dem 19. Jh. mit geräumiggemütlichen Zimmern, angeschlossen ist ein ›Kunst- und Konferenzzentrum‹, sprich: ein kleines Theater. DZ 75 €.

Eden [17]: ul. Ciemna 15 (Ecke Jakuba), Tel. 012-430 65 65, Fax 430 67 67, www.hotel eden.de, 27 Zimmer. In einer von hohen Erlen gesäumten Gasse liegt ›Eden‹, geführt vom Amerikaner Allen Haberberg und seiner polnischen Frau Jolanta. Die Zimmer sind klein, aber mit Holzmöbeln behaglich eingerichtet und weisen ins Grüne, im Fernsehen gibt es deutsche Programme von ARD bis Arte. Die Hotelgänge sind mit Bildern jüdischer Künstler geschmückt, die an jeder Tür angebrachten Mezuza-Stäbchen bringen dem Gast Glück. Es gibt einen Sommer- und Wintergarten, ein Business-Center mit Internet-Zugang und im mittelalterlichen Kellergewölbe den Pub Ye Olde Goat. Als einziges Hotel in Polen darf sich das Eden ›koscher‹ nennen: Es verfügt nicht nur über eine Mikwe, in der sich Juden vom Schmutz des Alltags reinigen können, um ›sauber‹ vor Gottes Antlitz zu treten, sondern bietet auch eine vom Rabbi abgesegnete Küche. DZ ab 70 €.

Alef I [18]: ul. Szeroka 17, Tel./Fax 012-421 38 70, www.alef.pl, 4 Zimmer. Große, mit Antiquitäten eingerichtete Räume am Hauptplatz von Kazimierz. DZ ab 69 €.

Klezmer Hois [19]: ul. Szeroka 6, Tel./Fax 411 12 45, www.klezmer.pl, 21 Zimmer. Nostalgisches Hotel am Hauptplatz im ehemaligen jüdischen Badehaus, eingerichtet mit Antiquitäten und Orientteppichen. Die Zimmer im ersten Stock sind riesig, am schönsten ten Nr. 19 und 14 mit Blick auf den Szeroka-Platz. Die Dachzimmer sind etwa halb so groß; wer hellhörig ist, sollte jene zur Starowiślna meiden. Alle Räume sind mit Sat-TV ausgestattet, zum Ambiente der Zimmer passen bestens die Kanäle mit Jazzmusik rund um die Uhr. DZ 60–80 €.

Nathan's Villa [20]: ul. Św. Agnieszki 1, Tel. 012-422 35 45, www.nathansvilla.com. Traveller-Hostel knapp außerhalb der Altstadt, 200 m südl. vom Wawel. Die Doppel- und Vierbettzimmer sind fröhlich bemalt, dank bester Matratzen kann man gut schlafen. Und wer nicht sogleich ins Bett gehen will, steigt in die Kellerbar hinab und feiert mit bei der allabendlichen Party. P. P. ab 13 €.

In Krakaus Zentrum (Cityplan S. 192)

Wentzl [21]: Rynek Główny, 19, Tel. 012-429 57 12, www.wentzl.pl. Das Lokal trägt den Namen von Jan Wentzl, der im Haus 1762 ein erstes Lokal eröffnete. Wie einst wird hier feine mitteleuropäische Küche serviert: Etwa Krebssuppe mit Teigtaschen, in Rotwein mariniertes Wildschweinfilet mit Waldpilzen und zum Abschluss der bewährte Apfelstrudel, vielleicht auch ein 70 %iger Passah-Schnaps (*śliwowica paschalna*). Hauptgerichte ab 10 €.

Wierzynek [22]: Rynek Główny 15, Tel. 021-424 96 00, www.wierzynek.com.pl. Seit das Wierzynek neue Besitzer hat, erinnert es wieder an jenes Festhaus, in dem Herr Wirsing (poln. Wierzynek) anno 1364 gekrönte Häupter bewirtete. Dunkle Holzkassettendecken, Wandteppiche im Stil der Wawel-*arrasy* und Kronlüster bilden den Rahmen für ein Schlemmermenü mit Schwerpunkt Wild: Gänseleberpastete mit galizischem Glühwein, Wildschweinblätter auf Rotkohl oder Reh-Cumber mit steinpilzgefüllten Piroggen... Im Winter kann man sich im Kellergewölbe mit preiswerterem Fondue aufwärmen, im Sommer öffnet ein Grill im Innenhof. Hauptgerichte 8–22 €.

La Fontaine [23]: ul. Sławkowska 1, Tel. 012-431 09 30, www.lafontaine.com.pl. Der französische Besitzer Pierre Gaillard ist zugleich Chefkoch und bereitet in seinem Kellerlokal erlesene Gerichte zu fairem Preis zu: ›Meeresfrüchte in sieben Varianten‹, Enten-Carpaccio mit Auberginen-Mousse oder Paté aus Lachs und Seezunge. Alles eine Augenweide: Vom edel eingedeckten Tisch bis zur Präsentation der Gerichte in Porzellantöpfchen und Mini-Terrinen. Französischer Edelkäse wird auf einem großen Tablett präsentiert, Desserts – leicht und schwer – rollen auf einem Wagen heran. Hauptgerichte ab 8 €.

Padva 24: ul Jagiellońska 3, Tel. 012-292 02 72. Gegenüber vom Collegium Maius: edles Lokal in einem mittelalterlichen, labyrinthisch großen Kellergewölbe, geführt von Signori Vellotti senior und junior. Helles Interieur und pastellfarbene Wandgemälde beschwören Bella Italia herauf; die halb offene, chromblitzende Küche wirkt so sauber, als könne man vom Fußboden essen. Da zweimal wöchentl. frische Meeresfrüchte eingeflogen werden, lohnt es sich, hier Fischgerichte zu wählen. Nach Gratis-Appetithappen gibt es eine Riesenportion *sautée de cozze* (Muscheln in Weinsud), danach ist Spaghetti mit zartem Kalamar oder Lachs in Orangensoße sehr empfehlenswert. Köstliches Tiramisú beschließt das Mahl. Hauptgerichte 7–18 €.

Szara 25: Rynek Główny 6, Tel. 012-421 66 69, www.szara.pl. Das Restaurant an der Westseite des Rynek befindet sich in einem Haus, das König Kazimierz III. für seine jüdische Geliebte Sara (Szara) erbauen ließ. Man sitzt unter den originalen gotischen Gewölben, im Sommer auch auf der Terrasse. Der skandinavische Koch ist auf Fisch spezialisiert und bietet als Vorspeise z. B. schwedischen Kaviar auf hauchdünn gebratenem Kartoffelpuffer oder Hering auf dreierlei Art mariniert. Dann empfiehlt sich gegrillter Lachs mit *pommes duchesse* oder die Fisch-Bouillabaisse, die so üppig daherkommt, dass sie allein ein Dreigangmenü ersetzt. Lecker auch das abschließende Tiramisú. Hauptgerichte 6–16 €

Corleone 26: ul. Poselska 19, Tel. 012-429 51 26, www.corleone.krakow.pl. Mediterranes Flair im Herzen von Krakau: Ockerfarbene Wände mit Fotos aus Filmklassikern, Holzbänke und -tische, im Sommer öffnet ein romantischer Hintergarten. Hausgemachte Pasta und Pizza, aber auch gehobene italienische Kost. Die Qualität der Speisen kann leider mit dem Ambiente nicht ganz mithalten. Hauptgerichte ab 5 €.

Da Pietro 27: Rynek Główny 17, Tel. 012-422 32 79, www.dapietro.com.pl. Ein Italiener in bester Lage am Ring – gern sitzt man auf der Terrasse und beobachtet die vor-

beiflanierenden Menschen. Abends und an kühleren Tagen zieht man sich in die mittelalterlichen Kellergewölbe zurück. Ausgezeichnet schmecken *Carpaccio* aus Rinderfilet und *Vitello tonnato* mit Kalbsfleisch und Tunfischsoße sowie *Melanzone alla siciliana*, die hauchdünnen, mit Käse überbackenen Auberginen. Süßschnäbel wählen als Nachtisch locker-leichtes *Tiramisú* oder *Bella Helena*. Reiche Auswahl vorwiegend italienischer Weine, freundlicher Service. Hauptgerichte 4–17 €.

C.K. Dezerter 28: ul. Bracka 6, Tel. 012-422 79 31. Was Schwejk für Tschechien, ist Dezerter für Polen. Das Lokal belebt den Mythos und bietet die dazu passende Küche aus dem Habsburgischen Reich: Salate à la Erzherzog Maximilian, Schweinerücken Sarajevo, Pute nach Pilsener Art und ungarischen Gulasch Bogrács. Hauptgerichte 3–6 €.

Chimera 29: ul. Św. Anny 3, Tel. 012-423 21 78, www.chimera.com.pl. Eines der beliebtesten Lokale, denn alles ist knackig frisch, überwiegend vegetarisch und darf selbst ausgewählt werden. In einer langen Vitrine sind viele Salate ausgestellt, je nach Wunsch werden fünf oder sieben Portionen auf einem Teller zusammengestellt – es reicht, mit dem Finger auf das Gewünschte zu zeigen. Dazu gibt es frisch gepressten Saft, oft auch andere Leckereien wie Gemüse-Crêpes und Tortilla. Im Sommer isst man im Efeu umrankten Innenhof, im Winter im Kellergewölbe. Hauptgerichte ab 2 €, gehobener und teurer speist man nebenan an ›Chimeras Speisekammer‹ (Spiżarnia Chimery).

Pani Stasia 30: ul. Mikołajska 18, Mo–Fr 12.30–15.30 Uhr. Vor der ›Volksküche‹, einem einfachen Hinterhoflokal nahe dem Rynek, bilden sich um die Mittagszeit lange Schlangen. Drinnen ist es stickig und trotz vieler Gäste merkwürdig still. Es heißt, im Lokal sei ›die weltweit größte Zahl von Professoren pro Quadratmeter‹ versammelt, dazu Studenten, Künstler und Touristen. Für wenig Geld kann man die wichtigsten polnischen Gerichte kennen lernen: *Pierogi*, *Żu-*

Krakau

rek und *Barszcz*, gezahlt wird beim Hinausgehen. Hauptgerichte ab 1 €.

Jama Michalika 31: ul. Floriańska 45, Tel. 012-422 15 61. Traditionsreiches, schummrig-dunkles Café mit exzentrischen Wandbildern und Glasmalereien.

Loch Camelot 32: ul. Św. Tomasza 17, Tel. 012-421 01 23. Naive Bilder von Nikifor schmücken die Wände dieses vor allem bei Künstlern und Studenten beliebten und malerisch gelegenen Cafés, in dem – ungewöhnlich für Krakau – auch internationale Zeitungen ausliegen. Im Sommer sitzt man draußen im Schatten der Johanniskirche.

Pożegnanie z Afryką 33: Św. Tomasza 21. Der Kaffee wird in kleinen Porzellankännchen serviert, über 30 Sorten stehen zur Wahl: vom starken nicaraguanischen *Maragogipo* bis zum schonenden *Kawa z lalkami* aus leicht gerösteten Latinosorten. Man sitzt auf Hockern, die mit Kaffeesäcken überspannt sind, und lässt sich von historischen Fotos in jene Zeit zurückversetzen, als das Kaffeetrinken salonfähig wurde.

Noworolski 34: Sukiennice, Rynek Główny 1, Tel. 012-422 47 71, www.noworolski.com.pl. Klassisches Café im Wiener Stil an der Ostseite der Tuchhallen. Herrliche Art-Deco-Säle in Rot-, Grün- und Brauntönen sowie eine Terrasse unter Arkaden mit Blick auf die Marienkirche. Vor hundert Jahren machte sich Lenin im Noworolski Gedanken über ›Staat und Revolution‹, heute trifft sich hier das gediegene Bürgertum.

U Literatów 35: ul. Kanonicza 7. Literatencafé in altem Sommergarten, eine Oase der Ruhe. Die Nobelpreisträgerin Wysława Szymborska isst hier am liebsten *Tort literacki*, eine wunderbare Schokoladen-Walnuss-Torte.

Demmer 36: ul. Kanonicza 21, So geschl. Beste Adresse, um dem städtischen Trubel zu entfliehen. Im mittelalterlichen Kellergewölbe eines Bischofspalasts kann man ausgefallene Teesorten kaufen und kosten, darunter Kreationen wie *Wawelska* (Darjeeling und Assam) oder *Chopin* (Ceylontees, Earl Grey und Orange). Frau Maria Serwatka, eine passionierte Teetrinkerin, sorgt für ein Ambiente der Muße – ganz so, wie es sich für eine Teestube gehört.

In Kazimierz (Cityplan S. 207)

Chłopskie Jadło 37: Św. Agnieszki 1, Tel. 012-421 85 20, www.chlopskiejadlo.com.pl. Ambiente, Karte und Preise sind ähnlich wie im Haupthaus der Kette im Zentrum von Krakau.

Ariel 38: ul. Szeroka 18, Tel. 012-421 79 20. Noch immer kann man hier Klassiker der jüdischen Küche probieren, doch die Qualität kann mit den Preisen nicht mehr mithalten. Für Konzerte ist der dunkle Raum im Erdgeschoss zu empfehlen – der Kellerraum enttäuscht! Hauptgerichte 6–12 €.

Villa Kazimierz 39: ul. Szeroka 39, Tel. 422 67 90, www.villakazimierz.pl. Edelrestaurant neben der Remuh-Synagoge, das als einziges am Platz nicht auf pseudo-jüdisches Outfit setzt. Die Küche ist hervorragend: In Honiglikör mariniertes Heringsfilet oder Wildschweinfilet mit Leber und geräuchertem Schinken, als Dessert Mandeln und Pflaumen mit Rosenwasser. Im Sommer wird leichte Küche auf der Terrasse serviert, der gutbürgerliche erste Stock bleibt Gruppen vorbehalten. Abends oft Live Musik. Hauptgerichte 5–12 €.

Arka Noego 40: ul. Szeroka 2, Tel. 012-429 15 28. Café-Restaurant an der Nordseite des Hauptplatzes von Kazimierz. Marek Michałowski, der Besitzer, hat ein Buch zur jüdischen Küche herausgebracht und serviert die Gerichte vor Ort. Als Vorspeise lecker ›Schöne-Rahel-Suppe‹ mit Lachs, dann Lamm in Pilzsoße oder Hühnchen mit *cymes*, einer Gemüsebeilage mit Karotten, Pflaumen und Honig. Es lohnt sich, abends zu kommen, wenn Klezmer-Gruppen auftreten, oft mit von der Partie ist das Profi-Trio ›Di Galitzyaner Klezmorim‹. Hauptgerichte 4–9 €.

Krakau ist eine Stadt für Nachtschwärmer. Viele Bars befinden sich in Kellergewölben und bleiben bis weit nach Mitternacht geöffnet. In Kazimierz trifft man sich in den Klezmer-Kneipen der Szeroka und in den Bars rund um den plac Nowy.

Paparazzi: ul. Mikołajska 9. Ein Ambiente, wie man es auch aus Prag oder New York kennt. Ein internationales Publikum drängt sich an der langen Bar und labt sich an leckeren Cocktails. Wirt Andrzej hat mehrere Jahre in England gelebt und hält den Laden in Schwung.

Free Pub: ul. Sławkowska 4. Krakauer Underground ist nicht einfach zu finden: Von der Straße steigt man steil in den unverputzten, kerzenerleuchteten Backsteinkeller hinab, Musik von Jim Morrison, den Rolling Stones oder Nirwana. Bis weit nach Mitternacht geöffnet.

Ratuszowa: Rynek Główny 1. Ruhige Touristenkneipe im alten Rathauskeller, an der Bar zwei närrische Gesellen von Veit Stoß' Marienaltar. Im Sommer mit Gartenterrasse.

Pod Jaszczurami: Rynek Główny 8. Seit vielen Jahren ist der ›Eidechsen-Pub‹ eine beliebte Studentenadresse, Fr+Sa Rock und Disco.

Krzysztofory: ul. Szczepańska 2. Museale Kellerkneipe, die früher Treffpunkt der Krakauer Künstlergruppe um Tadeusz Kantor war. **Pod Baranami**, Rynek Główny 27. ›Unter den Widdern‹ wird abends getanzt, samstags Kabarett im Kellercafé.

Jazz Club U Muniaka: ul. Floriańska 3. Traditioneller Jazzclub, begründet von dem aus der Zusammenarbeit mit Don Cherry bekannten Saxophonisten Janusz Muniak. Konzerte meist Do–Sa.

Alchemia: ul. Estery 5. Lockere Stimmung in der düster-dunklen Café-Bar am Neuen Platz von Kazimierz. ›Hölle‹ und ›Fegefeuer‹ heißen die beiden Hauptsäle, die mit Steinen der Katharinenkirche gepflastert sind.

Singer: ul. Estery 20. Gemütliches Schlummercafé mit weichen Polstersesseln und zu Tischen umfunktionierten Nähmaschinen. Jurek und Lucyna bereiten *masowiec*-Waffeln zu. Dazu leise Melodien, meist Filmmusik und Jazz im Stil von Billie Holiday.

Das Alchemia in Kazimierz: Treffpunkt der alternativen Szene

Krakau

Am Abend ist Kino angesagt

Propaganda: ul. Miodowa 20. Roter Stern und Subkultur – eine ungewöhnliche Kneipe, die sich dem Zeitgeist in Polen widersetzt.

Markt: Nördl. der Altstadt gibt es unschlagbar günstige Frischware: Krakauer im Naturdarm, Dillgurken aus dem Fass, Waldpilze und -beeren. Zu den Rohmilchkäse-Spezialitäten aus der Tatra gehören der geräucherte *oscypek* und der im Fass geschlagene *bryndza.* Auch Körbe aus Weidenzweigen und Küchenutensilien aus Holz werden angeboten (Rynek Kleparski, Stary Kleparz, tgl. 7–14 Uhr).

Bücher und Musik: Empik, Rynek Główny 5. Mehrstöckiger Multimedia-Tempel neben der Marienkirche mit einem großen Sortiment an Büchern und Bildbänden, Zeitschriften, CD-Roms, DVDs und Videos.

Antiquariat: Krakau ist die Stadt alter Bücher. Viele Läden verkaufen deutschsprachige Titel, am besten sortiert ist das Antykwariat Naukowy (ul. Św. Tomasza 8).

Kunst: In der Plakatgalerie (Galeria Plakatu, ul. Stolarska 8) entdeckt man Klassiker der Grafikkunst. Bissige Karikaturen, meist auch ohne Kenntnis des Polnischen verständlich, gibt es in der Galerie von Andrzej Mleczko – aufgedruckt auf Papier, Stoff und Keramik (ul. Św. Jara 14). Repliken berühmter Meister und grellbunte Kitschbilder hängen an der Wehrmauer am Florianstor.

Kunsthandwerk: In den Tuchhallen findet man Bunzlauer Keramik, baltischen Bernsteinschmuck, handgestrickte Tatra-Pullover, naive Holzskulpturen und vieles mehr.

Mode: Das Sortiment der Boutiquen rund um den Marktplatz unterscheidet sich kaum noch von dem im Westen.

Bücher zur jüdischen Thematik: Galicja, ul. Dajwór 18, Kazimierz. Der Buchladen des Galizischen Museums bietet das größte Sortiment, wissenschaftliche Publikationen, Belletristik und Kunst, teilweise auch auf Deutsch. Weitere Judaica findet man bei Jarden (ul. Szeroka 2), antiquarische Werke im Keller des Jüdischen Kulturzentrums (ul. Meiselsa 17).

Flohmarkt: Plac Nowy, Kazimierz, Sa–So 8–14 Uhr. Neben der achteckigen Halle am ›Neuen Platz‹ werden historische Fotos, Postkarten und Militaria ausgebreitet.

 Philharmonie: Filharmonia im. K. Szymanowskiego, ul. Zwierzyniecka 1, Tel. 012-422 94 77, www.filharmonia.krakow.pl.

Altes Theater: Stary Teatr, ul. Jagiellońska 1, Tel. 012-422 40 40, www.stary-teatr.pl.

Słowacki-Theater: Teatr Juliusza Słowackiego, ul. Św. Ducha 4, Tel. 012-422 40 22, www.slowacki.krakow.pl.

Oper: Opera, ul. Lubicz s/n. Die Krakauer Oper bekommt ein eigenes Haus nordöstl. von der Altstadt, Eröffnung voraussichtlich 2008.

Kino am Rynek: Pod Baranami, Rynek Główny 27, www.graffiti.com.pl.

Feste und Festivals:
Internationales Kurzfilmfestival (Mai/Juni)
Lajkonik-Umzug in den Straßen Krakaus (Juni)
Johannisnachtfeier am Weichselufer (Juni)
Festival der Jüdischen Kultur (Juni/Juli): Konzerte, Filme, Workshops.
Internationales Festival des Straßentheaters (Juli)
Sommerjazzfestival im mittelalterlichen Keller (Juli)
Orgelkonzerte im Kloster Tyniec (Juli/Aug.)
Musik im Alten Krakau (Aug.)
Bajit Chadasz (Sept./Okt.): Monat der Begegnung mit jüdischer Kultur.
Allerheiligen-Jazz (Zaduszki Jazzów): 29. Okt. – 2. Nov.
Wettbewerb der Weihnachtskrippen (Dez.)

 Baden: Park Wodny, ul. Dobrego Pasterza 126, www.parkwodny.pl, tgl. 8.30–22 Uhr. Die Badelandschaft liegt 2,5 km nordöstl. der Altstadt und verfügt über Pools und Wasserrutschen, Geysire und Kletterwände. Ab Bahnhof Bus 152, 501 und 502.

Bootsfahrt auf der Weichsel: Anlegestelle am Fuß des Wawel, im Sommer tgl. ab 10 Uhr, oft auch zum Kloster Tyniec.

Golf: Krakow Valley Golf & Country Club, Paczółtowice 54, Tel. 012-258 85 00, Fax 258 60 20, www.krakow-valley.com. Attraktive 18+9-Loch-Anlage bei Krzeszowice, 20 km westl. von Krakau. Driving Range, 2 Putting Greens, Golfakademie und Golfschule für Kinder; Clubhaus, Konferenzzentrum und Reitstall.

Joggen: Frühmorgens im grünen Parkgürtel der Planty, später im Jordan-Park und auf den Błonia-Wiesen.

Rad fahren: Die Website www.krakow.rowery.org.pl (mit englischer Sprachversion) enthält Kartenmaterial, informiert über Reparaturläden und Verleihagenturen.

Judaica: Rundgänge ›Auf den Spuren von Schindlers Liste‹, Fahrten nach Auschwitz u. a. organisieren das Galizisch-Jüdische Museum (ul. Dajwór 18) und Jarden (ul. Szeroka 2).

Fast alle wichtigen Sehenswürdigkeiten liegen innerhalb der verkehrsberuhigten Altstadt und sind nur zu Fuß erreichbar.

Straßenbahn: Das christliche Kazimierz erreicht man ab Krakaus Altstadt mit Straßenbahn 6, 8 und 10 (Haltestelle pl. Wolnica), das jüdische mit Straßenbahn 3 (Haltestelle Miodowa).

Bus/Bahn: Viele Verbindungen nach Oświęcim (Auschwitz) und Zakopane, werktags mit Bus auch nach Ojców und Pieskowa Skała. Bahnhof und Busstation am Nordostrand der Altstadt, durch eine Unterführung gelangt man in den die Krakauer Altstadt umgebenden Grüngürtel. Zugtickets im Vorverkauf auch im Orbis-Büro (Rynek Główny 41).

Flüge: Direktflüge werden u. a. nach Frankfurt, Zürich und Wien angeboten, Informationen gibt es im Internet unter: www.lotnisko-balice.pl. Der Internationale Flughafen Johannes Paul II in Kraków-Balice befindet sich 15 km westl. der Stadt, dort ist Geldwechsel, allerdings zu ungünstigen Konditionen möglich. Bus X08 verbindet den Flughafen mit den großen Hotels der Innenstadt; preiswerter ist der Stadtbus 208 zum Bahnhof (tgl. 5–23 Uhr).

Nördlich der Stadt führt die Adlerhorstroute durch den Ojców-National-park mit bizarr zerklüfteter Felslandschaft. Im Süden gelangt man über die Hügel der Podhale zum ›kleinsten Hochgebirge der Welt‹. Westlich von Krakau liegt das ehemalige Konzentrationslager Auschwitz, ost-wärts geht es über das Salzbergwerk Wieliczka in ehemalige jüdische Stetl.

Ojców-Nationalpark

1 Nordwestlich von Krakau spannt sich eine 30 km breite Hochebene bis nach Często-chowa (Tschenstochau). Sie ist mit Wiesen und dichtem Wald bedeckt, aus dem glei-ßend helle, von der Natur zu bizarren Skulp-turen geformte Kalkfelsen aufragen. Um die Mitte des 14. Jh. hat sie König Kazimierz III. als natürlichen Schutzwall gegen Böhmen genutzt und mit Burgen befestigt. In den Schwedenkriegen um die Mitte des 17. Jh. wurden die meisten zerstört, sodass heute nur noch mächtige Ruinen erhalten sind.

Weithin sichtbar thronen sie wie riesige Nes-ter auf dem schroffen Fels. Wohl auch des-halb hat man ihnen den romantischen Na-men ›Adlerhorste‹ verliehen.

Der schönste Teil des Adlerhorstwegs ist unter dem Namen Ojców-Nationalpark (Oj-cowski Park Narodowy) geschützt. Er um-fasst eine Fläche von 1590 ha und erstreckt sich über 14 km entlang des tief eingeschnit-tenen Prądnik-Tals mit von Buchen, Birken und Eichen bedeckten Hängen. Es handelt sich um eine typische Karstlandschaft: Den porösen Kalk formte das Regenwasser im Laufe der Jahrhunderte zu Skulpturen, seine

Rund um Krakau

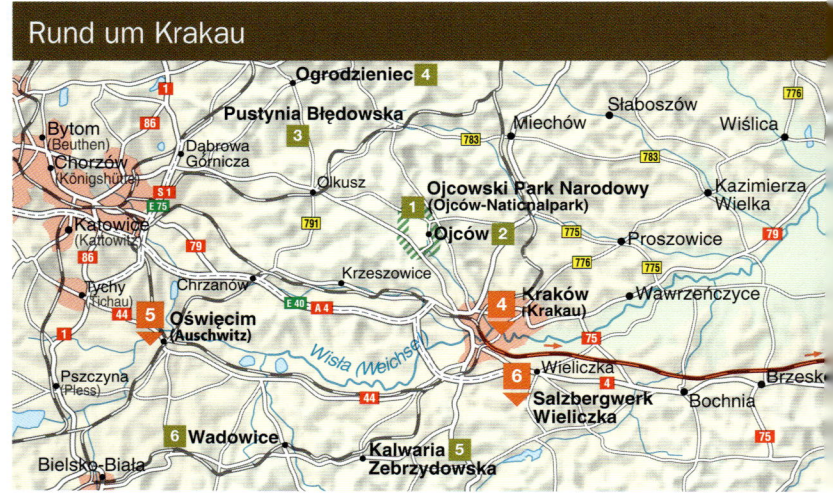

unterirdische Wühlarbeit führte zur Ausbildung von Höhlen.

Ojców

2 Bester Ausgangspunkt für Touren ist der Kurort **Ojców** im Süden des Nationalparks mit attraktiven Holzhäusern. Im ehemaligen Kurhaus ›Zum Däumling‹ ist das **Naturkundemuseum** untergebracht, in dem man Interessantes zu Geologie, Flora und Fauna erfährt (Muzeum Przyrodnicze, Dom pod Łokietkiem, Mo geschl.). Über dem Dorf erheben sich die Ruinen eines von Kazimierz III. im 14.Jh. gestifteten Schlosses. An seinem Parkplatz sind auf einer Tafel Höhlen und andere Sehenswürdigkeiten der Region eingetragen.

Die **Łokietek-Höhle** erreicht man ab Ojców auf schwarz markiertem Weg in 30 Min. Sie ist 250 m lang und besteht aus zwei großen und einer kleinen Kammer (Jaskinia Łokietka, Mai–Okt. tgl. 9–16.30 Uhr, Besichtigungszeit 30 Min.). Auf grün markiertem Weg kommt man zur **Höhle Ciemna**, der ›dunklen‹ Grotte, die nur im Schein von Fackeln erkundet werden kann. Von der großen Kammer mit Stalagmiten und Stalaktiten geht es in einen schmalen Gang, wo zahlreiche Fledermausarten leben (Jaskinia Ciemna, Mai–Okt., tgl. 10–16.15 Uhr, Besichtigungszeit 20 Min.).

Eine wenig befahrene Autostraße verläuft von Ojców über Pieskowa Skała und Olkusz nach Ogrodzieniec – entlang mehrerer, meist eingefallener Burgen. Wer nicht mit dem Auto fahren will, wählt das Rad oder wandert auf dem rot markierten Szlak Orlich Gniazd, dem ›Weg der Adlerhorste‹.

Grodzisko

3 km nördl. von Ojców passiert man den Weiler Grodzisko mit einer hoch über dem Flussbett thronenden Kirche. Im Ort lebten ab 1262 Nonnen des Klarissenordens zurückgezogen mit ihrer Priorin, der später heilig gesprochenen Salomea. Als sie 1320 nach Krakau umzogen, verödete die Klosteranlage, wurde aber im 17. Jh. wiederentdeckt. Heute sieht man hier eine **Barockkirche**, in deren Schatten sich drei Grotten befinden; 50 Stufen führen zur Einsiedelei der Salomea hinauf.

Pieskowa Skała

Die nach weiteren 4 km am Wegesrand liegende Herkulessäule (Maczuga Herkulesa), ein weißer und 18 m hoher, keulenartig geformter Monolith, kündigt eines der schönsten

Rund um Krakau

Mit dem Autor unterwegs

Unbedingt ansehen!

Tarnów: Die Altstadt mit Markt und ›Judengasse‹ macht mit einer einst wohlhabenden jüdischen Stadt vertraut (s. S. 228).

Przemyśl: Der Kopfstein gepflasterte Markt, eine Burg hoch über dem San und eine Vielzahl von Kirchen verbreiten habsburgischen Charme (s. S. 235).

Erlebnis Łańcut

Feudale Prachtentfaltung im **Schloss**, daneben ein extravagantes Kutschen- und ein Ikonenmuseum; im Park befindet sich auch Polens schönste Synagoge (s. S. 232).

Kulturelle Erlebnisse

Passionsspiele in Kalwaria: Seit über 400 Jahren werden zu Ostern die letzten Tage Christi mit Hunderten von Laienschauspielern so realitätstreu wie möglich nachgespielt (s. S. 226).

Jazzkonzert im Salzbergwerk Wieliczka: In einer Kapelle unter der Erde klingen die Töne reiner und geheimnisvoller als im traditionellen Konzertsaal (s. S. 227).

Festival Alter Musik in Łańcut: Im Ballsaal des Schlosses und im Hoftheater präsentieren international renommierte Künstler Klassik und Crossover (s. S. 232).

Baudenkmäler der Region an: das von Felsen eingerahmte Schloss Pieskowa Skała (Pleskenstein). Erbaut wurde es 1573 im Stil der Renaissance für die reiche Magnatenfamilie Szafraniec. Eine Zugbrücke führt in den trapezförmigen, von dreistöckigen Kreuzgängen flankierten Innenhof (freier Zugang tgl. 8–20 Uhr). Von dort gelangt man in die Museumsräume des Schlosses. Ausgestellt sind Möbel und Gobelins, Gemälde und Skulpturen von der Gotik bis zum Klassizismus. Auch sarmatische Kunst ist vertreten, eine vom Orient beeinflusste Stilrichtung des 17. Jh. (Museum Zamek, Mo geschl., Eintritt 2 €).

Pustynia Błędowska

3 Nordwestlich der an der E-40 gelegenen Stadt **Olkusz** breiten sich Reste der Pustynia Błędowska (Bledower Wüste) aus, eine 30 km² große Dünenlandschaft, die von polnischen Filmemachern mehrfach zur Inszenierung von Wüstenabenteuern genutzt wurde. Auch Generalfeldmarschall Erwin Rommel war von der Gegend begeistert – angeblich präparierte er hier die deutschen Truppen für den Afrikafeldzug.

Ogrodzieniec

4 19 km nördlich von Olkusz, auf dem höchsten Punkt der Krakau-Tschenstochauer Jura (506 m), thront Ogrodzieniec, eine märchenhafte, auf verwittertem Fels stehende **Burgruine**. Mitte des 16. Jh. hat sie der Krakauer Bankier Seweryn Boner auf den Resten einer alten Burg errichtet – eine Renaissance-Residenz mit mächtigen Bollwerken und Basteien. Seit sie 1702 von schwedischen Truppen in Brand gesteckt wurde, präsentiert sie sich als Ruine und öffnet der Phantasie Tür und Tor. Man spaziert durch efeubewachsene Gemächer, steigt ins Kellergewölbe hinab oder erklimmt den Festungsturm, von wo sich ein weiter Blick aufs Umland bietet.

Zamkowa: Pieskowa Skała, Tel. 012-421 18 28, tgl. 10–20 Uhr. Im Sommer sitzt man im Innenhof oder auf der aussichtsreichen Terrasse des Schlossrestaurants. Altpolnische Küche, Hauptgerichte ab 4 €.

Wandern: Für Touren durch den Ojców-Nationalpark empfiehlt sich die Karte *Ojcowski Park Narodowy* (Maßstab 1:22 500), auf der alle Wege, Höhlen und Sehenswürdigkeiten verzeichnet sind.

Bus: Viele Verbindungen gibt es von Ojców nach Kraków, mehrmals tgl. auch nach Pieskowa Skała, Olkusz und Ogrodzieniec.

Einsiedelei im Ojców-Nationalpark

5 Auschwitz

Oświęcim (Auschwitz) liegt knapp 70 km westlich von Krakau. Kein anderer deutscher Name ist derart mit Bedeutung aufgeladen wie ›Auschwitz‹ – eine zentrale Metapher für das Selbstverständnis der deutschen Nachkriegsgeneration. Der Bogen spannt sich vom Philosophen Theoder W. Adorno, der Poesie nach Auschwitz verwarf, über den

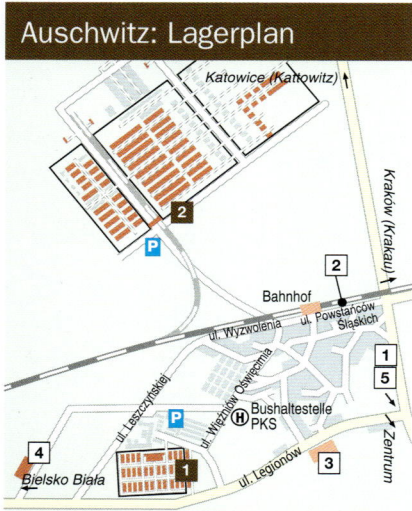

Auschwitz: Lagerplan

Sehenswürdigkeiten
1 Staatliches Auschwitz-Museum im Stammlager (Auschwitz I)
2 Vernichtungslager Birkenau (Auschwitz II)

Übernachten
1 Galicja
2 Glob
3 Internationale Jugendbegegnungsstätte
4 Centrum Dialogu i Modlitwy

Essen und Trinken
5 Stara Poszta

Historiker Ernst Nolte, der den Holocaust als Antwort auf bolschewistische Verbrechen bezeichnete, bis hin zum Schriftsteller Martin Walser, der sich aus Sehnsucht nach deutscher »Normalität« gegen die »Instrumentalisierung unserer Schande« aussprach.

In Auschwitz befand sich, etwa 3 km vom Stadtkern entfernt, das größte von Deutschen betriebene Konzentrationslager. Hier sowie im angrenzenden Birkenau wurden zwischen Juni 1940 und Januar 1945 etwa 1,5 Mio. Menschen vergast oder erschossen, anschließend verbrannt. Opfer waren vorwiegend europäische Juden, aber auch Sinti und Roma, sowjetische Kriegsgefangene, Homosexuelle, politische Häftlinge und Anhänger religiöser Gruppen.

Stammlager (Ausschwitz I)

1947 wurde das **Staatliche Auschwitz-Museum 1** im ehemaligen Stammlager (Auschwitz I) eingerichtet. Hier lebten ab April 1940 auf engstem Raum durchschnittlich 18 000 Gefangene, verteilt auf 28 Blöcke. Am Rundbogen des Eingangs lasen sie die Aufschrift ›Arbeit macht frei‹ – dass die Freiheit ein Synonym war für Tod, wussten sie nicht. Sie wurden fotografisch erfasst, ihr Ankunftsdatum säuberlich vermerkt. Was sie am Leibe trugen, wurde ihnen abgenommen; dazu zählten nicht nur Schuhe und Kleider, sondern auch Brillen und Prothesen, das Zahngold wurde nach der Ermordung herausgebrochen.

Im Stammlager I wurden Häftlinge Opfer medizinischer Experimente, auch fanden die ersten Versuche mit dem tödlichen Gas Zyklon B statt. Die Leichen derer, die an Erschöpfung, Unterernährung und Krankheit starben, endeten im Krematorium. Im Block 11 wurde gefoltert, an der so genannten ›Schwarzer Wand‹ wurden Häftlinge durch Genickschuss getötet.

Vernichtungslager Birkenau (Auschwitz II)

Seit 1942 führte eine Bahnlinie zum 2 km entfernten **Vernichtungslager Birkenau 2**

Tatort deutscher Vernichtungspolitik: das Konzentrationslager Auschwitz

(Auschwitz II), einer effizienten Tötungsfabrik mit Kommandantur und mehreren Krematorien sowie 250 Baracken für Zwangsarbeiter. An der ›Rampe‹ wurden die aus ganz Europa eintreffenden Häftlinge selektiert. Ärzte der SS fällten die Entscheidung, welche Juden sogleich vergast werden sollten und welche für den Arbeitseinsatz in den Industrieanlagen der IG Farben (Bayer, Hoechst und BASF) infrage kamen. Das Buna-Werk befand sich 7 km vom Stammlager entfernt, nahebei wurde das **Arbeitslager Monowitz** (Auschwitz III) errichtet, größtes von insgesamt 39 Auschwitz-Außenkommandos.

Den Zwangsarbeitern wurde eine Überlebensdauer von durchschnittlich neun Monaten zuerkannt: »Die Gefangenen«, so Joseph Borkin, »wurden regelrecht zu Tode gearbeitet.« Beim Kriegsverbrecherprozess gegen die IG Farben wurde dokumentiert, dass das Unternehmen nicht nur in die Ausbeutung billiger jüdischer Arbeitskraft verwickelt war, sondern auch am Prozess ihrer Ermordung eifrig verdiente. Ebenso wie die Deutsche Gesellschaft für Schädlingsbekämpfung (Degesch) war es beteiligt am Vertrieb des Todesgases Zyklon B.

Wer sehen möchte, wie der Alltag der mehrheitlich jüdischen Bewohner der Stadt vor 1939 aussah, begibt sich zur inzwischen restaurierten Synagoge Chevra Lomdei Mishnayot im Zentrum Oświęcims. Historische Fotos zeigen bürgerliche Familien im Sonntagsstaat, zu besonderem Anlass aufgenommene Porträts von Männern, Frauen und Kindern – welch ein Kontrast zu jenen Erfassungsbildern, die man zuvor im Stammlager sah (Auschwitz Jewish Center, pl. Skarbka 3, Tel. 033-844 70 02, Fax 844 70 03, www.ajcf.org, tgl. außer Sa 8.30–17 Uhr).

Besucherzentrum (Centrum Informacji)**:** Staatliches Museum Auschwitz (Państwowe Muzeum w Oświęcimiu), Więźniów Oświęcimia 20, Tel. 033-843 21 33, Fax 843 22 27, www.auschwitz-museum. oswiecim.pl, tgl. 8–19 Uhr (Juni–Aug.), 8–18 Uhr (Mai, Sept.), 8–17 Uhr (April, Okt.), 8–16 Uhr (März, Nov.), 8–15 Uhr (Dez.–Febr.). Die Besichtigung beginnt mit einem Dokumentarfilm; Gruppenführung tgl. 11.30 Uhr, Kindern unter 12 Jahren wird vom Besuch abgeraten.

Rund um Krakau

🛏 **Galicja** 1: ul. Dąbrowskiego 119, Tel. 033-843 61 15, Fax 843 61 16, www. hotelgalicja.com, 32 Zimmer und Apartments. Mittelklassehotel an der Hauptstraße von Oświęcim, 4 km von der Gedenkstätte Auschwitz. Im zugehörigen restaurierten Postamt anno 1818 befinden sich weitere 5 Apartments, zwei Lokale und der Keller-Pub ›U Szwejka‹ (Bei Schwejk). In der Gartenlaube wird im Sommer gegrillt, Fahrräder sind ausleihbar. DZ ab 55 €.

Glob 2: ul. Powstańców Śląskich 16, Tel./Fax 033-843 06 43, www.glob.jordan.pl, 63 Zimmer. Klotzförmig-funktionales Hotel am Bahnhof, das oft für Gruppenreisen genutzt wird. DZ ab 32 €.

Internationale Jugendbegegnungsstätte (Międzynarodowy Dom Spotkań Młodzieży, 3): ul. Legionów 11, Tel. 033-843 21 07, Fax 843 23 77, www.mdsm.pl, 37 Zimmer. Von Deutschen eingerichtetes Haus mit Doppel- und Vierbettzimmern, 800 m östl. des Bahnhofs und 1,7 km nordöstl. des Auschwitz-Museums; auch Zelten ist möglich. DZ ab 31 €.

Centrum Dialogu i Modlitwy 4: ul. Kolberga 1, Tel. 033-843 10 00, Fax 843 10 01, www.centrum-dialogu.odwiecim.pl, 20 Zimmer. Das ›Dialog- und Betzentrum‹ unter katholischer Leitung liegt 700 m südwestl. der Gedenkstätte und bietet Unterkunft in Doppel- bis Zehnbettzimmern sowie Frühstück. Im Restaurant gibt's polnische Hausmannskost. P.P. ab 18 €.

🍴 **Stara Poszta** 5: ul. Dąbrowskiego 119, Tel. 033-843 61 15. Stilvolles Lokal Im Erdgeschoss des alten Postamts mit Kamin, vorwiegend schlesische und altpolnische Gerichte. Hauptgerichte ab 5 €.

↔ **Bus:** Bis 18 Uhr stdl. von und nach Kraków. Im Sommer verkehrt ein Zubringerbus von Oświęcim (Haltestelle ›Museum‹) nach Birkenau.
Bahn: Mehrmals tgl. von und nach Kraków (Fahrtdauer 1.30 Std.), doch liegt der Bahnhof Oświęcim über 2 km vom Museum entfernt (Stadtbus 24, 29).

Kalwaria Zebrzydowska

Die älteste und bekannteste Kalvarie des Landes ist das 37 km südwestlich von Krakau gelegene **Kalwaria Zebrzydowska** 5, ein Städtchen, das überragt wird von den mächtigen Mauern des Bernhardinerklosters und der barocken Kirche der Engelsmutter Gottes (Bazylika Matki Boskiej Anielskiej). Seit 2001 ist ›Polens Jerusalem‹ Welterbe der Unesco.

Anfang des 17. Jh. haben hier die Krakauer Magnaten Mikołaj und Jan Zebrzydowski eine Nachbildung des Kalvarienbergs von Jerusalem bauen lassen: Zwischen den Bergen Żar und Lanckorońska entstanden auf 6 km Länge 42 Kirchen, Klöster und Kapellen. Schon seit 1608 werden hier während der Osterwoche die berühmten **Passionsspiele** von Laiendarstellern aufgeführt. Am Palmsonntag hält ›Jesus‹ seinen Einzug in Jerusalem auf einem

Noch ein Kultort: 14 km westlich von Kalwaria liegt ein für viele Polen ›heiliger‹ Ort: In **Wadowice** 6 wurde am 18. Mai 1920 Karol Wojtyła alias Papst Johannes Paul II. geboren (s. S. 204). Mittelpunkt der Stadt ist der nach dem verstorbenen Papst benannte **Hauptplatz** (pl. Jana Pawła II) mit der Marienkirche, wo ›Karol‹ die Erste Kommunion erhielt und die nun – ihm zu Ehren – mit Votivbildern und Figuren geschmückt ist. Gleich daneben befindet sich sein Geburtshaus, das man in ein kleines Museum verwandelt hat. Zu sehen sind persönliche Gegenstände des Papstes, Fotos und Manuskripte (ul. Kościelna 10, tgl. 9–13, 14–17 Uhr).

Selbstverständlich kann man an jeder Ecke des Ortes Andenken erstehen – und natürlich auch die ›päpstlichen Cremeschnitten‹ (kremówki papieski), ein kalorienreiches Gebäckstück mit Vanillefüllung, das die Polen mit Leidenschaft verzehren, seit der Papst bei seinem Besuch 1999 erklärte, er habe die *kremówki* als Kind so geliebt ...

Esel, am Mittwoch wird der Verrat des Judas inszeniert. Das letzte Abendmahl wird am Gründonnerstag zelebriert, die Kreuzigung Jesu am Karfreitag vollstreckt.

Ein zweites wichtiges Fest findet im Sommer statt. Am 13. August wird Maria zu Grabe getragen, zwei Tage darauf ihre Himmelfahrt gefeiert. Eine große, farbenprächtige Prozession startet an der Basilika, an jeder der 42 Kreuzwegkapellen knien die Teilnehmer zum Gebet nieder.

Wieliczka

Wieliczka, 14 km südöstlich von Krakau, ist eines der größten und ältesten **Salzbergwerke** der Welt: ein unterirdisches Labyrinth, das von der Unesco zum Welterbe erklärt wurde. Über 800 000 Besucher begeben sich jedes Jahr in die Tiefe, um eine in Salz verzauberte Welt zu bestaunen. Sie wandern durch düstere, durch Holzbalken abgestützte Stollen, folgen zwei Stunden lang einer Route, die sie weit in die Geschichte zurückführt. Seit über 700 Jahren haben Bergleute Salz aus dem Bergstock geschlagen, das dann von Pferden durch kilometerlange Schächte zum Seilaufzug geschleppt wurde.

Die Legende um Wieliczka

Laut Legende war es die ungarische Prinzessin Kunigunde (poln. Kinga), die das Salz von Wieliczka entdeckt hat. Aus Anlass ihrer Hochzeit mit einem polnischen Fürsten warf sie einen Brillantring in die Schlucht und prophezeite, dort, wo man ihn wieder finde, sei ein Schatz versteckt. Und sie hatte Recht: Beim Hinabsteigen fand man kristallenes, weiß glänzendes ›Gold‹. Salz war im Mittelalter so kostbar, dass es auf den Märkten fast den Preis von Edelmetall erzielte. Da überrascht es nicht, dass sich der polnische König rasch die gewaltigen unterirdischen Salzblöcke selbst zu Eigen machte; schon bald stammte ein Drittel aller Staatseinnahmen aus dem Verkauf des ›weißen Goldes‹. 6 km lange Stollen wurden bis zu einer Tiefe von 327 m in die Erde getrieben, es entstanden 2040 Kammern mit einer Gesamtlänge von über 200 km.

Das Salzbergwerk heute

Heute wird kaum noch Salz abgebaut, dafür ein Teil des Bergwerks als **Sanatorium** genutzt. Es befindet sich in 211 m Tiefe: Asthmakranke, darunter viele Kinder, werden täglich hinuntergefahren, um für einige Stunden die stark salzhaltige Luft zu inhalieren.

Touristen stoßen nicht ganz so weit vor. Mit klapprigem Aufzug geht es 65 m zur ersten Ebene der Unterwelt hinab, die Luft ist trocken und mit 14 °C relativ mild. Was folgt, ist eine Odyssee durch eine Vielzahl von Gängen, Abbauschächten und Kammern, vorbei an spiegelglatten Seen und finsteren Abgründen. Die Bergleute meißelten aus Salz zahllose ›gute Geister‹, die ihnen in der Dunkelheit Trost spendeten: Zwerge und koboldhafte Schatzmeister, liebliche Engel und Heiligenfiguren.

In der ›**Verbrannten Kammer**‹ stellten sie ihren tristen Alltag dar: Ausgemergelte Arbeiter kriechen am Boden entlang und halten einen Stab in die Höhe. Da sich beim Salzabbau hochexplosives Methangas an der Schachtdecke sammelte, musste es regelmäßig mit einem Glimmstock ›ausgebrannt‹ werden. Diese Arbeit war lebensgefährlich; nur wer sich dicht am Boden hielt, blieb vom angezündeten Gas verschont. Eine Chronik aus dem 17. Jh. belegt, dass jährlich 10 % der Arbeiter bei Gasexplosionen ihr Leben verloren. »Trotz tausender Gefahren«, steht geschrieben, »kommt der Bergmann jeden Tag unerschrocken in sein grausames Grab.«

In der Düsternis der Unterwelt haben sich Bergarbeiter in 100 m Tiefe eine **Kapelle** (Kaplica Błogosławionej Kingi) geschaffen. Sie beeindruckt nicht nur durch ihre Größe von 55 x 18 m, sondern auch durch die phantasievollen, aus Salz gehauenen Reliefs, ihre Skulpturen und Altäre. 32 Jahre brauchten die Arbeiter, um das Werk zu vollenden (1895–1927), heute finden hier wunderbare Jazz- und Klassikkonzerte statt. Ir-

Aus dem ›weißen Gold‹ geschlagen: Skulpturen in der Kammer der Legende

gendwann freilich, so wird befürchtet, könnten die Kunstwerke glatt sein wie die Wand – menschlicher Atem zersetzt die Salzkristalle und lässt sie schmelzen (Kopalnia Soli Wieliczka, ul. Daniłowicza 10, Tel. 012-2 78 73 02, www.kopalnia.pl, April–Okt. tgl. 7.30–19.30, Nov.–März 8–16 Uhr; geschl. Neujahr, Ostern, 1. Nov., 4., 24.–26. und 31. Dez.; der Besuch ist nur in Begleitung eines Führers möglich, deutschsprachige Touren starten während der Sommermonate um 16 Uhr, im Juli und Aug. auch 10.45 und 14.15 Uhr; Weglänge 2 km, Eintritt 10 €).

Tarnów

7 Nach der sorgfältigen Renovierung des Marktplatzes ist Tarnów (125 000 Einw.) eine der schönsten Städte Südostpolens. Rings um den viereckigen Platz sind schachbrettartig Straßen angelegt, kleine Plätze und winklige Gassen durchbrechen den einheitlichen Entwurf. Das Stadtrecht erwarb Tarnów 1330, seinen raschen Aufstieg verdankte es seiner günstigen Lage an den nach Ungarn und in die Ukraine führenden Handelsrouten. Die Glanzzeit erlebte es im frühen 16. Jh., als es der Herrschaft der Tarnowskis unterstand, einem aufgeklärten Fürstengeschlecht mit engen Verbindungen zur Krakauer Universität.

Stadtbesichtigung

Der erste Weg führt zum Rynek, dem architektonischen Glanzstück. Ringsum gruppieren sich zweigeschossige, pastellfarbene Bürgerhäuser mit Laubengängen und schmucken Fassaden. Im Zentrum des Platzes steht das gotische **Rathaus**, dessen Renaissance-Attiken und ein mit Maskaronen verzierter Fries an die Krakauer Tuchhallen erinnern. Die schön ausgemalten Innenräume beherbergen ein Museum, in dem Kunsthandwerk und Militaria, Glas und Porzellan zu sehen sind; sarmatische Porträts zeigen Adlige im orientalischen Kostüm. Im ehemaligen Gerichtsraum werden Bilder berühmter polnischer Maler der Moderne ausgestellt, unter ihnen Stanisław Wyspiański, Jacek Malczewski und Józef Mehoffer. Ein Doppelhaus an der Nordseite des Platzes wird als

Regionalmuseum genutzt, die Räume sind mit pastellfarbenen Fresken geschmückt (Muzeum w Ratusze & Muzeum Okręgowe, Rynek 1 u. 20/21, www.muzeum.tarnow.pl, Mo geschl.).

Nordwestlich des Rynek befindet sich die backsteinrote **Kathedrale** (Katedra) aus dem 14. Jh., deren Portal von 1505 nach einem Holzschnitt von Albrecht Dürer gestaltet ist. Besondere Aufmerksamkeit erregt das Renaissance-Grabmal von Jan Tarnowski (1488–1561), auf dem die militärischen Heldentaten des Heerführers gepriesen werden. Er kämpfte gegen die Mauren, Walachen und Tataren und ließ in Tarnów das kriegswissenschaftliche Handbuch ›Consilium rationis bellicae‹ drucken. Auch einer weiblichen Adligen wurde gehuldigt: Die von Bartolomeo Berecci 1530 angefertigte Skulptur der Barbara Tarnowska gilt als eine der schönsten Frauendarstellungen der Renaissanceplastik. Unter der Regentschaft der Tarnowskis wurde im Nikolaushaus eine Filiale der Krakauer Universität eingerichtet. Seit 1888 ist dort das Diözesanmuseum untergebracht: eine der reichsten kirchlichen Sammlungen Polens mit geschnitzten gotischen Madonnen und Triptychen, Glasmalereien der Goralen und kostbaren Gemälden (Muzeum Diecezjalne, pl. Katedralny 6, Mo geschl.).

Das jüdische Tarnów

Bei Ausbruch des Zweiten Weltkriegs lebten über 25 000 Juden in Tarnów, die meisten von ihnen in der Altstadt und ihren – teilweise noch heute Kopfstein gepflasterten – Gassen östlich des Rynek. Sie tragen die Namen Żydowska (Judenstraße) und Wekslarska (Straße der Wechsler); in ihrem Umkreis errichteten die Nationalsozialisten 1940 ein Ghetto für die hier lebenden und aus anderen Städten zusammengetriebenen Juden. Im Juni 1942 begann ihre systematische Vernichtung. Eine Plakette in der **Judengasse** gemahnt an das Massaker auf dem Rynek, weitere Erschießungen fanden auf dem Friedhof statt. Wer überlebte, wurde ins Todeslager Bełżec abtransportiert. Heute zählt Tarnów zu den wenigen polnischen Städten, in denen der jüdischen Mitbürger alljährlich mit Konzerten und Theateraufführungen gedacht wird.

Auf dem ehemaligen Fischmarkt, einem kleinen, über die Judengasse erreichbaren Platz, stand die erste in Tarnów errichtete **Synagoge**. Von ihr ist heute nur noch die Bima erhalten: Vier Säulen, die das Gewölbe der Synagoge stützten, markieren jenen Ort, von dem die heiligen Texte verlesen wurden. Kinder spielen hier Räuber und Gendarm, wissen nichts von der Geschichte des Platzes.

Viele Juden lebten in der **Goldhammerstraße**, benannt nach einem bekannten Rechtsanwalt und Politiker (1851–1912). Das frühere Soldinger-Hotel (Haus Nr. 3) wurde nach dem Krieg Treffpunkt der Jüdischen Gemeinde; doch nachdem der letzte bekennende Jude gestorben ist, droht das Bethaus zu veröden. Eine Marmorplatte in der Eingangshalle von Haus Nr. 5 erinnert noch einmal an Goldhammer, eine zweite an die hier angesiedelte jüdische Kreditgesellschaft. Am Platz der Helden des Ghettos (pl. Bohaterów Getta) steht die ehemalige Mikwe, ihr gegenüber erinnert ein Denkmal an den Juni 1940, als von hier die ersten Juden nach Auschwitz verschleppt wurden.

Der **Jüdische Friedhof** in der ul. Szpitalna liegt etwas außerhalb im Nordosten der Stadt. Er ist mit Tausenden von Grabsteinen übersät, auf denen hebräische, polnische und deutsche Inschriften eingeritzt sind; der älteste erhaltene Stein stammt von 1734.

Touristeninformation: Rynek 7, 33-100 Tarnów, Tel. 014-627 87 35, Fax 628 34 40, www.it.tarnow.pl. Freundlich geführt, Zimmer im Obergeschoss werden preiswert vermietet.

U Jana: Rynek 14, Tel./Fax 014-626 05 64, www.hotelujana.pl, 15 Suiten. Prachtvolles Bürgerhaus am Ring, alle Suiten 150 m² mit jeweils zwei Schlafzimmern, die teureren mit Salon und Blick auf den Ring. Gutes Restaurant, Café unter den Arkaden und gemütlicher Pub im Keller. Der

Rund um Krakau

Parkplatz ist bewacht und für Gäste des Hauses kostenlos. Zwei Pers. ab 55 €.

Cristal Park: ul. Traugutta 5, Tel. 633 23 81, Fax 633 12 27, www.cristalpark.pl, 84 Zimmer und Apartments. Modernes Mittelklassehotel westl. des Zentrums mit freundlich-komfortablen Räumen. DZ ab 50 €.

Camping Nr. 202: ul. Piłsudskiego 28-A, Tel. 014-621 51 24, geöffnet 1.April bis 30.Sept. Campingplatz im Grünen, 1 km nördl. des Stadtkerns, mit Stellflächen und kleinen Holzbungalows.

 Rund um den Ring entdeckt man hübsche Cafés und Kellerlokale.

U Jana: Rynek 14, Tel. 014-626 05 64. Bestes Restaurant der Stadt: ›Bei Jan‹ hat man die Wahl zwischen einem Platz unter den Arkaden mit Blick auf das Rathaus, einem rustikalen Jagdsaal und mittelalterlichen Kellergewölben. Passend dazu gibt es altpolnische Küche wie z.B. pikant gewürztes Sauerkraut mit Fleisch (*bigos*) und Eisbein in Honigsoße (*golonka po staropolsku*). Hauptgerichte 5–8 €.

Tatrzańska: ul. Krakowska 1/Ecke Batorego, Tel. 014-622 46 36. Familiär geführtes Café-Restaurant am Westeingang zur Altstadt. Es stammt noch aus Vorkriegszeiten und ist von morgens bis abends gut besucht. Die Gäste schätzen die Torten und Kuchen, das hauseigene Eis, auch das handfeste, preiswerte Mittagsmenü. Hauptgerichte ab 4 €.

 Theater: Teatr im. L. Solskiego, ul. Mickiewicza 5.

Open-Air-Konzerte: Amfiteatr Letni, ul. Kopernika.

BWA-Galerie: Galeria BWA, Rynek 5, Mo–Fr 10–17, Sa 10–14 Uhr.

Fest der Zigeuner (Juni)**:** Zum *Festyn cygański* kommen Roma und Sinti aus ganz Polen, essen, singen und tanzen im Park des Ethnografischen Museums.

Jüdische Gedenktage (Juni)**:** Mit Konzerten und Theateraufführungen wird der jüdischen Mitbewohner gedacht, die im Juni 1942 ihr Leben verloren. Infos: www.muzeum.tarnow.pl/judaica.

Das barocke Lubomirski-Sommerpalais, entworfen von Tylman van Gameren

Bus/Bahn: Der Bahnhof liegt im Südwesten der Stadt. Viele Züge und Busse fahren nach Kraków, Rzeszów, Przemyśl.

Rzeszów

8 Rzeszów (160 000 Einw.) ist Hauptstadt der Provinz *Podkarpacie* (Karpatenvorland), eine Stadt mit Zukunft. Jeder sechste Bewohner ist Student, derzeit gibt es acht Hochschulen. Das Angebot an Fach- und Arbeitskräften sowie die gut entwickelte Industrie locken ausländisches Kapital, Shell und Pepsi Cola haben bereits Betriebe eröffnet. Außerdem wurde ein Flughafen gebaut, der mit dem Ausbau der West-Ost-Autobahn an Bedeutung gewinnen wird.

Gern trifft man sich am Kopfstein gepflasterten Rynek mit seinen angrenzenden Gassen. Frisch renoviert leuchten die pastellfarbenen Fassaden, allen voran das neugotische Rathaus mit seinen spitzen Giebeln und grotesken Maskaronen. Volkskunst präsentiert das **Ethnografische Museum** mit Schmuck und Trachten, wie man sie auf den Straßen Rzeszóws bei dem alle drei Jahre stattfindenden Folklorefestival (2008, 2011) auch ›live‹ erblicken kann. Exilpolen aus aller Welt kommen dann in diese Stadt und begeistern sich an Tanz und Gesang. Viele von ihnen sind in Ensembles vereinigt, die auch Bräuche der neuen Heimat repräsentieren. So erklingen beim Fest brasilianische Sambarhythmen, indische Raga-Musik und Lieder aus Hawaii (Muzeum Etnograficzne, Rynek 6, Di–Fr 9–14 Uhr). Interessant ist auch, was sich unterhalb des Rynek verbirgt: Kellergewölbe, in denen Rzeszóws Kaufleute über 500 Jahre ihre Waren lagerten, wurden zu einer 200 m langen **Unterirdischen Route** verbunden (Podziemna Trasa Turystyczna, Rynek 12/Eingang ul. Króla Kazimierza, Di–Sa 10–16, So 12–15 Uhr; Führung 30 Min.)

Sehenswert sind westlich des Rynek die Pfarrkirche mit gotischem Sternrippengewölbe und die Bernhardinerkirche mit barockem Hochaltar. Neben der südlich gelegenen Piaristenkirche befindet sich das Regionalmuseum mit Abteilungen für Malerei und Folklore, Geschichte und Archäologie. Wertvollster Schatz ist der römische Gold- und Silberschmuck aus dem 2.Jh. v.Chr., der nahe der Stadt in Świlcza gefunden wurde (Muzeum OkrÍgowe, ul. 3 Maja 19, Mo/Sa geschl.). Tylman van Gameren, Meister des polnischen Barock, entwarf das Lubomirski-Sommerpalais an der Straße des 3. Mai, heute Sitz der Pädagogischen Hochschule. Der Magnatenfamilie gehörte auch die nahe gelegene machtvolle Burg, quadratisch angelegt mit barockem Turm und Bastionen. Im 16.Jh. wurde sie erbaut, heute tagt hier das Städtische Tribunal.

Vom jüdischen Leben, das sich bis zum Zweiten Weltkrieg um die Bożnica nordöstlich des Rynek konzentrierte, blieb nur wenig erhalten. Die Neustädter Synagoge (ul. Sobieskiego 18), ein Backsteinbau aus dem frühen 18.Jh., birgt heute ein Kulturzentrum mit Café – die Altstädter Synagoge (ul. Bożnica 4) wurde 150 Jahre früher erbaut und dient als Archiv und Forschungsstelle für ostjüdische Kultur.

Im Internet:
www.rzeszow.pl

Pod Ratuszem: ul. Matejki 8/Ecke Rynek, Tel./Fax 017-852 97 70, www.hotelpodratuszem.rzeszow.pl, 14 Zimmer. Mini-Hotel ›beim Rathaus‹ am Markt mit kleinen, aber gemütlichen Zimmern im ersten Stock. Der Hoteleingang liegt etwas versteckt in einer Passage, wo man klingeln muss. DZ ab 50 €.

Polonia: ul. Grottgera 16, Tel. 017-852 03 12, Fax 862 46 03, www.hotel-polonia.com, 37 Zimmer. Das Haus gegenüber vom Bahnhof könnte einen neuen Anstrich vertragen. Die Zimmer sind einfach, aber sauber, haben allerdings lediglich ein Duschbad, Gemeinschaftstoiletten auf dem Flur. DZ ab 30 €.

Jugendherberge: Rynek 25, Tel. 017-853 44 30, 14 Zimmer (90 Plätze), ganzjährig geöffnet. In bester Lage, ein paar ruhige Doppelzimmer mit eigener Dusche sind auch dabei.

Rund um Krakau

Zahlreiche Cafés, kleine Bars und Lokale finden sich rund um den Rynek.
Prohibicja: Rynek 5, Tel. 017-852 79 80, www.mga.pl/prohibicja. Bekannte polnische Schauspieler, allen voran Konrad Marek, haben eine Gastro-Kette gegründet, in deren Häusern außer gutem Essen auch Kulturveranstaltungen auf dem Programm stehen. Der peruanische Koch Manuel Enrique bereitet gern spanische Gerichte zu, z. B. mallorquinische Fischsuppe und valencianische Paella. Wer Cocktails mag, greife zu ›Prohibicja‹: ein hochprozentiges Gesöff aus Wodka, Tequila und Rum, mit Zitrone gewürzt. Hauptgerichte 6–14 €.

Philharmonie: Filharmonia, ul. Szopena 30.
Theater: Teatr im. W. Siemaszkowej, ul. Sokoła 7.

Bahn: Vom Bahnhof, 500 m nördl. vom Rynek, kommt man per Zug bequem nach Kraków, Tarnów und Przemyśl, ein Nachtzug fährt nach Sandomierz.
Bus: Per Bus kommt man besser zum Schloss von Łańcut, nach Lublin, Sanok und Ustrzyki Dolne.

Łańcut

 Wer beim Klang des Namens an ›Landshut‹ denkt, liegt richtig. Der polnische Ort **Łańcut**, 17 km östlich von Rzeszów gelegen, wurde um 1350 gegründet und mit jüdischen Bürgern aus der bayerischen Stadt besiedelt. Wichtigste Attraktion von Łańcut ist das symmetrisch gegliederte, von Türmen flankierte **Schloss** (Zamek, ul. Zamkowa 1, Di–So 9–16 Uhr, Besichtigung in Gruppen, Eintritt 5 €).

Schloss

Der Adelige Stanisław Lubomirski hat es 1629–41 als ›Musterschloss‹ erbauen lassen: im Stil der Renaissance und umgeben von einem fünfzackigen Festungswall. Gut 100 Jahre später meinte Fürstin Izabella Czartoryska, die Zeit für eine Erneuerung sei nun gekommen. Ihr schien ein Lustschloss mit weitläufigem Park zeitgemäßer als eine erhabene Festung; darum baute man auf ihren Wunsch eine Orangerie mit exotischen Pflanzen. Zugleicher Zeit entstand eine antiken Vorbildern nachempfundene Freilichtbühne.

1772, unter österreichischer Herrschaft, entwickelte sich das Schloss zu einem Ort der Begegnung für den europäischen Hochadel. Ludwig XVIII. und Kaiser Franz Joseph waren hier zu Gast, vergnügten sich bei Theateraufführungen und Konzerten. Als das Schloss im 19. Jh. in den Besitz der Potockis überging, wurde es abermals umgestaltet, diesmal neobarock. Die Ankunft der Roten Armee (1944) markierte das Ende der Magnatenherrschaft. Graf Alfred Potocki konnte noch rechtzeitig fliehen und nahm viele seiner Kunstwerke nach Liechtenstein mit. Ein Jahr später ging die Residenz in sozialistischen Staatsbesitz über, wurde Hotel und Museum.

Morgens um 9 Uhr öffnen sich die Palasttore. Auf Pantoffeln gleiten die Gäste über spiegelblanke Parkettböden durch eine Flut von Gemächern: elegante Salons und Wohnzimmer, luxuriöse Ateliers, Rokokobäder und pompöse Schlafzimmer. Am Ende eines Flures weitet sich der Blick. Vor dem Besucher liegt der Ballsaal mit illusionistisch bemalter Himmelsdecke. Seit 1961 versammeln sich hier alljährlich im Mai Musikliebhaber aus allen Ländern zu einem **Festival Alter Musik**.

Neben dem Ballsaal befindet sich ein Hoftheater, dem eine bukolische Parklandschaft als Bühnenbild dient. Sehenswert sind auch Speisesaal und Skulpturengalerie sowie die in der Schlossbibliothek archivierten kostbaren Lederbände und Drucke.

Ein 1929 eröffnetes **Kutschenmuseum** (im Eintrittspreis für das Schloss inbegriffen) befindet sich an der Südseite des Parks mit

Das prächtige Renaissance-Schloss ist der Anziehungspunkt in Łańcut

mehr als 50 Gefährten aus dem 18. und 19. Jh. – nebenan befindet sich ein **Ikonenmuseum** (Eintritt 2 €) mit über 1000 Kunsttafeln vom 15. bis 18. Jh. – nicht alle werden ausgestellt.

Synagoge und Jüdischer Friedhof

Westlich des Schlossparks steht die 1761 erbaute Synagoge. Nur einem Zufall verdankt es sich, dass sie die Zeit der deutschen Besatzung überdauerte: Sie stand schon in Flammen, als Alfred Potocki die Soldaten bat, den Brand zu löschen. Da seine Mutter von den Hohenzollern abstammte, ließen sich die Deutschen erweichen. Heute zählt die Synagoge zu den wenigen, die es in Polen noch gibt. Der Hauptsaal ist mit pastellfarbenen Fresken ausgemalt, auf denen vorwiegend biblische Tiergestalten zu sehen sind: Löwe und Gazelle, Schlange und Fuchs, Bär und Hirsch, eingerahmt von goldenen Ornamenten. Grafiken und Fotos gewähren Einblick in das damalige Leben der jüdischen Gemeinde (Synagoga, pl. Sobieskiego, Di–So 9–16 Uhr, Eintritt 2 €).

Auf dem Jüdischen Friedhof (Cmentarz Żydowski), 1 km südlich des Ortszentrums, liegt Naphtali aus Ropczyce begraben, von dem Martin Buber sagte, er sei der erste Intellektuelle in der chassidischen Welt gewesen. »Über seinem Grabstein«, heißt es in einem Text von Hanna Krall, »wächst ein baumhoher, weit ausladender Busch. Im Mai steht er rosarot in Blüte, aber jede Blüte hat einen anderen Ton. Die Chassiden sind im Frühling hergekommen und haben gesucht und verglichen, aber nie zwei gleiche Blüten gefunden…«

🛏 **Pałacyk:** ul. Paderewskiego 18, Tel./ Fax 017-225 20 43, 7 Zimmer und Suiten. Restauriertes Herrenhaus, nur wenige Schritte von der Synagoge; ein gutes Restaurant ist angeschlossen. DZ ab 35 €.
Zamkowy: ul. Zamkowa 1, Tel./Fax 017-225 26 71, 22 Zimmer und Suiten. Im Südflügel des Schlosses darf der Besucher in renovierten, mit Stilmöbeln der Epoche ausgestatteten, aber auch – wenn er's preiswerter mag – in einfachen Zimmern logieren. Wer während des Festivals Alter Musik oder in den Sommerferien kommen will, sollte frühzeitig reservieren. DZ 20–50 €.

🍽 **Zamkowa:** ul. Zamkowa 1, Tel. 017-225 26 71. Für ein Schlossrestaurant etwas farblos, aber *barszcz* und *żurek* schmecken nicht schlecht. Hauptgerichte ab 3 €.

🎭 **Festival Alter Musik** (Mai)**:** Bekannte Ensembles und Solisten treten im Ballsaal und Hoftheater auf.

↔ **Bus/Bahn:** Gute Verbindungen nach Rzeszów, Jarosław und Przemyśl. Die Busstation befindet sich 500 m östl., der Zugbahnhof 2 km nördl. des Schlosses.

Jarosław

10 Jarosław, eine Kleinstadt am linken Sanufer (43 000 Einw.), liegt malerisch zwischen drei Klosterhügeln. Ein Fürst aus Kiew, so heißt es in Legenden, hat sie gegründet und ihr seinen Namen verliehen. Erstmals dokumentiert wurde sie in der russischen Nestorchronik aus dem 12. Jh.; polnisch wurde sie 1340, als Kazimierz III. Ruthenien okkupierte. Aufgrund der günstigen Lage wurde Jarosław ein wichtiger **Handelsort**. Auf den Jahrmärkten kamen im ausgehenden Mittelalter Kaufleute aus verschiedensten Ländern zusammen: Türken und Perser, Armenier und Italiener, Spanier, Engländer und Deutsche. Nach dem Niedergang der Stadt im 17. Jh. kam es erst mit dem Bau der Eisenbahnlinie Krakau–Lemberg (1880) zu einem neuerlichen Aufschwung.

An das ›Goldene Zeitalter‹ erinnert die teilweise autofreie Altstadt. Rings um den **mittelalterlichen Marktplatz** mit seinem hellen, imposanten Rathaus reihen sich Patrizierhäuser. Viele von ihnen sind mit Arkaden gesäumt, am schönsten ist das 1581 erbaute **Renaissance-Haus des Bankiers**

Orsetti, worin sich heute das Stadtmuseum befindet (Kamienica Orsettich, Rynek 4, Mi–So 10–14, in den Monaten Juli–Aug. Mi–So 9–14.30 Uhr). In den Seitenstraßen sind alte Kirchen zu entdecken, so eine russisch-orthodoxe Holzkirche und ein griechisch-katholisches Gotteshaus, beide aus dem 18. Jh. Im Westen erhebt sich das barocke Kloster der Dominikaner, das östlich gelegene Benediktinerkloster diente deutschen Besatzern als Gefängnis und Hinrichtungsstätte. Die ehemalige Synagoge in der Opolska beherbergt heute eine Schule.

Przemyśl

11 Die fast 70 000 Einwohner zählende Stadt liegt im hügeligen Vorland der Karpaten beidseits des San, nur 14 km von der ukrainischen Grenze entfernt. Ihre Silhouette wird von Kirchtürmen und Kuppeln geprägt, die sich über die Dächer der Altstadt erheben. Auf dem Burghügel haben Jesuiten und Franziskaner, Karmeliter und Reformierte ihre Klöster errichtet, die Kathedralen der Katholiken und Unierten liegen nur knapp auseinander.

Ein Blick zurück

Seit mehr als tausend Jahren liegt die Stadt im Schnittpunkt wichtiger Handelsrouten: Kaufleute, die von Krakau nach Kiew zogen, machten in Przemyśl Station und trafen auf Händler, die von der Ostsee zum Schwarzen Meer unterwegs waren. Die günstige Lage machte die Stadt aber auch verletzlich. Um ihren Besitz konkurrierten Polen und Ungarn, Österreich und die Ukraine.

Unter österreichischer Besatzung wurde Przemyśl zur größten **Garnisonsstadt** Galiziens ausgebaut. Zur Zeit des Krimkrieges (1853) begann man mit der Errichtung von Befestigungsanlagen, erst kurz vor dem Ersten Weltkrieg waren die Arbeiten abgeschlossen. Die ›zweitgrößte Festung nach Verdun‹ bestand aus einem 45 km langen äußeren Betonwall, der mit 60 teilweise mit Stahlplatten gesicherten Bastionen gespickt war. Dass dieses Wunderwerk der Technik wenig später wie ein Kartenhaus zusammenbrach, war auf das Wirken des legendären Oberst Alfred Redl zurückzuführen: Der Chef des österreichischen Spionagedienstes war Agent der russischen Regierung und verriet ihr sämtliche Baupläne. So war es russischen Soldaten im Mai 1915

Richtig Reisen-Tipp:
Auf den Spuren des braven Soldaten Schwejk

Schwejk, der Antiheld der Satire von **Jaroslav Hašek,** ist nach Przemyśl zurückgekehrt. Seinen tschechisch-habsburgischen Soldaten ließ der Autor im Ersten Weltkrieg in der Festung Przemyśl einsitzen, wo er mit List und anarchischem Witz die militärische Ordnung auf den Kopf stellte. So ließ er sich, um sich vor weiterem Militärdienst zu drücken, von den Ärzten ein ›Leiden an Idiotie‹ bescheinigen.

Eine von Schautafeln begleitete ›**Rad- und Wanderroute auf den Spuren von Schwejk**‹ führt von der Stadt an der polnisch-ukrainischen Grenze nach Sanok (und dann weiter nach Tschechien). Die Touristeninformation hält eine entsprechende Broschüre bereit. Bald wird es eine Wanderung von Denkmal zu Denkmal werden, denn der örtliche ›Verein der Freunde des Braven Soldaten Schwejk‹ möchte ihm in Przemyśl ein Denkmal errichten, wie es bereits die Stadt Sanok auf der Fußgängerstraße aufgestellt hat. Auch gibt es Versuche, das unvollendet gebliebene Buch, dessen letzte Kapitel der Autor vom Totenbett aus diktierte, in Przemyśl enden zu lassen …

In Przemyśl wird auch alle paar Jahre zu Ehren von Schwejk ein **Fest** mit Jahrmarkt und allerlei Phantastereien gefeiert …

Die Grenzstadt Przemyśl versprüht Habsburger Flair

ein Leichtes, die Festung zu besetzen. Bei den nachfolgenden Kämpfen wurde sie weitgehend zerstört, 1918 fiel die Stadt an Polen.

Entlang des San verlief die im Molotow-Ribbentrop-Abkommen von 1938 festgelegte Demarkationslinie – die Deutschen besetzten das linke, die Russen das rechte Ufer. Abeu auch nach 1945 blieb die Region umkämpft. Bevor sie endgültig polnisch wurde, lieferten sich ukrainische Nationalisten und polnische Regierungstruppen einen dreijährigen blutigen Krieg. Nach Jahren der Stagnation ging es erst 1975 wieder bergauf: Przemyśl wurde vorübergehend Provinzhauptstadt, die wirtschaftliche Entwicklung belebte sich.

In den vergangenen Jahren kam es wiederholt zu Spannungen zwischen Polen und der ukrainischen Minderheit. Die hier ständig lebenden Ukrainer haben es gelernt, ihre Anliegen öffentlich und mit wachsendem Selbstbewusstsein zu vertreten. Bis heute erhielten sie ihre von den Katholiken an-

geeignete Karmeliterkirche nicht zurück, und selbst die Ausrichtung ihres Volksfests im Spätsommer wird ihnen von den Behörden meist erst nach langwierigen Auseinandersetzungen zugestanden.

Stadtbesichtigung

Mit ihren Kopfstein gepflasterten Straßen und barocken Gebäuden strahlt die Altstadt habsburgisches Ambiente aus. Einen Überblick verschafft man sich von der Spitze des barocken **Uhrturms**, der heute ein **Museum der Glocken und Pfeifen** beherbergt. Was diese beiden Gegenstände gemein haben, bleibt rätselhaft. Nichtsdestotrotz lohnt vor allem der Blick auf die kunstvoll geschnitzten Rauchutensilien, deren Herstellung in der Stadt eine lange Tradition hat (Wieża Zegarowa/Muzeum Dzwonów i Fajek, ul. Władycze 3, Mo geschl.).

Um den nach Norden hin abschüssigen Rynek gruppieren sich Patrizierhäuser. In einem von ihnen wurde 1884 Helena Rosen-

bach geboren, Psychoanalytikerin der ersten Stunde und Mitarbeiterin von Sigmund Freud. Enge Gassen und Treppen führen südostwärts zur 1778 erbauten **Franziskanerkirche** (Kościół Franciszkański). Ihr Innenraum besticht durch Leichtigkeit und Anmut, Wände und Gewölbe sind mit Bibelszenen bemalt; interessant sind auch Hochaltar, Kanzel und Orgel, allesamt Meisterwerke des Rokoko.

Über die Asnyka geht es hinauf zur barocken **Jesuitenkirche** (Kościół Pojezuicki), seit 1991 Sitz des Bistums der Unierten. Im **Regionalmuseum** werden Ikonen ausgestellt (Muzeum Ziemi Przemyskiej, pl. Czackiego 3, Mo geschl.), auch das **Erzdiözesanmuseum** rühmt sich einer bedeutenden Sammlung sakraler Kunst (Muzeum Archidiecezjalne, pl. Czackiego 2, tgl. 10–15 Uhr).

Die **Karmeliterkirche** (Kościół Karmelitów), ein Renaissance-Bau mit byzantinischer Kuppel, war bis zum Ausbruch des Zweiten Weltkriegs griechisch-katholisch;

sehenswert sind vor allem die Rokoko-Altäre. In westlicher Richtung erhebt sich die römisch-katholische **Kathedrale** (Katedra, 1460–1571), eine barock umgebaute Basilika mit freistehendem Glockenturm. Zur reichen Innenausstattung gehört eine Alabaster-Pietá am Hauptaltar und die Barockkapelle der Familie Fredro, der Polens bekannter Komödiendichter Aleksander Fredro entstammt. Ihm zur Erinnerung wird das Theater auf dem Burghügel ›Fredreum‹ genannt. Die **Burg** (Zamek), eine Stiftung von König Kazimierz III., erhielt 1630 ihre heutige Gestalt. Schön ist der Ausblick vom Turm auf die Umgebung Przemyśls. Hinter dichtem Grün lugen zahlreiche Kirchtürme und Kuppeln hervor.

Ausflug nach Krasiczyn

10 km südwestlich von Przemyśl liegt inmitten einer großen Parklandschaft das weiß verputzte Renaissance-Schloss **Krasiczyn**, ein ehemaliger Sitz des ostpolnischen Mag-

Rund um Krakau

naten Krasicki. Das um 1600 erbaute Palais hat einen quadratischen Grundriss (70 m Seitenlänge) mit seitwärts angebauten runden Basteien: Gott-, Papst-, Königs- und Adelsturm. Die Fassaden des Hauptgebäudes und die Basteien sind mit eleganten Reliefs und Attiken geschmückt. Teile der Anlage kann man besichtigen, empfehlenswert ist auch ein Spaziergang durch den romantischen Park mit seltenen, teilweise sehr alten Bäumen.

Touristeninformation: Rynek 26, 37-700 Przemyśl, Tel. 016-675 16 64, Fax 678 73 09, www.um.przemysl.pl, im Juli und Aug. auch So geöffnet.

Zamek Krasiczyn: Tel. 016-671 83 21, Fax 671 83 16, www.krasiczyn.com.pl, 50 Zimmer. Schloss Krasiczyn, 10 km südwestl. der Stadt, wurde als Hotel hergerichtet. Wer nobel wohnen will, quartiert sich in einer der Schloss-Suiten ein; die übrigen Zimmer und Apartments verteilen sich auf das ehemalige Kutschenhaus, den Jäger- und den Schweizer Pavillon. Im Restaurant wird vor allem polnische Kost serviert, in der Kellerbar stärkt man sich mit Glühwein und Wodka. DZ ab 52 €.

Gromada: ul. Wybrzeże Józefa Piłsudskiego 4, Tel. 016-676 11 11, Fax 676 11 13, www.gromada.pl, 117 Zimmer. Hotelklotz am Fluss San und am Fuß des Burgbergs, ca. 1 km vom Bahnhof (Bus 41, 2 Haltestellen). Die Zimmer sind funktional und haben Sat-TV, das etwas steril wirkende Restaurant serviert regionale Küche. Vor dem Haus befindet sich ein großer Parkplatz. DZ ab 45 €.

Marko: ul. Lwowska 36-A, Tel./Fax 016-678 92 72, www.markoexim.com.pl, 15 Zimmer. Mittelklassehotel in einem restaurierten Festungsbau nördl. des Zentrums an der Straße E-28 Richtung Rzeszów. Gutbürgerlich eingerichtete Zimmer mit Sat-TV und Minibar, im Restaurant finden oft Hochzeiten und Geburtstagsfeste statt. Mit bewachtem Parkplatz. DZ ab 42 €.

Europejski: ul. Sowińskiego 4, Tel. 016-675 71 00, Fax 676 86 93, www.hotel-europejski.vel.pl, 29 Zimmer. Freundliches Hotel in einer schmalen Seitengasse, gegenüber vom Bahnhof gelegen und von der Altstadt nur 5 Min. zu Fuß entfernt. Mit Restaurant und Parkplatz direkt davor. DZ ab 40 €.

Camping Zameczek Nr. 233: Piłsudskiego 8-A, Tel. 016-678 56 42. Zelten kann man auf einer Wiese am San, bei Regen bucht man Campinghütten. Die Anlage befindet sich 1 km westl. der Stadt, gleich hinter dem Hotel Gromada.

Auch in Przemyśl findet man die interessantesten Cafés und Kneipen rings um den Rynek.

Wyrwigrosz: Rynek 20, Tel. 016-678 58 58, www.wyrwigrosz.pl. Preiswertes Lokal auf der ›höheren‹ Ebene des Rynek, man kann unter Bäumen sitzen, bei einem Glas Bier die vorbeiflanierenden jungen Leute betrachten und von der Speisekarte ein paar polnische oder asiatische Häppchen auswählen. Hauptgerichte 3–8 €.

Rubin: ul. Kazimierza Wielkiego 19, Tel. 016-678 25 78. Familienlokal mit deftiger polnischer Kost, mittags kann es eng werden, denn es gibt nur sieben Tische. Auf halber Strecke zwischen Bahnhof und Rynek gelegen. Hauptgerichte 3–6 €.

Theater Fredreum: Towarzystwa Dramatycznego im. A. Fredry, Zamek Kazimierzowski. Spielstätte auf dem Burghügel. **Fest des hl. Vincent** (Aug.): Am letzten Wochenende des Monats wird dem Stadtpatron mit einem großen Fest auf dem Rynek gehuldigt.

Bahn: Mit Zug kommt man alle 2–3 Std. via Rzeszów und Tarnów nach Kraków. Ins ukrainische Lviv/Lemberg verkehren tgl. mehrere Verbindungen. Der Bahnhof befindet sich knapp nordöstl. des Zentrums.

Bus: Mehrmals tgl. nach Rzeszów, Sanok und Ustrzyki Dolne, 1 x tgl. nach Zamość. Die Busstation befindet sich neben dem Bahnhof. Stadtbus 40 fährt regelmäßig nach Krasiczyn.

Die Hohe Tatra, das höchste Gebirge zwischen Alpen und Kaukasus, beeindruckt mit zerklüfteten Graten und Gletscherseen, den Hauptkamm bedeckt ewiges Eis. Im Sommer erklimmt man auf markierten Wegen die Gipfel, im Winter stehen gut gewartete Pisten und Loipen bereit. Auf saftig grünen Almen weiden Schafe, aus deren Milch ein EU-prämierter Käse gewonnen wird.

Die Hohe Tatra ist das kleinste Hochgebirge der Welt: Südlich von Krakau geht die sanft gewellte Hügellandschaft der Podhale unvermittelt in schroff-steilwandige Berge über, die höchsten zwischen Alpen und Kaukasus. Wie eine unbezwingbare, den Horizont versperrende Festungsmauer riegeln sie das Land nach Süden hin ab. Der Rysy ist mit 2499 m höchster Berg auf polnischer Seite, noch höher liegen der Gerlach (2655 m) und der Łomnica (2632 m) in der Slowakei.

Erstrecken sich über das Vorland ausgedehnte Buchen- und Tannenwälder, so schließt sich ab etwa 1200 m ein dichter Gürtel von Fichten an, in denen Hirsch und Fuchs, Biber und Bär Unterschlupf finden. Gämsen und Murmeltiere erblickt man in den höher gelegenen, mit Zwergkiefern bestandenen Regionen. Oberhalb der Baumgrenze liegen Gletscherseen, deren größter den Namen ›**Meeresauge**‹ (Morskie Oko) trägt – viele Schriftsteller inspirierte er zu phantastischen Geschichten.

Der zum Nationalpark erklärte polnische Teil der Tatra (Tatrzański Park Narodowy) hat einen Umfang von 212 km². Bester Ausgangspunkt zu seiner Erkundung ist die Kleinstadt Zakopane am Fuß des Gebirges. Im Sommer treffen sich hier Wanderer, Mountain-Biker und Kletterer, im Winter Freunde des Skisports. Im Zentrum von Zakopane hat der Kommerz Einzug gehalten, doch an seinen Rändern gibt es noch immer romantische Winkel aus der Zeit der Jahrhundertwende. In einigen Orten der Umgebung kann man Beispiele traditioneller ländlicher Architektur entdecken, so in Chochołow, Bukowina und Biała Tatrzańska.

Zakopane

Cityplan: S. 241

Ein Blick zurück

Zakopane, bis vor 150 Jahren ein einsames Bergdorf, zählt heute 30000 Einwohner und ist ein guter Startpunkt für Wanderungen und Skitouren. Die Stadt liegt in einem weiten Talbecken in 840 m Höhe. Vor kaltem Nordwind wird sie durch den Bergrücken des Gubałówka geschützt, im Süden durch die Felsgipfel der Tatra.

›Entdeckt‹ wurde Zakopane in der zweiten Hälfte des 19. Jh., als immer mehr Künstler und Intellektuelle kamen und von einem Leben im Einklang mit der Natur träumten. Mit der Gründung der Tatra-Gesellschaft im Jahr 1873 wurde die Zeit des Wandertourismus eingeläutet. Die Region wurde auch verkehrstechnisch erschlossen, eine Eisenbahnlinie führte von Krakau bis Zakopane. Mit dem Aufstieg zum Kurort (1886) entstanden Sanatorien und Pensionen, etwas später bildete sich der Wintertourismus heraus. Es fanden Skiweltmeisterschaften statt, seit 1936 führt auf den Kasprowy Wierch eine Seilbahn.

239

Mit dem Autor unterwegs

Zakopane: eine Reise wert!

Alles Schöne ist in der Stadt aus Holz: die alte Dorfkirche, die Villa Koliba mit dem Museum des Zakopane-Stils und die Jaszczurówka-Kapelle im gleichnamigen Vorort (s. S. 240 bis 245). Einziger ›Ausreißer‹: die Hasior-Galerie mit polnischer Pop Art (s. S. 245).

Zakopane erleben

Goralen-Küche: In mehreren Lokalen werden in urigem Ambiente die typischen Berggerichte serviert – dazu spielt meist eine schräge Kapelle (s. S. 246).

Zakopane-Markt: Bäuerinnen verkaufen *oscypek* und andere handgeschöpfte Molkereispezialitäten, Wollpullover und Schafspelzjacken (s. S. 247).

Festival der Bergfolklore: Wenn im August Ensembles aus aller Welt nach Zakopane anreisen, erlebt man, wie facettenreich Bergmusik sein kann (s. S. 247).

Hoch hinaus für die beste Sicht

Gubałówka: Mit der Zahnradbahn erreicht man von Zakopane einen Kamm, der das beste Panorama auf die Hohe Tatra bietet (s. S. 250).

Kasprowy Wierch: Mit der Seilbahn fährt man auf den knapp 2000 m hohen Kasprowy Wierch, von wo man längs des Kamms einen herrlichen Höhenbummel unternehmen kann (s. S. 250).

Geheimnisvolles ›Meeresauge‹

Morskie Oko, ein von 2000er Bergriesen gesäumter See, ist das meistbesuchte Ziel der Hohen Tatra. Weniger Andrang herrscht an seinem Südufer (s. S. 251).

Die Holzkirche von Dębno

Die kleine, vom Kopf bis zur Sohle ausgemalte Holzkirche lohnt unbedingt einen Ausflug. Sie zählt zum Unesco-Welterbe (s. S. 252).

Zakopane heute

Lebensader der Stadt ist die Fußgänger- und Flaniermeile Krupówki. Ein nie versiegender Menschenstrom ergießt sich über die 1 km lange Straße. Schulklassen sind – vor allem im Frühjahr – dutzendfach vertreten, dazu Wanderer in Bergstiefeln und einige Hauptstädter, die den neuesten Modeschrei ausführen. Goralen mit ihren bunt bestickten Wollhosen warten vor Kutschen auf Kundschaft, ältere Frauen verkaufen mild geräucherten *oscypek* (Schafskäse).

Rund um die Krupówka

Krupówki ist eine lebendige Straße, aber eine Schönheit ist sie nicht. Terrassencafés, Fast-Food-Ketten und Souvenirshops reihen sich aneinander, dazu das Postamt, Banken und Reisebüros. Nach einem Brand 1899 blieben nur wenige der stilvollen alten Häuser erhalten. Eines von ihnen ist das **Tatra-Museum** 1, das in die Ethnografie und Geschichte der Podhale-Region einführt. Es zeigt Trachten und Kunsthandwerk sowie Nachbildungen typischer Goralenkaten, das Obergeschoss ist der Geologie, Flora und Fauna gewidmet. Das benachbarte, gleichfalls im Zakopane-Stil 1903 erbaute Haus ist Sitz der Polnischen Gesellschaft für Touristik und Landeskunde PTTK (Muzeum Tatrzańskie, ul. Krupówki 10, www.muzeum.tatrynet.pl, Mo geschl.).

Läuft man die Krupówki weiter bergab, passiert man zur Rechten die neoromanische, 1896 fertig gestellte **Neue Gemeindekirche** 2 (Nowy Kościół Parafialny). Von außen wirkt sie unscheinbar, doch die Rosenkranzkapelle im linken Seitenschiff beeindruckt mit ihrer folkloristischen Gestaltung. An der folgenden Kreuzung geht es geradeaus zum bunten Vormittagsmarkt und zur Talstation der Zahnradbahn Gubałówka, links nimmt die Kościeliska ihren Anfang, eine der schönsten, von alten Goralenhäusern flankierten Straßen der Stadt. Die schlichte, 1847 ganz aus Holz erbaute **Alte Dorfkirche** 3 (Stary Kościół Parafialny) ist der Schwarzen Madonna geweiht. Durch die kleinen Fenster fällt schummriges Licht, es

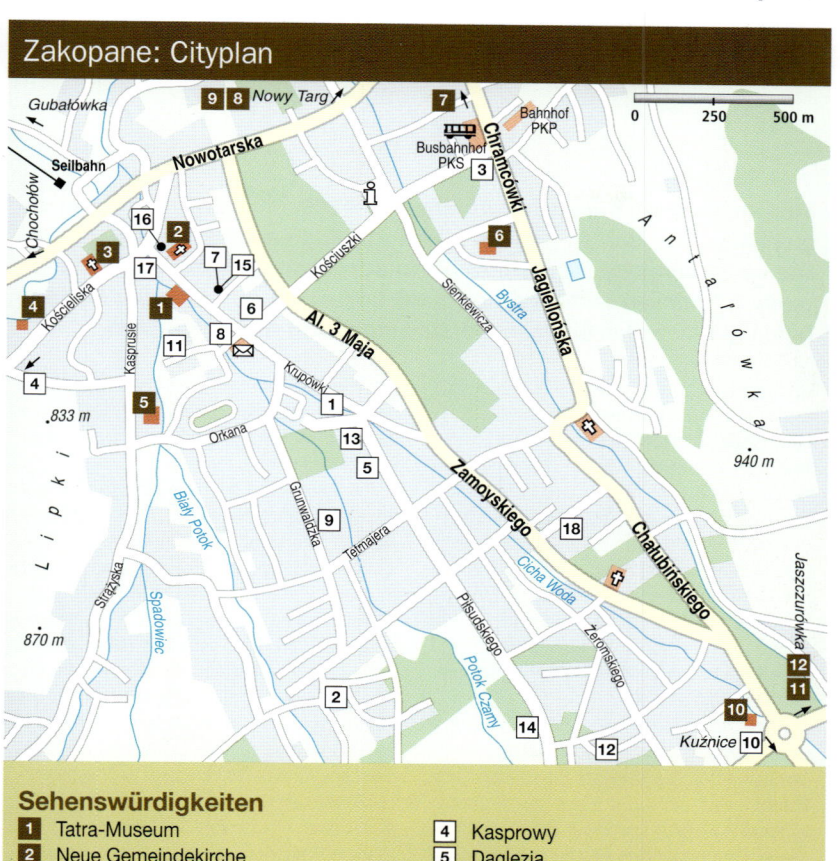

Zakopane: Cityplan

Sehenswürdigkeiten

1 Tatra-Museum
2 Neue Gemeindekirche
3 Alte Dorfkirche mit Friedhof
4 Villa Koliba
5 Villa Atma
6 Hasior-Galerie
7 Witkacy-Theater
8 Kasprowicz-Museum
9 Apostel-Johannes-Kirche
10 Tatra-Nationalparkmuseum
11 Villa Pod Jedlami
12 Jaszczurówka-Kapelle

Übernachten

1 Litwor
2 Belvedere
3 Villa Marilor

4 Kasprowy
5 Daglezja
6 Giewont
7 Sabała
8 Gromada Gazda
9 Pod Berłami
10 Kalatówki
11 Dom Turysty PTTK
12 Camping Pod Krokwią Nr. 97

Essen und Trinken

13 Bąkowo Zohylina Niżnio
14 Bąkowo Zohylina Wyźnio
15 Sabała
16 Gazdowo Kuźnia
17 Redykołka
18 Obrochtówka

Die Goralen, ein ›geschickter Menschenschlag‹

Vom ›natürlichen Kunstsinn‹ der Bewohner zeugen noch heute die spitzgiebligen, aus Bohlen gebauten und mit Balkonen verzierten Häuser. Die Innenräume sind mit Holzmöbeln ausgestattet, geschnitzte Skulpturen verstecken sich in Erkern und Ecken. An den Wänden hängen bemalte Glasbilder, oft naive Darstellungen von wilden Räubern.

»In ganzen Scharen sah ich sie aus der Kirche kommen. Männer hoch wie die Tannen, ungewöhnlich mächtige Exemplare, manche von einer wilden Räuberschönheit. … Sie tragen sonderbare enge weiße Hosen, vorn unter den Leisten mit Ornamenten geschmückt. Auf dem Kopf flache Deckelhüte, schöne bestickte Lederjacken hängen ihnen über den Schultern. Ein geschickter Menschenschlag mit natürlichem Kunstsinn. Sie sprechen polnisches Platt, haben ihre besonderen Sitten, sehen manchmal wie Indianer aus.«

Auch heute noch gibt es sie, die von Döblin 1924 so eindrucksvoll beschriebenen Goralen (›Bergbewohner‹). Sie tragen ihre **Tracht** nicht bloß aus Liebe zur Folklore, sondern als Ausdruck bewusster Traditionspflege – auf regionalen Festen und Hochzeiten, zum Kirchenbesuch und beim sonntäglichen Familientreff. Kein Gorale – und sei er noch so arm – wird auf die Anschaffung dieser Kluft verzichten.

Ihre Vorfahren waren im 16. Jh. als Nomaden und Jäger aus dem Balkan gekommen und hatten sich in den unbewohnten Tälern der Karpaten niedergelassen. Über hundert Jahre lebten sie in fast völliger Abgeschiedenheit. Der **Goralen-Mythos** wurde im frühen 17. Jh. geboren, als sie in Auseinandersetzungen mit der polnischen Staatsmacht verstrickt wurden und den Ruf erwarben, bis zum Letzten für den Erhalt ihrer Unabhängigkeit zu kämpfen. Bei Gefahr, hieß es, zogen sie sich von den Almen in die undurchdringlichen Wälder zurück und lockten die Verfolger in Gebirgsspalten, aus denen es kein Entkommen gab.

Ihre Taten sind bis heute in Literatur und bildender Kunst lebendig. Einem Goralen ist es gar gelungen, in die Annalen der Geschichte einzugehen: Er hieß **Janosik**, war klug und ungemein stark. Man erzählt sich, er sei als Knabe mit glühender Kohle gefoltert worden, Wut und Hass hätten darauf seine Kraft ins Unermessliche gesteigert. Als Kopf einer Räuberbande durchstreifte er die Wälder, um das ihm und seinem Stamm zugefügte Leid zu rächen. Er überfiel die Handelskarawanen der Reichen und schenkte die Beute den Bedürftigen. Ausgestattet war er mit einer ›fliegenden‹ Axt und einem Kettenhemd, an dem die Kugeln der Häscher zerschellten. Und hätte ihn nicht seine Geliebte verraten, so wäre Robin Hood gewiss aufgestiegen zum König der Tatra, hätte für alle Zeiten aufgeräumt mit Leibeigenschaft und herrschaftlicher Willkür … Am 16. März 1713 wurde er der Gerichtsbarkeit von Liptowo überstellt. Bis zuletzt weigerte er sich seine bedrohten Kameraden zu verraten. An einem zwischen seine Rippen getriebenen Haken wurde er aufgehängt und starb eines qualvollen Todes.

Über viele Jahre gelang es den Goralen, ihre Eigenart zu bewahren. Erfolgreich wehrten sie sich gegen eine Assimilierung an die ›Menschen vom flachen Land‹, kultivierten

Heldenmythos und Stolz, verquickt mit rassistischem Dünkel. Genau dies freilich machte in den Jahren deutscher Ostexpansion viele von ihnen anfällig für nationalsozialistische Ideologie. Deutsche Anthropologen waren vom ›kraftvollen Menschenschlag‹ der Goralen so beeindruckt, dass sie dessen arischen Ursprung nachzuweisen suchten und das angeblich blutsverwandte Volk mit Vorrechten gegenüber den übrigen Polen ausstatteten. Kurzzeitig wurde gar die Gründung eines separaten Goralen-Staates erwogen – eine Episode im geostrategischen Planspiel der Nazis.

Auf Festen kann man noch etwas von der einstigen Wildheit der Bergbewohner erah-

nen. Eindrucksvoll ist der kriegerische Räubertanz, bei dem verwegen dreinschauende Männer das Beil schwingen und über flackerndes Feuer springen. Aber es gibt auch sanftere Töne, Geige und Violoncello zaubern Melodien voller Sehnsucht hervor, der Gesang kündet von der Einsamkeit der Hirten und der Kargheit der Berge. Musikwissenschaftler erfanden das Wort von der Goralentonleiter: mit übermäßiger Quart und kleiner Septime, wie in zurückgezogenen Volksmusiken verbreitet. Und auch der Goralen-Dialekt erinnert an Vergangenes: Viele altpolnische Formen haben sich darin nebst slowakischen und balkanischen Elementen erhalten.

Goldgelber Schafskäse, mit Ornamenten verziert

Ganz aus Holz: die alte Dorfkirche von Zakopane

riecht nach frischen Blumen und Kerzen. Östlich der Kirche führt ein Weg auf den **Alten Friedhof** (Stary Cmentarz), der wie eine Skulpturengalerie goralischer Kunst anmutet. Die Gräber sind mit geschnitzten und gemeißelten Figuren verziert, teilweise mit schmiedeeisernen Kreuzen und Glasmalerei.

Zu den architektonischen Schmuckstücken der Stadt gehören außer den Goralenhäusern auch einige um die Jahrhundertwende entstandene Jugendstilvillen. Entworfen hat sie der aus Warschau stammende Stanisław Witkiewicz (1851–1915). Er kam 1890 nach Zakopane, um sich von einem Lungenleiden zu erholen, und verliebte sich so sehr in die Bergwelt der Tatra, dass er bis zu seinem Lebensende nicht mehr nach Warschau zurückkehrte. Als Architekt entdeckte er eine Fülle möglicher Aufgaben. Gestützt auf die regionale Holzbauweise schuf er einen an die Landschaft optimal angepassten ›Zakopane-Baustil‹. Zu seinen

ersten Häusern zählt die **Villa Koliba** ▪4 kurz hinter der Brücke über dem ›Stillen Wasser‹ (Cicha Woda). Sie wurde 1893 entworfen und beherbergt heute das Museum des Zakopane-Stils. Ein charakteristisches Bauelement ist die an der Südseite gelegene, von geschnitzten Säulen abgestützte Loggia (Muzeum Stylu Zakopiańskiego, ul. Kościeliska 18, Mo/Di geschl.).

In einer Seitenstraße der Kościeliska entdeckt man die **Villa Atma** ▪5 (1905), in der sich heute das Gedenkhaus für seinen berühmtesten Bewohner, den Komponisten Karol Szymanowski (1882–1937), befindet. Der Name der Villa leitet sich aus dem Sanskrit ab: *Atma* bedeutet ›Seele‹ – wer in diesem Haus wohnt, findet innere Ruhe und Gelassenheit. Der Komponist lebte hier von 1930 bis 1935 und schuf Symphonien und Opern, Streichquartette, Chorwerke und Lieder. Vielen Musikbegeisterten gilt er als der bedeutendste polnische Komponist nach

Chopin. Bei den alljährlich im Juli stattfindenden ›Tagen der Szymanowski-Musik‹ kann man einige seiner Werke kennen lernen (Muzeum Karola Szymanowskiego, ul. Kasprusie 19, Mo/Di geschl.).

In Bahnhofsnähe

Wer sich mehr für moderne Kunst interessiert, besucht die **Hasior-Galerie** `6` in Flussnähe südlich des Bahnhofs. Der international bekannte Künstler Władysław Hasior (1928–2000) hat Gebrauchsgegenstände zu surrealen Skulpturen arrangiert, wobei er sich von polnischer Volkskunst inspirieren ließ (Galeria Władysława Hasiora, ul. Jagiellońska 18-C, Mo/Di geschl.).

Gleichfalls avantgardistisch geht es im **Witkacy-Theater** `7` (Teatr Witkacego) zu. In Büchern spricht man gern vom berühmten Stanisław Ignacy Witkiewicz, dem Erfinder des Zakopane-Stils und Schöpfer bedeutender Bilder, Dramen und Romane. Dabei wird übersehen, dass es sich um zwei verschiedene Personen gleichen Namens handelt, Vater und Sohn. Um vom bekannten Vater (1851–1915) unterscheidbar zu sein, hat sich der Sohn (1885–1939) den Beinamen Witkacy gegeben. Inzwischen ist er der Berühmtere, wird gefeiert als Begründer der polnischen Avantgarde und multimediales Universaltalent. Das von seinen Ideen inspirierte Theater ist in einem ehemaligen Sanatorium untergebracht, das mit Antiquitäten eingerichtet ist und eine magische Atmosphäre ausstrahlt. Gespielt werden Werke von Gombrowicz, Dostojewskij, Shakespeare und natürlich Witkacy.

Harenda

Im Ortsteil Harenda an der Straße nach Nowy Targ befindet sich das **Kasprowicz-Museum** `8`, in einem Haus, in dem der bekannte polnische Schriftsteller (1860–1926) die letzten drei Jahre seines Lebens verbrachte. Der Autor entstammte der Aufbruchsgeneration des Fin de Siècle, begeisterte sich an den Ideen des revolutionären Sozialismus und kämpfte für ein unabhängiges Polen. Später zog er sich resigniert in

die Bergwelt der Tatra zurück und suchte die Aussöhnung mit Gott im Geist Franz von Assisis (Muzeum Jana Kasprowicza, Harenda 12-A, Mo geschl.). Nahe dem ihm gewidmeten Museum befindet sich seine Grabstätte sowie die **Apostel-Johannes-Kirche** `9` (Kościół Św. Jana Apostoła) aus dem frühen 18. Jh.; diese stand ursprünglich im Dorf Zakrzow bei Kalwaria Zebrzydowska, wurde aber 1947 auf Veranlassung Władysław Jarockis, des Schwiegersohns von Kasprowicz, hierher verlegt. Jarocki, selber anerkannter Maler, rekonstruierte die aus dem 17. Jh. stammenden Fresken und schuf Bilder für die Barockaltäre.

In und um den Tatra-Nationalpark

Vor einem Ausflug in die Berge lohnt ein Besuch im **Tatra-Nationalparkmuseum** `10`, in welchem man auf die Flora und Fauna des Parks eingestimmt wird. Es befindet sich im Gebäude der Direktion des Tatra-Nationalparks nahe dem Rondell (Muzeum TPN, ul. Chałubińskiego 42-A/Rondo, So/Mo geschl.). Östlich vom Rondell liegen zwei wunderbare Häuser im Zakopane-Stil. Die **Villa Pod Jedlami** `11` (Unter den Tannen) ließ Witkiewicz 1897 erbauen: ein Holzbau mit großzügigen Veranden und Balkonen, die Fassade mit Ornamenten geschmückt. Einflüsse der Goralen-Kunst verrät auch die elf Jahre später entstandene **Jaszczurówka-Kapelle** `12` noch etwas weiter östlich an der Straße nach Morskie Oko. In der Kapelle sind fast alle Gegenstände aus Fichtenholz hergestellt, selbst der Lüster stellt eine Schnitzarbeit dar. Die Glasmalereien stellen die Kreuzwegstationen Jesu Christi dar (Kaplica w Jaszurówcze, Jaszurówka, tgl. 10–17 Uhr).

i **Touristeninformation:** ul. Kościuszki 17, 34-500 Zakopane, Tel. 018-201 22 11, Fax 206 60 51, www.zakopane.pl, Sa–So geschl. Freundliche Beratung und Buchung von Privatquartieren. Die minimale Mietdauer beträgt in der Hochsaison drei Tage.

Hohe Tatra

Litwor [1]: ul. Krupówki 40, Tel. 018-201 71 89, www.litwor.pl, 63 Zimmer. Vier-Sterne-Hotel im oberen Teil der zentralen Fußgängerstraße. Mit Hallenbad, Sauna und Fitness, auf Wild spezialisiertem Restaurant sowie Tiefgarage. DZ ab 145 €.

Belvedere [2]: ul. Droga do Białego 3, Tel. 018-202 12 00, www.belvederehotel.pl, 175 Zimmer. Resort- und Spa-Hotel mit einem Hauch Belle Epoque. Es liegt ca. 10 Gehminuten vom Zentrum an der Grenze zum Nationalpark. Die Zimmer sind sehr komfortabel und verfügen über Sat-TV. Außerdem gibt es einen Billard- und Leseraum, ein Wiener Café und drei Restaurants – eins davon mit Blick auf die Berge. Entspannen kann man sich im 25 m langen Hallenbad oder in der türkischen Sauna mit Whirlpool. Mit Rad-, Ski- und Snowboardverleih. DZ ab 140 €.

Villa Marilor [3]: ul. Kościuszki 18, Tel. 018-206 44 11, Fax 206 44 10, www.hotele-marilor.com.pl, 20 Zimmer. Nobelhotel anno 1912 zwischen Bahnhof und Stadtkern. Die Zimmer sind mit Stilmöbeln der Epoche eingerichtet, entspannen kann man sich in Sauna und Whirlpool, auch ein Tennisplatz steht zur Verfügung. DZ ab 112 €.

Kasprowy [4]: Polana Szymoszkowa 1, Tel. 018-201 40 11, Fax 201 52 72, www.kasprowy.pl, 276 Zimmer, 12 Apartments. 3 km westl. der Stadt gelegenes sechsstöckiges Hotel, alle Zimmer mit Sat- oder Kabel-TV und Internetanschluss, einige auch mit schönem Blick auf die Tatra. Mit Kegelbahn, Tennisplatz und Hallenbad, abends Disko. DZ ab 100 €.

Daglezja [5]: ul. Piłsudskiego 14, Tel./Fax 018-201 43 47, www.dagl.com.pl, 40 Zimmer. Drei-Sterne-Hotel im Zentrum der Stadt, 1 km vom Bahnhof. Alle Zimmer mit Sat-TV, zudem Kaminsaal und Fitness. DZ ab 84 €.

Giewont [6]: ul. Kościuszki 1, Tel. 018-201 20 11, Fax 201 20 15, www.orbis.pl, 44 Zimmer. Betagtes Mittelklassehotel im Zentrum der Stadt mit Sat-TV und Kühlschrank. DZ ab 74 €.

Sabała [7]: ul. Krupówki 11, Tel. 018-201 50 92, Fax 201 50 93, www.sabala.zakopane.pl, 32 Zimmer. Holzvilla von 1894 an der Flaniermeile. Die gemütlichsten Zimmer im Dachgeschoss mit holzvertäfelten Schrägen, im Erdgeschoss ein beliebtes Gasthaus. DZ ab 72 €.

Gromada Gazda [8]: ul. Zaruskiego 2, Tel. 201 50 11, Fax 201 53 30, 55 Zimmer. Im Stadtzentrum gelegenes, vom Erfolg verwöhntes Drei-Sterne-Hotel. DZ ab 55 €.

Pod Berłami [9]: ul. Grunwaldzka 9, Tel./Fax 018-201 32 21, www.podberlami.zakopane.pl, 20 Zimmer. Hotel und Konferenzzentrum der Krakauer Jagiellonen-Universität mit gut ausgestatteten Zimmern (fast alle mit Balkon), zentral gelegen und freundlich geführt. Halbpension auf Wunsch, bei der Rezeption können auch Ausflüge und Folklore-Abende gebucht werden. DZ ab 55 €.

Kalatówki [10]: Droga Brata Alberta, Pf. 194, Tel./Fax 018-206 36 44, www.kalatowki.com.pl, 34 Zimmer. Moderne Bergherberge im Nationalpark, auf dem schwarz markierten Weg von Kuźnice in 30 Min. erreichbar. Rustikal eingerichtete DZ, dazu einige Ein-, Drei- und Fünfbettzimmer, alle mit Zentralheizung und Etagendusche. Außerdem Café und Restaurant, Tischtennis und Sauna. DZ ab 30 €.

Dom Turysty PTTK [11]: ul. Zaruskiego 5, Tel. 018-206 32 81, Tel./Fax 206 32 84, 95 Zimmer. Denkmalgeschütztes Haus, zentral gelegen und bei Jugendlichen beliebt. Die Palette reicht von Apartments über DZ mit und ohne Bad bis zu Herbergssälen. DZ ab 25 €.

Camping Pod Krokwią Nr. 97 [12]: ul. Żeromskiego 26, Tel./Fax 018-201 22 56, ganzjährig geöffnet. Größter Campingplatz der Region, 2 km südl. des Zentrums (nahe Rondo). Beheizte Campinghäuschen, Mountainbike-Verleih.

Bąkowo Zohylina Niżnio [13]: ul. Piłsudskiego 6, Tel. 018-206 62 16, www.zohylina.pl. Lokal am unteren Teil der Straße mit immer brennendem Kamin, geschmückt mit Volkskunst und Jagdtrophäen. Besonders zu empfehlen sind Sauersuppe (kwaśnica), Spanferkel und Hammelfleisch. Hauptgerichte ab 5 €.

Bąkowo Zohylina Wyźnio 14: ul. Piłsudskiego 28-A, Tel. 018-201 20 45, www.zohylina.pl. Dem gleichen Besitzer gehört das rustikale Lokal am oberen, östlichen Straßenende. Auch dies ist ein guter Ort, um die einheimische Küche kennen zu lernen. Lecker schmeckt das zarte Lammfleisch (jagnięcina) und auch die geräucherte Forelle (wędzony pstrąg), die aus dem hauseigenen Teich stammt, ist sehr empfehlenswert. Hauptgerichte ab 5 €.

Sabała 15: ul. Krupówki 11, Tel. 018-201 50 92. Ein typisches Goralen-Gasthaus mit offener Feuerstelle, regionalen Spezialitäten und Livemusik. Hauptgerichte ab 5 €.

Gazdowo Kuźnia 16: ul. Krupówki 1, Tel. 018-206 41 11. Das Lokal mit dem poetischen Namen ›Sternschmiede‹ befindet sich am unteren Ende der Flaniermeile. Außer Regionalspezialitäten findet man hier polnische Klassiker, dazu ein preiswertes Mittagsmenü. Hauptgerichte ab 4 €.

Redykołka 17: ul. Kościeliska 1, Tel. 018-206 63 32. Gemütliches Lokal im Zakopane-Stil mit Holztischen und -bänken. Die Kellnerinnen bedienen in Tracht, oft spielt eine Goralen-Kapelle auf. Deftig schmecken mit Lammgulasch gefüllter Kartoffelpuffer (placek) und gegrillter Schaskäse (bacoski). Hauptgerichte ab 4 €.

Obrochtówka 18: ul. Kraszewskiego 10a, Tel. 018-206 39 87, www.obrochtowka.zakopane.biz. Ein weiteres Lokal, in dem es nicht steif zugeht: liebevoll geschmückt mit traditionellem Kunsthandwerk und Glasmalerei, gespeist wird bei Kerzenschein. Hauptgerichte ab 4 €.

Einmal *oscypek* probieren!
Der walzenförmige **Käse** aus roher Schafs- und Kuhmilch erhält seine goldgelbe, mit Ornamenten verzierte Rinde nach einwöchigem Räuchern über Holzkohle. Als erstes Molkereiprodukt Polens darf er sich ›EU-Spezialität mit Herkunftsgarantie‹ nennen. Am besten schmeckt er, wenn er hauchdünn aufgeschnitten wird.

Entlang der ul. Krupówki und auf dem Markt an ihrem Nordende gibt es Stände mit handgestrickten Wollpullovern und Goralen-Lederschuhen, Rucksäcken und Schafsfellen. Mal probieren sollte man den hiesigen Schafskäse (*oszypek*).

Paparazzi – The Original Pub: ul. gen. Galicy 8, www.paparazzi.com.pl. Mit Schnappschüssen von polnischen und internationalen Stars witzig gestylter Pub im Stadtzentrum. Cocktails in allen Varianten, dazu werden ebenso kleine Speisen angeboten.

Witkacy-Theater: Teatr Witkaciego, ul. Chramcówki 15, Tel. 018-206 82 97, www.witkacy.zakopane.pl. Aufgeführt werden zeitgenössische Stücke.

Europa- und Weltpokal im Skispringen (Jan./Febr.)**:** Höhepunkte der Skisaison.

Internationales Festival der Bergfolklore (Aug.)**:** Das wichtigste kulturelle Ereignis der Tatraregion.

Tage der Szymanowski-Musik (Juli)**:** Klassikkonzerte in der Villa Atma.

Wandern: Markierte Wanderwege führen durch den Nationalpark der Hohen Tatra. Auf der Karte *Tatrzański Park Narodowy* (1:25000) sind alle Wege eingetragen. Es stehen für Wanderer 9 zumeist einfache Bergunterkünfte bereit, eine Übersicht erhält man bei der Touristeninformation.

Ausflug mit Zahnrad- und Seilbahn: Ab 8 Uhr geht es mit Zahnradbahn auf den 1123 m hohen Gubałówka hinauf, mit Seilbahn auf den 1985 m hohen Kasprowy Wierch.

Bahn/Bus: Mehrmals tgl. verkehren Bummel- und Eilzüge nach Nowy Targ und Kraków, Busse fahren häufiger und sind zumeist schneller. Bahnhof und Busstation befinden sich 1 km nordöstl. des Stadtzentrums. Private Minibusse starten gegenüber der Busstation und steuern touristische Nahziele an.

Richtig Reisen-Tipp: Wanderung zur Kalatówki-Alm

Die ideale Einstiegswanderung für spätere ›Gipfeltouren‹: ein malerischer Weg hinauf in die Berge, vorbei an Bächen und Wasserfällen. Zwischenstation ist die Herberge auf der Kalatówki-Alm (Schronisko na Kalatówkach, 1313 m), wo man durchaus Lust verspüren könnte, für eine Nacht dort zu bleiben. Wer ein Zimmer reservieren möchte, findet die Tel.-Nr. im Serviceteil von Zakopane.

Ausgangspunkt: Villa Atma (Zakopane)
Endpunkt: Bushaltestelle Kuźnice
Dauer: 3 Std.
Höhenunterschied: 500 m im Aufstieg, 310 m im Abstieg

Schwierigkeitsgrad: leichte Tour auf markierten Wegen
Einkehr: Herberge auf der Kalatówki-Alm

Von der Villa Atma spaziert man am Fluss stadtauswärts in südlicher Richtung und erreicht nach einer halben Stunde den **Eingang zum Nationalpark**. Das Tal ist nach dem Fluss Biały Potok benannt, dessen Boden an vielen Stellen weiß (*biały*) aufscheint. Auf einem bequemen Pfad geht es den Bach entlang, dabei werden kleinere Holzbrücken überquert. Auf Kalkfelsen wächst Edelweiß, am Wegesrand sind Alpenrosen zu entdecken. Vor einem kleinen Wasserfall wendet sich der Weg nach rechts

Einzigartiges Gebirgspanorama vom Kasprowy Wierch

und steigt 10 Min. steil an. Nach einer Passage durch dichte Buchen- und Tannenwälder biegt man links ein in den schwarz markierten ›Weg am oberen Waldgürtel‹ (Ścieżka nad Reglami, 1 Std. 30 Min.). Er kommt aus westlicher Richtung, verknüpft die Mittellagen zahlreicher Täler und führt geradewegs zur **Kalatówki-Alm** mit Aussicht auf die zum Kasprowy Wierch hinaufführende Seilbahn (2 Std. 30 Min.).

Nach wohlverdienter Pause geht es auf einem bequemen, ausgeschilderten Weg (Droga Św. Alberta) in 30 Min. ins Dorf Kuźnice hinab. Auf halber Strecke passiert man die **Einsiedelei des heiligen Bruders Albert** (Pustelnia Św. Brata Alberta), erbaut 1891 nach Plänen von Witkiewicz mit finanzieller Unterstützung des Grafen Zamoyski. Alberts wirklicher Name war Adam Chmielowski. Er arbeitete als Maler, war später Soldat im antirussischen Aufstand und begründete einen Orden, welcher sich die Aufgabe stellte, den Armen zu helfen. Mit seinem Tun beeinflusste er viele Schriftsteller und Künstler seiner Zeit. 1989 wurde er von Papst Johannes Paul II. heilig gesprochen.

Der Zielpunkt Kuźnice (3 Std.), an dem viele weitere Touren einmünden, ist verkehrstechnisch gut gelegen. Mit Bus, Taxi oder Droschke geht es ins 3 km entfernte Zentrum Zakopanes zurück.

Ausflüge ins Gebirge

Gubałówka

1 Der Gebirgszug vor der Haustür Zakopanes (1123 m) ist per Zahnradbahn in 5 Min. zu erreichen. Die Talstation befindet sich in nordwestlicher Verlängerung der Krupówki am Ausgang des Marktes. Oben angekommen, bietet sich ein prächtiger Ausblick südwärts auf die Bergkette der Tatra, nordwärts über die Podhale-Region bis zu den Saybuscher Beskiden. Spazierwege führen am Kamm entlang westwärts, vorbei an der Sesselliftstation **Butorowy Wierch** nach **Witów** (2 Std.) und **Chochołow** (4 Std.), ostwärts nach **Poronin**, einem am Fluss Biały Dunajec gelegenen, als Wohnort Lenins bekannt gewordenen Dorf (2 Std.). Von allen genannten Orten kann man leicht mit dem Bus nach Zakopane zurückfahren (Zahnradbahn 1. Mai–30. Sept. 9–21 Uhr, im Winter kürzer).

Kasprowy Wierch

2 Ein Tag auf dem 1985 m hohen Kasprowy Wierch gehört zu den Höhepunkten eines Tatra-Urlaubs. Wer von Zakopane startet, folgt der Krupówki bergauf; diese geht in die Zamoyskiego über, auf der man nach gut 10 Min. ein Rondell (Rondo) erreicht. Geradeaus kommt man nach Kuźnice, von wo eine Seilbahn in zwei Etappen zum Kasprowy Wierch hinaufführt. Auf der 20-minütigen Fahrt wird ein Höhenunterschied von 900 m bewältigt. Läuft man von der Bergstation (mit sterilem Café) ein paar Schritte zum Kamm hinauf, bietet sich ein unübertroffenes **Gebirgspanorama**. Gen Süden fällt der Blick auf die slowakische Seite mit ihren einsamen, bis Ende Mai schneebedeckten Hochtälern; gen Norden schaut man über waldreiches Terrain in den Talkessel von Zakopane (Seilbahn Juni 7.30–18, Juli–Aug. 7–19 Uhr, Sept.–Mai 7.30–15.30 Uhr).

Bei guter Wetterlage kann man mithilfe der Wanderkarte *Tatrzański Park Narodowy* zu herrlichen Touren aufbrechen. Eine atemberaubende Strecke (rot markiert) führt südostwärts am Kamm entlang. Wer sich nicht zu viel zumuten möchte, verlässt den Kammweg nach wenigen Minuten auf einem gelb markierten, links abzweigenden Pfad und geht zur gemütlichen Herberge Hala Gąsienicowa hinab (1.30 Std.); noch einmal die gleiche Zeit benötigt man für die blau markierte Schlussstrecke nach Kuźnice (3 Std.). Diese Tour wird in umgekehrter Richtung ausführlich im Richtig Reisen-Tipp (s. S. 248) beschrieben.

Dolina Kościeliska

3 Dies ist das abwechslungsreichste Tal der Westlichen Tatra! Mit dem Auto oder Bus fährt man zum 920 m hoch gelegenen Dorf **Kiry**, von dort führt eine Piste ins Tal hinauf. Goralen bieten Kutschendienste an, die meisten Touristen gehen lieber zu Fuß. Je höher es hinaufgeht, desto enger wird das Tal, am Felstor **Brama Kraszewskiego** ragen über 100 m hohe Gebirgswände empor. Am Ausgang der Schlucht, wo der für Kutschen zugängliche Weg endet, leuchten im Frühjahr die saftig grünen Wiesen der Polana Pisana (1.15 Std.). An ihrem Südrand teilen sich die Wege. Auf dem Hauptweg geht es hinauf zur Herberge auf der **Ornak-Alm** (Schronisko Ornak, 1108 m, 1.45 Std.), links und rechts führen Abzweigungen zur Höhle ›**Drachenloch**‹ (Smocza Jama) bzw. zur 1 km langen, labyrinthartigen ›**Irrhöhle**‹ (Jaskinia Mylna).

Dolina Chochołówska

4 Gleichfalls bezaubernd ist das sich westwärts anschließende Tal. Per Auto oder Bus kommt man bis zum Parkplatz Polana Huciska (982 m), die weitere Strecke bleibt auch hier den Kutschenbesitzern vorbehalten. Das Chochołowska-Tal ist mit dem **Kościeliska-Tal** durch mehrere Wege verbunden, z. B. durch den schwarz markierten ›Weg am oberen Waldgürtel‹ (Ścieżka nad Reglami) oder durch den gelben, zur Ornak-Hütte führenden Weg. Eine recht komfortable Herberge (1.15 Std.) liegt an der Westseite der Chochołowska-Lichtung (1150 m), einer großen Tatra-Wiese mit einer kleinen Holzkirche und Sennhütten. Eine Plakette erinnert an den Papstbesuch im Juni 1983.

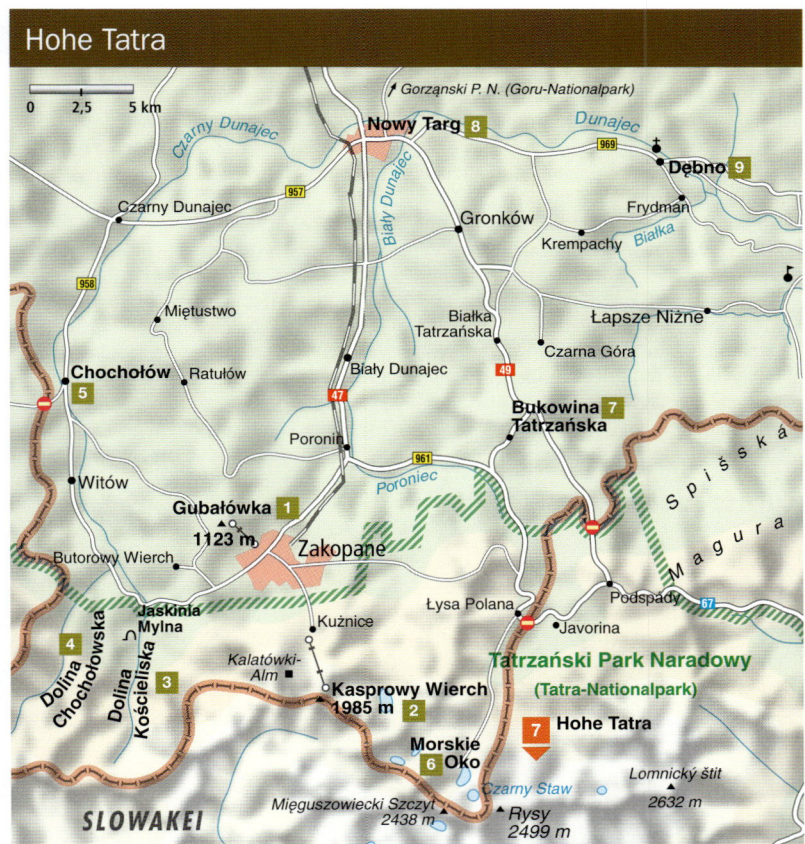

Hohe Tatra

Gorzanski P. N. (Goru-Nationalpark)

Czarny Dunajec · Dunajec · Nowy Targ **8**

969 · Dębno **9**

957 · Czarny Dunajec · Gronków · Frydman · Krempachy · Białka

958 · Miętustwo · Białka Tatrzańska · Czarna Góra · Łapsze Niżne

Chochołów 5 · Ratułów · Biały Dunajec · 49 · Bukowina Tatrzańska **7**

47 · Poronin · 961

Witów · Poroniec

Gubałówka 1 · 1123 m · Zakopane · S p i s s k á · M a g u r a

Butorowy Wierch · Łysa Polana · Podspady · 67

Jaskinia Mylna · Kuźnice · Javorina

4 Dolina Chochołowska · Kalatówki-Alm · **Tatrzański Park Naradowy** (Tatra-Nationalpark)

3 Dolina Kościeliska · **Kasprowy Wierch 1985 m 2** · **7 Hohe Tatra**

Morskie Oko 6 · Lomnický štít 2632 m

SLOWAKEI · Czarny Staw · Mięguszowiecki Szczyt 2438 m · Rysy 2499 m

Chochołów

5 Ganz Europa sprach von den Goralen, als sie 1846 gegen ihre Grundherren revoltierten und Dutzende von Adligen in den Tod schickten, bevor ihr Aufstand blutig niedergeschlagen wurde. Die Leibeigenschaft wurde zwei Jahre später aufgehoben, fortan war es den Bauern freigestellt, ihren Unterhalt auch außerhalb der Landesgrenzen zu verdienen. Die Kunde raschen Gelderwerbs in Amerika zog viele Goralen in den Bann: Tausende emigrierten und unterstützten fortan ihre Familien mit Geldüberweisungen.

An den Bauernaufstand und seine Folgen erinnern Exponate im **Museum von Chocho-**

łów, einem hübschen Ort 19 km nordwestlich von Zakopane, in dem noch der traditionelle Baustil der Goralen präsent ist. Über 30 alte, aus Holz errichtete Bauernhäuser verleihen dem Dorf musealen Charakter.

Morskie Oko

6 Der Bergsee (dt. ›Meeresauge‹) ist das beliebteste Ausflugsziel der östlichen Tatra. Da sich in dem schillernden See viele Forellen verbergen, wird er von Einheimischen auch ›Fischauge‹ genannt. Er liegt in 1393 m Höhe in einem großen Talkessel, ist 51 m tief und der Legende nach mit dem Mittelmeer verbunden. Am Rand ist er smaragdgrün, zur

Hohe Tatra

Mitte hin dunkel, fast schwarz. Eingebettet ist er in eine faszinierende Hochgebirgslandschaft. Geradeaus sieht man den **Mięguszowiecki Szczyt** (2438 m), rechts von ihm den ›**Mönchberg**‹ (Mnich) mit seinem bestechenden Zacken; links steigt das Gebirge zum **Rysy** an, dem mit 2499 m höchsten Gipfel der Polnischen Tatra. Wer den See in Ruhe erleben will, umrundet ihn auf einem an der Herberge Schronisko nad Morskim Okiem beginnenden, rot markierten Weg.

Anfahrt: Vom Bahnhof in Zakopane mit PKS- oder Privatbus bis Palenica Białczańska, von dort 9 km zu Fuß; wem das zu anstrengend ist, wählt Pferdekutsche bzw. Pferdeschlitten und läuft nach einstündiger Fahrt noch 2 km zum See.

Zur Holzkirche von Dębno

Nowy Targ

Über **Bukowina Tatrzańska** `7`, einen beliebten Wintersportort mit ca. 50 Skiliften und vielen Gästehäusern, geht es nordwärts nach **Nowy Targ** `8`. Mit 40 000 Einwohnern ist dies die größte Stadt der Vorgebirgsregion Podhale, ein Zentrum holz- und lederverarbeitender Industrie. Wäre der Ort attraktiver, nutzte man ihn gern als Ausgangspunkt für Ausflüge in den angrenzenden Gorce-Nationalpark (Gorczański Park Narodowy). So aber kommt man meist nur am Donnerstag her, wenn der Wochenmarkt stattfindet und die Bauern aus der Umgebung mit viel Lärm ihre Waren feilbieten.

Dębno

`9` Eine der originellsten polnischen Kirchen und zugleich ein Welterbe der Unesco befindet sich in Dębno, 15 km östlich von Nowy Targ. Im Mittelalter lag der Ort an einer wichtigen Handelsroute. Seine Bürger, durch den Weiterverkauf exotischer Waren zu Wohlstand gelangt, bauten ein Gotteshaus ganz aus Lärchenholz (um 1500), das bis heute keinerlei Schaden genommen hat. Seine schlichte Gestalt lässt nicht ahnen, welcher Reichtum an Formen und Farben sich in seinem Innern verbirgt. Die bunten Wände sind mit Tier- und Pflanzenmotiven übersät – subtile spätgotische Malerei. Volkstümliche Schnitzereien harmonieren mit dem romantischen Kirchenambiente, entführen in eine Welt naiven Glaubens (Kościółek Św. Michała Archa Nioła, ul. Kościelna 42, www.malopolskie.pl/szlak, Mo–Fr 9–12, 14–16.30, Sa 9–12 Uhr).

Um 1500 aus Lärchenholz gebaut: die Kirche von Dębno

Pieninen

Karte S. 254

Das Gebirge ist klein, aber spektakulär: Aus einer grünen Ebene erheben sich die ›Drei Kronen‹ (Trzy Korony), graue Kalkzacken, die bis zu 982 m aufragen. Zu Füßen des Gebirgskamms fließt der Dunajec, auf dem man Polens schönste Bootspartie unternehmen kann. Die ›Goralen‹ (Bergbewohner) staken das Floß versiert an allen Stromschnellen vorbei.

Die Pieninen liegen nordöstlich der Hohen Tatra und bestehen aus drei langen Gebirgszügen, deren Zentrum als **Nationalpark** (Pieniński Park Narodowy) geschützt ist. Dieser erstreckt sich auf polnischer Seite von Czorsztyn bis Szczawnica. Buchen- und Tannenwälder schmiegen sich an den weißen Kalksteinfels, im Unterholz tummeln sich Wildschwein und Biber, Hirsch und Luchs.

Wer die Pieninen bereist, sucht sich eine Bleibe in der Kleinstadt Krościenko, im Kurort Szczawnica oder im Schloss von Niedzica. All diese Orte liegen am Ufer des Dunajec und sind ideale Startpunkte für Wanderexkursionen ins Gebirge. Die beste Kar-te, *Pieniński Park Narodowy* im Maßstab 1:22500, ist in der Regel vor Ort erhältlich. Großartig ist auch die 12 km lange Floßfahrt durch den Canyon des wilden Dunajec, der das Gebirge durchschneidet – für viele Urlauber einer der Höhepunkte ihrer Polenreise.

Krościenko

1 Der 5000-Seelenort liegt am Fuß der nördlichen Pieniny. Seine einzige Attraktion ist der Marktplatz mit einer um 1400 erbauten **Pfarrkirche**, in der sich Gotik- und Renaissance-Malereien erhielten. Doch tut der Mangel an Sehenswürdigkeiten Krościenkos Beliebtheit keinen Abbruch. Vor allem Ju-

gendliche kommen in Scharen, um von hier ins Gebirge aufzubrechen. Die klassische Tour führt auf den Drei-Kronen-Berg: Zunächst geht es auf gelb markiertem Weg zum Szopka-Pass hinauf und von dort auf dem blauen Pfad zum 982 m hohen Gipfel. Für den Aufstieg (2.30 Std.) wird man mit einem atemberaubenden Panorama bis zu den Zacken der 35 km entfernten Hohen Tat-

---

Mit dem Autor unterwegs

Unbedingt ansehen!
Burgensemble am Stausee: Die ehemals ungarische Festung Niedzica ist von der polnischen Grenzburg Czorsztyn durch Fluss und See getrennt.

Und zur Belohnung ein großartiges Panorama
Aufstieg zum ›Drei-Kronen-Berg‹: Die drei Zacken des schroff zerklüfteten, über die Baumgrenze hinausragenden Gipfels sind nicht nur schön anzuschauen. Wer sie besteigt, genießt einen grandiosen Ausblick auf den 500 m tiefer sich dahin schlängelnden **Dunajec**. Wer's bequemer mag, nimmt von **Szczawnica** den Sessellift auf den **Palenica** und unternimmt von dort einen 15-minütigen aussichtsreichen Kammspaziergang – bei klarer Sicht scheint die Tatra zum Greifen nah (s. S. 255 f.).

Pieninen

Pieninen

Bus: Alle 20–30 Min. nach Szczawnica 4 x tgl. nach Kąty (nahe Sromowce Niżne); mehrere Busse nach Nowy Sącz,
Nowy Targ und Zakopane. Die zentrale Bushaltestelle befindet sich am Rynek.

Szczawnica

Der Kurort am Ostrand des Nationalparks [2]
(7000 Einw.) ist meist Endpunkt der Dunajec-Floßfahrt. 1834 hatte die aus Ungarn ein-
gewanderte Familie Szalay das malerisch
gelegene Dorf gekauft, um einen Treffpunkt
für Aristokraten, reiche Künstler und Intellektuelle zu schaffen. Dank seiner alkalischen

ra belohnt. Wer nicht auf gleichem Weg zu-
rückgehen will, wandert auf dem anspruchs-
vollen, gleichfalls blau markierten ›Falkensteig‹ (sokola perć) zum 747 m hohen Sokolica (4 Std.) und wählt dann den grünen Weg
nach Krościenko (Gesamtzeit 5.30 Std.).

Granit: ul. Jagielloska 70, Tel. 018-
2 62 57 07. Eines von mehreren, zentral gelegenen Gästehäusern der Stadt. DZ
ab 20 €.

U Walusia: ul. Jagiellońska, Tel./Fax
018-2 62 30 95, www.walus.pl. Lokal
an der Straße nach Nowy Targ, vom Rynek
10 Min. zu Fuß. Hier ist die Folkloretradition
noch lebendig: Goralen spielen auf, nicht
selten verwandelt sich das Essen in ein
kleines Fest. Unbedingt probieren sollte man
żurek po pieninsku (säuerliche Roggenmehlsuppe) und *placki po góralsku* (Kartoffelpuffer mit Gulasch). Hauptgerichte ab 3 €.
Holiday Center Blue Café: ul. Zdrojowa 35-
A, Tel./Fax 018-262 57 53, www.bluecafe.pl
Beliebter Treff an der nördl. aus der Stadt
herausführenden Straße 969 (Richtung Nowy Sącz).

Apfelblütenfest (Mai): 17 km nördl.
von Krościenko in Łacko, dem Zentrum des Obstbaus.

Quellwasser, der so genannten *szawy* (Säuerlinge), entwickelte sich Szczawnica ab etwa 1860 zu einem beliebten Naturheilort. Bis heute werden in den Sanatorien Erkrankungen der Atemwege und des Kreislaufs sowie Allergien behandelt.

Stadtbesichtigung

Das Städtchen erstreckt sich längs der 4 km langen Hauptstraße (ul. Główna) und wird in einen unteren (*niżna*) und einen oberen (*wyżna*) Ortsteil geschieden. Schöner ist die **Oberstadt**, wo sie auch die Kureinrichungen befinden und viele Holzvillen mit reizvollen Vorbauten und Veranden stehen. Mehrere Gebäude erinnern an die Gründerfamilie Szalay, so das im klassizistischen Stil erbaute Herrenhaus Dwór Szalaya.

Folgt man der Hauptstraße ostwärts, kommt man über eine kleine ›Kapellenallee‹ zur Pfarrkirche (1892). Im oberen Ortsteil startet auch der Sessellift auf den 722 m hohen Palenica (Mai–Sept. 9–19, Okt.–April 9–16 Uhr), von welchem man in 15 Min. den aussichtsreichen Szafranówka (742 m) erreicht.

Auf den Drei-Kronen-Berg

Der anstrengende Aufstieg auf den Drei-Kronen-Berg beginnt in der Unterstadt (Szczawnica Niżna): Vom Parkplatz am Dunajec folgt man der Asphaltpiste zur Anlegestelle, wo

Die abenteuerliche Bootsfahrt auf dem Dunajec führt durch die Gebirgslandschaft des Pieniny-Nationalparks

eine Minifähre Wanderer zum anderen Ufer übersetzt. Dort startet ein blau markierter Weg, der steil auf den 747 m hohen, mit windgebeugten Krüppelkiefern bewachsenen Sokolica führt (1.30 Std.).

Der sich anschließende, gleichfalls blaue ›Falkensteig‹ (sokola perć) verläuft ausgesetzt am Grat entlang, doch ist er an gefährlichen Stellen durch Geländer gesichert. Immer wieder eröffnet er Tiefblicke auf den Dunajec, doch unübertroffen ist die Aussicht vom Gipfel der ›Drei Kronen‹ (Trzy Korony, 982 m, 3 Std.). Wer nicht auf gleichem Weg zurückkehren will, folgt dem blauen Pfad zum Szopka-Pass und von dort dem gelben nach Krościenko hinab (Gesamtzeit 5 Std.). Mit einem der häufig verkehrenden Busse kommt man nach Szczawnica zurück.

Die Reisebüros längs der Hauptstraße (z. B. PTTK, ul. Główna 1) vermitteln Privatzimmer, auch erkennbar an Schildern mit der Aufschrift *pokoje*, *noclegi* und *kwatery*.
Gästehaus Szalay I & II: ul. Jana Wiktora 12–16, Tel. 018-262 20 83, www.szalay.pl, 25 Zimmer. Engagiert geführtes Haus: am Hang gelegene Häuser mit einfachen Zimmern ausgestattet. DZ ab 20 €.

Wassersport: ul. Główna 37. Ausleihe von Wassertretern, Ruderbooten und Kanus.

Bus: Vom Stadtzentrum häufige Verbindungen nach Krościenko und Kąty (nahe Sromowce Niżne), Jaworki, Nowy Targ und Nowy Sącz.

8 Dunajec-Schlucht

Kąty 3 ist der Startpunkt für die Floßfahrt durch das Durchbruchstal des Dunajec – eine wunderbare Art, die Bergkette der Pieninen kennen zu lernen. Sobald sich 10 Interessenten eingefunden haben, kann die abenteuerliche Reise nach Szczawnica (18 km), in

der Hochsaison auch nach Krościenko (23 km) beginnen. Sie dauert abhängig vom Wasserstand 2–3 Std. Das aus fünf ausgehöhlten Baumstämmen bestehende Floß wird von zwei in traditioneller Pieninen-Tracht gekleideten Goralen kunstvoll gesteuert; geschickt umschiffen sie die Stromschnellen und gefährlich aufschießenden Fluten. Auf einer Strecke von 9 km bezwingt der Fluss ein Gefälle von 65 m, doch gibt es dazwischen auch ruhige Abschnitte. Beeindruckend sind die steil aufragenden Kalksteinfelsen; an einigen Stellen, so am Felsen **Zbójecki Skok** (Räubersprung), wachsen die Ufer beinahe zusammen. Hier, so erzählt man sich noch heute, ist es dem Räuberhauptmann Janosik vor 300 Jahren gelungen, den Dunajec zu überspringen und auf diese Weise seinen Verfolgern zu entkommen.

Polnischer Pieniny-Flößerverein auf dem Dunajec (Polskie Stowarzyszenie Flisaków Pienińskich)**:** 34-443 Sromowce Niżne, Tel. 018-262 97 21, Tel./Fax Fax 262 97 93, www.flisacy.com.pl, April–Okt. 9–16, im Sommer bis 17 Uhr; Floßfahrt 10 € nach Szczawica, 12 € nach Krościenko, Kinder bis 10 Jahre die Hälfte.

Auto/Bus: Kąty ist von Krościenko und Szczawnica, aber auch von Krakau (via Nowy Targ) und von Zakopane (via Niedzica) bequem zu erreichen. Bushaltestelle und Parkplatz befinden sich 500 m oberhalb der Bootsanlegestelle. Vom Zielort der Bootstour fahren PKS- und Mikrobusse zum Parkplatz an der Anlegestelle in Kąty zurück.

Niedzica

4 Zwischen den Pieninen und den Ostausläufern der Tatra erstreckt sich zu beiden Seiten der polnisch-slowakischen Grenze die hügelige Spisz-Region, ein ›historischer Sonderfall‹: Bis 1920 gehörte das Gebiet zu Ungarn und war vorwiegend von Slowaken

besiedelt. Die polnisch-ungarische Grenze verlief entlang der Flüsse Białka und Dunajec sowie am mittleren Lauf des Poprad; nebst anderen Burgen sollte **Niedzica** die Nordgrenze des ungarischen Königreichs sichern. Die Burg lohnt einen Besuch und ist auch eine Übernachtung wert (Richtig Reisen-Tipp, s. u.).

Rund um die Burg

Entgegen allen ökologischen Warnungen wurde unterhalb der Burg ein Staudamm gebaut, das einstige Naturparadies zu beiden Ufern des Dunajec zu Grabe getragen. 10 ha flussnahen Waldes wurden geopfert, verschwunden sind Straußfarne und viele Exemplare der seltenen Grauerlen. Der neu geschaffene See, der etwa 1 km breit und 10 km lang ist, wurde zu einem Treffpunkt für Wassersportler ausgebaut. An seinem Nordufer, gegenüber von Niedzica, erhebt sich das polnische Pendant zur einstmals ungarischen Festung: Burg **Czorsztyn** entstand auf Wunsch von Kazimierz III. im 14. Jh. Ein Blitzschlag hat sie 1790 zerstört, seitdem thront sie auf dem Fels als malerische Ruine (Zamek Niedzicki, Mo geschl.).

 Bootstour auf dem Stausee: In der Sommersaison startet ab Niedzica das Ausflugsschiff ›Weiße Dame‹ (Biała Pani) zu einer 50-minütigen Tour; Juni–Sept. 9–19 Uhr, Abfahrt zu jeder vollen Std.

Bus: Von der Burg mehrmals tgl. nach Nowy Targ.

Richtig Reisen-Tipp:
In der Burg Niedzica über dem See wohnen

›Vorsicht Geister‹ signalisiert ein Schild vor dem Aufstieg zur Burg. Oben angekommen, passiert man einen älteren Herren mit roter Robe und goldglänzenden Knöpfen. Er lüftet seinen Federhut und verbeugt sich tief, schnarrt dabei ehrfürchtig *Dzień dobry państwo* (Guten Tag, meine Herrschaften). Als junger Mann hat er der ungarischen Adelsfamilie Salomon gedient, die bis 1945 in der Burg residierte. Als sie die Koffer packte und vor der herannahenden Roten Armee flüchtete, ist er geblieben; pflichtbewusst verrichtet er bis heute seinen Burgdienst – ein Relikt aus feudaler, vergangener Zeit.

Die Burg Niedzica liegt auf einem Felsvorsprung über dem Dunajec 2 km nordöstlich des gleichnamigen Ortes und wurde zu Beginn des 14. Jh. erstmals erwähnt. Bis 1945 blieb sie im Besitz ungarischer Adelsfamilien. Anschließend wurde sie verstaatlicht und dem Krakauer Kunsthistorikerverein zur Nutzung überlassen. Seit 1963 beherbergt die alte Grenzfestung ein **Museum** mit historischen Interieurs und ethnografischen Sammlungen (Muzeum Zamek Niedzicki, Mo geschl.).

Ist am späten Nachmittag der Besucherstrom verebbt, hat man die Burg fast für sich allein. Dann kann man nachvollziehen, warum der Herr mit dem Federhut diesen Ort nicht verlassen mochte. Der kleine, mit groben Steinen gepflasterte Innenhof, die umlaufenden Galerien, die schweren, in geheimnisvolle Gemächer führenden Holztüren: Sie bilden ein Bollwerk gegen die Welt der Moderne, sind der Alltäglichkeit entrückt.

In diesen historischen Gemäuern kann man auch übernachten. 14 Zimmer und Apartments stehen Gästen zur Verfügung. Sind die Schlossräume belegt, werden weitere 9 Zimmer in einem nicht ganz so malerisch gelegenen, 200 m entfernten Haus angeboten. Mahlzeiten gibt es nach Vorbestellung. Der Parkplatz vor der Burg ist bewacht. **Zamek Niedzicki:** Niedzica, Tel./Fax 018-26 24 89, DZ ab 50 €.

Poprad-Tal

Der wilde Poprad fließt durch eine einsame Wald- und Wiesenlandschaft. An seinem Ufer entstanden mehrere Kurorte, darunter das traditionsreich-nostalgische Krynica. Die ländliche Umgebung gibt bereits einen Vorgeschmack auf östliche Kultur: In den Dörfern entdeckt man ›verwunschene‹ Holzkirchen mit zierlichen Kuppeln und zwiebelartigen Türmen.

Krynica

Reiseatlas: S. 21, A 3

Dank seiner Holzvillen, der Badehäuser und Trinkhallen aus dem 19. Jh. hat sich der Kurort Krynica nostalgischen Charme bewahrt. Er zählt 18 000 Einwohner und liegt attraktiv in einem Bergkessel. Das gesellige Leben konzentriert sich wie schon vor 100 Jahren auf den ›**Deptak**‹, eine verkehrsfreie Promenade längs der Kryniczanka, einem Nebenfluss des Poprad. Hier befinden sich die wichtigsten Kureinrichtungen, in der Neuen Trinkhalle nippen Kurgäste zu jeder Tages-

zeit an ihrer Schnabeltasse. Besonders beliebt ist der eisenhaltige Zuber, der zwar nicht so gut wie viele andere der insgesamt 21 Mineralquellen schmeckt, dafür aber offenkundig der heilkräftigste ist. Mit seiner Hilfe genest man von Krankheiten der Gallen- und Verdauungswege, der Leber und des Stoffwechsels. Józef-Wasser wird zur Linderung von Anämie verwandt, Zuckerkranke bevorzugen das Jan-Wasser, da es den Zuckergehalt im Blut vermindert. Für den guten Nachgeschmack sorgen die Cafés in der Alten Kurhalle und an der Promenade.

Das Alte Kurhaus in Krynica mit nostalgischem Charme

Richtig Reisen-Tipp: Besuch im Nikifor-Museum

Der bedeutendste naive Maler Polens ist nur unter seinem Vornamen bekannt. Nikifor (1895–1968) wurde in Krynica geboren, seine Eltern kamen aus ärmlichen Verhältnissen. Er hatte einen Hör- und Sprachfehler, wurde deshalb Nycyfor (lemkisch ›Nichtsnutz‹) genannt. Die Grundschule musste er schon früh verlassen, hatte dort nur etwas Lesen und das Schreiben von Großbuchstaben gelernt. Später sah man ihn am Bahnhof, auf der Promenade und in den angrenzenden Straßen sitzen; auf Zigarettenschachteln und kleinen Zetteln, die er aus dem Abfalleimer hervorkramte, hielt er mit Federstrichen alles fest, was er zu Gesicht bekam.

Die meisten schenkten ihm kaum Beachtung, verwarfen seine Zeichnungen als kindische Kritzelei. Doch zwei Menschen gab es, Andrzej und Ela Banach, die sich mit dem ›Nichtsnutz‹ anfreundeten; sie waren von seinen Skizzen fasziniert, erkannten darin den verzweifelten Wunsch, sich gegen eine als feindlich erlebte Umwelt zu behaupten. Nach dem Zweiten Weltkrieg sorgten sie dafür, dass seine Aquarellbilder zunächst in Polen, dann auch im Ausland bekannt wurden. Sie wurden ausgestellt in den Kunstgalerien von London und Paris, Wien, Rom und Jerusalem.

Als er 1968 starb, wurde er posthum mit dem Ehrentitel ›Nikifor Krynicki‹ bedacht – eine späte Wiedergutmachung für die Behandlung, die ihm nach dem Krieg widerfuhr: 1947 hatten ihn die örtlichen Behörden nach Stettin zwangsausgesiedelt, weil er ein Lemke war. Darauf war er zu Fuß in sein Heimatdorf zurückgekehrt, barfuß und ohne einen einzigen Złoty – Hunderte von Kilometern …

Das Nikifor-Museum ist in einer verspielten Holzvilla eingerichtet. Über 100 Werke des naiven Künstlers sind hier ausgestellt, darunter einige, die an das alte Galizien erinnern: bunte, verträumte Bilder, märchenhaft verfremdete Normalität (Muzeum Nikifora, Bulwary Dietla 19, Mo geschl.).

Touristeninformation: ul. Piłsudskiego 8, 33-380 Krynica, Tel. 018-4 71 56 54,.Tel./Fax 4 71 55 13, www.krynica.org.pl, So geschl. Man hilft bei der Suche nach Unterkunft und gibt Broschüren aus. Ausflüge führen nach Zakopane oder in die Slowakische Hohe Tatra, ins Poprad-Tal und zum Bienenzuchtzentrum von Kamianna.

Saol: ul. Zdrojowa 16, Tel. 018-4 71 58 58, Fax 471 58 33, www.hotel.saol. com.pl, 26 Zimmer und Apartments. Zentral gelegenes dreigeschossiges Komforthotel mit eleganter Eingangshalle; einige Apartments mit Kamin. DZ ab 65 €.
Pan Tadeusz: ul. Leśna 10, Tel. 018-4 71 20 70, Fax 471 50 45, www.krynica.com.pl/pan tadeusz, 25 Zimmer. Gemütliches Gästehaus mit guter Kost und hübschem Garten, Verleih von Mountainbikes. DZ ab 50 €.

Witoldówka: ul. Bulwary Dietla 10, Tel. 018-471 55 77, Fax 471 56 07, www.witoldowka. com.pl, 36 Zimmer. Gästehaus, ruhig und zentral in einer der schönsten Villen Krynicas; alle Zimmer mit Bad und Sat-TV. DZ 50 € inkl. Vollpension.

Deptak: In den Kurcafés auf der Promenade trifft man sich zum Plausch bei Kaffee und Livemusik, Künstler stellen ihre Werke aus.

Jan-Kiepura-Festival (Aug.)**:** Opern- und Operettenfestival in Erinnerung an den Opernstar, der lange Zeit in diesem Ort lebte.

Bahn: Herrlich ist die Zugstrecke über Muszyna nach Nowy Sącz. 4–6 Züge tgl. fahren weiter nach Tarnów, nur 2 Züge

Mit dem Autor unterwegs

Unbedingt ansehen!
Krynica: Die Flaniermeile des Kurorts führt an nostalgischen Badehäusern, Trinkhallen und Holzvillen vorbei (s. S. 258).

Eine romantische Strecke
Von Krynica nach Stary Sącz: Die Kurorte am Poprad sind durch eine Straße miteinander verbunden, parallel dazu verläuft die schönste Eisenbahnstrecke Polens. Autofahrer könnten die Tour zu einer attraktiven Schleife ausbauen, indem sie durch das Kamienica-Tal zurückfahren (s. S. 259, 261).

Bergpanorama
Blick von den Gipfeln: Zu Fuß oder mit Seil- bzw. Gondelbahn geht es zum Jaworzyna und Parkowa hinauf, zwei Bergen im Umkreis von Krynica (s. S. 260).

Auf jahrhundertealten Spuren
Alte Holzkirchen: Orthodoxe Lemken und Bojken hinterließen mehrere kleine Holzkirchen, die Jahrhunderte überdauert haben (s. S. 260, s. auch Thema S. 268).

Stadt mit historischem Flair
Der stimmungsvolle Marktplatz in **Stary Sącz** erinnert an längst vergangene Zeiten (s. S. 261).

nach Krakau. Der Bahnhof liegt am Südausgang der Stadt.
Bus: Per Bus kommt man nach Mochnaczka und Tylicz, Berest, Polany und Kamianna.

Ausflüge von Krynica

Jaworzyna und Parkowa
Krynica ist ein idealer Ausgangspunkt zur Erkundung der **Sandezer Beskiden** (Beskid Sądecki), deren Gipfel zwar nur bis 700 m aufragen, aber dicht bewaldet sind. Bester Wegbegleiter ist die Karte *Beskid Sądecki* im

Maßstab 1:75000 (in Buchhandlungen erhältlich). Sie enthält markierte Wanderwege. Die klassische Tour führt in knapp 3 Std. auf den aussichtsreichen, 1114 m hohen **Jaworzyna**. Wer es bequem liebt, fährt vom Tal Czarny Potok (Anfahrt 5 km) mit der modernen, 2,2 km langen Gondelbahn auf den Gipfel hinauf. In nur sieben Minuten wird ein Höhenunterschied von über 450 m bewältigt! Direkt in Krynica, am Nordende der Promenade (Deptak 18), geht es mit einer Standseilbahn etwa halbstündl. auf den 741 m hohen **Parkowa**. Nach knapp 5 Min. ist die Bergstation erreicht; dort gibt es ein schönes Café mit Blick auf das Tal.

Holzkirchen
In der Gegend um Krynica haben Angehörige der Lemken im 17. /18.Jh. eine Reihe orthodoxer Holzkirchen erbaut, die man im Rahmen einer Tagestour mit Auto oder Linienbus kennen lernen kann. Aus dem Jahr 1787 stammt die Kirche in **Mochnaczka Niżna** (600 m Richtung Tylicz), den Schlüssel haben die Nonnen im Nachbarhaus. Vorerst nur im Juli und August kann man die Uniertenkirche von **Tylicz** besuchen. Die älteste und schönste der Region entdeckt man in **Powroźnik**; das 1643 erbaute Gotteshaus ist in der Regel Mo–Sa um 18 und So um 11 Uhr zugänglich. Weitere schöne Holzkirchen befinden sich an der Richtung Grybów führenden Straße in Berest und Polany.

Imkerdorf Kamianna
18 km nördl. von Krynica liegt inmitten von Wäldern Polens Zentrum für Bienenzucht. Henryk Ostach, seit 1960 Pfarrer im ehemaligen Lemkendorf, ließ Bienenstöcke aufbauen und unterrichtete die Bewohner in der Kunst der Imkerei. Auch engagierte er sich für den Bau eines Sanatoriums, in dem mithilfe von Imkerpräparaten geriatrische Krankheiten geheilt werden. Jeweils im Frühjahr und Herbst findet eine ›Honigmesse‹ statt, die all das zeigt, was aus Bienenprodukten hergestellt wird. In einem **Freilichtmuseum** können skulpturenähnliche Bienenhäuser besichtigt werden; den leckeren Honig pro-

biert man im **Haus des Imkers** (Dom Pszczelarza, Kamianna 29, Tel. 018-4 74 16 77). Und auch die **Holzkirche** mit ihren zwiebelförmigen Türmen lohnt einen Besuch – ein orthodoxes Gotteshaus, das jetzt von Katholiken genutzt wird.

Stary Sącz

Reiseatlas: S. 20, F 3
Die hübsche, 22 000 Einwohner zählende Stadt liegt am Zusammenfluss von Poprad und Dunajec. Die meisten Töchter werden hier nach Herzogin Kinga (Kunigunde) benannt: Ihr Mann, Herzog Bolesław V., hatte ihr 1257 das gesamte Sandezer Land als Geschenk überlassen, worauf sie nach seinem Tod 1273 Stary Sącz gründete und sieben Jahre später ein Kloster stiftete, dessen Äbtissin sie wurde.

Wundersame Kräfte sprach man ihr zu. So habe sie, als die Tataren in die Stadt einfielen, mit ihrem Fuß Spuren in den Fels gepresst, auf dass die Nonnen den Fluchtweg ins sichere Versteck fänden. Und gab es während des Sommers Mangel an Wasser, so habe sie es verstanden, den Fluss auf geheimnisvolle Weise in die Nähe des Klosters zu lenken. Schon bald seien darauf rund um das Kloster größere Ansiedlungen entstanden, deren Bürger zu Wohlstand gelangten.

Sehenswertes in Stary Sącz

Stary Sącz gehört zu jenen polnischen Städten, in denen man noch die Atmosphäre vergangener Zeiten atmen kann – ganz besonders am Kopfstein gepflasterten **Marktplatz,** der von kleinen historischen Bauten gesäumt und von Bäumen beschattet ist. Im ›Haus auf den Gruben‹ (Dom na Dołkach, 17.Jh.) ist ein **Regionalmuseum** untergebracht: ein buntes Sammelsurium von Töpferwaren, Stickereien, Waffen, Münzen und Uhren (Muzeum Regionalne, Rynek 6, Mo geschl.).

Das von Kinga gestiftete **Klarissinnenkloster** ist von einer mächtigen Mauer mit Schießscharten eingefasst. Im ›Päpstlichen Saal‹ wird jenes Gewand ausgestellt, das

Johannes Paul II. trug, als er Kinga 1999 heilig sprach – eine der vielen Landsleute, die er in diesen Rang beförderte. In der 1372 erbauten Klosterkirche sind kostbare Kunstwerke zu sehen, so die prächtig geschnitzte Kanzel (1671), die Stuckaltäre von Baldassare Fontana (1699) und die Kinga-Kapelle mit einer Figur der Heiligen von 1470 (Kościół Klarysek, Mo Schatzkammer geschl.).

Marysieńka: Rynek 12, Tel. 018-446 00 72. Lokal im 1. Stock des größten Hauses am Rynek; von der Terrasse hat man eine gute Aussicht. Hauptgerichte ab 3 €.

Bus/Bahn: Der Bahnhof befindet sich 1,5 km östl. des Stadtkerns, die Busstation direkt am Rynek. Nach Nowy Sącz und Szczawnica kommt man leicht mit Bus, nach Krynica ist die Zugfahrt schöner.

Nowy Sącz

Reiseatlas: S. 20, F 3
Die Stadt mit 84 000 Einwohnern ist das wirtschaftliche und kulturelle Zentrum der Region. 1292 wurde sie vom böhmischen König Wacław II. gegründet, erlebte aufgrund ihrer günstigen Lage am Kreuzpunkt von Handelsstraßen einen schnellen wirtschaftlichen Aufschwung. König Kazimierz III. ließ um 1350 im Norden der Stadt ein Schloss errichten, von dem aber aufgrund eines Brandes heute nur noch die Grundmauern erhalten sind. Das mittelalterliche Leben spielte sich vorrangig auf dem **Rynek** ab. Dieser hat einen Umriss von 160 x 120 m und ist einer der größten Plätze in Polen. Er wird von restaurierten Jugendstilhäusern gesäumt, in seiner Mitte prunkt das mächtige Rathaus.

In den Seitenstraßen mischt sich habsburgischer Historismus mit Gotik, Renaissance und Barock. Älteste Kirche der Stadt ist die **Margarethenkirche** östlich des Rynek; sie stammt aus dem 17. Jh., das Christusbild am Altar ist 200 Jahre älter. An die Kirche schließt sich südlich das **Gotische Haus** (Dom Gotycki) mit einem sehenswer-

Poprad-Tal

ten Regionalmuseum an. Ausgestellt werden Ikonen, sakrale Kunst und Holzschnitzerei vom 14. bis 19. Jh. (Muzeum Okręgowe, ul. Lwowska 3, Mo geschl.). Der Bildhauer Władysław Hasior schuf 14 Kreuzwegstationen in der neogotischen Kasimirkirche (Kościół Św. Kazimierza), die Art-Nouveau-Wandmalereien stammen von Jan Bukowski.

Gut 3 km südöstlich der Stadt wird in einem **Ethnografischen Park** die ländliche Architektur der Vorkarpaten präsentiert. Einige der über 50 Häuser und Kirchen kann man auch von innen anschauen (Sądecki Park Etnograficzny), ul. Długoszowskiego 83-B, Mo geschl.).

Touristeninformation: ul. Piotra Skargi 2, 33-300 Nowy Sącz, Tel. 018-4 44 24 22, Fax 443 55 97, www.nowy-sacz.pl, So geschl. An der Nordostecke des Rynek.

Beskid Orbis: ul. Limanowskiego 1, Tel. 018-443 57 70, Fax 443 51 44, www.orbis.pl, 82 Zimmer. Drei-Sterne-Hotel nahe dem Bahnhof, 2,5 km südl. der Altstadt. DZ 50–70 €.

Jugendherberge (Schronisko Młodzieżowe): ul. Rejtana 18, Tel. 018-442 38 97, 50 Plätze, ganzjährig geöffnet. 800 m südöstl. vom Bahnhof gelegene Herberge mit Drei- bis Zehnbettzimmern.

Kupiecka: Rynek 10, Tel. 018-4 42 08 31. Restaurant im Kellergewölbe eines Kaufmannshauses am Markt, von einem polnischen Gourmet-Guide zu einem der ›besten Restaurants Galiziens‹ gekürt. Es gibt Klößchen-, Knödel- und Piroggen-Varianten, dazu passend ein Zitronenpfeffersteak mit Pilzsoße oder Rehfilet mit Moosbeeren. Hauptgerichte 4–12 €.

Der Poprad bahnt sich seinen Weg durch eine weite Wald- und Wiesenlandschaft

Bus: Häufige und schnelle Verbindungen nach Stary Sącz und Krynica, Szczawnica, Zakopane und Kraków. Die Busstation liegt 1,5 km südl. der Altstadt (in Richtung Bahnhof).

Bahn: Mehrere Züge verkehren tgl. nach Krynica, Tarnów und Kraków. Der Bahnhof ist 2,5 km südl. der Altstadt gelegen. Näher am Zentrum befindet sich die Bahnstation Nowy Sącz Miasto, doch verkehren von hier nur Züge nach Chabówka, einem Ort auf halber Strecke zwischen Kraków und Zakopane.

Weiterfahrt Richtung Osten

Reiseatlas: S. 21, B 2, C 2/3
Eine gut ausgebaute Straße führt ostwärts in Richtung Sanok/Przemyśl, doch nur wenige Orte lohnen sich für einen Aufenthalt. Auf das enttäuschende **Gorlice** folgt nach 15 km das denkmalgeschützte **Biecz**: ein etwas schläfriger, aber durchaus liebenswerter Ort, welcher dank seiner preiswerten Unterkunftsmöglichkeiten bei Rucksacktouristen beliebt ist.

Krosno ist seit dem späten 19. Jh. ein Zentrum der Erdölindustrie, einzig das Gebiet um den Rynek erinnert an früheren Wohlstand. Von hier sind es noch 40 km bis Sanok, das nordwestliche Eingangstor zu den Bieszczaden, Polens ›letzter Wildnis‹. Spannender freilich ist der Einstieg über **Dukla** nahe dem Karpatendurchbruch. Biegt man noch vor dem Erreichen der slowakischen Grenze links ab auf die E-897, erlebt man 100 km phantastische Natur – die Straße führt über Komańcza, Wetlina und Ustrzyki Górne in den äußersten Südosten – dorthin, wo man noch Bären und Wölfe sehen kann!

Waldkarpaten

In Polens ›wildem Osten‹ leben mehr Bären, Wölfe und Wisente als Menschen. Die wenigen, die den Weg hierher fanden, sind zivilisationsmüde Aussteiger und Abenteurer auf der Suche nach dem ›wahren Leben‹ in der Natur. Einige haben Pensionen eröffnet und setzen auf Aktivtourismus: Zu Fuß und hoch zu Ross kann man die Hochalmen und dicht bewaldeten Täler erkunden.

Die polnischen Waldkarpaten sind eines der letzten vom Tourismus nicht eroberten Naturparadiese Europas. Sie werden begrenzt durch den Dukla-Pass im Westen und erstrecken sich ostwärts bis zur ukrainischen Grenze. Herzstück der Region sind die **Bieszczaden**. In dieser entlegensten Region Polens, wo laut polnischem Sprichwort der Teufel noch dem Menschen ›Gute Nacht‹ sagt, wurde 1973 ein Nationalpark geschaffen, 20 Jahre später begründete die Unesco das ›**Biosphärenreservat Ostkarpaten**‹.

Feriensiedlungen findet man nur am künstlich geschaffenen Solina-See, ansonsten gibt es außer Campingplätzen, Herber-gen und einigen Berghotels nichts als Wildnis und Einsamkeit. Mit Ausnahme der Sommerferien, wenn der Park von jungen Abenteurern ›heimgesucht‹ wird, kann man hier stundenlang über Hochalmen wandern, ohne einer einzigen Menschenseele zu begegnen. Kultur erlebt man in Form von Ruinen und Relikten. Einige Holzkirchen werden mithilfe der EU erneuert, an die Juden, einst die größte Minderheit der Region, erinnern Grabsteine. Den Frontverlauf des Ersten und Zweiten Weltkriegs dokumentieren versteckte Waldfriedhöfe mit windschiefen Kreuzen.

Die Anreise erfolgt über Krosno/Sanok oder Krosno/Dukla/Komańcza. Wer von Kra-

Das Freilichtmuseum in Sanok zeigt die untergangene Welt der Bojken und Lemken

kau über Łancut gefahren ist, wird Przemyśl als Einstiegsort wählen. Die ›Große Bieszczaden-Schleife‹ beginnt in Lesko und führt über Ustrzyki Górne, Wetlina und Komańcza.

Sanok

1 Die 40 000-Einwohner-Stadt liegt auf einer Anhöhe über dem San und ist das nordwestliche Eingangstor zu den Bieszczaden. Kulturell hat sie Interessantes zu bieten. Das auf einer Felsklippe thronende **Schloss** (Zamek), ursprünglich gotisch, später im Stil der Renaissance umgestaltet, birgt die umfangreichste Ikonensammlung des Landes. Die chronologisch angeordneten Bilder (14.–18. Jh.) stammen vorwiegend aus den nach der Vertreibung der Ukrainer 1947 verwaisten oder zerstörten Holzkirchen der Unierten. Nebenan, in der Beksiński-Galerie, werden Werke des in Sanok geborenen Künstlers Zdzisław Beksiński (geb. 1929) ausgestellt: surrealistische Visionen aus einer Welt der Melancholie und Düsternis.

Die verschwundene Welt der Bojken und Lemken, die bis 1947 in den Bieszczaden lebten, wurde im **Museum der Volksbaukunst**, einem großen Freilichtmuseum am gegenüber liegenden San-Ufer, 2 km nördlich der Stadt, rekonstruiert. Auf dem Weißen Berg (Biała Góra) entstand ein komplettes Dorf mit mehr als 100 Holzhäusern, russisch-orthodoxen und griechisch-katholischen Kirchen, Wind- und Wassermühlen sowie Speichern. Eine Ikonensammlung veranschaulicht orthodoxe Gläubigkeit, jüdische Kultgegenstände stammen aus ehemaligen Synagogen. Man kommt zum Museum mit Stadtbus 1 oder 3, die Besichtigung findet im Rahmen einer Gruppe von max. 20 Pers. statt und dauert 2 Std. (Muzeum Budownictwa Ludowego, ul. Rybickiego 3, tgl. 8–18, im Winter 8–16 Uhr, Eintritt 2,50 €).

 Touristeninformation: ul. Grzegorza z Sanoka 2, 38-500 Sanok, Tel. 0 13-464

45 33, Tel./Fax 463 09 38, www.sanok.pl, So geschl. Verkauf von Wanderkarten und Broschüren, u. a. zu den Routen der Ikonen und der Holzarchitektur. Ist die Info-Stelle geschlossen, versucht man sein Glück im PTTK-Büro (ul. 3 Maja 2, Mo–Fr 8–16 Uhr).

Waldkarpaten

Jagielloński: ul. Jagiellońska 49, Tel./ Fax 013-463 12 08, 21 Zimmer. Familiär geführtes Hotel an der Straße nach Lesko, alle Zimmer mit Bad und Sat-TV. DZ ab 30 €.

Karczma: Rynek 12, Tel. 013-464 67 00. Gasthaus am Markt mit altpolnischer Küche und einigen ›Ausreißern‹ wie Buchweizenpfannekuchen (hreczanyky) und Vollkornpiroggen (pierogi z mąki razowej). Hauptgerichte ab 3 €.

Wandern: In Sanok startet die ›Ikonenroute‹, eine 15-stündige Wanderstrecke von einer Holzkirche zur nächsten (Details: Touristeninformation).

Bus/Bahn: Nur mit Bus kommt man nach Ustrzyki Górne und Wetlina, auch mit Zug nach Komańcza via Zagórz. Bahnhof und Busstation befinden sich 1,5 km südl. der Stadt.

Lesko

2 Die 12000 Einwohner zählende Kleinstadt iegt 14 km südöstlich von Sanok. Ihre Blütezeit fiel ins 16. Jh., als sich die Familie Kmita hier ein Schloss erbauen ließ, das in ein Hotel verwandelt wurde. Damals wurde auch die Stadt befestigt und es entstand die Marienkirche (Kościół Parafialny NMP), der man 300 Jahre später einen neogotischen Turm aufsetzte.

Bei Ausbruch des Zweiten Weltkriegs bekannten sich über 40 % der Einwohner Leskos zum jüdischen Glauben. Die Nationalsozialisten haben sie getötet, die restliche

Bevölkerung – vorwiegend Lemken – wurde nach Kriegsende von Polen deportiert. Die **Renaissance-Synagoge** östlich des Rynek ist der ›Goldenen Rose‹, der bekannten Lemberger Synagoge, nachempfunden. Sie wurde nach dem Zweiten Weltkrieg erneuert und beherbergt heute eine Kunstgalerie (ul. Berka Joselewicza/Ecke Moniuszki). Geht man von der Synagoge 300 m den Hügel hinab, kommt man zum Eingang des Jüdischen Friedhofs, erkennbar am Davidstern. Etwa 500 Grabsteine blieben erhalten, der älteste stammt aus dem Jahr 1548. Viele Monumente sind Meisterwerke der Steinmetzkunst, verziert mit Tiermotiven oder zum Gebet erhobenen Händen.

 Zamek: ul. Piłsudskiego 7, Tel. 013-469 62 68, Fax 469 68 78, 34 Zimmer. Unterkunft im kassizistisch erneuerten Schloss, alle Zimmer mit Bad, einige mit Terrasse. Mahlzeiten werden im gotisch gestalteten Rittersaal eingenommen. DZ ab 45 €.
Camping Pod Zamkiem: Tel. 013-469 66 89, Mai–Sept. Zelten kann man am San unterhalb des Schlosses, auch Campinghäuschen können angemietet werden.

Rund um den Rynek gibt es Fastfood-Lokale, etwas besser ist das Ambiente im Schlossrestaurant.

Bus: Verbindungen nach Zagórz (dort Anschluss an die Bahn), nach Ustrzyki Dolne, Ustrzyki Górne, Wetlina und Cisna, außerdem zu den Ferienorten am Solina-See, nach Sanok und Kraków. Die Busstation befindet sich an der ul. Piłsudskiego, 1 km nordwestl. des Stadtkerns.

Solina-See

16 km südlich von Lesko liegt der 2200 ha große, 1980 künstlich geschaffene Solina-See (Zalew Soliński). Die Ferienzentren sind architektonisch wenig glücklich in die Berglandschaft eingepasst, erfreuen sich aber bei polnischen Urlaubern großer Beliebtheit. In **Solina** 3 und **Polańczyk** 4 findet man eine gut ausgeprägte Infrastruktur mit über 2000 Touristenbetten, es gibt Unterkünfte, Vergnügungszeilen und Open-Air-Bühnen. Die meisten Sanatorien, Urlaubsheime und Zeltplätze verfügen über eine eigene Bootsanlegestelle, Dampfer der Weißen Flotte starten zu 45-minütigen Ausflügen.

Im Internet:
www.solina.regiony.pl

Jawor: ul. Solińskim s/n, Solina, Tel. 013-468 82 11, Fax 468 82 21, 234 Zimmer. Drei-Sterne-Hotel auf einer Halbinsel am See. Mit Hallenbad, Tennisplätzen, Boots- und Radverleih sowie eigenem Strand. DZ ca. 60 € incl. Vollpension.
Crystal, ul. Bieszczadzka 11, Tel. 013-469 22 50, Fax 469 26 81, 16 Zimmer. Familiär geführtes Hotel am südl. Ortsausgang, fernab vom Sanatoriumsambiente. DZ ab 25 €.

Bus: Gute Verbindungen nach Lesko und Ustrzyki Dolne.

9 ▼ Nationalpark Bieszczady

Wanderer sind begeistert: 80% des 29000 ha großen Parks sind bewaldet, ein dichtes Netz markierter Wege erschließt die Landschaft und führt über windgepeitschte Grassteppen, Hochweiden und Grate. Sie sind eingetragen auf der Wanderkarte *Bieszczady Mapa Turystyczna* (1:75 000), die man mit etwas Glück an Kiosken erhält.

Czarna Górna

5 Das Straßendorf liegt 17 km südlich von Ustrzyki Dolne, hier vereint sich der Weg mit der vom Solina-See kommenden Straße. Wer mit dem Auto unterwegs ist, könnte Lust auf einen kurzen Abstecher in Richtung Osten haben: In **Bistre** und **Michniowiec** sind orthodoxe Holzkirchen zu entdecken. Auf der Weiterfahrt gen Süden lohnt ein Stopp kurz hinter Smolnik: Das dreitürmige Kirchlein von 1791 ist dem Erzengel Michael geweiht.

Bojken und Lemken, Holzkirchen und Ikonen

Niemand, der einmal in den Bieszczaden war, wird sie vergessen: Holzkirchen mit zwiebelförmigen Kuppeln, gewelltem Schindeldach und windschiefen Kreuzen. Oft stehen sie außerhalb des Dorfes auf einem Hügel, eingerahmt von einem Kranz knorriger Eichen und Linden.

Der orthodoxe Glaube kehrte mit den Ruthenen ein, einem Volksstamm aus der heutigen Ukraine, der sich ab dem 13. Jh. rund um den San ausbreitete. Im Spätmittelalter kam es zur Vermischung mit Balkannomaden und polnischen Kolonisten, was zur Herausbildung neuer ethnischer Gruppierungen führte. Neben Dolinianen (Talbewohnern) und Pogorzanen (Hügellandbewohnern) sprach man ab dem späten 16. Jh. von **Bojken** und **Lemken**. Von diesen traten viele nach der Union von Brest (1596) zum unierten (griechisch-katholischen) Glauben über, d. h. sie kündigten dem Patriarchen von Konstantinopel den Gehorsam auf und unterwarfen sich dem Papst; dieser war im Gegenzug bereit, die orthodoxe Liturgie zu akzeptieren.

Dass kein einheitliches Volk von Bojken und Lemken entstand, ist den unterschiedlichen Lebensverhältnissen in den Siedlungsgebieten geschuldet. Östlich von Cisna lebten die Bojken, westlich die Lemken. Bojken waren zumeist Leibeigene der Latifundienbesitzer und betonten ihre Verbindung zur ukrainischen Kultur. Unter den Lemken konnte sich ein größerer Drang nach Selbstständigkeit entfalten; wo sie lebten, befanden sich die meisten ›Königsdörfer‹, in denen freie Bauern Privilegien genossen.

Die Volksgruppen bildeten abweichende Dialekte aus und unterschieden sich in Kleidung und Alltagskultur. Lemken waren besser gestellt, ihre Häuser zeugten von der Lust, Schönes und Eigenes zu schaffen. Aus mächtigen Tannenbohlen erbaut, waren sie außen wie innen mit farbigen Pflanzenornamenten bemalt. Vorlauben verliehen ihnen eine verspielte Note und boten zusätzlichen Wohnraum. Bojken lebten in niedrigen, mit Stroh gedeckten Holzhäusern, Stube und Stall waren unter einem Dach vereint. Waren sie auch arm, so wollten sie doch nicht auf eine **Kirche** verzichten. Sie wurde aus Tannen- und Buchenholz erbaut, dazu kam ein dreigliedriges Zeltdach, dessen Mittelteil durch eine Kuppel betont wurde. Die Lemken dagegen bevorzugten ein steiles Stufendach, wobei jeder First von einem Helm gekrönt war. Oft wurde es so weit hinab gezogen, dass ringsum eine durch Säulen abgestützte Galerie entstand.

Prachtstück einer Kirche waren die **Ikonen**, archaische, an der Grenze zwischen byzantinischer und römischer Kunst entstandene Heiligenbilder. Sie waren nicht als Bibelillustration gedacht, sondern sollten der Erleuchtung dienen. Die eingesetzten Farben, subtil abgestuft von rot und braun bis olivgrün, wirken sinnlich-betörend; Blattgold und -silber, eingelassen ins Holz, verleihen der Ikone geheimnisvollen Zauber.

Nach festem Reglement wurden die Bilder zu einer ›**Ikonostase**‹ (Bilderwand) verknüpft. Der Gläubige, hungrig nach mystischer Offenbarung, versenkte sich in den Anblick der Ikonen, öffnete seine Seele für die aus den Bildern zu ihm sprechende Schönheit. Jenseits der Ikonostase begann das Reich der himmlischen Wirklichkeit. Den Weg zu diesem wies die ›Königstür‹, die sich während der Messe, im Dunkel der nur von Kerzen erleuchteten Kirche, öffnete.

Bis heute trotzen die Holzkirchen dem Sturm, Steine und Ruinenreste sind mit Moos überwuchert. Doch was romantisch anmutet, ist von Tod gezeichnet. Für die ukrainischsprachigen Bojken und Lemken, die in vielen Dörfern die Bevölkerungsmehrheit stellten, war in den Vorkarpaten kein Platz – sie wurden Opfer des polnisch-ukrainischen Grenzkrieges, der in den Jahren 1945–47 entbrannte. Da sie die polnische Regierung der Sympathie für die UPA-Rebellen bezichtigte, die für ein ukrainisches Reich von Krakau bis Kiew kämpften, wurde die Mehrzahl der Bojken und Lemken in einer Nacht- und Nebelaktion (29. April 1947) in andere Gegenden Polens umgesiedelt, vor allem in solche, die zuvor von Deutschen bewohnt waren. Bleiben durften nur die, deren Arbeitskraft als Holzfäller und Eisenbahner unentbehrlich schien.

Ganze Dörfer wurden dem Erdboden gleichgemacht, sollten nie wieder bewohnbar sein. Die Gotteshäuser fielen dem Verfall anheim; von 155 Kirchen gibt es heute noch 59. Die Sakralbauten in Rzepedź, Ustrzyki Dolne und Wielopole durften im Besitz der Unierten bleiben, 6 Kirchen wurden den Orthodoxen zugesprochen (u. a. in Komańcza und Turzańsk). Alle übrigen Häuser verleibte sich die katholische Kirche ein; sie weigert sich bis heute, diese an die ursprünglichen Eigentümer zurückzugeben.

Die Ikonen sind nach 1947 aus den Holzkirchen verschwunden. Die meisten wurden geraubt und auf dem internationalen Kunstmarkt verkauft. Nur 1000 konnten gerettet werden. Sie befinden sich heute im Ikonenmuseum von Sanok sowie in Przemyśl, Łańcut, Lublin. Eine vom PTTK-Büro in Sanok herausgegebene Broschüre (Weg der Ikonen) beschreibt die schönsten Ikonenkirchen im Rahmen einer 70 km langen Rundroute.

Griechisch-katholische Kirche aus Grąziowa

Waldkarpaten

Der künstlich angelegte Solina-See

Ustrzyki Górne

6 In Ustrzyki Górne, wo die Ringstraße ihren südöstlichsten Punkt erreicht, möchte man bleiben. Würzige Luft umfängt den Besucher, die bezaubernde Ruhe wird nur vom Plätschern des Flusses unterbrochen. Die Direktion des Nationalparks hat hier ihr Quartier und die Unesco veranstaltet Tagungen zum Thema ›Unzerstörte Landschaften‹. Der Ort liegt 650 m hoch am Ufer des Wołosaty und besteht nur aus wenigen, verstreut an der Hauptstraße liegenden Häusern; darunter ein paar Unterkünfte, ein Laden und – man sehe und staune – eine winzige Post. Für Wanderer ist dieser Ort ideal, denn einige der schönsten Wanderwege der Waldkarpaten laufen hier zusammen. Wenn man abends beim offenen Feuer am Campingplatz sitzt, kann es geschehen, dass Rehe vorbeispazieren und die Gäste neugierig mustern. Und ist man bereit, eine Nacht zu opfern, kann man von Plätzen, die ansonsten nur Förstern vertraut sind, Ausschau halten nach Bären und Wölfen.

Der Ort ist ein hervorragender Ausgangspunkt für Touren in den Nationalpark, z.B. auf den Berg **Tarnica** (1346 m) oder zum *Wielka Rawka* (1304 m). Der rot markierte Weg zur Alm **Połonina Caryńska** (1297 m) ist weniger anstrengend, wenn man ihn in **Brzegi Górne** beginnen lässt (s. Richtig Reisen-Tipp, S. 274).

Wetlina

7 Wetlina (500 Einw.) konkurriert mit Ustrzyki Górne um den Ruf, ›Hotspot des alternativen Lebens‹ zu sein. Vor allem Studenten sind es, die sich hier während der Semes-

terferien einquartieren. Der Ort liegt an der Südseite des Nationalparks und erstreckt sich 4 km längs der Straße, ist eingebettet in eine sanfte Hügellandschaft mit Wiesen und Wäldern.

Das Ortszentrum mit den preiswerten Herbergen trägt den Namen **Osada** (Ansiedlung). Hier wurde anstelle der nach dem Krieg zerstörten orthodoxen Kirche 1980 eine moderne Holzkirche errichtet. Pfarrer Aleksej betreut die Gemeinde: Jeden Tag braust er mit seinem kleinen Fiat los, um die verstreute Bevölkerung mit seinem Segen zu beglücken. Das Vehikel ist nicht zu übersehen: Jesusbildchen und Rosenkränze hängen an der Windschutzscheibe, im Kofferraum lagern Unmengen von Bibelexemplaren.

In Przysłup, westlich von Wetlina, startet eine **Schmalspurbahn** nach Majdan bei Cisna. Früher wurden mit ihr Holzfäller transportiert, heute wird sie touristisch genutzt. Schon seit Jahren wird diskutiert, ob die Linie noch rentabel ist, aktuelle Auskunft bekommt man – auf Polnisch – im Büro der Schmalspurbahn (Tel. 013-468 63 01).

Im Internet: www.bieszczady.info.pl www.bieszczadyonline.pl

In Wojtkowa

Arłamów: Wojtkowa s/n, Tel. 013-461 65 00, Fax 461 65 02. Bis 1990 war der 30 km von Ustrzyki Dolne entfernte Weiler für die meisten Polen tabu: Im hiesigen Hotel traf sich die kommunistische Nomenklatura zu Sport, Erholung und Jagd. Nach seiner Renovierung steht das Hotel allen offen: Es gibt gepflegte Zimmer mit Sat-TV und

Bad, außerdem Saunen, Tennisplätze, zwei Skilifts mit Kunstschnee sowie einen Reitstall. Seit hier im Jahr 2000 die Weltmeisterschaften im Schlittenhunderennen ausgetragen wurden, gehören winterliche Ausflüge mit Huskys zum Standardprogramm. DZ ab 60 €.

In Wetlina

Leśny Dwór: Wetlina 73, Stare Sioło, Tel./Fax 013-468 46 54, 13 Zimmer. Gästehaus 1 km abseits der Hauptstraße. Vom ›Waldhof‹ hat man einen weiten Blick auf den 1021 m hohen Jawornik und die Wälder ringsum. Das Haus ist mit Lärchenholz ausgelegt, an den Wänden prangt Hirschgeweih. Gemütliche Eingangshalle mit Kamin und Bar, kleine Zwei- und Dreibettzimmer. Mit Rad- und Skiverleih. DZ ab 50 €.

In Ustrzyki Górne

Górski: Ustrzyki Górne, Tel./Fax 013-461 06 04, 63 Zimmer. Zweistöckiges Berghotel mit Holzbalkonen und tief herabgezogenem Satteldach. Die Zimmer sind teils zum Parkplatz, teils zum Fluss gelegen. Mit Schwimmbad, Sauna, Billard, Tischtennis. DZ ab 45 €.

Raj Helmuta: Rabe 14/Czarna, Tel. 013-461 92 32, 5 Zimmer. Helmut ist ein Österreicher, liebt Huzulenpferde und hat in den Bieszczaden sein *raj* (Paradies) gefunden: So nennt er seine kleine Pension, 26 km nördl. von Ustrzyki Górne. DZ mit und ohne Bad ab 25 €.

Camping PTTK Nr. 150: Ustrzyki Górne, Tel. 013-461 10 36, Mai–Sept. Schattige Anlage neben dem Hotel Górski, zusätzlich mit Holzhäusern am Fluss.

Polnische Kost bieten die Hotels, einfacher und billiger isst man auf den Campingplätzen und in den Imbissstuben entlang der Ortsstraßen.

Reiten: In Wołosate befindet sich eine Zucht für Huzulen-Pferde. Die kleinen, robusten Pferde sind wie geschaffen für das schwierige Berggelände. Ausritte, Kutschen- und Schlittenfahrten vermittelt die Direktion des Nationalparks in Ustrzyki Górne (Tel. 013-461 06 50).

Bus: Verbindung Wetlina-Ustrzyki Górne nur im Juli und Aug., sonst ganzjährig Busse von Wetlina nach Lesko und Sanok, von Ustrzyki Górne über Czarna Górna nach Lesko bzw. Ustrzyki Dolne.

Komańcza

Die Streusiedlung Komańcza liegt an der großen Bieszczady-Schleife, wird auf einigen Karten bereits den Niederen Bekiden (Beskid Niski) zugeschlagen. Sie gilt als eines der letzten ›ukrainischen‹ Dörfer Polens, wurde 1947 nicht ›gesäubert‹. Orthodoxe und unierte Lemken stellen die Bevölkerungsmehrheit, Katholiken haben es nicht vermocht, den östlichen Ritus zu verdrängen.

Ein Blick zurück

Komańczas blickt auf eine konfliktreiche Geschichte zurück. 1312 gegründet, wurde es im 17. Jh. von ungarischen Truppen verwüstet. Bescheidener Wohlstand stellte sich unter **habsburgischer Herrschaft** im 19. Jh. ein. Zu dieser Zeit lebten hier vor allem Lemken, aber es gab auch Juden, Sinti und Roma; Letztere wurden als Schmiede und Musikanten geduldet und bewohnten eine eigene Straße. Über Komańcza lief ab 1872 die Zuglinie Budapest–Lemberg, durch die Wien mit den Randprovinzen verbunden war. Mit dem neuen Transportmittel kam auch der Handel in Schwung. Davon profitierten vor allem die zugewanderten Kaufleute und Handwerker; sehr oft waren das Polen – katholisch wie die habsburgischen Besatzer und deshalb als ›natürliche‹ Verbündete ausersehen. Die Bevorzugung der katholischen Minderheit trieb die unierten Lemken in Kontrastellung. Viele von ihnen optierten für eine Rückkehr zum Glauben ihrer Ahnen und wurden orthodox.

Der Keim für einen **Nationalitätenkonflikt** war gelegt, der religiöse Protest schlug in politischen um. 1918, beim Zusammenbruch des habsburgischen Reiches, kam es erstmals zu schweren Auseinandersetzungen. Anfang November wurde die ›**Republik Komańcza**‹ ausgerufen, der 30 Dörfer in der Umgebung beitraten, um den Anschluss an die Ukraine zu fordern. Die ›Republik‹ wurde von polnischen Truppen niedergeschlagen, doch die soziale Spannung blieb – bis heute – erhalten.

Stadtbesichtigung

Besucher fühlen sich vor allem von jenem Teil Komańczas angezogen, der sich entlang der Straße nach Jaśliska erstreckt. Am Ufer des Flüsschens Barbarka, das sich malerisch durch den alten Dorfkern schlängelt, finden sich traditionelle Lemkengehöfte mit braun bemalten, von weißen Streben unterbrochenen Holzbohlen. Die Häuser ducken sich unter Obstbäumen, Pferde mit zottigen Mähnen grasen am Wegesrand. Starken Zauber entfaltet die **Kapelle der ›Schützenden Muttergottes‹** (1802) auf einem Hügel am westlichen Ortsausgang. Ihre schindelgedeckten Kuppeln verstecken sich im Schatten hoher Bäume, eine verwitterte Steinmauer schützt Gräber mit windschiefen Kreuzen. Die Kirche birgt schöne Ikonen, die noch aus jener Zeit stammen, als die Messe von Unierten besucht wurde. 1963 wurde das architektonische Kleinod der orthodoxen Minderheit zugesprochen. Polnische Behörden suchten damit Spannungen zwischen den beiden Konfessionen zu schüren, um das ukrainische Nationalgefühl, welches beide Gruppen verband, aufzuweichen.

Eine von zahlreichen alten Holzkirchen in den Waldkarpaten

Richtig Reisen-Tipp: Wanderung im Dreiländereck

Im Herbst sind die Buchenwälder rot-gold gefärbt, es riecht nach Pilzen und modrigem Laub. Der schönste Teil der Wanderung führt am versteppten, oft windgepeitschten **Bergkamm** entlang. Am Horizont erstrecken sich sanft geschwungene Gebirgszüge, eine Landschaft grandioser Einsamkeit. Bei guter Sicht reicht der Blick bis hinüber in die Slowakei und die Ukraine.

Startpunkt: Brzegi Górne
Endpunkt: Ustrzyki Górne
Dauer: 4 Std.
Höhenunterschied: 570 m im Aufstieg, 620 m im Abstieg
Schwierigkeitsgrad: Nach teilweise steilem Aufstieg geht es Höhe haltend am Bergkamm entlang; die Tour endet mit einem langen, aber nicht beschwerlichen Abstieg.
Einkehr: Hotel, Herberge und Campingplatz in Ustrzyki Górne, im Sommer auch Imbissbude in Brzegi Górne
Hinweis: Busse verkehren zwischen Wetlina und Ustrzyki Górne nur im Juli und August.
Der Weg startet an der Straßenkurve mit dem Schild ›**Brzegi Górne**‹ auf halber Strecke zwischen Ustrzyki Górne und Wetlina. Die asphaltierte, nach Dwernik führende Seitenstraße lässt man links liegen und steigt an einem Marienbildstock vorbei den steilen Hügel hinauf. Kurze Zeit später ist ein kleiner Friedhof erreicht; eine Tafel mit kyrillischen Schriftzügen verweist darauf, dass hier früher eine orthodoxe Kirche stand. Ab dem Friedhof ist der Weg rot markiert und ausgeschildert, führt durch Birken- und Buchenwald stetig bergauf. Am Rande einer Lichtung bietet eine Bank letzte Möglichkeit zur Rast, bevor sich der Pfad durch dichten Wald steil emporschraubt. Die Baumgrenze wird durchschritten, auf geht es zum Kamm (Połonina Caryńska), dessen höchster Gipfel 1297 m erreicht (2.15 Std.). Der Blick von hier oben ist atemberaubend: Schaut man hinab, sieht man bewaldete Täler, schaut man nach vorn, wilde, versteppte Hochweiden.

Wenige Minuten später mündet von rechts der grün markierte, vom Wyżnianska-Pass kommende Pfad in unseren Weg

20 Jahre mussten die Unierten warten, bis es auch ihnen vergönnt war, ein eigenes Gotteshaus zu bauen. Die **Kirche der Unierten** befindet sich links der Straße nach Jaśliska: Der große Kuppelbau beherbergt eine goldverzierte Ikonostase, die aus einer verlassenen Kirche nahe Sanok stammt. Ein kleines Museum informiert über die bäuerliche Kultur der Lemken – den Schlüssel erhält man im benachbarten Pfarrhaus (*plebania*).

Die Publizistin Helga Hirsch hat die Schwierigkeiten beim Kampf um das neue Gotteshaus illustriert: »Erst hatten die griechisch-unierten Gläubigen den Bau über den römisch-katholischen Priester beantragen müssen – die unierte Kirche war ja keine Rechts-, sondern eine Unperson. Dann hatten sie den Katholiken dafür zahlen müssen, dass sie die Ikonostase, ihr altes Eigentum, überhaupt zurückerhielten. Schließlich mussten sie den Künstler aus Sanok, der die gestohlenen Ikonen ersetzte, noch in harten Dollar entlohnen. Nicht nur, dass sie vierzig Jahre lang schikaniert und klein gehalten wurden: Jetzt sollen sie die Kosten der Wiedergutmachung auch noch selber tragen.«

Die katholische Minderheit sicherte sich bereits in den frühen 1950er Jahren eine Holzkirche gegenüber vom Bahnhof, als zusätzliche Kultstätte dient ihnen die Kapelle im **Nazarenenkloster**. In dieser Holzvilla aus der Zwischenkriegszeit stand in den Jahren 1955/56 Kardinal Stefan Wyszyński unter Hausarrest.

Umgebung von Komańcza

Zwei wunderschöne Holzkirchen entdeckt man in **Rzepedź** 9 , 5 km nördl. von Komań-

ein, nach einer Viertelstunde zweigt er links zur Schutzhütte Koliba ab. Hier, am Gipfel **Wierzchołek** (2.35 Std.), eröffnet sich ein erster Ausblick auf den weiten Talkessel von **Ustrzyki Górne**. Durch dichten Wald geht

es bergab, vereinzelt kreuzen Hirsche und Rehe den Weg. Auf einer Holzbrücke wird der Fluss Wołosaty gequert, der Ausflug endet an der Ringstraße zwischen Hotel Górski und Campingplatz (4 Std.)

cza gelegen. Westlich der Straße geht es zur unierten Kirche des hl. Michael (1824), östlich zu einem wahren Schmuckstück, der orthodoxen Holzkirche im Weiler **Turzańsk** (1803): Fünf elegante Zwiebeltürmchen streben aus dem gedrungenen Kirchenschiff empor, das Sechste gehört zu einem freistehenden, besonders hoch aufragenden Glockenturm. Die ursprüngliche Kircheneinrichtung blieb im Stil des Rokoko mitsamt der Ikonostase erhalten – wer am Sonntagmorgen zur Messe erscheint, kann sie besichtigen.

Herberge (Schronisko PTTK Podkowiata): Komańcza-Letnisko, Tel. 016-467 70 13, 50 Plätze, ganzjährig geöffnet. Mitten im Kiefernwald und erreichbar über eine unter dem Bahngleis (Komańcza-Let-

nisko) abbiegende Straße. Spartanisch eingerichtet, im Sommer kann man auch in Campinghütten unterkommen. Das Lokal bietet einfache polnische Gerichte. P.P. ab 10 €.

Wandern: Auf der roten Trekkingtour kommt man von Komańcza in drei Tagen in den Südostzipfel Polens.

Bus: Tgl. mehrere Verbindungen via Rzepedź nach Sanok, eine nach Cisna und Dukla.
Bahn: In dem lang gestreckten Ort wurden zwei Bahnhöfe eingerichtet: Im Zentrum und im nördl. gelegenen Komańcza-Letnisko. 4 Züge fahren tgl. über Rzepedź nach Zagórz, von dort fahren Bussen nach Lesko und Sanok weiter.

Das ›Padua des Nordens‹ – Marktplatz und
Rathaus der Renaissancestadt Zamość

Zamość, Lublin und der Südosten

Lublin

Kielce

Zamość

Malerisches im Osten

Je weiter man in Richtung Osten fährt, desto ländlicher wird es. Die Straßen sind von schmalen Feldern gesäumt, auf denen die Erde noch immer mit Pflug und Pferd bearbeitet wird. Nirgendwo in Polen, heißt es, seien die Böden besser, nirgendwo schmecken Feld- und Waldbeeren so gut wie im östlichen Grenzland. Angebaut werden ebenfalls Zuckerrüben und Hopfen, Tabak und Raps. Von Besuchern aus dem Westen wird der Osten zumeist ignoriert – zu Unrecht, denn hier gibt es wahre Kleinodien zu entdecken.

In Zamość hat sich ein reicher Adeliger einen Traum verwirklicht: Keinen Złoty hat er gescheut, um sich mitten in der Provinz von italienischen Architekten eine Bilderbuchstadt im Geist der Renaissance erbauen zu lassen. Ihr Zauber blieb bis heute erhalten: Rings um eine Piazza scharen sich bunt geschmückte Palazzi, schachbrettartig angelegte Straßen führen zu den Festungswällen hinaus. Die Stadt ist das Sprungbrett in das südlich gelegene Rostotschien, einen etwa 20 km breiten Hügelstreifen mit Wäldern und Wildbächen, dessen zentraler Teil zum Nationalpark (Roztoczański Park Narodowy) erklärt wurde. Obgleich die Hügelkette nur 390 m aufsteigt, überrascht sie durch steile Abhänge, lange und tief gezogene Täler. Im Zweiten Weltkrieg waren die Schluchten und Hohlwege eine Operationsbasis der polnischen Partisanen.

Die größte Stadt der Region ist Lublin mit einer stimmungsvollen, sich über mehrere Hügel ausbreitenden Altstadt und einer quirligen Neustadt. Unmittelbar vor ihren Toren beginnen sanft gewellte, mit Feldern bedeckte Hügel. Auf den Wiesen weiden Kühe, an Wegekreuzungen sieht man des Öfteren einen Marienaltar mit frischen Blumen: Die Gegend wirkt so idyllisch, dass man nicht glauben mag, sie sei die ärmste der EU.

Dabei schmieden die Lokalpolitiker große Pläne für die Zukunft: Sie träumen davon, dass Fördergelder der EU bald auch zu ihnen kommen und mit ihnen das ersehnte ›Food Valley‹, in welchem Öko-Lebensmittel für Europa hergestellt werden. Einer der größten Arbeitgeber der Region ist schon jetzt die Firma Zentis, die aus Lubliner Früchten hochwertige Marmeladen herstellen lässt.

Besonders fruchtbar ist das Weichselschwemmland zwischen Sandomierz und Kazimierz Dolny. Am hohen Flussufer thront das mittelalterliche Sandomierz mit einer Burg und Kathedrale, stillen Gassen und Plätzen. Ein Stück weiter flussabwärts, wo die Weichsel eine breite Biegung beschreibt, liegt Kazimierz Dolny. Von der Zeit, als dieses Stetl ein großer Handelshafen war, künden Renaissance-Speicher am Fluss, phantastisch gestaltete Kaufmannshäuser und Ruinen mächtiger Burgen. »Die Stadt der Pflaumen und Bilder«, wie sie genannt wird, ist ein beliebter Treff von Kunstmalern; am Wochenende kommen Warschauer hierher, um Landluft zu schnuppern. Vor den Toren der Stadt liegt der gleichnamige Landschaftspark, der mit bis zu 90 m hohen Weichselklippen und lösshaltigen, von tiefen Sandrinnen und Schluchten durchzogenen Hügeln zum Wandern einlädt.

Einen ganz anderen Eindruck hinterlässt die Landschaft der Heiligkreuzberge: Wie ein monumentaler, in die Ebene geworfener Klotz ragt der alte, von Wind und Wasser abgeschmirgelte Gebirgszug auf. Seine Flanken sind mit dunklem Tannenwald bedeckt, der herrlich nach Harz duftet. Viele Wege führen durch den Wald, am attraktivsten ist der am Kamm entlang verlaufende Höhenpfad. Am Fuß des Gebirges liegt die Stadt Kielce, die viele Jahrhunderte Sitz der Bischöfe war – ein Barockschloss mit Kathedrale kündet von ihrem sagenhaften Reichtum.

Highlights

10 ▼ **Zamość:** Renaissance wie aus dem Bilderbuch: Die Unesco hat den Ort 1992 ins Verzeichnis des Welterbes aufgenommen (s. S. 280).

11 ▼ **Lublin:** In der ostpolnischen Metropole prallen Alt und Neu aufeinander. Eine Altstadt mit verwinkelten Gassen bewahrt das jüdische Erbe, in der Neustadt blüht das Geschäft (s. S. 287).

12 ▼ **Weichselstadt Kazimierz Dolny:** Kopfsteinpflaster, Getreidespeicher und Kaufmannskolorit: Der Besucher fühlt sich ins späte Mittelalter versetzt (s. S. 298).

Empfehlenswerte Routen

Entlang der Weichsel: Die ›Königin der polnischen Flüsse‹ kann man hautnah erleben. Kazimierz Dolny ist attraktiver Ausgangspunkt einer Radtour zur neuen oder alten polnischen Hauptstadt. (s. S. 301).

Reise- und Zeitplanung

Für Lublin, Zamość und Kazimierz Dolny sollte man mindestens einen Tag einplanen; Sandomierz in der ›polnischen Toskana‹ verdient zumindest einen halben Tag.

Klima und Reisezeit

Der Osten präsentiert sich am schönsten in der warmen Jahreszeit, wenn die Obstbäume blühen und die Getreidefelder wogen. Auch die Städte sind dann besonders attraktiv: Terrassencafés und -lokale schießen wie Pilze aus dem Boden.

Richtig Reisen-Tipps

Kultur im Burgtor: Hier wird das jüdische Lublin zu Leben erweckt: Film- und Tondokumente, Ausstellungen und Theaterstücke erinnern an die einstigen Bewohner der Stadt (s. S. 292).

Im Niemandsland zwischen Weichsel und Bug ließ sich einer der reichsten Adeligen Polens eine Idealstadt errichten, die bis heute seinen Namen trägt. Auf einem streng geometrischen Grundriss wurden Häuser hochgezogen, die mit ihren phantastischen Ornamenten und Farben einem Traum entnommen scheinen – die Unesco erklärte das Ensemble zum Welterbe.

10 Zamość – Perle der Renaissance

Cityplan: S. 282

Um eine Renaissance-Stadt in ihrer ursprünglichen Gestalt zu sehen, braucht man nicht nach Italien zu fahren. Nahe der ukrainischen Grenze, knapp 100 km südöstlich von Lublin, liegt Zamość (66 000 Einw.), gepriesen als ›Padua des Nordens‹ und ›Perle der Renaissance‹. Architektur wurde hier wie ein Bühnenbild inszeniert: Jede Straßenflucht eröffnet einen Ausblick auf eine Kirche oder einen Palast, nicht selten auch aufs Rathaus.

Ein Blick zurück

Jan Zamoyski (1542–1605), königlicher Großkanzler und Kronfeldherr, beauftragte

Bunte Arkadenhäuser an der Südseite des Marktes von Zamość

1580 den ihm noch von der Studienzeit in Padua bekannten Architekten Bernardo Morando mit dem Bau einer 600 x 400 m großen ›Idealstadt‹, wobei sich die Straßen wie in Krakau schachbrettartig um einen riesigen Marktplatz gruppieren sollten. Noch vor der Jahrhundertwende war das Zauberwerk vollendet – es entstand ein prunkvolles Zentrum mit Rathaus und Schloss, Kirchen und Bürgerhäusern, gesichert durch ein System moderner Festungsmauern mit Zeughaus, sieben mächtigen Bastionen und mehreren Toren.

Zamoyski machte aus seiner Stadt eine **Kunst- und Kulturmetropole**; sie wurde Sitz einer Akademie, es fanden Theatervorführungen und Dichterlesungen statt. Zur intellektuellen Blüte gesellte sich der Aufschwung des Handels. Dank der garantierten Religionsfreiheit und dem Privileg, 25 Jahre lang keine Steuern zahlen zu müssen, zog die Stadt Siedler aus allen Teilen Europas an. Es kamen Juden aus Spanien, Kaufleute und Handwerker aus Armenien, Griechenland, Schottland und Italien: eine exotische Mischung mit äußerst unterschiedlichen Sitten und Gebräuchen.

1655 war Zamość neben Tschenstochau und Danzig die einzige Stadt Polens, die der schwedischen Belagerung standhielt. In der Folge wurde freilich auch sie vom Niedergang Polens erfasst, der Klerus eroberte wichtige Positionen und die Kaufleute wanderten ab. Bis 1821 blieb die Stadt Privatbesitz der Zamoyskis, politisch freilich war die Familie bereits vorher entmachtet. 1772 fiel Zamość an Österreich, später an Russland. 1939 wurde sie östlicher Vorposten des Dritten Reichs und trug vorübergehend den Namen ›Himmlerstadt‹. In den Jahren der Besatzung wurde fast die gesamte jüdische Bevölkerung ermordet: In der Rotunde gab es Massenerschießungen, in Belżec Tod durch Vergasung.

Um den Marktplatz

Alle wichtigen Straßen münden in den quadratisch angelegten, 100 x 100 m großen **Marktplatz** 1 (Rynek Wielki). Er ist einer der

Mit dem Autor unterwegs

Unbedingt ansehen!
Altstadt: Das Gesamtkunstwerk aus Marktplatz, Rathaus und Bürgerpalästen, dazu die Kathedrale und ein paar Museen (s. S. 281).

Herrliche Aussicht
Turm der Kathedrale: Von einer Aussichtsplattform überblickt man die Altstadt von Zamość (s. S. 283).

Jazzige Nachtmusik
Jazz im Badehaus: In der ehemaligen jüdischen Mikwe bittet der Klub Kosz zu Livemusik in der Renaissancestadt (s. S. 285).

schönsten Renaissance-Plätze Polens mit eleganten Bogengängen und dekorativen Friesen. Wie in Krakau erklingt auch in Zamość jeden Tag um 12 Uhr das Turmlied der Stadt; doch anders als in der einstigen Königsstadt lässt der Trompeter seine Melodie nicht von der Kirche, sondern vom Turm des barocken Rathauses erklingen. Der achteckige und 52 m in die Höhe aufschießende Turm entspricht in seiner Eigenwilligkeit dem **Rathaus** (Ratusz). Über eine großzügige, 1768 angefügte Freitreppe steigt man zu seinem Eingang hinauf, von der Plattform wirft man einen Blick auf das bunte Treiben des Platzes.

Kulturelle Vielfalt spiegelt sich in den Reliefs der den Rynek säumenden Laubenhäusern. Besonders imposant sind die farbenprächtigen, orientalisch anmutenden Bauten der Nordseite, so das armenische Kaufmannshaus Nr. 26 mit dem Erzengel Gabriel an der Fassade. Es beherbergt das sehenswerte **Regionalmuseum** 2 mit Volkskunst, Gemälden und Porträts; ein architektonisches Modell erlaubt den Vergleich zwischen dem Zamość von 1700 und der heutigen Stadt (Muzeum Okręgowe, ul. Ormiańska 30, Mo geschl.).

Auf der Ostseite des Platzes lebten ab dem frühen 17. Jh. Professoren der neu ge-

Zamość: Cityplan

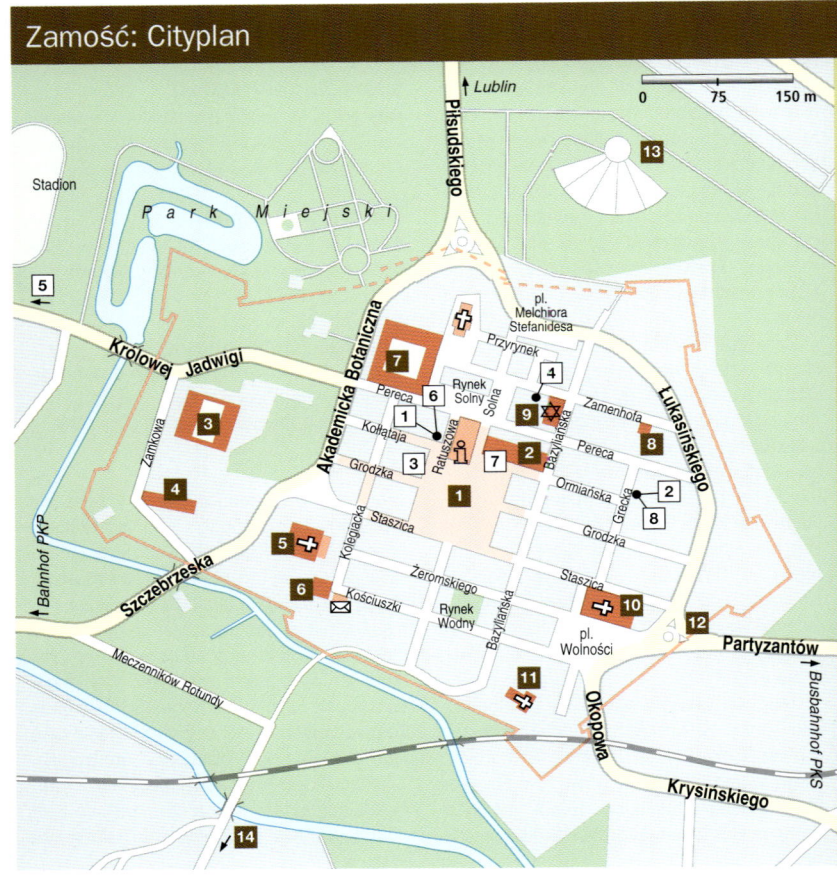

gründeten Akademie. Ihr erster Rektor war ein Mediziner, der im Haus Nr. 2 eine Apotheke einrichtete (1609) – noch heute trägt sie den Namen ›Rektorska‹. Gegenüber lebten Schotten und Griechen, an der Südseite Italiener. Ihre Häuser sind vergleichsweise schlicht, haben aber wunderbare Portale; geht man hinein, entdeckt man Flure mit Stuckarbeiten und Räume mit umlaufendem Fries.

Die berühmteste Bewohnerin der Stadt, Rosa Luxemburg, wurde am 5. März 1870 im **Haus Nr. 37** (ul. Staszica) geboren, aber nur eine Plakette erinnert an die Kaufmanns-

tochter ›aus gutem Haus‹, die sich nicht verführen ließ von den Annehmlichkeiten des bürgerlichen Lebens, sondern bereits als 16-Jährige Kontakt zu sozialrevolutionären Kreisen suchte. 1894 gründete sie die ›Sozialdemokratie des Königreichs Polen und Litauen‹, schrieb in Artikeln an gegen die nationalistische Verengung des Denkens und plädierte für einen marxistischen Freiheitsbegriff, der die ›Freiheit des anders Denkenden‹ anerkannte. Gemeinsam mit Karl Liebknecht begründete sie 1918 die Kommunistische Partei Deutschlands, ein Jahr später wurde sie von Freikorps-Offizieren ermordet.

Sehenswürdigkeiten
1 Marktplatz mit Rathaus
2 Regionalmuseum
3 Zamoyski-Palais
4 Museum im Alten Zeughaus
5 Kathedrale
6 Sakralmuseum
7 Akademie
8 Mikwe
9 Synagoge
10 Franziskanerkirche
11 Nikolaikirche
12 Lemberger Stadttor
13 Amphitheater
14 Rotunde-Mausoleum

Übernachten
1 Zamojski
2 Renesans
3 Arkadia
4 Marta/Dom Turysty
5 Camping Duet Nr. 277

Essen und Trinken
6 Victoria
7 Muzealna
8 Arkadia

Vom Zamoyski-Palais zur Kathedrale
Der Marktplatz mit dem umliegenden, charakteristischen Bürgerhäusern bildete das Handelszentrum der Renaissancestadt Zamość, westlich davon befand sich das **Zamoyski-Palais** 3 (Pałac Zamojskich), von welchem aus der Stadtgründer die Geschicke des Majorats lenkte. Das Gebäude hat viel von seiner einstigen Pracht eingebüßt, seit es 1830 umgebaut wurde und als Militärlazarett diente. Nach Wiedererlangung der Unabhängigkeit 1918 tagte hier der Gerichtshof.

In den Schlachten gegen Türken, Russen und Schweden erwarb sich Jan Zamoyski Ruhm als erfolgreicher Feldherr. Siegestrophäen, Uniformen und Waffen sind im **Museum im Alten Zeughaus** 4 ausgestellt; alte Stiche zeigen Festungsstädte des 17.–20. Jh. (Muzeum Barwy i Oręża ›Arsenał‹, ul. Zamkowa 2, Mo geschl.).

Der politischen und militärischen Macht stellten sich Kirche und Akademie zur Seite. Die dreischiffige **Kathedrale** 5 (Katedra), bis 1992 Kollegiatskirche, hat im Innern venezianischen Manierismus in Reinform bewahrt. Sie verfügt über reich ausgestattete Kapellen, eine Schatzkammer, Skulpturen und Gemälde. Zu den Kostbarkeiten gehört ein silbernes Tabernakel im Rokokostil sowie ›Mariä Verkündigung‹, ein Bild Carlo Dolcis. Stadtgründer Zamoyski wurde in der Krypta unterhalb der nach ihm benannten Kapelle beigesetzt. Vom frei stehenden Glockenturm bietet sich ein weiter Blick über die Stadt. Das Priesterhaus beherbergt ein **Sakralmuseum** 6 mit liturgischen Gewändern, Messkelchen und wertvoller Goldschmiedekunst. Das Wappen Kiślickis, des ersten Prälaten der Stadt, prangt deutlich sichtbar am barocken Portal (Muzeum Sakralne, ul. Kolegiacka 2, Mai–Okt. Mo–Fr 10–16, Sa–So 10–13 Uhr So keine Turmbesteigung).

Um den Salzmarkt
Die **Akademie** 7 (Akademia), 1594 an der Westseite des Salzmarkts (Rynek Solny) gegründet, war die nach Krakau und Vilnius dritte Hochschule Polens; hier konnten Jura, Philosophie und Medizin studiert werden. Im Umkreis des Marktes, wo das Salz aus Wieliczka und Drohobycz umgeschlagen wurde, siedelten sich ab 1588 viele Juden an. In einem unterirdischen Saal, der heute für Jazzkonzerte genutzt wird (ul. Zamenhofa 3), befand sich die **Mikwe** 8 (Mykwa), das rituelle jüdische Badehaus. Die **Synagoge** 9 (Synagoga) an der Ecke Zamenhofa/Bazyliańska, ein gutes Beispiel jüdischer Spätrenaissance, dient jetzt als Bibliothek. Aron Ha-Kodesh, der heilige Stein der Juden, blieb zwar original erhalten, doch legt

das Bibliothekspersonal Wert darauf, dass er hinter polnischen Buchregalen versteckt bleibt.

Weitere Sehenswürdigkeiten

Die **Grecka** ist nach den früher hier lebenden Griechen benannt. Wo heute das Hotel Renesans steht, erhob sich dereinst eine orthodoxe Kirche (1811). Nach dem Willen der Hotelbesitzer soll die Fassade schon bald mit einer originalgetreuen Replik der Kirchenfront verkleidet werden. Einer neuen Bestimmung wurde auch das ›Kloster der barmherzigen Brüder‹ an der Ecke Grecka/Staszica zugeführt. In dem bunt bemalten Bau befindet sich seit Anfang des 19. Jh. ein Gasthaus.

Am Platz gegenüber erhebt sich die **Franziskanerkirche 10** (Kościół Franciszkanów). Sie wurde 1637–85 erbaut, keine Kirche des 17. Jh. konnte mit ihrer Schönheit konkurrieren. Im 19. Jh. wurde sie zur Kaserne umfunktioniert, selbst die hübschen Barockspitzen ließ man abtragen. Weiter südlich steht die **Nikolaikirche 11** (Dawna Cerkiew Grecko-Ruska), 1631 im typisch moldauischen Stil erbaut, mit niedriger, weit auslaurender Kuppel und hohem Zwiebelturm. Heute wird sie von Katholiken genutzt.

Seit ein Teil der alten Wehrmauern restauriert wurde, können zwei der einst sieben Bastionen besichtigt werden. Am **Lemberger Stadttor 12** (Brama Lwowska) starten im Sommer Touren zu den unterirdischen Verteidigungsgängen. Folgt man dem Befestigungsring nach Norden, kommt man zum **Amphitheater 13** (Amfiteatr), wo während des Festivals im Sommer meist experimentelle Gruppen auftreten. Südlich der alten Wehrmauern liegt das **Rotunde-Mausoleum 14**, ein Ziegelbau in Form eines zur Stadt geöffneten Ringes (1831). Über 8000 Menschen wurden darin im Zweiten Weltkrieg von Deutschen getötet (Museum Martyrologii ›Rotunda‹, ul. Męczenników Rotundy, Mo geschl.).

Touristeninformation: Rynek Wielki 13 (Ratusz), 22-400 Zamość, Tel. 084-639 22 92, Tel./Fax 627 08 13, www.zamosc.pl. Großes Büro in den Bogengängen des Rathauses. Das freundliche Personal ist behilflich bei der Wohnungssuche und organisiert Rundgänge.

Zamojski 1: ul. Kołłątaja 2–6, Tel./Fax 084-639 28 86 und 084-639 25 16, www.orbis.pl, 54 Zimmer. Mehrere Renaissancehäuser wurden zu einem Drei-Sterne-Hotel verknüpft: mit komfortablen Zimmern, einige mit herrlichem Blick auf den Marktplatz. DZ ab 75 €.

Renesans 2: ul. Grecka 6, Tel. 084-639 20 01, Tel./Fax 084-638 51 74, 24 Zimmer. Mittelklassehotel am Ostrand der Altstadt, 2 Min. vom Rynek. Gemütliche Zimmer mit Sat-TV und Kühlschrank, die Betten sind breit und bequem; freundlicher Service. DZ ab 50 €.

Arkadia 3: Rynek Wielki 9, Tel. 084-6 38 65 07, 9 Zimmer. Kleines Hotel im zweiten Stock eines historischen Hauses direkt am Rynek, einige mit Blick auf das Rathaus und die armenischen Kaufmannshäuser. DZ ab 32 €.

Marta/Dom Turysty 4: ul. Zamenhofa 11, Tel. 084-639 26 39, 9 Zimmer. Herberge für Rucksacktouristen im ehemaligen jüdischen Bethaus neben der Synagoge: mit Räumen für 2–8 Personen. DZ ab 12 €.

Camping Duet Nr. 277 5: ul. Królowej Jadwigi 14, Tel. 084-639 24 99. 1 km westl. der Altstadt, 15 Campinghäuschen für max. 6 Personen.

Victoria 6: Hotel Zamojski, ul. Kołłątaja 2–6, Tel. 084-639 25 16. Gepflegtes Hotelrestaurant mit internationaler Kost. Hauptgerichte ab 6 €.

Muzealna 7: ul. Ormiańska 30 (Rynek), Tel. 084-638 64 94. Gemütlicher Treff im Renaissance-Keller des Regionalmuseums. Deftige Hausmannskost, selbst gemachtes Schmalz mit Dillgurken und verschiedene Pierogi-Varianten. Hauptgerichte ab 3 €.

Arkadia 8: Rynek Wielki 9, Tel. 084-638 65 07. Café-Restaurant im 1. Stock des Mini-Hotels: ein guter Ort, um das Treiben auf dem Platz, vielleicht auch den Auftritt von Musikern oder einer Schauspielertruppe zu genießen. Hauptgerichte ab 3 €.

 Cocktail Bar: Hotel Zamojski, ul. Kołłątaja 2–6.
Klub Kosz: ul. Zamenhofa 3 (Eingang über Hinterhof). Ältester Jazzclub östl. der Weichsel (1982). Grzegorz Obst, der rührige Besitzer, organisiert Festivals und Konzerte mit Livemusik, Letztere meist freitags. Lockere Stimmung und rauchgeschwängerte Luft!

 Theatersommer (Juli): Abendliche Aufführungen auf dem Rynek und im Amphitheater.
Internationale Jazztage (Sept.): Traditionsreiches Musikereignis, zu dem berühmte Solisten aus aller Welt erwartet werden.

 Bahn: Mehrmals tgl. nach Kraków und Zwierzyniec, nur selten und auf Umwegen nach Lublin; frühmorgens PKP-Expressbus nach Warszawa ab Bahnhof PKP (ul. Szczebrzeska, 1 km südwestl. der Altstadt).
Bus: Schnelle Verbindungen nach Lublin, Sandomierz und Warszawa, über Łańcut nach Rzeszów, Przemyśl und Kraków. Der Busbahnhof PKS befindet sich 2 km östl. der Altstadt (ul. Reja 2).

Ausflugsziele

Zwierzyniec
Reiseatlas: S. 16, D 3
Bester Ausgangspunkt für Spaziergänge durch den **Nationalpark Roztocze** (Roztoczański Park Narodowy) ist Zwierzyniec (7500 Einw.), ein wohltuend ruhiger Ort, 32 km südlich von Zamość. Seine Gründung fällt ins Jahr 1593. Damals schloss Jan Zamoyski das hiesige Landgut an sein Majorat an und gründete einen Tiergarten. Dieser wurde alsbald mit Elchen, Auerochsen, Tarpanen, Rehen und Hirschen gefüllt und mit einem 30 km langen Zaun umgeben. Zamoyski lebte in Zamość und kam nur hierher

um zu jagen. Seine Frau Maria jedoch zog sich ganz nach Zwierzyniec zurück, wo Bernardo Morando für sie eine kleine ›Holzvilla‹ schuf. Einsam war sie hier nicht, schon bald entspann sich eine verbotene Liebschaft zwischen ihr und König Jan III. Sobieski …

Die Holzvilla wurde im 19. Jh. abgerissen, erhalten blieb nur die malerische, auf einem See postierte **Barockkirche** (Kaplice na Wodzie). In einem Holzpalais von 1890 hat die Leitung des Nationalparks ihren Sitz; ihr untersteht das Naturkundemuseum im Süden der Stadt, wo herrliche Wanderwege starten: z. B. zum ›Buchenberg‹ (Bukowa Góra, 306 m) oder zum ›See der Tarpanpferde‹ (Stawy Echo). Tierfreunde werden frohlocken: Es gibt im Nationalpark außer Tarpanpferden auch Rehe und Hirsche, Wildschweine, Biber, Äskulapschlangen, Auerhähne, Schwarzstörche und Kraniche – dazu mehr als 2000 Gattungen von Käfern und seltsamen Lurchen, darunter Feuersalamander, Siebenschläfer, Talunken, Teich- und Kamm-Molche (Muzeum Roztoczańskiego Parku Narodowego, ul. Plażowa 3, Mo geschl.).

Krasnobród
Reiseatlas: S. 16, D 3
Der am Ufer des Wieprz gelegene Kurort hat ein sehr günstiges Mikroklima und genießt zudem den Ruf, ein ›kleines Tschenstochau‹ zu sein. Als 1655 die Eroberung durch die Schwedenheere drohte, fand man an der Quelle des Flusses ein Marienbild. Es geschah, woran niemand zu hoffen wagte: Die Schweden zogen am Ort vorbei, kein Haus wurde zerstört. Seit über 300 Jahren lockt das Marienbild Pilger aus ganz Polen an, siebenmal pro Jahr marschieren sie auf, besonders zahlreich am 1. Juli. Ein zusätzlicher Pilgerreiz wurde 1980 geschaffen: Hinter der Dominikanerkirche entstand eine Kalvarienanlage mit 16 Figurenkompositionen.

 Bus: Von und nach Zamość fahren viele Busse, in den kleinen Ortschaften befinden sich die Haltestellen direkt im Zentrum.

Die Hauptstadt der gleichnamigen Provinz hat ›östliches Flair‹: Die orthodoxe Burgkapelle ist ein Welterbe der Unesco, die Altstadt gespickt mit Bürgerhäusern im Stil byzantinisch inspirierter Renaissance. Einst stand in Lublin eine bedeutende jüdische Hochschule, heute konkurriert eine katholische mit einer weltlichen Universität.

Die mit 360 000 Einwohnern größte Stadt Ostpolens ist Hauptstadt der Provinz Lubelskie. Seit Karol Wojtyła, der spätere Papst Johannes Paul II., mit Ethikvorlesungen auf sich aufmerksam machte, gilt die hiesige Katholische Universität als geistliche Kaderschmiede der Nation. Gegründet wurde sie nach dem Ersten Weltkrieg, 25 Jahre später, gegen Ende des Zweiten Weltkriegs, wurde ihr mit der staatlichen Maria-Curie-Skłodowska-Universität ein ideologischer Widerpart verpasst. Die studentische Jugend bestimmt heute das Straßenbild, es gibt katholische, aber auch avantgardistische Theaterbühnen, eine Vielzahl von Clubs, Bars und Cafés. Sie konzentrieren sich auf den Westteil der Stadt, den Boulevard Krakowskie Przedmieście und seine Nebenstraßen. Die modernen Vorstädte im Norden und Süden möchte man meiden: Ein hässlicher Ring von Neubausiedlungen umschließt den historischen Kern.

Hauptattraktion ist die Altstadt. Sie erstreckt sich über zwei Hügel und dominiert mit ihren Türmen und Zinnen die Silhouette der Stadt. Verwinkelte Gassen mit schiefen Patrizierhäusern erinnern an längst vergangene Zeiten, beschwören das Bild einer Stadt, die als ›Jüdisches Oxford‹ über Polens Grenzen hinaus Berühmtheit erlangte. Von ihr ließ sich Isaak Bashevis Singer zu

**Eingang zur Stadt –
das wuchtige Krakauer Tor**

seinem ›Zauberer von Lublin‹ inspirieren – noch heute wird das Stück in stets neuen Inszenierungen auf die Städtischen Bühnen gebracht.

Ein Blick zurück

Lublin stand zweimal im Brennpunkt der Geschichte. 1569 wurde hier die ›Lubliner Union‹ besiegelt, der Zusammenschluss Polens und Litauens zum mächtigsten Staat Osteuropas. Lublin wurde Herzstück des Reiches, in dieser Stadt kreuzten sich zentrale Handelsrouten zwischen beiden Landesteilen. Hieronimo Lippomano, Gesandter der Republik Venedig, notierte 1575: »In Lublin, das in der Mitte aller polnischen Provinzen liegt, gibt es Jahrmärkte, wohin Leute aus allen Grenzländern ziehen. Es kommen Russen, Tataren, Türken, Italiener, Juden, Deutsche, Ungarn, dazu auch Armenier und Litauer.«

Das zweite wichtige Ereignis fand in der Schlussphase des Zweiten Weltkriegs statt: Als eine der ersten polnischen Städte wurde Lublin am 25. Juli 1944 von sowjetischen Truppen befreit. Sie wurde damit zur Keimzelle des neuen polnischen Staates: Hier entwickelte das in Moskau gegründete ›Komitee der nationalen Befreiung‹ die Grundlinien der zukünftigen Gesellschaftsordnung. Im Januar 1945 erwuchs aus dem Komitee die Provisorische Regierung Polens, doch wurden in der Folge alle zentralen Planungsbehörden nach Warschau verlegt.

Mit dem Autor unterwegs

Unbedingt ansehen!

Altstadt: Die auf zwei Hügeln gelegene Altstadt Lublins mit gewundenen Gassen, farbenfrohem **Marktplatz**, mächtiger **Burg** und **Kathedrale** ist ein Muss bei einem Stadtbesuch. Das Museum in der mächtigen Burg beherbegt wertvolle Ikonen und Kunstwerke. Die mit orthodoxen Wandmalereien geschmückte Kapelle wurde von der Unesco zum Welterbe erklärt (s. S. 288).

Umwerfendes Panorama

Krakauer Tor: Von der Aussichtsterrasse des turmartigen Tors überblickt man Alt- und Neustadt (s. S. 288).

Kulinarisch-jüdisch genießen

›Jüdische‹ Lokale wie das ›Szeroka 28‹ in Lublin bieten *gefilte fisch* und Klezmer-Musik (s. S. 295).

Kontrast pur

Hier die feudale Pracht eines Schlosses, dort der revolutionäre Duktus des Sozialistischen Realismus – vereint unter einem Dach im Barockschloss **Kozłówka** in **Lubartów** (s. S. 295).

Altstadt und Festung

Krakauer Tor

Wer vom Platz Łokietka kommend die Altstadt betritt, fühlt sich in dunkle Vorzeiten versetzt. Der Besucher läuft durch schmale Gassen, blickt in dunkle Hinterhöfe und sieht Häuser mit abblätterndem Putz. Am **Krakauer Tor 1** (Brama Krakowska), Teil der 1341 erbauten Befestigungsanlage, sind die Restaurierungsarbeiten bereits weit fortgeschritten. Der Turm über dem mit einer Barockhaube gekrönten Tor beherbergt das **Museum zur Stadtgeschichte**. Darin wird anhand von alten Karten und Skizzen, Dokumenten und Fotografien die Entwicklung der Stadt illustriert. Vom Obergeschoss

bietet sich ein schönes Panorama, der Blick schwenkt vom Neuen Rathaus im Westen zu den Dächern und Türmen der Altstadt (Muzeum Historii Miasta, Brama Krakowska, pl. Łokietka 1, Mo/Di geschl.).

Rund um den Marktplatz

Über die Bramowa-Gasse erreicht man den historischen, von Bürgerhäusern gesäumten **Marktplatz 2** (Rynek). Lubliner Kaufleute, reich geworden im Getreidehandel mit Westeuropa, ließen sich im 16. Jh. prächtige Häuser erbauen, stifteten Kirchen und Klöster. Die Architekten waren zumeist italienischer Herkunft; sie gehörten zum Gefolge Bona Sforzas, die als Gemahlin Zygmunts I. Königin Polens geworden war, und schufen jenen eigentümlichen Stil, der als ›Lubliner Renaissance‹ in die Kunstgeschichte eingegangen ist. Von der südländischen Variante hebt er sich durch die Dekoration der Fassaden ab: Die Giebel sind reich ornamentiert, die Attiken hoch und originell geformt.

Im Zentrum des Platzes erhebt sich das **Alte Rathaus** (1389). Im Laufe seiner Geschichte wurde es mehrfach renoviert, ab 1579 war es Sitz des **Königlichen Krontribunals**, der wichtigsten juristischen Instanz Kleinpolens. Zeugnisse des Gerichts werden im Kellergewölbe des Rathauses aufbewahrt (Stary Ratusz/Muzeum Trybunału Koronnego, Mo/Di geschl.). Zu den schönsten Häusern am Platz zählen das mit einem Renaissance-Fries geschmückte Sobieski-Palais (Rynek 12) und das klassizistische, mit Sgraffito-Medaillons polnischer Dichter verzierte Klonowic-Haus (Rynek 2). An der Fassade von Haus 17 erinnert eine Tafel an den hier geborenen Komponisten Henryk Wieniawski.

Vom Rynek führt die Złota zur beeindruckenden **Dominikanerkirche 3** (Bazylika Dominikanów), 1342 von König Kazimierz III. gestiftet, 1574 als Hallenkirche mit Seitenkapellen umgestaltet. Die Kapelle der Magnatenfamilie Firlej am Ende des rechten Seitenschiffs besticht durch ein mehrstöckiges Grabmal und einen barocken Kuppelbau. Nahe dem Eingang, in der Maria-Magdale-

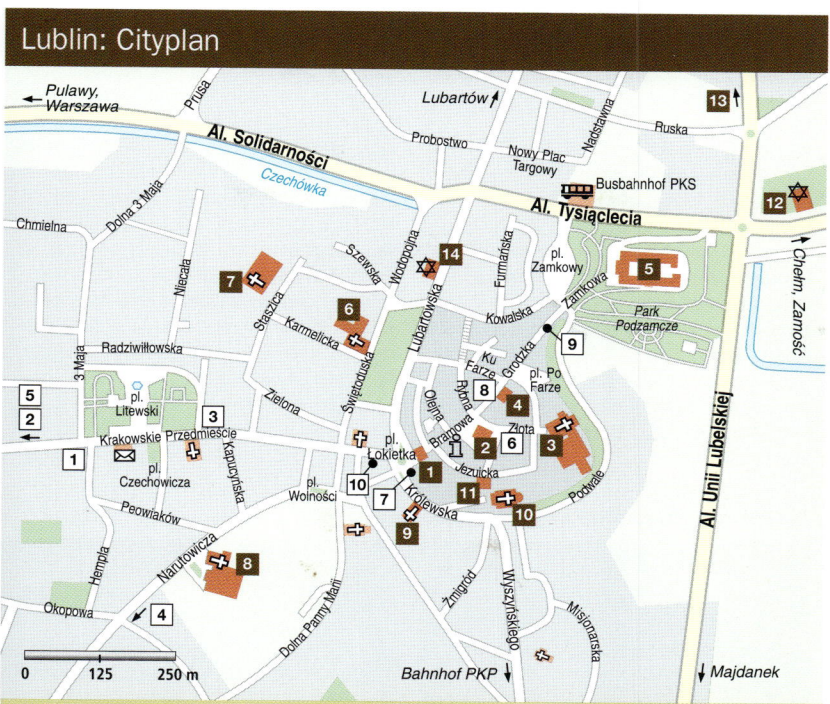

Lublin: Cityplan

Sehenswürdigkeiten

1. Krakauer Tor mit Museum zur Stadtgeschichte
2. Marktplatz mit Altem Rathaus
3. Dominikanerkirche
4. Apothekenmuseum
5. Festung mit Museum und Dreifaltigkeitskapelle
6. Karmeliterkloster
7. Karmeliterinnenkloster
8. Marienkirche
9. Bernhardinerkirche
10. Kathedrale
11. Diözesanmuseum
12. Alter jüdischer Friedhof
13. Neuer jüdischer Friedhof
14. Synagoge

Übernachten

1. Grand Hotel Lublinianka
2. Mercure Unia Lublin
3. Europa
4. Victoria
5. Camping Stawinek Nr. 91

Essen und Trinken

6. Klezmer Hois
7. Ulice Miasta
8. Złoty Ośiół
9. Szeroka 28
10. Chmielewski

Lublin und Umgebung

na-Kapelle, erinnert ein Gemälde an das große Feuer von 1719, dem zahlreiche Häuserzeilen zum Opfer fielen; das Bild entstand 21 Jahre später.

In der Burgstraße

Lebensader der Altstadt ist die Kopfstein gepflasterte Burgstraße (ul. Grodzka). Hier finden sich interessante Bars und Lokale sowie ein uriges, original eingerichtetes **Apothekenmuseum** 4 (Muzeum Apteka, ul. Grodzka 5-A, Mo/So geschl.). Wo sich die Straße zu einem Platz öffnet, hat man einen weiten Blick auf die östlichen Viertel jenseits der alten Stadtmauer. Danach wird es wieder eng, die Gasse führt – vorbei an verwitterten Häusern – zum **Burgtor** (Brama Grodzka) hinab.

Festung

Über eine Brücke gelangt man zur **Festung** 5. Das monumentale Bauwerk präsentiert sich in neogotischem Stil (1823–26), doch reichen seine Ursprünge ins 13. Jh. zurück. Der romanische Turm im Burghof ist eines der ältesten erhaltenen Baudenkmäler Polens. In der Wehrburg befand sich ab 1826 ein Gefängnis, das über 100 Jahre von der zaristischen Besatzungsmacht, im Zweiten Weltkrieg auch von der deutschen Gestapo genutzt wurde. 40 000 Menschen wurden in den Jahren 1939–44 in den Burgräumen interniert, gefoltert und ermordet. Der Opfer, in der Mehrzahl Juden und Kommunisten, erinnert man sich in der Burg mit Zurückhaltung – auf sie verweist nur ein kleines Schild am Haupteingang. Dagegen

Die Festung von Lublin – heute ein großes Museum

ist eine neue, augenfällig platzierte Tafel den Häftlingen der Nachkriegsjahre gewidmet. Die Polen, so war vom Direktor des Museums zu erfahren, haben unter den Kommunisten mehr als unter den Nationalsozialisten gelitten. Und die Juden? Sie hätten mit ihren Familien zwar schon Jahrhunderte in Lublin gelebt, aber deshalb waren sie doch noch lange nicht Polen. Wobei auch nicht zu übersehen sei, dass viele Juden Kommunisten waren ... Als wirkliche polnische Patrioten seien dagegen jene zu bezeichnen, die nicht bereit waren, sich der kommunistischen Diktatur zu beugen und deshalb ab 1944 in der Lubliner Festung gefangen gehalten wurden.

Wo sich einst die Zellen der Häftlinge befanden, wird heute Kunst ausgestellt. Das

Museum beherbergt archäologische und numismatische Sammlungen, wertvolle Ikonen sowie Gemälde wichtiger polnischer Künstler. Eines der Historienbilder Jan Matejkos bezieht sich auf die ›Lubliner Union 1569‹ und stellt den im Schloss vollzogenen Vereinigungsakt als Unterwerfung litauischer Adliger unter die polnische Krone dar. Gleich daneben hängt das monumentale Gemälde ›Ankunft der Juden in Polen 1096‹. In der ethnografischen Kollektion sind raffinierte Scherenschnitte, naive Skulpturen und kunstvoll bemalte Ostereier zu sehen, dazu ›Spinnen‹, von der Decke herabbaumelnde Mobili.

Besonders sehenswert ist die gotische **Dreifaltigkeitskapelle** (Kaplica Św. Trójci, 1385), die vollständig mit geheimnisvoll schimmernden Fresken ausgemalt ist. Sie wurden im Jahr 1418 von den Meistern Andrej, Kurył und Juszko im Auftrag des ersten Jagiellonenkönigs Władysław II. geschaffen und ›erzählen‹ von seinem Übertritt zum Christentum sowie von seinem Aufstieg zum König. Die Unesco vergab der Kapelle das Prädikat ›Welterbe‹ und würdigte sie als eines der wertvollsten mittelalterlichen Baudenkmäler (Zamek/Muzeum Lublina, ul. Zamkowa 9, www.zamek-lublin.pl, Mo/Di geschl.).

Neustadt

Gegenpol zum besinnlichen Leben der Altstadt ist die pulsierende Hauptstraße Lublins, die teilweise verkehrsberuhigte **Krakowskie Przedmieście** (Krakauer Vorstadt). An ihr befinden sich mehrere Hotels, die Hauptpost, Läden und Cafés. Am Litauer Platz (pl. Litewski) wird Kongresspolen lebendig: Hier prunken die alten Adelspaläste von Radziwiłł, Czartoryski und Lubomirski, die heute allesamt Bildungsstätten der Universität sind. Denkmäler sind der Polnisch-Litauischen Union, der Verfassung des 3. Mai 1791 und den gefallenen Helden der einstmals siegreichen Roten Armee gewidmet.

Richtig Reisen-Tipp: Kultur im Burgtor

Das mittelalterliche Burgtor (Brama Grodzka) markierte die Grenze zwischen dem jüdischen und dem christlichen Lublin, zwischen dem Altstadthügel und dem Burgberg – ein idealer Ort für das Zusammentreffen verwandter und doch unterschiedlicher Kulturen: So jedenfalls dachten die Initiatoren eines Alternativ-Theaters, die nach der Wende begannen, im Tor skurrile Stücke über die Stadt aufzuführen. Nach einem Jahrzehnt harter Arbeit sind sie fest etabliert. Unter dem Namen ›**Brama Grodzka – Teatr NN**‹ betreiben sie ein **Kulturzentrum**, in dem sie die Vorkriegszeit multimedial zu Leben erwecken. ›Das große Buch der Stadt‹ heißt die Ausstellung, in der man in aller Ruhe ›blättern‹ kann: Historische Fotos, literarische Texte, Tondokumente und Filmausschnitte versetzen die Besucher in die jüdische Welt der Vorkriegszeit. Ein maßstabsgetreues Stadtmodell veranschaulicht, wie groß das ›jüdische Oxford‹ einst war. Oft finden im Burgtor thematisch bezogene Konzerte und Theateraufführungen statt; zu Workshops und Ausstellungen werden Künstler aus den Nachbarstaaten und Israel eingeladen (Ośrodek Brama Grodzka Teatr NN, ul. Grodzka 21, Tel. 081-532 58 67, www.tnn.lublin.pl).

Kirchen und Klöster

Längs der Krakauer Vorstadt und in angrenzenden Gassen entdeckt man hübsche Kirchen und Klöster aus der Renaissance- und Barockzeit, so im Norden das **Karmeliterkloster** 6 (Klasztor Karmelitów) und das **Karmeliterinnenkloster** 7 (Klasztor Karmelitanek), beides Sakralbauten aus dem 17. Jh. Im Süden kommt man via Philharmonie und Theater zur gotisch gestalteten **Marienkirche** 8 (Kościół MB Zwycięskiej). Sie wurde unmittelbar nach dem Sieg polnisch-litauischer Truppen über den Deutschen Orden 1410 errichtet. In der **Bernhardinerkirche** 9 (Kościół Bernardynek) wurde der Vertrag zur polnisch-litauischen Union mit einem ›Te Deum‹ besiegelt (1569). Ihr heutiges Aussehen erhielt die Kirche zu Beginn des 17. Jh., als sie zu einer monumentalen, dreischiffigen Basilika ausgebaut wurde.

Domplatz

Am Domplatz erhebt sich die um 1600 errichtete **Kathedrale** 10 (Katedra). An den Stil der ›Lubliner Renaissance‹ erinnern nach Umbauten im 19. Jh. nur das steile Satteldach sowie die reich dekorierten Gewölbe und Giebel. Durch ein klassizistisches Portal mit sechs dorischen Säulen betritt man das Hauptschiff, über eine Passage gelangt man vom Hauptaltar zur ›Flüstersakristei‹, wo jedes noch so leise Geräusch vielfältig widerhallt. Illusionistische Malereien, die früher das Hauptschiff schmückten, sind in der Schatzkammer zu sehen. Das **Diözesanmuseum** 11 befindet sich im benachbarten Trinitarierturm (1819): Kostbare Kultgegenstände zollen der kirchlichen Macht Tribut (Muzeum Archidiecezjalne, Wieża Trynitarska, ul. Królewska 10, Mo geschl.).

Jüdisches Lublin

Als sich die ersten Juden 1316 in Lublin niederließen, wurde ihnen das sumpfige Gelände **Podzamcze** am Fuß des Schlosshügels zugewiesen. Das jüdische Stetl beschrieb Alfred Döblin auf seiner Reise durch Polen illusionslos als ein Viertel der Armen: »Am Platz unten am Brunnen münden winklige Gassen ein; zerbrechliche Holzhäuser, mörtelige kleine Steinhäuser umgeben den Platz, Juden in schmutzigen Kaftanen wandern hin und her, schreiende Frauen.« Und an anderer Stelle: »Kinder in Massen. Der Weg lehmig. Lumpige Frauen schleppen Säuglinge.« Tatsächlich waren die hygienischen Verhältnisse in der Judenstadt so katastrophal, dass dort schon im Ersten Weltkrieg die österreichische Militärregierung ein Schild mit einem Totenkopf anbringen ließ. Kein österreichischer Soldat durfte das Gebiet betreten, zu groß war die Gefahr, sich mit Typhus oder Fleckfieber zu infizieren.

Podzamcze wurde während des Zweiten Weltkriegs dem Erdboden gleich gemacht, präsentiert sich heute als moderne Ödnis mit großer Verkehrsstraße (al. Tysiąlecia), Busbahnhof und Parkplatz. Auf einer Tafel am Fuße des Burghügels wird angezeigt, wo sich die ehemaligen Stätten jüdischer Kultur befanden.

Jüdische Friedhöfe

Nordöstlich der Burg, im Ortsteil Kalinowszczyzna, wurde zu Beginn des 16. Jh. der **Alte jüdische Friedhof** 12 (Stary Cmentarz Żydowski) angelegt. Heute sind dort nur noch etwa 30 Grabsteine mit hebräischen Inschriften zu entdecken, einer stammt aus dem Jahr 1541. Das Tor ist in der Regel verschlossen, die Schlüssel erhält man bei Jó-

zef Honig (ul. Dembowskiego 4). 10 Gehminuten weiter nördlich, an der ul. Walecznych 7, liegt der **Neue jüdische Friedhof** 13 (Nowy Cmentarz Żydowski, 1829), auf dem über 50 000 Juden bestattet wurden. Die Nazis haben ihn zerstört, kein Grab blieb unbeschädigt. Er wurde kürzlich restauriert, im Mausoleum ist eine Ausstellung über die Geschichte der Lubliner Juden zu sehen.

Ehemalige Talmudschule

Wo früher die Juden ihren Markt abhielten, bestimmen (vorerst) Händler aus der Ukraine das Bild. An diesem Markt, so Döblin, nahm die Lubartowska, »die große Judenstraße«, ihren Ausgang; »die polnischen Straßen sind mäßig gefüllt, hier wimmelt es.« Am oberen Ende der Straße steht ein Gebäude mit der Aufschrift ›Collegium Maius‹. Vor 1939 beherbergte es die größte Talmudschule der Welt, heute dient es als **medizinische Fakultät** – Scharen weiß bekittelter Studenten strömen

Das Mahnmal von Majdanek erinnert an den Holocaust

Lublin und Umgebung

in den Vorlesungssaal. Als Döblin hier war, war man gerade dabei, die Talmudschule zu errichten. »Fast am Ende der Straße«, schrieb er, »baut man die große jüdische Hochschule, die der Orthodoxen, eine Welt-Schiwe. Auf der einen Seite der Stadt steht die katholische Universität, hier diese. Tausend Menschen, Schüler und Lehrer sollen darin unterkommen. Es ist die Provinz. Die Großstadt betreibt Politik, in der Provinz folgt die langsame Religion.« Der Prachtbau hat den Krieg überleben können, weil sich in ihm im September 1939 die deutsche Wehrmacht einquartierte.

Jüdisches Gotteshaus

Die Lubliner **Synagoge** `14` ist das einzig verbliebene von einst 38 jüdischen Gotteshäusern. Im ersten Stock werden Fotos und Dokumente, rituelle Gegenstände und hebräische Bücher ausgestellt. Gottesdienste finden nur noch für jüdische Besucher aus dem Ausland statt. Laut religiöser Vorschrift müssen mindestens zehn Gläubige zusammenkommen, um das Gebet zu ermöglichen; doch diese Zahl ist zu groß für Lublin. Als nach 1945 Juden, die den Horror überlebt hatten, in die Stadt zurückkehrten, blieben sie nicht lang; polnische Bürger wünschten nicht, dass Juden wieder in ihrer Stadt wohnten (Synagoga, ul. Lubartowska 8, So 13–15 Uhr).

Majdanek

An der Straße nach Zamość, 4 km südöstlich von Lublin, liegt Majdanek (Kleine Wiese), wo das nach Auschwitz zweitgrößte Konzentrationslager entstand. Zwischen 1941 und 1944 kamen auf dem Gelände mehr als 360 000 Menschen ums Leben, in der Mehrzahl Juden, aber auch Polen und Russen, Roma und Sinti: Sie wurden erschossen und vergast oder starben aufgrund von Infektionskrankheiten. Eine Ausstellung zeigt Fotos von Tätern und Opfern, verschiedene Dokumentarfilme befassen sich mit der nationalsozialistischen Vernichtungspolitik (Muzeum na Majdanku, Droga Męczenników Majdanka 67, Tel. 081-744 26 40, www.maj danek.pl, Mo geschl.; Straßenbahn 153, 156, 158 ab Kathedrale).

i **Touristeninformation:** ul. Jezuicka 1/3, 20-950 Lublin, Tel. 081-532 44 12, Fax 442 35 56, www.um.lublin.pl, So geschl. Am Eingang zur Altstadt.

Grand Hotel Lublinianka `1`: Krakowskie Przedmieście 56, Tel. 081-446 61 00, Fax 446 62 00, www.lublinianka. com, 72 Zimmer. Das Vorzeigeobjekt der Hotelgruppe Sorat wurde in einem 100 Jahre alten hochherrschaftlichen Palais im Zentrum der Stadt eingerichtet. Zimmer mit Marmorbädern. DZ 100–150 €.

Mercure Unia Lublin `2`: al. Racławickie 12, Tel. 081-533 20 61, Fax 533 30 21, www. orbis.pl, 111 Zimmer. Ein von außen wenig attraktives Drei-Sterne-Hotel aus den 1970er Jahren, knapp 2 km westl. der Altstadt. DZ ab 100 €.

Europa `3`: ul. Krakowskie Przedmiescie 29, Tel. 081-535 03 03, Fax 535 03 04, www. hoteleuropa.pl, 73 Zimmer. Hotel in einer Top-Lage: Das traditionsreiche Europa liegt vor den Toren der Altstadt, ein klassizistisches Haus mit geräumigen Zimmern, alle mit Sat-TV, Minibar und Internet-Zugang. Das Frühstücksbüfett ist opulent, abends trifft man sich im Club Bohema. DZ ab 95 €, am Wochenende Rabatt.

Victoria `4`: ul. Narutowicza 58/60, Tel. 081-532 70 11, Fax 532 90 26, www.hotel.victo ria.lublin.pl, 179 Zimmer. Ein hochtrabender Name für diesen modern-funktionalen Bau, 15 Gehminuten südwestl. der Altstadt. DZ ab 80 €.

Camping Sławinek Nr. 91 `5`: ul. Sławinkowska 46, Tel. 081-741 22 31, Mai–Sept. 5 km westl. der Altstadt nahe dem Freilichtmuseum; man kann sich auch in preiswerten Campinghäuschen einmieten.

Klezmer Hois `6`: ul. Złota 2, Tel. 081-534 73 05. Das Kellerlokal knapp östl. des Marktplatzes bietet jüdische Küche, dazu ein gemütliches Ambiente mit Kerzenlicht und Klezmer-Musik. Hauptgerichte ab 4 €.

Ulice Miasta 7 : pl. Łokietka 3, Tel. 081-534 05 92, www.ulicemiasta.com.pl. Unmittelbar vor dem Eingang zur Altstadt liegt dieses gepflegte Restaurant, das an ›die Straßen der Stadt‹ (*ulice miasta*) der 1930er Jahre erinnert. Serviert wird polnische Küche, Spezialität des Hauses ist Kalbsroulade mit Spargel. Hauptgerichte ab 4 €.

Złoty Osioł 8 : ul. Grodzka 5-A, Tel. 081-532 90 42. Altstadtlokal mit romantischem, efeubewachsenen Innenhof, lockerem Ambiente und guter Küche; empfehlenswert: *Schab à la ośle ucho*, knusprig gebratene Roulade, gefüllt mit Käse, Schinken und frischem Oregano. Hauptgerichte 4–10 €.

Szeroka 28 9 : ul. Grodzka 21, Tel. 081-7 34 61 09. Lokal mit nostalgischem Touch, auch viele Gerichte sind jüdisch inspiriert. Von der Terrasse blickt man auf den Schlossberg, abends erklingt oft Klezmer-Musik. Hauptgerichte 4–20 €.

Chmielewski 10 : Krakowskie Przedmieście 8, Tel. 081-743 72 96. Traditionsreiche Konditorei mit angeschlossenem Café, nahe dem Krakauer Tor.

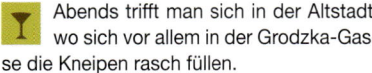

Abends trifft man sich in der Altstadt, wo sich vor allem in der Grodzka-Gasse die Kneipen rasch füllen.

Osterwa-Theater: Teatr im. Osterwy, ul. Narutowicza 17, Tel. 081-532 42 44.

Musiktheater: Teatr Muzyczny/Musiktheater, ul. Marii Curie-Sklodowskiej 5, Tel. 081-532 76 13, www.teatrmuzyczny.pl

Philharmonie: Filharmonia, ul. Marii Curie-Sklodowskiej 5, Tel. 081-7 43 78 24, www.filharmonialubelska.pl

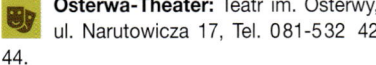

Bus: Von der Busstation unterhalb der Burg gibt es zahlreiche Verbindungen nach Kazimierz Dolny und Puławy, Kozłówka, Sandomierz und Zamość. Busse nach Przemyśl fahren vorerst am Bahnhof ab!

Bahn: IC und Schnellzug fahren nach Warszawa, gute Verbindungen auch nach Kielce und Chełm. Der Bahnhof liegt 2,5 km südl. der Altstadt.

Ausflugsziele

Chełm

Reiseatlas: S. 16, E 1

Weiter nördlich, gleichfalls im Grenzland, liegt das 70 000 Einwohner zählende Chełm. Einen Besuch lohnt die **Piaristenkirche** unweit des Rynek, die heute als römisch-katholische Pfarrkirche dient. Sie entstand 1753–63 und besticht durch ein elliptisches Hauptschiff mit einem Kranz von Kapellen, ausgemalt mit illusionistischen Fresken.

An der zentralen Lubelska befindet sich der Eingang zum dreistöckigen **Kreidebergwerk**, das sich zur touristischen Hauptattraktion der Stadt mausert. Über 600 Jahre lang wurde aus den unterirdischen Stollen exzellente Schreibkreide gefördert, in Kriegszeiten dienten die 15 km langen Gänge den Bewohnern als Versteck vor dem Feind (Podziemia Kredowe, ul. Lubelska 55-A, Mo–Sa 9–17, So 10–16 Uhr).

Touristeninformation: ul. Lubelska 63, 22-100 Chełm, Tel. 082-565 36 67, Fax 5 65 41 85, www.chelm.pl/it, So geschl.

Lubartów

Die Stadt Lubartów, 27 km nördlich von Lublin, wurde 1540 von der einflussreichen Adelsfamilie Firlej gegründet. An deren Macht erinnert das Schloss im Zentrum der Stadt mit großem Park und Orangerie. Doch die eigentliche Attraktion ist das 10 km westlich gelegene, bis 1944 vom Grafen Zamoyski bewohnte **Barockschloss Kozłówka** (1742), dessen Innenräume mit der Pracht der Fassade konkurrieren. Hunderte von Gemälde bezeugen den Reichtum und die Sammelleidenschaft der früheren Besitzer. Kopien berühmter Meister hängen neben Familienporträts sowie Bildnissen von Königen und Hetmanen. Wer der Kontrast liebt, besichtigt die Ausstellung ›Kunst und Kampf im Sozialismus‹ in einem Seitenflügel. Mehr als 1500 Bilder und Skulpturen aus den Jahren 1930 bis 1956 zeigen Helden der Arbeit und führende Köpfe der Linken: Lenin, Stalin, Ho Chi Minh, Mao (Zamek Kozłówka/

Lublin und Umgebung

Muzeum Zymoyskich, www.muzeumzamoy skich.lublin.pl, Mo geschl., Eintritt 2 €).

Nałęczów

Reiseatlas: S. 15, B 1

An der Straße von Lublin nach Kazimierz Dolny lohnt ein kurzer Stopp im Kurort Nałęczów – und sei es nur, um das in ganz Polen begehrte, mit dem Etikett der Alten Bäder geschmückte Mineralwasser *Nałęczowianka* zu kosten. Der Ort wurde Ende des 19. Jh. berühmt, als ihn die geistige Elite des Landes auserkor, um hier ihre Vorstellung eines gesunden Lebens mit Gesellligkeit zu verknüpfen. Von der Präsenz betuchter Be-sucher künden bis zum heutigen Tag die über die Stadt verstreuten Villen.

Puławy

In Puławy, 50 km nordwestlich von Lublin entfernt, residierte von 1784 bis 1831 die Magnatenfamilie **Czartoryski**. Ihr außerhalb der Stadt gelegenes, nach Plänen Tylman van Gamerens 1676–79 erbautes **Schloss** war in den frühen Jahren der Teilung ein Kristallisationspunkt polnischer Kultur. Hier trafen sich die national gesonnenen Philosophen, Schriftsteller und Künstler. Izabela und Adam Czartoryski erwarben kostbare Bücher und Gemälde, kauften Waffen,

Puławy – eines der vielen Schlösser der Magnatenfamilie Czartoryski

Schmuck und Porzellan. Eines der Schlossgebäude war überschrieben ›Die Vergangenheit für die Zukunft‹: In Zeiten der Fremdherrschaft sollte das ›erste Museum Polens‹ nationaler Erbauung dienen.

1830, nach dem Aufstand gegen die russische Besatzungsmacht, zog die Adelsfamilie den Argwohn der zaristischen Besatzer auf sich. Aus Angst vor Konfiszierung ließ sie ihre wertvolle Sammlung nach Paris schaffen. Doch nur ein Bruchteil der Kollektion kehrte 1870 nach Puławy zurück; die meisten Kunstwerke wurden nach Krakau überführt, wo sie noch heute im Czartoryski-Palais ausgestellt sind (s. S. 203).

Das im 19. Jh. neoklassizistisch umgebaute Schloss beherbergt heute ein **Institut für Landwirtschaft** und kann vorerst nicht besichtigt werden. Die romantische, 30 ha umfassende Parklandschaft beschwört ein bukolisches Arkadien herauf. Der Sibyllentempel und das Marynka-Lustschloss, das Gotische, Griechische und Chinesische Haus erinnern an eine Zeit, da sich der Adel eine Kunstwelt erschuf und sich einbilden durfte, fern von allen Bedrohungen zu leben.

Bus: Alle genannten Ausflugsziele sind bequem von Lublin aus erreichbar.

Als einer der letzten unregulierten Flüsse Europas bahnt sich die Weichsel Jahr für Jahr einen neuen Weg durch die Landschaft, schwemmt Sanddünen an, schüttet neue Inseln auf und lässt alte untergehen. Die Dörfer fügen sich harmonisch in die Landschaft ein: Strohgedeckte Bauernkaten, Windmühlen und Herrenhäuser erinnern an das bäuerliche, traditionelle Polen.

12 Kazimierz Dolny

Reiseatlas: S. 15, A 1

Der malerische Ort an der Weichsel (7500 Einw.) ist unter westlichen Besuchern bisher nur wenig bekannt. Die kunstvolle Architektur der Renaissancehäuser und die landschaftlich reizvolle Umgebung faszinieren Künstler und Intellektuelle. Junge Maler postieren ihre Staffeleien, warten darauf, dass das Sonnenlicht die weißen Steinmauern anstrahlt und die Ziegeldächer rot aufleuchten. Am Freitagmorgen kommt Bewegung in den Ort: Bauern aus der Umgebung reisen an und verkaufen ihre verschiedensten Waren auf dem Rynek.

Von prächtigen Patrizierhäusern gesäumt: der Marktplatz von Kazimierz Dolny

Ein Blick zurück

Seinen Namen erhielt der Ort im 12. Jh. vom Piastenfürsten Kazimierz II. Der Beiname *Dolny* (unten) wurde ihm zur Unterscheidung von jenem anderen Kazimierz verliehen, das am oberen Flusslauf liegt und heute zu Krakau gehört. Königliche Privilegien ermöglichten den raschen Aufstieg zu einer blühenden Handelsstadt: Von den fruchtbaren Ebenen des Lubliner Hochlands wurde das Getreide auf Boote geladen, nach Danzig und von dort nach Westeuropa verschifft. Das Geschäft betrieben vor allem jüdische Kaufleute, die im 15. und 16. Jh. von West- und Südeuropa nach Polen geflüchtet waren. Sie nutzten ihre weitläufigen Kontakte und Kenntnisse, um den regionalen Handel in das Netz des internationalen Warenverkehrs einzugliedern. Auftraggeber waren Patrizierfamilien, deren Wohlstand sich in prachtvollen Bauwerken am Rynek und in den angrenzenden Gassen manifestierte.

Marktplatz und Stadtmuseum

Zentrum der Stadt ist der Kopfstein gepflasterte **Rynek** mit einem alten Holzbrunnen in seiner Mitte. Der Platz ist von hell getünchten Patrizierhäusern gesäumt. Das schönste, der Doppelbau der Brüder Przybyła (Kamienice Przybyłów, 1616), fesselt aufgrund seiner phantastisch gestalteten Fassade. Sie ist in ihrer gesamten Breite und Höhe mit Reliefs geschmückt, keine Fläche blieb ausgespart. Die Fenster sind von Hermesfiguren eingefasst, überdimensionale Darstellungen sind den Heiligen Nikolaus und Christophorus, Schutzpatronen der reichen Kaufleute, gewidmet. Drumherum winden sich üppige Pflanzenornamente, Tiermotive und Schriftzüge. Einer Krone gleich ist den Häusern eine Renaissance-Attika aufgesetzt, das Untergeschoss ziert ein Arkadengang. Der Giebel des Nebenhauses trägt eine hebräische Psalminschrift, die auf die ehemaligen Besitzer, die jüdische Kaufmannsfamilie Lustig, verweist.

Wer Illustrationen von Kazimierz anschauen möchte, besucht das **Stadtmuseum**. Es befindet sich in einem 1630 er-

richtete Renaissance-Haus der Familie Celli. Hier ist die Attika fast ebenso hoch wie das gesamte Haus: Über einen Fries mit dekorativen Nischen und Pilastern erhebt sich ein Kamm mit Säulen und Türmchen, dazwischen sieht man Heiligenfiguren und fabelhafte Wesen (Kamienica Celejowska/ Muzeum Kazimierza Dolnego, ul. Senatorska 11, Mo geschl.).

Weitere Sehenswürdigkeiten

Vorbei am kleinen **Goldschmiedemuseum** an der Nordostecke des Marktplatzes (Muzeum Sztuki Złotniczej, Rynek 19, Mo geschl.) gelangt man zu der auf einem Hügel thronenden, 1589 erbauten **Johanniskirche** (Kościół Św. Jana). Vom Schiff streben schlanke Säulen zum Deckengewölbe, das eindrucksvoll mit Stuckaturen ornamentiert ist; die Grabkapellen sind mit Portalen und elliptischen Kuppeln verziert. Prunkstück der Kirche ist die Orgel, von der es heißt, sie sei die älteste Polens. Ein Meister seines Fachs hat 13 Jahre an ihr gearbeitet (1607–20), danach wurde sie mit Schnitzwerk eingekleidet. Im Sommer kommen international bekannte Musiker in die Stadt, um der Orgel ihre wunderbaren Klänge zu entlocken (ul. Zamkowa s/n).

Oberhalb des Sakralbaus liegt versteckt zwischen Bäumen die Ruine einer wahrscheinlich von Kazimierz III. gestifteten **Burg**. Weiter bergauf kommt man zu einem 20 m hohen gotischen Aussichtsturm: Vom Marktplatz schwenkt der Blick hinüber zum linken Weichselufer, wo die Burgruine von Janowiec aufragt. Einen noch besseren Blick hat man einzig vom **Berg der Drei Kreuze** (Góra Trzech Krzyży) 300 m südlich. Die Kreuze erinnern an die verheerende Pest, von der die Bevölkerung zu Beginn des 18. Jh. heimgesucht wurde.

An der Uferstraße nach Puławy wurden die ersten **Getreidespeicher** restauriert. Ihre Größe gibt eine Vorstellung von den Mengen an Getreide, die in dieser Stadt umgesetzt wurden. In einem von ihnen ist ein Naturkundemuseum untergebracht (Muzeum Przyrodnicze, ul. Puławska 54, Mo geschl.).

Spuren jüdischen Lebens

Auch Kazimierz Dolny hat seine Erfahrungen mit deutschen Besatzern gemacht. In der Kirche der Reformierten wurden Oppositionelle gefoltert, das **jüdische Viertel** rings um den Mały Rynek wurde ›gesäubert‹. Die **Synagoge** von 1677, erreichbar über eine Passage am Rynek 9, hat man nach dem Krieg neu aufgebaut und zweckentfremdet. Vor 1939 stellten die Juden mehr als die Hälfte der Bevölkerung, heute will man sich ihrer kaum erinnern. Nur eine winzige Tafel

an der Rückwand des Hauses klärt darüber auf, dass »3000 polnische Bürger jüdischer Herkunft« im Krieg getötet wurden. Eine **Klagemauer** findet man außerhalb der Stadt an der Straße nach Opole Lubelskie, wo sich früher der jüdische Friedhof befand.

Touristenbüro PTTK: Rynek 27, 24-120 Kazimierz Dolny, Tel./Fax 081-881 00 46, www.kazimierzdolny.pl, So geschl. Vermittlung von Privatzimmern, Verkauf von Plänen und Broschüren.

Wenus: ul. Tyszkiewicza 25-A, Tel./Fax 081-882 04 00, 15 Zimmer. Landhaus mit Garten knapp nördl. des Marktplatzes. Die Zimmer sind behaglich, der Service familiär. DZ ab 50 €.

Stara Łaźnia: ul. Senatorska 21, Tel. 081-882 13 40, Fax 882 13 41, 5 Zimmer. Hotel unweit vom Markt und vom Weichselufer. Magdalena Frac, die Besitzerin, hat das ›alte Badehaus‹ gemütlich eingerichtet. DZ 45 €.

Murka: ul. Krakowska 59–61, Tel. 091-881 00 36, Tel./Fax 081-881 00 37, www.domtury sty.fri.pl, 26 Zimmer. Einfaches neoklassizistisches Hotel mit Park, 1 km südwestl. des Rynek, daneben ein restaurierter Getreidespeicher aus dem Jahr 1636. DZ ab 40 €.

Piastowski: ul. Słoneczna 3, Tel. 081-889 09 00, Fax 889 09 16, 64 Zimmer und Apartments, www.zajazdpiastowski.pl. Hotel 2 km südl. an der Straße nach Opole Lubelskie, mit Sauna, Pool und Nightclub. DZ ab 40 €.

Camping Nr. 36: ul. Krakowska 61, Tel. 081-881 00 36, Juni bis Sept. Anlage hinter Hotel Murka und dem Speicher am Fluss.

U Fryzjera: ul. Witkiewicza 2, Tel. 081-881 04 26. Ein ehemaliger Frisörsalon wurde in ein gemütliches kleines Lokal mit jüdischer Küche verwandelt, sonntags Gans mit Klößchen. Hauptgerichte ab 6 €.

Zielona Tawerna: ul. Nadwiślańska 4, Tel. 081-881 03 08. Die ›grüne Taverne‹ an der zum Fluss hinabführenden Straße ist ein antik eingerichtetes Haus, in dem man großzügige Fleischportionen auftischt. Besonders gut schmeckt Lende. Hauptgerichte ab 4 €.

Dom Michalaków: ul. Nadrzeczna 24, Tel. 081-881 05 79. Michalak, der Sprössling eines bekannten Lokalkünstlers, entfaltet kulinarische Phantasie: Im umgebauten Pferdestall eines Herrenhauses oder im Sommergarten offeriert er Kalbsspezialitäten vom Grill, dazu knackigen Salat. Besonders gut sind die Kalbsrippchen (żeberka cielęce). Hauptgerichte ab 3 €.

Piekarnia,: ul. Nadrzeczna 6, Tel. 081-881 06 43, www.sarzynski.com.pl. Die traditionsreiche Bäckerei nahe dem Markt verkauft den ganzen Tag über Süßes und Pikantes. Wer ›richtig‹ essen will, steigt ins barocke Kellergewölbe hinab, wo deftige polnische Küche serviert wird. Im Sommer öffnet auch ein Garten. Hauptgerichte ab 3 €.

Markt: Rynek s/n. Der traditionelle Wochenmarkt findet am Freitag statt. Jarmark Polski, Rynek 32. Polnisches Kunsthandwerk und Schnitzereien, Messingleuchter, Korb- und Holzwaren.

Wandern: Der Landschaftspark vor den Toren der Stadt kann auf sandigen, von knorrigen Bäumen gesäumten Hohlwegen erkundet werden. Markierte Routen starten am Marktplatz, zur Wahl stehen Spazierwege (*szlaki spacerowe*) und längere Touren (*szlaki turystyczne*).

Radfahren: Längs der Weichsel führt eine beliebte Fahrradroute von Kazimierz Dolny nach Sandomierz. Sie ist Teil der Weichselroute, zu der die polnische Veranstalter Kampio im Rahmen einer achttägigen Tour (Warschau-Krakau) einlädt. Vorbei geht es an reizvollen Dörfern, man lernt Natur- und Vogelschutzreservate kennen. Infos im Internet: www.kampio.com.pl.

Bootsfahrt: Von der Anlegestelle am Nordende der ul. Nadwiślaśnka setzt im Sommer eine Fähre ans andere Ufer über, von wo man in 30 Min. zur Burgruine von Janowiec kommt.

Kultursommer (Juli–Aug.): Kunsthandwerker stellen ihre Waren am Rynek und in den angrenzenden Gassen aus, es wird musiziert und getanzt. Dazu gibt es Kunstausstellungen und Open-Air-Kino.

Bus: Von der Station nordöstl. des Rynek fahren Busse nach Lublin, mehrmals tgl. auch nach Warschau. Mit Bus 12 kommt man zum 14 km entfernten Bahnhof Puławy-Miasto.

Sandomierz

Reiseatlas: S. 15, A 3
28 000 Einwohner leben in Sandomierz, einer der schönsten und ältesten Städte Polens. Sie wurde auf sieben Hügeln am linken Weichselufer erbaut und hat sechs Kirchen. Wer durch das Opatów-Tor in die Altstadt tritt, fühlt sich in eine andere Zeit versetzt: Historische Gebäude säumen die verkehrsberuhigten Straßen, erinnern an die glanzvolle Vergangenheit der Stadt.

Ein Blick zurück

Sie wurde bereits in Chroniken des frühen 12. Jh. erwähnt und war im Mittelalter eines der wichtigsten Handelszentren in Polen. Ihre Blüte fällt ins 15. und 16. Jh., eine Zeit der Toleranz und Glaubensfreiheit. Der Niedergang begann mit der Ankunft der Jesuiten, die im Sinne der Gegenreformation Ordnung stiften sollten (1603), und wurde mit der zeitweiligen Besetzung durch schwedische Truppen (1656) besiegelt. Als Polen endgültig geteilt wurde (1795), fiel Sandomierz an Österreich, 20 Jahre später an Russland. Dank glücklicher Umstände hat die Mehrzahl der Häuser den Zweiten Weltkrieg unversehrt überstanden. Wie es heißt, vermochte es Skopenko, Oberst der Roten Armee, die deutschen Truppen in aufreibende Kämpfe außerhalb von Sandomierz zu verwickeln. Er war ein glühender Bewunderer dieser Stadt – sein größter Wunsch war es, in ihr begraben zu werden. Heute wollen die Bewohner nichts mehr von ihm wissen, die nach ihm benannte Straße heißt nun Opatowska, sein Denkmal am Stadttor wurde demontiert.

Längs der Weichsel

Rund um den Marktplatz

Auch in Sandomierz sind alle Gassen auf den 100 x 120 m großen **Rynek** ausgerichtet. Die ihn umgebenden Häuser entbehren eines einheitlichen Stils und vermitteln doch den Eindruck von Harmonie. Zwei von ihnen sind mit Arkaden geschmückt: das ursprünglich gotische Haus der Oleśnicki-Familie (Nr. 10) und das Haus ›Zum Schnabelschuh‹ (Nr. 27). Das Rathaus in der Platzmitte war ursprünglich gotisch; Mitte des 16. Jh. wurde es mit Attika und Sonnenuhr verziert. Heute befindet sich in ihm das **Museum für Stadtgeschichte** mit alten Drucken, Fotos und Judaica (Muzeum Miasta, Rynek, Mo geschl.).

Ein **Unterirdischer Touristischer Weg** ist die zweite Attraktion am Markt, denn wie in Opatów und Jarosław ist auch der von Sandomierz unterkellert. Kaufleute lagerten hier ab dem 16. Jh. in einem riesigen Labyrinth ihre Waren. Ein kleiner Teil dieser geheimnisvollen Welt kann besichtigt werden. Der Weg startet an der ul. Oleśnickich und führt auf einer Länge von 450 m durch 30 Kellergewölbe (Podziemna Trasa Turystyczna, ul. Oleśnickich, Mai–Sept. tgl. 10–18, Okt.–April 10–17 Uhr).

Von der Kathedrale bis zur Jakobskirche

Zu den wichtigsten Sehenswürdigkeiten der Stadt gehört die **Kathedrale** (1360–82), erreichbar über die Mariacka. Bemerkenswert sind die barocke Orgel und der Rokokoaltar sowie die byzantinischen Fresken im Chor. Auf 12 großen Holztafeln werden Märtyrer der katholischen Kirche dargestellt, wobei die Bilder auch lesbar sind als ein Panoptikum der Folter: Menschen werden gewürgt, gehenkt und gevierteilt. In den Seitenschiffen ist der Überfall der Tataren und Schweden dargestellt (Katedra, ul. Mariacka s/n, Mo geschl.).

Nahe der Kathedrale kann das **Diözesanmuseum** besichtigt werden. Das Haus des Historikers Jan Długosz (1476) birgt sakrale Kostbarkeiten, u. a. das Bild ›Johannes der Täufer‹ von Caravaggio (Dom Długosza,

ul. Długosza 9, Di–Sa 9–16, So 14–16 Uhr). Über einem Weichselarm erhebt sich die restaurierte, im 14. Jh. von Kazimierz III. gestiftete **Burg**, in der sich vorläufig noch das Regionalmuseum befindet (Muzeum Okręgowe, ul. Zamkowa 12, Mo geschl.). Weiter westlich kommt man zur Jakobskirche, erste **Backsteinbasilika** Polens, zugleich schönste Kirche des im 13. Jh. nach Polen gekommenen Bettelordens (Kościół Św. Jakuba, ul. Staromiejska s/n). Am Ende der Straße führt ein Spazierweg in die Jadwiga-Schlucht hinab.

Das Rathaus von Sandomierz wurde im 16. Jh. mit einer Sonnenuhr verziert

Im Internet:
www.sandomierz.of.pl

Basztowy: ul. Ks. J. Poniatowskiego 2, Tel. 015-833 34 50, Fax 833 34 70, www.opiwpr.org.pl, 31 Zimmer. Sandomierzs schönstes Hotel ist ein polnisch-nordamerikanisches Jointventure und steht an der Uferböschung knapp außerhalb der Altstadt: Mit seinen Giebeln, Erkern und Rundfenstern ist es von Renaissance-Architektur inspiriert, die Zimmer sind komfor-tabel eingerichtet und mit Sat-TV und Internet-Zugang ausgestattet. DZ ab 65 €.

Pod Ciżemką: Rynek 27, Tel. 015-832 05 50, Fax 832 05 52, 9 Zimmer. Restauriertes Gästehaus am Rynek, meist schon früh ausgebucht. DZ ab 62 €.

Rund um den großen Marktplatz gibt es preiswerte Bars und Lokale.

Festival ›Musik in Sandomierz‹ (Sept.–Okt.): Der Bogen spannt sich

Längs der Weichsel

von der russisch-orthodoxen über klassische bis zur Unterhaltungsmusik.

 Bus: Mehrere Verbindungen nach Tarnobrzeg und Opatów, aber nur ein Bus nach Zamość. Die Busstation befindet sich knapp 2 km nordwestl. des Rynek.

Bahn: Mehrere Züge tgl. nach Warszawa, 1–2 Züge nach Kielce und Przemyśl. Der Bahnhof liegt 3 km südöstl. der Altstadt.

Baranów Sandomierski

Reiseatlas: S. 14, F 4

Das von Santi Gucci entworfene **Schloss** (1591–1606) gehört mit seinen runden Ecktürmen und seinem hufeisenförmigen Arkadenhof zu den herausragenden Renaissancebauten Polens. Auftraggeber von ›Klein-Wawel‹, wie das Schloss genannt wird, war die Magnatenfamilie Leszczyński, die es zu einem populären Treffpunkt für Andersgläubige machte und ab 1628 aufklärerische Schriften drucken ließ. Doch die Lubomirskis, an die das Schloss Ende des 17. Jh. überging, machten dem reformatorischen Treiben ein Ende und ließen sämtliche hier gedruckten Bücher verbrennen. Zugleich beauftragten sie Tylman van Gameren, die Residenz barock umzugestalten.

Nach dem Zweiten Weltkrieg wurde das Palais restauriert. Finanziert wurden die Arbeiten vom Schwefelkombinat Tarnobrzeg, weshalb es bis heute in den Räumen nicht nur Möbel und Gemälde, Skulpturen und archäologische Exponate zu sehen gibt, sondern ebenfalls eine **Ausstellung zur Schwefelförderung** (Zamek, ul. Zamkowa 20, Tel. 015-81 18040, Di–So 9–15 Uhr, Eintritt 2 €).

 Im Internet:
www.baranowsandomierski.pl

 Zamek: ul. Zamkowa 20, Tel. 015-811 80 39, Tel./Fax 015-811 80 40, 15 Zimmer. Im Renaissanceschloss, das in einen 14 ha großen Park eingebettet ist, kann man fürstlich übernachten. Zur Wahl stehen elegante Suiten mit Jacuzzi-Badewanne sowie komfortable Zimmer in einem Nebengebäude. Die Anlage ist behindertengerecht eingerichtet, Sauna und Solarium sind kostenpflichtig. Fahrräder kann man ausleihen, auf Wunsch auch im Parkteich angeln. DZ 55–85 €.

 Bus: mehrmals tgl. nach Kraków und Warszawa, nach Sandomierz nur via Tarnobrzeg. Abfahrt nahe Rynek.

Ujazd

Der eher unscheinbare Ort, der 46 km westlich von Sandomierz gelegen ist, birgt Polens eindruckvollste Ruine. So viele Türme wie Jahreszeiten, so viele Säle wie Monate, so viele Zimmer wie Wochen und so viele Fenster wie Tage im Jahr – dies war der Wunsch des Magnaten Krzysztof Ossoliński, als er 1631 den Bau eines **Schlosses** beim italienischen Architekten Lorenzo Muretto in Auftrag gab. 13 Jahre später war es fertig gestellt und erhielt den Namen *Krzyżtopór*. Riesige Steinreliefs zu beiden Seiten der Einfahrt veranschaulichen den Namen: Die Gegenreformation symbolisiert das Kreuz (*krzyż*), es findet sich ebenso im Wappenzeichen des Magnaten wie das ausgestellte Beil (*topór*).

Im ganzen Land schwärmte man alsbald von dem prunkvollen Speisesaal mit Aquariumdecke und den schwarzmarmornen Ställen für die 365 weißen Hengste. Die schiere Größe des Schlosses stellte nicht nur die Residenz des polnischen Königs in den Schatten, sondern auch alle übrigen Höfe Europas. Der Magnat konnte sich seines Besitzes allerdings nur für die Dauer eines Jahres erfreuen – er starb 1645. Zehn Jahre später wurde das Schloss von den Schweden zerstört, die späteren Besitzer haben es nie im alten Glanz wieder hergestellt. Heute präsentiert sich Krzyżtopór als grandiose Ruine, dem steten Verfall anheim gegeben.

Seinen Namen verdankt das Mittelgebirge italienischen Benediktiner-mönchen: Vor 1000 Jahren errichteten sie auf seinem Kamm ein Kloster, dessen kostbarste Reliquie fünf Späne von Christi Kreuz sind. Am Fuß des Gebirges liegt die Provinzhauptstadt Kielce mit einem zwar kleinen, aber doch attraktiven historischen Zentrum.

Kielce

1 Industrieanlagen und Neubauviertel umschließen das historische Zentrum der Stadt (220000 Einw.). Touristische Attraktion ist die barocke **Sommerresidenz der Krakauer Bischöfe**, welche in dieser bis 1640 wohnten. Im repräsentativen Obergeschoss kann man einen prächtigen Speisesaal, Wand- und Deckengemälde bewundern. Auf drei Plafonds sind der Moskauer Brand 1612, der Empfang der schwedischen Botschafter 1635 und das Gericht über die ketzerischen Arianer 1638 dargestellt. Im Erdgeschoss bezeugt eine Sammlung kostbarer Gemälde den bis in die heutige Zeit ungebrochenen Reichtum des Klerus. Zu den ausgestellten Künstlern zählen berühmte Maler wie Wyspiański und Witkacy, aber auch Kossak und Malczewski (Muzeum Narodowe, pl. Zamkowy 1/Rynek 3–5, Mo geschl.).

Neben dem Bischofspalast befindet sich eine frühbarocke **Basilika**, die den Bischöfen als Gebetsstätte diente. Ihr Prunkstück ist eine Renaissance-Skulptur aus rotem Marmor, die der italienische Künstler Il Padovano schuf. Der von König Kazimierz III. gestiftete Kirchenschatz enthält einen 1362 in Krakau gemeißelten, reich verzierten Kelch.

Touristeninformation: pl. Niepodleg-łości 1, 25-506 Kielce, Tel. 071-345 86 81, www.um.kielce.pl/turystyka.

Kongresowy: ul. Manifestu Lipcowego 34, Tel. 041-332 63 60, Fax 332 64 40, www.hotel.exbud.com.pl, 78 Zimmer. Das zwölfstöckige Komforthotel ist Teil eines Konferenz- und Bürozentrums, 2 km vom Stadtzentrum. DZ ab 80 €, am Wochenende Rabatt.

Elita: ul. Równa 4-A, Tel. 041-344 22 30, Fax 344 33 37, www.hotelelita.com.pl, 15 Zimmer. Kleines Hotel auf halbem Weg zwischen Bahnhof und Schloss mit freundlich-funktionalen Zimmern. DZ ab 65 €.

Wiedeńska: ul. Paderewskiego 37/39, Tel. 041-368 40 24. ›Wiener Restaurant‹ knapp westl. der Altstadt mit Klassikern der habsburgischen Küche, gemütlich und beliebt. Angeschlossen ist ein klassisches Café. Hauptgerichte ab 5 €.

Mit dem Autor unterwegs

Unbedingt ansehen!
Kielce: Der Bischofspalast und die gegenüberliegende Kathedrale bilden ein gelungenes Ensemble barocker Baukunst (s. S. 305).

Ein besonderes Erlebnis
Heiligkreuz-Nationalpark: Vom Kloster des Heiligen Kreuzes (Św. Krzyż) startet ein markierter Wanderweg über den Kamm (s. S. 306).

Rund um die Heiligkreuzberge

Pożegnanie z Afryką: ul. Leśna 18. Im ›Jenseits von Afrika‹ gibt es köstlichen, frisch gemahlenen Kaffee in ruhig-gedämpftem Ambiente.

Bahn: Gute Verbindungen stehen nach Krakau, Lublin und Częstochowa bereit. Der Bahnhof befindet sich 500 m vom Zentrum, am Westende der ul. Sienkiewica.

Bus: Mehrmals tgl. fahren Busse nach Kraków, Sandomierz und Warszawa sowie zur Höhle Jaskinia Ray und nach Tokarnia. Tgl. gibt es auch mehrere Verbindungen nach Nowa Słupia und Szklana Huta; von beiden Orten läuft man etwa 30 Min. bis Św. Krzyż (Heiligkreuz-Nationalpark). Die UFO-förmige Busstation befindet sich in der Nähe des Bahnhofs.

Heiligkreuz-Nationalpark

Der Nationalpark (Świętokrzyski Park Narodowy) schützt den zentralen Teil eines 70 km langen, von West nach Ost verlaufenden Gebirgszugs. 300 Mio. Jahre ist er alt, sodass die Kräfte der Erosion viel Zeit hatten ihn abzutragen – an seinem höchsten Punkt misst er magere 611 m. Gleichwohl hat ein Besuch in diesem Gebirge seinen

Reiz: Dichter Fichten- und Buchenwald bedeckt seine Hänge, knapp unterhalb des unbewachsenen Kamms liegen zerborstene Geröll- und Felshalden.

Busse fahren von Kielce nach Nowa Słupia, von wo man auf einem ›Königsweg‹ (Droga Królewska) in 30 Min. das Kloster **Św. Krzyż** erreicht, dem der Nationalpark seinen Namen verdankt. Es wurde im 12. Jh. von italienischen Benediktinermöchen erbaut – hoch oben auf dem Łysa Góra, dem ›Kahlen Berg‹, wo zuvor schon heidnische Stämme eine Kultstätte errichtet hatten (Opactwo, Mo–Sa 9–17, So 12–17 Uhr). Nach der Auflösung des Ordens 1819 wurde das Kloster als Gefängnis genutzt. Heute kann man hier ein ›Missionsmuseum‹ besichtigen, wo allerlei Dinge zu finden sind, die den Benediktinern beim Versuch, Asiaten und Afrikaner zum wahren Glauben zu bekehren, in die Hände fielen. Im Westflügel des Klosters befindet sich außerdem ein Naturkundemuseum, in dem Geologie, Flora und Fauna des Parks vorgestellt werden (Muzeum Przyrodniczo-Leśne, Mo geschl.).

Wer Lust hat, den Park im Rahmen einer längeren Wanderung zu erkunden, folgt dem 18 km langen, rot markierten Weg vom Kloster via Nowa Słupia (30 Min.) nach **Św. Katarzyna** (4.30 Std.). Von dort kann man mit Bus nach Kielce zurückfahren.

Baba Jaga: ul. Kielecka 18, Św. Katarzyna, Tel. 041-311 22 26, www.babajaga.hg.pl, 23 Zimmer. Gästehaus mit tief herabgezogenen Satteldächern, man wählt zwischen Zwei- bis Vierbettzimmern mit und ohne Bad. Im zugehörigen gemütlichen Lokal schmecken besonders die deftigen Fleischgerichte, z. B. *presmak Baby-Jagi*. DZ ab 20 €.

Fest der Schmelzöfen (2. Sept.-Wochenende)**:** Von weither kommt man nach Nowa Słupia und Św. Krzyż, um das Fest der *dymarki* (Schmelzöfen) zu feiern.

Bus:
s. Kielce

Ausflugsziele

Chęciny

3 Über dem ehemaligen jüdischen Stetl **Chęciny**, das einem Dämmerzustand verfallen scheint, thronen ehrfurchtsgebietend die Ruinen einer Burg. Einzelne Türme starren in den Himmel, das Hauptportal führt aufs freie Feld. An klaren Tagen genießt man von hier einen weiten Ausblick auf die Heiligkreuzberge. Von der Burg führt ein Pfad zum jüdischen Friedhof, der so verlassen scheint, als hätte ihn seit dem Zweiten Weltkrieg niemand betreten. Nördlich des Ortes wurde ein Netz von Tropfsteinhöhlen zu einem Museum umgestaltet: Die ›Paradieshöhle‹ ist 180 m lang, geheimnisvoll glitzern Stalaktiten und Stalagmiten (Jaskinia Raj, Mo geschl.).

Tokarnia

4 Eine gute Adresse für Freunde polnischer Freilichtmuseen: Tokarnia ist eines der größten des Landes, ein traditionelles Kielcer Dorf mit Markt und Kirche (Muzeum Wsi Kieleckiej, Mo geschl.).

Jędrzejów

5 Die Kleinstadt an der Straße nach Krakau birgt ein skurriles **Sonnenuhr-Museum**. Jahrelang hat Dr. Przypkowski Uhren in allen Formen und Farben zusammengetragen, bis seine Sammlung zu der nach Oxford und Chicago drittgrößten der Welt aufrückte. Im Rahmen einer 50-minütigen Tour kann man 300 Uhren aus Europa und Asien bestaunen, darunter einige, die die Zeit nach dem Lauf der Sterne bemessen. Aus dem 18. Jh. stammt eine Sonnenuhr, die genau zur Mittagszeit den Befehl zum Schießen gab: Mittels eines komplizierten Mechanismus war sie mit einer Kanone verbunden (Muzeum Gnomiczne, Rynek 7, Mo geschl.).

Bus: Mehrere Verbindungen tgl. ab Kielce zu allen genannten Ausflugszielen.

Das Sonnenuhr-Museum von Jędrzejów zeigt die drittgrößte Sammlung der Welt

Der Kulturpalast ist nicht nur das Wahrzeichen Warschaus, sondern auch ein kulturelles Zentrum

Kapitel 5

Warschau und das zentrale Tiefland

Poznań
(Posen)●

Warszawa
(Warschau)●

Łódź●

Weite Landschaften, große Städte

Weite, von Weichsel und Warthe durchflossene Ebenen, schier endlose Getreidefelder, hin und wieder ein Waldstück oder ein See: So präsentiert sich die polnische Tiefebene, die sich in einem breiten Gürtel von Westen nach Osten erstreckt. Hier verläuft auch die zentrale ›Globalisierungsachse‹, die mit schnellen Straßen und Bahnlinien die großen Städte Warschau und Posen verbindet; die verkehrstechnische Einbindung des südlich gelegenen Łódź ist für die kommenden Jahre geplant.

Polens Mitte lockt nicht gerade mit spektakulären Landschaften, doch wäre es ungerecht, sie als eintönig zu bezeichnen. Immerhin liegen hier mehrere Nationalparks: die urwüchsige Heide des Kampinos-Nationalparks unmittelbar vor den Toren der Hauptstadt, die Wälder und Seen des Großpolnischen Nationalparks südlich von Posen sowie weiter westlich, nahe der deutsch-polnischen Grenze, die Wasserlabyrinthe der in die Oder mündenden Warthe. Auch die Bilder Masowiens prägen sich ein: Knorrige Trauerweiden ziehen sich oft bis zum Horizont.

Alle Straßen des Landes sind sternförmig auf Warschau ausgerichtet, seit 1596 die Hauptstadt Polens. Hier werden die Weichen für die Zukunft gestellt; wie ein Magnet zieht sie alle an, die von Karriere und großem Geld träumen. Highflyer ganz anderer Art sind die vielen internationalen Unternehmen, sie sich hier nach Polens EU-Beitritt positioniert haben – Warschau ist für sie ein Sprungbrett zum riesigen Ostmarkt, mit hoch aufragenden Bauten unterstreichen sie ihre Macht. Besuchern bietet die Hauptstadt eine Fülle von Museen und Galerien, Theater- und Konzerthäusern. Sie hat eine historische Alt- und Neustadt, ein modernes Zentrum rings um den Kulturpalast, die Boulevards des ›Königswegs‹ und romantische Parks. Der Flughafen ist der mit Abstand größte im Land; in Erwartung steigender Touristenzahlen entsteht zusätzlich ein Airport für Billigflieger.

Mit Posen assoziieren Besucher Ausstellungen und Messen – umso mehr staunen sie, wenn sie die Dominsel und eine lebendige Altstadt kennen lernen, Straßenzüge im wuchtig-wilhelminischen Gründerzeitstil, dazu eine rege Kunst- und Alternativszene. Die Region gilt als ›Wiege des polnischen Staates‹ und erhielt deshalb den Namen ›Großpolen‹ (poln. Wielkopolska). In den Niederungen der Warthe lebten im Mittelalter heid-

nische, slawischsprachige Stämme, welche sich dem Piastenfürsten Mieszko I. († 992) unterwarfen. Nach Gnesen wurde Posen Regierungssitz eines Reiches, das durch Eroberungszüge auf die Größe des heutigen Polen anwuchs. Zwar wurde die Hauptstadt im Jahr 1038 nach Krakau verlegt, doch war die Region bis zu den Teilungen Ende des 18. Jh. ein integraler Bestandteil Polens geblieben.

Gänzlich aus der Rolle fällt Łódź, die zweitgrößte Stadt des Landes, deren Geschichte erst im frühen 19. Jh. beginnt. Sie liegt 130 km südlich von Warschau und ist heute ein Brennpunkt jugendlicher Subkultur. Jahrelang fand hier das größte Techno-Festival Osteuropas statt, alle neuen Musiktrends haben hier ihre Fangemeinde. Dank der im Sozialismus eingerichteten Filmhochschule hat sich hier schon früh ein polnisches ›Holly-Łódź‹ etabliert – der Regisseur David Lynch ist einer von vielen, die Łódź zu ihrer Lieblingsstadt erkoren. Einmalig in Europa ist auch das hiesige Architektur-Ensemble aus Backsteinfabriken und Residenzen, die aus einer Zeit stammen, als deutsche und jüdische, russische und polnische Unternehmer vom Aufstieg der Textilindustrie profitierten.

Richtig Reisen-Tipp

Sonntagskonzert mit Chopin: An Sommersonntagen musizieren junge Pianisten im Warschauer Łazienki-Park und interpretieren einige seiner besten Stücke. Wer ein intimeres Ambiente bevorzugt, fährt nach **Żelazowa Wola** und lauscht der Musik in Chopins Geburtshaus (s. S. 331).

Highlights

13 **Warschau:** Im Schatten von Stalins Kulturpalast liegt die moderne City, einen Katzensprung entfernt die originalgetreu rekonstruierte Altstadt (s. S. 312).

14 **Łódź:** Auf der 4 km langen Prachtmeile aus der Gründerzeit des Kapitalismus stehen Industriellenpaläste neben Backsteinfabriken (s. S. 334).

15 **Posen:** Alle Gassen münden in den gemütlichen Marktplatz, auf der Dominsel steht Polens älteste Kathedrale (s. S. 345).

Empfehlenswerte Routen

Runde ab Warschau: Von der Hauptstadt fährt man über den Kampinos-Nationalpark nach Żelazowa Wola, den Geburtsort Chopins, dann weiter über Łowicz in den Landschaftspark Arkadia und zum Barockschloss Nieborów (s. S. 330).

Abstecher von Posen: Die ›Piastenroute‹ führt von Posen nordostwärts nach Gniezno, wo Polens älteste Kirche steht; südwärts erreicht man über den Großpolnischen Nationalpark die Schlösser Kórnik und Rogalin (s. S. 351).

Reise- und Zeitplanung

Für Warschau benötigt man zwei bis drei Tage, jeweils ein Tag sollte für Łódź und Posen eingeplant werden. Die Orte der Umgebung lassen sich im Rahmen von Tagesausflügen kennen lernen.

Warschau hat viel durchgemacht: Im Zweiten Weltkrieg fast dem Erdboden gleichgemacht, wurde es anschließend originalgetreu rekonstruiert. Neben der historischen Alt- und Neustadt hat sich ein modernes Zentrum etabliert. Stünde dort nicht der sozialistische Kulturpalast, glaubte man, in einer ›ganz normalen‹ westlichen Metropole zu sein.

»Nach 10 Uhr abends sind die riesigen Magistralen der polnischen Hauptstadt völlig menschenleer, die Fenster der Granitfassaden und die Vitrinen der staatlichen Warenhäuser liegen im Dunkeln … Hier sind die Gehsteige 25 m breit; die wenigen Menschen, die noch unterwegs sind, wirken verloren in diesen schnurgeraden, nassen Straßenfluchten.« So schrieb Hans Magnus Enzensberger 1987. Heute ist Warschau kaum wiederzuerkennen: Spiegelglatte Wolkenkratzer ragen in die Höhe, grell leuchten Reklametafeln auf. Die Zwei-Millionen-Stadt ist wirtschaftliche Drehscheibe zwischen Ost und West, Geschäftsleute aus Westeuropa, den USA und Südostasien schaffen sich ihre Warschauer Wall Street.

Die Mehrzahl der Bewohner fühlt sich von der kapitalistischen Glitzerwelt ausgeschlossen und wählt mit Vorliebe patriotische Parteien. Polnisch erscheint ihnen an Warschau nur das, was früher einmal war – die wieder aufgebaute Altstadt sowie Denkmäler und Museen, die an den Kampf gegen fremde Besatzung erinnern. Die Jugend schaut indes trotzig nach vorn, wobei freilich nach anfänglicher EU-Begeisterung nur noch wenige darauf spekulieren, dass ihnen ihre Ausbildung den Weg in die Selbstständigkeit oder zu einem gut bezahlten Job in der Finanz- und Geschäftswelt eröffnet. Die meisten träumen davon, nach Westeuropa zu ziehen und bald dort ihr Geld zu verdienen.

Was den Besuch Warschaus interessant macht, ist das Nebeneinander von moderner und sozialistischer Architektur, ein großstädtischer Dschungel voller Widersprüche und überraschender Begegnungen. Immer wieder sehenswert sind die historische Altstadt, der ab Schloss startende ›Königsweg‹, der Łazienki-Park und die Barockresidenz in Wilanów. Dagegen finden Touristen im modernen Warschau alles, was sie auch aus westlichen Metropolen kennen: Shoppingmalls aus Glas und Stahl, Markenboutiquen von Armani bis Zara, Freizeit- und Erlebnisparks. Reich ist das Unterhaltungsangebot, es gibt Kultur vom Nebensächlichsten und Feinsten. Das Nachtleben ist für eine Stadt dieser Größe unterentwickelt, gute Kneipen und Jazzbars findet man östlich des Kulturpalasts.

Ein Blick zurück

Im 16. Jh. nach der polnisch-litauischen Vereinigung wird Warschau zuerst Sitz es Adelsparlaments, bevor es Krakau als Hauptstadt des vereinten Königreichs ablöst. Im 17. und 18. Jh. wird der Niedergang des polnischen Staates in Warschau als Blütezeit erlebt. In der Folge verschönert sich die Stadt durch prachtvolle Kirchen und Klöster, Kunst und Kultur werden gefördert. 1791 wird in Warschau die erste Verfassung Europas verabschiedet, doch die Teilung des Landes ist damit nicht mehr aufzuhalten. Polen verschwindet 1795 von der Landkarte, Warschau fällt an Preußen.

Mit dem Autor unterwegs

Unbedingt ansehen!

Nationalmuseum: Polens größtes Museum ist eine Fundgrube europäischer Kunst. Beeindruckend ist auch die afrikanische Abteilung mit archaischen Fresken aus dem Sudan (s. S. 316).

Alt- und Neustadt: Marktplätze und kleine Gassen, das Königsschloss und die Kathedrale (s. S. 319).

Wilanów: Das barocke Sommerschloss von König Jan III. Sobieski liegt inmitten eines Parks, gleich daneben befindet sich das Plakatmuseum (s. S. 323).

Arkadia und Nieborów: Eine schöne Landpartie: Auf den Besuch im Schloss folgt ein Spaziergang durch eine kunstvoll gestaltete Landschaft (s. S. 332).

Ein besonderes Erlebnis

Jüdisches Warschau: Nur wenige Spuren blieben erhalten. Vom Denkmal der Ghettohelden spaziert man durch Sozialbau-Tristesse zum ›Umschlagplatz‹, besucht die Nożyk-Synagoge und das Jüdische Historische Institut (s. S. 321).

Łazienki-Park: Mitten in der Stadt und doch ›wie auf dem Land‹, ein romantisches Refugium mit künstlichen Ruinen und Lustschlössern. Pfauen schlagen ihr Rad, mit einer Gondel gleitet man zum Theater auf der Insel (s. S. 323).

Bestes Panorama

Kulturpalast: Warschaus Wahrzeichen, geliebt und gehasst, ist ein Gigant im Zuckerbäckerstil. Vom obersten Stockwerk: der beste Blick über die Stadt (s. S. 316).

Gratis-Attraktionen

Wachablösung: Jeden Tag um 12 Uhr findet am Grabmal des Unbekannten Soldaten die Wachablösung statt (s. S. 317).

Konzert im Łazienki-Park: Sonntags um 12 bzw. 16 Uhr werden vor Chopins Denkmal romantische Klavierstücke angestimmt (s. S. 329).

Kultur vom Feinsten

Großes Theater: Eines der größten seiner Art weltweit, jeden Abend finden Ballett- und Opernaufführungen, oft auch Konzerte statt (s. S. 317).

Warschauer Herbst: Beim Festival im September werden zeitgenössische Kompositionen von Steve Reich bis Krzysztof Penderecki vorgestellt (s. S. 329).

Schokoladig lecker

Schokolade im Wedel: Ist es in Warschau zu kalt, kann man sich in der ›Trinkstube‹ der hundertjährigen Konfiserie im Belle-Epoque-Ambiente aufwärmen (s. S. 329).

Nacht-Szene

Im **Tygmont** steigt fast jeden Abend ab 21 Uhr eine Jazz-Session. Viele Künstler trifft man in der Bar Między Nami (s. S. 329).

Vorsicht!

Auf der Busstrecke vom Flughafen über den Zentralbahnhof zur Altstadt (Linie 175) gibt es viele Taschendiebe! Bitte auch aufpassen in den Bussen der Linie 111 und 512 sowie in den Straßenbahnen zwischen Bahnhof und Nationalmuseum.

Mit dem Sieg Napoleons über die Preußen 1807 wird Warschau Hauptstadt des gleichnamigen Großherzogtums, doch schon sechs Jahre später marschieren russische Truppen ein. 1815 etabliert der Wiener Kongress das Königreich Polen (Kongresspolen), das in Personalunion mit Russland regiert wird. Der antizaristische Novemberaufstand im Jahr 1830 führt zur Liquidierung von Kongresspolen, Warschau und Masowien werden direkter russischer Herrschaft unterstellt. Nach einem neuerlichen Aufstand 1863 setzt eine Russifizierungskampagne ein.

Warschau und Umgebung

Sehenswürdigkeiten

1. Kulturpalast
2. Nationalmuseum
3. Militärmuseum
4. Heiligkreuzkirche
5. Universität
6. Hotel Bristol
7. Grabmal des Unbekannten Soldaten
8. Großes Theater
9. Präsidentenpalast
10. Mickiewicz-Denkmal
11. Annakirche
12. Sigismundsäule
13. Königsschloss
14. Johanniskathedrale
15. Historisches Museum
16. Literaturmuseum
17. Barbakane
18. Paulinerkirche
19. Kirche der Sakramentinerinnen
20. Marienkirche
21. Franziskanerkirche
22. Denkmal des Warschauer Aufstands
23. Jüdisches Historisches Institut
24. Denkmal der Ghettohelden
25. Bunkerdenkmal
26. Umschlagplatz
27. Jüdischer Friedhof
28. Pawiak-Museum
29. Jüdisches Theater
30. Nożyk-Synagoge
31. Schloss Ujazdów
32. Chopin-Denkmal
33. Alte Orangerie
34. Palais auf der Insel
35. Theater auf der Insel
36. Schloss Wilanów

Übernachten

1. Rialto
2. Polonia Palace
3. Le Regina
4. Le Royal Meridien Bristol
5. Radisson
6. – 30 s. S. 316

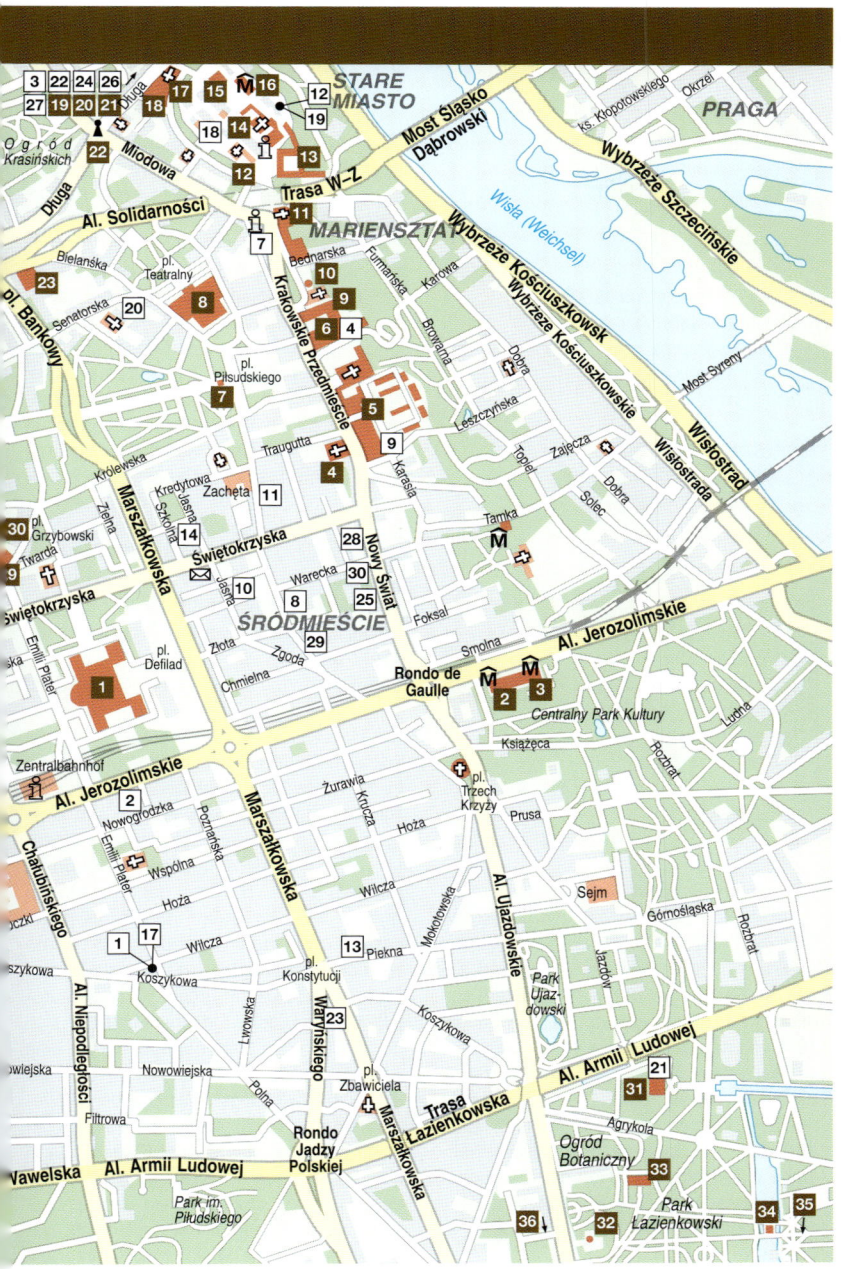

Warschau und Umgebung

Warszawa: Cityplan S. 314

Fortsetzung von S. 314

- 6 Westin
- 7 Dom Literatury
- 8 Gromada Dom Chłopa
- 9 Harenda
- 10 Friends' Guesthouse
- 11 Mazowiecki
- 12 Old Town Apartments
- 13 Nathan's Villa
- 14 Oki Doki Hostel
- 15 Jugendherberge
- 16 Camping Wok Nr. 90

Essen und Trinken

- 17 Kurt Schellers Restaurant
- 18 Karczma Gessler
- 19 U Barssa
- 20 Cesarski Pałac
- 21 Qchnia Artystyczna
- 22 FretaPorter
- 23 U Szwejka
- 24 Pod Samsonem
- 25 Bar Mleczny Familijny 39
- 26 To Lubię
- 27 Pożegnanie z Afryką
- 28 Café Nowy Świat
- 29 Wedel
- 30 Café Bikle

Nach dem Ersten Weltkrieg wird Warschau Hauptstadt eines unabhängigen polnischen Staates. Die Zahl der Einwohner steigt bis 1939 auf 1,3 Mio., davon sind fast 30 % Juden. Im September 1939 wird die Stadt von deutschen Truppen besetzt, erst im Januar 1945 von der Roten Armee wieder befreit.

Das zerstörte Warschau wird Hauptstadt der Volksrepublik Polen, 1952 beginnt man mit dem Wiederaufbau der Altstadt. 1980 wird diese in die Liste des Unesco-Welterbes aufgenommen. Nach dem Scheitern des sozialistischen Experiments wird Warschau kapitalistische Boomtown, östlicher Vorposten der EU.

Rundgang

Jerusalemer Allee

Fast alle Besucher kommen auf ihrem Weg in die Altstadt über die al. Jerozolimskie und staunen über die vielen rund um den Zentralbahnhof entstandenen Wolkenkratzer. Einer von ihnen, der 234 m hohe **Kulturpalast** 1, ist schon älteren Datums: ein Geschenk Stalins an das ›slawische Brudervolk‹ aus dem Jahr 1956. Mit seinen Attiken im Stil der Neo-Renaissance wirkt er immer noch prachtvoller als all seine Konkurrenten. Und auch bei der Innenausstattung wurde kein Rubel gescheut. Die Böden sind mit Marmor unterschiedlicher Tönung ausgelegt, die hohen Decken von Stuck eingefasst. Mehr als 3000 Räume finden in ihm Platz, auch mehrere Theater, Großkinos, Museen und Jazzclubs, ein olympisches Hallenbad und ein grandioser Veranstaltungssaal. Mit Aufzug erreicht man die Aussichtsterrasse im 30. Stock, von der sich ein weiter Blick über die Stadt eröffnet (Pałac Kultury i Nauki, pl. Defilad; www.pkin.pl, meist tgl. 11–17 Uhr).

Auf dem Weg zur Weichselbrücke kreuzt die Jerusalemer Allee die Hauptverkehrsader **Marszałkowska**, eine Aufmarschstraße sozialistischen Stils. Rechts kommt man auf ihr ins Regierungsviertel Mokotów, links zum Bankenplatz (pl. Bankowy) und zum ehemals jüdischen Muranów. Wichtig zur Orientierung ist auch der nachfolgende **Rondo de Gaulle'a** (s. u.), an dem der ›Königsweg‹ gequert wird. Im grauen Bau rechts hinter der Kreuzung tagte früher das Zentralkomitee der Polnischen Vereinigten Arbeiterpartei, heute ist darin die größte Börse Osteuropas untergebracht. Daneben befindet sich das vierflügelige **Nationalmuseum** 2, eine Schatzkammer mit Kunstwerken von der Antike bis zur Gegenwart. Zu den Höhepunkten der Sammlung zählen frühmittelalterliche Fresken aus Pharos (Sudan), die in ihrer archaischen Ausdruckskraft an Ikonen erinnern. Aus ostpreußischen und schlesischen Kirchen stammen meisterhaft geschnitzte, gotische Skulpturen, darunter die

316

›Schöne Madonna aus Breslau‹. Im Ostflügel des Gebäudes befindet sich das **Militärmuseum** 3, das die tausendjährige Geschichte der nationalen Streitkräfte dokumentiert (Muzeum Narodowe & Muzeum Wojska Polskiego, al. Jerozolimskie 3, www.mnw.art.pl, Di–Mi 10–16, Do 12–16, Fr 10–16, Sa–So 10–18 Uhr).

Vom Rondo de Gaulle'a zum Schlossplatz

Die hier vorgestellte, 2 km lange Strecke ist Teil des so genannten ›Königswegs‹ (Trakt Królewski), der Verbindungsstraße zwischen dem Königsschloss in der Altstadt und der Sommerresidenz im Vorort Wilanów. Entlang des Boulevards siedelten sich Polens wichtigste Adelsgeschlechter an und ließen prunkvolle Paläste und Kirchen erbauen.

Sprach man in den Goldenen 1920er Jahren von Warschau als dem ›Paris des Ostens‹, so dachte man vor allem an die Flaniermeile **Nowy Świat** (Neue Welt), in die wir am Rondo nordwärts einbiegen. Wie damals ist sie von edlen Boutiquen, Cafés und Restaurants gesäumt, gewiss eine Nummer kleiner als der Boulevard Saint Germain, aber gerade wohl deshalb so attraktiv. Die Straße beschreibt einen eleganten Bogen, nostalgische Straßenlaternen verleihen ihr zusätzliches Flair. Abstecher lohnen in die exklusiven Seitengassen Chmielna und Foksal, letztere mit Jugendstilbauten und guten Lokalen.

An einer effektvoll postierten Kopernikus-Skulptur, dem Werk des dänischen Bildhauers Bertel Thorvaldsen, geht die ›Neue Welt‹ in die ›Krakauer Vorstadt‹ über. Die **Krakowskie Przedmieście** ist weniger anmutig, doch dafür repräsentativ: In diesem Teil des Königswegs befinden sich der Sitz des Präsidenten, Ministerien und wichtige Kulturstätten. Ein erster Stopp lohnt in der klassizistischen **Heiligkreuzkirche** 4 (Kościół Św. Krzyża), wo das Herz des Komponisten Fryderyk Chopin beigesetzt ist. Eine Inschrift an seinem Epitaph verkündet: »Wo dein Schatz ist, dort ist auch dein Herz«. 31 Jahre nach seiner Beerdigung auf dem Pariser Friedhof Père Lachaise wurde Chopins Leichnam exhumiert und das Organ – oder besser das, was davon übrig geblieben war – nach Polen überführt. Eine zweite Urne mit dem Herzen des Literaturnobelpreisträgers Władysław Reymont wurde 1924 gleichfalls in einen Kirchenpfeiler gemauert.

Ein schmiedeeisernes Tor öffnet den Weg zu den symmetrisch angeordneten, palastähnlichen Bauten der **Universität** 5 (Uniwersytet). Sie wurde 1816 unter zaristischer Herrschaft gegründet, doch wurde der Lehrbetrieb bereits 15 Jahre später wieder eingestellt, da sich, wie es hieß, zu viele Studenten am Novemberaufstand von 1830 beteiligt hätten. 1915 durfte sie wieder öffnen, 1939, unter den Deutschen, wurde sie abermals aufgelöst.

Gegenüber vom **Hotel Bristol** 6, einer Perle des Art Nouveau, führt die Królewska zum größten Platz der Stadt – derzeit benannt nach General Piłsudski, dem Diktator der Zwischenkriegszeit. An der Westseite steht das **Grabmal des Unbekannten Soldaten** 7 (Grób Nieznanego Żołnierza), das allen Polen gewidmet ist, die fürs Vaterland fielen. Der Bogen der Erinnerung spannt sich vom Sieg über den Deutschen Orden 1410 bis zur Befreiung vom Nationalsozialismus 1945. Für die Toten brennt eine ewige Flamme; eine Ehrengarde, die täglich um 12 Uhr in einem feierlichen Zeremoniell abgelöst wird, hält rund um die Uhr Wache. Hinter dem Denkmal befindet sich der **Sächsische Garten** (Ogród Saski), ein Park aus dem frühen 18. Jh. mit Teich, Springbrunnen und Skulpturen.

Schaut man nach rechts, so blickt man über die gläserne Norman-Foster-Rotunde auf das **Große Theater** 8 (Teatr Wielki), das 1833 im geteilten Polen entstand und viele Jahre als Tempel nationaler Kultur diente. Seine Grandezza ist der spiegelverkehrte Ausdruck realer Ohnmacht: Nur auf dem Feld der Kultur durften die politisch Unfreien ihre Größe beweisen.

Nach dem Abstecher zum Piłsudski-Platz geht es zurück in die pulsierende Krakowskie Przedmieście. Hinter dem Hotel Bristol

Auf dem Altstädtischen Ring: Kutscher warten auf Kundschaft

befindet sich die Zufahrt zum **Präsidenten-palast** 9 (Rezydencja Prezydenta), in dem 1955 der Warschauer Pakt, das östliche Pendant zur Nato, unterzeichnet wurde. Auch die Gespräche am Runden Tisch (1989) fanden dort statt – sie leiteten den Fall des sozialistischen Systems in Polen ein. Auf dem Weg zum Schlossplatz passiert man nun noch das **Mickiewicz-Denkmal** 10 (Pomnik A. Mickiewicza), das den Dichter in Heldenpose zeigt, und das Gotteshaus der Warschauer Studenten, die **Annakirche** 11 (Kościół Św. Anny). Mit illusionistischen Malereien, vergoldeten Rokoko-Stukkaturen und schummrigem Licht zieht sie alle Register sinnlicher Verführung. Krönender Abschluss des Kirchenbesuchs ist der Aufstieg zum Glockenturm: Von seiner Aussichtsplattform bietet sich ein großartiger Blick auf Schlossplatz und Altstadt (tgl. 10–19 Uhr).

zenden Akt wurde das alte Warschau unmittelbar nach dem Krieg originalgetreu wieder aufgebaut. Alles, was heute alt erscheint, ist in Wirklichkeit neu – erschaffen nach Fotos und Stichen. Dabei bleibt die Vergangenheit allgegenwärtig: Straßennamen erinnern an Schlachten und Aufstände, Plaketten verweisen auf Hinrichtungen. Die Stadt ist noch immer ein *Memento Mori*, frische Blumen und Kerzen beschwören den Geist der Toten.

Eingangstor zur Altstadt (Stare Miasto) ist der **Schlossplatz** (pl. Zamkowy), ein beliebter Treffpunkt von Jung und Alt. Dominiert wird er von der hoch aufschießenden **Sigismundsäule** 12 (Kolumna Zygmunta): eine Erinnerung an König Zygmunt III., der die Hauptstadt 1596 von Krakau nach Warschau verlegte. Er war es auch, der die bescheidene Fürstenburg am Ostrand des Platzes in ein prachtvolles **Königsschloss** 13 verwandelte. Die Gemächer sind voller Kunstgegenstände, die die polnischen Monarchen im Lauf der Jahrhunderte ansammelten. Im barocken Ballsaal bewundert man das illusionistische Deckengemälde, ein Loblied auf den polnischen König; ein spezieller Saal bleibt für die Stadtansichten des Hofmalers Canaletto (eigentlich Bernardo Bellotto, 1720-80) reserviert, nach denen man Warschau ›originalgetreu‹ wiederaufgebaut hat (Zamek Królewski, pl. Zamkowy 4, www.zamek-krolewski.art.pl, im Sommer So–Mo 11–18, Di–Sa 10–18 Uhr, im Winter kürzer, Eintritt 5/3 €).

Die gotische, zwischen Barockhäusern eingezwängte **Johanniskathedrale** 14 (Katedra Św. Jana) macht nur durch einen Schaugiebel auf sich aufmerksam. Ihrem schlichten Äußeren entspricht der strenge, fast düstere Innenraum. Davon freilich lassen sich die Besucher nicht abschrecken, denn die Kirche hat Kultstatus: In ihrer Krypta sind masowische Fürsten, Warschauer Erzbischöfe und ›Nationalhelden‹ beigesetzt. Die meisten Besucher pilgern zum Mausoleum Stefan Wyszyńskis, der als Primas von Polen 1951–81 dem ›Reich des Bösen‹ widerstand.

Historische Alt- und Neustadt

Hans-Magnus Enzensberger hat die Altstadt als die »großartigste Fälschung der Welt« bezeichnet. Nach Niederschlagung des Warschauer Aufstands 1944 wurde sie von deutschen Truppen in Schutt und Asche gelegt, nichts sollte an hauptstädtischen Glanz erinnern. Doch die Deutschen unterschätzten den Selbstbehauptungswillen der Polen: In einem heroischen, fast an Wahnwitz gren-

Warschau und Umgebung

Die Świętojańska mündet in den **Altstädtischen Ring** (Rynek Staromiejski), Warschaus schönsten Platz. Er wird von 40 Patrizierhäusern aus der Zeit der Renaissance und des Barock gesäumt – Architektur wie aus dem Bilderbuch, aufgrund ihrer stilistischen Einheit einzigartig in ganz Europa. In der Mitte des Platzes posiert Warschaus Wappenfigur, eine in Bronze gegossene Sirene mit Schwert und Schild. Um sie herum herrscht von Frühling bis Herbst stetig Hochbetrieb. Straßenmusikanten spielen auf, Porträtmaler zeigen ihre Künste und die vielen Terrassencafés sind dicht besetzt.

Hinter den pastellfarbenen Fassaden der Nordseite befindet sich das **Historische Museum** 15. Die Sammlung von Fotos, Filmen und Dokumenten spiegelt anschaulich die Entwicklung Warschaus von seinen Anfängen als mittelalterliche Fischersiedlung bis zu seiner Zerstörung im Zweiten Weltkrieg und dem glanzvollen Wiederaufbau (Muzeum Historyczne, Rynek Starego Miasta 28, Di u. Do 11–18, Mi u. Fr 10–15, Sa–So 10.30–16 Uhr). Schräg gegenüber, an der Ostseite des Rings, zeigt das **Literaturmuseum** 16 wechselnde, vorbildlich inszenierte Ausstellungen (Muzeum Literatury, Rynek Starego Miasta 20, Mo–Di 10–18, Mi–Do 11–

Wirkt alt, ist aber neu: 1971 wurde das Königsschloss wieder aufgebaut

18, Fr 10–18, So 11–18 Uhr). Die Südseite wird vom Restaurant Bazyliszek eingenommen, an der Westseite öffnet das traditionsreiche Fukier, gegründet von der Augsburger Familie Fugger im 16. Jh.

Vom Altstädtischen Ring geht es über Treppenwege zum Weichselufer hinab, malerische Gassen führen zur Promenade auf dem ehemaligen Festungsring. Nordwärts kommt man zur **Barbakane** 17 (Barbakan), einer kreisrunden Backsteinbastion, die Alt- und Neustadt voneinander trennt.

Der Name trügt: ›Neu‹ ist die im 15. Jh. entstandene, damals autonome **Neustadt** (Nowe Miasto) nur im Vergleich zu der 200

Jahre älteren Altstadt. Vorbei an der **Paulinerkirche** 18 (Kościół Paulinów), von der die Wallfahrt nach Tschenstochau startet, gelangt man zum **Neustädtischen Ring** (Rynek Nowego Miasta). Mit schattigen Bäumen und einem nostalgischen Brunnen erinnert er an eine stille, ländliche Oase. Blickfang ist die **Kirche der Sakramentinerinnen** 19 (Kościół Sakramentek), ein helles, barockes Kleinod, gestiftet von Königin Marysieńka Sobieska. Nahebei kann man zwei weitere Gotteshäuser entdecken: Streng wirkt die gotische **Marienkirche** 20 (Kościół Mariacki) mit weitem Weichselblick; durch üppigen Barock besticht die **Franziskanerkirche** 21 (Kościół Franciszkanów).

Vor dem Justizpalast, an der Ecke Długa/Bonifraterska, prangt das **Denkmal des Warschauer Aufstands** 22 (Pomnik Powstania Warszawskiego). Gigantische, in Bronze gegossene Figuren entsteigen düsteren Kanälen, die Waffe in der Hand. Den meisten Kämpfern ist die Flucht misslungen: Sie ertranken in den Stollen oder starben im Feuer der in die Gänge hinabgeworfenen Granaten.

Bankenplatz und Muranów

Am **plac Bankowy**, dem früheren Finanzzentrum der Stadt, kreuzen sich verkehrsreiche Straßen. Imposant ist die vom Rathaus und anderen neoklassizistischen Bauten bestimmte Westseite, in der Alten Börse befindet sich die **Kunstkollektion Johannes Paul II.** mit bedeutenden Gemälden europäischer Meister wie Goya, Rubens, Cranach und Van Gogh (Muzeum Kolekcji im. Jana Pawła II, pl. Bankowy 1, Di–So 10–16 Uhr). Die Ostseite wirkt weniger attraktiv. An Stelle der von den Nazis gesprengten Großen Synagoge errichtete man einen Glaspalast, das ›Blaue Bürohochhaus‹. In den Hintergrund gedrängt ist das **Jüdische Historische Institut** 23, das einen umfassenden Einblick in die Geschichte der polnischen Juden vermittelt. Auf alten Bildern sieht man über Thorarollen gebeugte Rabbiner, melancholische Greise und orientalisch anmutende Frauen. Aus polnischen Synagogen stammen silberne Chanukka-Leuchter, Kelche und Gewürz-

Warschau und Umgebung

Museum des Warschauer Aufstands

Wer mehr über den Aufstand von 1944 erfahren möchte, besucht das zu seinem 60. Jahrestag eingerichtete Museum westlich des Hotels Westin. In einem neugotischen Industriegebäude aus dem 19. Jh. wird der Kampf multimedial nachgezeichnet, auf dass sich der Besucher als Zeitzeuge fühlen kann. Im Kinosaal werden Dokumentar- und Spielfilme gezeigt; in eine **Erinnerungsmauer** im angrenzenden Park sind die Namen aller gefallenen Polen gemeißelt. Führungen finden auch auf Deutsch statt. (Muzeum Powstania Warszawskiego, ul. Grzbowska 79/Ecke Przyokopowa 28, www.1944.pl, Do 10–20, Fr–So 10–18 Uhr).

behälter. Offen zugänglich ist die Bibliothek, in welcher auch die vom Institut herausgegebenen Zeitschriften für Besucher ausliegen: In englischer Sprache erscheint das ›Bulletin of the Jewish Historical Institute in Poland‹, in Jiddisch die ›Bleter far Geschichte‹ (Żydowski Instytut Historyczny), ul. Tłomacka 3/5, www.jewishinstitute.org.pl, Mo–Fr 9–15 Uhr).

Nordwestlich des Bankenplatzes liegt das Viertel **Muranów**, wo bis zum Zweiten Weltkrieg die meisten der 375 000 Warschauer Juden lebten. Statt des Gassengewirrs mit dunklen Hinterhöfen kreuzen sich heute schnurgerade Straßen, die von anonymen Mietskasernen gesäumt sind. Nur ein paar Namen wie ›Anielewicza‹ und ›Zamenhofa‹ blieben jüdisch. Wo die beiden Straßen aufeinander treffen, steht das pathetische **Denkmal der Ghettohelden** 24 (Pomnik Bohaterów Getta), das 1948 inmitten von Trümmerfeldern enthüllt wurde. Vor diesem Monument leistete Willy Brandt 1970 seinen berühmten Kniefall, eine Geste, die weltweit als Entschuldigung eines deutschen Staatsmannes für die von Deutschen verübten Verbrechen interpretiert wurde – die Polen ehrten ihn dafür mit einer Plakette an der Nordwestecke des Platzes. Hier entsteht auch das **Museum der Geschichte der polnischen Juden** (Muzeum Historii Żydów Polskich) – ein modernes, multimediales Zentrum, das hauptsächlich durch private Spenden finanziert wird.

Direkt am Denkmal beginnt der **Weg des jüdischen Martyriums und Kampfes**, der in Anknüpfung an christliche Kalvarien der jüdischen Opfer gedenkt. 16 Granitblöcke markieren die Strecke, über die Hunderttausende Juden in den Tod getrieben wurden. Die Steine tragen die Namen herausragender Persönlichkeiten des jüdischen Widerstands, eingeritzt in hebräischer, jiddischer und polnischer Sprache. Einer, an den erinnert wird, ist Mordechai Anielowicz (1919–43), Kommandant der Jüdischen Kampforganisation im Warschauer Ghetto. Das **Bunkerdenkmal** 25 (Pomnik Bunkera), ein schlichter Stein, bezeichnet den Ort, von dem er den Aufstand koordinierte. Letzte Station des Weges ist der **Umschlagplatz** 26 an der ul. Stawki. Der historische Platz war von einer hohen Mauer umschlossen, die sich an zwei Seiten öffnete: Das eine Tor führte ins Ghetto, das andere zur Rampe, an der die Güterzüge vorfuhren. Innerhalb eines Jahres wurden 300 000 Menschen ›umgeschlagen‹, von Warschau deportiert ins Vernichtungslager Treblinka.

Der **Jüdische Friedhof** 27 zählt über 100 000 Gräber: eine Stadt der Toten mit grasüberwachsenen Alleen, Schatten spendenden Bäumen und bröckeligen, efeuumrankten Steinen. Zuweilen kann man auf ihnen noch hebräische Inschriften entziffern, Reliefs erinnern an die soziale Stellung der Verstorbenen (Cmentarz Żydowski, ul. Okopowa 49/51, So–Do 10–15 Uhr). Von hier ist es nicht weit zum **Pawiak-Museum** 28, einem ehemaligen Gefängnis, in dem die Nationalsozialisten 37 000 Menschen hinrichteten. Modelle illustrieren die gewaltigen Ausmaße dieses Gefängnisses, welches 1944 gesprengt wurde; ausgestellt sind Dokumente und persönliche Habseligkeiten der Häftlinge (Muzeum Pawiak, ul. Dzielna 24–26, Mi–So 10–16 Uhr).

Lebendige Kultur repräsentiert das **Jüdische Theater** 29 (Teatr Żydowski), die einzige europäische Bühne, die Stücke in Jiddisch spielt. Oft kann man hier – mit Simultanübersetzung – Scholem Aleichems ›Troubadour aus Galizien‹ erleben und natürlich auch das Musical ›Fiddler on the Roof‹.

Westlich des Theaters liegt versteckt die **Nożyk-Synagoge** 30, in der sich bekennende Juden zum Gottesdienst versammeln. Sie ist außen und innen eher schlicht; ihr einziger Schmuck ist eine metallene Kuppel, die sich über den Aufbewahrungsort der Thorarollen spannt. Dank der nordamerikanischen Lauder-Stiftung avancierte die Synagoge zum Mittelpunkt des aufkeimenden jüdischen Gemeindelebens: Seit der Jahrtausendwende gibt es wieder eine Schule, welche Unterricht in Hebräisch und Jiddisch sowie Kurse zur Geschichte des Judentums anbietet. Angeschlossen sind ein Kindergarten, ein Zentrum für pädagogische Studien und die Redaktionsräume der beiden Zeitschriften Midrasz und Jidele (Synagoga Nożyków, ul. Twarda 6, So–Do 10–19, Fr 10–16 Uhr).

Łazienki-Park und Schloss Wilanów

Südwärts führt der Königsweg aus der Stadt heraus. Ab dem Platz der Drei Kreuze (pl. Trzech Krzyży) trägt er den Namen **Ujazdowskie**, von den Polen auch ›Champs Elysèes‹ genannt. Die Allee ist von Palästen gesäumt, in denen Botschafter und Staatsminister residieren; von der Straße abgesetzt findet man Sejm und Senat, Polens Zweikammerparlament. Ihren Namen verdankt sie dem **Schloss von Ujazdów** 31 (Zamek Ujazdowski), einer königlichen Sommerresidenz an der Weichselböschung. Heute beherbergt der Barockbau ein Zentrum für zeitgenössische Kunst (Centrum Sztuki Współczesnej). Von der Terrasse an seiner Rückseite bietet sich ein schöner Blick über schnurgerade, in Richtung Weichsel verlaufende Kanäle.

Der königliche **Łazienki-Park** ist heute ein romantisches Refugium für jedermann. Stundenlang kann man hier spazieren gehen und vergessen, in einer Großstadt zu sein.

Startpunkt eines jeden Rundgangs ist das **Chopin-Denkmal** 32 (Pomnik Chopina), das den Komponisten unter einer masowischen Weide zeigt. An Sommersonntagen wird ihm zu Füßen ein Flügel postiert, auf dem seine besten Klavierwerke erklingen. Folgt man der Hauptallee ostwärts, gelangt man zur **Alten Orangerie** 33 (Stara Pomarańczarnia). Zwischen exotischen Pflanzen stehen antike Skulpturen, im original erhaltenen Hoftheater aus dem 18. Jh. gibt es abends Konzerte mit Kammermusik. Ein besonders schönes Bauwerk ist das **Palais auf der Insel** 34 (Pałac na Wyspie), eine Sommerresidenz von König Stanisław August Poniatowski. Es ist aus einem barocken Badehaus hervorgegangen und präsentiert sich als Lustschloss par excellence. Die Räume sind elegant und zugleich intim, ausgestattet mit kostbaren Kunstwerken. Ganz in der Nähe befindet sich das als Ruine erbaute **Theater auf der Insel** 35 (Teatr na Wyspie). Die Neue Orangerie (Nowa Oranżeria), ein neoklassizistischer Glaspalast, beherbergt ein nobles Restaurant (Park Łazienkowski, al. Ujazdowskie, Park tgl. 9–19 Uhr, Museen Di–So 10–15 Uhr, Bus 116, 180, 519, 522).

Der Königsweg endet 6 km südlich am **Schloss Wilanów** 36. König Jan III. Sobieski, der 1683 die Türken bei Wien bezwang und so als ›Retter des christlichen Abendlandes vor dem Islam‹ in die Geschichte einging, schuf sich hier seine ›Villa Nuova‹, eine abgeschiedene Sommerresidenz. Sie wurde im Krieg nicht zerstört, präsentiert sich außen und innen als Meisterwerk des Barock mit zahlreichen Skulpturen, illusionistischen Malereien und Gemälden. Im Obergeschoss illustriert eine Porträt-Galerie die Entwicklung dieses Genres; in der ehemaligen Reitschule ist das weltweit erste **Plakatmuseum** untergebracht (Pałac Wilanów, ul. Wiertnicza s/n, Mi–Mo 9.30–14.30, Park bis 18 Uhr; Muzeum Plakatu, Di–Fr 10–16, Sa/So 10–17 Uhr, Bus 116, 180, 519, 522).

i **Touristeninformation CIT:** ul. Krakowskie Przedmieście 89, 00-429 Warszawa, Tel. 022-94 31, Fax 524 11 43,

Warschau und Umgebung

www.warsawtour.pl. Im Büro am Nordende des Königswegs bekommt man einen Stadtplan, den aktuellen Kulturkalender (Informator Kulturalny), Unterkunfts- und Restauranttipps. Weitere Info-Stellen gibt es am Flughafen, am Bus- und am Zentralbahnhof.

Touristeninformation MUFA: pl. Zamkowy 1–3, Tel./Fax 022-635 18 81, www.wcit.waw.pl. Das Privatbüro am Schlossplatz reserviert Hotels, verkauft Ausflugstickets, Broschüren und Videokassetten.

Warschau machte jahrelang durch die Eröffnung immer neuer Luxushotels von sich reden. In letzter Zeit entstanden aber auch hier touristische Apartments sowie Hostels für Traveller. Privatzimmer werden über das Biuro Syrena vermittelt (ul. Krucza 17, Tel. 022-628 75 40, www.kwatery-prywatne.pl).

Rialto 1 : ul. Wilcza 73, Tel. 022-584 87 00, Fax 584 87 01, www.hotelrialto.com.pl, 44 Zimmer. In dem Design-Hotel nur wenige Gehminuten südl. des Hauptbahnhofs fühlt man sich um hundert Jahre zurückversetzt: Von Art Nouveau bis Art Déco findet man alle Stilvarianten der ersten 20 Jahre des letzten Jahrhunderts. Die Zimmer sind mit Originalmöbeln der Epoche ausgestattet, Beleuchtung und Dekor wurden perfekt angepasst. Zimmer 27, formstreng und in Schwarz-Weiß gehalten, erinnert an New York; Zimmer 41 ist mit erlesenen Thonet-Stücken von Josef Hoffmann eingerichtet; mit zebrafellbezogenen Stühlen, Masken und Skulpturen verdient Zimmer 13 den Titel ›Jenseits von Afrika‹. Herrlich sind die Marmor- und Mosaikbäder, auch sie bis ins letzte Detail Art Nouveau. Zum Haus gehören ein kleiner Raucher-Salon mit CD- und DVD-Bibliothek sowie ein Fitness-Zentrum mit Sauna. Das viel gepriesene Restaurant wird vom Schweizer ›Autorenkoch‹ Kurt Scheller geführt. DZ ab 260 €, am Wochenende starker Rabatt.

Polonia Palace 2 : al. Jerozolimskie 45, Tel. 022-318 28 00, Fax 318 28 01, www.syrena.com.pl, 206 Zimmer. Das traditionsreiche Polonia, 1913 als Grand Hotel im Jugendstil

erbaut, wurde im Jahr 2005 glanzvoll wiedereröffnet. Die opulente Einrichtung mit viel Stuck, Kristalllüstern und Marmor zollt dem historischen Ambiente Tribut. Die Lobby erinnert an eine lichte Piazza, die Bar Lounge gibt sich modern. Die Zimmer sind in ruhigen Beige-Tönen gehalten und verfügen über allen erdenklichen Komfort: von der Fußbodenheizung im Bad über Sat-TV bis High-Speed-Internet. Das Frühstücksbüfett wird im ›Ludwikowska‹ eingenommen, dessen ver-

Vor den Toren Warschaus befindet sich das barocke Schloss Wilanów

schlungene Blütenornamente mit 6 kg Gold überzogen sind. Abends speist man west-östlich bei Harfenklängen live. Das Fitness-Studio ist rund um die Uhr geöffnet. DZ ab 185€.
Le Regina 3 : ul. Kościelna 12; Tel. 022-531 60 00, Fax 531 60 01; www.leregina. com; 61 Zimmer. Wenige Schritte vom Neustädtischen Markt wurde ein klosterähnlicher Palast aus dem 18. Jh. in ein intimes Fünf-Sterne-Hotel verwandelt – als derzeit einziges in Polen wurde es in den exklusiven

Club der ›Small Luxury Hotels of the World‹ aufgenommen. Begrüßt wird man in der hellen Kamin-Lobby, über Freitreppen geht es in die geräumigen Zimmer hinauf, die sich um einen Innenhof mit Brunnen gruppieren. Sie sind in ruhigen Creme- und Braunfarben gehalten, dazu passen die formstrengen italienischen Designmöbel aus Walnussholz. Farbtupfer setzen handgemalte Fresken, die Sandsteinbäder sind mit venezianischen Mosaiken verziert. Alle Zimmer verfügen

Warschau und Umgebung

über Sat-TV und High-Speed-Internet. Im Kellergewölbe versteckt sich ein kleines, im Stil eines türkischen Bads errichtetes Spa-Center mit Pool und Saunen. Auch das angeschlossene Restaurant Rotisserie ist seine fünf Sterne wert. Journalisten der Zeitschrift ›Feinschmecker‹ schrieben, das Menü von Koch Oszczyk habe ihnen »den Atem verschlagen«. Zu seinen Spezialitäten gehören Foie-Gras mit warmem Chicoree, geräucherte Entenbrust mit Kräutern und lachsgefüllte Piroggen. Im Sommer öffnet das Restaurant zum Innenhof. DZ ab 180 €.

Le Royal Meridien Bristol 4 : ul. Krakowskie Przedmieście 42/44, Tel. 022-551 10 00, Fax 625 25 77, www.lemeridien-bristol.com, 206 Zimmer. Das Hotel liegt gleich neben dem Präsidentenpalast, deshalb werden hier oft Staatsgäste untergebracht. Es ist ganz im Jugendstil gehalten, doch will die nacktfunktionale Wellness-Abteilung nicht dazu passen. DZ 170–350 €.

Radisson 5 : ul. Grzybowska 24/Ecke Jana Pawła II, Tel. 022-321 88 88, Fax 321 88 89, www.radissonsas.com, 311 Zimmer. Vier-Sterne-Komfort im Warschauer Geschäftszentrum. Die Zimmer sind modern, in mediterranen bzw. skandinavisch-kühlen Tönen gehalten, das Frühstücksbüfett ist opulent und das Wellness-Zentrum mit Hallenbad, Sauna und Whirlpool bleibt bis spätabends geöffnet. DZ ab 149 €.

Westin 6 : al. Jana Pawła II 21, Tel. 022-450 80 00, Fax 450 81 11, www.westin.com/warsaw, 361 Zimmer. Das Warschauer Top-Hotel präsentiert sich als 20-stöckiger Glaspalast mit minimalistischem Design und edlen Naturmaterialien. Die eleganten Zimmer sind hervorragend beleuchtet, verfügen über eine breite Fensterfront, einen frei stehenden Schreibtisch und ergometrischen Stuhl. Das Bett ist mit einer Gänsedaunendecke für Allergiker überzogen, zu den Standard-Extras zählen Bademantel, Slipper und Kaffeemaschine. Das Frühstücksbüfett ist das wohl Beste der Stadt, auch Spezialitäten aus dem Fusion-Show-Restaurant werden serviert. DZ ab 120 €, einige Zimmer behindertengerecht.

Dom Literatury 7 : ul. Krakowskie Przedmieście 87, Tel./Fax 022-828 39 20, 13 Zimmer. ›Literatenhotel‹ im obersten Stock eines historischen Hauses am Schlossplatz. Einfache Zimmer mit prächtigem Ausblick, aber leider kein Aufzug und vorerst nur Etagenbad. DZ ab 100 €.

Gromada Dom Chłopa 8 : pl. Powstańców Warszawy 2, Tel. 022-582 99 00, Fax 582 95 27, www.gromada.pl, 298 Zimmer. Mittelklassehotel zwischen Königsweg und Geschäftszentrum. Große Lobby, kleine Zimmer. DZ ab 80 €.

Harenda 9 : ul. Krakowskie Przedmieście 4/6, Tel. 022-826 00 71, Fax 826 26 25, www.hotelharenda.com.pl, 43 Zimmer. Einfaches Hotel in zentraler Lage nahe der Universität. DZ ab 80 €.

Friends' Guesthouse 10 : ul. Sienkiewicza 4, Mobiltel. 601-24 34 44, www.friends-poland.com, 3 Zimmer. Bei Schwulen beliebt: Kleine, aber freundlich eingerichtete Zimmer in bester Lage mit eigener Dusche, Toilette und Küche werden gemeinsam genutzt. DZ ab 65 €.

Mazowiecki 11 : ul. Mazowiecka 10, Tel./Fax 022-827 23 65, www.mazowiecki.com.pl, 56 Zimmer. Das ehemalige Offiziershotel liegt zentral und wurde mit frischen Farben aufgepeppt. Preiswert wohnt man, wenn man auf einfache Zimmer mit Gemeinschaftsbad zurückgreift. DZ ab 55 €.

Old Town Apartments 12 : Rynek Starego Miasto 12/14, Tel. 022-887 98 00, Fax 831 49 56, www.warsawShotel.com. Für alle, die Wert legen auf Intimität, viel Eigenraum und eine Küche sind Studios und Apartments eine bessere Option als Hotelzimmer. Auf ihre Wünsche hat sich ein Vermittlungsbüro spezialisiert. Es bietet – preislich gestaffelt – freundlich-funktionale, komfortable und luxuriöse Wohnungen in bester Lage, im Umkreis der Altstadt und an Warschaus Prachtboulevards (Ap. Royal Route). Wichtiger Vorteil: 4 Personen wohnen für den Preis von zwei Personen, Studios ab 43 €, bei längerem Aufenthalt starker Rabatt.

Nathan's Villa 13 : ul. Piękna 24/26, Tel. 022-622 29 46, www.nathansvilla.com, 7 Zim-

Im Hotel Bristol steigen Staatsgäste ab

mer. Warschaus Top-Hostel liegt auf halber Strecke zwischen Bahnhof und Łazienki-Park und bietet saubere Zwei- bis Achtbettzimmer (keine Geschlechtertrennung). Im Preis inbegriffen sind Frühstück und Küchenbenutzung, Internet und Waschservice. Für Rucksackreisende ideal, ein guter Ort, um andere Leute kennen zu lernen! Ab Bahnhof mit Bus 131, 501, 505 oder 525 bis pl. Konstytucji. P.P. ab 13 €.

Oki Doki Hostel 14: pl. Dąbrowskiego 3/ Ecke ul. Marszałkowska, Tel. 022-826 51 12, Fax 826 83 67, www.okidoki.pl, 18 Zimmer. Hostel im Warschauer Zentrum mit Zimmern für 1–5 Pers., individuell gestaltet und mit altem Mobiliar eingerichtet, teils mit eigenem, teils mit Gemeinschaftsbad. Außerdem gibt es eine Frühstücksbar und eine Küche, Waschsalon und Internet-Terminals. Nahe der Kreuzung Marszałkowska/ Świętokrzyska, vom Zentralbahnhof 12 Gehminuten. P.P. ab 12 €.

Jugendherberge 15: ul. Karolkowa 53-A, Tel. 022-632 88 29, Fax 632 97 46, www. ptsm.com.pl, 180 Plätze, ganzjährig geöffnet. Die beste von vier Warschauer Herber-

gen liegt 2 km westl. vom Zentralbahnhof im Stadtteil Wola (Straßenbahn 12 oder 24, 6 Stationen Richtung Ochota, aussteigen am ›Centrum Wola‹). Außer Mehrbettzimmern auch zahlreiche DZ mit eigenem Bad. Ab 10 € p.P. im Mehrbettzimmer.

Camping Wok Nr. 90 16: ul. Odrębna 16, Tel. 022-612 79 51, Fax 615 61 27, www.won der.com.pl, geöffnet 15. April bis 15. Okt. 12 km südöstl. des Zentrums nahe dem rechten Weichselufer kann man seinen Caravan im Schatten alter Bäume abstellen. Anfahrt: von der E-30 in Straße 801 einbiegen und der Ausschilderung folgen.

🍴 **Kurt Schellers Restaurant** 17: ul. Wilcza 73, Tel. 022-584 87 00, www. scheller academy.com.pl. Ein Schweizer in Warschau: Mit keckem Schnurrbart, blütenweißer Schürze und Baskenmütze kocht er und serviert manchmal auch, denn, so seine Devise »auf Lorbeeren ausruhen gilt nicht, Qualität ist jeden Tag neu zu erringen«. Aus frischen, erstklassigen Zutaten bereitet er Eigenkreationen zu, die von seinen langjährigen kulinarischen Erfahrungen in Ost und

Warschau und Umgebung

West inspiriert sind. Nicht ›Schöller‹, sondern ›Scheller‹ heißt übrigens Polens bestes Eis. Hauptgerichte ab 10–18 €.

Karczma Gessler 18: Rynek Starego Miasta 21-A, Tel. 022-831 44 27, www.gessler.pl. Im Erdgeschoss öffnet ein Café mit hausgemachten Torten, die das Wasser im Mund zusammen laufen lassen. Im labyrinthartigen, ländlich gestylten Kellergewölbe nimmt man auf Holzbänken Platz und verputzt polnische Hausmannskost von Borschtsch bis Bigos. Wasser und eine Karaffe Tafelwein sind im Essenspreis inbegriffen. Hauptgerichte ab 8 €.

U Barssa 19: Rynek Starego Miasta 14, Tel. 022-635 24 76. ›Bei Hochwohlgeboren Barss‹ genießt man feine altpolnische Küche in großzügigen Portionen. Zur Küche passt das Interieur: Gold durchwirkte Wandteppiche, dunkle Stilmöbel und Kerzenlicht erinnern an die gute Stube eines Landadeligen. Hauptgerichte ab 8 €.

Cesarski Pałac 20: ul. Senatorska 27, Tel. 022-827 97 07, www.cesarskipalac.com.pl. Hier aßen schon Polens Präsidenten Kwaśniewski und Kaczyński. Das minimalistische, von China-Kitsch befreite Restaurant schräg gegenüber vom Großen Theater bietet asiatische Klassiker, bei denen auch das Auge mitessen darf. Hauptgerichte ab 8 €.

Qchnia Artystyczna 21: al. Ujazdowskie 6, Tel. 022-625 76 27. Vor allem im Sommer eine gute Adresse: Von der Terrasse des Schlosses Ujazdowski schaut man über eine schnurgerade Sichtachse weit ins Grüne. In der ›artistischen Küche‹ ist steter Wechsel angesagt: Je nach Lust und Laune der Köche ändert sich das Menü – und oft auch das Interieur. Immer gibt es einige vegetarische Gerichte. Hauptgerichte ab 7 €.

FretaPorter 22: ul. Freta 37, Tel. 022-635 37 54, www.fretaporter.pl. Intimes Lokal am Neustädtischen Markt mit Chansons, Jazz- und Piano-Klängen – abends live. Die Besitzerin, Frau Mariola, hat auf ihren Reisen rund um die Welt die Rezepte der schönsten Gerichte gesammelt, nun darf man diese bei ihr kennen lernen. Beim letzten Besuch schmeckte das Lamm-Couscous besonders

gut, Vegetarier lieben das in Kokosmilch marinierte Tofu mit Tamariskensoße. Hauptgerichte 7–11 €

U Szwejka 23: pl. Konstytucji 1, Tel. 022-621 62 11, www.uszwejka.pl. Das ›Schwejk‹ wurde nach der Wende als eines der ersten Warschauer Privatlokale eröffnet. Aufgrund seiner großzügigen, schmackhaften Grillgerichte und der leicht variierten polnischen Klassiker ist es noch immer sehr beliebt. Gäste schätzen das lockere Ambiente, viele kommen nur auf ein Glas Bier vorbei. Hauptgerichte ab 7 €.

Pod Samsonem 24: ul. Freta 3/5, Tel. 022-831 17 88. Das Restaurant in der Neustadt bietet jüdisch inspirierte Küche in nostalgischem Ambiente. Zu den Klassikern gehören Karpfen in Aspik, Hühnchen mit süßsaurer Pflaumen-Möhren-Beilage und Forelle mit Kräutern. Im Sommer öffnet eine Terrasse auf der verkehrsberuhigten Freta-Gasse. Gutes Preis-Leistungs-Verhältnis, Hauptgerichte ab 5 €.

Bar Mleczny Familijny 39 25: ul. Nowy Świat 39, Tel. 022-826 45 79, Mo–Fr 7–20, Sa–So 9–17 Uhr. Ein Relikt aus sozialistischer Zeit: Im kantinenähnlichen Ambiente der ›Milchbar‹ wird man für wenig Geld satt. Hauptgerichte ab 1 €.

To Lubię 26: ul. Freta 10. Nur für Nichtraucher: ein hübsches Café zwischen Barbakane und Neustädtischem Markt mit einer Auswahl hausgemachter Kuchen und Kekse, lecker schmeckt auch der Honigwein (miód pitny).

Pożegnanie z Afryką 27: ul. Freta 4–6. Minicafé am Eingang zur ›Neustadt‹ (Nowe Miasto) mit einer großen Auswahl an Kaffeesorten – immer frisch aufgebrüht.

Café Nowy Świat 28: Nowy Świat 63, Tel. 022-826 58 03, www.nowyswiat.com.pl. In sozialistischen Zeiten war dies einer der Lieblingsorte des amerikanischen Kultautors Allen Ginsberg: ein traditionsreiches Café im Wiener Stil mit gutem hausgemachtem Kuchen. Heute gibt es zusätzlich Frühstücksgedecke und kleine Speisen. Zur Lektüre liegen britische und amerikanische Zeitungen aus, im Sommer öffnet ein Garten.

Wedel 29: ul. Szpitalna 8, Tel. 022-827 29 16. Eine Rarität in Polen: In der ›Trinkstube‹ (pijalnia) des traditionsreichen Pralinen- und Schokoladenherstellers wird ausschließlich heiße Schokolade serviert! Die alte Einrichtung blieb bis heute unverändert; es gibt keine Musikberieselung und keinen Nikotinqualm – ein guter Ort für Leute, die ungestört miteinander reden wollen. Abends ist geschlossen.

Café Blikle 30: Nowy Świat 33, Tel. 022-826 66 19. Café für Genießer seit 1869, die Preise sorgen für Selektion.

Einkaufszentren: Gleich mehrere *galeri* befinden sich im Umkreis des Kulturpalasts: Glaspaläste mit Marmorböden, Springbrunnen und viel Grün, alle ausgestattet mit schicken Boutiquen und Läden westlicher Ketten wie H&M oder Zara. Die Galeria Centrum (ul. Marszałkowska 104/122) wird übertrumpft von den modernen Blue City (al. Jana Pawła II), Reduta (al. Jerozolimskie 147), Złote Terasy (ul. Złota) und Arkadia (Rondo Babka). Vor allem am Sonntag sind die Einkaufszentren gut besucht, wenn Familien die freie Zeit zum Shoppen nutzen.

Multimedia: Empik, ul. Nowy Świat 15/17. Hier gibt es frisch eingeflogene internationale Presse, deutsche Bücher und eine Riesenauswahl an CDs, Verkauf von Konzertkarten.

Antiquariat: Ultima Thule, ul. Krakowskie Przedmiessce 20/22, www.ultimathule.com.pl. Viele deutschsprachige Vorkriegstitel, historische Stiche und Landkarten.

Kunst: Galeria Grafiki i Plakatu, ul. Hoża 40, www.info.galerie.art.pl. Klassische und junge polnische Grafiker zu erschwinglichem Preis; Galeria Autorska Andrzeja Mleczki, ul. Marszałkowska 140, www.mleczko.pl. Arbeiten von Polens Top-Karikaturisten auf Papier, Stoff und Keramik.

Mode: Längs vom Nowy Świat und ihren Seitenstraßen findet man westliche Nobelmarken wie Boss, Lacoste, Kenzo etc. Auch das Metropolitan-Gebäude am Piłsudski-Platz ist eine gute Adresse.

Cinnamon: pl. Piłsudskiego 1. Kultbar in der Norman-Foster-Rotunde neben dem Großen Theater.

Irish Pub: ul. Miodowa 3. Gemütlich, locker und fast jeden Abend Livemusik.

Harenda: Krakowskie Przedmieście 4/6. Im großen Biergarten trifft sich ein bunt gemischtes Publikum, mehrmals in der Woche Live Jazz und Disco.

Między Nami: ul. Bracka 20. ›Unter uns‹ ist seit vielen Jahren ein beliebter Treff von Künstlern und Intellektuellen.

Tygmont: ul. Mazowiecka 6/8, www.tygmont.om.pl. Mit allabendlichen Live-Konzerten.

Oper, Theater, Ballett: Teatr Wielki, pl. Teatralny 1, Tel. 022-826 32 88, www.teatrwielki.pl.

Jüdisches Theater: Teatr Żydowski, pl. Grzybowski 12/16, Tel. 022-620 62 81, www.teatr-zydowski.art.pl.

Klassik: Filharmonia Narodowa, ul. Sienkiewicza 10, Tel. 022-551 71 39, www.filharmonia.pl.

Chopin-Konzerte: So 12 und 16 Uhr (nur im Sommer) im Łazienki-Park.

Ludwig-van-Beethoven-Festival (April): Infos im Internet unter www.beethoven.org.

Jazz-Festival (Juli): Mit internationalen Solisten, Infos im Internet unter www.adamiakjazz.pl.

Mozartfestival (Juli): Werke des Komponisten in Kirchen und Palästen.

Plakatbiennale (Aug.): Im Plakatmuseum von Wilanów werden alle zwei Jahre (2006, 2008) grafische Meisterwerke aus aller Welt prämiert.

Warschauer Herbst (Sept.): Renommiertes Festival zeitgenössischer Musik.

Monteverdi-Festival (Okt.): Opulente Barockopern, vornehmlich von Monteverdi.

Jazz Jamboree (Okt.): Seit 1958 treten im Kulturpalast Jazz-Größen aus aller Welt auf.

Golf: First Warsaw Golf & Country Club, Rajszew 70, 05-110 Jabłonna, Tel. 022-782 45 55, www.warsawgolf.pl. Polens Promi-Treff an der Weichsel wird

Warschau und Umgebung

demnächst um eine weitere 18-Loch-Anlage erweitert. Von den etwa 500 Mitgliedern, vorwiegend Geschäftsleuten, kommt knapp die Hälfte aus Polen, die Übrigen aus Deutschland, England und den USA. Das Gelände steht auch Tagesgästen offen.

Wandern: Für Touren in den Kampinos-Nationalpark empfiehlt sich die Karte *Kampinoski Park Narodowy* (1:60 000).

Flüge: Direktverbindungen in viele Städte Deutschlands, Österreichs und der Schweiz. Der Flughafen befindet sich in Okęcie 10 km südl. von Warschau. Ab 5.30 Uhr steuert der Airport City Express alle großen Hotels an (alle 30 Min.).

Bahn: Die meisten Reisenden kommen am Zentralbahnhof an (Warszawa Centralna PKP, al. Jerozolimskie 54), Schnellzüge verbinden die Stadt u. a. mit Berlin, Wien und Prag. Die Gleise befinden sich unterirdisch, Tickets für die Weiterfahrt erhält man oben in der Haupthalle.

Bus: Die wichtigste Busstation für die internationalen Busse befindet sich neben dem Zentralbahnhof in der al. Jana Pawła II; einige wenige Busse halten am Dworzec Zachodni PKS im Westen der Stadt. Um von dort ins Zentrum zu kommen, fährt man mit Bummelzug vom Lokalbahnhof Warszawa Zachodnia zum Lokalbahnhof Warszawa Śródmieście – dieser liegt vor dem Kulturpalast, 300 m vom Zentralbahnhof.

Stadtverkehr: Fahrkarten für Bus und Straßenbahn erhält man an Kiosken mit der Aufschrift MZK; beim Einsteigen sind die Karten zu entwerten. Es gibt preiswerte Tagestickets (*bilet jednodniowy*) und Wochentickets (innerhalb der Stadtgrenzen: *bilet tygodniowy miejski*, Warschau & Umgebung: *bilet tygodniowy sieciowy*).

Ausflugsziele

Kampinos-Nationalpark

Reiseatlas: S. 5/6, C/D 1

Die schönsten Ausflugsziele liegen im Westen Warschaus und lassen sich gut im Rahmen von Tagesausflügen erkunden. Der Kampinos-Nationalpark (Kampinoski Park Narodowy) reicht fast an die Hauptstadt heran. Mit seinen Kiefern bewachsenen Sanddünen, dichten Laubwäldern und Sümpfen vermittelt er einen Eindruck davon, wie einst weite Teile Masowiens aussahen, bevor sie landwirtschaftlich erschlossen wurden. Das Wappentier des 400 km^2 großen Naturschutzgebiets ist der Elch – doch nur selten wird man ihm begegnen, er scheut die von Menschen begangenen Wege. Oft kann man dagegen Schwarzstörche und Kraniche sehen, die auf der Suche nach Essbarem im Morast herumstaksen. Guter Ausgangspunkt zur Erkundung des Nationalparks ist das Dorf **Dziekanów Leśny** am Ostrand des Waldgebiets, wo mehrere markierte Wege starten. Die längste Strecke führt über den Weiler Kampinos zum 51 km entfernten Żelazowa Wola (s. Richtig Reisen-Tipp S. 331).

Łowicz

Reiseatlas: S. 5, B 2

31 km südwestlich von Warschau liegt die ›Folklorestadt‹ Łowicz. Fast 700 Jahre, bis zur Teilung des Landes 1795, gehörte sie der Kirche und bildete ein eigenes Fürstentum. Leibeigenen des Bischofs, den so genannten ›Pfaffenknechten‹, ging es ein ganzes Stück besser als den für den Adel arbeitenden Bauern. Und weil sie Zeit hatten, sich auch den schönen Dingen des Lebens zuzuwenden, konnte sich in Łowicz eine eigene Tradition ausbilden. Noch heute gilt die hiesige **Fronleichnamsprozession** als die farbenprächtigste des Landes: In bunte Trachten gekleidet, mit Korallen und Bernsteinketten behängt, schreiten die Frauen durch die Stadt, ihnen voran weiß gekleidete, Blumen streuende Mädchen. Nach der Prozession folgt das weltliche Vergnügen. Lokale Musikensembles spielen auf, man tanzt zu kraftvollen Weisen und stärkt sich bei Wurst und Bier.

Schmuckstück der Stadt ist der weitläufige **Rynek**. An seiner Westseite erhebt sich die Stiftskirche aus dem 15. Jh., die später barockisiert wurde. Im Innern ist sie hell und

Richtig Reisen-Tipp: Sonntagskonzert mit Chopin

Jeder Pole kennt das westlich von Warschau gelegene Dorf **Żelazowa Wola** (Reiseatlas: S. 5, C1) als Geburtsort Fryderyk Chopins (1810–49), des größten Musikers, den das Land hervorgebracht hat. Seine Mutter war eine polnische Adelige, sein Vater ein junger Franzose, der auf dem Gut des Grafen Skarbek als Lehrer arbeitete. Zwar musste die Familie schon wenige Monate nach Fryderyks Geburt das Landhaus verlassen, doch kehrte der Sohn danach noch oft nach Żelazowa Wola zurück. Er liebte die melancholische Stimmung Masowiens, die weiten, von Trauerweiden gesäumten Felder, ließ sich vom Klang der Volksmusik zu Mazurkas und Polonaisen inspirieren.

Das romantische, efeuumrankte Geburtshaus wurde um 1920 in ein stilvolles **Museum** verwandelt, das die Atmosphäre des frühen 19. Jh. heraufbeschwört (Muzeum Chopina, Mo geschl.) »Ein Gefühl von Trauer und Melancholie, verbunden mit rückwärtiger Erinnerung an Dinge, an denen das Herz hängt und die nicht mehr da sind: eine unerfüllbare, fortwährende, an der Seele nagende Sehnsucht, ein fortwährendes Sicherinnernmüssen an etwas Unerreichbares, ein hoffnungsloses Träumen von weiter Heimat, die man nicht mehr wiedersehen soll, von Menschen, mit denen man nie wieder zusammenkommen werde, ein Grübeln über versunkene Pracht, entschwundene Schönheit einstiger Lebensfreude und Lebenslust.« Mit diesen Worten hat Stanislaw Przybyszewski, als er von ›Polens Seele‹ sprach, das Werk Chopins charakterisiert. Noch in der Teilungszeit entwickelte sich der Gutshof, in dem Fryderyk am 1. März 1810 das Licht der Welt erblickte, zur Kultstätte, ein Treffpunkt von Musikliebhabern aus ganz Polen.

Nach dem fehlgeschlagenen Aufstand gegen die russischen Besatzer 1830 ging Chopin ins Pariser Exil, wo er in aristokratischen Salons spielte und Wohltätigkeitskonzerte für polnische Emigranten gab. 1836 lernte er die Schriftstellerin George Sand kennen und reiste mit ihr zwei Jahre später nach Mallorca, wo er Heilung von seiner schweren Lungenkrankheit erhoffte. In jener Zeit entstanden einige seiner schönsten Kompositionen, so die Trauermarsch-Sonate und die Polonaise A-Dur. Doch die Liebe der beiden Künstler hatte keinen Bestand, und auch gesund wollte Chopin nicht mehr werden. Er starb am 17. Oktober 1849 in Paris und wurde auf dem Friedhof Père-Lachaise begraben. Der Nachwelt hinterließ er ein Werk von 230 Kompositionen: eine Musik der Zerrissenheit, die den nationalen Gefühlen in besonderer Art Ausdruck verleiht. Motive polnischer Tradition sind in den Mazurkas und Polonaisen mit den Farben europäischer Romantik und Rebellion aufs Engste verknüpft. Es sind, so urteilte Robert Schumann über sie, »in einem Blumenbeet versteckte Kanonen«.

Bei einem der **Sonntagskonzerte im Garten des Geburtshauses** kann man sich von der fortdauernden Brisanz der Stücke von Chopin überzeugen (Anfang Mai–Mitte Okt. 11 u. 15 Uhr).

---

luftig, in der Krypta sind 12 Primasse beerdigt. An die Kirche grenzt nördlich der kleine, elegante Bischofspalast mit naiver Wegkapelle. Daneben steht das klassizistische Rathaus, dessen Uhrturm das ungewöhnliche Stadtwappen zeigt: einen sich zerfleischenden Pelikan, der laut christlicher Auslegung seine toten Jungen mit dem eigenen Blut zum Leben erweckt. Im Bürgerhaus ist Napoleon zweimal abgestiegen: 1806 als großer Befreier und 1812, nach verlorenem Russlandfeldzug, als geschlagener Mann.

Wichtigste Sehenswürdigkeit ist das **Regionalmuseum** im früheren Priesterseminar.

Warschau und Umgebung

Als ›Perle des Barock‹ gilt die Kapelle im Erdgeschoss mit freskiertem Tonnengewölbe, Stuckaturen und ausdrucksstarken Pietá-Skulpturen. Das erste Stockwerk ist der Geschichte von Łowicz gewidmet, das zweite der Folklore: Trachten und naive Schnitzereien, kunstvoll bemalte Kacheln, Scherenschnitte und Keramik. Ein kleines Freilichtmuseum im Hof zeigt zwei Bauernhäuser, ausgestattet mit originaler Inneneinrichtung (Muzeum Łowickie, Stary Rynek 4, Mo geschl.).

Arkadia

6 km östlich von Łowicz erstreckt sich der romantische **Landschaftspark** von Arkadia, der Ende des 18. Jh. von Helena Radziwiłł in Auftrag gegeben wurde. Während Europa von der Französischen Revolution erschüttert wurde, schuf sich hier die Fürstin ein idyllisches Refugium, eine Art Themenpark der Sehnsucht und Liebe. Wie von einer Laune der Natur hingeworfen wirken Teiche, Bäume und Sträucher und sind doch das Ergebnis eines ausgeklügelten Plans. Walddickicht wechselt ab mit Lichtungen, die den Blick aufs geschwungene Flussband freigeben. Trauerweiden hängen ihre Zweige ins Wasser, alte Ulmen krallen sich mit knorrigen Wurzeln in die Erde. Wie Relikte einer längst versunkenen Welt erscheinen die in die Landschaft eingestreuten Architekturelemente: Die aus riesigen Findlingsblöcken gebaute ›Sibyllengrotte‹ führt zum ›Gotischen Häuschen‹ auf einer efeuumrankten Anhöhe. Ein Steinbogen verbindet es mit der ›Burg des Markgrafen‹. In die unverputzten, vom Zahn der Zeit bloßgelegten Wände sind verwitterte Skulpturen eingelassen. Unweit der Burg passiert man eine weitere künstlich angelegte Ruine, das ›Haus des Erzpriesters‹. An einem Relief davonschwebender Engel ist zu lesen: »L'Espérance nourrit une chimère et la vie s'écoute« (Die Hoffnung nährt Trugbilder, und das Leben lauscht seinem eigenen Klang).

Der elegische Faden spinnt sich weiter zum antiken Dianatempel, wo sich ein Zitat

»Hier fand ich Frieden … «: Dianatempel im Park Arkadia

Prunkvoll ausgestattet ist der Rote Salon im Barockschloss Nieborów

von Petrarca findet: »Dove pace trovai d'ogni mia guerra« (Hier fand ich Frieden nach jedem meiner Kämpfe). Eine von Sphinx und Löwe flankierte Treppe führt vom Säulenportikus zum See hinab. Einst stieg hier die feine Gesellschaft ins Boot, um zur ›Insel der Gefühle‹ überzusetzen (Park Krajobrazowy, Mo geschl.).

Nieborów

Reiseatlas: S. 5, B 2

Wie und wo die Radziwiłłs lebten, erfährt man im 4 km östlich gelegenen **Barockschloss** Nieborów, einem der schönsten in Polen. Ende des 17. Jh. von Tylman van Gameren für einen Kardinal erbaut, wechselte es 1774 in den Besitz der Radziwiłłs, die es bis 1944 bewohnten. Eine lange, schnurgerade Allee führt zum Schloss, der Besuchereingang befindet sich an seiner Ostseite. Über einen ›römischen Korridor‹ mit antiken Büsten und Grabsteinen gelangt man zur Eingangshalle mit einer Kopie des Niobe-Hauptes (4. Jh.). Der Bildhauer hat den Schmerz der Mutter, die aus Verzweiflung über den Verlust ihrer sieben Töchter und Söhne zu Stein erstarrt war, in weißen Marmor gebannt. Ein mit holländischen Kacheln ausgelegtes Treppenhaus führt ins erste Stockwerk hinauf, wo sich ein prunkvoller Raum an den nächsten reiht. Sehenswert sind vor allem das Gelbe Kabinett und der Rote Saal sowie die Bibliothek mit zwei Globen und 11 000 Bänden. Der Reiz des Schlosses wird noch erhöht durch den weitläufigen Park: Teils ein symmetrisch angelegter Barockgarten, teils eine natürliche Landschaft von Wäldern und Teichen (Muzeum w Nieborowie, Mo geschl.).

Bus/Bahn: Von Warschau (Dworzec Zachodni PKS) fährt ein Bus mehrmals tgl. via Kampinos nach Żelazowa Wola. Nach Łowicz kommt man leichter mit Zug; Bahnhof und Busstation befinden sich dort 600 m östl. des Rynek. Nur mit Bus kommt man von Łowicz nach Arkadia und Nieborów (Richtung Skierniewice, etwa alle 2 Std.).

Eine ungewöhnliche Karriere: Binnen weniger Jahre avancierte das 100-Seelendorf zur größten Textilmetropole Europas. Der rasante Aufstieg sorgte für ein architektonisches Potpourri: Von Neugotik bis zur Neo-Renaissance sind auf der endlos langen Prachtmeile alle Stile vertreten. Łódź ist eine Techno-Hochburg und Polens Film-Mekka.

»Theo, wir fahr'n nach Lodsch…«: eine bekannte Schlagermelodie aus den 1970er Jahren. Wer es auf der Landkarte sucht, muss ›Lodsch‹ in die polnische Schreibweise übertragen, nur dann findet er es. Łódź liegt 133 km südwestlich von Warschau im Grenzgebiet von Masowien und Großpolen, zählt 890 000 Einwohner und ist damit die zweitgrößte Stadt Polens. Hier gibt es weder Renaissance- noch Barockpaläste noch ein Arkadia. Łódź ist das ›Manchester des Ostens‹, das traditionelle Zentrum polnischer Textilindustrie, darum nach gängiger Meinung kein geeignetes Reiseziel, eher eine typische Arbeiterstadt, grau und uninteressant.

»Weit gefehlt« werden all diejenigen sagen, die schon einmal dort waren. Łódź, das im Krieg weitgehend unzerstört blieb, birgt

Das Poznański-Palais neben der Fabrik, in der die Spindeln nie still stehen durften

ein grandioses architektonisches Ensemble aus dem späten 19. und frühen 20. Jh. Zu den Arbeitersiedlungen und frühkapitalistischen Fabriken gesellten sich Jugendstilhäuser und Villen, vor allem in der Prachtstraße Piotrkowska. Besitzer der Bauten waren ausnahmslos Textilfabrikanten – eine bunte Mischung aus Deutschen, Juden und Polen. Die Herren Geyer, Grohman, Scheibler und Poznański herrschten über das größte industrielle Imperium, das es zu diesem Zeitpunkt in Polen gab.

Vom Werden einer Textilarbeiterstadt

Im Jahr 1815 war das 800-Seelen-Dorf Łódź dem russisch besetzten Teil Polens zugeschlagen worden, damals noch ein unbedeutender Ort. Der große Schritt nach vorn fand fünf Jahre später statt, als die Regierung Kongresspolens ausgerechnet Łódź dazu aussah, Zentrum der Textilindustrie zu werden. Die Aussicht auf Land und großzügig vergebene Kredite, vor allem aber auf Zugang zu den riesigen Absatzmärkten in Russland weckte die unternehmerische Lust so manch eines rheinischen, böhmischen oder schlesischen Fabrikanten.

1823 entstand an der Piotrkowska die erste Textilarbeitersiedlung: Ludwig Geyers ›Weiße Fabrik‹ wurde berühmteste Baumwollspinnerei auf polnischem Boden. Das industrielle Wachstum beschleunigte sich in den 1850er Jahren, als der Textilexport gen Russland aufgrund der Aufhebung der Zollschranken anwuchs. Soziale Spannungen ließen nicht lange auf sich warten: Die Weber, vorwiegend aus Schlesien und Sachsen, setzten sich gegen die Arbeitsbedingungen zur Wehr, anfangs spontan wie beim Weberaufstand 1861, später in organisierter Form. Nach der Bauernbefreiung von 1864 verschärfte sich die Krise. Auf der Suche nach dem ›Gelobten Land‹ kamen Tausende vom Land in die Stadt und verdingten sich als Hilfsarbeiter. Bis Ende des 19. Jh. war die Einwohnerzahl auf 300 000 gestiegen.

Mit dem Autor unterwegs

Unbedingt ansehen!
Piotrkowska: Der 4 km lange, verkehrsberuhigte Boulevard ist von Gründerzeitpalästen gesäumt (s. S. 336).
Fabrik-Palast-Ensembles: Die fürstliche Poznański-Residenz birgt das Museum der Stadtgeschichte; im ›Pfaffendorf‹ kontrastiert feudaler Industriellen-Wohnstil mit Arbeiterwohlfahrt (s. S. 336).
Moderne Kunst: ›Revolutionäre Künstler‹ gründeten in den 1930er Jahren Polens erstes Museum moderner Kunst, das noch immer sein bestes ist (s. S. 336, 338).

Ein besonderes Erlebnis
Mit der Rikscha auf der Piotrkowska: Weil die Prachtmeile von Łódź so lang ist, lässt man sich gern kutschieren (s. S. 336).
Licheń: Kitsch in großem Stil: Die zur Jahrtausendwende eingeweihte Mammutkirche ist als Wallfahrtsort fast so beliebt wie Tschenstochau (s. S. 343)

Reges Nachtleben
Bermuda-Dreieck: Am Wochenende steppt in Łódź der Bär: Bei Elektronik-Musik, Hip Hop und Beat tanzt man sich die Seele aus dem Leib. Die Kultbar Łódź Kaliska hat mit ihrem schrägen Interieur viele Nachahmer gefunden (s. S. 340).

Kapitalistische Lehr- und Märchenstunde par excellence: Die Fabrikanten häuften Reichtum an und bauten sich Paläste, derweil die Ideen von Marx Einzug in die Köpfe von Arbeitern und Intellektuellen hielten. Der Sozialistische Bund gewann Zulauf, mit dem Streik von 1892 wurde Łódź zu einem »Brennpunkt der revolutionären Bewegung im Zarenreich« (Rosa Luxemburg). Auseinandersetzungen um die Frage, welche Bedeutung der nationalen Befreiung zukomme, schwächten allerdings die Bewegung. Als während der Russischen Revolution von 1905 Arbeiter auf die Barrikaden gingen, waren sie nicht mehr geeint: Hunderte starben in Auseinandersetzungen mit der russischen Polizei.

Ein sozialer Unruheherd blieb Łódź auch in der Zwischenkriegszeit: Nur war es jetzt polnische Polizei, die die Streiks unterdrückte. 1939 besetzte deutsches Militär die Stadt und schuf den so genannten ›Warthegau‹ des ›Großdeutschen Reichs‹. Fortan wurde Łódź nach dem preußischen General ›Litzmannstadt‹ genannt, die Piotrkowska wurde zur ›Adolf-Hitler-Straße‹ und das Grand Hotel zum ›Fremdenhof General Litzmann‹. Die 200 000 jüdischen Bürger pferchte man in ein eng umrissenes Ghetto, viele von ihnen verpflichtete man zum Arbeitsdienst in kriegswichtigen Betrieben. Zusätzliche Lager wurden für polnische Kommunisten, Sinti und Roma schaffen. Im Januar 1942 begannen die Deportationen. Als die Stadt am 19. Januar 1945 befreit wurde, gab es kein Ghetto mehr – nur 870 Juden, unter ihnen der Schriftsteller Jurek Becker, haben die deutsche Schreckensherrschaft überlebt.

Rundgang

Erstaunlicherweise wurde die Stadt während des Krieges in keine schweren Kampfhandlungen verwickelt – so blieb sie der Nachwelt als Architekturdenkmal des Frühkapitalismus erhalten. Seit mit dem Zusammenbruch des Sozialismus die russischen Absatzmärkte verloren gegangen sind, ringt die Stadt um ein neues Wirtschaftsprofil – die Textilindustrie, die so lange den Charakter der Stadt bestimmte, ist ins Museum verbannt.

Museen rund um den ›Freiheitsplatz‹

Für das **Museum der Stadtgeschichte 1** wurde ein genialer Ort ausgemacht: in einem Palast des Industriellen Poznański, gleich neben seiner Fabrik, einer Spinnerei mit monumentalen Ausmaßen. In den fünfschiffigen Hallen waren 360 000 Spindeln in Betrieb, eine Dampfmaschine befand sich im mittle-

ren Gebäudeteil. Eine Ausstellung macht mit berühmten Łódźer Bürgern bekannt, so dem Pianisten Artur Rubinstein und dem Schriftsteller Władysław Reymont. Eine weitere Ausstellung befasst sich mit der *Triada Lodzka*, den drei großen Bevölkerungsgruppen (Polen, Deutsche, Juden), die das Leben dieser Stadt bis 1939 prägten (Muzeum Historii Miasta Łodzi, ul. Ogrodowa 15, www.poznanskipalace.muzeum-lodz.pl, Mo geschl., Eintritt 2 €).

Vom musealen ins lebendige Łódź: Dass sich die Stadt wieder bewegt, sieht man auf der **Piotrkowska**, ihrem architektonischen Glanzstück. Cafés und Lokale, elegante Geschäfte und Boutiquen haben hier einen triumphalen Einzug gehalten. Es ist ein Erlebnis, diese 4 km lange, unter dem Schutz der Unesco stehende Straße entlangzuspazieren. »Ein Strich ist von oben nach unten durch die ganze Stadt gezogen«, so hatte Döblin 1926 notiert, »ich habe in keiner Stadt einen solchen Strich gesehen«. Auf diesem Strich ist alles versammelt, was die 200-jährige Geschichte der Stadt so interessant macht. An ihrem Nordende, am ›Freiheitsplatz‹ (pl. Wolności), sieht man klassizistische Gebäude aus der Zeit um 1830: das ehemalige Rathaus, die Garnisonskirche und das **Ethnografische Museum 2** (Muzeum Etnograficzne, pl. Wolności 14, Mo geschl., Eintritt 2 €). Weiter südlich Häuser im Stil der Neogotik, des Neobarock und der Neoromantik, dazwischen immer wieder Zeugnisse der Gründerzeit. Ornamentik des Art Nouveau entdeckt man am Bankhaus in der Piotrkowska 29, in den Bürgerhäusern Nr. 43, 100 und 128. Das Zarenreich ruft sich mit Kirchen sowie mit Bauten von Majewski und Landau-Gutenberg in Erinnerung.

Das Straßennetz von Łódź ist schachbrettartig angelegt, darum kann man sich Abstecher erlauben ohne die Orientierung zu verlieren. Bei einem Sprung drei Parallelstraßen nach rechts entdeckt man das in Polen bedeutendste **Museum moderner Kunst 3**. Das im Stil der Neorenaissance erbaute Palais, gleichfalls Eigentum der Familie Poznański, vereint avantgardistische

Łódź: Cityplan

Sehenswürdigkeiten

1 Museum der Stadtgeschichte
2 Ethnografisches Museum
3 Museum moderner Kunst
4 Villa Kindermann
5 Hotel Grand
6 Schweikert-Palast
7 Weiße Fabrik/MuseumTextilindustrie
8 Pfaffendorf
9 Scheibler-Palast
10 Alexander-Newski-Kirche

Übernachten

1 Grand Orbis
2 Savoy
3 Déjà Vu
4 Jugendherberge
5 Camping Na Rogach Nr.167

Essen und Trinken

6 Esplanada
7 Figaro
8 Piotrkowska Klub 97
9 Greenway

Kunst Polens und Westeuropas. In sozialistischen Zeiten war das Museum wichtigster Brückenkopf zwischen den Systemen. Arbeiten von Klee, Chagall, Ernst und Picasso, Arp, Jawlensky, Léger und Beuys konnten hier ebenso ausgestellt werden wie die Werke moderner polnischer Maler: Witkowski, Witkiewicz, Wojciechowski und Strzeminski (Muzeum Sztuki, ul. Więckowskiego 36, www.muzeumsztuki.lodz.pl, Mo geschl., Eintritt 2 €).

Villa Kindermann und Grand Hotel

Nach einem Entwurf von Landau-Gutenberg entstand 1903 die **Villa Kindermann** 4, ein Jugendstilpalais des deutschen Textilfabrikanten. An der Fassade erblickt man zwei windverwehte, ineinander verschlungene Bäume. Im Innern setzt sich die **Pflanzenor**namentik fort. Die Decken sind mit Stuckwerk verziert, Glasfenster mit faszinierenden Gestalten und Landschaftsmotiven bemalt. Die Villa birgt heute die Städtische Kunstgalerie (Miejska Galeria Sztuki, ul. Wólczańska 31, Mo geschl.), in wechselnden Ausstellungen wird zeitgenössische Kunst präsentiert.

An der Ecke Piotrkowska/Traugutta hat der Fabrikant Ludwig Geyer 1888 eines seiner Fabrikgebäude zum **Hotel Grand** 5 umbauen lassen. Nach dem Umbau von 1912 genoss es den Ruhm, eines der größten und modernsten Europas zu sein. Vor dem Haus wird heute ›Holly-Łódź‹ inszeniert: Wie auf dem Sunset Boulevard sind Sterne ins Straßenpflaster eingelassen, die an polnische Filmgrößen erinnern. Ein paar Schritte weiter, vor dem Geburtshaus Artur Rubinsteins (Nr. 78) ist ein Denkmal postiert, das den virtuosen Pianisten am Flügel zeigt.

Łódź und Umgebung

Schriftsteller Julian Tuwim macht es sich auf einer Bank bequem (Nr. 104), Nobelpreisträger Władysław Reymont sitzt auf einer Truhe (Nr. 137). Aber auch an den Fassaden ist Interessantes zu entdecken: etwa am Sitz von Geyers Aktiengesellschaft (Nr. 76), am Haus des Verlegers Jan Petersilge, welcher die erste Zeitung der Stadt gründete (Nr. 86), oder am Prachtbau des Bankiers Goldfeder (Nr. 77).

Rund um die Kathedrale

Im weiteren Verlauf quert man die ul. Piłsudskiego und passiert die Rubinstein-Philharmonie. Gegenüber der neugotischen Kathedrale prunkt die Villa des jüdischen Fabrikanten Robert Schweikert aus dem Jahr 1913. Seine Residenz, noch heute als **Schweikert-Palast 6** bekannt, vereint viele architektonische Facetten. Sie ist gegenwärtig Sitz des Europäischen Instituts; Fragen der Justiz, Wirtschaft und Politik stehen im Zentrum der hier organisierten Seminare. In der **Weißen Fabrik 7** (1835–37), einem klassizistischen Webergebäude der Firma Geyer am Südende der Straße, befindet sich das **Museum für Textilindustrie**. Ludwig Geyer kam aus dem sächsischen Löbau und gehörte zu den ersten Unternehmern, die die von der Regierung Kongresspolens geschaffenen günstigen Bedingungen nutzten und eine Fabrik gründeten. Um die Mitte des 19. Jh. übernahm er ebenfalls das gegenüberliegende Gelände der Rundzieher-Werke, wo um 1885 weitere Webereien entstanden (Centralne Muzeum Włokiennictwa, ul. Piotrowska 282, www.muzeumwlokiennictwa.pl, Mo geschl., Eintritt 2 €).

Pfaffendorf

Noch einmal empfiehlt sich ein Abstecher, diesmal links hinüber zum **Pfaffendorf 8**. Es entstand gleichfalls am Ende des 19. Jh. und besteht aus Fabrikanlage, Arbeitersiedlung und Unternehmervilla. Die Familie Herbst regierte über den Komplex, von seinem Arbeitszimmer konnte der Unternehmenschef das Rattern der Spinnerei hören. Die **Neorenaissance-Villa** kann besichtigt werden – die Innenräume bezeugen, in welcher Pracht das Bürgertum schwelgte. Man wandelt durch den im Geist der englischen Gotik gehaltenen Ballsaal und den im Rokokostil geschmückten Spiegelsalon um anschließend vom Garten aus den Kontrast zu erleben: zur Rechten die Villa mit angrenzendem Fachwerkhaus und Orangerie, zur Linken die Ausläufer des riesigen Fabrikkomplexes, an der sich bis heute Straßenzüge der Arbeitersiedlung anschließen – Machtentfaltung pur, Industriegotik im kapitalistischen Königreich (Muzeum Sztuki Rezydencja Księży Młyn, ul. Przędzalniana 70, www.muzeumsztuki.lodz.pl, Mo geschl.).

Scheibler-Palast

Auf schönen Spazierwegen führt der Rückweg quer durch den gepflegten **Źródliska-Park**, dessen Name sich von den einst hier befindlichen Quellen ableitet. Die traditionellen Maifeste finden im Park nicht mehr statt, dafür misst man sich im Schach, besucht das Palmenhaus (Palmiarnia) oder lustwandelt unter Goldfruchtbäumen und uralten Eichen. Über die Nordwestseite kommt man zum pl. Zwycięstwa, wo man den **Scheibler-Palast 9** (1886) renoviert hat – mit finanzieller Hilfe aus Deutschland. Hinter der unauffälligen Fassade verbergen sich prächtig ausgestattete Innenräume, darunter ein neomanieristischer Speisesaal, ein mauretanisches Zimmer und ein Schlafzimmer im Stil des Neorokoko. Zurzeit beherbergt der Palast das **Museum für Kinematografie** (Muzeum Kinematografii, pl. Zwycięstwa 1, www.kinomuzeum.lodz.art.pl, Mo geschl.).

Rund um den Bahnhof

Wer zum Bahnhof zurückkehren will, geht über die Kilińskiego nordwärts und passiert den Sienkiewicz-Park. Rund um den Bahnhof befinden sich Theater, Philharmonie und Universität, aber auch die **Alexander-Newski-Kirche 10**, das erste griechisch-katholische Gotteshaus in Łódź (1884): entworfen auf dem Grundriss eines griechischen Kreuzes und geschmückt mit einer halbrunden Kuppel.

Das Museum für Textilkunde ist in einer klassizistischen Fabrik untergebracht

Jüdischer Friedhof

Der Alte Jüdische Friedhof wurde zerstört, der Neue Jüdische Friedhof blieb erhalten. Er befindet sich 3 km nordöstlich des Zentrums und ist der größte jüdische Friedhof Europas. Von den ehemals 180 000 Grabsteinen gibt es noch knapp 100 000; die bedeutendsten Grabmäler gehören den Familien Poznański und Silberstein (Cmentarz Żydowski, ul. Bracka 40, So–Do 9–17, Fr 9–15 Uhr).

ℹ️ **Touristeninformation:** al. Kościuszki 88, 90-437 Łódź, Tel. 042-638 59 56, Tel./Fax 638 59 55, www.uml.lodz.pl, So geschl.

🛏️ **Grand Orbis** 1 : ul. Piotrkowska 72, Tel. 042-633 99 20, Fax 633 78 76,

www.orbis.pl, 169 Zimmer. Traditionsreiches Hotel, vom deutschen Fabrikanten Ludwig Meyer 1888 eröffnet. Lange Zeit war es kultureller Mittelpunkt der Stadt, 1928 wurde hier der erste Tonfilm gezeigt. Heute ist der alte Glanz des Fin de Siècle verblasst, aber man spürt ihn noch in der Eingangshalle, im Café Grand und im Restaurant. DZ ab 85 €.

Savoy 2 : ul. Traugutta 6, Tel. 042-632 93 60, Fax 632 93 68, www.hotelspt.com.pl, 83 Zimmer. Im zweitältesten Hotel der Stadt schrieb Joseph Roth seinen gleichnamigen Roman. Das Savoy liegt zentral, nur 5 Min. vom Bahnhof Łódź Fabryczna. Die Zimmer sind gepflegt und haben Sat-TV. Gutes Frühstücksbüfett, freundliches Ambiente. DZ ab 60 €.

Déjà Vu 3 : ul. Wigury 4, Tel. 042-636 70 81, Fax 636 70 83, 6 Zimmer. Kleines Jugend-

Łódź und Umgebung

stilhotel, ein paar Schritte vom Südabschnitt der Piotrkowska entfernt. Die Zimmer sind mit Möbeln der Epoche eingerichtet, doch weisen die hinteren auf einen wenig attraktiven Hof. DZ ab 50 €.

Jugendherberge 4 **:** ul. Legionów 27, Tel. 042-630 66 80, Fax 030 66 83, www.ptsm.pl/lodz, 83 Plätze, ganzjährig geöffnet. Eine der besten Herbergen des Landes am oberen Ende der Piotrkowska. Saubere Zimmer für 1–4 Personen, einige mit Bad.

Camping Na Rogach Nr. 167 5 **:** ul. Łupkowa 10, Tel. 042-655 10 13, geöffnet Mai bis Sept. Anlage mit Campinghäuschen 5 km nordöstl. der Stadt Richtung Warszawa, Anfahrt mit Bus 60.

Esplanada 6 **:** ul. Piotrkowska 100, Tel. 042-630 59 89. Restaurant mit großer Freitreppe und Galerien, schummriges Licht strömt aus dekorativ bemalten Glasfenstern. Die Küche hat leider ihren früheren Standard nicht halten können, auch der Service bleibt hinter den Erwartungen zurück. Hauptgerichte ab 7 €.

Figaro 7 **:** ul. Piotrkowska 92, Tel. 042-630 20 08. Klein, aber fein: In entspannenden Blau- und Lachstönen gestylt, mit weichen Sofas und zurückhaltendem Dekor. Aufgetischt wird polnische und italienische Küche vom feinsten. Wer preiswert speisen möchte, wählt Pizza oder Lasagne. Hauptgerichte 5–35 €.

Piotrkowska Klub 97 8 **:** ul. Piotrkowska 97, Tel. 042-630 65 73. Für jeden Geschmack etwas und dazu der passende Raum: So gibt es ein Lokal im Retro-Stil mit preiswertem Menü, ein fein eingedecktes Nobelrestaurant, eine plüschige Bar und einen Dance Floor. Auf und über der Straße sitzt man im Akwarium, einem zweigeschossigen Glasbau, von dem aus man die Passanten der Piotrkowska beobachten kann. Hauptgerichte ab 3 €.

Greenway 9 **:** ul. Piotrkowska 80, Tel. 042-632 08 52. Veggie-Treff auf der Fußgängermeile mit kleinen internationalen Speisen. Beliebt sind indische Samosas und mexikanischer Gulasch. Hauptgerichte ab 2,50 €.

Nur in Krakau ist das Nachtleben reicher. Die Kneipen liegen dicht beieinander und sind nicht nur am Wochenende gut besucht.

Łódź Kaliska: ul. Piotrowska 102. Viel Rotlicht, verrückte Fotos, schiefe Wände und Tische: Die beliebteste Kneipe der Stadt ist gegen Mitternacht rappelvoll, im Sommer drängt man sich auf der Terrasse.

Irish Pub: ul. Piotrowska 77. Große, mit dunklem Holz gemütlich eingerichtete Kellerbar, in den Sommermonaten trifft man sich im Hinterhof. Guinness und Kilkenny aus dem Fass, dazu kleine Gerichte, am Wochenende Livemusik. Zur Beach-Party am ersten Märzwochenende kommen die Gäste im Badeanzug, tanzen auf Sand und schlürfen unterm Sonnenschein Cocktails.

Fabryka: ul. Piotrkowska 80, Mo geschl. Kultkneipe mit Partysaal und langer Bar.

Philharmonie: Filharmonia im. A. Rubinsteina, ul. Piotrkowska 243, Tel. 042-637 14 82, www.filharmonia.lodz.pl.

Oper & Theater: Teatr Wielki, pl. Dąbrowskiego, Tel. 042-633 99 60, www.teatr-wielki.lodz.pl.

Musiktheater: Teatr Muzyczny, ul. Północna 47/51, Tel. 042-678 19 68, www.teatr-muzyczny.lodz.pl..

Camerimage (Nov.): Ein Festival des Autorenkinos, zu dem renommierte Regisseure aus der ganzen Welt eingeladen werden. Infos im Internet: www.camerimage.pl

Flüge: Vom Flughafen Łódź Lublinek gibt es neben vielen innerpolnischen auch einige internationale Verbindungen, u. a. nach Berlin, Wien und Amsterdam.

Bahn: Vom Bahnhof Łódź Fabryczna (800 m östl. der Piotrkowska) fahren Züge nach Warszawa (via Skierniewice), Częstochowa und Kraców. Vom Bahnhof Łódź Kaliska (3 km westl.) reist man nach Łowicz, Wrocław und Poznań.

Bus: Schnellbusse PKS fahren nach Kielce, mit dem Polski Express kommt man nach Warszawa und Kraków. Die Busstation liegt neben dem Bahnhof Łódź Fabryczna.

Ausflugsziele

Łęczyca und Tum

Westlich von Łódź geht das Masowische in das **Großpolnische Tiefland** über: eine von der Eiszeit geformte Landschaft mit Weiden und Feldern, so weit das Auge reicht. Einen ersten Überblick verschafft man sich vom Turm der mittelalterlichen Burg in **Łęczyca** **1**, einer Kleinstadt 38 km nordwestlich von Łódź an der Straße nach Włocławek (Mo geschl.). Schaut man südostwärts, erkennt man das Dorf **Tum** **2** mit der größten romanischen Kirche Polens, zudem eine der wenigen, die bis heute erhalten geblieben sind. Mit dem Auto braucht man nur etwa 5 Minuten zum Nachbarort. Die Stiftskirche ist aus einfachen, kubischen Formen zusammengesetzt und beeindruckt durch ihre augenfällige Schlichtheit. Ihr Schmuckstück ist das Nordportal, wo im Giebelfeld die von Engeln flankierte Maria mit Jesuskind dargestellt ist.

Kalisz

3 In Kalisz, einem Kreuzpunkt wichtiger Straßen und Bahnlinien mit knapp 110 000 Einwohnern, ist nur die Altstadt sehenswert. Sie erstreckt sich zwischen den Flüssen Prosna und Bernardynka und wird im Südosten von einem großen Park begrenzt. Hier findet man auch jene sechs Kirchen, die wie durch ein Wunder alle neuzeitlichen Kriege und Feuersbrünste überstanden.

Im **Regionalmuseum** erfährt man, dass Kalisz Polens älteste Stadt ist: Schon 147 v. Chr. berichtete der griechische Schriftsteller Claudius Ptolomäus von einem Ort namens ›Calisia‹ an der vom Baltikum zum Imperium Romanum führenden Bernsteinroute. Die Ausstellung beleuchtet die lange Stadtgeschichte und erwähnt die vielen Kriege, denen Kalisz zum Opfer fiel. Der Stadt erging es am schlimmsten im Ersten Weltkrieg, als die deutschen Truppen sie in Schutt und Asche legten (Muzeum Ziemi Kaliskiej, ul. Kościuszki 12, Mo geschl.).

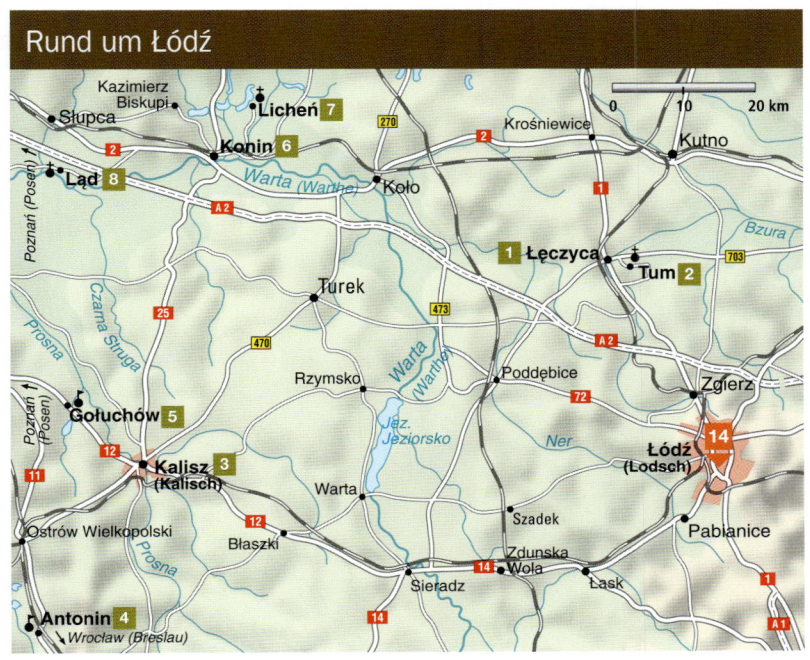

Rund um Łódź

Łódź und Umgebung

Antonin

4 Romantiker machen einen Abstecher 40km südwärts nach **Antonin** und nehmen sich ein Zimmer im alten **Jagdschloss** der Radziwiłłs: einer Villa ganz aus Holz mit achteckiger Halle, die von dreistöckigen Galerien gesäumt ist. Karl Friedrich Schinkel hat sie 1822–24 für Antoni Radziwiłł entworfen, einen engen Freund Goethes und Beethovens. Zu den Gästen des Fürsten gehörte auch das Musikgenie Fryderyk Chopin, der hier mit 18 Jahren seine Sommerferien verbrachte. Im September findet das Festival ›Chopin in den Farben des Herbstes‹ statt.

Gołuchów

5 Mittelpunkt der Kleinstadt **Gołuchów**, 22 km nordwestlich von Kalisz, ist ein **Schloss** aus dem 16. Jh. Ab 1872 ließ es die Magnatin Izabela Czartoryski im Stil der französischen Renaissance umbauen, wobei die Zahl der Türme auf drei reduziert wurde. In die Wände des Innenhofs wurden Flachreliefs, Medaillons und Mosaiken aus Frankreich und Italien eingelassen. Heute ist das Schloss ein Museum mit einer Gemälde- und Grafikgalerie, Emaillen aus dem Mittelalter und antiken Vasen (Muzeum Zamek, ul. Działyńskich 2, Mo geschl., Eintritt 2 €). Im

Westlich von Łódź: eine ruhige, bäuerliche Landschaft

angrenzenden, 158 ha großen Landschaftspark befinden sich die Grabkapelle von Izabela Czartoryski, ein altes Gartenhaus und ein Forstmuseum.

Konin und Licheń

Über die Industriestadt **Konin** , in der nur die **Burg mit Regionalmuseum** einen Besuch lohnt, kommt man ins 13 km nordöstlich gelegene **Licheń** . Das an einem See gelegene Dorf wurde Standort für Europas größte Kirche – eingeweiht am 2000. Geburtstag Jesu Christi, laut Neuer Züricher Zeitung »allen mit Sinn für die Erhaltung

schöner Landschaften ausgestatteten Gläubigen ein Ärgernis«, Frucht »einer nach Perfektion strebenden, aber hohlen Megalomanie«. Schon zuvor waren jedes Jahr Hunderttausende von Pilgern gekommen, um die 1967 mit päpstlichem Diadem gekrönte ›Gnadenmadonna‹ anzuschauen. Die Dimensionen der neuen Kirche deuten an, mit welchem Ansturm im 3. Jahrtausend gerechnet wird. Sie ist 120 m lang und 77 m weit, bietet Raum für 20 000 Gläubige. 60 Türen führen in ihren Innenraum, Sonnenlicht flutet durch 365 Fenster herein. Mit 128 m Höhe übertrifft der Turm sogar den von Tschenstochau – kilometerweit sollen die Glocken zu hören sein. Doch wie, so fragt der Besucher staunend, wurde der kostspielige Gigant finanziert? »Aus Spenden der Gläubigen«, vermeldet die Kirche lapidar und gibt dabei keine Einzelheiten preis.

Ląd

 Ein Mariensanktuarium älterer Art findet man in **Ląd**, 25 km westlich von Konin gelegen. Die 1175 von Zisterziensermönchen nahe der Warthe gegründete **Kirchen-Kloster-Anlage** wurde im 17. Jh. in ein Meisterwerk des Barock verwandelt. Sie besticht durch Weite und Helligkeit, Decken und Kuppeln sind illusionistisch ausgemalt. Weniger opulent, doch gleichermaßen ausdrucksstark sind die gotischen Fresken im Oratorium (1370).

Im Internet:
www.stary.kalisz.pl

Pałac Radziwiłłów: ul. Pałacowa 1, Antonin, Tel. 062-734 81 69, Fax 736 16 51, 29 Zimmer. Hotel mit stilvollen Aufenthaltsräumen, meist schon Wochen im Voraus ausgebucht. Das Restaurant ist für seine Wildgerichte bekannt. DZ ab 44 €.

Bahn/Bus: Nach Łęczyca, Kalisz und Konin kommt man zwar auch mit dem Zug, schneller jedoch ist für alle Ausflugsziele der Bus.

Das gelobte Land

Thema

Es war einmal eine aufstrebende Stadt, die Landarbeitern, Heimwebern und ›freigesetzten‹ Bauern Arbeit und Aufstieg verhieß. Heute ist ›Hollywódź‹ das Traumziel junger Regisseure, die an der renommierten Filmhochschule einen Studienplatz ergattern wollen ...

»Łódź war ein Drecksnest. Das fanden alle. Tag und Nacht spien die Schlote der Chemie- und Textilfabriken Ruß hervor, und der allgegenwärtige Schmutz, zusammen mit Dieselgasen, bröckelnden Mauern und zerbrochenen Fenstern, ist für mich immer der Inbegriff einer kommunistischen Industriestadt gewesen. Sie war so völlig ohne Charme – ganz anders als Krakau – dass ich mich trotz aller Freude über die Zulassung zum Studium unwillkürlich fragte, ob ich es hier geschlagene fünf Jahre aushalten würde« – wenig schmeichelhafte Worte des Filmstudenten Roman Polański.

Industrielle Hässlichkeit gab es freilich schon lange vor der Machtübernahme durch die Kommunisten. Der Schriftsteller und Nobelpreisträger Władysław Reymont (1867–1925) lebte Ende des 19. Jh. mehrere Jahre im ›polnischen Manchester‹ und schrieb an gegen das hier erlebte frühkapitalistische Elend. Die Stadt Łódź kennzeichnete er als ein Monstrum, das Land und Menschen zermalmte und einigen wenigen alles, den breiten Heerscharen aber nichts als Hunger und Mühsal gab.

›Das gelobte Land‹ ist der Titel seines über weite Strecken hervorragenden Romans, den Andrzej Wajda, wie Polański Absolvent der Filmakademie von Łódź, 1975 verfilmte. Zwischen Film und literarischer Vorlage gibt es einen brisanten Unterschied. Der Grund allen Übels, mutmaßte Reymont, stecke im ethnisch fremden Charakter des Kapitals – eine Auffassung, die noch heute nachhallt, wenn man in Łódź Menschen davon sprechen hört, es seien ›die Juden‹, die mit dem Aufkauf der Piotrkowska an die Macht zurückwollten. Andrzej Wajda hat dieser Sichtweise widersprochen: Schuld, so der Filmemacher, sei das Wolfsgesetz der Konkurrenz, das das Verhalten der Menschen mehr als alles andere determiniere – unabhängig von ihrer Nationalität und dem Milieu, dem sie entstammen.

Regisseure aus dem Westen blickten oft mit Neid auf Łódź, weil die hiesige Filmakademie über eigene Filmstudios verfügte und die technische Ausstattung beispielhaft war. Zwar litt die Arbeit anfangs an ideologischer Verengung und war zwanghaft ausgerichtet am Leitbild ›positiver Helden‹, doch ab 1956, nach Lockerung der Zensur, entzündete sich an der Akademie ein wahres Feuerwerk künstlerischer Phantasie: Roman Polanski, Andrzej Wajda, Krzysztof Zanussi und Krzysztof Kieślowski – nur einige von vielen, deren Werke den polnischen Film in aller Welt berühmt machten.

An die glorreiche Zeit des polnischen Kinos erinnern Fotos und Plakate im ehemaligen Scheibler-Palast, der das ›Museum für Kinematografie‹ beherbergt (s. Rundgang). Demnächst soll es dort auch wieder möglich sein, Schlüsselszenen von Filmklassikern zu sehen. Kino live erlebt man beim Festival Camerimage, bei dem der gegenwärtig weltbeste Kameramann ermittelt wird. Weitere Festivals widmen sich der Filmmusik und den Medien.

344

Die Posener gelten als zuverlässig, zielstrebig und sparsam, aber auch als phantasielos und geizig – Eigenschaften, die auf das lange Zusammenleben mit den Deutschen zurückgeführt werden. Heute ist Posen die westlichste aller polnischen Städte, hier boomt das Geschäft, Businessmen aus der ganzen Welt drücken sich die Klinke in die Hand.

50 % aller polnischen Messeveranstaltungen finden in Poznań (Posen) statt: knapp 30 Fachausstellungen pro Jahr, am häufigsten im Juni und September. Nach den Avantgardisten der Mode kommen die Technologen und Umweltschützer, dann die Schul- und Spielzeugexperten, die Manager der Tourismusindustrie und die Experten für Nahrungs- und Genussmittel. Das Messegelände hat eine Ausstellungsfläche von über 150000 m², die Zahl der Teilnehmer beläuft sich auf max. 17000. Während der Messen ist es schwierig, ein preiswertes Zimmer zu finden.

Doch Posen ist nicht nur der Ort berühmter Messen, sondern hat auch dem kulturell interessierten Besucher vieles zu bieten. Da gibt es ein schönes Renaissance-Rathaus, Paläste und Klosterensembles sowie den ältesten gotischen Dom Polens, dazu ein boomendes Kulturleben, Jazz- und Alternativbühnen.

Rundgang

Der Alte Markt

Im Herzen der Stadt liegt der große, von bunten Bürgerhäusern gesäumte Ring (Stary Rynek). Mittendrin prangt das ursprünglich gotische **Rathaus 1**, 1536 in eine ›Perle der Renaissance‹ verwandelt. Die Fassadenmalereien künden von den Tugenden des Rats; Loggia und Attika verleihen dem Bau Leichtigkeit und Eleganz. Zur Mittagszeit, wenn

die Uhr am 61 m hohen Turm schlägt, treten aus einem Verschlag zwei Ziegen hervor. Sie erinnern an eine Lokallegende, derzufolge es Ziegen waren, die die Stadt einst vor einer Feuersbrunst bewahrten. Das Rathaus beherbergt ein **Historisches Museum**; Glanzstück ist der Renaissance-Saal im ersten Stock, in dem sich einst der Stadtrat versammelte (Ratusz & Muzeum Historii Miasta Poznania, Stary Rynek 1, Sa geschl.).

Hinter dem Rathaus macht man eine ungewöhnliche Entdeckung: Die *Bamberka*, eine Bambergerin mit zwei Wasserkrügen, erinnert daran, dass vor 300 Jahren fränkische Bauern mithalfen, das vom Krieg zerstörte Posen wiederaufzubauen. Schon bald soll es im Lokal hinter der Skulptur leckere Weißwürste geben – fragen Sie nach!

Am Ring sind eine Reihe von Museen postiert. Im **Museum für Musikinstrumente 2** sieht man Exponate aus aller Welt und allen Epochen (Muzeum Instrumentów Muzycznych, Stary Rynek 45, Mo geschl.). Vor die Krämerhäuschen, in denen die Kaufleute früher ihre Waren verkauften, wurde ein hässlicher Betonpavillon gesetzt: Das darin platzierte **Großpolnische Militärmuseum 3** huldigt den Streitkräften (Wielkopolskie Muzeum Wojskowe, Stary Rynek 9, Mo geschl.). Nebenan, in der klassizistischen **Hauptwache**, wird im **Regionalmuseum 4** der Schwerpunkt auf Geschichte gelegt (Odwach/Wielkopolskie Muzeum Historyczne, Stary Rynek, Mo geschl.). Der **Górka-Palast** beherbergt das **Archäologische**

Museum 5 mit Ausstellungsstücken von der Steinzeit bis zum Mittelalter. Auf einer Kopie der Gnesener Kathedraltür (1170) sind Szenen aus dem Leben von Polens erstem Märtyrer, dem hl. Adalbert, abgebildet (Pałac Górków & Muzeum Archeologiczne, ul. Wodna 27, Mo geschl.).

Altstadt
Südöstlich des Rings leuchtet kupferrot die **Pfarrkirche Maria Magdalena 6** (Kościół Farny Św. Marii Magdaleny), ein Meisterwerk des Barock, entstanden in über 80-jähriger Bauzeit (1651–1732). Im Innern wiederholt sich das Rot in den das dreischiffige Bauwerk gliedernden Marmorsäulen. Östlich schließt sich das ehemalige **Jesuitenkolleg** (Szkoła Jezuicka) an, in dem viele erlauchte

Gäste residierten. Einer von ihnen war Fryderyk Chopin, woran alljährlich zwei Konzerte erinnern, die an seinem Geburts- und Todestag (1. März u. 17. Okt.) gegeben werden.

Die **Fronleichnamskirche 7** (Kościół Bożego Ciała) besticht durch ihr gotisches Portal und den spätbarocken Altar, die **Franziskanerkirche 8** (Kościół Franciszkanów) durch ihre Porträtgalerie und den aus Eichenholz geschnitzten Altar mit einem Bildnis der ›Madonna von Posen‹. Aus dem 13. Jh. stammt das **Fürstenschloss 9**, das nach Zerstörungen viel von seiner einstigen Pracht eingebüßt hat. Es beherbergt Kult- und Gebrauchsgegenstände vom Mittelalter bis zur Gegenwart, ein buntes Gemisch aus Glas- und Silberwaren, Waffen, Uhren und Porzellanobjekten (Zamek Przemysława, ul. Franciszkańska, Mo geschl.). Eindrucksvoller sind die Sammlungen des **Nationalmuseums 10**, wo Kunst des Mittelalters sowie polnische und europäische Malerei der letzten Jahrhunderte ausgestellt sind (Muzeum Narodowe, pl. Wolności/al. Marcinkowskiego 9, Mo geschl.). Der auffällige Palast am Freiheitsplatz (pl. Wolności) wurde 1828 erbaut und beherbergt bis heute die **Raczyński-Bibliothek 11** (Biblioteka Raczyńskich). Mit seiner klassizistischen Fassade wirkt er wie eine Miniaturausgabe des Pariser Louvre, durch 24 korinthische Säulen streng-elegant gegliedert.

Dominsel
Im Osten der Stadt liegt die Dominsel (Ostrów Tumski), auf der Fürst Mieszko I. ab Mitte des 10. Jh. residierte. Die mächtige, doppeltürmige **Kathedrale 12** (Katedra) ist der Nachfolgebau einer vom Fürsten kurz nach seinem Übertritt zum Christentum errichteten Kirche (968); sie entstand als romanische Basilika (1050–75) und wurde später mehrfach verändert. Ihr Schmuckstück ist die Goldene Kapelle, das symbolische Mausoleum der ersten polnischen Herrscher Mieszko I. und Bolesław I.; der goldverkleidete, in neobyzantinischem Stil erbaute achteckige Raum entstand 1835–41.

Poznań: Cityplan

Sehenswürdigkeiten

1 Rathaus mit Historischem Museum
2 Museum für Musikinstrumente
3 Großpolnisches Militärmuseum
4 Hauptwache mit Regionalmuseum
5 Górka-Palast mit Archäologischem Museum
6 Pfarrkirche Maria Magdalena mit Jesuitenkolleg
7 Fronleichnamskirche
8 Franziskanerkirche
9 Fürstenschloss
10 Nationalmuseum
11 Raczyński-Bibliothek
12 Kathedrale
13 Marienkirche
14 Lubrański-Akademie mit Diözesanmuseum

Übernachten

1 Domina Prestige Poznań
2 Trawiński
3 Brovaria
4 Park
5 Royal
6 Rzymski
7 Dom Turysty
8 Jugendherberge
9 Camping Malta Nr. 155

Essen und Trinken

10 Delicja
11 Bażanciarnia
12 Stara Ratuszowa
13 Brovaria
14 Sphinx
15 Pod Koziołkami
16 Weranda Zielona

Posen und Umgebung

Auf der Dominsel gibt es noch eine Reihe weiterer Kirchen: neben der Kathedrale die 1438 erbaute **Marienkirche** 🔢 (Kościół Mariacki), nördlich die **Lubrański-Akademie** 🔢 (Akademia Lubrańskiego), erste Hochschule der Stadt mit naturwissenschaftlicher und humanistischer Abteilung. Heute befindet sich darin das Kirchenarchiv, das **Diözesanmuseum** ist im Haus gegenüber. Neben mittelalterlicher Schnitzkunst aus Polen zeigt es Meisterwerke aus anderen Ländern, darunter ein Gemälde von A. van Dyck (Muzeum Archidiecezjalne, ul. Posadzego 2, So geschl.).

Touristeninformation CIM: ul. Ratajczaka 44, 61-772 Poznań, Tel. 061-851 96 45, Fax 856 04 54, www.cim.poznan.pl, So geschl.
Städtische Touristeninformation: Stary Rynek 59, Tel. 061-852 61 56, Fax 852 69 64, www.city.poznan.pl, So geschl.

Während der Messen erreichen die Hotels Höchstpreise. Ein Reisebüro im Hauptbahnhof ist rund um die Uhr geöffnet und vermittelt Privatzimmer und Apartments (Glob Tour, Tel. 061-866 06 67).
Domina Prestige Poznań 1 : ul. Św. Marcin 2, Tel. 061-859 05 90, Fax 859 05 91, www.dominahotels.ee, 41 Apartments. Vier-Sterne-Haus mit luxuriösen Apartments in einem modernen siebenstöckigen Neubau nahe der Altstadt. Alle Wohneinheiten verfügen über einen Salon mit Sat-TV, Hifi-Anlage, Internet-Anschluss und Klimaanlage, Schlafzimmer, Bad und eine gut ausgestattete Küche (Mikrowelle, Kaffeemaschine etc.). Rezeption rund um die Uhr, im Keller eine Tiefgarage. Ap. ab 175 €.
Trawiński 2 : ul. Zniwna 2, Tel. 061-827 58 00, Fax 820 57 81, www.hoteltrawinski.com.pl, 58 Zimmer. Modernes Best-Western-Hotel am Cytadela-Park nördl. des Zentrums. Komfortable Zimmer mit Blick ins Grüne. Fitnesszentrum, Hoteltaxi und bewachter Parkplatz. DZ 125–170 €.
Brovaria 3 : Stary Rynek 73–74, Tel. 061-858 68 68, Fax 858 68 69, www.brovaria.pl,

17 Zimmer Die Lage ist unschlagbar: Das kleine, einer polnischen Brauerei (browaria) gehörende Hotel befindet sich in zwei schmuck restaurierten Bürgerhäusern am Markt und ist im Fin-de-Siècle-Stil eingerichtet. DZ ab 80 €.
Park 4 : ul. Majakowskiego 77, Tel. 061-874 11 00, Fax 874 12 00, www.hotel-park.com.pl, 98 Zimmer. Vier-Sterne-Hotel am Malta-See, 2,5 km östl. vom Stadtzentrum. Komfortable Zimmer, schöner Ausblick von der Terrasse. DZ 70–140 €.
Royal 5 : ul. Św. Marcin 71, Tel. 061-858 23 00, Fax 853 78 84, www.hotel-royal.com.pl, 27 Zimmer. Gemütliches Hotel in einem Gründerzeithaus, erreichbar über eine kleine Passage. Gedämpfte Grün- und Rottöne ergänzen einander, Möbel und Lampen sind nostalgisch gestylt. Trotz der zentralen Lage schläft man sehr ruhig, alle wichtigen Ecken der Stadt sind in wenigen Gehminuten erreichbar. DZ 60–122 €.
Rzymski 6 : al. Marcinkowskiego 22, Tel. 061-852 81 21, Fax 852 89 83, www.rzymskihotel.com.pl, 90 Zimmer. Das Hotel am Rande des pl. Wolności, nur einen Katzensprung von der Altstadt, bietet funktionale Räume mit Sat-TV. DZ 60–100 €.
Dom Turysty 7 : Stary Rynek 91, Tel./Fax 061-852 88 93, www.domturysty.hotel.com.pl, 45 Zimmer. Beste Lage am Rynek, doch sehr einfach. Kurz nach der Eröffnung des Hotels (1798) soll Napoleon hier abgestiegen sein – ein Trost für alle, die noch ein Zimmer ohne eigenes Bad haben. DZ ab 40 €.
Jugendherberge 8 : ul. Drzymały 3, Tel. 061-848 58 36, 80 Plätze, ganzjährig geöffnet. Herberge mit Küchenbenutzung, 3 km nördl. des Bahnhofs (Straßenbahn 11).
Camping Malta Nr. 155 9 : ul. Krańcowa 98, Tel. 061-876 61 55, Fax 876 62 83, geöffnet Mai–Sept. Große Wiese am Malta-See mit über 50 Campinghäuschen.

Delicja 10 : pl. Wolności 5, Tel. 061-852 11 28, www.delicja.com.pl. American Express kürte Delicja in mehreren aufeinander folgenden Jahren zu ›Polens bestem Restaurant‹. Elegant-vornehme Ein-

Der Alte Markt wird von bunten Bürgerhäusern gesäumt

richtung, distinguiert-kühle Kellner, auf der Karte Froschschenkel, Kaninchen und Wild. Beim letzten Besuch blieb aber die Qualität leicht hinter den hohen Erwartungen zurück. Hauptgerichte 12–20 €.

Bażanciarnia 11: Stary Rynek 94, Tel. 061-855 33 58, www.bazanciarnia.pl. Die ›Fasanerie‹ am Marktplatz ist das beste Restaurant vor Ort. Knarrende Dielen, Balkendecken und Stillleben mit Früchten erinnern an ein adeliges Landhaus. Und da Polens Adelige gern auf Jagd gingen, werden v. a. Wild- und Geflügelgerichte serviert. Wer sich ein Schlemmermahl gönnen möchte, wählt als Vorspeise Spinat mit Gorgonzolasoße, dann Ente mit Bratapfel und Hefeklößen, Rehfilet oder gegrillte, mit Majoran marinierte Lammkoteletts. Die Weinkarte ist lang, erlesen und teuer, selbst Tropfen aus Galilea (Yarden Muscat) fehlen nicht! Die hohe Rechnung versüßt ein milder, hausgemachter Karamell-Wodka. Hauptgerichte ab 10 €.

Stara Ratuszowa 12: Stary Rynek 55, Tel. 061-851 53 18, www.ratuszowa.pl. Lokal im stimmungsvollen Rathauskeller mit polni-schen Gerichten und Posener Spezialitäten. Hauptgerichte ab 6 €.

Brovaria 13:Stary Rynek 73–74, Tel. 061-858 68 68. Im Erdgeschoss des gleichnamigen Hotels am Markt: internationale Küche in minimalistischem Rahmen, Biertrinker freuen sich über den Gerstensaft der hauseigenen Mini-Brauerei; auch das Honigbier schmeckt. Hauptgerichte ab 5 €.

Sphinx 14: Stary Rynek 77, Tel. 061-852 8025. Dank der Terrasse auf dem Markt, der großen Portionen und guten Preise ist es immer voll. Serviert werden Berge von Kebab, Pommes und Salat. Hauptgerichte ab 3 €.

Pod Koziołkami 15: Stary Rynek 95, Tel. 061-851 78 68, So geschl. ›Unter den Ziegen‹ heißt das Lokal in Anspielung an Posens Rathaus-Böcke. Im Erdgeschoss öffnet ein Fastfood-Lokal der gemütlichen Art, im Kellergewölbe gibt's deftige Küche im Ambiente eines Dorfgasthauses. Hauptgerichte ab 3 €.

Weranda Zielona 16: ul. Świętosławska 10. In der ›grünen Veranda‹ mit ihren wuchernden Blumen und üppigen Früchtestillleben

fühlt man sich fast wie auf dem Land. Hier schmecken Torten, die Pani Irmina zubereitet, die diversen Frühstücksgedecke und kleinen Gerichte. Im Sommer öffnet ein kleiner Garten. Hauptgerichte ab 3 €.

In den Gassen rings um den Marktplatz und im Ostteil der ul. Św. Marcin entdeckt man Souvenir- und Kunsthandwerksläden. Über die verkehrsberuhigte Półwiejska geht es zum Einkaufszentrum Stary Browar: schicke Sport- und Modegeschäfte- auf dem Gelände einer ehemaligen ›Brauerei‹.

Abseits der Biergärten rings um den Marktplatz findet man Kneipen in den Straßen Woźna und Nowowiejskiego.
Blue Note Jazz Club: ul. Św. Marcin 80/82, www.bluenote.poznan.pl. Im traditionsreichen Club im ›Kaiserhaus‹ treten hochkarätige Ensembles auf. Eingang von der ul. Kościuszki 76.
Stara Piwnica: Stary Rynek 92. Gotische Kellerkneipe am Marktplatz, Eingang von der ul. Wroniecka.

Aktuelle Veranstaltungsinfos enthält die Monatszeitschrift iks, erhältlich bei der Touristeninformation. Darin auch Hinweise auf Autorenfilme, Konzerte und Aufführungen im Kulturzentrum ›Kaiserhaus‹ (ul. Św. Marcin 80, www.zamek.poznan.pl).
Philharmonie (Filharmonia): ul. Św. Marcin 81, Tel. 061-852 47 08, www.filharmonia.poznan.pl.
Oper (Teatr Wielki): ul. Fredry 9, Tel. 061-852 82 91, www.teatrwielki.pl.
Theater: Teatr Polski, ul. 27 Grudnia 8/10, Tel. 061-852 56 27.
Ballettbühne (Polski Teatr Tańca): ul. Kozia 4, Tel. 061-852 42 41, www.ptt-poznan.pl.
Puppentheater (Teatr Animacji): al. Niepodległości 14, Tel. 061-853 69 64.
Musiktheater (Teatr Muzyczny): ul. Niezłomnych 1, Tel. 061-852 17 86.

Posens mächtige Kathedrale auf der Dominsel

Jazz-Ära (März): Beim Festival ›Era Jazzu‹ konkurrieren die besten Bands aus Posen mit einheimischen und ausländischen Stars. Infos im Internet: www.jazz.pl.
Johannisjahrmarkt (Juni): Komödianten, Feuerschlucker und Jongleure verzaubern den Alten Markt.
Internationales Theaterfestival MALTA (Juni/Juli): Ensembles aus ganz Europa zeigen ihre neuen Stücke auf ›offiziellen‹ und ›alternativen‹ Bühnen: ein Crossover aus Theater, Film, Musik und Bildender Kunst. Informationen im Internet: www.malta-festival.pl.

Rudern: Bootsmiete am Malta-See, der internationalen Regattastrecke im Osten der Stadt.

Flüge: Verbindungen u. a. nach Köln, Frankfurt, München und Wien. Der Flughafen liegt in Ławica 7 km westl. der Stadt (Stadtbus 78 oder 59). Infos im Internet: www.airport-poznan.com.pl.
Bus: Mit dem Bus kommt man gut nach Pobiedziska und Gniezno, Kórnik und Rogalin. Der Busterminal befindet sich 1 km südwestl. des Stary Rynek.
Bahn: Mehrere IC- und EC-Züge nach Warszawa, Wrocław und Berlin, 6 Züge tgl. nach Kraków. Der Bahnhof befindet sich knapp 2 km südwestl. des Rynek.

Ausflugziele

Pobiedziska
Reiseatlas: S. 3, B 1
Posen ist Startpunkt der ostwärts führenden ›Piastenroute‹, die die ersten Siedlungen des polnischen Reiches miteinander verbindet. Über Pobiedziska erreicht man den 7 km langen See **Lednica**, an dessen Ostufer sich ein **Ethnografischer Park** befindet (Wielkopolski Park Etnograficzny, Dziekanowice, Mo geschl.). Im Museum der ersten Piasten, 2 km nördlich, erfährt man alles Wichtige über Polens Staatsgründer. Zu sehen sind Waffen, Keramik und Schmuck

Posen und Umgebung

von der Insel Ostrów Lednicki, wo die Piasten eine ihrer ersten Residenzen errichteten (Muzeum Pierwszych Piastów, Dziekanowice 32, Mo geschl.). Mit einem Boot kann man zu der Insel übersetzen, um Reste der Anlage, darunter Ruinen des ringförmigen Burgwalls, in Augenschein nehmen zu können.

Gniezno
Reiseatlas: S. 3, B 1

Als ›Wiege des polnischen Staates‹ wird am häufigsten Gniezno (Gnesen) genannt, 49 km östlich von Posen. Als Lech, ein Ahne Mieszkos I., ein Nest mit weißen Adlern entdeckte, beschloss er, an diesem wunder-samen Ort sein Quartier aufzuschlagen: Polens erste ›Hauptstadt‹ war damit geboren. Immerhin ist eine Festung auf dem Góra Lecha, dem ›Lech-Berg‹, für das 8. Jh. belegt. Der weiße Adler machte Karriere als Wappentier des Landes, noch heute ist er auf der nationalen Flagge abgebildet.

Ins Schlaglicht der Weltgeschichte rückte der Ort im Jahre 1000, als er vom Papst nach Fürsprache des deutschen Kaisers Otto III. zum ersten Erzbistum Polens erwählt wurde. Der Kaiser kam persönlich zur Feier nach Gnesen und stellte dem polnischen Vasallen Souveränität in Aussicht. Gleichzeitig besuchte er das Grab des hl. Adalbert, der in seinem Auftrag drei Jahre

Schloss Kórnik, umgeben von einem schönen Park

zuvor aufgebrochen war, die heidnischen Pruzzen zu missionieren und dabei den Märtyrertod gefunden hatte.

Erzbischöflicher Sitz ist Gniezno noch heute; die wuchtige, doppeltürmige **Kathedrale** dominiert die Silhouette der Stadt. Mitte des 14. Jh. im gotischen Stil entstanden, ist sie bereits der dritte Nachfolgebau der ursprünglich im 10. Jh. errichteten Kirche. In die romanische Bronzetür von 1170 sind dramatische Szenen aus dem Leben des hl. Adalbert eingemeißelt: von seiner Geburt bis zu seiner Missionsreise ins Pruzzenland und von seiner Tötung durch einen heidnischen Priester bis zu seiner Beerdigung in der Kathedrale. Seine Reliquien befinden sich in einem prächtigen, aus Silber geschaffenen Grabmal am Hochaltar.

Großpolnischer Nationalpark

Reiseatlas: S. 2, F 1

Wer der nationalen Mythen überdrüssig ist, gönnt sich einen Tag im Grünen. Südlich von Posen liegt der Großpolnische Nationalpark (Wielkopolski Park Narodowy), eine von der Eiszeit geformte Hochebene mit Rinnenseen und dichten Mischwäldern. Ein guter Startpunkt ist **Mosina**, von wo man auf einem blau markierten Weg nach 3 km Osowa Góra erreicht. Am **See Kociołek** schwenkt man auf den roten Weg ein und folgt ihm 14 km bis Puszczykowo. Dabei kommt man auch am schönsten See des Parks, dem **Jezioro Góreckie**, vorbei. Idealer Wegbegleiter ist die Karte *Wielkopolski Park Narodowy* (1:35 000).

Rogalin

Reiseatlas: S. 2, F 1

Östlich des Parks liegt Rogalin, das im 18. Jh. entstandene **Vorzeigeschloss** der Adelsfamilie Raczyński. Seine grandiose Wirkung verdankt es einem architektonischen Trick: Vom barocken Hauptbau ausgehend ›umarmen‹ zwei halbrunde Galerien einen riesigen Hof, der wie ein Paradeplatz anmutet. Das im Krieg geplünderte, aber nicht zerstörte Schloss veranschaulicht den Reichtum der Raczyńskis. Neben Empire-

und Biedermeier-Salons gibt es Ball- und Festsäle, alle ausgestattet mit wertvollem Mobiliar, Skulpturen und Gobelins. Porträts der Familie schmücken das Treppenhaus, ihre Gemäldesammlung mit Bildern von Böcklin, Monet, Matejko ist in einem Pavillon ausgestellt (Muzeum Zamek, Mo geschl.). Hinter dem Palast erstreckt sich ein **französischer Garten**, westlich schließt sich ein **englischer Park** an, der über den größten Bestand uralter Eichen in Europa verfügt. Die drei schönsten werden in Erinnerung an die sagenhaften Gründer der slawischen ›Bruderstaaten‹ Lech, Czech und Rus genannt.

Kórnik

Reiseatlas: S. 2, F 1

13 km östlich, in Kórnik, steht ein weiteres **Schloss**. Im 15. Jh. von der mächtigen Górka-Familie gegründet, wurde es im 19. Jh. nach einem Entwurf von Karl Friedrich Schinkel im neogotischen Stil umgebaut. Die original erhaltenen Innenräume bergen ein Museum mit einer Fülle von Kunstschätzen, die Bibliothek enthält Manuskripte von Mickiewicz, Słowacki und Napoleon (Muzeum Zamek, Mo geschl.). Herrlich ist ein Spaziergang durch den **Schlosspark:** ein riesiger botanischer Garten mit einer Fülle exotischer Pflanzen.

i **Im Internet:**
www.powiat-gniezno.pl

Pietrak: ul. Chrobrego 3, Gniezno, Tel. 061-426 14 97. Bürgerhaus in der Fußgängerzone unweit der Kathedrale, das Lokal gehört zu einem komfortablen Drei-Sterne-Hotel. Zur Jahrtausendwende dinierten hier neun europäische Premierminister und Präsidenten. Besonders oft bestellt wird *karp królewski* (Karpfen auf gedünstetem Gemüse). Hauptgerichte ab 5 €.

 Bahn/Bus: Die Orte Mosina und Puszczykowo im Großpolnischen Nationalpark sind mit Bus und Bummelzug erreichbar. Nach Gniezno kommt man gut mit Zug, nach Rogalin und Kórnik nur mit Bus.

Register

Legende

A 4	Autobahn mit Anschlussstelle
	Schnellstraße
93	Fernstraße mit Nummer
366	Hauptstraße mit Nummer
	Nebenstraße
	Straße in Bau; in Planung
x x x x	Straße für Kfz gesperrt
	Tunnel
	Eisenbahn
	Eisenbahntunnel
	Fähre
	Staatsgrenze
	Nationalpark; Naturpark
	Sperrgebiet
E 50	Europastraßennummer
	Internationaler Flughafen
	Nationaler Flughafen
	Grenzübergang
★	Sehenswürdigkeit
	Archäologische Stätte
	Kloster; Kirche
	Burg; Schloss
	Burgruine; Schlossruine
	Wasserfall; Höhle
	Bergbau
▲)(	Berggipfel; Pass, Joch
	Museumseisenbahn
	Aussichtspunkt
(Breslau)	Ehemaliger deutscher Name

Reiseatlas
Polen • Der Süden

Zielona Góra (Grünberg), Poznań (Posen), Leszno (Lissa)

1 cm = 7 km   1 : 700.000

0   10 km   20 km

D   E   F

POZNAŃ (POSEN)

Nowy Tomyśl (Neutomischel)
Grodzisk Wielkopolski (Grätz)
Wolsztyn (Wolfstein)
Kościan (Kosten)
Śmigiel (Schmiegel)
Śrem (Schrimm)
Czempiń
Leszno (Lissa)
Wschowa (Fraustadt)
Gostyń (Gostingen)
Głogów (Glogau)
Góra (Guhrau)
Rawicz (Rawitsch)
Krobia
Poniec (Punitz)
Żmigród (Trachenberg)
Polkowice (Heerwegen)
Lubin (Lüben)
Chocianów (Kotzenau)
Ścinawa (Steinau)

1

2

3

4

2

Poznań (Posen), Konin, Kalisz

D   E   F

Wilczyn
Skulsk
Nowa Wies
Bycz
Orle
Czamanin
Kolonia Łódź
Wiktorowo
Choceń
Zawad
265

Szyszyńskie
Holendry
Mórzyczyn
266
Wierzbinek
Swiszewy
Izbica Kujawska
(Mühlal)
Boniewo
269
Lubień
Kujawski
E 75
1
Piotr

Kleczew
Sompolno
Mchowo
269
Blenna
Chodecz
Cetty
Rybno
Łanięta
265
263
Ślesin
263
Lubstów
Babiak
Grąby
Przedecz
Bzówki
581
1

Kazimierz
Biskupi
25
266
Lipiny
Podkiejsze
Rysiny
Dębina
Dąbrowice
Mikształ
264
Jabłków
Bierzwienna
Chodów
Krośniewice

KONIN
Borki
Osiek Mały
270
Mikołajówek
Kłodawa
2
E 30
Miłosna

Świętę
Dzierawy
Koło
2
Grzegorzew
Olszówka
Łubno
Lesz

Stare Miasto
2
E 30
Krzymów
Kościelec
Umień
473
Jaworów
Daszyna
Witonia

Modła
Konin-Żdżary
A 2
Żdżary
Koło
Janów
Chełmno
Grabów
Upale
60
Prądzew

Świecia
Główiew
Chylin
Tarnowa
Karszew
Leszno
Chorki
Błonie
2

Dąbroszyn
443
Kiszewy
Władysławów
Brudzew
Dąbie
Łęka
Łęczyca

Bychwał
Tuliszków
Galew
Dąbie
Świnice
Warckie
Borek
Wichrów
708

72
Grzymiszew
Szadów
Kuźnica
Janiszewska
Chodów
Opole
E 75

Wróblina
Smaszew
Piętno
Turek
Brzeziny
Wartkowice
A 2
Ozorków
5

Zosinki
25
Dzierzbin
Kotwasice
Uniejów
469
Bronówek
703
Parzeczew
Em

Mycielin
Malanów
Przykona
72
Balin
Nowa Wies

Słuszków
470
Miłaczew
Kowale
Pańskie
83
Dobra
Dominikowice
Sworawa
Brudnów
Rosa

Kościelec
Ceków-
Kolonia
Kawęczyn
Piekary
Krępa
Praga
Poddębice
Dalików
Sobień

Goliszew
Madalin
Dąbrowa
Porczyny
Kałów
Prawęcice
72

Biernatki
Morawin
Wygoda
Tokary I
Księża Wólka
478
Borki Drużbińskie
Stary Adamów

Młynisko
Lisków
Ziemięcin
Milkowice
Bratków Dolny
Pudłówek
Aleksandrów
Łódzki
1

Kamień
Skarszew
Koźminek
Kaszew
Pęczniew
Wola Flaszczyna
Puczniew
Rąbień

Bogdanów
Goszczanów
83
Zadzim
Zygry
Kazimierz
Lutomiersk

sa Turecka
471
Pietrzyków
Gać Kaliska
Chlewo
Brzeg
479
Choszczewo
Kwiatkowice
Wodzierady
71
Konstant

Radliczyce
Tomisławice
Rożdżały
Górna Wola
710
Górka Pabianicka

Cieszyków
Nacesławice
Warta
Boczki
Szadek
Chorzeszów
Piątkowisko

Takomyśle
Szczytniki
Zagajew
Kamionacz
710
Wrzeszczewice
Markówka

12
Kamienna
710
Anielin
14
Chechl
II

Włodzimierz
Błaszki
Baszków
Nowe Annopole
Suchoczasy
Zduńska Wola

Godziesze
Wielkie
Sobieszki
Wróblew
475
Stawiszcze
Kolumna-Las

Brzeziny
Czempisz
Sadokrzyce
14
12
Sieradz
Zapolice
Łask
Teodory
12
Śla

Dzięcioły
Włocin
Charlupia
Wielka
Piaski
Rososza
Karczmy

Ostrów Kaliski
Kraszewice
Żuraw
Chajew
Debołęka
Stoczki
Sędziejowice
Buczek
Bocian
4

nta
ów nad
sną
Kopeć
Czajków
Brąszewice
14
Brzeźnic
Kalinowa
Burzenin
Krajobrazowy
Kurówek
483
Zelów
Koci

Debicze
Nowa Wies
Patoki
484

Mieteszówka
Spóle
Świątki
Klonowa
Kopaniny
Złoczew
45
Międzyrzecza
Osiczno
Warty i Widawki
Sobki
Podwody

Węglewice
Jeziorna
Huta
Janów
Lututów
Wolnica
Grabówie
12
4

WEISSRUSSLAND

D — E — F

Siemiatycze

Rog · Kajanka · Siemichocze · Abiarovčyna · Vojškaja · Mančaki · Kamjanec
Sieniewice · Klekotowo · Anusin · Klukowicze · Tokary · Vysokae · P 85 · Vidamlia
Drohiczyn · Radziwiłłówka · Koterka · 640 · P 85 · Dzjamjačyoy · P 83
Tokary · Park · Kózki · Mielnik · Sutno · Niemirów · Kuscičy · P 83
Hrušew · Krajobrazowy · Sarnaki · P5 · Siegieńiievščyna · Astramiečava
Łysów · Nowe Hołowczyce · Vovčyn · Carnavčycy · P 83 · 1
Niemojki · Podlaski · Stavy · Lyščycy · P16 · Vuľka
19 · Woźniki · Stare Szpaki · 811 · Bug · Vial. Matykaly · Carnavčycy
Łosice · Łuzki · Konstantynów · Janów Podlaski · Przełom · Fratulin · Pieski
698 · Rudka · Stara Kórnica · 698 · Błonie · 699 · BREST
Olszanka · Mszanna · Huszlew · Leśna · Ossówka · Olszyn · Bugu · M 1
Podlaska · Rokitno · Neple · E 30
Mostów · Kownaty · Worgule · Hrud · Cicibór · Dereczanka · Koroszczyn · 68 · Terespol · Arkadzija
Łukowisko · Swory · Sitnik · 811 · Zalesie · Wólka · Giersony · P 17
Krzewica · Sławacinek · Biała Podlaska · Dobryńska · 2 · E 30 · Lebiedziew · P 94
2 · E 30 · Żabce · Podolanka · Dobratycze · 816 · 2
Jelnica · Szachy · Piszczac · Okczyn · Stradzieču
Międzyrzec · Dubów · Ortel Królewski I · Stare Połoski · Kóden · P 94
Podlaski · Żerocin · Ortel Królewski II · Dobromyśl · Znamienka
19 · Grabowiec · Zahajki · Bielany · Studzianka · Tuczna · Leniuszki · Miedna
Kąkolewnica · Drelów · 813 · Kwasówka · Łomazy · Szostaki
Wschodnia · Łózki · Zelizna · Rossosz · Kopytnik · Bokinka Pańska · Krzywowólka · Liepliovka
Turów · Worsy · Żulinki · Romaszki · 812 · Przechód · Sajówka · Liszna
Bedlno · Ostrówki · Komarówka · Woroniec · Wisznice · Sosnówka · 63 · Sławatycze
Radzyń · Podlaska · Brzozowy Kąt · Łyniew · Dańce · 816 · Damačava · Padlužža
Podlaski · Rudno · Dawidy · Jabłoń · Dołholiska · Pogorzelec · Hanna · WEISS-
814 · Wohyń · 813 · Rusiły · 812 · Nowy Holeszów · P 94 · RUSSLAND
Milanów · Kostry · 815 · Podedwórze · Opole · Holeszów · 3
Kuraszew · Okalew · Przewłoka · Zaliszcze · Dębow · Nowe Mosty · Różanka · UKRAINE
Siemień · Parczew · Lubiczyn · Żuków · 812 · Szuminka
sˊerniki · Łaski · 819 · Dębowa Kłoda · Kodeniec · Zahajki · Suszno
bica · Juliopol · Gródek Szlachecki · Kropiwki · Horostyta · Tomašovka
Ostrówek · 815 · Tyśmienica · Uhnin · Turno · Lipówka · 816 · Wyryki- · Włodawa · Puľno oz
pisˊowa · Park · Krajobrazowy · Sosnowica · Hola · Poľod · 82 · Orchówek · Zaleśe
Górka · Babianka · Pieszowola · Laski · Stary Brus · Luta · 816 · Pu
Lubartowska · Pojezierze · Stary Orzechów · Kołacze · Zdżarka · Sobiborski
Tarło-Kolonia · 821 · Ostrów Lubelski · Poleski · Zˊdżarka · 816 · Wołyny
Lubartów · Wólka Zabłocka · Łęczyńskie · Stary · Nowy · Park · Hańsk · Krajobrazowy · Zberežže
Serniki · Brzostówka · 813 · Uścimów · Narodowy · Wytyczno · Konstantynówka · Stulno · 4
19 · Baranówka · Rozkopaczew · Michałów · 812 · Piaski
Rokitno · Kocia Góra · Urszulin · 816
brazowy · 829 · Jawidz · Zezulin I · Dąbrowa · Zabrodzie · Uhrusk
Niemce · Spicyzn · Ludwin · Świerszczów · 816
owice · Łuszczów I · Brzeziny · Tarnów · Chutcze · Chełmski · Sˊliwi · 8
Łęczna · 82 · 841 · 16

DEUTSCHLAND

TSCHECHISCHE REPUBLIK

Niesky · Niska

Görlitz
Zgorzelec (Görlitz)

Bolesławiec (Bunzlau)

Lubań (Lauben)

Zittau

Bogatynia (Reichenau)

Frýdlant (Friedland)

Gryfów Śląski (Greiffenberg)

Lwówek Śląski (Löwenberg i. Schl.)

JELENI GÓRA (HIRSCHBE)

Cieplice Śląskie-Zdrój (Bad Warmbrunn)

Kowary (Schmie i. Riese)

LIBEREC (REICHENBERG)

JABLONEC (GABLONZ)

Krkonošský národní park
Karkonoski Park Narodowy

Szklarska Poręba (Schreiberhau)

Vrchlabí (Hohenelbe)

Železný Brod (Eisenbrod)

Turnov (Turnau)

Semily

Hostinné (Arnau)

CHKO Český ráj
(Böhmisches Paradies)

Jičín (Gitschin)

MLADÁ BOLESLAV (JUNGBUNZLAU)

Hořice (Horschitz)

Dvůr Králové n. Labem (Königinhof)

A
B
C
3
1
2
3
4
10
17
18
Wrocław
(Breslau)
Opole
(Oppeln)
Oborniki Śl.
(Obernigk)
Trzebnica
(Trebnitz)
Twardogóra
(Festenberg)
Międzybórz
(Neumittelwalde)
Kobyla Góra
(Haideberg)
Kobyla Góra
284 m
Syców
(Gr. Wartenberg)
Kępno
(Kempen)
Oleśnica
(Oels)
Długołęka
(Langewiese)
Psie Pole
Bierutów
(Bernstadt)
Namysłów
(Namslau)
Wołczyn
(Konstadt)
Jelcz-Laskowice
(Jeltsch)
Oława
(Ohlau)
Brzeg
(Brieg)
Strzelin
(Strehlen)
Ziębice
(Münsterberg)
Grodków
Niemodlin
(Falkenberg)
Lewin Brzeski
Nysa
(Neisse)
Otmuchów
(Ottmachau)
Jezioro Otmuchowskie
Jezioro Nyskie
Paczków
Głuchołazy
Prudnik
(Neustadt)
Głogówek
(Oberglogau)
Krapkowice
(Krappitz)
Zdzieszowice
Rychtal
(Reichtal)
Domaszowice
Wrocław-Bielany
Siechnice
Czernica
Brzezimierz
Owczary
Przylesie
Dąbrówka
Prądy
Wzgórza Trzebnickie
Równina Wrocławska
Wzgórza Strzelińskie
Równina Niemodlińska
Kotlina Raciborska
Płaskowyż
Rów. Grodkowska
Park Krajobrazowy
Stobrawskie
Odra
Nysa Kłodzka
Na Špičáku
A 4
E 40
E 67
E 261
2008
11

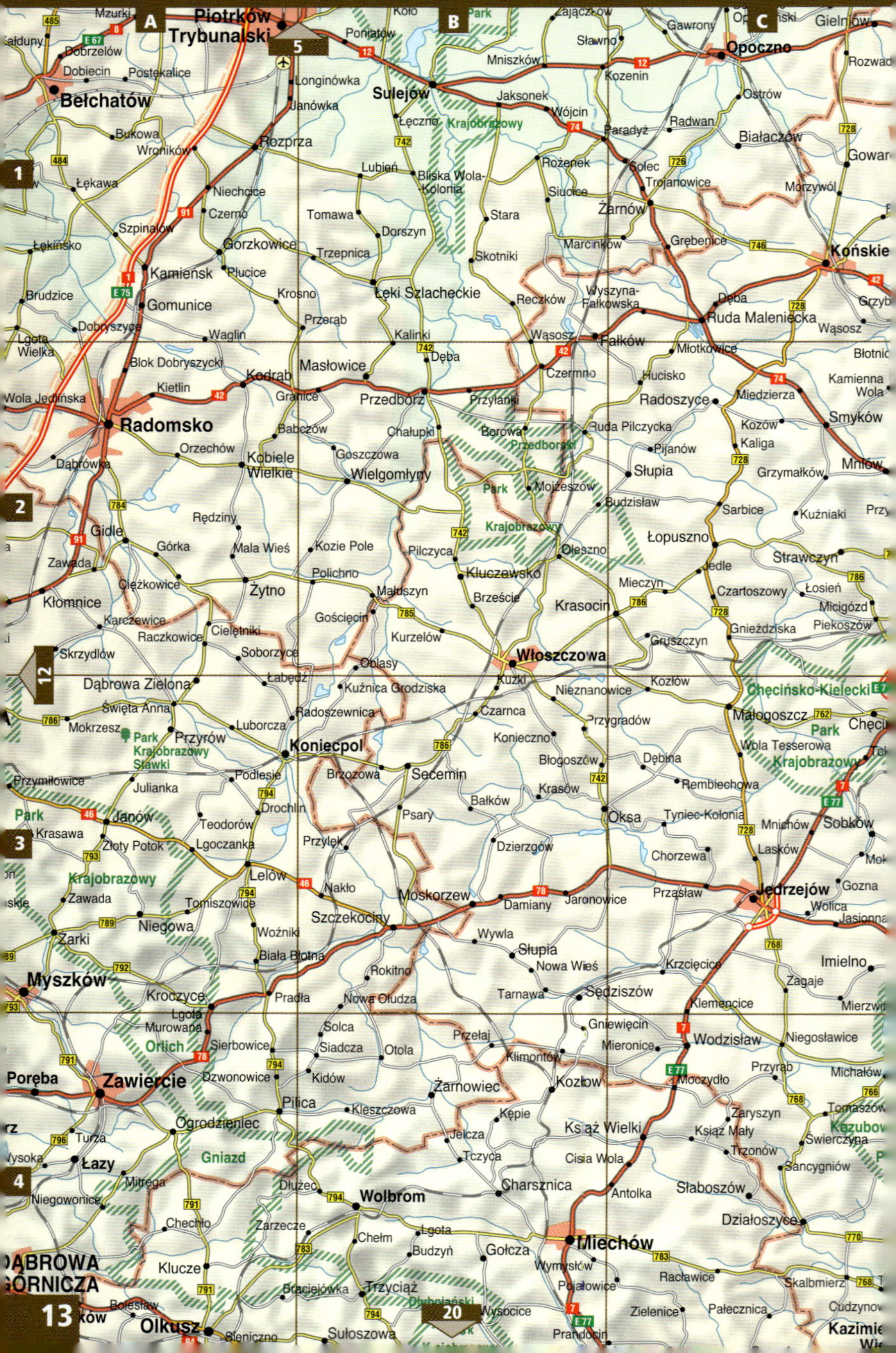
A
B
C
5
Piotrków Trybunalski
Bełchatów
Sulejów
Opoczno
Mniszków
Sławno
Kozenin
Gawrony
Gielniów
Rozwadów
Mzurki
Dobrzelów
Dobiecin
Postękalice
Longinówka
Janówka
Poniatów
Jaksonek
Wójcin
Ostrów
Łęczno
Krajobrazowy
Paradyż
Radwan
Białaczów
Bukowa
Wroników
Rozprza
Lubień
Bliska Wola-Kolonia
Rożenek
Solec
Gowarczów
Trojanowice
Łękawa
Niechcice
Czerno
Siucice
Żarnów
Morzywół
Szpinalów
Tomawa
Dorszyn
Stara
Marcinków
Grębenice
Końskie
Łękińsko
Gorzkowice
Trzepnica
Skotniki
Kamieńsk
Plucice
Gomunice
Krosno
Łęki Szlacheckie
Reczków
Wyszyna-Fałkowska
Dęba
Ruda Maleniecka
Brudzice
Dobryszyce
Przerąb
Kalinki
Wąsosz
Fałków
Młotkowice
Lgota Wielka
Waglin
Blok Dobryszycki
Masłowice
Czermno
Hucisko
Kamienna Wola
Kodrąb
Kietlin
Granice
Przedbórz
Przyłanki
Radoszyce
Miedzierza
Wola Jedlińska
Radomsko
Smyków
Babczów
Chałupki
Borowa
Ruda Pilczycka
Kozów
Orzechów
Kobiele Wielkie
Goszczowa
Wielgomłyny
Przedborski
Pijanów
Kaliga
Dąbrówka
Park
Mojżeszów
Słupia
Grzymałków
Mniów
Budzisław
Rędziny
Kuźniaki
Sarbice
Gidle
Krajobrazowy
Górka
Mała Wieś
Kozie Pole
Pilczyca
Łopuszno
Oleszno
Zawada
Polichno
Kluczewsko
Strawczyn
Jedle
Mieczyn
Ciężkowice
Żytno
Małuszyn
Łosień
Kłomnice
Brzeście
Czartoszowy
Krasocin
Miedzierza
Karczewice
Gościęcin
Gnieździska
Piekoszów
Raczkowice
Cielętniki
Kurzelów
Gruszczyn
Skrzydlów
Soborzyce
Włoszczowa
12
Łabędź
Obiasy
Kozłów
Dąbrowa Zielona
Kuźnica Grodziska
Kuzki
Nieznanowice
Checińsko-Kielecki
Święta Anna
Radoszewnica
Czarnca
Małogoszcz
Mokrzesz
Park
Krajobrazowy
Sławki
Przyrów
Luborcza
Przygradów
Park
Chęciny
Konieczno
Koniecpol
Wola Tesserowa
Krajobrazowy
Przymiłowice
Podlesie
Błogoszów
Dębina
Brzozowa
Secemin
Julianka
Rembiechowa
Krasów
Park
Janów
Drochlin
Psary
Bałków
Oksa
Tyniec-Kolonia
Mnichów
Sobków
Krasawa
Teodorów
Przyłęk
Dzierzgów
Złoty Potok
Lgoczanka
Chorzewa
Lasków
Krajobrazowy
Lelów
Nakło
Moskorzew
Jaronowice
Przasław
Jędrzejów
Gozna
Zawada
Tomiszowice
Szczekociny
Damiany
Wolica
Niegowa
Jasionna
Żarki
Woźniki
Wywla
Imielno
Słupia
Biała Błotna
Nowa Wieś
Krzcięcice
Zagaje
Myszków
Rokitno
Kroczyce
Pradła
Nowa Oludza
Tarnawa
Sędziszów
Lgota Murowana
Klemencice
Mierzwin
Orlich
Solca
Gniewięcin
Sierbowice
Siadcza
Otola
Przełaj
Mieronice
Wodzisław
Niegosławice
Klimontów
Poręba
Zawiercie
Dzwonowice
Kidów
Kozłów
Moczydło
Przyrąb
Michałów
Żarnowiec
Pilica
Kleszczowa
Kępie
Zaryszyn
Ogrodzieniec
Książ Wielki
Książ Mały
Tomaszów
Turza
Jelcza
Kazubów
Wysoka
Łazy
Gniazd
Tczyca
Trzonów
Swierczyna
Cisia Wola
Sancygniów
Mitręga
Dłużec
Wolbrom
Charsznica
Słaboszów
Niegowonice
Antolka
Chechło
Zarzecze
Działoszyce
Lgota
Chełm
Miechów
Budzyń
Gołcza
DĄBROWA GÓRNICZA
Klucze
Wymysłów
Racławice
Bracieiówka
Trzyciąż
Skalbmierz
Bolesław
Pojałowice
Olkusz
Dłubniański
20
Wysocice
Zielenice
Pałecznica
Cudzynowice
Sieniczno
Sułoszowa
Prandocin
Kazimierza Wielka
E 67
E 75
E 77
1
2
3
4

D   E   RADOM   F

Królewska
Gezo   6   Zwoleń   12
Wolanów   Borki   Osiny   Pãciorkowa Wola
Janików   Wieniawa   Garno   Makowiec   Tczów   Sycyna   Mierziaczka
Chronów   Kowala Stępocina   Rawica   Zakrzówek-Wieś   Karolin   Siekierka
Radestów   Łaziska   Skaryszew   Kazanów   Stara-Tyn
Korzyce   Orońsko   Maliszów
Gwarek   Dobrut   Modrzejowice   Wólka Gonciarska   Ciepiełów   1
Ruski Bród   Rzuców   Wałsnów   Wierzbica   Dąbrowa   Wola Solec
Chustki   Jastrząb   Bujak   Walentynów   Antoniów   Szymanów   79
Nadolna   Szydłowiec   Szydłówek   Mirówek   Pakosław   Małomierzyce   Marianów   Lipsko
Wólka Zychowa   Sadek   Rogów   Osiny   Ilża   Piłatka   Michałów   747   Krępa Kościelna   Śląsko   747
Skarżysko-   Kierz Niewiedzi   Mirzec   Rzeczniów   Walentynów
Kamienna   Skarżysko-   Gadka   Ostróżanka   Grabowiec   Sienno   Osówka
Kościelne   744   Wodąca   Czekar
Parszsów   Wąchock   Sarnówek-Duży   Okól
Suchedniowsko-   Suchedniów   42   Bałtów   754   Skarbka   Ta
-Obłęgorski   Sieradowicki   Starachowice   Maksymilianów   Boria   Duranów
Park Krajobrazowy   Młynek   Rudnik   Teofilów   2
Samsonów-Ciągle   Park Krajobrazowy   42   Kunów   Ostrowiec   Ożarów
Łączna   Stykòw   Pawłów   Świętokrzyski   Brohi
750   751   Kamieniec   Chocimów   Milków   Cmielów   79
Miedziana-Góra   7   Świętokrzyski   Bodzentyn   756   Chybice   Waśniów   751   Swarszowice   Wojnowice   Wojciechowice
E77   Święta   Park   Bostów Stary   Jeziorko   Rudki   Dobruchna   Sadowie   Jacentów   Podole   Stodoły
73   Katarzyna   752   751   Nowa Słupia   Janowice   E371   Opatów   74   Gierczyce   15
KIELCE   Radlin   Krajobrazowy   Bieliny   Jeleniowski   Paprocice   Karsy   Karwów   Przewody
74   Górno   Kapitulne   Park Krajobrazowy   Backowice   Kobylanki   Włostów   Pielaszów   79
Naštole   Belno   Lechów   Piórków   Kobylany   Lipnik   Gołębiów   77
Kranów   Daleszyce   756   74   Baranówek   757   Iwaniska   Grabina   Rożki
Brzeziny   Borków   Ocieski   Sadków   Jastrzębska   Kujawy   Pęchów   Bilcza
Morawica   763   764   Łagów   Wola   Górki   Nasławice   3
Dębska Wola   Cisowsko-Orłowski   Przyborowice   Klimontów   Samborzec
766   Lisów   Pierzchnica   Lipiny   Bogoria   Borek   Koprzywnica
Piotrokowice   Park   Raków   Klimontowski   Ta
Włoszczowice   73   Drugnia   Krajobrazowy   Chańcza   Budy   Smerdyna   Sulisławice   79
Lipnik   Suchowola   Potok   Wola Osowa   757   Łaziska   E371
Chmielnik   Gnojno   Osówka   764   Mostiki   Bukowa   Łoniów   Jasienica   871
Śladków-Duży   765   Śladków-   Grabki   Szydłów   Kurozweki   Czajków   Osiek   872   Łążek
Mały   Duże   Wola Żyzna   Staszów   765   Suchorzów
Szaniecki   Skorzów   Palonki   Niziny   Rytwiany   Baranów   Wola
Szarbków   Szaniec   Kargów   Szczeka   Sandomierski   Baranowska
Inczów   Park   Jastrzębiec   757   764   Osiek   Padew   872   Durdy
midzianski   Pasturka   Busko-Zdrój   Strzelce   Wolica   Rudniki   Narodowa
Park   Smogorzów   Stopnica   Oleśnica   Połaniec   71   982   Krzemienica   Jaślany
Łatanice   Krajobrazowy   Stary Mietel   Łubnice   Pacanów   Gawłuszowice   Borowa   985   Tuszów
zow   776   Dobrowoda   Zborów   Solec-Zdrój   Zabiec   Zofiówka   Górki   Narodowy   4
Park   Piasek   982   Czermin   Podkościele
Wiślica   Wielki   Zielonki   Słupiec   Otalęż   983   Przyłęk
zarnocin   776   Ostrowce   Trzciana   Mielec   Górny
Kamienna   79   Szczucin   Kosówka   Wola Mielecka   875
rodowice   Nowy Korczyn   Mędrzechów   Wadowice   Zgorsko   14
Opatowiec   Bolesław   Górne   Rydzów   21

A B C

7

1

2

14

3

4

15

21

Kazimierski Park Krajobrazowy
Kazimierz Dolny
Bochotnica
Janowice
Uścież
Noworąblów
Wąwolnica
Łąki
Nałęczów
Antopol
Płouszowice
Tomaszowice
Markuszów
Bronice
Garbów
Piotrowice Wielkie
Jakubowice
Jastków
Pilszczyn
Łuszczów I
Turka
Wólka
Mełgiew
Milejów
Starościce
Nadwieprzański
Łęczna
Spiczyn
Ludw

Wilków
Karczmiska I
Głusko
Łubki
Szczuczki
Wojciechów
Kozubszczyzna
Lublin
Świdnik

Poniatowa
Wronów
Bełżyce
Głusk
Wilczopole-Kolonia
Skrzynice II
Żabia Wola
Bystrzejowice A

Nieżwiada Duża
Opole Lubelskie
Łaziska
Zagórze
Trciniec
Wierzchowiska Górne
Prawiednik
Jabłonna-Majątek
Wola Piasecka
Plaski
Gardzi

Łaziska
Skoków
Chodel
Borzechów
Niedrzwica Kościelna
Tuszów
Piotrków II
Chmiel
Stryjno

Kamień
Piotrawin
Wrzelowiec
Wrzelowiecki Park Krajobrazowy
Zadole
Granice
Kępa
Radlin
Strzyżewice
Osowa
Krzczonowski Park Krajobrazowy
Rybczewi
Sobieska

Józefów
Owczarnia
Wierzbica
Obroki
Wilkołaz I
Bychawa
Piórków-Kolonią
Krzczonów-Wójtostwo

Basonia
Mazanów
Urzędów
Popkowice
Ostrów
Gałęzów
Zaraszów
Poperc

Bliskowice
Dzierzkowice
Kraśnik Fabryczny
Zakrzówek-Osada
Stara Wieś
Spławy
Żółkiewka

Świeciechów-Poduchowny
Ludmiłówka
Kraśnik
Sulów
Zakrzew
Wysokie

Annopol
Opoka
Księżomierz
Obleścin
Słodków
Rzeczyca Księża
Szastarka Stacja
Wólka Batorska
Guzówka
Żabno

Linów
Ukazowy
Gościeradów
Trzydnik Duży
Blażek
Batorz
Otrocz
Chłaniów
Turobin
Zabło

Kosin
Borów
Weglin
Zaraec Potocki
Pasieka
Wierzchowiska I
Zdziłowice
Tokary
Czernięcin

Zawichost
Winiary
Chwałowice
Łążek
Irena
Zaklinków
Modliborzyce
Godziszyn
Gródki
Giłów
Radecz

Słupcza
Antoniów
Ciechocin
Janów Lubelski
Zagrody
Goraj
Zaburze
Szczebrzeszyn

Dwikozy
Wysiadłów
Radomyśl nad Sanem
Lipa
Wola Rzeczycka
Park
Kalenne
Pikule
Krajobrazowy
Szklarnia
Dzwola
Frampol
Buczyn
Podborcze Park

Sandomierz
Gorzyce
Zaleszany
Brandwica
Łążek Ordynacki
Lasy
Janowskie
Czarnystok
Kr

Zabrnie Dolne
Stalowa Wola
Pysznica
Żdżary
Domostawa
Jarocin
Bukowa
Andrzejówka
Majdan Gromadzki
Hedwiż

Tarnobrzeg
Grębów
Królewszczyzna
Nisko
Golce
Nowa Huta
Ciosmy
Dąbrowica
Sól
Okrągłe
Biłgoraj

Puszcza
Ruda
Przyszów
Ulanów
Dabrówka
Dabrowica
Harasiuki
Nowy Majdan

Sandomierska
Tarnowska Wola
Stany
Rudnik nad Sanem
Wólka Bielińska
Wólka
Gózd Lipiński
Księżpol

Nowa Dęba
Korabina
Šójkowa
Jata
Ujeżow
Kamionka
Krzeszów
Potok Górny I
Potok Górny II
Jedlinki
Biszcza I
Raków

Majdan Królewski
Zmysłów
Nowy Nart
Krzywdy
Tarnogóra
Naklik
Kulno
Bukowina II
Tarnogr

Wola Rusinowska
Kopcie
Kamień
Łazów
Kuryłówka
Dąbrowica Duża
Różani

Hadykówka
Lipnica
Wola Raniżowska
Wola Żarczycka
Górno
Nowa Sarzyna
Kolonia Polska
Adamówka
Wola R

Cmolas
Dzikowiec
Raniżów
Powidzów Stary
Wólka Sokoł
Sokołów Małopolski
Giedlarowa
Leżajsk
Piskorowice
Wierzawice
Rudka
Malenińska

Brzeziny
Dyców
Ludwinów
Tarnów
Chutcze
Chełmski
Sawin
Vyšnivka
Gušča
Borove
Zapillia
Kusnyšča
Skyby
Liuboml'
E 373
Ostrówek
82
Głębokie
Wierzbica
Onrusk
Rudka
Mylovan'
Kociury
Radehiv
P 123
Cmykos
839
Wola Korybutowa
Kamienna
Góra
Zarudnia
Leśniczówka
Park
Świerże
Dorohusk
838
Siedliszcze
Bezek
Lechówka
812
Parypse
Krajobrazowy
Brzeźno
12 E 373
Turka
Zamlynnia
jóbrazowy
čzyń
12 E 373
Marynin
Nowe Chojno II
Chełm
Kamień-Kolonia
Michałówka
U K R A I N E
839
Rejowiec Fabryczny
Rejowiec
Kamień
Andrzejów
816
Trawniki
Gołąb
Toruń
Depułtycze
Królewskie
Czerniejów
844
Dubienka
Gora Gorycia
204 m
Fajsławice
Borowica
Sielec
Wołkowiany
E 372
17
Łopiennik
Górny
812
843
Wierzchowiny
Leszczany
Stanisławów
Bug
Krzywe
Krupe
Zagroda
Wola Siennicka
Teresin
Białopole
Putnowice
Wielkie
Strzelécki
Park
Mykrtyči
Orchowiec
Zażółkiew
846
Rakołupy
Witołdów
Wojsławice
Úchanie
Horeszkowice
Krajobrazowy
Korytnycia
Poraj
Horodło
816
Gorzków Osada
Chorupnik
42
Skierbieszowski
846
Odletajka
Janki
Łuszków
2
837
Tarnogóra
Park
Tuczępy
Nieledew
844
Szpikołosy
Strzyżów
74
Mościska
Płonka
Podkrasne
Krajobrazowy
Skomorochy
Trzeszczany I
Hrubieszów
Staw Nqakowski
Borowina
843
Świdniki
Szumów
Słącze
Nielisz
Zarudzie
Bortatycze
Łapiguz
Werbkowice
Czerniczyn
Sułów
848
Rozłopy
Wielącza
Horyszów
74
Kosmów
adka
Zamość
Jatutów
Kotlice
Honiatyczki
Sahryń
844
Kryło
74
Żdanów
849
Lipsko
Poddąbrowa
Dub
Modryń
Kolonia
Małków
Szczebrzeszyn
Żurawnica
Wierzchowiny
Łabunie
Tuczapy
858
Mircze
Zaręka
Roztoczański
Szewnia Górna
Wólka
Łabuńska
Krzywostok
Przewale
Tyszowce
Wereszyn
Dołhobyczów
3
Zwierzyniec
Park
Guciów
Potoczek
Krynice
Czartowczyk
Stara Wieś
Łykoszyn
Witków
844
Poturzyn
ereszpol-
ygmunty
Narodowy
Hutków
E 372
Dobużek
Wólka
Pukarzowska
Łaszczów
852
Telatyn
Nowosiółki
Kolonia
Sulimów
849
Krasnobrodzki
Dominikanówka
Radków
Hulcze
l s k a
Józefów
Krasnobród
Park
Tarnawatka
850
Podhucie
Typin
Żernik
Rokitno
Zniatyn
Chłopiatyn
eksandrów
853
Długi Kąt
Krajobrazowy
Sabaudia
Podhorce
Wasylów
Wielki
Park
Łasochy
Tomaszów
Lubelski
Jurów
Dębina
Tarnoszyn
Krajobrazowy
Oseredek
Susiec
Jarczów
Korhynie
Nowe Dyniska
Korčiv
P 127
Belz
ielek
Osuchy
Łukowa
Paary
Bełżec
Ruda
Żurawiecka
Nowy Machnów
Myhajlivka
L ' v i s '
849
Dorbozy
Huta Różaniecka
Puszczy
Narol
Lubycza
Królewska
E 372
Ricky
Gijce
o b l a s t '
63
Obsza
Zanów
Ruda
Różaniecka
865
Płazów
Solskiej
17
Południoworoztoczański
Siedliska
U K R A I N E
Prysłan'
Ułazów
863
Kowałówka
Monasterz
Park
Rava-Rus'ka
Volycia
wków
Cieszanów
Nowe Brusno
Krajobrazowy
Świdnica
Stary Dzików
Dachnów
865
Chotylub
Puchacze
867
Horyniec-Zdrój
ierz
Goriany
M 09
E 372
16
866
22
A260

A   B   12   C

Rudno
Bojszów
Łacza
E 40
Rachowice
Sośnicowice (Kieferstädtel)
oszyce G.-Ostropa
Trachy
Żernica (Haselgrund)
Knurów
Niebosrowska
Wilcza
Ochojec
Czerwionka-Leszczyny
Przegędza
RYBNIK
Rowień
Świerklany Grn.
Brzegędza
Wodzisław Śl. (Loslau)
Dolanek
Skrzyszów
Godów
Ruptawa
KARVINÁ (FREISTADT)

ZABRZE (HINDENBURG)
GLIWICE (GLEIWITZ)
Łabędy (Laband)
Mikulczyce
Pawłów
Sośnica
Zabrze Wsch.
La-Sośnica
RUDA ŚL.
Ruda Śl. Wirek
Bielszowice
Dąbrowa
Gierałtowice (Gierałtowitz)
Ornontowice
Orzesze (Orzesche)
Stanowice
Gardawice
Gostyń
Żory (Sohrau)
Brodek
Baranowice (Baranowitz)
Mizerów (Mieserau)
Szeroka
Warszowice
JASTRZĘBIE ZDRÓJ (JASTRZEMB KÖNIGSDORF)
Wisła Mł. (Deutsch Weichsel)
Zabrzdówice Dln. (Nieder Silbersdorf)
Prüchna
Pogwizdów
Nowe Chałupy
Stawiska
Děbowiec
Pierściec

BYTOM (BEUTHEN)
CHORZÓW (KÖNIGSHÜTTE)
Świętochłowice (Schwientochlowitz)
KATOWICE (KATTOWITZ)
Mikołów (Nikolai)
Łaziska Grn. (Oberlazisk)
TYCHY (TICHAU)
Zawada
Równina
Zgoń
Pszczyńska
Kryry (Krier)
Piasek (Sandau)
Brzeźce (Brzesch)
Pszczyna (Pless)
Szumska Dolina
Goczałkowice
Jez. Goczałkowickie
Strumień (Schwarzwasser)
Chybie
Landek
BIELSKO-BIAŁA (BIELITZ)
Skoczów (Skotschau)
Cieszyn (Teschen)
Goleszów
Godziszec
Kamieniec
Ustroń
Český Těšín (Teschen)
Trinec
Wisła (Weichsel)
Obłaziec
Jabłunków
Horní Lomná
Dolní Lomná
Veľký Polom n. Jablunkov
Písek
Hrádek
Mosty u Jablunkova
Skalité
Svrčinovec
Čadca
Klokočov
Zákopčie
Turzovka
Vysoká n. Kysucou
Makov
Ochodnica
Neslusa
Kysucké Nové Mesto
Dlhé Pole
Kolárovice
Veľké Rovné
Divina
Bytča
Žilina

BĘDZIN
SOSNOWIEC (SOSNOWITZ)
MYSŁOWICE (MYSLOWITZ)
M.-Brzęczkowice
Krasowy
Ledziny (Lendzin)
Hołdunów
Bieruń (Alt-Beruń)
Bojszowy (Neu Boischow)
Chełmek
Kobiór (Kobier)
Osiedle
Lasy Kobiórskie
Międzyrzecze (Mezeritz)
Brzeźnika
Auschwitz-Birkenau
Ehem. KZ
OŚWIĘCIM (Auschwitz)
Brzeszcze
Polanka Wielka
Osiek
Nowa Wieś
Biełany
Kęty
Bulowice
Andrychów
Porąbka
Bogna
Szyndzielnia 1026 m
Buczkowice
Spalona
Brenna
Bukowa
Hoczyna
Leśnica
Salmopol
Żywiec (Saybusch)
Żywieckie
Obłaziec
Barania Góra 1215 m
Głębce
Kubalonka
Zielona
Przypor 899 m
Młoda Góra 834 m
Istebna
Koniaków
Kurowski
Laliki
Stanki
Myto
Oščadnica
Krásno nad Kysucou
Stará Bystrica
Praszywka Duza 1044 m
Sobłówka
Wielka Rycerzowa 1226 m
O-avská Lesná
CHKO Kysuce
v. n. Nová Bystrica
Horný Vadičov
Terchová
Stará Bystrica
Belá
Národný Park Malá Fatra
Zázriva
Varín

DĄBROWA GÓRNICZA
Sławków
Olkusz
Bukowno
Jaworzno
Myslachowice
Chrzanów II
Trzebinia
Chrzanów I
Chrzanów
Rudno
Libiąż
Babice
Jankowice
Przeciszów
Zator
Półwieś
Graboszyce
Gierałtowice
Radocza
Tomice
Wieprz
Wadowice
Świnna Poręba
Sucha Beskidzka
Łękawica
Ślemień
Mutne
Koszarawa
Jeleśnia
Zajace
Korbielów
Babia hora 1725 m
Pilsko 1557 m
Mútňanská Pila
Oravské Veselé
Rabča
Bystra
Stola
Beskidy
Orava
Horná Orava
Zubrohlava
Námestovo
Oravská Polhora
Orávská Jasenica
Lokca
Babin
Tvrdošín
Nižná
Podbiel
Dolný Kubín
Chlebnice

19

Chełm
Gołcza
Miechów
Czarnocin
Kamienna
14
Bracjówka
Trzyciąż
Wymysłów
Pojałowice
Racławice
Skalmierz
Topola
Nowy Korczyn
Dziadlański
Wysocice
Zielenice
Pałecznica
Cudzynowice
Grodowice
Opatowiec
Grę
Sułoszowa
Krajobrazowy
Sieciechowice
Prandocin
Kazimierza Wielka
Bejsce
Zederman
Park
Skała
Słomniki
Waganowice
Czuszów
Radziemice
Ostrów
Dobiesławice
Piotrowice
Jerzmanowice
Cianowice
Wesoła
Niegardów
Przesławice
Proszowice
Miechowice Wlk
Szklary
Zalesie
Goszyce
Posądza
Koszyce
Przybysławice
Wielka Wieś
Brzozówka
Wola Luborzycka
Bobin
Sierosławice
Górka
Zaborów
Zielonki
Luborzyca
Szpitary
Stręgoborzyce
Strzelce Małe
Szczurowa
Zabierzów
Prusy
Wawrzeńczyce
Wola Zabierzowska
Świnary
Niedzieliska
Wa
A 4
K-Bolice
Pobiednik Wielki
Dziewin
Rudy Rysie
Borzęcin Górny
K-Balice
KRAKÓW (KRAKAU)
Wola Batorska
Bączków
Rogatka
Bielcza
K-Mirowska
Wisła
Kłaj
Rzyska
Mokrzyska
Czernichów
Skotniki
Niepołomice
Krzęcin
Rzesawa
Zagacie
K-Sidzina
K-Wielkie
Bochnia
Brzesko
Jadowniki
Sułczyn
Skawina
K-Opatkowice
Trąbki
Łysokanie
Łapczyca
Okocim
Doły
Grabno
Pawlikowice
Wiatrowice
Pierzchów
Nowy Wiśnicz
Niedźwi
Mogilany
Świątniki Górne
Nieznanowice
Gnojnik
Grabie
Głogoczów
Siepraw
Gdów
Chrostowa
Połom Duży
Lipnica Murowana
Tworkowa
Biertowice
Brzączowice
Podolany
Łapanów
Czchów
Cie
Brody
Dobczyce
Winiary
Trzciana
Żegocina
Jez. Dobczyckie
Raciechowice
Krasne Lasocice
Iwkowa
Sułkowice
Myślenice
Wojakowa
Pałcza
Stróża
Wiśniowa
Jodłownik
Jabłoniec
Trzebunia
Bieńkówka
Wierzbanowa
Laskowa
Łososina Dolna
Budzów
Pcim
Kasina Wielka
Młynne
Ujanowice
J. Rożnowskie
Maków Podhalanski
Krczonów
Lubień
Dobra
Tymbark
Sienna
Kawica
Łętownia
Kasinka Ml.
Stysie
Limanowa
Jelna
Bystra
Osielec
Tenczyn
Jurków
Chomranice
Koniuszowa
Jordanów
Łętowe
Przyszowa
Jasienna
Łę
Toporzysko
Bukówka
Młyńczyska
Nowy Sącz (Neusandez)
Długołęka
Rabka Zdrój
Porębscy
Lubomierz
Kamienica
Szczerez
Olszana
Gostwica
Spytkowice
Nowy Świat
Zabrzeż
Kadcza
Biegonice
Kunów Góry
Zubrzyca Górna
Harkabuz
Raba Wyżna
Turbacz 1314 m
Ochotnica Górna
Łazy
Stary Sącz
Łęg
Podwilk
Bielanka
Narodowy
Tylmanowa
Przysietnica
Barcice Dolny
Ryblen
Zubrzyca Dolna
Kluszkowce
Łuban 1211 m
Górzany
Orawka
Załucznia
Skupnie
Ostrowsko
Debno
Kłodne
Radziejowa 1262 m
Struga
Piwniczna Zdrój
Wójcikowa
Nowy Targ
Krościenko n. Dunajcem
Czarny Dunajec
Rogoźnik
Zdziar
Czorsztyn
Szczawnica
Chyżne
Koniówka
Czerwienne
Szaflary
Krempachy
Pieniński Park Narodowy
Jaworki
Gliniki
Lapsze-Wyżne
Cervený Kláštor
Narodny park Pieniny
Hranicne
Sucha Hora
Ratułów Górny
Biały Dunajec
Cudzichów
Bryjów Potok
Spišská St. Ves
Haligovce
Litmanová
Witów
Nowe Bystre
Suche
Matiašovce
Veľ. Lesná
Kamienka
Stará Ľubovňa
Vitaňová
Poprad
Osturňa
Vyš. Ružbachy
Hniezdne
Nová Ľubovňa
Zakopane
Osobita 1687 m
Tatrzański
Krzyżne 2113 m
Podspády
Ždiar
Toporec
Podolinec
Plavnica
Jakubany
Ostrý Roháč 2084 m
Narodowy
Świnica 2301 m
Tatrzańska Javorina
Tatrańska Kotlina
1157 m
Lendak
Slovenská Ves
Holumnica
Tatry Zachodnie Wyspkie
Rysy 2499 m
Bělianske
Lomnický štit 2632 m
Bušovce
Levočské vrchy
Kmetov
20

0   10 km   20 km

D 15 E 16 F

Nienad-Dolna · Stadnicka · Grodzisko Górne · Sieniawa · Wola Molodycka · Oleszyce
Żołynia · Tryńcza · Byki · Manasterz · 867 · Lubaczów · 868
19 · Rakszawa · Kmiecie · Gniowczyna · 878 · Nielepkowice · 865 · Zalesie · Lipina · Opaka
Stobierna · Czarna · Białobrzegi · Tryniecka · Wiazownica · Kąty · 865 · Bihale · Łukawiec
znica · 835 · 77 · Szówsko · Miękisz · Nowy · Wielkie Oc
Łańcut · Kosina · Przeworsk · E 40 · 4 · Jarosław · Laszki · Tuchla
ZESZÓW · Białoboki · Urzejowice · Łazy · E 40 · 4 · Wola Zaleska
Malawa · Matkowa · Zarzecze · San · Radymno · Chotyniec
Lisi Kąt · Albigowa · Kańczuga · Siennów · Chłopice · Hruszowice · Głyny
Kielnarowa · 877 · Zabratówka · Siedleczka · 881 · Bystrowice · Stubno · Malniv
876 · Borek Stary · Zagórze · 835 · Pruchnik · Rokietnica · Zadąbrowie · Nakło
Nowy Borek · Brzeżówka · Dylągówka · Jawornik Polski · 77 · Orly · Duńkowiczki · Poździacz · Cerneve
aszydle · Błażowa · Kramarzówka · Maćkowice · 681 · Żurawica · Torki · P 131
Lecka · Harta · Dubiecko · Babice · Wapowce · Medyka · Volycia · M 11
Ujazdy · 884 · Dynów · Krzywcza · Przemyśl · Šegyni · Mostys'ka
Barycz · Wesoła · Tarnawka · Iskań · Bachów · Krasiczyn · 28 · Pleševyči
ręby · 835 · Dylągowa · Piątkowa · Mielnów · Pikulice · Stanislawczyk · Gusakiv · Pnikut
Hłudno · Nozdrzec · Krajobrazowy · Sufczyna · Olszany · Storomevyči
nica · Izdebki · Niewistka · Żohatyn · Pogórza · Fredropol · Nyżankovyci · Volia-Sadkivs'k
alna · Przysietnica · Lipa · Kopa Stańka · P 128 · Sadkovyč
Brzozów · Dydnia · Krzemienna · Bircza · 541 m · Sieraköšce · Rakova
806 · Niebocko · Malawa · Łodzianka · Robotyce · P 128 · Rakova
Turze Pole · Grabownica Starzeńska · Górna · P 13
ków · Posada · Pakoszówka · Park · 28 · Kuźmina · Przemyskiego · Vykoty
Jaćmierska · Jurowce · Mrzygłód · Siemuszowa · Trzcianiec · Dobromyl' · A 270
Zarszyn · Sanoczek · Tyrawa Wołoska · Wojtkowa · A 270 · Susidovyči · Nadyby
Odrzechowa · 28 · Sanok · Zagórz · Wojtkówka · Hyriv · UKRAINE · Vanevyči
Nadolany · Niebieszczany · Krajobrazowy · Ropienka · Jureczkowa · Stara Sil' · Berežnycia
Bukowsko · Mokre · Lesko · Gór · Wańkowa · Liskowate · Starjava · Staryj Sambir · 3
Piotrowa · Wysoczany · Czaszyn · 84 · Olszanica · Słonnych · Teršiv · A 262
Płonna · Kułaszne · Łukowe · Ustianowa-Dolna · Ustrzyki Dolne · 84 · Busovys'o
Szczawne · Średnie Wik. · Hoczew · Bóbrka · Hoszów · Zadwórze · Velykosillia · Lavriv · Verhnij Lużok
892 · Rzepedź · Berezka · Łobozew-Gorny · 896 · Złobek · Shidn · Strilky
897 · Kalnica · Plańczyk · Teleśnica Oszwarowa · Czarna Górna · Łopušanka-Homyna
Komańcza · Baligród · Wołkowyja · Górzanka · 894 · Golove'ko · Jasenycia-Zamkova
Radoszyce · Ciśniańsko- · Olchowiec · Polana · Lütowiska · Ripjana
Osławica · Wetliński · Kołonice · Rajskie · Rozluč · Venec
Térpak · Park · Patryja · 893 · Buk · Sękowiec · Smolnik · Vovče · 932 m
744 m · 1071 m · Czerenina · Dwernik · Procisn · Turka · 4
Wola Michowa · Przeł. · 981 m · Smerek · Nasiczne · 896 · Pszczeliny · A 262
Przysłup · Zubracze · 1222 m · Bieszczadzki · Brzegi Górne · Berežki · Doliny
749 m · Cisna · 897 · Wetlina · Przełęcz · Park · Ustrzyki Górne · Sanu
Krajobrazowy · Wyżnia · Narodowy
Vyrava · Svetlice · 872 m · Przełęcz Wyżniańska · 897 · Wołosate · Verhne
Niž. Jabłonka · Osadné · 855 m · Narodný park
Parihuzovce · Poloniny · Nova Sedlica · Verhne
Koškovce · Zubné · Pčoline · Prislip · Topola · Runina · 22

Archiv für Kunst und Geschichte, Berlin:
S. 26/27, 29, 35, 123, 131
Bilderberg: Umschlagklappe hinten (Ginter),
S. 276/277, 308/309 (Modrak)
Freyer: S. 13, 23, 44, 47, 53, 55, 78/79, 88/89,
90/91, 96/97, 101, 102, 125, 144/145, 150,
156/157, 166, 181, 183, 223, 228, 230,
236/237, 244, 252, 258, 262/263, 264, 269,
307, 318/319, 324/325, 334, 339, 342/343,
350, 352
Gawin/Schulze: S. 17, 30, 135, 327, 332
Hackenberg: S. 202, 217, 218
HB-Verlag: S. 75 (Freyer), 67, 71, 196 (Gläser),
9, 20, 48, 60/61, 77, 108/109, 113, 119, 141,
153, 160, 168/169, 176/177, 190/191, 199,
208, 243, 248/249, 270/271, 273, 280, 287,
290/291, 293, 296/297, 302/303, 333
(Marczok)
laif: Titelbild (Huber), S. 10/11 (Geilert/GAFF), 24
(Jung), 184/185 (Westrich)
Look: S. 320/321 (Pompe), 349 (Stenkiewicz),
Umschlagklappe vorn (Zarod)
picture-alliance (dpa): S. 25, 37, 51, 204,
225
picture-alliance (Imagno): S. 233
picture-alliance (ZB): S. 178
polen-info: S. 107, 136, 154, 256/257, 298
Schulze: S. 57, 72, 194
transit/Hirth: S. 41, 80, 126

Zitate
S. 32 aus: Kazimierz Brandys, Der Papst in Polen,
© Merian: Polen, Hamburg 1979
S. 194, 198, 208, 242, 292ff., 336 aus: Alfred
Döblin, Reise in Polen, © dtv, München 2000
S. 312 aus: Hans Magnus Enzensberger, Ach
Europa! Wahrnehmungen aus sieben Ländern,
© Suhrkamp, Frankfurt/Main 1987
S. 196 aus: Stephan Hermlin, Rede über Mickie-
wicz. Sinn und Form 7 (1955), 6, 905–912
S. 158 aus: Franz Jung, Gequältes Volk. Bd. 10,
© Nautilus, Hamburg 1987
S. 100 aus: Alfred Kerr, Liebes Breslau, Die Welt
im Licht. In: Heinrich Trierenberg (Hg.), Breslau
in alten und neuen Reisebeschreibungen,
© Droste, Düsseldorf 1991
S. 213 aus: Maria Kłańska (Hg.), Jüdisches Städte-
bild Krakau, © Jüdischer Verlag, Frankfurt 1994
S. 234 aus: Hanna Krall, Tanz auf fremder Hoch-
zeit, © Aufbau-Verlag, Berlin und Weimar 1997
S. 344 aus: Roman Polański, Autobiographie,
© Heyne, München 1985
S. 120 aus: Arnold Zweig, Die Festungen meiner
Jugend. In: A.Z. 1887–1968, © Aufbau-Verlag,
Berlin und Weimar 1978

Kartografie
DuMont Reisekartografie, Puchheim
© MAIRDUMONT, Ostfildern

Umschlagfotos: Titelbild: Giersdorfer Teiche mit Riesengebirgskamm; Umschlaginnenklappen: Kletterer in der Hohen Tatra (vorn); Warschau, Modernes Gebäude der Polnischen Telekom (hinten)

Dieter Schulze studierte Slavistik, Anglistik und Sozialwissenschaften und promovierte mit einer Studie über das moderne Theater. Seit vielen Jahren hat er sich als Reiseautor auf Polen spezialisiert, das er jedes Jahr ausgiebig bereist. Gemeinsam mit Izabella Gawin verfasste er mehrere Reiseführer zu polnischen Städten und Regionen.

Hinweis: Autor und Verlag haben alle Informationen mit größtmöglicher Sorgfalt geprüft. Gleichwohl sind Fehler nicht vollständig auszuschließen. Alle Angaben erfolgen ohne Gewähr. Bitte schreiben Sie uns! Über Ihre Rückmeldung zum Buch und über Verbesserungsvorschläge freuen sich Autor und Verlag:
DuMont Reiseverlag, Postfach 3151, 73751 Ostfildern, E-Mail: info@dumontreise.de

© 1. Auflage 2006 DuMont Reiseverlag, Ostfildern
Alle Rechte vorbehalten ˙
Grafisches Konzept: Groschwitz, Hamburg
Druck: Rasch, Bramsche
Buchbinderische Verarbeitung: Bramscher Buchbinder Betriebe